THE RARE SOUL PRICE GUIDE edition

Welcome to the world's only concise price guide covering the world of collecting USA rare soul 45s. The guide gives you as much information to help you in your search as I can think of. This guide is not a discography of soul artists; it lists the records that are important to rare soul collectors. For a brief description of soul collecting and collectors see overleaf.

The guide is in ARTIST order. Each collectable title by that artist is in alphabetical order. The first title listed is the priority side, followed by the flip side, label plus release number. Then for extra information I've categorised each 45 into a genre.

GENRES.

78 = a soul dance 45 released from 1974 to 1989

B = a 45 that is collectable because it's a good soul ballad or the label or artist are desirable.

F = a collectable funk 45.

GR = a group harmony 45.

M = a 45 that is USA MOTOWN related and collectable for the reason.

MOD = A 45 that's collectable on the MOD dance scene. These can be records by white groups "hipshakers", latin or Hammond instrumentals.

NEG = Very scarce and sought after 45 value negotiable.

PS = The value quoted, is for record complete with picture sleeve.

NM = A Northern Soul collectable 45 from 1960 to 1973. For a brief explanation Of Northern soul, see overleaf.
All values within this guide are for Mint minus records.

NOTE: If any of these categories are in BOLD print, this indicates that the record has been bootlegged using the original label name or design. Use Manship's guide to bootlegs to avoid buying a counterfeit or reissue 45.

PRICING POLICY.

This is perhaps the ONLY price guide anywhere in the world, which is a database of our actual sales. We can say 95% of the 45s within this guide have been sold by John Manship Records

All prices are in UK pounds sterling and include UK sales TAX @ 17.5%.

Remember this is a Price **Guide,** not a Price **Bible,** in the most constantly changing collectable market in the world today.

NORTHERN SOUL

What is a Northern Soul record has always baffled those of you who are not part of this worldwide secretive scene for years. The easiest way to answer that is if a Northern Soul fan or collector considers a record is good enough to make your feet take to or stay on the dance floor then whether it's by a black artist or an Australian pop singer. The record becomes Northern Soul.

The Northern Soul sound covers all categories from big production "Gene Pitney" style beat ballads to total Tamla Motown sound a likes. It covers sounds from the 60s right through to present day. If it feels right and you can move to it then it could be Northern Soul, but only a Northern Soul fan can tell you if it makes him or her want to move.

Only the Northern Soul scene could have records by Patti Page, Paul Anka, Bobby Darin, Peggy March, within it's list of desirable records.

Northern Soul is, without question the largest underground collectable music scene in the world. The followers are not only extremely dedicated, but are perhaps the most knowledge of all music collectors. The rare soul collectors scene in recent years has exploded into a feeding frenzy of collectors worldwide searching for that elusive 45.

But not only do with have a Northern Soul scene, we have Deep Funk 45 scene, rare groove modern Soul, a mod scene, which adds to this ever mushrooming collectors field.

This guide covers today's scene, with today's prices. But please note this is a DJ driven scene and prices change constantly. They rise and fall as in all markets on supply and demand.

ACKNOWLEDGEMENTS

Special thanks to: Tim Brown, Ian Wright, Graham Thomas, Stella Morris, Karen Kemp, Julie Kemp for that little extra help and all our customers who make record dealing so pleasurable. Good Hunting   *John Manship*

Copyright of John Manship Records June 2003

Please note: We have added to this guide, subtle errors to protect our copyright. Any copying, reproduction of this guide is strictly unlawful and will result in legal action.

125th. ST.CANDY STORE
SILENT HEART	HEY GIRL	FANIA 001	150.00	NM
IF YOU WANNA DREAM	REFLECTIONS OF MY LIFE	UPTITE 25	30.00	NM
LOVING YOU BABY IS SO VERY HARD TO DO	PIECE BY PIECE	UPTITE 10	40.00	NM
PIECE BY PIECE	IS IT LOVE	UPTITE 13	40.00	78
LOVING YOU BABY IS SO VERY HARD TO DO	TRIBUTE TO JUDY	UPTITE 16	15.00	NM

13th. FLOOR.
GINA LAKO NANI	LEANIN'	VANESSA 130	15.00	F

14 FEET OF SOUL
WITH THIS RING	DEDICATED MY SONG TO YOU	CASEY 69	30.00	NM

1619 B.A.B.
WORLD	FOR YOUR LOVE	BROWN SUGAR 2003	20.00	F

2 TIMES 2
OUTSIDE THE CITY	ACROSS THE SEA	NEW WORLD 2X2	40.00	NM

2001:BLACK ESSENCE
CHANGE IN MY LIFE	WHEN YOU WALK ALONE WITH LOVE	JWJ 5	400.00	NM

20th.CENTURY
HOT PANTS	HOT PANTS Pt 2	SKY DISC 640	20.00	F

21st.CENTURY (LTD.)
COMING RIGHT BACK	SHADOW OF A MEMORY	NOEL 1	150.00	NM
COMING RIGHT BACK	SHADOW OF A MEMORY	DOT 17190	150.00	NM
EVERY LITTLE HEARTACHE	GOT NO REASON	DOT 17256	75.00	NM
IF THE SHOES FITS	WHO'S SUPPOSED TO BE RAISING W	GOSPEL TRUTH 1209	10.00	F
JUST CAN'T FORGET YOUR NAME	THE THOUGHT OF ME LOSING YOU	JOY 672	50.00	NM
YOUR SMALLEST WISH	WHAT KIND OF WORLD WOULD THIS	BENGEE 110	20.00	NM

21st. CREATION
TAILGATE	MR. DISCO RADIO	MOTOWN 1075	10.00	78

24 KARAT GOLD
NEW LOVE	WHAT DOES THE FUTURE HOLD	DESERT BONE 24	15.00	78

2nd.AMENDMENT BAND
BACKTALK	BACKTALK pt. 2	MONET	500.00	F

2Oth. CENTURY
HOT PANTS PT.1	HOT PANTS pt. 2	IRA 8502	40.00	F

3 DEGREES see THREE DEGREES

4 MILES HIGH
PROBLEM CHILD	COME ON FALL IN LINE	CALLA 169	10.00	GR

4th. GENERATION
I'M SO HAPPY	REVOLUTION PHASE II	TEEN TOWN 1001	10.00	GR

5 FARENHEIT
JUST LET YOUR HEART BE YOUR GUIDE	BIG BAD RAIN	ABET 9443	10.00	78
VIBRATIONS	DADDY'S HOME	ABET 9441	15.00	GR

5 MILES OUT
SET YOUR MIND FREE	SUPER SWEET GIRL OF MINE	HOT LINE 104	25.00	F

5 OF A KIND
THE OTHER SIDE	PLEASE TELL ME (THEY WE'RE WRONG)	SIDRA 9003	25.00	**NM**

5 WAGERS
COME AND ASK ME	same: instrumental	TIARA 4741	10.00	78

5th.DIMENSION
FLASHBACK	same: mono	BELL 45425 d	10.00	NM
I'LL BE LOVIN' YOU FOREVER	TRAIN KEEP ON MOVING	SOUL CITY 752	15.00	NM
TOO POOR TO DIE	GO WHERE YOU WANNA GO	SOUL CITY 753 **PS**	15.00	NM

TOO POOR TO DIE	GO WHERE YOU WANNA GO	SOUL CITY 753	10.00	NM
WORKING ON A GROOVY THING	BROKEN WING BIRD	SOUL CITY 776	10.00	NM

6 PAK
MIDNIGHT BREW	THERE WAS A TIME	TRIP UNIVERSAL 15	150.00	NM

7 DWARFS
STOP GIRL	ONE BY ONE	IDEAL 1168	100.00	**NM**

7 SONS
ON THE RUN	BABY PLEASE COME BACK	VTI 20671	15.00	NM

7th. AVENUE AVIATORS
YOU SHOULD 'O HELD ON	BOY NEXT DOOR	CONGRESS 255	350.00	**NM**

7th. WONDER
SHE'S MY GIRL	same: instrumental	T TOWN 3688	15.00	78

8th.AVE. EXPRESS
FUNKY HOT PANTS	A LITTLE BIT MORE	BEAUTY	300.00	F

8th. AVENUE BAND
THE WHOLE THING	JENNIFER	COLUMBIA 45593	20.00	NM

9th. STREET EXIT
9TH. STREET	NEVER BE THE MAN MY BIG BROTHE	SOLID FOUNDATION 107	15.00	F
LET'S MAKE SWEET HARMONY	LET'S MAKE SWEET HARMONY Pt 2	SOLID FOUNDATION 103	10.00	78

A BROTHER'S GUIDING LIGHT
GETTING TOGETHER	SWEET STUFF	MERCURY 73389	100.00	**78**

A FACINATING MUSICAL EXPERIENCE
THE MONSTER	1-2-3	HONEY 216	50.00	F

A HIGH FREQUENCY
SUMMERTIME	same: instrumental	NIA 1004 12"	30.00	78

A TINT OF DARKNESS
ANSWER ME	I WATCHED THE RAIN HIT YOUR WI	DARKNESS 103	10.00	78
DON'T EVER TAKE YOUR LOVE AWAY	FLASH WATCHER	S.O.B. 32250	15.00	GR

A.A.B.B.
PICK UP THE PIECES ONE BY ONE	C.O.L.D.	I DENTIFY 8003	40.00	F

ABRAHAM
HOOK AND BOOGIE	HOOK AND BOOGIE PT 2	H SIGN 3511	20.00	F

ABRAHAM and HIS SONS
YOUR MOTHER UNDERSTOOD	I CAN'T DO WITHOUT YOU	REVUE 11059	25.00	NM

ABRAHAM, J.D.
DOCTOR OF LOVE	LET ME TELL YOU WHAT I WANT	REENA 1028	150.00	NM

ABSTRACT REALITY
LOVE BURNS LIKE A FIRE INSIDE	same: instrumental	SPORT 0104	200.00	NM

ACCENTS
NEW GIRL	DO YOU NEED A GOOD MAN	M-PAC 7216	20.00	NM
ON THE RUN	HE'S THE ONE	KARATE 529	20.00	NM
TELL ME	BETTER WATCH OUT BOY	Challenge 59254	30.00	NM
YOU BETTER THINK AGAIN	WHO YOU GONNA LOVE	ONEDERFUL 4833	150.00	NM

ACE SPECTRUM
DON'T SEND NOBODY ELSE	DON'T LET ME BE LONELY	ATLANTIC 3012	100.00	78
KEEP HOLDING ON	WITHOUT YOU	ATLANTIC 3296	15.00	78
LIVE AND LEARN	same: mono	ATLANTIC 3353 dj	15.00	78
TRUST ME	I JUST WANT TO SPEND THE NIGHT	ATLANTIC 3281	10.00	78

ACE, BUDDY

BEGGIN FOR YOUR LOVE	BEGGIN FOR YOUR LOVE Pt 2	A&B 12172	30.00	F
IT MAKES YOU WANT TO CRY	YOU'VE GOT MY LOVE	DUKE 373	15.00	NM
IT'S GONNA BE ME	NOTHING IN THE WORLD CAN HURT	DUKE 397	20.00	NM
BABY PLEASE DON'T GO	WHO CAN TELL	DUKE 401	15.00	NM
TRUE LOVE MONEY CAN'T BUY	MY LOVE	DUKE 381	25.00	NM
COLOR MY LOVE		MIND TRIPPER 100	150.00	NM
IT'S ALL FOR YOU	I'LL LOVE YOU (IF YOU LET ME)	TEAR DROP 3495	25.00	78

ACKLIN, BARBARA

AFTER YOU	MORE WAYS THAN ONE	BRUNSWICK 755421	10.00	NM
AM I THE SAME GIRL	BE BY MY SIDE	BRUNSWICK 55399	15.00	NM
I DID IT	I'M LIVING WITH A MEMORY	BRUNSWICK 55440	10.00	NM
I'M NOT MAD ANYMORE	NOBODY CARES	SPECIAL AGENT 203	1000.00	NM
JUST AIN'T NO LOVE	PLEASE SUNRISE, PLEASE	BRUNSWICK 55388	15.00	NM
JUST AIN'T NO LOVE	PLEASE SUNRISE, PLEASE	BRUNSWICK 55388 **PS**	15.00	NM
LOVE MAKES A WOMAN	COME AND SEE ME BABY	DAU 1015	30.00	NM
RAINDRO**PS**	HERE YOU COME AGAIN	CAPITOL 3892	10.00	78
SEVEN DAYS OF NIGHT	A RAGGEDY RIDE	BRUNSWICK 755412	15.00	NM
STOP, LOOK AND LISTEN	LADY, LADY, LADY	BRUNSWICK 55465	10.00	NM
THE OLD MATCHMAKER	I'VE GOT YOU BABY	BRUNSWICK 55355	20.00	NM

ACOUSTICS

LIVING ON HARD TIMES	WHAT IS THE NAME OF THAT SONG	CHERRY BLOSSOM 1001	20.00	78

ACRES OF GRASS

FOOTBALL	SONDRA	OVIDE 248	15.00	F

ACUNA, SAMMY

I NEVER FOUND A GIRL	same: instrumental	NEW WAVE 3	30.00	78

AD LIBS

NEW YORK IN THE DARK	HUMAN	A.G.P. 100	200.00	**NM**
NEW YORK IN THE DARK	HUMAN	ESKEE 1003	400.00	**NM**
HE AIN'T NO ANGEL	ASK ANYBODY	BLUE CAT 114	10.00	GR
JOHNNY MY BOY	I'M JUST A DOWN HOME GIRL	BLUE CAT 123	30.00	NM
ON THE CORNER	OO-WEE OH ME OH MY	BLUE CAT 119	30.00	GR
THE BOY FROM NEW YORK CITY	KICKED AROUND	BLUE CAT 102	10.00	NM
LOVE ME	KNOW ALL ABOUT YOU	CAPITOL 2944	30.00	NM
NEIGHBOR, NEIGHBOR	LOVELY LADIES	INTERPHON 7717	20.00	NM
THINK OF ME	EVERY BOY AND GIRL	KAREN 1527	50.00	NM
I DON'T NEED NO FORTUNE TELLER	SPRING AND SUMMER	PASSION 1	500.00	78
DON'T EVER LEAVE ME	YOU'RE IN LOVE	PHILIPS 40461	30.00	NM
NOTHING WORSE THAN BEING ALONE	IF SHE WANTS HIM	SHARE 106	20.00	NM
APPRECIATION	GIVING UP	SHARE 104	10.00	NM

ADAMS APPLES

DON'T TAKE IT OUT ON THIS WORLD	DON'T YOU WANT ME HOME	BRUNSWICK 55330	200.00	NM
YOU ARE THE ONE I LOVE	A STOP ALONG THE WAY	BRUNSWICK 55367	50.00	NM

ADAMS, ALBERTA

I GOT A FEELING	WITHOUT YOUR LOVE	THELMA 82363	100.00	M

ADAMS, ARTHUR

CAN'T WAIT TO SEE YOU	IT'S PRIVATE TONIGHT	CHISA 8011	20.00	78

ADAMS, BETTY

SEE ME THROUGH	HOW CAN I DO WITHOUT YOU	NOTES OF GOLD 100	10.00	NM

ADAMS, BILLY

YOU AND ME	GO (GO ON GET OUT OF HERE)	AMY 893	20.00	NM

ADAMS, BOBBY

BE CAREFUL WITH MY HEART	A NEW WAY TO HURT ME	BO-AD 101	30.00	B
HEART ATTACK	MR.PREACHER MAN	HOME-TOWN 102	10.00	NM
SIXTEEN YEARS IN THE MAKING	BETTER DAYS AHEAD	BATTLE 45914	25.00	NM
THAT'S THE KIND OF MAN I AM		BIG BEE 778	400.00	NM
YOU GOT NEXT TO ME BABY	HOME DOESN'T SEEM LIKE HOME	PILMA 887	25.00	NM

ADAMS, CHRISTINE

LONELINESS IS ALWAYS AROUND	MR. SOUL BROTHER	CYCLONE 75001	10.00	78

ADAMS, GAYLE

BABY I NEED YOUR LOVING	DON'T JUMP TO CONCLUSIONS	PRELUDE 8046	15.00	78

ADAMS, JOE   also see LAWSON JAMES

I'VE BEEN KISSED BEFORE	THE MENDER OF BROKEN HEARTS	DEL VAL 1013	50.00	NM

ADAMS, JOHNNY

I BELIEVE I'LL FIND HAPPINESS	I BROUGHT IT ALL ON MYSELF	WATCH 6330	25.00	B
I ONLY WANT TO BE WITH YOU	PLEASE COME HOME FOR CHRISTMAS	HEP ME 138	10.00	B
I'M GRATEFUL	GOING TO THE CITY	GONE 5147	20.00	B
NO IN BETWEEN	DON'T WAIT TOO LONG	MODERN 1036	20.00	NM
ONE DAY (YOU'RE GONNA COME MY WAY)	YOUR KIND OF LOVE	MODERN 1044	20.00	NM

SOME DAY	PART OF ME	WATCH 6333	15.00	B
SOUTH SIDE OF SOUL STREET	SOMETHING WORTH LEAVING FOR	SSS INTER. 831	15.00	F
TEACH ME TO FORGET	THE BELLS ARE RINGING	RIC. 966	10.00	B
WHO'S GONNA LOVE YOU	A LOSING BATTLE	RIC 986	15.00	NM

ADAMS, JUNE
THE HUMAN RACE	I'M NOT THAT KIND OF GIRL	ROULETTE 4660	30.00	NM

ADAMS, KERRY
FAST TALKING LOVER	I JUST FOUND LOVE	CALLA 103	25.00	NM

ADAMS, LINDY
A BIRD IN THE HAND	SUPRISE PARTY	TRI DISC 108	15.00	NM

ADAMS, MARIE
FOOLIN' AROUND	OLD FEELIN'	SURE PLAY 1001	40.00	NM
FOOLIN' AROUND	OLD FEELING	VENDED 1003	30.00	NM

ADAMS, MARIE and 3 TONS OF JOY
GET ON UP, AND DO IT BABY	WHISPERS	COMMAND PERFORMANCE 121	20.00	F

ADAMS, NATE
I'M GONNA BE GOOD	WHY IS IT TAKING SO LONG	ATLANTIC 2466	40.00	NM

ADAMS, RITCHIE
ARE YOU CHANGING	THE KING	CONGRESS 226	30.00	NM
I CAN'T ESCAPE FROM YOU	ROAD TO NOWHERE	CONGRESS 256	200.00	NM
SLIPPIN' AWAY	WHAT AM I	CONGRESS 232	20.00	NM

ADAMS, VIKI
I'M DROWNING	SO GLAD YOU'RE HOME	STOP 244	40.00	NM

ADAMS, VINNY
WHILE WE'RE STILL YOUNG	LISTEN HEART	HOLTON 2566	20.00	NM

ADENO, BOBBY
THE HANDS OF TIME	IT'S A SAD, SAD WORLD	BACK BEAT 552	20.00	NM
TREAT YOU LIKE A QUEEN	I'LL GIVE UP THE WORLD	BACK BEAT 579	15.00	B

ADMIRAL ICE
MY CAROLINA GIRL	BEACH BUM	ADMIRAL ICE 3219	50.00	78

ADMIRALS
SAWMILL	THE GENTLEMAN	PULSE 2075	40.00	NM

ADMIRATIONS
DON'T LEAVE ME	ALL FOR YOU	ONEDERFUL 4851	20.00	NM
LONELY STREET	HEY MAMMA	BRUNSWICK 55332	30.00	NM
WAIT TIL I GET TO KNOW YOU	Same: Instrumental	ONEDERFUL 4849	15.00	NM
YOU LEFT ME	I WANT TO BE FREE	PEACHES 6721	1500.00	NM

ADOLPH and the ENTERTAINERS
OLD FOLKS SHUFFLE	OLD FOLKS SHUFFLE PT 2	ALARM 103	15.00	F

ADONIS
I LAUGH TO KEEP FROM CRYING	CRY OF THE CENTURY	POWERTREE 148	75.00	NM

ADORABLES
BE	SCHOOL'S ALL OVER	GOLDEN WORLD 10	15.00	NM
DADDY PLEASE	DEEP FREEZE	GOLDEN WORLD 5	15.00	NM
OOH BOY	DEVIL IN HIS EYES	GOLDEN WORLD 25	60.00	NM
BABY COME AND GET IT	THE DRIVE	PEACOCK 1924	20.00	NM

ADVENTURERS
EASY BABY	A GOOD GIRL IS SO HARD TO FIND	COMPASS 7010	100.00	**NM**
I DON'T MIND	IT'S ALRIGHT	RAN-DEE 106	20.00	NM
I'VE CAUGHT YOU CHEATING	DARLIN' (YOU SAUD YOU LOVED ME)	MUSIC WORLD 110	150.00	NM
SOMETHING BAD (IS HAPPENING)	NOBODY CAN SAVE ME	BLUE ROCK 4071	20.00	NM

AESOPS FABLES
GIRL I'VE GOT NEWS FOR YOU	YES I'M BACK	ATCO 6508	30.00	NM
I'VE GOT TROUBLES	HIDIN' MY LOVE	ATCO 6453	20.00	NM

AFRICAN ECHOES
ZULU LUNCHBAG (MGIBE)	BIG TIME	PHIL LA SOUL 323	25.00	F

AFRICAN MUSIC MACHINE
CAMEL TIME	MR. BROWN	SOUL POWER 117	20.00	F
THE DAPP	NEVER NAME A BABY	SOUL POWER 115	10.00	F
TROPICAL	A GIRL IN FRANCE	SOUL POWER 111	15.00	F

AFRICANO
OPEN YOUR HEARTS	OPEN YOUR HEARTS PT 2	HI 2268	10.00	78
SATISFACTORIZE YOUR MIND	same:	HI. 2255 dj	10.00	78

AFRIQUE
SOUL MAKOSSA	HOT MUD	MAINSTREAM 5542	10.00	F

AGE OF BRONZE
I'M GONNA LOVE YOU	EVERYTHING SEEMS TO CHANGE	GUAVA 102	300.00	NM

AGED IN HARMONY
YOU'RE A MELODY	same: extended version	MOR-TONES 103	75.00	78

AGEE, RAY
I'M NOT LOOKING BACK	BABY'S COMING HOME	CELESTE 610	20.00	NM
LEAVE ME ALONE	YOU MESSED UP MY MIND	CELESTE 615	15.00	NM
LET'S TALK ABOUT LOVE	'TIL DEATH DO US PART	CELESTE 617	10.00	NM
I'M LOSING AGAIN	HARD LOVING WOMAN	SOUL TOWN 104	1500.00	NM
YOUR PRECIOUS LOVE	WE'RE DRIFTING APART	CELESTE 619	20.00	NM
HARD WORKING MAN	COUNT THE DAYS I'M GONE	JEWEL 784	10.00	NM
THE MONKEY ON MY BACK	TRAGEDY	SHIRLEY 115	10.00	NM
YOU HIT ME WHERE IT HURTS	TIN PAN ALLEY	SHIRLEY 111	20.00	NM

AGENTS
TROUBLE	THE LOVE I HOLD	LIBERTY BELL 3260	500.00	NM
YOU WERE MEANT FOR ME	YOU'RE EVERYTHING	P&L 1001	25.00	NM

AHRES, DEJAH
REAL JIVE GUY	LET ME BE YOUR GIRL	VERVE 10614 vocal versions	75.00	NM
REAL JIVE GUY	LET ME BE YOUR GIRL	VERVE 10614 instrumentals	15.00	NM

AIKEN, BEN
BABY YOU MOVE ME	THANKS TO YOU	LOMA 2100	10.00	NM
CALLIN'	GOD BLESS THE GIRL AND ME	LOMA 2076	15.00	NM
HURRY ON HOME	STAY TOGETHER YOUNG LOVERS	ROULETTE 4649	20.00	NM
HURRY ON HOME BABY	STAY TOGETHER, YOUNG LOVERS	SQUIRE 504	40.00	NM
SATISFIED	THE LIFE OF A CLOWN	LOMA 2084	85.00	NM
YOU WERE MEANT TO BE MY BABY	IF I TOLD YOU ONCE	LOMA 2069	10.00	NM

AIKEN, TONY and FUTURE 2000
BETTER DAYS	SOUL DISCO	KIMSHA 200	20.00	F
BETTER DAYS	SOUL DISCO	SHYRLDEN 201	20.00	F

AKENS, JEWEL
A SLICE OF THE PIE	YOU BETTER BELIEVE IT	ERA 3156	20.00	**NM**
I'M GOIN' BACK HOME	NAKED CITY	AS-WANA 2176	20.00	B
I'VE ARRIVED	YOU DON'T NEED A CROWN	ERA 3154	75.00	NM
MY FIRST LONELY NIGHT	MAMA TAKE YOUR DAUGHTER BACK	ERA 3164	250.00	NM
WHAT WOULD YOU DO	SINCE I DON'T HAVE YOU	ICEPAC 303	30.00	NM
HE'S GOOD FOR ME	HELPLESSLY IN L.OVE	WEST-ONE 109	30.00	NM

AKINS, AUDREY
DOWN CAME MY TEARS	I STILL LOVE YOU	PETAL 1030	30.00	NM
WHAT CAN YOU LOSE (BUT THE BLUES)	THAT'S THE MAN THAT'S MINE	KARATE 515	25.00	NM

AL and BUNKY
HOME WORK	THANKS TO YOU	ERBDUS 2003	15.00	NM

AL and JET
NOTHING TO HIDE	LUCKY US	PHILIPS 40425	10.00	NM

ALAIMO, STEVE (and the RED COATS)
EVERY DAY I HAVE TO CRY	LITTLE GIRL	CHECKER. 1032	15.00	NM
SO MUCH LOVE	TRUER THAN TRUE	ABC 10805	10.00	NM
YOU CAN FALL IN LOVE	LOVE LETTERS	DADE 1805	20.00	GR

ALAN, LEE and the VENDELLAS
SET ME FREE	same:	ZTSC 94422	40.00	M

ALBURY, ARNOLD and the CASUALS
FUNKY YOLK	THANKS FOR WAITING	DADE 265	40.00	F
MY BABY DON'T UNDERSTAND	THAT'S A BET	DADE 275	15.00	GR

ALCON SHADES
ALL IS FORGIVEN	MIDNIGHT LIGHT	BLUE ROCK 4068	50.00	NM

ALEONG, AKI
GIVING UP ON LOVE	LOVE IS FUNNY	VEE-JAY 527	45.00	NM

ALEXANDER TECHNIQUES, RAY
LET'S TALK	same: instrumental	LU JUN 2001	30.00	F

ALEXANDER, ARTHUR
(BABY) FOR YOU	THE OTHER WOMAN	SS7 2556	30.00	NM
A SHOT OF RHYTHM AND BLUES	YOU BETTER MOVE ON	DOT 16309	10.00	NM
ANNA	I HANG MY HEAD AND CRY	DOT 16387	10.00	NM
I NEED YOU BABY	SPANISH HARLEM	MONUMENT 1060	40.00	NM
KEEP HER GUESSING	WHER DID SALLY GO	DOT 16554	300.00	NM
SHOW ME THE ROAD	TURN AROUND (AND TRY ME)	SS7 2572	25.00	NM
SOLDIER OF LOVE	WHERE HAVE YOU BEEN	DOT 16357	10.00	NM

ALEXANDER, BRANDI
DO RIGHT MAN	LIFE HAS NO MEANING	TRC 996	40.00	NM

ALEXANDER, C. and the NATRAL 3
PAY THEM NO MIND	SOMEBODY SPECIAL	FIREBIRD 1804	10.00	NM
PAY THEM NO MIND	SOMEBODY SPECIAL	LEO. 101	15.00	NM
PAY THEM NO MIND	SOMEBODY SPECIAL	GUYJIM 588	10.00	NM

ALEXANDER, GOLDIE
I WOULDN'T GIVE YOU UP	same: instrumental	AMERICAN 801	10.00	78

ALEXANDER, HANK
OUR SECRET LOVE | OUR SECRET LOVE Pt 2 | MAGNUM 734 | 10.00 | NM
ALEXANDER, HAROLD
MAMA SOUL | SUNSHINE MAN | FLYING DUTCHMAN 26016 | 25.00 | F
ALEXANDER, J.W.
KEEP A LIGHT IN THE WINDOW UNTIL I COME | BABY, IT'S REAL | MIRWOOD 5518 | 15.00 | B
ALEXANDER, LA-JAY
SAY SO | same: mono | BLACK GOLD 7 dj | 15.00 | 78
WHAT'CHA GONNA DO | same: mono | BLACK GOLD 10 dj | 10.00 | F
ALEXANDER, LILLIAN
CAN YOU FEEL IT | A DREAM WITHOUT YOU | REYNOLDS 207 | 50.00 | 78
ALEXANDER, REGGIE
IT'S BETTER | MY CONFESSION (TO YOU) | BOSS 102 | 500.00 | NM
THESE ARE THE QUESTIONS | THESE ARE THE QUESTIONS PT. 2 | L.B.J. 341053 | 15.00 | NM
ALEXANDRA, SANDRA
OOH BABY I LOVE YOU | GOT TO GET YOU OF MY MIND | UNI 55123 | 20.00 | NM
ALFIE and the EXPLOSIONS
SAFIRE | TRUE LOVE | PHIL LA SOUL 357 | 10.00 | NM
ALFROS BAND
RIGHT ON RIGHT OF | WHY DID YOU LEAVE | LYNDELL 883 | 300.00 | F
ALGERE, RAY
IN MY CORNER | YOU'RE DRIVING ME CRAZY | TOU-SEA 126 | 30.00 | NM
ALL DYRECTIONS
SOUL MAKOSSA | same: mono | BUDDAH 362 | 15.00 | F
ALL NIGHT WORKERS
DON'T PUT ALL YOUR EGGS IN ONE | WHY DON'T YOU SMILE | ROUND 1 | 75.00 | NM
ALL THE PEOPLE
CRAMP YOUR STYLE | WHATCHA GONNA DO ABOUT IT | BLUE CANDLE 1496 | 40.00 | F
ALLEN GROUP, RANCE
AIN'T NO NEED OF CRYING | IF I COULD MAKE THE WORLD BETTER | TRUTH 3210 | 10.00 | 78
I GIVE MY ALL TO YOU | WHAT A DAY | TRUTH 3229 | 10.00 | 78
REASONS TO SURVIVE | GOT TO BE READY | CAPITOL 4443 | 40.00 | 78
ALLEN, BOBBY and the GEE PEES
HERE SHE COMES AGAIN | YA YA SONG | UPPP 101 | 20.00 | B
ALLEN, CHRISTY
WALK TALL LIKE A MAN | ANY MOMENT | DIAMOND 209 | 15.00 | NM
ALLEN, DORIS
FULL TIME FOOL | NIGHT TIME IS THE RIGHT TIME | EMERALD COAST 16864 | 10.00 | 78
ALLEN, EDDIE
NOTHING AT ALL | ALL ABOUT MY BABY | AGE 29119 | 40.00 | B
ALLEN, J.T. and LITTLE RICHARD'S BAND
FREEWAY CROWD | WORKING HARD | DELMAR 68 | 100.00 | F
ALLEN, LAINEY
I CAN'T TAKE IT | | J.W.J. 22917 | 75.00 | NM
ALLEN, L.
CAN'T WE TALK IT OVER | SOMEWHERE THERE IS PARADISE | GREEN DOLPHIN 115 | 200.00 | NM
ALLEN, LARRY
CAN'T WE TALK IT OVER | SOMEWHERE THERE IS PARADISE | GREEN DOLPHIN 115 | 300.00 | NM
ALLEN, NA
EVERYTIME IT RAINS | LAY IT ON ME RIGHT NOW | RONN 47 | 30.00 | NM
HARD TO DO WITHOUT YOU | LOVE DON'[T COME EASY | PEDESTAL 120 | 20.00 | NM
I WAS TELLING HER ABOUT YOU | OPEN THE DOOR TO YOUR HEART | JANUS 197 | 15.00 | NM
THANKS FOR NOTHING | NO EASY WAY DOWN | ATCO 6753 | 200.00 | NM
ALLEN, NICK
HARD WAY TO GO | DON'T MAKE ME BE WHAT YOU DON' | WALAS 1 | 30.00 | NM
ALLEN, RICKY
CATCH UP WITH YOUR CROWD | EARLY IN THE MORNING | AGE 29120 | 20.00 | NM
CUT YOU A-LOOSE | FAITH | AGE 29118 | 15.00 | NM
CUT YOU LOSE | SOUL STREET | TAM-BOO 6720 | 30.00 | NM
HELP ME MAMA | THE BIG FIGHT | AGE 29125 | 15.00 | NM
I AIN'T NEVER | HURT LOOK ON MY FACE | USA 858 | 30.00 | NM
I'M A REAL THANKFUL MAN | I CAN'T STAND NO SIGNIFYING | FOUR BROTHERS 401 | 40.00 | NM
JUST ME AND YOU | KEEP IT TO YOURSELF | FOUR BROTHERS 402 | 20.00 | NM
NOTHING IN THE WORLD CAN HURT ME | WHAT DO YOU DO | BRIGHT STAR 147 | 20.00 | NM
SKATE BOOGALOO | IT'S MESS I TELL YOU | BRIGHT STAR 150 | 15.00 | MOD
OUCH! | I DON'T GOT IT | AGE 29115 | 10.00 | NM
YOU'D BETTER BE SURE | YOU WERE MY TEACHER | AGE 29102 | 20.00 | NM
ALLEN, SHERLI
THINK IT OVER | | X-TRA 120 | 75.00 | NM
ALLEN, SONNY
YOUR LOVE IS SO WONDERFUL | YOUR LOVE IS SO WONDERFUL pt. 2 | HIT PACK 42747 | 300.00 | NM

ALLEN, VEE
LOVE IS ALL AROUND ME	TRYING TO FORGET	LION 152	40.00	78
TRYING TO FORGET	LET'S MOVE AND GROOVE TOGETHER	LION 152	10.00	78

ALLEY, PATRICK
GROOVE FEELING	GROOVE FEELING PT. 2	PERSIST 1006	50.00	78

ALLIANCE
PASS THE PIPE	CUPIDS HOLDING	WAND 11220	20.00	F

ALLISON, GENE
IF THINGS DON'T CHANGE	GOODBYE MY LOVE	CHAMPION 1008	15.00	NM
SOMEBODY SOMEWHERE	I UNDERSTAND	REFOREE 709	20.00	NM

ALLISON, LEVERT
I WANT TO GIVE MY HEART TO YOU	I'M GOING HOME	PONCELLO 7704	50.00	NM
LOVING ON MY MIND	SHAPE I'M IN	TUPELO SOUND 3	10.00	F

ALLISON
OOH BABY CAN'T EXPLAIN THE FEE	I'VE GOT THE PLACE IF YOU'VE GO	ANSAP 1101	30.00	NM

ALL STARS
DISINTEGRATED pt. 1	DISINTEGRATED pt. 2	MOTOWN 1018	NEG	M

ALLYNE, FREDA
MONEY, AND ALL YOUR LOVE	SOUL EXTRA!	J&S 4423	100.00	F

ALPACAS
SOMETIMES I LOVE YOU GIRL	(LOVE IS) A WINNERS GAME	DOUBLE TAKE 2172	250.00	NM

ALSTON, EDDIE
GONNA GET ME A WATCHDOG	I JUST CAN'T HELP IT	BARRY 109	30.00	NM

ALSTON, RON
SOMETHIN' AIN'T RIGHT	ONE MORE TEAR	PHILIPS 40416	20.00	NM

ALTER, ROSALIE
BE TRUE	THE HEARTACHES ARE HERE TO STAY	HARMON 1006	40.00	NM

ALTON and JOHNNY
HANG ON IN THERE BABY	same: instrumental	POLYDOR 2050	15.00	78

ALVAREZ, JESUS
PLEASE STAY DON'T GO	COSA RICA	VIBRATION 543	10.00	78

ALVON, TONY and the BELAIRS
SEXY COFFEE POT	BOOM-BOOM-BOOM	ATLANTIC 2632	200.00	F

AMALGAMATED FUNK CO.
TAKE NO MORE	I WANNA TAKE YOU OUT	SINGLE B 1112	40.00	78

AMAR, CHARLES
I'M GONNA GET YOU YET	A TENDER KISS IN THE DARK	LAMAR 101	25.00	NM

AMARO, TONY and the CHARIOTS
HEY BABY	RUNNIN' AROUND	LOMA 2068	30.00	nm

AMAZERS
WITHOUT A WARNING	IT'S YOU FOR ME	THOMAS 1638 black label	25.00	NM
WITHOUT A WARNING	IT'S YOU FOR ME	THOMAS 1638 red label	15.00	NM

AMAZORS
IT'S YOU FOR ME	COME BACK BABY	BREAD 74	10.00	GR

AMBASSADORS
I CAN'T BELIEVE YOU LOVE ME	I REALLY LOVE YOU	ARCTIC 147	15.00	NM
AIN'T GOT THE LOVE OF ONE GIRL	MUSIC (MAKES YOU WANNA DANCE)	ARCTIC 150	30.00	NM
STORM WARNING	I DIG YOU BABY	ARCTIC 153	30.00	NM
CAN'T TAKE MY EYES OFF OF YOU	A.W.O.L. (AWAY WITHOUT LOVE)	ARCTIC 156	10.00	GR
(I'VE GOT TO FIND) HAPPINESS	GOOD LOVE, GONE BAD	ATLANTIC 2491	20.00	NM
I'M SO PROUD OF MY BABY	(I'VE GOT TO FIND) HAPPINESS	ATLANTIC 2442	30.00	NM
NEVER GET TIRED OF LOVING YOU	WE GOT LOVE	ATLANTIC 2547	30.00	NM
DO YOU EVER THINK ABOUT ME	I LOVE YOU	DEBROSSARD 827D5831	50.00	NM
TOO YOUNG FOR ME	PORK CHOPS	FLEET 3500	300.00	NM
TOO MUCH OF A GOOD THING	WHOLE LOTTA SOUL	PEE VEE 1000	200.00	**NM**
SEARCHIN'	SEARCHIN' pt. 2	SS7 2607	20.00	F

AMBASSADORS OF SOUL
COOL STICKS	COOL STICK PT 2	OVIDE 236	10.00	F

AMBERS
BLUE BIRDS	BABY (I NEED YOU)	NEW ART 104	30.00	GR
DON'T GO	SOUL IN ROOM #401	JEAN 727	10.00	78
I LOVE YOU BABY	NOW I'M IN TROUBLE	VERVE 10436	30.00	NM
NEVER COULD YOU BE MY GIRL	DON'T GO	JEAN 729	20.00	GR
POTION OF LOVE	ANOTHER LOVE	SMASH 2111	40.00	**NM**

AMBROSE, SAMMY
THEY'LL BE COMING	RAM RAM	Crazy Horse 1315	50.00	**NM**
THIS DIAMOND RING	BAD NIGHT	MUSICOR 1061	100.00	NM
WELCOME TO DREAMSVILLE	MONKEY SEE, MONEKY DO	MUSICOR 1072	100.00	NM

AMERICAN GYPSY
10,000 MILES	ANGEL EYES	CHESS 2170	10.00	78
ANGEL EYES	INSIDE OUT	CHESS 2175	10.00	78

AMERICAN YOUTH CHIOR

KEEP YOUR FINE SELF NEAR ME	TOGETHER WE CAN MAKE IT	POLYDOR 14020	30.00	NM

AMES, NANCY

I DON'T WANT TO TALK ABOUT IT	CRY SOFTLY	EPIC 10056	15.00	**NM**
ON GREEN DOLPHIN STREET	SOMETHING'S GOTTEN HOLD OF MY	ABC 11100	10.00	NM

AMES, STEWART

ANGELINA, OH ANGELINA	KING FOR A DAY	J&W 1000	300.00	**NM**

AMMONS, GENE

JUG EYES	HE'S REAL GONE GUY	PRESTIGE 742	25.00	F
JUNGLE STRUT	MADAME QUEEN	PRESTIGE 737	20.00	F

AND THE ECHOES

I'VE ALWAYS WANTED SOMEONE LIKE	TELL ME ANYTHING BUT GIVE ME L	SOULTRAIN 008	75.00	NM

ANDANTES

LIKE A NIGHTMARE	IF YOU WERE MINE	VIP 25006	**NEG**	NM

ANDEREGG, CALLEEN

FOOL'S PARADISE	DON'T CRY ON MY SHOULDER	NME 112	150.00	NM

ANDERSON BROTHERS

I CAN SEE HIM LOVING YOU	same: mono	GSF 6914 dj	400.00	**NM**

ANDERSON, ANITA

SECRECTLY	LITTLE BIT LONGER	CONTACT 502	450.00	NM

ANDERSON, CAROL

HOLDING ON	IT SHOULDN'T HAPPEN TO A DOG	MID-TOWN 270	100.00	NM
HOLDING ON	YOU BOY	MID-TOWN 271	20.00	NM
SAD GIRL	I'LL GET OFF AT THE NEXT STOP	FEE 101	150.00	NM
TAKING MY MIND OFF LOVE	I'M NOT WORRIED	WHIP 347	300.00	NM
TOMORROW IS NOT A PROMISE	ONE MAN'S WOMAN	SOUL O SONIC 500	30.00	NM

ANDERSON, CURTIS

THE HARDEST PART	same: instrumental	BROWN BAG 5651	600.00	78

ANDERSON, ERNESTINE

KEEP AN EYE ON LOVE	CONTINENTAL MIND	SUE 793	40.00	NM
YOU'RE NOT THE GUY FOR ME	I PITY THE FOOL	SUE 115	40.00	NM

ANDERSON, GAIL

BE PROUD YOU'RE IN LOVE		SALVADOR 999	30.00	NM
I CAN'T STOP IT	BORN TO BE LOVED	GALAXY. 760	15.00	NM
LET'S FALL IN LOVE ALL OVER	Same:	GAMBLE 206 dj	40.00	NM
MY TURN NOW	IT'S SO EASY TO SAY	EARLY BIRD 49662	30.00	F
THEY'RE LAUGHING AT ME	MY, MY, MY WHAT A GUY	SHELL 102	30.00	NM

ANDERSON, GENE

BABY I DIG YOU	WHAT'S WRONG WITH YOU GIRL	ROYAL-TONE 1000	30.00	NM
CONGRATULATIONS	MIXED EMOTIONS	HI 2222	15.00	B
DO YOU LOVE ME BABY	TEL ME THAT YOU LOVE ME	NU-TONE 01	300.00	NM
I DIG YOU	SANTA CLAUS DOING THE JERK	AMBASSADOR 5930	150.00	NM
THE GIGILO	THE LONELIEST ONE	ROYAL-TONE 1005	50.00	F

ANDERSON, JESSE

MIGHTY, MIGHTY	I GOT A PROBLEM	THOMAS 805	20.00	F
SWING TOO HIGH	LOOSE WHEN YOU GET LOOSE	CADET 5588	20.00	F

ANDERSON, JIMMY

I'M A KING BEE	GOING THROUGH THE PARK	EXCELLO 2227	25.00	NM

ANDERSON, JOE

DON'T YOU KNOW	I CAN'T GET ENOUGH OF YOU	HEIDI 112	60.00	NM
I'M SO GLAD	HOW LONG WILL IT LAST	HEIDI 110	75.00	NM
YOU AND I	same: Long Version	BUDDAH 480	20.00	78

ANDERSON, KIP

A KNIFE AND A FORK	TAKE IT LIKE A MAN	CHECKER. 1161	15.00	B
I DONE YOU WRONG	THAT'S WHEN THE CRYING BEGINS	ABC 10578	15.00	NM
IF THAT DON'T MAKE YOU CRY	WITHOUT A WOMAN	CHECKER. 1145	40.00	NM
I GET CARRIED AWAY	HERE I AM, TRY ME	TOMORROW 501	40.00	NM
TELL HER I LOVE HER	WOMAN, HOW DO YOU MAKE ME LOVE	CHECKER. 1136	10.00	B
THAT'S ALL I CAN DO	I WENT OFF AND CRIED	EXCELLO 2303	20.00	NM
WOMAN, HOW DO YOU MAKE ME LOVE YOU LIKE	blank:	CHECKER. 1136 dj	10.00	B
WOMAN, HOW DO YOU MAKE ME LOVE YOU LIKE	TELL HER I LOVE HER	D.H.C. 103	10.00	NM
YOU'LL LOSE A GOOD THING	I'M OUT OF LOVE	EXCELLO 2288	15.00	B

ANDERSON, SAM and the TELSTARS

STANDING AT THE EDGE OF THE SEA stock	BACK ON THE BLOCK	KING 5855	100.00	NM

ANDERSON, SONNY and CONLEY, PRINCE

LOVE AND LAUGHTER	COME WHAT MAY	EMERSON 2003	30.00	78

ANDERSON, VICKI   (VIKKI)

I CAN'T STOP LOVING YOU	I GOT A GOOD MAN	TUFF 420	10.00	B
I'M TOO TOUGH FOR MR. BIG STUFF	SOUND FUNKY	BROWNSTONE 4202	20.00	F
IN THE LAND OF MILK AND HONEY	DON'T THROW YOUR LOVE IN THE GARBAGE	BROWNSTONE 4207	15.00	F
IN THE LAND OF MILK AND HONEY	I'LL WORK IT OUT	BROWNSTONE 4204	15.00	F

Song	B-side	Label	Price	Grade
ANSWER TO MOTHER POPCORN	I'LL WORK IT OUT	KING 6251	40.00	F
BABY, DON'T YOU KNOW	LET IT BE ME	KING 6293	15.00	F
IF YOU DON'T GIVE ME WHAT I WANT	TEARS OF JOY	KING 6109	20.00	F
MESSAGE FROM THE SOUL SISTER	YESTERDAY	KING 6377	20.00	F
NOMORE HEARTACHES, NO MORE PAIN	NEVER FIND A LOVE LIKE MINE	KING 6314	10.00	F
WIDE AWAKE IN A DREAM	NOBODY CARES	DELUXE 6201	30.00	NM

ANDERSON, VICKI and BROWN, JAMES

THINK	NOBODY CARES	KING 6091	10.00	F
YOU'VE GOT THE POWER	WHAT THE WORLD NEEDS NOW	KING 6152	10.00	B

ANDERSON, YVETTE

LET'S DO IT AGAIN	THE HUNTER	DEB 2000	10.00	78

ANDRE, TOMMY

ONE MORE TRY	BLUEPRINT	BROADWAY 503	20.00	NM

ANDREA, JOHN

COME ON IN	MY FOOL OF A HEART	MGM 13378	30.00	NM

ANDREWS, DEE

STOP! YOU'RE HURTING MY HEART	I'LL DO WHAT YOU WANT ME TO	TRC 992	30.00	NM

ANDREWS, ERNIE

FINE YOUNG GIRL	THEN I'LL KNOW	CAPITOL 5530	30.00	NM
WHERE WERE YOU (WHEN I NEEDED YOU)	WHAT DO I SEE IN THE GIRL	CAPITOL 5448	20.00	NM

ANDREWS, H. (HAROLD)

CHITLIN CIRCUIT	STOP! LEAVE ME ALONE	BALANCE	200.00	F
I'M SO TIRED OF BEING LONELY	I LIKE MUSIC	BALANCE 2000	100.00	NM
IT TOOK YOU	ONE TO ANOTHER	BALANCE 2020	30.00	NM
STEPPIN' OUT	I'D LIKE TO SCHOOL YOU	BALANCE 2030	20.00	78
SINCE I TALK TO MY BABY	Same: Instrumental	HLS 500	10.00	NM
WE GOT TO GET BACK TOGETHER	YOU'RE A WINNER	EARLY BIRD 9663	25.00	B

ANDREWS, JIMMY

BIG CITY PLAYBOY	HAPPY GUY	BLUE JAY 5003	1300.00	NM

ANDREWS, LEE and the HEARTS

ALL YOU CAN DO	COLD GREY DAY	LOST NITE 1001	15.00	NM
CAN'T DO WITHOUT YOU	OH MY LOVE	LOST NITE 1004	20.00	NM
I'VE HAD IT	LITTLE BIRD	CRIMSON 1015	200.00	**NM**
NEVER THE LESS	ISLAND OF LOVE	CRIMSON 1009	30.00	**NM**
QUIET AS IT'S KEPT	YOU'RE TAKING A LONG TIME	RCA 8929	20.00	NM

ANDREWS, RUBY

I GOT A BONE TO PICK WITH YOU	I DON'T KNOW HOW TO LOVE YOU	ABC 12215	10.00	78
CASANOVA (PLAYING DAYS ARE OVER)	I JUST DON'T BELIEVE IT	ZODIAC 1004	15.00	NM
GOTTA BREAK AWAY	YOU OLE BOO BOO YOU	ZODIAC 1020	10.00	NM
HELP YOURSELF (LOVER)	ALL THE WAY	ZODIAC 1016	10.00	NM
HEY BOY (LET'S TAKE A CHANCE)	COME TO ME	ZODIAC 1006	20.00	NM
I JUST CAN'T GET ENOUGH	JOHNNY'S GONE AWAY	ZODIAC 1003	100.00	NM
JUST LOVING YOU	I LOVE I NEED	ZODIAC 1010	100.00	NM
LET'S GET A GROOVE GOING ON	LET'S GET A GROOVE GOING ON 2	ZODIAC 1001	100.00	F
WHAT EVER IT TAKES TO PLEASE YOU	same: Pt. 2	ZODIAC 1023	10.00	78
WHERE HAVE YOU GONE	YOU MADE A BELIEVER OUT OF ME	ZODIAC 1015	20.00	NM
WONDERFUL NITE	YOU CAN RUN (BUT YOU CAN'T HID	ZODIAC 1007	75.00	NM
YOU GOT TO DO THE SAME THING	DIDN'T I FOOL YOU	ZODIAC 1032	10.00	F

ANDRIANI, BOBBY

TO BE IN LOVE WITH YOU	I'VE GOT TO FIND A WAY	ATCO 6374	50.00	NM

ANGEL, JIMMIE

DON'T FALL IN LOVE	WHAT'S HAPPENING TO OUR WORLD	MAJESTIC 206	20.00	NM

ANGEL, JOHNNY

STONE OUT OF YOUR MIND	ARE YOU SURE YOU WANT TO GIVE	WATCH 1705	40.00	NM

ANGELENOS

(DOWN IN) EAST L.A.	LORI	HIGHLAND 1169	75.00	NM

ANGELLE, BOBBY

I'M BEGGING	I LOVE THE OLOVE YOU LOVE	MONEY 123	10.00	GR
LIVING LIE	I WANNA GO BACK HOME	MONEY 125	50.00	NM
TOO MUCH FOR YOU	SOMEONE IS GONNA HURT YOU	MONEY 128	25.00	NM

ANGELS

MORE THAN EVER NOW	WHAT WOULD YOU DO	RIVER CITY 601	75.00	NM
WHAT TO DO	I HAD A DREAM I LOST YOU	RCA 9129	20.00	NM

ANGLOS

INCENSE	STEPPING STONE	ORBIT 201	50.00	NM
SINCE YOU'VE BEEN GONE	SMALL TOWN BOY	SHIPTOWN 009	80.00	NM
SINCE YOU'VE BEEN GONE	SMALL TOWN BOY	SCEPTER 12204	40.00	NM

ANKA, PAUL

I CAN'T HELP LOVING YOU	CAN'T GET ALONG VERY WELL WITH	RCA 8893	75.00	**NM**
WHEN WE GET THERE	CAN'T GET YOU OUT MY MIND	RCA 9457	30.00	NM

ANN, BEVERLEY
HE'S COMING HOME	HE WON'T SEE THE LIGHT	RCA 9269	100.00	NM
YOU'VE GOT YOUR MIND ON OTHER THINGS	UNTIL YOU	RCA 9468	75.00	NM

ANN, CHERYL
I CAN'T LET HIM	GOODBYE BABY	PATTY 52	200.00	NM
I CAN'T LET HIM	GOODBYE BABY	PATTY 52 **PS**	300.00	NM

ANSWERS
THINKING OF YOU	A CHANCE I'LL TAKE	SCORPION 1005	300.00	NM

ANTELLECTS
LOVE SLAVE	DON'T LET IT HAPPEN	FLODAVIEUR 804	2000.00	NM

ANTHONY and the AQUA LADS
I REMEMBER	THE HEART THAT'S TRUE	GOLD BEE 1650	150.00	NM

ANTHONY and the DELSONICS
EVERY TIME	NEVER HAD A GIRL SO SWEET	EMERGE 1106	300.00	NM

ANTHONY and the IMPERIALS   (also see LITTLE ANTHONY)
DON'T TIE ME DOWN	WHERE THERE'S A WILL THERE'S A WAY	VEEP 1255	10.00	NM
IT'S NOT THE SAME	DOWN ON LOVE	VEEP 1248	15.00	NM
YESTERDAY HAS GONE	MY LOVE IS A RAINBOW	VEEP 1285	10.00	NM

ANTHONY and the SOPHOMORES
HEARTBREAK	I'LL GO THROUGH LIFE LOVING YOU	ABC 10844	50.00	NM
IT DEPENDS ON YOU	GEE (BUT I'D GIVE YOU THE WORLD)	ABC 10737	20.00	NM
ONE SUMMER NIGHT	WORK OUT	JAMIE 1340	40.00	GR

ANTHONY, CHARLES
I CAN DIG IT	THIS I CAN GIVE TO YOU	FILMTOWN 51768	400.00	NM

ANTHONY, EL
WE'VE BEEN IN LOVE TOO LONG	I WANT TO BE TOGETHER WITH YOU	LA CINDY 1002	100.00	NM

ANTHONY, LA MONT
JUST TO BE LOVED	I DIDN'T KNOW	CHECK MATE 1001	75.00	M
LET'S TALK IT OVER	BENNY THE SKINNY MAN	ANNA 1125	40.00	M
POPEYE	LET'S TALK IT OVER	ANNA 1125 withdrawn dj	100.00	M
POPEYE	LET'S TALK IT OVER	ANNA 1125 unissued stock copy	150.00	M

ANTHONY, RICHARD (and the BLUE NOTES)
KEEP ON LIVING	A DIRTY OLD TOWN	VIRTUE 189	200.00	NM
NO GOOD	THE BOSTON MONKEY	SWAN 4257	50.00	NM
WHAT NOW MY LOVE	I DON'T KNOW WHAT TO DO	VIP 25022	20.00	M

ANTHONY, SHELIA
LIVIN' IN LOVE	WOMAN TO WOMAN	BUTTERCUP 7	25.00	NM

ANTHONY, WAYNE
BLOW ME A KISS	GO GO WEDDING	WALANA 102	300.00	NM
YOU AIN'T WRAPPED TOO TIGHT	LITTLE MISS LONELY	ROULETTE 4672	15.00	NM
A SURE CASE OF LOVE	A THOUSAND MILES AWAY	ROULETTE 4662	15.00	NM

ANTIQUES
GO FOR YOURSELF	PENANCE	LA SALLE 69	1300.00	NM

ANTON, MEL
WHAT'S ON YOUR MIND	WHAT CAN I DO	KABLE 3003	30.00	NM

ANTWANS
AIN'T NO LOVE	YOU GOT THAT RIGHT	SNAWTNA 1001	30.00	NM

APOLLAS
YOU'RE ABSOLUTELY RIGHT	LOCK ME IN YOUR HEART	LOMA 2019	20.00	NM
JUST CAN'T GET ENOUGH OF YOU	NOBODY'S BABY (AM I)	LOMA 2025	20.00	NM
PRETTY RED BALOONS	YOU ALWAYS HURT ME	LOMA 2039	20.00	NM
SORRY MAMA	MY SOUL CONCERTO	LOMA 2053	15.00	NM
MR. CREATOR	ALL SOLD OUT	WB 5893	100.00	NM

APOLLIS
WHAT IT IS	WHAT IT IS pt. 2	SOUL SET	60.00	F

APOLLO, AL
I'M WALKING	I LAUGHED	CUB 9121	100.00	NM

APOLLO, VINCE
I BEAR WITNESS	I CAN'T TURN MY BACK	PENTAGON 1112	60.00	NM

APOSTLES
SIX PACK	SOUL FIESTA	KAPP 2011	10.00	F

APPLE and the THREE ORANGES
FREE AND EASY	FREE AND EASY PT 2	STAGE MUSIC 101	75.00	F
FREE AND EASY	FREE AND EASY PT. 2	STANSON 5021	60.00	F

APPOINTMENTS
I SAW YOU THERE	KEEP AWAY	DELITE 520	1500.00	NM
KEEP AWAY	FUNNY FEELIN'	REDD COACH 732	400.00	NM

APPRECIATIONS
AFRAID OF LOVE	FAR FROM YOUR LOVE	JUBILEE. 5525	40.00	NM
I CAN'T HIDE IT	NO NO NO	AWARE 1066	700.00	**NM**
IT'S BETTER TO CRY	GIMME BACK MY SOUL	SPORT 111	850.00	NM

SHE NEVER REALLY LOVED ME	THERE'S A PLACE IN MY HEART	SPORT 108	75.00	NM
THERE'S A PLACE IN MY HEART	SHE NEVER REALLY LOVED ME	SPORT 1008	45.00	NM

APRIL, MAY and JUNE

HE WENT AWAY	I LOVE THE GUY	RCA 8696	75.00	NM

AQUA SONICS

FUNKY FATSO	same: mono	DAKAR 4515	15.00	F

ARABIANS   also see EDWARD HAMILTON

(PLEASE) TAKE A CHANCE ON ME	YOU UPSET ME BABY	LE MANS 2	200.00	NM
(PLEASE) TAKE A CHANCE ON ME	YOU UPSET ME BABY	LE MANS 4	200.00	NM
LET ME TRY	TODAY I KISSED MY NEW LOVE	STAFF 1808	250.00	NM

ARCADES

THERE'S GOT TO BE A LOSER	THE SOUL P.W.	TRIAD 502	200.00	NM

ARGIE and the ARKETTS

YOU'RE THE GUY	HEY BABY	RONNIE no #	50.00	NM

ARISTOCRATS

DON'T GO	ME AND MRS. JONES	RONDO	500.00	F
LET'S GET TOGETHER NOW	IP SLIPPIN DIPPIN	WB 7736	200.00	78

ARMOND, SIR GUY

GOD BLESS A WOMAN	WITH HEART AND SOUL	SCAMM 1001	300.00	NM

ARMSTEAD, JO (JOSHIE JO)

A STONE GOOD LOVER	THE URGE KEEPS COMING	GIANT 704	30.00	NM
I FEEL AN URGE COMING ON	I WHO LOVE YOU SO	GIANT 701	20.00	NM
I'VE BEEN TURNED ON	NEVER HAD IT LIKE THIS BEFORE	GIANT 707	15.00	NM
THERE'S NOT TOO MANY MORE LIKE YOU	ANOTHER REASON WHY I LOVE YOU	GIANT 709	30.00	NM
I'VE BEEN TURNED ON	I'M GONNA SHOW YOU	GIANT 710	15.00	NM
GOT MY TASTE (OF THE HONEY)	WON'T YOU JOIN THE BAND	PREACHER ROSE 1	10.00	78
GIVE A LITTLE LOVING	STUMBLIN' BLOCKS, STEPPIN' STONES	GOSPEL TRUTH 1214	30.00	78
I GOT THE VIBES	RIDE OUT THE STORM	GOSPEL TRUTH 1207	20.00	78
SITTING HERE THINKING	LOOKING FOR A LOVER BOY	INFINITY 28	100.00	NM

ARMSTRONG, CHUCK

POOR MAKE BELIEVER	I'M A LONELY MAN	R.E.W. 33079	10.00	78
SHE HAD THE RIGHT	MISALEADING INFORMATION	R&R 200	10.00	78

ARMSTRONG, DAVE and ONE EYED JACKS

GET YORSELF READY	ANOTHER LONELY DAY	BANG 548	15.00	NM

ARMSTRONG, JIMMY

CLOSE TO YOU	HANGING OUT WITH EARLY BIRD	STOP 105	150.00	B
I BELIEVE I'LL LOVE ON	IT'S GONNA TAKE LOVE	SHRINE 105 not issued	NEG	NM
I'M GOING TO LOCK MY HEART	COUNT THE TEARS	ENJOY 1016	15.00	B
MYSTERY	I'M ABOUT TO SAY GOODBYE	SHRINE 102	150.00	NM
YOU'RE GETTING NEXT TO ME, BABY	GOING TO THE WELL TOO MANY TIM	BROTHERS THREE 1001	300.00	B

ARMSTRONG, TAL.

YOU'VE GOT SO MUCH FEELING	YOU'VE GOT SO MUCH FEELING Pt2	LOVE 1001	50.00	78

ARMSTRONG, TALMADGE and the ESCOTTS

GIVE IT UP	GIGI	SPINDLETOP 15	100.00	NM

ARNELL, BILLY

TOUGH GIRL	same: instrumental	HOLLY. 101	1000.00	**NM**

ARNELLS

HEART REPAIR SHOP	TAKE A LOOK	ROULETTE 4519	75.00	NM

ARNOLD, CALVIN

FUNKY WAY	SNATCHIN' BACK	VENTURE 605	10.00	F
JUST A MATTER OF TIME	YOU GOT TO LIVE FOR YOURSELF	VENTURE 634	20.00	F
SCOOBIE DO	same:	VENTURE 610 dj	10.00	F

ARRIVALS

LOOKING FOR NUMBER TEN	WRAPPED UP IN YOUR LOVE	20TH. CENTURY 2485	10.00	78
WOMAN AND CHILD	THE GRANNY DRESS	Lummtone 118	30.00	NM

ARROWS

BRING BACK THE ONE I LOVE	WE HAVE LOVE	BANDIT 101	40.00	NM

ART and HONEY

LET'S MAKE LOVE NOW	same: mono	MOTOWN 1246 dj	15.00	78

ARTER SET

SERMON	WAYWARD WIND	MUSICLAND USA 20005	150.00	NM

ART-FORMS LTD

I'M A BAD MAN	APPLE TREES AND BUTTERFLIES	RCA 354	20.00	GR
WHAT DID I DO WRONG	TIME TO CALL IT A DAY	RCA 411	30.00	GR

ARTISTICS

GIRL I NEED YOU	GLAD I MET YOU	BRUNSWICK 55315	10.00	**NM**
HOPE WE HAVE	I'M GONNA MISS YOU	BRUNSWICK 55301	10.00	**NM**
I'LL ALWAYS LOVE YOU	LOVE SONG	BRUNSWICK 55326	10.00	NM
THE CHASE IS ON	ONE LAST CHANCE	BRUNSWICK 55342	10.00	NM
YESTRDAYS' GIRL	PRICE OF LOVE	BRUNSWICK 55416	15.00	NM
YOU LEFT ME	LONELY OLD WORLD	BRUNSWICK 55384	10.00	NM

WHAT HAPPENED (TO THE LOVE WE HAD)	WALKING TALL	BRUNSWICK 55404	10.00	NM
JUST ANOTHER HEARTACHE	AIN'T IT STRANGE	BRUNSWICK 55431	10.00	NM
NOTHING BUT HEARTACHES	YOU MAKE ME HAPPY	BRUNSWICK 55353	10.00	NM
IN ANOTHER MAN'S ARMS	PATTY CAKE	OKEH 7217	20.00	NM
GET MY HANDS ON SOME LOVIN'	I'LL LEAVE IT UP TO YOU	OKEH 7193	30.00	NM
GET MY HANDS ON SOME LOVING	same:	OKEH 7193 dj purple vinyl	50.00	NM
SO MUCH LOVE IN MY HEART	LOVELAND	OKEH 7243	20.00	NM
THIS HEART OF MINE	I'LL COME RUNNING	OKEH 7232	85.00	NM
WHAT'LL I DO	I NEED YOUR LOVE	OKEH 7177	15.00	NM

ARTISTICS c/w TAYLOR, TED

THIS HEART OF MINE	STAY AWAY FROM MY BABY	OKEH 111809 dj purple vinyl	80.00	NM

ASCOTS

ANOTHER DAY	LOVE	MIR-A-DON 1004	300.00	NM
ANYTIME	SOMETIMES I WONDER	MIR-A-DON 1001	200.00	NM
JUST A FEW FEET FROM THE GUTTER	MR. FIXIT REPAIRMAN	AMERICAN PLAYBOY 1007	200.00	NM
MISS HEARTBREAKER	THIS OLD HEARTACHE	M.B.S. 106	20.00	NM
MISS HEARTBREAKER	THIS OLD HEARTTBREAK	MIR-A-DON 1000 artist credited	250.00	NM
MISS HEARTBREAKER	THIS OLD HEARTACHE	MIR-A-DON 1000 no artist credit	150.00	NM
MOTHER SAID	YES IT'S ALL RIGHT	MIR-A-DON 1002	50.00	NM

ASHE, CLARENCE

CLOSE TO YOU	DON'T OPEN THE DOOR	ABC 10698	15.00	B
I'M A WORKING MAN WHO NEEDS A GOOD WOMAN	SHE SAID I'LL BE A FAILURE	J&S 8719	10.00	F

ASHER, VIC

WHAT AM I GONNA DO	YOU'RE HISTORY	VELSI 100	30.00	78

ASHFORD, NICK

WHEN I FEEL THE NEED	YOUNG EMOTIONS	VERVE 10493	15.00	NM

ASHLEY, TONY and the DELICATES

I CAN'T PUT YOU DOWN	WE MUST HAVE LOVE	DECCA 32342	30.00	B
ALL ALONG I'VE LOVED YOU	I'LL NEVER BE SATISFIED	DECCA 32240	50.00	B

ASHLEY, TYRONE

I WANT MY BABY BACK	LET ME BE YOUR MAN	PHIL LA SOUL 342	20.00	NM

ASPIRATIONS

YOU LEFT ME	I WANT TO BE FREE	PEACHES 6721	2000.00	NM

ASTOR, JIMMY   also see JIMMY CASTOR

IT'S OK		JETSET 1001	200.00	NM

ASTOR and the POTENTIALS

GIVE ME WHAT I WANT	GIVE ME WHAT I WANT pt 2	ARISTO 105	15.00	F
MY BABY KNOWS (HOW TO DO HER THING)	MY BABY KNOWS (HOW TO DO HER THING) pt 2	ARISTO 106	40.00	F

ASTORS

CANDY	I FOUND OUT	STAX 170	15.00	NM
IN THE TWILIGHT ZONE	MYSTERY WOMAN	STAX 179	30.00	NM
JUST ENOUGH TO HURT ME	WHAT CAN IT BE	STAX 139	300.00	GR

ATHENS ROGUE

SHE COULD LOVE ME	SALLY, SALLY FROM TIN PAN ALLEY	STOP 185	250.00	NM

ATKINS, BEN and the NOMADS

COME ON OVER	BURNING	YOUNGSTOWN 609	200.00	NM
LOVE IS A BEAUTIFUL THING	same: instrumental	GOLDWAX 336	20.00	NM

ATKINS, LARRY

AIN'T THAT LOVE ENOUGH	HAVE MERCY ON ME	ROMARK 115	250.00	NM
LIGHTEN UP	AIN'T THAT LOVE ENOUGH	HIGHLAND 1193	75.00	NM

ATLANTICS

WHAT'S SO GOOD ABOUT GOODBYE	BABY I NEED YOU	MARQUEE 444	300.00	NM

ATTRACTIONS WHY SHOULDN'T A MAN C4/ SOME OL YOUR TIME   BELL 690   125

DESTINATION YOU	FIND ME	BELL 659	15.00	NM
FIND ME	DESTINATION YOU	BELL 659	20.00	NM
THAT GIRL IS MINE	NEW GIRL IN THE NEIGHBORHOOD	BELL 674	20.00	NM
BURN UP SOME ROAD (BACK TO MY BABY)	TIME GOES BNY SO SLOWLY	DE TO 1	75.00	NM
YOU DON'T KNOW BOY	THINK BACK	JUNE BUG 697	200.00	NM
FIND ME	DESTINATION YOU	RENFRO 1	20.00	NM

AUBURN, JI

NOTHING COULD BE WORSE	PUSH, SWEEP	MALA 452	50.00	NM

AUDITIONS

RETURNING FROM VIETNAM	GET SET, BE READY	FRECKLES 010	15.00	GR

AUGER, BRIAN

BLACK CAT	IN AND OUT	ATCO 6611	10.00	MOD
RED BEANS AND RICE	GEORGE BRUNO MONEY	ATCO 4536	15.00	MOD

AUGUST and DENEEN

WE GO TOGETHER	CAN'T GET YOU OUT OF MY HEAD	ABC 11082	125.00	NM

AUGUST MOON

WASTED YEARS	YOU'RE TOGETHER BABY	O-GEE 100	150.00	NM

AUSTIN, CONNIE
BALL OF FIRE	SHE MADE A MISTAKE	KING 6154	100.00	NM

AUSTIN, DON
THE THRILL OF YESTERDAY	STRONGLY IN LOVE	ALON 9007	10.00	NM

AUSTIN, DONALD
CRAZY LEGS	NANZEE	EASTBOUND 603	15.00	F
CRAZY LEGS	NANZEE	WOODY 105	20.00	F
SEX PLOT	CAN'T STAND THE STRAIN	EASTBOUND 608	10.00	F
SIDE SADDLE	SIDE SADDLE PT 2	WOODY 103	20.00	F

AUSTIN, LEE
TUTTI FRUTTI	same: mono	POLYDOR 14195 dj	30.00	F

AUSTIN, LEON
I'M MAD	TWO SIDED LOVE	KING 6093	25.00	NM
TURN ME LOOSE	RESPECT	KING 6247	20.00	NM

AUSTIN, PATTI
MUSIC TO MY HEART	LOVE 'EM LEAVE 'EM KIND OF LOVE	ABC 11104	40.00	NM
ARE WE READY FOR LOVE	NOW THAT I KNOW WHAT LONELINES	COLUMBIA 45337	30.00	NM
CAN'T FORGET THE ONE I LOVE	GOD ONLY KNOWS	COLUMBIA 45499	25.00	NM
DIDN'T SAY A WORD	DAY BY DAY	COLUMBIA 45592	75.00	NM
GOT TO CHECK YOU OUT	WHAT A DIFFERENCE A DAY MAKES	CORAL 62511	25.00	NM
HE'S GOOD ENOUGH FOR ME	EARL	CORAL 62455	125.00	NM
I WANNA BE LOVED	A MOST UNUSUAL BOY	CORAL 62471	25.00	NM
(I'VE GIVEN) ALL MY LOVE	WHY CAN'T WE TRY IT AGAIN	CORAL 62548	200.00	NM
LEAVE A LITTLE LOVE	MY LOVELIGHT AIN'T GONNA SHINE	CORAL 62500	125.00	NM
MAGICAL BOY	FAMILY TREE	UA 50520	25.00	NM
ONLY ALL THE TIME	OH HOW I NEED YOU JOE	CORAL 62518	30.00	NM
SOMEONE'S GONNA CRY	YOU BETTER KNOW WHAT YOU'RE GE	CORAL 62478	100.00	NM
TAKE AWAY THE PAIN STAIN	TAKE YOUR TIME	CORAL 62491	100.00	NM
YOU'RE TOO MUCH A PART OF ME	I'LL KEEP ON LOVING YOU	CORAL 62541	50.00	NM

AUTOGRAPHS
I CAN DO IT	I'M GONNA SHOW YOU HOW TO LOVE	OKEH 7293	75.00	**NM**
LOVE'S GONNA DO YOU IN	ON A HOT SUMMER DAY	JOKER 714	200.00	NM
SAD, SAD FEELING	SAD, SAD FEELING pt. 2	JOKER 719	40.00	NM
SAD, SAD FEELING	SAD, SAD FEELING pt 2	LOMA 2040	10.00	NM

AUTOMATIONS
GOING OUT OF MY MIND	WORLD OF MAKE BELIEVE	GAYE 5006	300.00	NM

AVON, TONY and the BELAIRS
STONE SOUL CANDIDATE	CATCH A FOX	ATLANTIC 2570	40.00	F

AVONS
SINCE I MET YOU BABY	HE'S MY HERO	EXCELLO 2296	20.00	NM
TELL ME BABY (WHO WOULD I BE)	A SAMPLE OF MY LOVE	REFOREE 700	20.00	NM
TONIGHT KISS YOUR BABY GOODBYE	WHATEVER HAPPENED TO OUR LOVE	GROOVE 39	30.00	NM

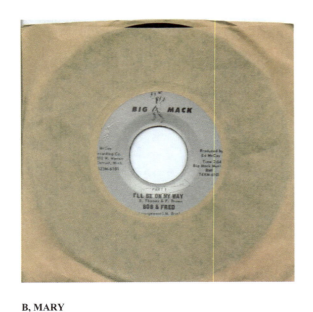

B, MARY
SOMETHING FOR YOU, BABY	SINCE I FELL FOR YOU	FLING 725	30.00	NM

B.G. SOUL BROTHERS
THE HOLD BAG		ESTILL 1000	25.00	F

B.J.B.
I GOTTA MAKE YOU BELIEVE IN ME	KNOW WHAT TO DO	TEE TI 803	500.00	78

B.W. and the NEXT EDITION
CHOSEN ONE	WORK, WORK, WORK	DAKAR 4540	30.00	78

B.W. SOULS
MARVIN'S GROOVE	GENERATED LOVE	ROUND 1038	20.00	F

BABE RUTH
ELUSIVE	same;	CAPITOL 8276 dj	10.00	NM

BABIES
HAND OF FATE	YOU MAKE ME FEEL LIKE SOMEONE	DUNHILL 4085 **PS**	20.00	NM
HAND OF FATE	YOU MAKE ME FEEL LIKE SOMEONE	DUNHILL 4085	10.00	NM

BABY DOLLS
(PLEASE) DON'T RUSH ME	THERE YOU ARE	GAMBLE 213	10.00	B
NOW THAT I'VE LOST YOU	I WILL DO IT	BOOM 60002	20.00	GR

BABY GEORGE
GONNA LOBE YOU AND LEAVE YOU	THERE IS SOMETHING	WORLD WIDE	200.00	F

BABY HUEY
LISTEN TO ME	same:	CURTOM 1962	10.00	F

BABY HUEY and the BABY SITTERS
JUST BEING CAREFUL	MESSIN' WITH THE KID	SHANN 73924	500.00	NM
JUST BEING CAREFUL	MESSIN' WITH THE KID	USA 801	100.00	NM

BACKYARD CONSTRUCTION
ARE YOU LONELY	I WANT YOUR LOVIN'	B.Y.C. 1000	15.00	GR

BACKYARD HEAVIES
EXPO 83	SOUL JUNCTION	SCEPTER 12314	20.00	F
KEEP ON TRUCKIN'	NEVER CAN SAY GOODBYE	HOT LINE 102	25.00	F

BAD BOYS
WHAT TOOK YOU SO LONG	YOU'RE NOT ALONE ANYMORE	BELL 840	20.00	NM

BAD MEDICINE
TRESPASSER PT.1	TRESPASSER PT. 2	ENYX 2	100.00	F

BAD WEATHER INC:
I NEVER KNEW	YOU REALLY GOT A HOLD ON ME	BAD WEATHER	300.00	NM

BAGBY, DOC
JOY RIDE	THE HOUSE ROCKER	OKEH 7080	15.00	B

BAGS and BEANS
TRUST YOUR LUCK	GYPSEY	SAMONE 100	500.00	NM

BAILEY, AARON (CHICO)
THE POINT	THE POINT II	KRIS 8097	60.00	F

BAILEY, AL C and the SOUL PROVIDERS
HOW CAN YOU LOVE HIM	GO HOME YOU COMMUNIST	RON PAUL 1010	350.00	F

BAILEY, ANN
SWEEPING YOUR DIRT UNDER MY RUG	same:	WAND 11265 dj	40.00	78

BAILEY, ARLENE
AIN'T THAT SOMETHING	I HAD A LOVE	COBRA 10	50.00	NM
CONVERSATION IN THE STREET	COME HOME	CONLO 880	20.00	NM

BAILEY, HORACE
DOWN THRU THE YEARS	COOL MONKEY	DELENE 700	100.00	B

BAILEY, J.R.
EVERYTHING I WANT I SEE IN YOU	I CAN'T SEE ME WITHOUT YOU	MAM 3639	15.00	78
I'LL ALWAYS BE YOUR LOVER	NOT TOO LONG AGO	MAM 3635	15.00	78
LOVE WON'T WEAR OFF (AS THE YEARS WEAR ON)	same: instrumental	CALLA 158	50.00	78
LOVE, LOVE, LOVE	TOO FAR GONE TO TURN AROUND	TOY 3801	10.00	78
TEARS (NOTHING BUT TEARS)	blank:	BELL actetate	**NEG**	NM
THE EYES DON'T KNOW THE FEELING	same: Long version	RCA 10799	50.00	78
TOO LATE	HOLD BACK THE DAWN	MALA 12015	20.00	NM

BAILEY, JIMMY
EVERYTIME	STOP, WAIT A MINUTE	COLUMBIA 43260	15.00	NM
IF GOODBYE MEANS GONE	HUSH	COLUMBIA 43408	30.00	NM

BAILEY, RAZZY
I HATE,,HATE	LIL WAS A WIDOW WOMAN	BOBLO 314	30.00	78

BAILEY, ROGER
LOST GENERATION		AUDIO FORTY 60001	50.00	NM

BAILEY, THOMAS
FRAN	JUST WON'T MOVE	FEDERAL 12559	300.00	B
I WISH I WAS BACK	PERCY'S PLACE	FEDERAL 12567	300.00	B

BAINES, VICKIE
GOT TO RUN	LOSING YOU	PARKWAY 957	30.00	NM
COUNTRY GIRL	ARE YOU KIDDING	PARKWAY 966 dj	850.00	NM
COUNTRY GIRL	ARE YOU KIDDING	PARKWAY 966	1000.00	NM
WE CAN FIND THAT LOVE	SWEETER THAN SWEET THINGS	SYMBOL. 222	100.00	NM
WE CAN FIND THAT LOVE	SWEETER THAN SWEET THINGS	LOMA 2078	25.00	NM

BAITEY, PAMALA
YOU CAN'T LET THE GIRL OVER POWER THE WOMAN	ACTION SPEAKS LOUDER THAN WORD	SY-ROC 1001	30.00	NM

BAKER, BILL
ANOTHER SLEEPLESS NIGHT	IT SHOULDN'T HAPPEN TO A DREAM	PARNASO 110	250.00	NM

BAKER, BILLY
DESCRIBING LOVE	MUSIC KEEPS ME MOVING	GARDEN CITY 127	300.00	78

BAKER, BUTCH
BATMAN AT THE GO GO	ROBIN AT THE GO GO	ST. LAWRENCE 1010 dj	200.00	NM
THE FAT MAN	WORKING AT THE GO GO	ST. LAWRENCE 1011	40.00	**NM**

BAKER, ERNEST
ALONE AGAIN	DO IT WITH FEELING	BLUE SOUL 10	400.00	78

BAKER, JEANETTE
I'M GONNA MAKE IT WITH YOU	GOT TO GET YOU INTO MY LIFE	J.D. 1	100.00	NM

BAKER, JOAN
EVERYBODY'S TALKING	SATISFY ME	DIAMOND 164	100.00	NM

BAKER, JOHNNY
FOG CITY (AND YOU BABE)	PRACTICE WHAT YOU PREACH	FOG CITY 800	40.00	78
SHY GUY	DONNIE-O	FOG CITY 80004	25.00	78

BAKER, KING ERNEST
SOMEBODY SOMEWHERE (IS PLAYING WITH YOUR	same: instrumental	FUNK RECORDS 1007	40.00	F

BAKER, LAVERN
ONE MONKEY (DON'T STOP NO SHOW)	BABY	BRUNSWICK 55291	20.00	NM
WRAPPED TIED AND TANGLED	NOTHING LIKE BEING IN LOVE	BRUNSWICK 55311	60.00	NM 350
I'M THE ONE TO DO IT	BABY	BRUNSWICK 55408	60.00	NM

BAKER, LAVERN and RICKS, JIMMY
YOU'RE THE BOSS	I'LL NEVER BE FREE	ATLANTIC 2090	15.00	NM

BAKER, LITTLE BETTY
JUST WHAT THE DOCTOR ORDERED	STOP BOY	ALL PLATINUM 2327	15.00	NM

BAKER, SAM
SWEET LITTLE ANGEL	TOSSIN' AND TURNIN'	ATHENS 212	10.00	B
I LOVE YOU	HOLD BACK, GIRL	SS7 2630	10.00	B
I'M NUMBER ONE	I BELIEVE IN YOU	SS7 2590	15.00	NM
SAFE IN THE ARMS OF LOVE	JUST A GLANCE AWAY	SS7 2579	15.00	B
SOMETHING TELLS ME	SOMETIMES YOU HAVE TO CRY	SS7 2550	15.00	B

BAKER, YVONNE (and the SENSATIONS)
EYES	THAT'S MY DESIRE	ARGO 5412	20.00	NM
I CAN'T CHANGE	MEND THE TORN PIECES	JUNIOR 1010	75.00	NM
I CAN'T CHANGE	MEND THE TORN PIECES	JUNIOR 1071	20.00	NM
MY BABY NEEDS ME	A WOMAN NEEDS A MAN	MODERN 1055	60.00	NM
YOU DIDN'T SAY A WORD	TO PROVE MY LOVE IS TRUE	PARKWAY 140 East Coast vinyl dj	450.00	NM
YOU DIDN'T SAY A WORD	TO PROVE MY LOVE IS TRUE	PARKWAY 140 West Coast styrene	400.00	**NM**
YOU DIDN'T SAY A WORD	TO PROVE MY LOVE IS TRUE	PARKWAY 140 stock copy	500.00	**NM**

BALL, BILLY and the UPSETTERS
POPCORN 69	SISSY WALK	APOLLO. no#	400.00	F

BALLAD, KENNY
DOWN TO MY LAST HEARTBREAK	THERE WILL NEVER BE ANOTHER YO	DYNAMO 106	150.00	NM
MR. MAGIC	OH! HOW I CRIED	KAPP 602	50.00	NM
I'M LOSING YOU	YOUR LETTER	ROULETTE 4716	20.00	NM
I WANNA LOVE YOU	IT SURE LOOKS GOOD	TOY 105	100.00	B

BALLADS
CONFESSING A FEELING	BUTTERFLI	BALJA 1001	10.00	GR
BABY I'M FOR REAL	DIZZY WORLD	KIMBERLY 105	15.00	GR
BUTTERFLY	CONFESSING ATHE FEELING	MUSIC CITY 897	40.00	78
I'M GONNA SHOW YOU	LOVING YOU ISN'T ENOUGH	MUSIC CITY 896	30.00	78
TREAT ME LIKE YOUR WOMAN	DON'T TOUCH THAT DIAL	SOUL BEAT 003	15.00	GR
THIS IS MAGIC	WE KNOW	TINA 102	40.00	GR
I CAN'T SEE YOUR LOVE	I CAN'T SEE YOUR LOVE Pt 2	VEE-JAY 714	40.00	NM
I LOVE YOU,. YEAH	YOU'RE THE ONE	VENTURE 625	15.00	GR
I WISH I KNEW	GIFT OF LOVE	VENTURE 637	10.00	NM
MY BABY KNOWS HOW TO LOVE HER	GOD BLESS OUR LOVE	VENTURE 615	15.00	NM
I CAN'T SEE YOUR LOVE	I CAN'T SEE YOUR LOVE Pt 2	WEE 714	75.00	NM

BALLARD, FLORENCE
IT DOESN'T MATTER HOW SAY IT	GOIN' OUT OF MY HEAD	ABC 11074	30.00	M
LOVE AIN'T LOVE	FOREVER FAITHFUL	ABC 11144	30.00	M
LOVE AIN'T LOVE	FOREVER FAITHFUL	ABC 11144 PS	50.00	MM

BALLARD, HANK
BUTTER YOUR CORN	FUNKY SOUL TRAIN	KING 6244	20.00	F
HOW YOU GONNA GET RESPECT	TEARDROPS ON YOUR LETTER	KING 6196	15.00	F
YOU'RE SO SEXY	THRILL ON THE HILL	KING 6215	10.00	F
ANNIE HAD A BABY	TEARDROPS ON YOUR LETTER	PEOPLE 604	15.00	F
FROM THE LOVE SIDE	FINGER POPPIN' TIME	POLYDOR 14128	25.00	F

BALLARD, LITTLE JIMMY
GUILTY (OF LOVE IN THE 1ST. DEGREE)	SOPHISTCATED WALK	ABC 11089	30.00	NM

BALTIMORE and OHIO MARCHING BAND
CONDITION RED	LAPLAND	JUBILEE. 5592	15.00	NM

BANBARRA
SHACK UP PT 2	SHACK UP	UA 734	20.00	F

BAND OF GOLD
HER LOVE	LIKE A HURRICANE	MUMMP 11	20.00	GR

BAND OF OZ
ONE MORE STEP TO TAKE	TOO HOT TO HANDLE	METRO 870811	15.00	78

BANDS OF GOLD
IT'S OVER	YOU WON'T CHANGE ME	SMASH 2058	40.00	NM

BANDWAGON
BREAKIN' DOWN THE WALLS OF HEARTACHE	DANCIN MASTER	EPIC 10352	10.00	NM

BANKS, BARBARA
AIN'T I WORTH A DIME	LIVING LONG	SMASH 2011	50.00	NM
RIVER OF TEARS	LIVING IN THE PAST	VEEP 1247	40.00	NM
THE NIGHT TIME FEELING	SONNY BOY	MGM 13786	15.00	NM

BANKS, BESSIE
BABY YOU SURE KNOW HOW TO GET TO	same: mono	QUALITY 508	15.00	78
DON'T YOU WORRY BABY THE BEST IS YET TO COME	TRY TO LEAVE ME IF YOU CAN	QUALITY 503	150.00	78
GO NOW	IT SOUNDS LIKE MY BABY	TIGER 102	20.00	NM
GO NOW	IT SOUNDS LIKE MY BABY	BLUE CAT 106	100.00	NM
I CAN'T MAKE IT	NEED YOU	VERVE 10519	50.00	NM
TRY TO LEAVE IF YOU CAN	same: mono	VOLT 4112 dj	15.00	B

BANKS, BOBBY
READ IT AND WEEP	I'M A BACHELOR	GIL 101	40.00	B

BANKS, DARRELL
ANGEL BABY (DON'T YOU LEAVE ME)	LOOK INTO THE EYES OF A FOOL	ATCO 6484	30.00	NM
I'VE GOT THAT FEELING	HERE COME THE TEARS	ATCO 6471	20.00	NM
OPEN THE DOOR TO YOUR HEART	OUR LOVE (IS IN THE POCKET)	REVILOT 201 Grey label	30.00	NM
OPEN THE DOOR TO YOUR HEART	OUR LOVE (IS IN THE POCKET)	REVILOT 201 pink label	15.00	NM
OPEN THE DOOR TO YOUR HEART	OUR LOVE (IS IN THE POCKET)	REVILOT 201 dj	100.00	NM
SOMEBODY (SOMEWHERE) NEEDS YOU	BABY WHAT'CHA YOU GOT (FOR ME)	REVILOT 203 Grey label	30.00	NM
SOMEBODY (SOMEWHERE) NEEDS YOU	BABY WHAT'CHA YOU GOT (FOR ME)	REVILOT 203 pink label	25.00	NM
SOMEBODY (SOMEWHERE) NEEDS YOU	same:	REVILOT 203 dj	60.00	NM
BEAUTIFUL FEELING	NO ONE BLINDER	VOLT 4026	15.00	NM
I'M THE ONE WHO LOVES YOU	JUST BECAUSE YOUR LOVE HAS GONE	VOLT 4014	50.00	NM

BANKS, DOUG
I JUST KEPT ON DANCING	BABY SINCE YOU WENT AWAY	ARGO 5483	100.00	NM

BANKS, DOUGLAS
AINT' THAT JUST LIKE A WOMAN	NEVER SAY GOOD-BYE	GUYDEN 2082	150.00	NM

BANKS, GEORGETTA
SWEETLY AND COMPLETELY	AUTOGRAPH MY PHOTOGRAPH	G-NOTE 1001	300.00	NM
SWEETLY AND COMPLETELY	AUTOGRAPH BY PHOTOGRAPH	DOT 16716	150.00	NM

BANKS, HOMER
HOOKED BY LOVE	LADY OF STONE	MINIT 32020	10.00	NM
60 MINUTES OF YOUR LOVE	DO YOU KNOW WHAT	MINIT 32008	15.00	NM
A LOT OF LOVE	FIGHTING TO WIN	MINIT 32000	20.00	NM
SWEETIE PIE	LADY OF STONE	GENIE	300.00	NM

BANKS, LARRY
I'M COMING HOME	I DON'T WANNA DO IT	DCP 1133	100.00	NM
I'M NOT THE ONE	MUDDY WATER	KAPP 865	20.00	NM

BANKS, ROBERT
A MIGHTY GOOD WAY	SMILE	VERVE 10545	40.00	NM

BANKS, STANLEY
CRAWL BEFORE YOU WALK	IF YOU CAN'T BEAT ME ROCKIN'	BIG BOY 3519	15.00	78

BANKS, WILLIE and the MESSENGERS
FOR THE WRONG I'VE DONE	JESUS NEVER FAIL	HSE 482	20.00	GR

BANKSTON, T.W.
YOU ARE THE ICING ON MY CAKE	same: instrumental	STRAIGHT UP 12948 SP	50.00	78

BARBARA and BRENDA
DON'T WAIT UP FOR ME MAMA	WHO PUT OUT THE RUMOR	DYNAMO 120	40.00	NM
NEVER LOVE A ROBIN	SALLY'S PARTY	DYNAMO 108	10.00	NM
IF IM HURT YOU'LL FEEL THE PAIN	TOO YOUNG 2B FOOLED	DYNAMO 103	10.00	NM
HURTIN' INSIDE	THAT'S WHEN YOU'VE GOT SOUL	HEIDI 104	15.00	NM

BARBARA and JOE
DON'T U KNOW THAT IT'S ALRIGHT	YOU'RE ASTOUNDING	RESPECT 2507	15.00	78

BARBARA and the BELIEVERS
WHAT CAN HAPPEN TO ME NOW	WHEN YOU WISH UPON A STAR	CAPITOL 5866	25.00	NM

BARBARA and the BROWNS
I DON'T WANT TO HAVE TO WAIT	PLENTY OF ROOM	CADET 5544	40.00	B
IN MY HEART	PLEASE HONEST WITH ME	STAX 158	20.00	B
YOU BELONG TO HER	BIG PARTY	STAX 150	10.00	B
IF I CAN'T RUN TO YOU I'LL CRAWL	YOU DON'T LOVE ME	XL 1372	100.00	B

BARBARA and the UNIQUES
THERE IT GOES AGAIN	WHAT'S THE UDE	ARDEN 3001	15.00	NM
YOU'RE GONNA MAKE ME CHEAT ON YOU	I'LL NEVER LET YOU GO	ARDEN 3002	10.00	F

BARBARA and the CASTLES
STONEY FACE	DON'T HURT ME BABY	RUBY-DOO 12	200.00	NM

BARBER, CECIL
YOU CAN MAKE IT IF YOU TRY	I'M NOT A KNOW IT ALL	SOUTH TOWN 214	30.00	B

BARBOUR, GENE and the CAVALIERS
I NEED A LOVE	I DIG YOU BABY	HIT 101	300.00	NM

BARBOUR, LEROY
I AIN'T GOING NOWHERE		FRONTERSMAN	200.00	NM

BARKLEY, TYRONE
MAN OF VALUE	SOME KIND OF WONDERFUL	MIDSONG 1016	30.00	78

BARLOW, DEAN
DON'T LET HIM TAKE MY BABY	I DIDN'T SEE NOBODY DANCE	RUST 5068	75.00	nm
THIRD WINDOW FROM THE RIGHT	BABY DOLL	LESCAY 300	200.00	NM
YESTERDAY'S KISSES	THE NIGHT BEFORE LAST	LESCAY 3010	100.00	NM

BARNES, DEE DEE
DO WHAT YOU WANNA DO	I'M YOURS AND YOUR MINE	ARCTIC 138	100.00	NM

BARNES, BETTY
WALKING DOWN BROADWAY	THE SKY WITHOUT THE SUN	RCA 9274	50.00	NM

BARNES, BILLY
TO PROVE MY LOVE	UNTIL	LIBERTY 55421	30.00	NM

BARNES, BOBBY
I SHED A TEAR	TIMES ARE BAD	DISCOVERY 1312	100.00	B

BARNES, DENA
IF YOU EVER WALK OUT OF MY LIFE	WHO AM I	INFERNO 2002	400.00	**NM**

BARNES, J.J.
I'LL KEEP COMING BACK	EVIDENCE	BUDDAH 120	25.00	NM
HOW LONG	THE ERROLL FLYNN	CONTEMPO 7003	10.00	78
BABY PLEASE COME BACK HOME	CHAINS OF LOVE	GROOVESVILLE 1006	15.00	NM
FORGIVE ME	NOW THAT I GOT YOU BACK	GROOVESVILLE 1008	15.00	NM
MY LOVE CAME TUMBLING DOWN	WON'T YOU LET ME KNOW	KABLE 47	40.00	M
JUST ONE MORE TIME	HEY CHILD, I LOVE YOU	MICKAYS 3004	50.00	NM
LONELY NO MORE	GET A HOLD OF YOURSELF	MICKAYS 4471	400.00	NM
THESE CHAINS OF LOVE	COLOR GREEN	MICKAYS 300	30.00	NM
NOW SHE'S GONE	HOLD ON TO IT	REVILOT 216	10.00	NM
I'LL KEEP COMING BACK	SAD DAY A COMING	REVILOT 218	10.00	NM

OUR LOVE IS IN THE POCKET	ALL YOUR GOODIES ARE GONE	REVILOT 222 Pink label	100.00	NM
OUR LOVE IS IN THE POCKET	ALL YOUR GOODIES ARE GONE	REVILOT 222 Multi coloured	150.00	NM
POOR UNFORTUNATE ME	SHE AIN'T READY	RING 101	15.00	NM
PLEASE LET ME IN	I THINK I FOUND A LOVE	RIC TIC 106	10.00	NM
PLEASE LET ME IN	I THINK I FOUND A LOVE	RIC TIC 106 dj	100.00	NM
REAL HUMDINGER	I AIN'T GONNA DO IT	RIC TIC 110	10.00	NM
REAL HUMDINGER	I AIN'T GONNA DO IT	RIC TIC 110 dj	50.00	NM
DON'T BRING ME BAD NEWS	DAY TRIPPER	RIC TIC 115	10.00	M
SAY IT	DEEPER IN LOVE	RIC TIC 117	15.00	NM
JUST ONE MORE TIME	HEY CHILD, I LOVE YOU	SCEPTER 1266	30.00	NM
GOT TA GET RID OF YOU	SNOW FLAKES	VOLT 4027	50.00	NM

BARNES, J.J. and the DELL FI'S
MY LOVE CAME TUMBLING DOWN	WON'T YOU LET ME KNOW	RICH 1005	30.00	M
MY LOVE CAME TUMBLING DOWN	WON'T YOU LET ME KNOW	KABLE 437	40.00	M

BARNES, JAMES and the AGENTS
GOOD AND FUNKY	THE BOMB	GOLDEN HIT 102	10.00	F

BARNES, JIMMY J.
I THINK I'VE GOT A GOOD CHANCE	I THINK I'VE GOT A GOOD CHANCE	ORGANIC 1	200.00	78

BARNES, JOHNNY
REAL NICE	IT MUST BE LOVE	CAP CITY 122	25.00	NM

BARNES, LARRY
RAGS IS RAGS	I FEEL LOVE COMIN' ON	SMASH 2004	20.00	NM

BARNES, MYRA
MESSAGE FROM THE SOUL SISTERS	MESSAGE FROM THE SOUL SISTERS PT 2	KING 6334	25.00	F
SUPER GOOD	SUPER GOOD PT 2	KING 6344	20.00	F

BARNES, ORTHEA (ORTHEIA)
YOUR PICTURE ON THE WALL	SAME AS BEFORE	ABC 10434	45.00	NM
TAKE MY HEART AND SOUL	HEARTBREAKER SOULSHAKER	CORAL 62552	40.00	NM
I'VE NEVER LOVED NOBODY	WAITING FOR JOEY	CORAL 62529	30.00	NM
YOUR PICTURE ON THE WALL	SAME AS BEFORE	MICKAYS 350	100.00	NM

BARNES, SIDNEY
I HURT ON THE OTHER SIDE	SWITCHY WALK	BLUE CAT 125	150.00	NM
NEW YORK CITY	TALKIN' BOUT A SHINGDIG	BLUES TONE 402	20.00	NM
WAIT	I'M SATISFIED	GEMINI 101	60.00	NM
YOU'LL ALWAYS BE IN STYLE	I'M SO GLAD	RED BIRD 10039	100.00	NM
I HURT ON THE OTHER SIDE	SWITCHY WALK	RED BIRD 10054	500.00	NM

BARNES, TOWANDA
IF I'M GUILTY	OH DARLING	GROOVY 3003	30.00	NM
YOU DON'T MEAN IT	(YOU BETTER) FIND SOMEONE TO LOVE	A&M 1141	40.00	NM

BARNETT, CAROL
LIKE BROTHERS	UNREST IN THE NATION	UNITY 101	50.00	F

BARNETT, JAMES
KEEP ON TALKING	TAKE A GOOD LOOK	FAME 1001	150.00	NM

BARNETT, MATTHEW
IF YOUR LOVE IS REAL	MY ONLY LOVE	PUFF 1005	450.00	NM

BARNUM, EVE
WE GO TOGETHER	PLEASE NEWSBOY	CHECKER. 1215	10.00	NM

BARNUM, H.B.
HEARTBREAKER	SEARCHIN' FOR MY SOUL	CAPITOL 5932	85.00	NM
THE RECORD	I'M A MAN	CAPITOL 5391	15.00	NM
THREE ROOMS WITH RUNNING WATER	CALYPSO BLUES	IMPERIAL 66063	30.00	NM
IT HURTS TOO MUCH TO CRY	LONELY HEARTS	RCA 8112	85.00	NM
IT HURTS TOO MUCH TO CRY	LONELY HEARTS	RCA 8112 **PS**	100.00	NM

BARON, ELLIOTT
MAN TO MAN	THE SPARE RIB	GOLDEN WORLD 11	100.00	M

BARONS   also see BARRONS
I'VE GOT A FEELING	CLAP YOUR LITTLE HANDS	ETAH 102	40.00	NM
THAT'S HOW LOVE IS	WE SHOULD BE TOGETHER BALLAD	GAMMA 1150	30.00	78
A TEARDROP FEEL FOR ME	SWIM, TINY SWIM	LAMAR 2811	200.00	NM
ARE YOU HERE TO STAY	LOVE IS SO REAL	MODE. 133	20.00	GR
SINCE YOUR GONE	MY SMILE IS BIGGER	RCA 9034	40.00	NM

BARR, RICO and the BOSTON BARRISTERS
I NEED YOU BABE	SOME PEOPLE CALL IT MADNESS	BOSSTOWN 1113	150.00	NM

BARRABAS
CHECKMATE	MELLOW BLOW	ATCO 7036	10.00	F

BARRACUDAS
NO MATTER WHAT YOU DO	WAIT FOR TOMORROW	CRITIQUE 1075	40.00	NM
NO MATTER WHAT YOU DO	WAIT FOR TOMORROW	SMASH 2181	20.00	NM

BARRETT, SUSAN
A GRAIN OF SAND	SHE GETS EVERYTHING SHE WANTS	RCA 8888	10.00	NM
WHAT'S IT GONNA BE	IT'S NO SECRET	RCA 9296	85.00	NM

BARRETTO, RAY
RIGHT ON	Y DICEN	FANIA 555	25.00	MOD
SOUL DRUMMERS	MERCY, MERCY BABY	FANIA 454	25.00	MOD

BARRINO BROTHERS
JUST A MISTAKE	I'LL TAKE MY FLOWERS RIGHT NOW	TCB 100	30.00	NM
TRAPPED IN LOVE	WHEN LOVE WAS A CHILD	INVICTUS 9083	15.00	78

BARRON, RONNIE
IT'S ALL IN THE PAST	THE HIP PARADE	SOUNDEX 1007	30.00	NM

BARRONS   also see BARONS
I'M SO LONELY	SOME KIND OF FOOL	ALITHIA 6049	20.00	GR

BARRY, JEFF
I STILL LOVE YOU	OUR LOVEW CAN STILL BE SAVED	RED BIRD 10026	20.00	NM

BARRY, LEE
I DON'T NEED IT	MAN AIN'T NOTHING	DOWNEY 134	40.00	NM

BARRY, LEN
OUR LOVE	THE MOVING FINGER WRITES	RCA 9150	15.00	NM
RAINY SIDE OF THE STREET	ALL THOSE MEMORIES	RCA 9275	15.00	NM

BARTEL, JOHNNY
IF THIS ISN'T LOVE	I WAITED TOO LONG	SOLID STATE 2514	100.00	NM
MORE THAN EVER BEFORE	STATE OF MIND	SOLID STATE 2519	15.00	NM

BARTELL, NATHAN
SOME ONE LIKE YOU	RUNNING THROUGH THE NIGHT	ALBRADELLA 302	25.00	78

BARTLEY, CHRIS
I KNOW WE CAN WORK IT OUT	ONE WONDERFUL GIRL	BUDDAH 115	15.00	NM
I'LL TAKE THE BLAME	FOR YOU	BUDDAH 93	20.00	NM
TOMORROW KEEPS SHINING ON ME	A MAN, A WOMAN	MUSICOR 1437	30.00	NM
BABY IT'S WONDERFUL	I'LL BE LOVING YOU	VANDO 3000 **PS**	15.00	NM
BABY IT'S WONDERFUL	I'LL BE LOVING YOU	VANDO 3000	10.00	NM
I FOUND A GOODIE	BE MINE FOREVER	VANDO 14001	15.00	NM
THE SWEETEST THING THIS SIDE OF HEAVEN	LOVE ME BABY	VANDO 101	10.00	NM
TRUER WORDS WEERE NEVER SPOKEN	THIS FEELING YOU GIVE ME	VANDO 14000	10.00	NM
YOU GET NEXT TO MY HEART	FOR YOU	VANDO 3002	10.00	NM

BARTON, EILEEN
THAT OLD FEELING	THE JOKE (IS NOT ON ME)	UA 206	30.00	M
THE JOKE (IS NOT ON ME)	THAT OLD FEELING	UA 206	40.00	M

BASCOMB, BAD
FUNK CITY	CROCODILE	SPECTRUM 137	10.00	F

BASCOMB, WILBUR and the ZODIAC
JUST A GROOVE IN "G"	TAKE ME BACK (THREE REASONS)	CARNIVAL 555	40.00	F

BASIC BLACK and PEARL
THERE'LL COME A TIME, THERE'LL	HE'S A REBEL	POLYDOR 15111	15.00	78

BASIL, TONI
BREAKAWAY	I'M 28	A&M 791	225.00	NM

BASKERVILLE, BOBBY
GOTCHA WHERE I WANCHA	SOUL TALK	DOT 17066	15.00	NM

BASS, FONTELLA
BRAND NEW LOVE	I DON'T HURT ANY MORE	BOBBIN 134	15.00	B
HONEY BEE	BAD BOY	BOBBIN 140	25.00	NM
I CAN'T REST	I SURRENDER	CHECKER. 1137	10.00	NM
LUCKY IN LOVE	SWEET LOVIN' DADDY	CHECKER. 1183	15.00	NM
RESCUE ME	SOUL OF A MAN	CHECKER. 1120	10.00	NM
RECOVERY	LEAVE IT IN THE HANDS OF TIME	CHECKER 1131	10.00	NM
SAFE AND SOUND	YOU'LL NEVER EVER KNOW	CHECKER. 1147	10.00	NM
MY GOOD LOVING	I LOVE THE MAN	PRANN 5005	15.00	NM

BASS, FONTELLA and McCLURE, BOBBY
DON'T MESS UP A GOOD THING	JERK LOOSE	CHECKER. 1097	10.00	NM
YOU'LL MISS ME (WHEN I'M GONE)	DON'T JUMP	CHECKER 1111	10.00	NM

BASS, TOMMY
THIS IS MY THING	I GOTTA LEARN TO LIVE WITH THE	SOULFUL 1004	25.00	NM

BASSEY, SHIRLEY
DON'T TAKE THE LOVERS FROM THE WORLD	TAKE AWAY	UA 50031	10.00	NM

BATAAN, JOE
CRYSTAL BLUE PERSUASION	ORDINARY GUY	UPTITE 14	15.00	NM
LATIN STRUT	PEACE, FRIENDSHIP and SOLIDARITY	MERICANA 7157	10.00	F
MY CLOUD	WHAT GOOD IS A CASTLE	UPTITE 19	15.00	GR
SAD GIRL	PEPE EL TORO	FANIA 492	15.00	GR
SHAFT	EL REGRESO	FANIA 595	15.00	F
THE BOTTLE	WHEN YOU'RE DOWN (FUNKY MAMBO)	SALSOUL 8701	10.00	F
YOUNG GIFTED AND BROWN	UNWED MOTHER	UPTITE 21	15.00	78

BATEMAN, JUNE and the NOBLE WATTS BAND
I DON'T WANTA	I STILL LOVE HIM	ODESSA 307	40.00	NM

BATES SISTERS
SYMPHONY FOR THE BROKEN HEARTED	SO BROKEN HEARTED	NOLA 736	10.00	NM

BATES, LEE
(WHAT AM I GONNA DO) WHAT AM I GONNA SAY	YOUR LOVE IS SLIPPING AWAY	INSTANT 3329	40.00	78
ALL THAT MATTERS IS LOVE	DANCE WITH ME	SANSU 1003	30.00	78
OVERNIGHT SENSATION	HOOKED ON A FEELING	MAGNOLIA 300	10.00	78
WHAT AM I GONNA SAY	same:	IX CHAINS 7011 dj	20.00	78
WHY DON'T YOU WRITE	GONNA MAKE YOU MINE	INSTANT 3310	40.00	NM
YOU WON'T DO RIGHT	THREE TRIP AROUND THE WORLD	INSTANT 3316	20.00	NM

BATISTE, DAVID and the GLADIATORS
FUNKY SOUL pt. 1	FUNKY SOUL pt. 2	SOULIN 547	75.00	F

BATTISTE, ROSE
SWEETHEART DARLING	THAT'S WHAT HE TOLD ME	GOLDEN WORLD 33	15.00	NM
HIT AND RUN	I MISS MY BABY	REVILOT 204	100.00	**NM**
I STILL WAIT FOR YOU	COME BACK IN A HURRY	REVILOT 206	50.00	NM
HOLDING HANDS	THAT'S WHAT HE TOLD ME	RIC TIC 105	150.00	**NM**
I CAN'T LEAVE YOU	SOMEDAY	THELMA 102	250.00	NM

BATTLE, JEAN
I'VE GOT TO COME IN	UNSATISFIED WOMAN	CLINTONE 4	30.00	NM
LOVE MAKING	WHEN A WOMAN LOVES A MAN	RED LITE 119	15.00	NM

BAXTER, RON
THIS IS IT	I'VE GOT TO KNOW	OLE-9 1003	250.00	NM

BAXTER, RONNIE
TRUE LOVE IS A STRANGER	IN TIME	AGON 1006	75.00	NM

BAXTER, TONY
I'LL COME TO YOU	WHEN DID I GET MARRIED	CHUBBY 711	20.00	NM

BAY BRIDGE
I CAN'T GET HER OUT OF MY MIND	BACKTRACK	ATLANTIC 2431	10.00	NM

BAY BROTHERS
WHAT DOES IT TAKE	ONE AND ONLY	MILLENNIUM 11810	100.00	78

BEACH GIRLS
SKIING IN THE SNOW	GOIN' PLACES	DYNOVOX 202	40.00	NM

BEAN BROTHERS
SHING A LING	HEY THERE	CASH SALES 10001	25.00	NM

BEAS
WHERE DO I GO FROM YOU	DOCTOR GOLDFOOT ETC.	DEE GEE 3010	15.00	NM

BEASLEY, WALTER
I'M SO HAPPY	same:	POLYDOR 887163	15.00	78

BEATY, PAMELA
TALKING EYES	DON'T BREA MY HEART	TIP 1018	200.00	NM

BEAU DOLLAR
WHO KNOWS	WHERE THE SOUL TREES GROW	KING 6286	200.00	F

BEAUFORT EXPRESS
HERE I COME	YOU GOT TO DO YOUR BEST	PRISCILLA 1001	15.00	F

BEAUMONT, JIMMY (and the SKYLINERS)
I NEVER LOVED HER ANYWAY	YOU GOT TOO MUCH GOING FOR YOU	BANG 525	100.00	NM
THERE'S NO OTHER LOVE	PLEASE SEND ME SOMEONE TO LOVE	GALLANT 3007	20.00	NM
I COULD HAVE LOVED YOU SO WELL	WHERE HAVE THEY GONE	CAPITOL 3979	30.00	78
OUR DAY IS HERE	THE DAY THE CLOWN CRIED	DRIVE 6250	25.00	78

BEAVERS, JACKEY (JACKIE)
BRING ME ALL YOUR HEARTACHES	DON'T WANNA LOSE YOU	GRANDLAND 19000	40.00	NM
COME BACK MY LOVE	UNDERSTATMENT OF THE YEAR	NATION 21765	75.00	NM
HOLD ON	HEY GIRL (I CAN STAND TO SEE Y	JABER 7114	20.00	F
I NEVER FOUND A GIRL (to love me like you do)	PLACE IN THE SUN	SEVENTY 7 134	10.00	78
I NEED MY BABY	LOVE THAT NEVER GROWS OLD	REVILOT 208	1500.00	NM
LOVE COME BACK	I HATE TO SEE A MAN CRY	JABER 7111	500.00	NM
LOVER COME BACK	SOMEDAY WE'LL BE TOGETHER	SS7 1502	20.00	78
SILLY BOY	JACK A RUE	CHECKER. 1102	15.00	NM
SLING SHOT	I WANT SOMEBODY	CHECKER. 1119	15.00	NM
SOMEBODY HELP THE BEGGAR MAN	MR. BUMP GIVE ME A HAND	SEVENTY 7 904	15.00	F
TRYING TO GET BACK TO YOU GIRL	TRYING TO GET BACK TO YOU GIRL Pt. 2	DADE 2041	10.00	78
WE'RE NOT TOO YOUNG TO FALL IN LOVE	WHEN SOMETHING IS WRONG WITH M	MAINSTREAM 713	50.00	NM

BECK, FLOYD
GOT TO BE A MAN	WHAT BELONGS TYO SOMEONE ELSE	F&M 5060	75.00	78
HONESTY (IS A MUST)	SHARE THE PAIN (INST.)	SATURN 2101	15.00	78
WHAT ABOUT ME	PARTY IS THE SOLUTION	PRECISION 9803	20.00	78

BECK, JOE
BLOW MY COOL	L.O.D. LOVE ON DELIVERY	CHARLES 579	20.00	NM
I'M GONNA SETTLE DOWN	DADDY COOL	CHARLES 577	40.00	NM

BECTON, JAMES
(TIME WILL TELL) HOW MUCH I LOVE YOU	TELL ME WHY	SEA BIRD 300	30.00	78
TELL ME WHY	TELL ME WHY re-mix	C-BIRD RECORDS 300	20.00	78

BEE GEE STANS
FRONT PAGE LOVE	WHERE IN MY HEART	TAL-VERT 1802	40.00	NM

BEE JAYS
PLEASE DON'T SAY WE'RE THROUGH	I'LL FIND YOU	PRIME 10001	200.00	NM

BEE, JACKIE
FOR SOMEONE TO LOVE	WHAT ABOUT ME BABY	SALEM 61065	15.00	NM

BEE, JIMMY
FIND YOUR SELF	ALL MY LOVE BELONGS TO YOU	ALA 1179	10.00	F
HOT PANTS	HOT PANTS - DO YOU WEAR THEM	CHERRY RED 1	10.00	F
WANTING YOU	I ONLY HAVE EYES FOR YOU	KIMBERLY 101	15.00	**NM**
WANTING YOU	I ONLY HAVE EYES FOR YOU	KENT 4531	15.00	NM
IF IT WASN'T FOR LOVE	WHY DID I LOVE YOU BABY	20TH. CENTURY 6673	30.00	NM
TALKIN' 'BOUT LOVE	A PRAYER	20TH. CENTURY 6664	15.00	NM

BEEFUS, BARRY BAREFOOT
GO AHEAD ON BABY	BAREFOOT BEEFUS	LOMA 2058	20.00	NM

BEERY, DOROTHY
DON'T GIVE ME LOVE	SOUL POWER	BIG THREE 401	30.00	NM

BEGINNING OF THE END
COME DOWN BABY	COME DOWN BABY Pt 2	ALSTON 4604	20.00	F
FUNKY NASSAU	FUNKY NASSUA Pt 2	ALSTON 4595	10.00	F
FUNKY NASSAU	GEE WHIZ, IT'S CHRISTMAS	V.P.M. 4620	30.00	F

BEL CANTOS
FEEL AW RIGHT	FEEL AW RIGHT	DOWNEY 128	20.00	B

BELAIRES
I GOT THAT FEELIN'	THE RABBIT	PALMER 5026	250.00	NM
I GOT THAT FEELIN'	WHY DID YOU CALL	PALMER 5026	300.00	NM

BELGIANETTS
THE TRAIN	MY BLUE HEAVEN	OKEH 7172	50.00	NM

BELGIANS
PRAY TELL ME	CHANGED	TEEK 4824	150.00	GR

BELIEVERS
ACROSS THE TRACKS	ACROSS THE TRACKS pt. 2	BROWNSTONE	200.00	F

BELL BOYS
I DON'T WANT TO LOSE YOU	WOMAN I LOVE	JAMAR 31968729	100.00	**NM**

BELL BROTHERS
GIVE IT UP	SUPER LADY...SUPER GIRL	BELL-O-SOUL 1002	75.00	78
DON'T YOU KNOW SHE'S ALRIGHT	NOT YOUR KIND OF LOVE	SURE SHOT 5012	20.00	NM
PITY ME	LOOK AT ME	SURE SHOT 5023	15.00	B
THROW AWAY THE KEY	TELL HIM NO	SURE SHOT 5038	20.00	B

BELL, ARCHIE and the DRELLS
LOVE AT FIRST SIGHT	I JUST WANT TO FALL IUN LOVE	ATLANTIC 2793	10.00	78
MY BALLOON'S GOING UP	GIVING UP DANCING	ATLANTIC 2663	10.00	NM
HERE I GO AGAIN	A WORLD WITHOUT MUSIC	ATLANTIC 2693	10.00	NM
GIRL YOU'RE TOO YOUNG	DO THE HAND JIVE	ATLANTIC 2644	10.00	NM
I LOVE MY BABY	JUST A LITTLE CLOSER	ATLANTIC 2612	10.00	NM
JUST A LITTLE CLOSER	I LOVE MY BABY	ATLANTIC 2612	10.00	GR
ON IN ONE	A SOLDIERS PRAYER 1967	OVIDE 226	15.00	B
SHE'S MY WOMAN, SHE'S MY GIRL	THE YANKEE DANCE	OVIDE 222	20.00	B
TIGHTEN UP	DOG EAT DOG	OVIDE 228	50.00	NM

BELL, ARLENE and the KENYATTAS
DID YOU MEAN IT	MY LOVER	VELVET 18	20.00	F
IT AIN'T EASY	LOVE AIN'T SUPPOSED TO BE LIKE	VELVET 21	75.00	NM
STOP BEFORE YOU START	I WANNA BE LOVED	VELVET 17	30.00	78
THIRE TWO SIDES TO EVERY COIN	IT'S ABOUT TIME I MADE A CHANGE	VELVET 19	30.00	78
THERE'S SOMETHING WRONG WITH YOU	WHATS-A-TEAR MORE OR LESS	VELVET 16	30.00	F

BELL, BOBBY
DON'T COME BACK TO ME	DROP ME A LINE	RCA 9040	30.00	NM

BELL, DANNY
CALL ON ME	YOUR WRONG ABOUT ME	DOWN TO EARTH 78	20.00	B

BELL, JAMES and the HIGHLIGHTERS
AMAZING LOVE	POPPIN' POP CORN	ROJAM 1	600.00	NM
THE LOVE OF MY GIRL	TRYING TO GET CHOSEN	3 DIAMONDS 002	500.00	NM

BELL, MADELINE
DON'T CROSS OVER (TO MY SIDE OF THE TRACKS)	YOU DON'T LOVE ME NO MORE	ASCOT 2156	10.00	NM
PICTURE ME GONE	I'M GONNA MAKE YOU LOVE ME	PHILIPS 40517	10.00	NM
PICTURE ME GONE	I'M GONNA MAKE YOU LOVE ME	PHILIPS 40517 blacklabel	15.00	NM

Artist	Side A	Side B	Label	Price	Grade
BELL, RUBEN					
ACTION SPEAKS LOUDER THAN WORD	TOO LATE		SILVER FOX 8	15.00	NM
WAIT IT OPUT AND MAY THE BEST MAN WIN	ALL THE TIME		REUBEN BELL SESSION 4538	15.00	B
BELL, WILLIAM					
ANY OTHER WAY	PLEASE HELP ME, I'M FALLING		STAX 128.	10.00	B
HAPPY	sam: mono		STAX 38 dj	15.00	NM
I'LL SHOW YOU	MONKYING AROUND		STAX 141	10.00	B
NEVER LIKE THIS BEFORE	SOLDIERS GOOD-BYE		STAX 199	10.00	NM
THE MAN IN THE STREET	LOVIN' ON BORROWED TIME		STAX 157	10.00	78
BELLES					
DON'T PRETEND	WORDS CAN'T EXPLAIN		MIRWOOD 5505	25.00	NM
BELLINE, DENNY					
OUTSIDE THE CITY	GREY CITY DAY		RCA 9041	15.00	NM
BELMONTS					
YOU'RE LIKE A MYSTERY	COME WITH ME		UA 50007	25.00	NM
BELOYD					
TODAY ALL DAY	GET INTO MY LIFE		20TH. CENTURY 2353	100.00	78
BEN and the CHEERS					
SINCE YOU CAME INTO MY LIFE	I KNOW YOU NEED A FRIEND		MOCHA 10001	10.00	78
BEN, LA BRENDA and the BELL JEANS					
CAMEL WALK	Blank:		GORDY 7009 Single sided dj	20.00	M
THE CHAPERONE	CAMEL WALK		GORDY 7009	60.00	M
JUST BE YOURSELF	I CAN'T HELP IT I GOTTA DANCE		GORDY 7021	40.00	M
BEN, LA BRENDA and the VANDELLAS					
CAMEL WALK	CHAPERONE		MOTOWN 1033 never issued	1000.00	M
BENNETT, BOBBY (GUITAR)					
BABY TRY ME	BIG NEW YORK		PHIL LA\ SOUL 326	20.00	NM
DAYS GO BY	BUMBLE BEE (STING ME)		PIR 3506	15.00	B
YOU DID IT AGAIN			JUNIOR 1009	250.00	NM
BENNETT, BOBBY and the DYNAMICS					
SOUL JERK	SOUL JERK PT. 2		LOMA 2016	10.00	B
BENNETT, JOYCE					
THE NEW BOY	MR. D.J.		FRAN-ETTE 11	30.00	NM
THE NEW BOY	MR. D.J.		JAGUAR 100	20.00	NM
BENNY and TINA					
THIS LOVE IS REAL	OVER MY DEAD BODY		BLUE ROCK 4077	20.00	NM
BENSON, GEORGE					
MY WOMAN'S GOOD TO ME	JACKIE, ALL		A&M 1076	40.00	78
BENTON, BROOK					
WHERE DOES A MAN GO TO CRY	THE ROACH SONG		RCA 8944	25.00	NM
BENTON, BUSTER					
HOLE IN MY HEAD	THAT'S THE REASON		MELLOWAY 20668	40.00	NM
BERDELL, CHERYL					
GIVING IT ALL TO YOU	FALL IN LOVE		EM.T 3846	15.00	78
BERKSHIRE, SEVEN					
STOP AND START OVER	BATTLE OF CHICAGO		STOP 255	150.00	NM
BERNAL, GIL					
CAN YOU LOVE A POOR BOY	TO MAKE A BIG MAN CRY		RCA 9390	50.00	NM
THIS IS WORTH FIGHTING FOR	THEY SAY (I DON'T SEE)		RCA 9261	15.00	NM
BERNARD, CHRIS					
MOTHER	GOOD HEARTED WOMAN		MCVOUTIE 7817	25.00	NM
MOTHER	GOOD HEARTED WOMAN		REVUE 11053	20.00	NM
BERNARD, CHUCK					
INDIAN GIVER	HOBO FLATS		MAVERICK 1009	10.00	NM
WASTED	LET'S GET STONED		SATELLITE 2003	15.00	NM
INDIAN GIVER	DIAL MY NUMBER		SATELLITE 2005	15.00	NM
EVERY HURT MAKES YOU SRONGER	FUNNY CHANGES		SATELLITE 2008	40.00	NM
SHE'S ALREADY MARRIED	MY BABY		SATELLITE 2012	20.00	NM
SEND FOR ME	I CAN'T FIGHT IT		ST. LAWRENCE 1025	20.00	NM
SEND FOR ME	DON'T FIGHT IT		ST. LAWRENCE 1025	20.00	NM
WASTED	LET'S GET STONED		ST. LAWRENCE 1023	15.00	NM
LOVE CAN SLIP AWAY	BESSIE GIRL		ZODIAC 1014	20.00	NM
THE OTHER SIDE OF MY MIND	EVERYTHING IS ALRIGHT NO		ZODIAC 1018	30.00	NM
LOVE BUG	I'M LONELY		ZODIAC 1021	20.00	NM
GOT TO GET A HOLD OF MYSELF	EVERYBODY'S GOT THEIR OWN THI		ZODIAC 1050	25.00	NM
BERNARD, KENNY					
AIN'T NO SOUL (LEFT IN THESE OLD SHOES)	HEY WOMAN		COMPASS 7002	15.00	**NM**
BERRY, CHARLES					
DON'T CALL ON ME	I'M A POOR BOY		JETSTREAM 722	30.00	NM
NEIGHBOR, NEIGHBOR	TIME		JETSTREAM 708	50.00	NM
BERRY, DELORISE					
NO OTHER GIRL	CRYING WON'T HELP ME NOW		COTILLION 44008	20.00	NM

BERRY, DOROTHY
YOU BETTER WATCH OUT | AIN'T THAT LOVE | PLANETARY 101 | 50.00 | NM
BERRY, DOROTHY & JIMMY NORMAN
I'M WITH YOU ALL THE WAY | YOUR LOVE | LITTLE STAR 122 | 20.00 | NM
BERRY, GORDON
HOW LONELY | same: Instrumental | SPORT 103 | 40.00 | NM
BERRY, JOAN
JUST LIKE MY BABY | HUMPTY DUMPTY | CHATEAU 159 | 100.00 | NM
BERRY, MINZI
DON'T LET A TEAR FALL | THOSE TEARDROPS IN YOURS EYES | SCORE 1006 | 100.00 | NM
DON'T YOU DARE CRY | THOSE TEARDROPS IN YOURS EYES | SCORE 1007 | 100.00 | NM
I DON'T WANT YOU NO MORE | THE HURT IS GONE | SCORE 1004 | 50.00 | NM
BERRY, RICHARD
AIN'T THAT SOMETHING | AIN'T THAT SOMETHING pt. 2 | C-RAY 6706 | 15.00 | MOD
DOIN' IT | TRACKIN' MACHINE | JONCO 51 | 15.00 | F
LOUIE, LOUIE | ROCK , ROCK, ROCK | FLIP 321 | 25.00 | NM
HAVE LOVE WILL TRAVEL | NO ROOM | FLIP 349 | 75.00 | NM
BEST, BILLY and the DITALIANS
BABY THAT TAKES THE CAKE | TIMES GETTING HARD (JOSEPHINE) | MERCURY 72923 | 150.00 | F
BETHEA, HARMON
IT COULD HAPPEN TO YOU | SHE'S MY MEAT | MUSICOR 1393 | 20.00 | F
PRICES AND CRISIS | SAME: PT 2 | JAN JAN 804 | 10.00 | F
BETHEA MASKMAN and THE AGENTS
I WOULDN'T COME BACK | GET AWAY DREAMS | DYNAMO 136 | 15.00 | NM
BETTY and ANGEL
HONEY COATED LOVING | EVERLASTING LOVE | EVERY DAY 1000 | 20.00 | NM
BETTY and TERRI
YOU KILLED THE THRILL IN MY HE | LAVA | PROVIDENCE 414 | 100.00 | NM
BEVERLEY
WHERE THE GOOD TIMES ARE | HAPPY NEW YEAR | DERAM 7502 | 10.00 | NM
BEVERLY, FRANK and THE BUTLERS
IF THAT'S WHAT YOU WANTED | LOVE (YOUR PAIN GOES DEEP) | GAMBLE 220 | 300.00 | NM
SHE KISSED ME | DON'T CRY LITTLE SAD BOY | FAIRMOUNT 1012 | 200.00 | NM
BECAUSE OF MY HEART | I WANT TO FEEL I'M WANTED | FAIRMOUNT 1017 | 700.00 | NM
BECAUSE OF MY HEART | I WANT TO FEEL I'M WANTED | ROUSER 1017 | NEG | NM
IF THAT'S WHAT YOU WANTED | THIS IS JUST A "B" SIDE | SASSY 1002B | 100.00 | NM
IF THAT'S WHAT YOU WANTED | LOVE (YOUR PAIN GOES DEEP) | SASSY 1002 | 150.00 | NM
BEVERLY'S RAW SOUL, FRANK
COLOR BLIND | MOTHER NATURE'S BEEN GOOD TO U | GREGAR 108 | 125.00 | F
TOMORROW MAY NOT BE YOUR DAY | same: | GREGAR 115 dj | 10.00 | NM
BEVERLY and DUANE
WE GOT TO STICK TOGETHER | GLAD I GOTCHA BABY | ARIOLA 7728 | 15.00 | 78
BEVERLY and the DEL-CAPRIS
MAMA I THINK I'M IN LOVE | MILDRED | COLUMBIA 43107 | 200.00 | NM
BEVERLY, CHARLES
DON'T YOU WANT A MAN LIKE ME | HOLLYWOOD | VANESSA 202 | 10.00 | 78
STOP AND THINK A MINUTE | GRASS AIN'T GREENER | IX CHAINS 7010 | 30.00 | 78
BEY, SLOAN
TENDERNESS | LOOK AT YOUR BROTHER | JONAH 100 | 10.00 | B
BIG AL and THE STARTREKS
FUNKY FUNK | WARM AND TENDER LOVE | DOUBLE M | 200.00 | F
BIG BARNEY
THE WHOLE THING | same: Instrumental | GRANDVILLE 100 | 15.00 | F
BIG BO and THE ARROWS
ASCOT SHUFFLE PT.1 | ASCOT SHUFFLE PT 2 | GAY SHELL 8068 | 30.00 | F
BIG BOE and the NIGHT HAWKS
MY THING | DO THE BEST I CAN | BIG BOE | 50.00 | F
BIG DON'S REBELLION
IT WAS TRUE | SMOKIN' | ETHON 101 | 200.00 | NM
BIG ELLA
IT TAKES A LOT OF LOVING | I NEED A GOOD MAN | LO LO 2101 | 20.00 | NM
TOO HOT TO HOLD | | SALEM | 20.00 | F
BIG FRANK and the ESSENCES
I WON'T LET HER SEE ME CRY | THE SECRET | BLUE ROCK 4012 | 300.00 | NM
I WON'T LET HER SEE ME CRY | THE SECRET | PHILIPS 40283 | 200.00 | NM
BIG GUYS
HANG MY HEAD AND CRY | MR. CUPID | WB 7047 | 30.00 | NM
BIG JIM'S BORDER CROSSING
YOU'RE GOOD FOR ME GIRL | LOVE BUILT ON A STRONG FOUNDATION | ZANZEE 103 | 20.00 | 78
BIG JOHN'S SWING
TOSSING MY HEART AROUND | LILA CHA CHA | J.F.J. 600 | 150.00 | M

BIG MACK
ROUGH DRIED WOMAN PT.1	ROUGH DRIED WOMAN PT. 2	DAWN 102	20.00	NM

BIG MARTHA
YOU DON'T LOVE ME LIKE YOU USE	RESTLESS AS A RIVER	ESPRIT 2100	100.00	NM

BIG MAYBELLE
LET ME GO	NO BETTER FOR YOU	PORT 3002	40.00	NM
96 TEARS	THAT'S LIFE	ROJAC 112	15.00	NM
I CAN'T WAIT ANY LONGER	TURN THE WORLD AROUND OTHER WAY	ROJAC 115	20.00	NM
MAMA	KEEP THAT MAN	ROJAC 116	10.00	NM
I CAN'T WAIT ANY LONGER	QUITTIN' TIME	ROJAC 118	20.00	NM
HOW IT LIES	OLD LOVE NEVER DIES	ROJAC 124	15.00	NM
OH LORD, WHAT ARE YOU DOING TO ME	SAME OLD STORY	SCEPTER 1279	30.00	NM
YESERDAY'S KISSES	I DON'T WANNA CRY	SCEPTER 1288	25.00	NM

BIGGER SAM and the COPY CATS
I'M READY FOR LOVE	BLOWING IN THE WIND	20TH. CENTURY 6666	15.00	NM

BIGGIE RATT
ESCAPE	WE DON'T NEED NO MUSIC	REEM 2003	50.00	F
ESCAPE	WE DON'T NEED NO MUSIC	APT 26001	20.00	F

BILEO
YOU CAN WIN	LET'S GO	M.T.U./WATTS CITY 101 orange label	30.00	78
YOU CAN WIN	LET'S GO	M.T.U./WATTS CITY 101 blue label	10.00	78

BILL AND WILL
SOMETHING ON YOUR MIND	ALL SHOOK UP	SHURFINE 08	30.00	B

BILL
SPACE LADY	I FEEL GOOD WITH YOU	DOLLAR BILL 42480	25.00	78

BILLUPS, EDDIE
ASK MY HEART	SOLDIER'S PRAYER	PEACHTREE 104	1500.00	NM
I WON'T BE AROUND	FEEL IT	JOSIE 971	20.00	B
I WON'T BE AROUND	HARD HEADED WOMAN	BRUME 2154	10.00	B
MY FAITH IN YOU (WILL NEVER DIE)	N.Y. KANGAROO	MAXX 336	10.00	B
MY GIRL	NO LOVE HAVE I	SHURFINE 20	25.00	B
MY GIRL	NO LOVE HAVE I	JOSIE 960	15.00	B
SHAKE OFF THAT DREAM	MRS. M	GARPAX 123	200.00	NM
SHAKE OFF THAT DREAM	TRY SOMETHING NEW	SEVENTY 7 127	150.00	78

BILLY and BETTY
TALKING BOUT YOU BABY	I NEED SOME KIND OF SOMETHING	SAG PORT 101	40.00	NM

BILLY THE BARON
COMMUNICATIONS IS WHERE IT'S AT	COMMUNICATIONS IS WHERE IT'S AT pt. 2	GRILL 302	30.00	F

BILLY
PUT YOUR OWN WORDS TO IT	YOU MOVE ME	SNIFF 395	200.00	F

BILLY and the ESSENTIALS
MY WAY OF SAYING	BABALU'S WEDDING DAY	SMASH 2045	10.00	NM

BINDERS
WHEN WE WERE YOUNG	MOJO HANNAH	SARA 7771	40.00	GR
YOU DON'T HAVE TO CRY ANYMORE	SAVE THE LAST DANCE FOR ME	SARA 7772	40.00	GR
YOU DON'T HAVE TO CRY ANYMORE	SAVE THE LAST DANCE FOR ME	ANKH 7772	60.00	GR

BINGHAM, J.B.
ALL ALONE BY THE TELEPHONE	LIVE AND YOU LEARN	UA 816	150.00	78
PEEK A BOO	SUNSHINE	WB 7775	30.00	B
PEEK A BOO	same:	WB 7775 dj	15.00	B
SHE'S GONE	same:	UA 872 dj	20.00	78

BINGO
WE CAN'T GET ENOUGH	MUMBLIN' MAN	SILVER BLUE 803	50.00	78

BINNS, CLIFFORD
YOU'VE GOT TO HELP ME	TAKE IT FROM ME	CARRIE 14 green label	25.00	NM
YOU'VE GOT TO HELP ME	TAKE IT FROM ME	CARRIE 6501 orange label	300.00	NM

BISCAYNES
MIS-BEAT	OUT OF ORDER	RIDGE 6601	200.00	M

BISHOP and the WALLACE BROTHERS
SAD MAN	I MIGHT GIVE OUT, BUT I WON'T	MAGNETIC STUDIOS 91152	300.00	B

BISHOP, EDDIE
CALL ME	WHAT DID HE SAY	ABC 10799	150.00	NM

BISHOP TRIO, JOHN
WADE IN THE WATER	ALL DAY LONG	TRC 991	15.00	MOD

BISHOP, OSCAR and the BISHOPS
(GONNA HAVE TO) PUT YOU DOWN	OSCAR'S DOG	RIP COR 6002	150.00	B

BISHOP, ROMY
YOU GAVE ME BACK MY PRIDE	BAD GIRL	HERITAGE 806	30.00	NM

BISHOPS
OUT OF SIGHT	THEY CAN'T MAKE ME STOP LOVING	CAPITOL 5487	30.00	NM

BIT OF HONEY
HE'S THE ONE	LIVE IN MAID	SHOUT 250	10.00	NM

BITS'N PIECES
SMOKE STREAM	DID I SCARE YOU	NASCO 31	15.00	NM
KEEP ON RUNNING AWAY	DI D I SCARE YOU	NASCO 33	25.00	**NM**
YOU SHOULD HAVE TOLD ME	I BETCHA DON'T KNOW	PARAMOUNT 284	30.00	78

BITTER and THE SWEET
I WON'T HAVE ANY BABIES FOR YO	P.O.W.	ANYTHING, EVERYTHING 32	350.00	78

BLACK and BLUE
OF ALL THE HEARTS TO BREAK	GOOD MORNING NEW DAY	GAME 395	15.00	78
WHAT I GOT	GOING BACK TO MISS ANNIE	MERCURY 73011	200.00	78

BLACK AND WHITE AFFAIR
SWEET SOUL LADY	UNTIL THE REAL THING COMES ALONG	TOPAZ 1307	20.00	F

BLACK EARTH PLUS
HOW CAN YOU SAY YOU LOVE ME	HOW CAN YOU SAY YOU LOVE ME pt. 2	CALGAR 1	25.00	F

BLACK EXOTICS
THEME OF BLACKBYRDS	WHAT AM I WAITING FOR	UNITED 311	75.00	F

BLACK EYED PEAS
SMALLEST MAN ALIVE	GO THRU THE MOTIONS	ULTRA CITY 70317	150.00	NM

BLACK FUR
FEEL THE SHOCK	WHEN WE GET TOGETHER SOON	BAR-TONE	100.00	F

BLACK HAZE EXPRESS
WON'T NOBODY LISTEN	PRETTY SOON	CLINTONE 005	75.00	F

BLACK ICE
BLIND OVER YOU	I FEELTHE WEIGHT OF LOSING YOU	HDM 505	25.00	78

BLACK IVORY
FIND THE ONE WHO LOVES YOU	YOU ARE MY LOVER	PANORAMIC 204	15.00	GR

BLACK NASTY
CUT YOUR MOTOR OFF	KEEP ON STEPPING	BIG HIT 129	15.00	**F**
HIP DROP	MAMA DIDN'T LIE	TANK 503	30.00	F
TALKING TO THE PEOPLE	I MUST BE IN LOVE	ENTERPRISE 9098	10.00	F

BLACK SATIN feat. FRED PARRIS
HEY, THERE PRETTY LADY	EVERYBODY STAND AND CLAP	BUDDAH 477	20.00	78

BLACK VELVET
I SHALL BE RELEASED	LOOK AHEAD	OKEH 7322	10.00	B
JUST CAME BACK	COME ON HEART	OKEH 7330	10.00	B

BLACK, CANE
HOLD ON TO WHAT YOU GOT	SOMETIMES	OKEH 7318	10.00	B

BLACK, CODY
I'M SORRY	FOOL ON THE WILD	CAPITOL 2807	50.00	NM
I WILL GIVE YOU LOVE	I AM PARTICULAR	WHEELSVILLE 107	75.00	NM
MR. BLUE	YOU MUST BE IN LOVE	D-TOWN 1057	400.00	NM
TOO MANY IRONS IN THE FIRE	WOULD YOU LET ME KNOW	D-TOWN 1066	100.00	NM
IT'S OUR TIME TO FALL IN LOVE	YOU'LL BE SORRY	GIG 201	1500.00	NM
THE NIGHT ASTAR WAS BORN	BECAUSE YOU FIRST LOVED ME	GROOVE CITY 9601	100.00	NM
I'M SLOWLY MOULDING	KEEP ON KEEPING ON	KING 6148	700.00	NM
(THE NIGHT) A STAR WAS BORN	LIFE GOES ON	RAM-BROCK 2003	20.00	nm
GOING, GOING GONE	SOMEBODY"S GONNA END UP CRYIN	RAM-BROCK 2002	10.00	NM
KEEP ON TRYING	STEPPIN' ON TOES	RENISSANCE 1001	20.00	NM
WHAT GOES ROUND	SWEET LOVE	RENISSANCE 2	25.00	NM
I STILL LOVE YOU	ICE CREAM SONG	STON-ROC 3378	20.00	B
TOO MANY IRONS IN THE FIRE	WOULD YOU LET ME KNOW	D-TOWN 1066	100.00	NM

BLACK, DOROTHY
MIRACLE MAN	SUGAR FREE WOMAN	RIPE	300.00	F

BLACK, MARION
WHO KNOWS	GO ON FOOL	CAPSOUL 20	30.00	NM
WHO KNOWS	GO ON FOOL	AVCO 4559	20.00	NM
YOU'RE NOT ALONE	I'M GONNA GET LOADED	PRIX 7102	10.00	B

BLACK, MARJORIE
ONE MORE HURT	YOU STILL LOVE HER	SUE 132	40.00	NM

BLACK, WES
I FEEL GOOD (FEELING GOOD)	I'LL ALWAYS BE IN LOVE WITH YO	STAR WEST 149	15.00	78

BLACKHAWK
SLAUGHTER FLY - GET THE SHAFT	BRANDY	PLAYBOY 50027	20.00	F

BLACKNELL, EUGENE
THE TRIP	THE TRIP pt 2	BOOLA BOOLA 6942	25.00	F
DANCE TO THE RHYTHM	DANCE TO THE RHYTHM (DISCO)	SEASIDE 4116	15.00	F
GET IN A HURRY	COUSIN JOHN	SEASIDE 4114	10.00	F
GETTIN' DOWN	COUSIN JOHN	SEASIDE	100.00	F
I'M SO THANKFUL	I'M SO THANKFUL Pt 2	SEASIDE 4115	10.00	M
WE KNOW WE GOT TO LIVE TOGETHER	WE KNOW WE GOT TO LIVE TOGETHER Pt. 2	SEASIDE 4112	100.00	F

BLACK'S COMBO, BILL
COTTON CARNIVAL	RINGS	MEGA 36	40.00	F
LITTLE QUEENIE	BOO-RAY	HI 2079	15.00	NM

BLACKWELL, GEORGE
CAN'T LOSE MY HEAD	DON'T WANT TO LET YOU GO	SMOKE 200	600.00	**NM**
MISTER LOSER		SMOKE 100	70.00	NM

BLACKWELL, OTIS
IT'S ALL OVER ME	JUST KEEP IT UP	EPIC 10654	30.00	NM

BLADE FAMILY
SWEET DREAM	MY BABY'S GONE	KING JAMES 201	10.00	78

BLADES
HEY GIRL	SUMMERTIME	KAM. 100	150.00	NM

BLAINE, LOUIS
STOP IT BABY	IT'S OVER	A&B 100	40.00	NM

BLAIR, ARNOLD
TRYING TO GET NEXT TO YOU	same: mono	GEMIGO 504 dj	200.00	78

BLAIR, LITTLE JOHNNY
MOMMA'S GONE	EASIER TO SAY THAN TO DO	HOUSE OF THE FOX 5	15.00	NM

BLAIR, SANDI
THERE AIN'T NO TAX ON LOVE	HOW DO YOU LIKE IT	MATUES 1000	100.00	F

BLAKE, CICERO
HERE COME THE HEARTACHE	FACE THE CASE	TOWER 454	10.00	B
DON'T WAIT UNTIL TOMORROW	BAD, BUT BEAUTIFUL BOY	TOWER 494	10.00	B
IF I HAD MY WAY	STEP BY STEP	BRAINSTORM 119	50.00	NM
SHING-A-LING	LOVING YOU WOMAN IS EVERYTHING	BRAINSTORM 123	15.00	NM
YOU'RE GONNA BE SORRY	SAD FEELING	MARVLUS 1004	40.00	NM
TAKE IT FROM ME	SOUL OF PAIN	RENEE 106	20.00	NM
YOU'RE GONNA BE SORRY	SAD FEELING	RENEE 109	30.00	NM
DON'T DO THIS TO ME	SEE WHAT TOMORROW BRINGS	SUCCESS 108	20.00	NM

BLAKE, COREY
HOW CAN I GO ON WITHOUT YOU	YOUR LOVE IS LIKE A BOOMERANG	CAPITOL 4057	400.00	78

BLAKELY, BOUNCING CORNELL
TELL ME MORE	JUST PROMISE ME	CARRIE 1503	50.00	NM

BLAKELY, CORNELL
I WANT MY SHARE	I'VE GOT THAT FEELING	RICH 1801	20.00	M
YOU AIN'T GONNA FIND	WHO KNOWS	RICH 1853	25.00	M
YOU BROKE MY HEART	DON'T DO IT	SHENITA 731	50.00	M
WAITING FOR MY LOVE	NO OTHER LOVE	SHENITA 733	25.00	M

BLAKLY, VIRGINIA
LET NOBODY LOVE YOU	BUTTERFLIES AND MISTY EYES	MOJO 101	700.00	NM

BLANCHARD, BONNIE and AARON, ANDY
YOU'RE THE ONLY ONE	RIGHT ON TIME	CRS 2	200.00	NM

BLAND, BILLY
I CROSS MY HEART	STEADY KIND	OLD TOWN 1098	40.00	NM
MY HEART'S ON FIRE	CAN'T STOP HER FROM DANCING	OLD TOWN 1105	40.00	NM
ALL I WANNA DO IS CRY	BUSY LITTLE BOY	OLD TOWN 1114	40.00	NM
MOMMA STOLE THE CHICKEN	I SPEND MY LIFE LOVINBG YOU	OLD TOWN 1124	25.00	NM

BLAND, BOBBY (BLUE)
IT AIN'T THE REAL THING	WHO'S FOOLING WHO	ABC 12189	10.00	78
AIN'T NOTHING YOU CAN DO	DO WHAT YOU SET OUT TO DO	DUKE 472	10.00	NM
BLUE MOON	WHO WILL THE NEXT FOOL BE	DUKE 347	15.00	NM
CALL ON ME	THAT'S THE WAY LOVE IS	DUKE 360	15.00	NM
CHAINS OF LOVE	ASK ME BOUT NOTHING	DUKE 449	12.00	NM
CRY, CRY, CRY	I'VE BEEN WRONG SO LONG	DUKE 327	10.00	B
DON'T CRY NO MORE	SAINT JAMES INFIRMARY	DUKE 340	15.00	NM
DON'T WANT NO WOMAN	I SMELL TROUBLE	DUKE 167	15.00	NM
GETTING USED TO THE BLUES	THAT DID IT	DUKE 421	10.00	NM
GOOD TIME CHARLIE	Same: Instrumental	DUKE 402	15.00	NM
HONEY CHILD	AIN'T NOTHING YOU CAN DO	DUKE 375	15.00	NM
HONEY CHILD	A PIECE OF GOLD	DUKE 433	10.00	NM
I AIN'T MYSELF ANYMORE	BACK IN THE SAME OLD BAG	DUKE 412	10.00	NM
I'LL TAKE CARE OF YOU	THAT'S WHY	DUKE 314	10.00	B
LEAD ME ON	HOLD ME TENDERLY	DUKE 318	10.00	B
LOVE YOU BABY	DRIFTING	KENT 378	30.00	NM
LOVER WITH A REPUTATION	IF LOVE RULED THE WORLD	DUKE 460	10.00	NM
SHOES	A TOUCH OF THE BLUES	DUKE 426	25.00	NM
THESE HANDS (SMALL BUT MIGHTY)	TODAY	DUKE 385	20.00	NM
TURN ON YOUR LOVELIGHT	YOU'RE THE ONE THAT I NEED	DUKE 344	15.00	NM
YIELD NOT TO TEMMPTATION	HOW DOES A CHEATING WOMAN FEEL	DUKE 352	10.00	NM
YUM YUM TREE	I'M SORRY	DUKE 466	15.00	NM

BLANDING, GIL
RULES | LA TA TA | READY 102 | 100.00 | NM

BLANDING, VIRGIL
YOU TURN ME AROUND | THE GIRL WASN'T BORN | VERVE 10428 | 15.00 | NM

BLANDON, CURTIS
IN THE LONG RUN | PUSH COMES TO SHOVE | WAND 11241 | 100.00 | NM

BLANDON, RICHARD and the DUBS
LOST IN THE WILDERNESS | IN DOWNTOWN | VICKI 229 | 10.00 | GR

BLAST, C.L.
DOUBLE UP | I'M GLAD TO DO IT | STAX 229. | 20.00 | NM
LOVE DON'T FEEL LIKE LOVE NO MORE | BEAUTIFUL LOVER | JUANA 3412 | 25.00 | 78
WHAT CAN I DO | I'M IN A DAZE | UNITED 224 | 15.00 | NM

BLENDELLS
DANCE WITH ME | GET YOU BABY | REPRISE 340 | 15.00 | NM
LA, LA, LA, LA, LA | | REPRISE | 10.00 | NM
NIGHT AFTER NIGHT | THE LOVE THAT I NEEDED | COTILLION 44020 | 25.00 | GR

BLENDELS
BEWARE | same: instrumental | DONTEE 104 | 200.00 | F
YOU NEED ME | DID YOU MEAN | DONTEE 100 | 800.00 | NM

BLENDERS
TALE OF SADNESS | FUNKY FUN IN THE GHETTO | DJO 1007 | 300.00 | F
NOTHIN' BUT A PARTY | NOTHIN' BUT A PARTY pt. 2 | COBRA | 150.00 | F
YOUR LOVE HAS GOT ME DOWN | LOVE IS A GOOD THING | MARVLUS 6010 | 700.00 | NM

BLEU LIGHTS
A LONELY MAN'S PRAYER | BONY MORONIE | BAY SOUND 67007 | 30.00 | GR
I GUESS I'M IN LOVE | AS LONG AS YOU'RE IN LOVE WITH | BAY SOUND 67013 | 100.00 | NM
THE END OF MY DREAM | YES I DO | BAY SOUND 67010 | 25.00 | NM
THEY DON'T KNOW MY HEART | FOREVER | BAY SOUND 67003 | 100.00 | NM

BLINKY
I'LL ALWAYS LOVE YOU | I WOULDN'T CHANGE THE MAN HE IS | MOTOWN 1134 | 10.00 | M
T'AIN'T NOBODY'S BIZNESS IF I DO | WHAT MOLRE CAN I DO | MOWEST 5033 **PS** | 10.00 | M

BLISS, MELVIN
SYNTHETIC SUBSTITUTION | REWARD | SUNBURST 527 | 50.00 | F

BLOCKER, DAVE
JUST LIKE A SHIP | RIVER WHERE DO YOU GO | VERVE 10613 | 25.00 | NM
NOTHING'S GONNA CHANGE ME | LOVE IS A\MANY SPLENDORED THIN | ROBERE 100 | 50.00 | NM

BLOOD BROTHERS
BLACK IS SO BAD | SUPER COOL | TURBO 29 | 20.00 | F

BLOOM, BOBBY
LOVE, DON'T LET ME DOWN | WHERE IS THE WOMAN | KAMA SUTRA 223 | 25.00 | NM

BLOSSOMS
DEEP INTO MY HEART | GOOD, GOOD LOVIN' | REPRISE 639 | 20.00 | NM
GOOD, GOOD LOVIN' | DEEP INTO MY HEART | REPRISE 639 | 20.00 | NM
THAT'S WHEN THE TEARS START | GOOD, GOOD LOVIN' | REPRISE 436 | 40.00 | NM

BLU, NIKKI
(WHOA, WHOA) I LOVE HIM SO | same: instrumental | PARKWAY 931 | 30.00 | **NM**

BLUE BEATS
EXTRA GIRL | ASHE'S THE ONE | COLUMBIA 43790 | 20.00 | NM

BLUE EYED SOUL
ARE YOU READY FOR THIS | WHEN SOMETHING'S WRONG WITH MY | SAND CITY 2101 | 200.00 | NM

BLUE GREEN
CAN'T HIDE IT (SWEET BABY) | BLUE OVER LOSING YOU | EASTER'S 4793 | 100.00 | 78

BLUE JAYS
POINT OF VIEW | THAT FEELIN' | JAY. 4815 | 300.00 | NM

BLUE MAGIC
CAN I SAY I LOVE YOU | 1 - 2 - 3 | LIBERTY 56146 | 25.00 | GR

BLUE NOTES
NEVER GONNA LEAVE YOU | HOT CHILLS AND COLD THRILLS | UNI 55132 | 15.00 | NM
STANDING BY YOU GIRL | IT'S OVER | GLADES 1746 | 10.00 | 78
THIS TIME WILL BE DIFFERENT | LUCKY ME | UNI 55201 | 20.00 | GR

BLUE SOUL
GETTING THE CORNERS | SOCK SOME LOVIN' TO ME | WESTWOOD 1009 | 400.00 | F

BLUEBUSTERS
I'VE GOTTA BE THERE | IRREPLACEABLE YOU | CAPITOL 5959 | 20.00 | NM

BLUES BUSTERS
INSPIRED TO LOVE YOU | I CAN'T STOP | SHOUT 235 | 15.00 | NM
LOVE IS THE ANSWER | SPEAK YOUR MIND | MINIT 32090 | 20.00 | NM

BLUES GROOVE
I BELIEVE IN YOU | MAKIN' IT | VERVE 10417 | 25.00 | NM

BLUES SATTIN
THE GIRL THAT I LOVE | SAVAGE LOVING MAN | BUTTONS 41613 | 30.00 | GR

BO, EDDIE

BABY I'M WISE	ROAMIN-TITIS	RIC. 989	20.00	NM
CAN YOU HANDLE IT	DON'T TURN ME LOSE	BO SOUND 5116	15.00	F
CHECK YOUR BUCKET	CHECK YOUR BUCKET PT 2	BO SOUND 5551	20.00	F
FARE THEE WELL	LET'S LET IT ROLL	CHESS 1900	15.00	NM
FENCE OF LOVE	JUST FRIENDS	SEVEN B 7008	75.00	NM
HOOK AND SLING	HOOK AND SLING PT 2	SCRAM 117	30 - 40.00	F
IF IT'S GOOD TO YOU	IF IT'S GOOD TO YOU pt. 2	SCRAM 119	15.00	F
IF I HAD TO DO IT OVER	LOVER A FRIEND	SEVEN B 7017	15.00	B
LUCKY IN LOVE	OUR LOVE (WILL NEVER FALTER)	BLUE JAY 157	60.00	NM
SHOWDOWN	GOOD ENOUGH TO KEEP	BO SOUND	50.00	F
SKATE IT OUT	ALL I ASK OF YOU	SEVEN B 7011	10.00	MOD
THE RUBBER BAND	THE RUBBER BAND Pt 2	KNIGHT 303	15.00	F
WE'RE DOING IT	WE'RE DOING IT Pt 2	BO SOUND 5005	100.00	F
WHAT YOU GONNA DO	FALLIN' IN LOVE AGAIN	SEVEN B 7002	40.00	NM

BOATWRIGHT, HENRY

I CAN TAKE OR LEAVE YOUR LOVIN	I'M HUNG UP ON A DREAM	CAPITOL 2131	30.00	NM

BOB and FRED

I'LL BE ON MY WAY	same: instrumental	BIG MACK 6101	1000.00	NM

BOB and GENE

I REALLY, REALLY LOVE YOU	WHICH LOVE	MO DO 104	100.00	NM
SAILBOAT	I CAN BE COOL	MO DO 108	100.00	NM

BOB AND EARL

BABY, YOUR TIME IS MY TIME	I'LL KEEP RUNNING BACK	MIRWOOD 5526	10.00	NM
DANCING EVERYWHERE	(SEND FOR ME) I'LL BE THERE	CRESTVIEW 9011	10.00	NM
OH BABY DOLL	DEEP DOWN INSIDE	TEMPE 104	20.00	NM
OH YEA (HAVE YOU EVER BEEN LONELY)	AS WE DANCE	TIP. 1013	15.00	NM
UH, UH NAW, NAW NAW	PICKING UP LOVE'S VIBRATIONS	UNI 55196	10.00	F
YOUR TIME IS MY TIME	YOUR LOVIN' GOES A LONG, LONG WAY	MARC 106	10.00	NM

BOBBETTES

HAPPY GO LUCKY ME	LEAVE MY BUSINESS ALONE	MAYHEW 1060	10.00	NM
HAPPY GO LUCKY, ME	IT'S ALL OVER	RCA 8983	50.00	NM
IT WON'T WORK OUT	GOOD MAN	MAYHEW 861	20.00	NM
I'VE GOT TO FACE THE WORLD	HAVING FUN	RCA 8832	30.00	NM
TIGHTEN UP YOUR OWN (HOME)	LET YOUR LOVE FLOW	MAYHEW 37	10.00	NM

BOBBY and BETTY L0U

SOUL STIRRER	SUGAR	OLD TOWN 1194	15.00	NM

BOBBY and CINDY

I'LL KEEP COMING BACK	IF THIS AIN'T REALLY LOVE	SHAKER 101	15.00	78

BOBBY and CLYDE

MY DAY IS COMING PT.1	MY DAY IS COMING PT 2	BLUE CANDLE 1495	50.00	B

BOBBY and the PREMIERS

MAN ABOUT TOWN	GOTTA HAVE A REASON	SOULED OUT 36202	50.00	NM

BOBBY and WALTER

DO IT LIKE YOU FEEL IT	ONE, TWO, THREE	SANNS 8805	20.00	F

BOB-WHEELS

LOVE ME (JUST A LITTLE BIT)	SHE'S GONE	TARX 1008	25.00	NM

BOGUS, ANN

DON'T ASK ME TO LOVE AGAIN	YOU GOT IT WRONG	STATUE 256	100.00	NM

BOLD BREED

MOOD FOR LOVE	LET ME DOWN EASY	BOLD BREED 10026	1000.00	NM

BOLLINGER, WILLIAM

TELL HIM TONIGHT	YOU CAN LEAD YOUR WOMAN TO THE	CHESS 15529	25.00	B

BOLT, SHIRLEY and the BAROQUE-ADELICS

SUPER LOVER	INSTANT LOVE	CONTRAST 601	30.00	NM

BOND, EDDIE

I CAN'T FIGHT THIS MUCH LONGER	NOW AND THEN	GOLDWAX 107	25.00	B

BOND, LOU

YOU SHAKE ME UP	DON'T START ME CRYING	BRAINSTORM 124	15.00	NM

BONDS, GARY (U.S.)

ONE BROKEN HEART	I CAN'T USE YOU IN BUSINESS	SUE 17	15.00	NM

BONGALIS

UNDERCOVER	COVER-UP	M-S 201	50.00	NM

BONGI AND JUDY

LET'S GET TOGETHER NOW	RUNNING OUT	BUDDAH 16	20.00	NM

BONNETS

YA GOTTA TAKE A CHANCE	YA GOTTA TAKE A CHANCE (Inst.)	UNICAL 3010	20.00	NM

BONNIE and CLYDE

I WANT A BOYFRIEND	I GET A FEELING	IN SOUND 405	30.00	M

BONNIE and LEE

THE WAY I FEEL ABOUT YOU	I NEED YA (GOTTA HAVE YOU FOR)	FAIRMOUNT 1024	15.00	NM

BONNY, WILLIAM
LOVE, LOVE, LOVE | JUST ONE MORE CHANCE | MERCURY 72594 | 20.00 | **NM**
BOOGIE KINGS
I'VE GOT YOUR NUMBER | BONY MORONIE | PAULA 272 | 20.00 | NM
TELL IT LIKE IT IS | PHILLY WALK | PAULA 260 | 10.00 | GR
BOOKER, JAMES
GONZO | COOL TURKEY | PEACOCK 1697 | 10.00 | MOD
SMACKSIE | KINDA HAPPY | PEACOCK 1900 | 10.00 | MOD
BOOK OF LIFE
I DON'T KNOW YOU | LOVE WILL RISE | SONSTAR 100 | 15.00 | 78
BOOMER, BILLY
YOU CAN'T HIDE | I LIKE WHAT SHE'S DOIN' | BLAST. 336 | 60.00 | 78
BOONE, JESSE and the ASTROS
I CRIED | THE GOOF | BRUBOON 101 | 25.00 | GR
I GOT TO LOVE YOU | YOU CAN DEPEND ON THAT | SOUL-PO-TION 119 | 20.00 | NM
I'M IN NEED OF YOU | YOU CAN'T BE A MONKEY WOMAN | BRUBOON 103 | 30.00 | B
THE PENGUIN, IT'S TEMPTATION I WANT TO | SAME: PART 2 | SOUL-PO-TION 109 | 50.00 | F
BOOTHE, BETTE (BETTY)
TEARDROP AVENUE | RIGHT ON TIME | FALEW 103 | 40.00 | NM
JUST A LITTLE BIT OF TRUE LOVE | I'M THE ONE WHO NEEDS YOU | ENJOY 1007 | 25.00 | NM
BOOTLEGGERS
DON'T COUNT ON TOMORROW | SOUL OF A SORT | DISCOVERY 1766 | 300.00 | NM
BORDERS, TONY
LOVES BEEN GOOD TO ME | STAY BY MY SIDE | TFC 125 | 25.00 | NM
YOU BETTER BELIEVE IT | WHAT KIND OF SPELL | SOUTH CAMP 7009 | 20.00 | B
YOU BETTER BELIEVE IT | LOVELY WEEKEND | UNI 55180 | 15.00 | B
BOSEMAN, BOBBY
ANOTHER MAN'S WOMAN | CHEATERS NEVER WIN | EVEJIM 1941 pink label | 20.00 | B
BOSS FOUR
WALKIN' BY | SPACE MOOD | RIM 2025 | 30.00 | NM
BOSS MAN
YOU'RE TAKING TOO LONG | WHEN I HADS MONEY | GAMBLE 222 | 40.00 | NM
BOSS MEN
SHOULDN'T WANT YOU NO MORE | GONNA WALK AWAY | MARLO 1548 | 200.00 | NM
BOSTIC, WILLIAM
WHAT YOU DO TO ME | YOU WERE ALL I NEEDED | SOR 102946 | 20.00 | 78
BOSTON HITESMEN
CAN'T LET IT RIDE | MY BABE | MTA 104 | 100.00 | NM
BOTTOM and COMPANY
GONNA FIND A TRUE LOVE | YOU'RE MY LIFE | MOTOWN 1291 | 85.00 | 78
SPREAD THE NEWS | LOVE PAINS | MOTOWN 1309 | 20.00 | 78
BOTTOM LINE
THAT'S THE WAY TO GO | DISCO DOBRO | GREEDY 103 | 10.00 | 78
BOUNTY, JAMES
ACTION SPEAKS LOUDER THAN WORDS | RAGS TO RICHES | COMPASS 7011 | 30.00 | NM
AUCTION ON LOVE | GOIN', GOIN' GONE | REDDOG 4002 | 10.00 | NM
PROVE YOURSELF A LADY | LIFE WILL BEGIN AGAIN | COMPASS 7005 | 85.00 | **NM**
BOUQUETS
I LOVE HIM SO | NO LOVE AT ALL | MALA 472 | 30.00 | NM
WELCOME TO MY HEART | AIN'T THAT LOVE | Blue Cat 115 | 40.00 | NM
BOURNE, JOE
THE ONE FOR ME | THE ONE FOR ME pt 2 | SOPHISTICATED SOUL 721 | 30.00 | NM
BOWE, TOBY
I CAN FEEL HIM SLIPPING AWAY | GROOVY FEELING | PATHEWAY 101 | 200.00 | NM
BOWEN, HAROLD
FAITH | HOSANNA | BO-MAC 574 | 30.00 | NM
BOWEN, JEFFERY
I'LL GET BY (ALL BY MYSELF) | I'VE GOT A BRAND NEW FEELING | MERCURY 72383 | 300.00 | NM
BOWENS, JAMES
BABY I WANT YOU | THIS BOY AND GIRL | ROOSEVELT LEE 21832 | 30.00 | NM
BOWIE, JOHN
YOU'RE GONNA MISS A GOOD THING | AT THE END OF THE DAY | MERBEN 503 | 150.00 | NM
BOWIE, LITTLE JOHN
MY LOVE, MY LOVE | GO GO ANNIE | PHIL LA SOUL 307 | 25.00 | NM
BOWIE, SAM
(THINK OF) THE TIMES WE HAD TOGETHER | SWOOP, SWOOP | WINGATE 002 | 15.00 | M
BOYD, BOBBY
WHATCHA' GONNA DO ABOUT IT | same: | BANG 562 dj | 40.00 | NM
BOYD, MELVIN
EXIT LONELINESS, ENTER LOVE | THINGS ARE GETTING BETTER | ERA 3167 | 30.00 | NM
BOYD, OSCAR
LITTLE SWEET THINGS YOU DO | WHEN THINGS GET A LITTLE BETTER | HERMES 107 | 10.00 | NM

BOYKIN, WAYNE
MAKE ME YOURS	HEART OF A POOR MAN	ATLANTIC 2670	10.00	NM

BOYNTON, HUGH and SALT AND PEPPER
NO MORE AND NO LESS	FUNKY GRASSHOPPER	LANOR 571	15.00	B

BOYS
THERE'S NOTHING I CAN DO	same: different mix	FLY BY NITE 1	50.00	78

BOYS IN THE BAND
SUMPIN' HEAVY	THE BOYS IN THE BAND	SPRING 103	10.00	F

BOZE, ED
MEMORIES	LONELY	AVCO 4622	50.00	78

BRACELETS
YOU'RE JUST FOOLING YOURSELF	YOU BETTER MOVE ON	20TH. CENTURY 539	75.00	NM

BRACKENRIDGE, JOE and the KASCADES
GIRL FOR ME		USA 829	200.00	NM

BRADFORD, CHUCK
YOU CAN'T HURT ME ANYMORE	WHEREVER YOU ARE	FIRE 511	15.00	NM

BRADFORD, CLEA
SUMMERTIME	MY LOVE'S A MONSTER	CADET 5602	15.00	MOD

BRADLEY, PATRICK
JUST ONE MORE CHANCE	same:	DECCA 34467 dj	75.00	NM
JUST ONE MORE CHANCE	same: Instrumental	DECCA 32148	200.00	NM

BRADLEY, JAN
BABY WHAT CAN I DO	THESE TEARS	CHESS 1851	20.00	NM
BACK IN CIRCULATION	LOVE IS THE ANSWER	ADANTI 1051	15.00	NM
BEHIND THE CURTAINS	PACK MY THINGS (AND GO)	NIGHT OWL 1055	100.00	NM
I AM GOING TO CHANGE	WHOLE LOT OF SOUL	FORMAL 1017	15.00	B
I'M OVER YOU	THE BRUSH OFF	CHESS 1919	15.00	NM
MAMA DIDN'T LIE	LOVERS LIKE ME	CHESS 1845 Blue and silver label	15.00	NM
MAMA DIDN'T LIE	LOVERS LIKE ME	FORMAL 1044	30.00	NM
PLEASE MR. DJ	TWO OF A KIND	CHESS 1987	15.00	NM
WE GIRLS	CURFEW BLUES	FORMAL 1014	30.00	NM
YOU GAVE ME WHAT'S MISSING	NIGHTS IN NEW YORK CITY	CHESS 2043	10.00	NM
YOUR KIND OF LOVIN'	IT'S JUST YOUR WAY	CHESS 2023	15.00	NM

BRADSHAW, BOBBY
MAKE SOMEONE HAPPY	IT'S A MIRACLE	JAMIE 1366	25.00	NM
SHOW ME A MAN	LOVING YOU	WAND 11212	20.00	NM

BRADY, BOB and the CONCORDS
GOODBYE BABY	TELL ME WHY	CHARIOT 100	50.00	NM
EVERYBODY'S GOING TO A LOVE-IN	IT'S BEEN A LONG TIME BETWEEN	CHARIOT 526	15.00	NM
I STAND REJECTED	MORE, MORE, MORE OF YOUR LOVE	A&M 1382	10.00	NM
IT'S LOVE	LOVE IS THE MASTER (I'M THE SLAVE)	CHARIOT 527	10.00	NM
MORE, MORE, MORE OF YOUR LOVE	IT'S A BETTER WORLD	CHARIOT 101	15.00	NM

BRAGG, JOE
I'VE GOTTA MAKE IT	VOICE IN THE NIGHT	BOCART 101	150.00	NM

BRAGG, JOHNNY
THEY'RE TALKING ABOUT ME	IS IT TRUE	ELBEJAY 1	20.00	**NM**
THEY'RE TALKING ABOUT ME	IS IT TRUE	ELBEJAY 1 **PS**	30.00	NM

BRAGGS, AL TNT
EARTHQUAKE	HOW LONG	PEACOCK 1945	15.00	NM
GIVE IT UP	RUNNING OUT OF LIVES	PEACOCK 1967	20.00	NM
HOME IN THAT ROCK	THAT'S ALL A PART OF LOVING YO	PEACOCK 1957	20.00	NM
I JUST CAN'T GET OVER YOU	HOOTENANNY HOOT	PEACOCK 1931	20.00	NM
I'M A GOOD MAN	I LIKE WHAT YOU DO TO ME	PEACOCK 1962	20.00	NM
OUT OF THE PAN (INTO THE FIRE)	JOY TO MY SOUL	PEACOCK 1936	25.00	NM

BRAITHWAITE, MITCHELL
YOU'VE BEEN A LONG TIME COMIN'	MY WOMAN NEEDS ME	PROBE 465	25.00	NM

BRAMLETT, DELANEY
YOU HAVE NO CHOICE	LIVERPOOL LOU	GNP CRESCENDO 339	20.00	NM

BRANCH, MARTHA
YOU	CAN I TRUST YOU	SOLID SOUL 726	100.00	NM

BRAND NEW
THOUSAND YEARS	PARTY TIME	DU-VERN 4176	250.00	78

BRANDING IRON
SLAVE FOR LOVE	RUNNING, TIGHT OUT OF SIGHT	VOLT 4043	50.00	NM

BRAND NEW FACES
BRAND NEW FACES	I DON'T WANNA CRY	LUJUNA 10655	750.00	NM

BRANDON, BILL
FULL GROWN LOVIN' MAN	SELF PRESERVATION	SOUTH CAMP 7006	30.00	NM
RAINBOW ROAD	(YOU'VE GOT THAT) SOMETRHING W	TOWER 430	30.00	B
SELF PRESERVATION	blank:	ATLANTIC 7006 Test press	15.00	B
SINCE I FELL	FOR YOU	QUINVY 7007	50.00	B

STOP THIS MERRY GO ROUND	I'M A BELIEVER NOW	MOONSONG 9001	10.00	B
THE STREETS GOT MY LADY	TAG, TAG	PIEDMONT 78	295.00	78
WHATEVER I AM, I'M YOURS	JOHNNY MAE WRIGHT	MOONSONG 9003	300.00	NM

BRANDON, BILL and JOHNSON, LORRAINE
LET ME BE YOUR FULL TIME GROOVER	LET'S MAKE A NEW LOVE SOMETHIN	MOONSONG 1	40.00	NM

BRANDON, CAL
I KEPT SMILING	24 HOUR LOVE MAN	HITMAN 711	100.00	B

BRANDY, CHARLES
I CAN'T GET ENOUGH	WITHOUT YOU LOVE	BLUE CAT	1500.00	NM

BRANTLEY, BILL
LOVES SWEET VIBRATION	A LITTLE BIT MORE	SS7 2507	10.00	B

BRANTLEY, D.B. and the FAB MICRONITES
I'M COMING ON HOME	LOOKING FOR A NEW LOVE	SHARP 9047	300.00	NM

BRANTLEY, DAN
I CAN'T TAKE IT NO MORE	PLEASE AACCEPT MY LOVE	SIMS 101	20.00	NM
IT MUST BE LOVE	GET IT RIGHT, OR LEAVE IT ALON	DELUXE 119	15.00	NM

BRASSEAUR, ANDRE
THE KID	HOLIDAY	CONGRESS 271	15.00	NM

BRASWELL, JIMMY
THIS TIME IT'S GOT TO BE REAL	TIME WAITS FOR NO MAN	JAR-VAL 15	40.00	NM
I CAN'T GIVE YOU MY HEART		KING 6374	100.00	NM

BRAXTON, P. and the SCACY SOUND SERVICE
SUNSHINE PT.1	SUNSHINE PT 2	SCACY 2200	75.00	F

BREAKERS
LONG WAY HOME	BALBOA MEMORIES	MARSH 206	20.00	GR

BREAKWATER
TIME	SAY YOU LOVE ME GIRL	ARISTA 542	10.00	78

BREED, BLONDELL and the IMPORTS
WHEN I SEE MY BABY	BABY, ON LOVE	ACTA 818	100.00	NM

BREEDLOVE, JIMMY
I CAN'T HELP LOVING YOU	I SAW YOU	ROULETTE 7010	30.00	NM
QUEEN BEE	DON'T LET IT HAPPEN	OKEH 7152	25.00	B

BREEN, BOBBY
BETTER LATE THAN NEVER	HOW CAN WE TELL HIM	MOTOWN 1053	25.00	M
BETTER LATE THAN NEVER	HOW CAN WE TELL HIM	MOTOWN 1053 **PS**	50.00	M
HERE COMES THAT HEARTACHE	YOU'RE JUST LIKE ME	MOTOWN 1059	30.00	M

BRENDA and ALBERT
THIS HAS HAPPENED BEFORE	TALKING ABOUT LOVING YOU	CLARAMA 1200	10.00	B

BRENDA and THE TABULATIONS
A LOVE YOU CAN DEPEND ON	WHY DIDN'T I THINK OF THAT	TOP & BOTTOM 411	10.00	NM
HEY BOY	JUST ONCE IN A LIFETIME	DIONN 503	10.00	NM
HEY BOY	WHEN YOU'RE GONE	DIONN 504	10.00	NM
KEY TO MY HEART	LOVE IS JUST A CARNIVAL	EPIC 11000	10.00	78
LET ME BE HAPPY	LITTLE BIT OF LOVE	EPIC 10898	10.00	NM
LIES, LIES, LIES	AND MY HEART SING	TOP & BOTTOM 403	15.00	NM
ONE GIRL TOO LATE	MAGIC OF YOUR LOVE	EPIC 10954	10.00	NM
SCUSE UZ Y'ALL	A CHILD NO ONE WANTED	TOP & BOTTOM 406	10.00	F
THAT'S IN THE PAST	I CAN'T GET OVER YOU	DIONN 509	30.00	NM
THAT'S THE PRICE YOU HAVE TO PAY	I WISH I HADN'T DONE WHAT I	DIONN 512	20.00	NM
YOU'VE CHANGED	DON'T MAKER ME OVER	TOP & BOTTOM 404	10.00	NM

BRENT, BRYAN
VACATION TIME	FOR ETERNITY	PENNY 2201	150.00	M

BREWER, DEANNA and the TITANS
I'VE GOTTA KNOW	HOW LONG (MUST I WAIT)	LEMCO 885	75.00	NM

BREWSTER CREW
I'M ONE WHO KNOWS	OUTTA MY LIFE	LIFELINE 2	75.00	78

BREWTON, BETTY
HEAVY, HEAVY LOVIN'	PERSHING SQUARE	SUE 1	50.00	F

BRIDGE
STICK YOUR FINGER IN THE GROUND	same: instrumental	GRAYTOM 1004	20.00	F
BABY DON'T HOLD YOUR LOVE BACK	same:	ATLANTIC 89565 dj	20.00	78

BRIDGES, CHUCK
DON'T YOU MAKE ME CRY	I LOVE HER I NEED HER	SCOOP 4	70.00	NM
KEEP YOUR FAITH BABY	BAD SAM	VAULT 958	15.00	NM

BRIDGES, LAVON
WITH A SMILE (ON MY FACE)		GLORECO 1003	100.00	NM

BRIEF ENCOUNTER
(DON'T YOU SEE) I'M CRAZY ABOUT YOU	WE'RE GOING TO MAKE IT	SEVENTY 7 132	10.00	GR
HUMAN	TOTAL SATISFACTION	SOUND PLUS 2179	30.00	78
I'M SO SATISFIED	DON'T LET THEM TELL YOU	SEVENTY 7 123	10.00	GR
WHAT ABOUT LOVE	GET RIGHT DOWN	CAPITOL 4229	10.00	78

BRIGGS, FRED
SOUND OFF | I'M SO SORRY | GROOVE CITY 202 | 200.00 | B
BRIGGS, JIMMY
TRYING TO FIND A WAY | YOU WERE ALMOST MINE | UA 50825 | 20.00 | 78
BRIGGS, KATIE
WHY DO YOU DO THIS TO ME | | MOS-RAY 3101 | 500.00 | NM
BRIGHT, CAL
MY LOVE IS GOOD FOR YOU BABY | GOT TO GET MYSELF TOGETHER | AZETTA 1001 | 25.00 | NM
BRIGHTER SIDE OF DARKNESS
OH BABY | BECAUSE I LOVE YOU | STAR-VUE 1028 | 20.00 | 78
BRIGHTLIGHTS
MOTOR CITY FUNK Pt.1 | MOTOR CITY FUNK Pt 2 | SILVER FOX 16 | 75.00 | F
BRILLIANT KORNERS
THREE LONELY GUYS | CHANGE IN ME | MODERN 1059 | 150.00 | NM
BRILLIANTS
WHAT YOU GONNA DO | SLOW LOVIN' | FRISCO 3221 | 30.00 | GR
BRIMMER, CHARLES
I NEED YOU, I DO | THE GLIDE | ABS. 110 | 200.00 | B
I WANNA BE YOUR BREAD WINNER | LOVE ME IN YOUR OWN WAY | CHELSEA 3049 | 15.00 | B
JUST ANOTHER MORNING | PLEASE LET ME COME HOME | CHELSEA 3039 | 15.00 | B
THE FEELING IS IN MY HEART | MR. TEARDROPS | BROADMOOR 201 | 100.00 | NM
YOUR SO CALLED FRIENDS | AFFLICTED | HELP'ME 2 | 10.00 | B
BRINKLEY and PARKER
DON'T GET FOOLED BY THE PANDER MAN | PANDER MAN | DARNEL 1111 | 10.00 | F
BRINKLEY, BOBBY and the SQUIRES
WOULD IT MATTER | DOGGIN' AROUND | SQUIRE 602 | 300.00 | NM
BRINKLEY, CHARLES
I'LL BE WHAT YOU WANT ME TO BE | IN THE POCKET | MUSIC MACHINE 3145 | 10.00 | GR
BRINSON, JIMMY
IT'S ALL OVER GIRL | same: | BRIN 1001 | 300.00 | 78
BRINSTON, DAVID
HIT AND RUN | LOVE MAKER | JOMAR 631 | 20.00 | 78
BRISKER, BONNIE
SOMEONE REALLY LOVES YOU (GUESS WHO) | SO MUCH LOVIN' | MAGIC CITY 3 | 75.00 | NM
BRISTOL, JOHNNY
LOVE NO LONGER HAS A HOLD ON ME | UNTIL I SEE YOU AGAIN | HANDSHAKE 5304 | 10.00 | 78
BRITT, MEL
SHE'LL COME RUNNING BACK | LOVE INVENTED MISERY | FIP 650 | 750.00 | **NM**
BRITT, SHARON
GUESS WHO I BELONG TO | RESCUE WILL COME | AVCO 4627 | 10.00 | 78
BRITT, TINA
SOOKIE, SOOKIE | KEY TO THE HIGHWAY | VEEP 1298 | 15.00 | NM
THE REAL THING | TEARDROPS FELL (EVERY STEP OF | EASTERN 604 | 20.00 | NM
YOU'RE ABSOLUTELY RIGHT | LOOK | EASTERN 605 | 20.00 | NM
BRITTON, ALDORA
DO IT WITH SOUL | AM I EVER GONNA SEE MY BABY AGAIN | COLUMBIA 44375 | 20.00 | NM
BRITTON, LEROY
YOU'RE NEVER TOO YOUNG | RAIN FALLS ON HARLEM | SOUND. 101 | 25.00 | NM
BROAD STREET GANG
FAIR SKIN MAN | WE NEED LOVE | COUGAR 2016 | 20.00 | F
BROADWAYS
GOIN', GOIN' GONE | ARE YOU TELLING ME GOODBYE | MGM 13486 | 25.00 | NM
YOU JUST DON'T KNOW | SWEET AND HEAVENLY MELODY | MGM 13592 | 30.00 | NM
BROCKINGTON CHORALE ENSEMBLE
HOW I GOT OVER | HOW I GOT OVER Pt 2 | ARCTIC 119 | 10.00 | B
BROCKINGTON SINGERS
STRETCH OUT | same: mono | TSOP 4763 dj | 20.00 | 78
BROCKINGTON, ALFREDA
YOUR LOVE HAS GOT ME CHAINDED AND BOUND | I'LL WAIT FOR YOU | PHIL LA SOUL 334 | 30.00 | NM
BROCKINGTON, JULIUS and the MAGIC FORUM
THIS FEELING | COSMIC FORCE | BURMAN 4211 | 20.00 | F
BROCKINGTON, SANDY
GIRL IN DISTRESS | IT WAS YOU | BENGEE 1002 | 20.00 | NM
BRODY, MARSHA
RIGHT COMBINATION | I CRIED | HOT SHOT 1000 | 15.00 | **NM**
BRONC-GLOWS
CHARGE | SANDMAN | BULL CITY SOUNDS 1 | 20.00 | F
BRONZETTES
RUN, RUN, YOU LITTLE FOOL | HOT SPOT | PARKWAY 929 | 20.00 | NM
BROOKS and JERRY
I GOT WHAT IT TAKES | I GOT WHAT IT TAKES Pt 2 | DYNAMO 114 | 15.00 | NM

BROOKS BROTHERS
LOOKING FOR A WOMAN	TWO GREAT LOVERS	TAY 501	800.00	NM

BROOKS, CHUCK
LONELINESS (IS A FRIEND OF MINE)	BABY PLEASE DON'T SET ME FREE	MERCURY 73324	100.00	B
YOU CAN'T BE IN TWO PLACES	BEHIND CLOSED DOORS	GSF 6912	25.00	NM

BROOKS, DALE
WHAT IS THERE TO TELL	MY FOOLISH PRIDE	TWIRL 2028	40.00	NM

BROOKS, DIANE
IN MY HEART	I JUST DON'T KNOW WHAT 2DO WIT	VERVE 5036	15.00	nm

BROOKS, HENRY
GREATEST DEBT TO MY MOTHER	MINI SKIRTS	P&P 333	40.00	NM

BROOKS, JEAN
TOMORROW NEVER CAME	LOSING	G-NOTE 2002	200.00	NM 1300

BROOKS, KARMELLO
TELL ME, BABY	YOU'RE BREAKIN' MY HEART	MILESTONE 7107	300.00	NM

BROOKS, LONNIE
THE POPEYE	MR. HOT SHOT	MIDAS 9002	30.00	NM

BROOKS, PATTY
LOVELAND	same: instrumental	BURRELL 1000	200.00	NM

BROOKS, ROSA LEE
THE UTEE	MY DIARY	REVIS 1013	100.00	NM

BROOKS, ROSE
I'M MOANING	THEY'RE COMING TO TAKE ME AWAY	SOUL CITY 750	200.00	NM

BROTHER SOUL
COOKIES	DO IT GOOD	LEO MINI 105	75.00	F
FEELIN FUNKY	LIFE IS LIKE A MAZE	ELMCOR 103 GREEN	15.00	F
TRAIN SONG	TRAIN SONG pt. 2	JANION	50.00	f

BROTHER WILLIAMS
RIGHT ON BROTHER	COLD SWEAT	SAADIA	400.00	F

BROTHERHOOD BLUES
MORE AND MORE	ROLLIN'	MOVIN 701	30.00	NM

BROTHERHOOD
SUCKEY, SUCKEY FEELING	SUCKEY, SUCKEY FEELING Pt 2	MOTHER. 1	10.00	F
WHEN YOU NEED ME	EXPRESSING MY LOVE	TESSERACT 1	150.00	78

BROTHERS
ARE YOU READY FOR THIS	EVERYBODY LOVES A WINNER	RCA 10243	20.00	NM
SECRET PLACE	HE WILL BE THERE	ZANZEE 112	20.00	NM

BROTHERS BY CHOICE
GIRL I NEED YOU TOO	YOUNG, SINGLE AND FREE	ALA 105 12"	20.00	78
HOW MUCH I FEEL	SHE PUT THE EASE BACK	ALA 110	30.00	78
OH DARLIN'	WHY CAN'T YOU MAKE UP YOUR MIN	ALA 108	20.00	78
SHE PUTS THE EASE BACK INTO EASY	same: instrumental	ALA 103	10.00	78

BROTHERS GILMORE
I FEEL A SONG	ANOTHER DAY HAS COME	BANTU 0001	600.00	78

BROTHERS GRIMM
LOOKY, LOOKY	A MAN NEEDS LOVE	MERCURY 72512	75.00	NM

BROTHERS OF HOPE
NICKOL, NICKOL	I'M GONNA MAKE YOU LOVE ME	GAMBLE 224	20.00	F

BROTHERS OF LOVE
YES I AM	SWEETIE PIE	BLUE ROCK 4057	15.00	NM
YOU CHANGED ME	SAME:	MERCURY 73025	15.00	NM

BROTHERS OF SOUL
A DREAM	same: instrumental	BOO 1002	20.00	NM
A LIFE TIME	YOU BETTER BELIEVE IT	BOO 111	20.00	NM
CANDY	TRY IT BABE	SHOCK 1314 orange label	40.00	GR
CANDY	DREAM	SHOCK 1314 Yellow label	60.00	NM
CAN'T GET YOU OFF MY MIND	HURRY DON'T LINGER	CRISS-CROSS 1001	50.00	NM
CAN'T GET YOU OFF MY MIND	HURRY DON'T LINGER	BOO 1001	15.00	NM
COME ON BACK	THE LOVE I FOUND IN YOU	BOO 1005 Yellow label	100.00	NM
COME ON BACK	THE LOVE I FOUND IN YOU	BOO 1005 Orange label	80.00	NM
HURRY, DON'T LINGER	I GUESS THAT DON'T MAKE ME A L	BOO 1004	15.00	NM
I'D BE GRATEFUL	WAIT FOR ME	BOO 1006	150.00	NM
ONE MINUTE BABY	LOVE IS FEVER	BOO 112	15.00	GR

BROTHERS SEVEN
EVIL WAYS	THEM CHANGES	GOOD LUCK	500.00	F

BROTHERS SOUL
I SHALL BE RELEASED	LOOK AHEAD	OKEH 7322 BS	30.00	B

BROTHERS TWO
MY SWEETNESS	HOPING	JONAH 99	15.00	NM

BROUSARD, VAN
FEED THE FLAME	NOTHING SWEET AS YOU	MALA 12021	15.00	B

BROUSSARD, JULES
SOMETHING SPECIAL	BODY TO BODY	FLEUR 1	15.00	78

BROWN BOMBERS and SOUL PARTNERS
JUST FUN	WAIT FOR ME	AMAZING 100	400.00	NM

BROWN BROTHERS OF SOUL
CHOLO	POQUITO SOUL	RAZA 1027	30.00	F
CHOLO	POQUITO	SPECIALTY 698	20.00	F

BROWN SUGAR
LAY SOME LOVIN' ON ME	DON'T TIE ME DOWN	CAPITOL 4367	10.00	78
THE GAME IS OVER (WHAT'S THE MATTER WITH ME)	I'M GOING THROUGH CHANGES NOW	CAPITOL 4198	75.00	78

BROWN, ALEX
I'M IN LOVE	WHAT WOULD YOU DO WITHOUT SOME	TRC 1001	20.00	NM
I'M NOT RESPONSIBLE	SOMETHING	SUNDI 316	300.00	78

BROWN, ANDREW
FOR LIZ	CAN'T LET YOU GO	FOUR BROTHERS 449	15.00	F
IF WE TRY	YOU OUGHT TO BE ASHAMED	FOUR BROTHERS 446	10.00	NM
SOMETHING CAN GO WRONG	YOU BETTER STOP	USA 778	20.00	NM

BROWN, ARLENE and WILLIAMS, LEE
IMPEACH ME BABY	YOU'RE GONNA MISS ME	DYNAMITE 8664	30.00	F

BROWN, BARBARA
PITY A FOOL	IF IT'S GOOD TO YOU	MGM SOUNDS OF MEMPHI 709	40.00	78
SO IN LOVE	FORGET HIM	CARNIVAL 508	20.00	NM

BROWN, BEVERLY
DON'T MAKE ME WAIT	YOU GOT ME HELPLESS	ABS. 109	20.00	B
TAKE MY LOVE	DON'T BREAK MY HEART	BRIMCO 100	150.00	NM

BROWN, BOBBY
WHY	A WOMAN AND SOME SOUL	VERVE 10594	20.00	NM

BROWN, BUSTER
DON'T DOG YOUR WOMAN	IS YOU IS OR IS YOU AIN'T MY B	FIRE 1023	15.00	NM

BROWN, CHARLIE (COLE BLACK)
I'VE GOT YOUR LOVE	I JUST CAN'T GET OVER YOU	JEWEL 838	15.00	78

BROWN, CLYDE
YOU CALL ME BACK	WHO AM I	ATLANTIC 2908	10.00	78
YOUR WISH IS MY COMMAND	PEACE AND LOVE	ATLANTIC 2903	15.00	GR

BROWN, DEE
MORE TIME	DON'T WORRY 'BOUT ME	SHURFINE 09	15.00	B

BROWN, DEE and GRANT, LOLA
YOU NEED LOVING	WE BELONG TOGETHER	SHURFINE 14	10.00	NM

BROWN, ELAINE
NO TIME	UNTIL WE'RE FREE	BLACK FORUM 20000	10.00	M

BROWN, ESTELLE
STICK CLOSE	YOU GOT JUST WHAT YOU ASKED FO	UA 727	75.00	NM

BROWN, GARY and SOUL MACHINE 2
GET DOWN		COTCH	50.00	F

BROWN, GREG C.
DO YOU REALLY LOVE ME	SLURP (WET KISS)	AQUARIUS PRODUCTIONS 7124	30.00	GR

BROWN, HERBY
ONE MORE BROKEN HEART	same: instrumental	BLUE ASH 1`81	1500.00	78

BROWN, J.L.
MY TRUE LOVE	BABY BABY	CLIFTON 501	20.00	NM

BROWN, J.T.
LIKE TAKING CANDY (FROM A BABY)	UNDER LOCK AND KEY	MAHOGANY 1177	20.00	78

BROWN, JAMES (and the FAMOUS FLAMES)
(CAN YOU) FEEL IT	THOSE FOOLISH THINGS	KING 5767	10.00	F
AIN'T IT FUNKY NOW	AIN'T IT FUNKY NOW pt 2	KING 6280	10.00	F
ESCAPE-ISM	ESCAPE-ISM p. 2	PEOPLE 2500	10.00	F
FUNKY DRUMMER	FUNKY DRUMMER pt 2	KING 6290	10.00	F
GET UP I FEEL LIKE BEING A SEX MACHINE	GET UP I FEEL LIKE BEING A SEX MACHINE pt. 2	KING 6318	10.00	F
I DON'T WANT NOBODY TO GIVE ME	I DON'T WANT NOBODY TO GIVE ME Pt 2	KING 6224	10.00	F
I GOT THE FEELING	IF I RULED THE WORLD	KING 6155	15.00	F
IN THE MIDDLE	LET'S UNITE THE WHOLE WORLD AT	KING 6205	15.00	F
JUST PLAIN FUNK	I GUESS I'LL HAVE TO, CRY CRY	KING 6141	10.00	F
LET A MAN COME IN and DO THE POP	SOMETIME	KING 6255	15.00	F
LIVE AT THE APOLLO	PROMO 4 TRACK EP	KING 826 PS EP	40.00	F
LOST IN THE MOOD OF CHANGES	JAMES BROWN'S BOOGALOO	SMASH 2042	10.00	NM
LOWDOWN POPCORN	TOP OF THE STACK	KING 6250	15.00	F
MONEY WON'T CHANGE YOU	MONEY WON'T CHANGE YOU PT 2	KING 6048	15.00	F
MOTHER POPCORN	MOTHER POPCORN Pt 2	KING 6245	10.00	F
NIGHT TRAIN	WHY DOES EVERYTHING HAPPEN TO ME	KING 5614	15.00	MOD
PEOPLE WAKE UP AND LIVE	GIVE ME SOME SKIN	POLYDOR 14409	20.00	78
PT 2 (LET THE MAN COME IN DO	GETTIN' A LITTLE HIPPER	KING 6275	10.00	F

SAY IT LOUD, I'M BLACK AND I'M PROUD	SAY IT LOUD, I'M BLACK AND I'M PROUD Pt. 2	KING 6187	10.00	F
SHHHHHH (FOR A LITTLE WHILE)	HERE I GO	KING 6164	20.00	MOD
SIGNED SEALED AND DELIVERED	WAITIN' IN VAIN	KING 5803	15.00	NM
SOUL POWER	SOUL POWER PT 2 **and** 3	KING 6368	10.00	F
TALKIN' LOUD AND SAYING NOTHIN'	TALKIN' LOUD AND SAYING NOTHIN' Pt 2	KING 6359	10.00	F
THE DRUNK	A MAN HAS TO GO BACK TO THE CR	BETHLEHEM 3098	15.00	F
THE POPCORN	THE CHICKEN	KING 6240	10.00	F

BROWN, JOCELYN
IF I CAN'T HAVE YOUR LOVE	same:	POSSE 5011 dj	50.00	78

BROWN, KEISHA
THE DANCE MAN	THE DANCE MAN	LULU	500.00	F

BROWN, LARRY
BREAKIN' TRAINING	BREAKIN' TRAINING PT. 2	FIREWORKS 1000	50.00	78

BROWN, LATIMORE
GOT PLENTY OF TROUBLES	IT HURTS ME SO	ZIL 9005	30.00	NM
I'VE GOT EVERYTHING	I'M NOT THROUGH LOVING	SS7 2553	10.00	B
I WISH I FELT THIS WAY AT HOME	YAK-A-POO	RENEGADE 101	20.00	B
SO SAYS MY HEART	EVERYDAY I HAVE TO CRY SOME	SS7 2616	25.00	NM

BROWN, MAGICA
A WHOLE LOTTA LOVIN' LEFT IN ME	I WON'T BE BACK	20TH. CENTURY 553	20.00	NM

BROWN, MATHEW
LOVE ME JUST A LITTLE BIT	FUNK SOUL TRAIN	SEW CITY 108	400.00	NM

BROWN, MATT
A MAN WITHOUT A WOMAN	SOUL OF A MAN	SOFT 1035	15.00	B
THANK YOU BABY	SWEET THING	JAR-VAL 6	600.00	78
EVERYDAY (I LOVE YOU JUST A LITTLE BIT MORE)	BABY I'M A WANT YOU	JAR-VAL 6	700.00	78

BROWN, MAXINE
ALWAYS AND FOREVER	MAKE LOVE TO ME	AVCO 4585	20.00	78
AM I FALLING IN LOVE	PROMISE ME ANYTHING	ABC 10370	85.00	NM
I CAN'T GET ALONG WITHOUT YOU	REASON TO BELIEVE	COMMONWEALTH 3008	15.00	NM
I.O.U.	TREAT ME LIKE A LADY	AVCO 4604	10.00	78
IT'S GONNA BE ALRIGHT	YOU DO SOMETHING TO ME	WAND 173	10.00	NM
LET ME GIVE YOU MY LOVIN'	WE CAN WORK IT OUT	WAND 1128	20.00	NM
OH NO NOT MY BABY	YOU UPSET MY SOUL	WAND 162	10.00	NM
ONE IN A MILLION	ANYTHING YOU DO IS ALRIGHT	WAND 1117	20.00	NM
ONE STEP AT A TIME	ANYTHING FOR A LAUGH	WAND 185	10.00	NM
PICKED UP, PACKED AND PUT AWAY	same: mono	AVCO 4612 dj	15.00	78
SEEMS YOU'VE FORSAKEN MY LOVE	PLUM OUTA SIGHT	EPIC 10334	20.00	NM
SINCE I FOUND YOU	COMING BACK TO YOU	WAND 142	10.00	NM
THE SECRET OF LIVING	I DON'T NEED ANYTHING	WAND 1145	10.00	NM
YESTERDAYS KISSES	ASK ME	WAND 135 **PS**	30.00	NM
YESTERDAY'S KISSES	ASK ME	WAND 135	15.00	NM

BROWN, MELVIN
DANCE MAN	FEELINGS	KBs ENTER PRIZE 803214	25.00	F

BROWN, MELVIN and MATHEWS, JAMES
LOVE STORMY WEATHER	SOUL MAN	PHILMORE SOUND 607121	850.00	78

BROWN, NAPPY
COAL MINER	HOONIE-BOONIE	SAVOY 1594	40.00	NM

BROWN, NEAL
IF BY CHANCE	SHE'S A FINE WOMAN	CHART SOUND 129	15.00	NM

BROWN, NORMAN
EVERYBODY LIKES IT	SUGAR	SOUND TOWN 47663658	20.00	78

BROWN, OTIS
WILL YOU WAIT	WHAT WOULD YOU DO	OLE 102	20.00	NM
YOU GIRL	MAMA DON'T ALLOW NO LOVING IN HERE	EXSPECTMORE 14	20.00	NM

BROWN, PAT
THE GOOD GOT TO SUFFER FOR THE BAD	HE'S A WONDERFUL GUY	SEVEN B 7009	75.00	NM

BROWN, PEP
I AM THE ONE WHO LOVES YOU	DON'T BLAME ME	POLYDOR 14204	100.00	78
THIS GOOD THING THAT I'VE GOT	HANK WILLIAMS LOVE SONG	WALDEN 001	200.00	78

BROWN, PHYLLIS
DEAD	MRS. BEAN	SOFT 1037	20.00	B
I'VE GOT SOMETHING ON MY MIND	ROMA	LE CAM 630	20.00	NM
OH BABY	WHY	RAINBO 1001	100.00	NM

BROWN, PINEY
EVERYTHING BUT YOU	(I'M TIRED OF) RUNNING	DEEP GROOVE 23931	20.00	F

BROWN, RANDOLF and COMPANY
IT AIN'T LIKE IT USED TO BE	same: mono	IX CHAINS 7012 dj	50.00	78

BROWN, RANDY
I'M ALWAYS IN THE MOOD	I'D RATHER HURT MYSELF	PARACHUTE 506	20.00	78

BROWN, ROCKIE
WITHOUT A WARNING | same: instrumental | PENNTOWNE 100 | 20.00 | NM
BROWN, ROY
BABY IT'S LOVE | GOING HOME | GERT 11123 | 50.00 | NM
BROWN, RUTH
I BURNED YOUR LETTER | DON'T DECIEVE ME | ATLANTIC 2052 | 30.00 | NM
IF YOU DON'T TELL NOBODY | HE TELLS ME WITH HIS EYES | PHILIPS 40086 | 30.00 | NM
MAMA (HE TREATS YOUR DAUGHTER MEAN) | HOLD MY HAND | PHILIPS 40056 | 35.00 | NM
SAY IT AGAIN | SHAKE A HAND | PHILIPS 40028 | 15.00 | NM
TAKING CARE OF BUSINESS | HONEY BOY | ATLANTIC 2075 | 15.00 | NM
BROWN, SAMMY
SOME DAY | HEAD ON COLLISON | PUGET 701 | 15.00 | 78
BROWN, SHIRLEY
I AIN'T GONNA TELL | LOVE IS BUILT ON A STRONG FOUN | ABET 9444 | 10.00 | F
BROWN, SIR LATIMORE
I'M GONNA TAKE A LITTLE TIME | PLEASE, PLEASE, PLEASE | SS7 2598 | 10.00 | B
IT'S SUCH A SAD, SAD WORLD | SHAKE AND VIBRATE | SS7 2575 | 10.00 | B
NOBODY HAS TO TELL ME (YOU WERE MEANT FO | CRUISE ON, FANNIE (CRUISE ON) | SS7 2586 | 15.00 | B
BROWN, TOMMY
WELL, THERE GOES MY HEART | AIN'T SO | ABC 10632 | 100.00 | B
BROWN, VEDA
SHOUTIN' OUT LOVE | BRAND NEW TOMORROW | RAKEN 1 | 15.00 | 78
I HAD A FIGHT WITH LOVE | | | 500.00 | 78
BROWNE, WATSON T.
HOME IS WHERE THE HEART LIES | SOME LOVIN' | OKEH 7320 | 20.00 | GR
BROWNELL, PRINCE
NEW BREED FROM A SOUL SEED | DON'T MAKLE ME CRY SEVEN TIMES | A BEM SOLE 1003 | 150.00 | F
BROWNER, DUKE
CRYING OVER YOU | same: instrumental | IMPACT 1008 | 250.00 | **NM**
BROWNE'S ORCH., AL
THE GRAND CENTRAL SHUTTLE | | SAXY | 50.00 | F
BRUCE, ALAN
I FEEL BETTER | WHERE DO WE GO FROM HERE | GAIT 1443 | 100.00 | NM
I FEEL BETTER | WHERE DO WE GO FROM HERE | GARRISON 3002 | 70.00 | NM
BRUCE, ED
SEE THE BIG MAN CRY | I WON'T CRY ANYMORE | WAND 140 | 30.00 | NM
I'M GONNA HAVE A PARTY | | WAND 156 | 200.00 | NM
BRUNO, TONY
SMALL TOWN, BRING DOWN | WHAT'S YESTERDAY | CAPITOL 2105 | 10.00 | NM
SMALL TOWN, BRING DOWN | WHAT'S YESTERDAY | BUDDAH 43 | 10.00 | NM
BRUNSON, FRANKIE
MOVE BABY MOVE | BOYS HAVE FEELINGS TOO | FAIRMOUNT 613 | 10.00 | B
BRUTAL FORCE
THE NUMBER ONE GROOVE | DREAMS FOR SALE | PHIL LA SOUL 384 | 10.00 | F
BRYANT GROUP, SAMMY
GRAPEVINE | POPEYE DANCE | ROULETTE 4569 | 150.00 | NM
BRYANT, ARNOLD
HOUSE IN ORDER | EIGTH WONDER | MERCURY 72772 | 25.00 | NM
BRYANT, DONALD
MY BABY | I LIKE IT LIKE THAT | HI 2087 | 20.00 | NM
BRYANT, HELEN
THAT'S A PROMISE | I'VE LEARNED MY LESSON | FURY 1042 | 75.00 | NM
BRYANT, JAMES
HEY THERE YOU GIRL | THREE STEP | RENEE 108 | 20.00 | NM
BRYANT, JAY DEE
STANDING OVATION FOR LOVE | I WANT TO THANK YOU BABY | ISLAND 6273 | 10.00 | NM
YOU'RE HURTING ME | GET IT | ENJOY 2017 | 30.00 | B
BRYANT, JD
I WON'T BE COMING BACK | WALK ON IN | SHRINE 108 | **NEG** | NM
BRYANT, LEON
I CAN SEE ME LOVING YOU | I'M GONNA PUT A SPELL ON YOU | DELITE 833 | 10.00 | 78
MIGHTY BODY (HOTSY TOTSY) | same: mono | DE-LITE 811 dj | 10.00 | 78
BRYANT, LILLIE
MEET ME HALFWAY | MAMA | TAYSTER 6016 | 1000.00 | **NM**
BRYANT, PAUL
FUNKY MOUNTAIN | MY THREE | FANTASY 586 | 10.00 | NM
BRYANT, TERI
GENI | WHEN I'M IN YOUR ARMS | VERVE 10508 | 40.00 | NM
(YOU BETTER) STRAIGHTEN UP FLY RIGHT | EVERYTHING'S WONDERFUL | VERVE 10553 | 15.00 | NM
BRYANT, TOMMY
I WANNA COME HOME TO YOU BABY | HEADING HOME | T NECK 916 | 20.00 | NM

BUBBA LOU and the HIGHBALLS
OVER YOU	LOVE ALL OVER THE PLACE	AMBITION 101 **PS**	40.00	78

BUCK
COME CLOSER	TRUST THIS NIGHT	PLAYBOY 6001	50.00	78

BUCKINGHAMS
DON'T YOU CARE	WHY DON'T YOU LOVE ME	COLUMBIA 44053	10.00	NM

BUCKINS, MICKEY and the NEW BREED
BIG BOY PETE	REFLECTIONS OF CHARLES BROWN	SOUTH CAMP 7007	15.00	B
LONG, LONG TIME	SEVENTEEN YEAR OLD GIRL	SOUTH CAMP 7004	15.00	B
SILLY GIRL	LONG, LONG TIME	NORALA 6603	500.00	NM

BUCKMAN, JOE
RIGHT NOW	TILL THE END OF TIME	SEPIA 3	30.00	NM

BUCKNER BROTHERS
LOVE YOU FROM THE BOTTOM OF MY HEART	A CHANGE IS GONNA COME	SANLA 3001	15.00	NM

BUENA VISTAS
HERE COME DA JUDGE	BIG RED	MARQUEE 443	10.00	MOD
SOUL CLAPPIN'	RAPPIN'	MARQUEE 445	10.00	MOD
SUGAR	KNOCK ON WOOD	LA SALLE 4255	15.00	MOD
T.N.T.	HOT SHOT	SWAN 4255	15.00	MOD

BUFORD, RON
DEEP SOUL	DEEP SOUL Pt 2	CAMELOT 127	75.00	F

BUFORD, STEVEN and WEST, ALMAREE
YOUR PARTNER IN LOVE	same: instrumental	DETROIT UNIVERSAL 4705	20.00	NM

BULL
BYGONES	same: mono	BELL 45186 dj	300.00	NM

BULL and the EL CAPALARA'S
GIRL OF MY HEART	NO SIGN OF SADNESS	BELL 975	30.00	NM

BULL and the MATADORS
I CAN'T FORGET	MOVE WITH THE GROOVE	TODDLIN TOWN 116	10.00	NM
IF YOU DECIDE	LOVE COME DOWN	TODDLIN TOWN 123	20.00	NM
THE FUNKY JUDGE	same: instrumental	TODDLIN TOWN 108	10.00	F

BULLET
WILLPOWER WEAK TEMPTATION STRONG	HITTIN' ON YOU	BIG TREE 131	10.00	NM

BURDICK, DONI
BARI TRACK	I HAVE FAITH IN YOU	SOUND IMPRESSION 6807	350.00	NM
CANDLE (IN THE WINDOW)	WHATCHA GONNA DO	SOUL KING 403	20.00	NM
I HAVE FAITH IN YOU	OPEN THE DOOR TO YOUR HEART	SOUND PATTERNS 6807	400.00	NM
OPEN THE DOOR TO YOUR HEART	IF YOU WALK OUT OF MY LIFE	SOUND IMPRESSION 6809	50.00	NM

BURKE, JOHNNIE
LOVE ON A LEASE PLAN	ME AND MY BABY	JOANNE 3001	10.00	NM

BURKE, KENI
RISIN' TO THE TOP	LET SOMEBODY LOVE YOU	RCA 49614 12	10.00	78

BURKE, SOLOMAN
CRY TO ME	I ALMOST LOST MY MIND	ATLANTIC 2131	25.00	NM
STUPIDITY	CAN'T NOBODY LOVE YOU	ATLANTIC 2196	10.00	NM

BURKES, DONNIE
SATISFACTION GUARENTEED	WHY DON'T YOU SMILE NOW	DECCA 32134	20.00	NM

BURKES, MAJOR
YOU'RE GONNA NEED ME	I'M IN LOVE	GULF 2541	300.00	NM

BURKS, DONNIE
YOU NEVER KNOW WHAT YOU HAVE	I WAS SATISFIED	METROMEDIA 102	20.00	78

BURKS, GENE
YOU DON'T LOVE ME	YOU GOT IT	CHRIS CRAFT 501	10.00	B

BURNETT, CARL
JERK BABY JERK	SWEET MEMORIES	CARMAX 102	30.00	NM

BURNETT, FRANCES
COME TO ME	SO MANY TEARS	CORAL 62092	50.00	M
HOW I MISS YOU SO	PLEASE REMEMBER ME	CORAL 62127	50.00	M
SHE WAS TAKING MY BABY	SWEETIE	CORAL 62214	50.00	M
TOO PROUD	I LOVE HIM SO	CORAL 62164	50.00	M

BURNETTE, DORSEY
EVER SINCE THE WORLD BEGAN	LONG LONG TIMEW AGO	MELODY 118	15.00	M
JIMMY BROWN	EVERYBODY'S ANGEL	MELODY 116	15.00	M
LITTLE ACORN	COLD AS USUAL	MELODY 113	15.00	M
LONG, LONG TIME AGO	EVER SINCE THE WORLD BEGAN	MELODY 118	15.00	M

BURNING BUSH
KEEPS ON BURNING	EVIL EYE	MERCURY 72657	150.00	NM

BURNING DESIRE
WHY SHE HAD TO GO	YOU MUST DO YOUR BEST	CHARISMA 5166	750.00	78

BURNING EMOTIONS
THE NEW WORLD	THE WHATCHAMA CALL IT	BANG 553	10.00	NM

BURNS, EDDIE
HARD HEARTED WOMAN	ORANGE DRIVER	HARVEY 111	30.00	NM
MEAN AND EVIL (BABY)	THE THING TO DO	HARVEY 115	40.00	NM
ORANGE DRIVER	(DON'T BE) MESSING WITH MY BRE	HARVEY 118	20.00	M

BURNS, JACKIE and the BO-BELLS
I DO THE BEST I CAN	HE'S MY GUY	MGM 13182	75.00	NM

BURNS, JIMMY (and the FANTASTIC EPICS)
CAN'T GET OVER	WHERE DOES THAT LEAVE ME	DISPO 1071	1500.00	NM
GIVE HER TO ME	POWERFUL LOVE	TIP TOP 2012	40.00	NM
I REALLY LOVE YOU	I LOVE YOU GIRL	ERICA 2	1500.00	NM
IT USE TO BE	YOU'RE GONNA MISS ME WHEN I'M	TIP TOP 14	100.00	NM

BURNS, LINDA   also see the DOLLS
THE REASON WHY	AND THAT REMINDS ME	TY TEX 121	40.00	NM

BURRAGE, HAROLD
GOT TO FIND A WAY	HOW YOU FIX YOUR MOUTH	M-PAC 7225	15.00	NM
MASTER KEY	FAITH	M-PAC 7201	30.00	NM
MORE POWER TO YOU	A LONG WAY TOGETHER	M-PAC 7229	15.00	NM
YOU MADE ME SO HAPPY	TAKE ME NOW	M-PAC 7234	15.00	NM

BURRIS, DAISY
FOUR STRONG WINDS	IN LOVE TO STAY	DEESU	200.00	NM
TAKE THE SAME THING	I'VE LEARNED MY LESSON	PORT 3007	85.00	NM

BURTON, DEBBIE
BABY, IT'S OVER	THE NEXT DAY	CAPITOL 5666	20.00	NM

BURTON, JOHNNY
SLAVE GIRL	COME ON, DANCE WITH ME	BROADWAY 401	150.00	NM

BURTON, PAUL
SO VERY HARD TO MAKE IT	SO VERY HARD TO MAKE IT pt. 2	MUSIC-GO-ROUND 3	75.00	NM

BURTON, WARD
SWEET TEMPTATION		PANTHER 5	600.00	NM

BURTON, WILLARD
DREAMING	THE TWISTIN' TWIST	PEACOCK 1917	10.00	B
LET ME BE YOUR PACIFIER	WARM THE POT	MONEY 2031	20.00	78

BUSH, BILL
I'M WAITING		RONN 17 900	300.00	nm

BUSH, LITTLE DAVID
YOU AND I	RELIEVE ME	VEGA 1002	50.00	M

BUSH, OLIVER
I'LL MAKE IT UP TO YOU	SOUL IN MOTION	GAMBLE 234	100.00	NM
PLEASE COME BACK MY LOVE	PLEASE COME BACK MY LOVE pt. 2	JUBILEE. 5603	60.00	NM

BUSH, TOMMY
I DON'T LIKE IT (BUT I LOVE YOU)	AIN'T NO GUESSING GAME	RIKA 108	100.00	**NM**
SKIN IT BACK	SKIN IT BACK PT 2	CAL STATE 3204	40.00	F
COME ON NOW		BOXER 3001	100.00	NM

BUSTER and EDDIE
CAN'T BE STILL	THERE I WAS	CLASS 1518	100.00	NM
CAN'T BE STILL	THERE I WAS	CLASS 1518 dj	350.00	NM

BUTLER and the INVADERS, ANTHONY
KATTY'S THING	THE CHOKIN' KIND	BIG DEAL 1001	30.00	F

BUTLER BROTHERS
A REPUTATION	RATS IN MY \ALLEY	ACADEMY 119	50.00	NM

BUTLER, AALON and NEW BREED BAND
GETTIN' SOUL	GETTING' SOUL pt. 2	PKC	200.00	F
PLEASE GIVE ME A CHANCE	IT'S GOT TO BE SOMETHING	PKC 1016	20.00	B

BUTLER, ANDY
COMING APART AT THE SEAMS	HOLD BACK THE NIGHT	TRC 988	10.00	NM
TAKE ME	SUNSHINE LOVE	TRC 985	10.00	B
UP TO MY NECK IN LOVE	ONE PART, TWO PART	TRC 998	10.00	B

BUTLER, BILLY (and the CHANTERS)
BURNING TOUCH OF LOVE	THANK YOU BABY	BRUNSWICK 55372	15.00	NM
CARELESS HEART	I'LL BET YOU	BRUNSWICK 55347	15.00	NM
COME ON OVER TO MY SIDE	LOVE GROWS BITTER	BRUNSWICK 55323	30.00	NM
FOUND TRUE LOVE	LADY LOVE	OKEH 7178	75.00	NM
GOTTA GET AWAY	I'M JUST A MAN	OKEH 7192	20.00	NM
HELP YOURSELF	SWEET DARLING	BRUNSWICK 55306	10.00	NM
I CAN'T WORK NO LONGER	TOMORROW IS ANOTHER DAY	OKEH 7221	15.00	NM
I'LL BET YOU	CARELESS HEART	BRUNSWICK 55347	20.00	NM
I'M JUST A MAN	GOTTA GET AWAY	OKEH 7192	30.00	NM
LOVE GROWS BITTER	COME OVER TO MY SIDE	BRUNSWICK 55323	15.00	NM
MY HEART IS HURTIN'	CAN'T LIVE WITHOUT HER	OKEH 7201	30.00	NM
NEVERTHELESS	MY SWEET WOMAN	OKEH 7207	25.00	NM
RIGHT TRACK	BOSTON MONKEY	OKEH 7245	30.00	**NM**

RIGHT TRACK (Instrumental)	BOSTON MONKEY (Instrumental)	OKEH 7245	15.00	NM
YOU AIN'T READY	YOU'RE GONNA BE SORRY	OKEH 7227	20.00	NM
BUTLER, FRANK				
HOW I FEEL ABOUT YOU	SOME ONE OUTSIDE	SPACE AGE 260	25.00	NM
IF LOVE DON'T CHANGE	THE LOVE I NEED	RA BRA 1002	20.00	NM
IF LOVE DON'T CHANGE	THE LOVE I NEED	J.V. 2502	20.00	NM
BUTLER, FREDDY (FREDDIE)				
I'M NOT AFRAID	THE SIGNIFYING MONKEY	SAMO 449	50.00	NM
I TOLD YOU SO	THIS ROAD	STAR MAKER 1930	40.00	NM
THERE WAS A TIME	THIS THING	KAPP 819	20.00	NM
SAVE YOUR LOVE FOR ME	ALL IS WELL	WHEELSVILLE 10001	1500.00	NM
BUTLER, JERRY				
FIND ANOTHER GIRL	WHEN TROUBLE CALLS	VEE-JAY 375	15.00	NM
FOR YOUR PRECIOUS LOVE	GIVE IT UP	VEE-JAY 715	15.00	GR
GIVE ME YOUR LOVE	NEED TO BELONG	VEE-JAY 567	15.00	NM
GIVING UP ON LOVE	I'VE BEEN TRYING	VEE-JAY 588	10.00	NM
HIGH STEPPER	TAKE THE TIME TO TELL HER	MERCURY 73495	10.00	78
I DIG YOU BABY	SOME KINDA MAGIC	MERCURY 72648	10.00	NM
I DON'T WANT TO HEAR ANY MORE	I STAND ACCUSED	VEE-JAY 598 **PS**	20.00	NM
JUST FOR YOU	BELIEVE IN ME	VEE-JAY 707	10.00	NM
LONELINESS	LOVE (OH, HOW SWEET IT IS)	MERCURY 72592	10.00	NM
LOST	YOU DON'T KNOW WHAT YOU GOT UN	MERCURY 72764	10.00	NM
MOODY WOMAN	GO AWAY - FIND YOURSELF	MERCURY 72929 white oval logo	10.00	NM
MOODY WOMAN	GO AWAY - FIND YOURSELF	MERCURY 72929 Black face logo	15.00	NM
YOU WALKED IN MY LIFE	WHY DID I LOSE YOU	MERCURY 72676	10.00	NM
YOU CAN RUN (BUT YOU CAN'T HIDE)	I'M THE ONE	VEE JAY 463	15.00	NM
BUTLER, ROY (CORTEZ)				
A DREAM	same: instrumental	BOO 1002	100.00	NM
BUTLER, SAM				
I CAN'T GET OVER (LOVING YOU)	I CAN TELL	SRI 17	150.00	78
BUTLER, TOMMY				
RIGHT ON UP TO THE WEEKEND	ASK MISS ROSE	CHATTAHOOCHIE 688	20.00	NM
BUTLERS also see BEVERLY, FRANK				
LAUGH, LAUGH, LAUGH	BUTLERS THEME	PHILA. 1836 Red lettering	30.00	NM
LAUGH, LAUGH, LAUGH	BUTLERS THEME	PHILA. 1836 blue lettering	10.00	NM
SHE TRIED TO KISS ME	THE SUN'S MESSAGE	LIBERTY BELL 1024	25.00	NM
SHE'S GONE (IT'S ALL OVER NOW)	LOVE IS GOOD	GAMBLE 233	25.00	NM
BUTLERS feat. FRANK BEVERLY				
BECAUSE OF MY HEART	I WANT TO FEEL I'M WANTED	ROUSER 1017	**NEG**	NM
BUTTERSCOTCH				
SOMETHING HAS GOT TO CHANGE.	SOMETHING HAS GOT TO CHANGE pt. 2	RENEE 3006	10.00	GR
BUTTERWORTH, JOHN				
THIS LOVE CAN'T BE DENIED	I LOVE YOU JUST THE SAME	SABTECA 11	20.00	NM
BUTTS, NANCY				
I CAN'T LOVE BUT ONE MAN AT A TIME	TOO MANY YESTERDAYS	JAR-VAL 14	15.00	F
I WANT TO HOLD YOUR HAND BABY	YOUR FRIEND WILL TAKE THE MAN	FLAMING ARROW 19	30.00	NM
LETTER FULL OF TEARS	ONLY ONE I LOVE	KING 6405	25.00	NM
YOU'RE GONNA NEED SOMEBODY	GO ON TO HER	FLAMING ARROW 38	20.00	F
BUZZIE				
STONE SOUL BOOSTER	SANDY	GORDY 7100	10.00	M
BY GEORGE and CO.				
WHEN THE LOVELIGHT STARTS SHIN	LAYERS AND LAYERS	VEEP 1271	10.00	NM
BYERS, ANN				
DEAD END	WHERE OH WHERE CAN I FIND MY BABY	ACADEMY 109	20.00	NM
I'M HAPPY WITHOUT YOU	same: instrumental	ACADEMY 124	200.00	NM
HERE I AM	IF YOU WANT TO KEEP YOUR MAN	ACADEMY 111	300.00	NM
BYERS, BILLY				
REMIND MY BABY OF ME	JUST ONCE	SCEPTER 1283	30.00	NM
BYNUM, JAMES				
TIME PASSES BY	LOVE YOU	PHILLY CITY 1320	30.00	NM
YOU CAN'T DIGGET	UP AND DOWN	INTEGRA 105	40.00	F
BYRD, BILLY				
I FOUND ME A LOVE	WHAT WILL TOMORROW BRING	SMC 104	30.00	NM
SILLY KIND OF LOVE	LOST IN THE CROWD	SCREAM 002	300.00	78
BYRD, BOBBY				
I FOUND OUT	I'LL KEEP PRESSING ON	KING 6069	20.00	NM
I FOUND OUT	THEY ARE SAYIN'	FEDERAL 12486	50.00	NM
I KNOW YOU GOT SOUL	IT'S I WHO LOVE YOU	KING 6378	20.00	F
I NEED HELP (I CAN'T DO IT ALONE)	I NEED HELP (I CAN'T DO IT ALONE) Pt 2	KING 6323	10.00	F
IF YOU GOT A LOVE YOU BETTER	YOU'VE GOT TO CHANGE YOUR MIND	BROWNSTONE 4206	10.00	F
KEEP ON DOIN' WHAT YOU'RE DOIN	LET ME KNOW	BROWNSTONE 4205	10.00	F

LOST IN THE MOOD OF CHANGES	OH, WHAT A NIGHT	SMASH 2018	30.00	NM
NEVER GET ENOUGH	MY CONCERTO	BROWNSTONE 4208	10.00	F
NEVER GET ENOUGH	SAYIN' IT AND DOIN' IT ARE TWO DIFFERENT THINGS	BROWNSTONE 4209	10.00	F
THE WAY TO GET DOWN	BACK FROM THE DEAD	INTERNATIONAL BROS. 901	15.00	F
TRY IT AGAIN	I'M ON THE MOVE	KWANZA 7703	10.00	F
YOU'VE GOT TO CHANGE YOUR MIND	IF YOU DON'T WORK YOU CAN'T EAT	KING 6342	15.00	F
BYRD, GEORGE "DUKE"				
I KNOW I'M IN LOVE WITH YOU	LOVING YOU	PAY-TONS 1002 gold label	100.00	**NM**
I'M AVAILABLE	YOU BETTER TELL HER SO	PAY-TONS 1001	300.00	NM
I'M AVAILABLE	YOU BETTER TELL HER SO	TRC 1002	30.00	NM
BYRD, JOHN				
I CAN'T STOP LOVING YOU, GIRL	DIBBLIN' AND DABBLIN'	20TH. CENTURY 2108	20.00	78
BYSTANDERS				
GIRLS\ARE MADE TO LOVE		ON TAP 1001	50.00	NM

C, FANTASTIC JOHNNY				
BOOGALOO DOWN BROADWAY	LOOOK WHAT LOVE CAN MAKE YOU D	PHIL LA SOUL 305	10.00	F
COOL BROADWAY	HITCH IT TO THE HORSE	PHIL LA SOUL 315	10.00	F
DON'T DEPEND ON ME	WAITING FOR THE RAIN	PHIL LA SOUL 361	15.00	**NM**
LET'S DO IT TOGETHER	PEAC E TREATY	KAMA SUTRA 511	30.00	F
YOU'VE GOT YOUR HOOKS IN ME	GOOD LOVE	KAMA SUTRA 515	15.00	NM
C, NICKY and the CHATEAUX				
THOSE GOOD TIMES	TRY SOME SOUL	BAY SOUND 67012	100.00	NM
C, RICHARD				
IT'S HARD TO MAKE IT	I WANT YOU BACK	SHO BOAT 25	25.00	78
C, ROY				
GONE, GONE	STOP WHAT YOU'RE DOING	SHOUT 206	40.00	NM
LEAVING ON THE MORNING TRAIN	WHEN WILL BE LOVED	THREE GEMS 107	10.00	78
SHOTGUN WEDDING	HIGH SCHOOL DROPOUT	UPTOWN 731	15.00	NM
SHOTGUN WEDDING	I'M GONNA MAKE IT	BLACK HAWK 12101	10.00	NM
C.O.D'S				
COME BACK GIRL	IT MUST BE LOVE	KELLMAC 1012	250.00	NM
GIMME YOUR LOVE	FUNKY DISCO	MAGIC TOUCH 8003	15.00	NM
I'LL COME RUNNING BACK TO YOU	I'M LOOKING OUT FOR ME	KELLMAC 1008	40.00	NM
I'M LOOKING OUT FOR ME	I'LL COME RUNNING BACK TO YOU	KELLMAC 1008	40.00	NM
MICHEAL	CRY NO MORE	KELLMAC 1003	10.00	NM
PRETTY BABY	I'M A GOOD GUY	KELLMAC 1005	20.00	NM
SHE'S FIRE	IT MUST BE LOVE	KELLMAC 1010	**NEG**	NM
CABRIEL, COOKIE				
I JUST CAN'T TAKE IT NO MORE	NO LOVE SWEETER THAN MINE	CARMAX 509	50.00	NM
CADILLACS				
FOOL	THE RIGHT KIND OF LOVING	ARCTIC 101	100.00	NM
CAESARS				
GET YOURSELF TOGETHER	(LALA) I LOVE YOU	LANIE 2001	15.00	NM
GET YOURSELF TOGETHER	(LALA) I LOVE YOU	LANIE 500	25.00	NM
GIRL I MISS YOU	DESPERATE FOR YOUR AFFECTIONS	LANIE 2002	100.00	NM
CAGER, WILLIE				
HE'S A PLAYER	WHAT CAN YOU DO	CONTACT 504	25.00	NM

Artist	Side A	Side B	Label	Price	Grade
CAILLIER, J.J.					
PUSHERMAN	LOUISIANA RAPPER		JAY-CEE 1001	50.00	78
CAIROS					
STOP OVERLOOKING ME	DON'T FIGHT IT		SHRINE 111	NEG	NM
CAITON, RICHARD					
I LIKE TO GET NEAR YOU	IT'S BEEN A LONG TIME		UP TIGHT 151	400.00	NM
I SEE LOVE GIRL IN YOUR EYES	I WONDER WILL YOU ALWAYS LOVE		CAIBURT 3041	200.00	78
OUR LOVE IS TRUE	WITHOUT YOUR LOVE		UP TIGHT 101	200.00	NM
TAKE A HOLD BROTHER AND SISTER			UP TIGHT 151	20.00	NM
WHERE IS THE LOVE	THANK YOU		J.B.s 131	400.00	78
YOU LOOK JUST LIKE A FLOWER	LISTEN TO THE DRUMS		GNP 327 blue label	40.00	GR
YOU LOOK LIKE A FLOWER	LISTEN TO THE DRUMS		GNP 327 red label	20.00	GR
CAJUN HART					
GOT TO FIND A WAY	LOVER'S PRAYER		WB 7258	150.00	NM
CALDWELL, HARRY					
NOBODY LOVES ME (LIKE MY BABY)	PLEASE COME BACK		CARNIVAL 516	30.00	NM
CAL-FULL ALLSTARS					
BLANK OUT pt.1	BLANK OUT pt 2		C&F 9006	100.00	F
CALHOUN, NATE					
HAVE SOME OF ME	FUNKTOWN		GLADES 1757	15.00	B
CALIF. MALIBUS					
LOVE IN MY LIFE	I STAND ALONE		M&M 633	20.00	78
CALIFORNIA GIRLS					
YOUR LOVE PUZZLES ME	DID I GIVE UP TOO MUCH TOO SOO		DOORWAY 6773	20.00	NM
CALIFORNIA ROCK CHIOR					
WHOEVER YOU ARE	AIN'T NO MOUNTAIN HIGH ENOUGH		CYCLONE 75002	30.00	78
CALIFORNIA, JESSE LEE					
SHOE SHINE NUMBER NINE	GOD ALMIGHTY IS NUMBER ONE		MOTHER. 8	15.00	F
CALLENDER, BOBBY					
MY BABY CHANGES LIKE THE WEATH	I WANT A LOVER		BAMBOO 101	100.00	NM
CALLIER, TERRY					
I JUST CAN'T HELP MYSELF	GOTTA GET CLOSER TO YOU		CADET 5697	50.00	78
LOOK AT ME NOW	YOU GONNA MISS YOUR CANDY		CADET 5623	300.00	NM
ORDINARY JOE	GOLDEN CIRCLE OF YOUR LOVE		CADET 5692	200.00	78
CALLOWAY, CHRIS					
YOU'RE SOMETHING ELSE	I DON'T NEED ANOTHER BABY		CUB 9154	15.00	NM
CALOWAY, RICKY					
GET IT RIGHT			CAMARO	200.00	F
TELL ME, PART 1	TELL ME, PART 2		JAYVILLE 5988	500.00	F
CALVERT, DUANE					
I THINK IT'S GONNA BE SOMEONE	IN THE FLESH TO FEEL		DMD 106	250.00	NM
I THINK IT'S GONNA BE SOMEONE	DOES LOVE PAY		DMD 107	200.00	NM
CALVIN and the TWILITES					
BASHFUL BOY	MOMENTS LIKE THIS		HAR-LOW 705	200.00	NM
CAMACHO, RAY and the TEARDROPS					
SHE'S SO GOOD TO ME	SUNSHINE SUPERMAN		ARV 5018	200.00	NM
CAMARO'S					
WE'RE NOT TOO YOUNG	LOVER COME BACK		DAR CHA 1151	1000.00	NM
CAMBRIDGE, DOTTIE					
CRY YOUR EYES OUT	PERFECT BOY		MGM 13846	50.00	**NM**
CAMERON, CAM					
THEY SAY	I'M A LONELY MAN		CAPRI 101 cream label	100.00	NM
THEY SAY	I'M A LONELY MAN		CAPRI 101 red label	75.00	NM
CAMERON, DEBBIE					
SOMEDAY BABY	same: instrumental		LOCK 724	100.00	NM
CAMERON, G.C..					
DON'T WANNA PLAY PAJAMA GAMES	JESUS HELP ME FIND ANOTHER WAY		MOWEST 5036	10.00	78
WHAT IT IS, WHAT IT IS	same: mono		MOWEST 5015 dj	15.00	78
CAMERON, GEORGE					
MY HEART TELLS ME SO	TOY OF LOVE		PORTRAIT 2007	150.00	NM
CAMERON, JIMMY and VELA					
LOVIN' YOU IS SUCH A GROOVE	I KNOW A PLACE		REPRISE 483	50.00	NM
CAMERON, JOHNNY and CAMERONS					
FUNKY JOHN	I LOVE YOU (YES I DO)		LOCK CENTRAL	60.00	F
FUNKY JOHN	I LOVE YOU (YES I DO)		ATALANTIC 2734	40.00	F
CAMERON, WYNN					
WHERE CAN I GO	WHAT GOOD WOULD IT DO		MOMENTUM 664	50.00	NM
CAMILLE BOB and the LOLLIPOPS					
✓ BROTHER BROWN	2 WEEKS, 2 DAYS, TOO LONG		SOUL UNLIMITED 102	35.00	F
CAMP, JOANI					
I'M GONNA TRY	SOMETHING SPECIAL		MGM 13558	15.00	NM

CAMPBELL, CHOKER
COME SEE ABOUT ME	PRIDE AND JOY	MOTOWN 1072	20.00	M

CAMPBELL, CHRIS
YOU GOTTA PAY DUES	LI'L LIZA JANE	USA 885	100.00	NM

CAMPBELL, DON
CAMPBELL LOCK	same: instrumental	STANSON 509	15.00	F

CAMPBELL, EDDIE
CONTAGIOUS LOVE	WHY DO YOU TREAT ME	ARTCO 103	700.00	NM

CAMPBELL, LITTLE MILTON   see LITTLE MILTON

CAMPBELL, SAMMY
I NEVER THOUGHT	S.O.S. FOR LOVE	QUEEN CITY 1601	200.00	NM
LISTEN TO MY RADIO	S.O.S. FOR LOVE	VISION 607	500.00	NM

CAMPBELL, VI
SEVEN DOORS	I'M YOURS	PEACOCK 1940	25.00	NM

CANDI-BARS
I BELIEVE IN YOU	YOU'RE THE ONE	CANDY-STIX 100 yellow label	75.00	78
I BELIEVE IN YOU	YOU'RE THE ONE	CANDY-STIX 100 multi-coloured label	85.00	78

CANDY and SWEETS
I WANT TO GIVE YOU MY EVERYTHI	HEY DON'T HURT YOURSELF	20TH. CENTURY 2044	20.00	78

CANDY and the KISSES
CHAINS OF LOVE	SOMEONE OUT THERE	DECCA 32415	20.00	NM
KEEP ON SEARCHIN'	TOGETHER	SCEPTER 12106	20.00	NM
OUT ON THE STREETS AGAIN	SWEET AND LOVELY	SCEPTER 12125	75.00	NM
THE 81	TWO HAPPY PEOPLE	CAMEO 336	15.00	NM
TONIGHT'S THE NIGHT	THE LAST TIME	SCEPTER 12136	100.00	NM

CANNON, LONZINE
QUIT WHILE I'M AHEAD	COLD AT NIGHT	PHILIPS 40240	60.00	NM

CANNON, P.W.
BEATING OF MY LONELY HEART	IT'S A WOMAN'S WORLD	HICKORY 1396	20.00	NM
HANGING OUT MY TEARS TO DRY	HEY HEY	HICKORY 1412	20.00	B
TAKE THE BITTER WITH THE SWEET		PAPA JOE	100.00	B

CANOISE
OH NO NOT MY BABY	THERE'S SOMETHING ABOUT YOU BABY	SONIC 141	25.00	NM
RIGHT TRACK	YOU'RE NO GOOD	SONIC 153	5.00	NM

CAPER BROTHERS
AIN'T GOT THE NERVE	GIVE ME SOUL	ROULETTE 4637	30.00	NM

CAPITALAIRS
ONE OF THESE MORNINGS	I WILL NEVER TURN MY BACK ON T	BOS 14	500.00	GR

CAPITALS
I CAN'T DENY THAT I LOVE YOU	OOH WHAT YOU'RE DOING TO ME	OMEN. 5	700.00	NM

CAPITOLS
AIN'T THAT TERRIBLE	SOUL BROTHER, SOUL SISTER	KAREN 1543	15.00	NM
COOL JERK	HELLO STRANGER	KAREN 1524	10.00	NM
COOL JERK	HELLO STRANGER	KAREN 1524 Multi Coloured label	15.00	NM
COOL JERK (Instru.)	AFRO TWIST	KAREN 1537	15.00	NM
DON'T SAY MAYBE BABY	COOL PEARL	KAREN 1536 blue label	40.00	NM
DON'T SAY MAYBE BABY	COOL PEARL	KAREN 1536 Plum label	60.00	NM
I GOT TO HANDLE IT	ZIG - ZAGGING	KAREN 1525	10.00	NM
I THOUGHT SHE LOVED ME	WHEN YOU'RE IN TROUBLE	KAREN 1549	50.00	NM
TAKE A CHANCE ON ME BABY	PATTY CAKE	KAREN 1534	15.00	NM
TIRED OF RUNNING FROM YOU	WE GOT A THING THAT'S IN THE GROOVE	KAREN 1526	15.00	NM
WHERN YOU'RE IN TROUBLE	SOUL, SOUL	KAREN 1546	20.00	GR

CAPREEZ
HOW TO MAKE A SAD MAN GLAD	IT'S GOOD TO BE HOME AGAIN	SOUND 149	40.00	**NM**

CAPRELLS
DOTTY'S PARTY	WHAT YOU NEED BABY	BANO 102	25.00	F
DOTTY'S PARTY	WHAT YOU NEED BABY	ARIOLA 7649	15.00	F
I BELIEVE IN THE STARS	WHAT EVER GOES UP	BANO 103	10.00	GR
WHICH ONE WILL IT BE	EVERY DAY PEOPLE	C.R.S. 008	15.00	GR

CAPTAIN ZAP and the MOTORTOWN CUT-UPS
THE LUNEY LANDING	THE LUNEY TAKE OFF	MOTOWN 1151	15.00	M

CAP-TANS
TIGHT SKIRTS AND CRAZY SWEATERS	I'M AFRAID	ANNA 1122	25.00	M

CAPTIONS
DON'T TAKE YOUR ARMS AWAY FROM	HIT IT	MILLAGE 102	50.00	NM
TURN OUT THE LIGHTS	NICOTINE SCENE	KAYHAM 8	300.00	NM

CARBO BROTHERS
WHAT CAN I GIVE HER	SOUL SERENADE	CENCO 109	200.00	NM

CARBO, CHUCK
CAN I BE YOUR SQUEEZE	TAKE CARE OF YOUR HOMEWORK	CANYON 47	40.00	F

CARBO, HANK

Artist / A-side	B-side	Label	Price	Grade
BAD LUCK	FUNNY (HOW TIME SLIPS AWAY)	HCP 973	40.00	F
HOT PANTS	HOT PANTS, TOO	ALA 1172	40.00	F
CARBO, HANK and CLAUDE				
FOX IN A MINI SKIRT	MISTY	CASTLE 1	30.00	NM
BE PREPARED	I STILL LOVE HER	CASTLE 2	25.00	NM
CARESSORS				
I CAN'T STAY AWAY	WHO CAN IT BE	RU-JAC 20	250.00	NM
CAREY, VINCE				
DON'T WORRY	HULLABALOO	TURNTABLE 712	20.00	NM
FIRST GLANCE ROMANCE	LOVE LETTERS	TURNTABLE 717	20.00	NM
CARL, DONNIE				
IT HAPPENED TO ME	IT HAPPENED TO ME Pt 2	TY TEX 113	40.00	NM
CARL, GARY and the ORCHIDS				
BABY STAY AND MAKE ME HAPPY	YOU'LL GET YOURS SOMEDAY	PHILIPS 40476	100.00	NM
CARLEEN and the GROOVERS				
CAN WE RAP	HOT PANTS	CJB	700.00	F
RIGHT ON	THE THING	MUSIC WORLD	600.00	F
CARLETTES also see CORLETTS				
I'M GETTING TIRED	LOST WITHOUT YOUR LOVE	CAPITOL 2775	20.00	NM
I'M GETTING TIRED	LOST WITHOUT YOUR LOVE	BOBBY ROBINSON	200.00	**NM**
CARLOS and the RIVINGTONS				
MIND YOUR MAN	I LOST THE LOVE (THAT I FOUND)	AGC 5	40.00	NM
REACH OUR GOAL	TEACH ME TONIGHT	BATON MASTER 202	40.00	NM
CARLSON, CHARLES				
SHE'S NOT TO BLAME		BOLD 1002	200.00	NM
CARLTON, CARL (LITTLE)				
COMPETITION AIN'T NOTHIN'	THREE WAY LOVE	BACK BEAT 588	20.00	**NM**
DON'T YOU NEED A BOY LIKE ME	I'LL LOVE YOU FOREVER	LANDO 3046	20.00	NM
NOTHING NO SWEETER THAN LOVE	I LOVE TRUE LOVE	GOLDEN WORLD 23	50.00	NM
SO WHAT	I LOVE ONLY YOU	LANDO 8527	30.00	NM
TWO TIMER	DROP BY MY PLACE	BACK BEAT 613	15.00	NM
WHY DON'T THEY LEAVE US ALONE	46 DRUMS - 1 GUITAR	BACK BEAT 598	15.00	NM
WHY DON'T THEY LEAVE US ALONE	I WON'T LET THAT CHUMP BREAK YOUR HEART	BACK BEAT 627	10.00	NM
YOU TIMES ME PLUS LOVE	YOU CAN'T STOP A MAN IN LOVE	ABC 11378	15.00	78
CARLTON, EDDIE				
IT WILL BE DONE	MISERY	SWAN 4218	100.00	NM
WAIT	KOKOMO	CRACKERJACK 4009	30.00	NM
CARLTON, KENNY				
LOST AND FOUND	WAIT TILL I GET YOU IN MY ARMS	BLUE ROCK 4054	200.00	NM
CARLTON, LEROY				
I NEED YOU	same: instrumental	CC7 1885	100.00	78
CARLTONS				
CAN'T YOU HEAR THE BEAT	OOO BABY	ARGO 5470	15.00	NM
I'M A MAN	KEEP ON HOPING	ARGO 5517	25.00	NM
CARMEL				
I CAN'T SHAKE THIS FEELING	LET MY CHILD BE FREE	MGM 13869	15.00	NM
CARMEL STRINGS				
I HEAR A SYMPHONY	A LOVER'S CONCERTO	WORLD PACIFIC 77817	15.00	**NM**
CARN, JEAN				
DON'T LET IT GO TO YOUR HEAD	I BET SHE WON'T LOVE YOU LIKE	PIR 3654	15.00	78
IF YOU WANNA GO BACK	YOU'RE ALL I NEED	PIR 3628	10.00	78
CARNABY STREET RUNNERS				
WHILE YOU'RE OUT LOOKING FOR SUGAR	MAKING LOVE IN A TREEHOUSE	SUPER K 11	15.00	NM
CARNEGIE and CO., ROSS				
OPEN UP YOUR MIND	CAN I BE YOUR FRIEND	EL-CON 50	50.00	F
CAROL and GERRI				
HOW CAN I EVER FIND THE WAY	ON YOU HEARTACHE LOOKS GOOD	MGM 13568 dj	200.00	**NM**
HOW CAN I EVER FIND THE WAY	ON YOU HEARTACHE LOOKS GOOD	MGM 13568	250.00	**NM**
CAROL, VIVIAN				
OH YEAH, YEAH, YEAH	YOUR THE BOY	MERBEN 502	600.00	NM
CAROLINES				
CAN'T STOP LOVIN THE BOY	YOU'RE MY BABY	ROULETTE 4709	40.00	NM
CAROLL, YVONNE and the ROULETTE.S				
STUCK ON YOU	GEE WHAT A GUY	DOMAIN 1018	50.00	NM
CARPETS				
I JUST CAN'T WIN	WHAT CAN YOU DO FOR ME	VIJ 9732	1000.00	NM
KEEP PUSHING ON	YOU DON'T HAVE TO BUY ME	SHOW ME 1218	200.00	NM
CARR, BARBARA				
DON'T KNOCK LOVE	SHAKE YOUR HEAD	CHESS 1985	20.00	NM
CARR, BILLY				
IT'S MAD	THE ODYSSEY	CAPITOL 2238	10.00	NM

CARR, JAMES
A LOSING GAME	LET IT HAPPEN	GOLDWAX 323	15.00	NM
COMING BACK TO ME BABY	LOVE ATTACK	GOLDWAX 309	10.00	NM
GONNA SEND YOU BACK TO GEORGIA	I'M A FOOL FOR YOU	GOLDWAX 328	10.00	B
LET ME BE RIGHT (DON'T WANT TO BE WRONG)	BRING HER BACK	RIVER CITY 1940	15.00	78
LIFE TURNED HER THAT WAY	A MESSAGE TO YOUNG LOVERS	GOLDWAX 335	10.00	B
LOVER'S COMPETITION	I CAN'T MAKE IT	GOLDWAX 112	25.00	NM
ONLY FOOLS RUN AWAY	YOU DON'T WANT ME	GOLDWAX 108	30.00	NM
POURING WATER ON A DROWNING MAN	FORGETTING YOU	GOLDWAX 311	10.00	B
TALK, TALK	SHE'S BETTER THAN YOU	GOLDWAX 119	20.00	NM
THAT'S WHAT I WANT TO KNOW	YOU'VE GOT YOUR MIND MESSED UP	GOLDWAX 302	15.00	**NM**
THE DARK END OF THE STREET	LOVABLE GIRL	GOLDWAX 317	10.00	B

CARR, LINDA
AH! YOU AE MY WORLD TO ME	I CAN'T REALLY TELL YOU GOODBY	RANWOOD 828	20.00	NM
IN MY LIFE	I FEEL LOVE COMING ON	RANWOOD 806	20.00	NM
TRYING TO BE GOOD FOR YOU	EVERYTIME	BELL 658	15.00	NM

CARR, TIMMY (TIMOTHY)
WORKIN'		KEE 001	**NEG**	NM
LOVE MY LOVE	GONE	HOT BISCUIT DISC CO. 1456	20.00	NM

CARRINGTON, SUNNY
THE GIRL EVERY GUY SHOULD KNOW	NOW I NEED HER	DEEP 4	10.00	NM

CARROL, SCOTTY
TELL ME MORE	DO YOU ALWAY BELIEVE WHAT YOU	DUEL 524	50.00	NM

CARROLL, YVONNE
MISTER LOVEMAN	LAUGH OR CRY	CHALLENGE 59297	40.00	NM
PLEASE DON'T GO	THERE HE GOES	VEE-JAY 592	100.00	NM

CARROW, GEORGE
ANGEL BABY (YOU DON'T EVEN LOVE ME)	BRING BACK MY HEART	COLUMBIA 44161 red label	100.00	NM
ANGEL BABY (YOU DON'T EVEN LOVE ME)	BRING BACK MY HEART	COLUMBIA 44161grey label	20.00	NM
ANGEL BABY (YOU DON'T EVEN LOVE ME)	BRING BACK MY HEART	COLUMBIA 44161 multi coloured label	10.00	NM
ANGEL BABY (YOU DON'T EVEN LOVE ME)	same: special rush reservice	COLUMBIA 44161 dj	30.00	NM
ANGEL BABY (YOU DON'T EVER LEAVE ME)	same:	COLUMBIA 44161 dj	50.00	NM

CARSTAIRS
HE WHO PICKS A ROSE	YESTERDAY	OKEH 7329	30.00	**NM**
IT REALLY HURTS ME GIRL	THE STORY OF OUR LOVE	RED COACH 802 dj	75.00	**NM**
IT REALLY HURTS ME GIRL	THE STORY OF OUR LOVE	RED COACH 802	40.00	NM

CARTER BROTHERS
(SHE'S SO FINE) SO GLAD SHE'S MINE	BOOBY TRAP BABY	JEWEL 766	20.00	NM
I DON'T CARE	I'VE BEEN MISTREATED	JEWEL 760	10.00	NM

CARTER, BLANCH
HALOS ARE FOR ANGELS	same: mono	GSF 6881 dj	30.00	**NM**
HALOS ARE FOR ANGELS	same: mono	GSF 6881	100.00	**NM**

CARTER, CAROLYN
(DON'T YOU KNOW) IT HURTS	I' THRU	JAMIE 1294	30.00	NM

CARTER, CHUCK
PRETTY LITTLE BROWN SKIN GIRL	I CAN'T HELP MYSELF	BRUNSWICK 55295	20.00	NM

CARTER, CLARENCE
I COULDN'T REFUSE (YOUR LOVE)	WHAT WAS I SUPPOSE TO DO	FUTURE STARS 1012	20.00	78
LOOKING FOR A FOX	I CAN'T SEE MYSELF	ATLANTIC 2461	10.00	NM
MESSIN' WITH MY MIND	I WAS IN THE NEIGHBORHOOD	ICHIBAN 101	40.00	78

CARTER, EARL and the FANTASTIC 6 +
SHAKE A POO POO	OPEN UP MY HEART	PRINCESS	200.00	F

CARTER, GENE
RING AROUND MY ROSIE	MARY MACK (THE ESSENCE)	JOCOY 93	100.00	NM

CARTER, J.T.
CLOSER TO YUR HEART	THE WILD ONES	DECCA 31785	100.00	NM

CARTER, JEAN
I'LL BET YOU	LOVE HANGOVER	SUNFLOWER 101	150.00	NM
LIKE ONE	THAT BOY AIN'T NO GOOD	DECCA 31965	125.00	NM

CARTER, KENNY
DON'T GO	HOW CAN YOU SAY GOODBYE	RCA 8970	50.00	NM
I'VE GOT TO FIND HER	BODY AND SOUL	RCA 8791	50.00	NM
I'VE GOTTA GET MYSELF TOGETHER	SHOWDOWN	RCA 8841	75.00	NM

CARTER, MARTHA
NOBODY KNOWS	I'M THROUGH CRYING	RON 336	20.00	NM

CARTER, MEL
I DON'T WANT TO GET OVER YOU	WHO'S RIGHT, WHO'S WRONG	CREAM 8143	10.00	78
WONDERFUL LOVE	TIME OF YOUNG LOVE	DERBY CITY 1005	10.00	NM

CARTER, MEL and CLYDIE KING
WHO DO YOU LOVE	THE WRONG SIDE OF TOWN	PHILIPS 40049	75.00	NM

CARTER, MELVIN
MIDNIGHT BREW	WELFARE CADILLAC	TRIP UNIVERSAL 26	150.00	NM

TEACHER OF LOVE	SOMETHING REMINDS ME	PEACOCK 1934	25.00	NM
TIRED OF BEING FOOLED	I'LL BE TRUE TO YOU	PEACOCK 1956	20.00	NM

CARTER, NELL
DREAMS	SEND HIM BACK TO ME	RCA 10089	20.00	78

CARTER, PENNY
HE CAN'T HURT ME NO MORE	WHY DID I LOSE YOU	VERVE 10405	20.00	NM
WE GOTTA TRY HARDER	SOMETIMES YOU WIN SOMETIMES YOU	VERVE 10445	20.00	NM

CARTER, WAYNE
MAD MOUTH WOMAN	WAHOO, WAHOO, WAHOO	MOOTREYS 1258	50.00	F

CARTWRIGHT, JONATHAN
I'M WALKING BEHIND YOU	SO TIRED OF BEING ALON E	VEEP 1260	30.00	B

CARVELS
DON'T LET HIM KNOW	SEVENTEEN	TWIRL 2022	20.00	NM

CARVER HIGH
NOT TONIGHT	CALL US COOL	CHALLENGER 72001	75.00	78

CASANOVA TWO
WE GOT TO KEEP ON	I WAS A FOOL	EARLY BIRD 49658	50.00	NM
WE GOT TO KEEP ON	I WAS A FOOL	EARLY BIRD 49658 dj	30.00	NM

CASCADES
BLUE HOURS	HEY LITTLE GIRL OF MINE	SMASH 2083	30.00	NM

CASE OF TYME   (also see JAMES LEWIS & the CASE OF TYME)
MANIFESTO	SOME CALL IT LOVE	LEGEND 1001 styrene	50.00	NM

CASH, ALVIN (and the REGISTERS)   *THE GETAWAY - CHESS 40*
ALVIN'S BAG	WHIP IT ON ME	TODDLIN TOWN 104	10.00	F
FUNKY '69	MOANING AND GROANING	TODDLIN TOWN 119	15.00	F
KEEP ON DANCING	SAME: INTSTRUMENTAL	TODDLIN TOWN 111	15.00	F
LET'S DO SOME GOOD TIMING	ALVIN'S BOO-GA-LOO	MARVLUS 6014	10.00	NM
STONE THING	STONE THING PT 2	WESTBOUND 159	10.00	F
STONE THING PT.1	STONE THING PT 2	WESTBOUND 159	10.00	F
THE BARRACUDA	DO IT ONE MORE TIME	MARVLUS 6005	10.00	NM
THE PHILLY FREEZE	NO DEPOSIT - NO RETURN	MARVLUS 6012	10.00	NM
TWINE TIME	THE BUMP	MARVLUS 6002	10.00	NM

CASH, HEYWOOD
GIVE IT UP	same: mono	EPIC 50210 dj	15.00	78

CASH, TED
JES SUM-UN TO SAY	same:	ETUS 11516	100.00	NM

CASH
I WANT TO BE LOVED BY YOU	BREAKSTREET	CASBAR 15785	40.00	78

CASHMERE
GET DOWN WITH IT	GET DOWN WITH IT PT 2	LOTTA 2301	30.00	F

CASHMERES
AIN'T NO COMING BACK	BACK TO SCHOOL AGAIN	HUBBA HUBBA 100	800.00	NM
EVERYTHING'S GONNA BE ALRIGHT	FOUR LONELY NIGHTS	LAKE 703	30.00	GR
FINALLY WAKING UP		NINANDY 1013	50.00	NM
SHOWSTOPPER	DON'T LET THE DOOR HIT YOU IN	HEM 1000	1300.00	NM

CASINO ROYALE (S)
GET YOURSELF TOGETHER	LIVE AND LEARN	KEY-LOC 1043	75.00	NM
HURRY ON BACK TO ME	UP ON THE ROOF	KAYMAR 1333	100.00	NM

CASINOS
HOW LONG HAS IT BEEN	FOREVER AND A NIGHT	FRANTERNITY 987	30.00	NM
I STILL LOVE YOU	THEN YOU CAN TELL ME GOODBYE	FRANTERNITY 977	10.00	NM
IF I TOLD YOU	EVERYBODY CAN'T BE PRETTY	DEL VAL 1002	30.00	NM
TAILOR MADE	IT'S ALL OVER	FRANTERNITY 985	15.00	GR
THAT'S THE WAY	TOO GOOD TO BE TRUE	AIRTOWN 2	15.00	NM

CASSADONS
TWO SIDED LOVE	48 HOURS A WEEK	BELTONE 1025	30.00	NM

CASSIDY, TED
THE LURCH	WESLEY	CAPITOL 5503	20.00	NM

CASTLE'S ROYAL BAND
THE LITTLE FLORIDY	MISTY	CASTLE 3	25.00	NM

CASTOR, JIMMY
BLOCK PARTY	IT'S WHAT YOU GIVE	JET SET 1002	15.00	NM
HAM HOCKS ESPANOL	HEY LEROY, YOUR MAMA'S CALLIN'	SMASH 2069	10.00	MOD
IN A BOOGALOO BAG	IN A BOOGALOO BAG pt. 2	DECCA 31963	10.00	MOD
JUST YOU GIRL	MAGIC SAXAPHONE	SMASH 2085	10.00	NM

CASTRO, BERNADETTE
GET RID OF HIM	A GIRL IN LOVE FORGIVES	COLPIX 759	15.00	NM

CASUALEERS
DANCE ,DANCE, DANCE	THERE'S SOMETHING ABOUT THIS GIRL	ROULETTE 4722	150.00	NM
YOU BETTA BE SURE	OPEN YOUR EYES	LAURIE 3407	20.00	NM

CASUALS ON THE SQUARE
END OF TIME	TEARDROP A SAD FACE	LSP 1000	70.00	NM

CASWELL, JOHNNY
YOU DON'T LOVE ME ANYMORE	I.O.U.	DECCA 32017 dj	250.00	NM
YOU DON'T LOVE ME ANYMORE	I.O.U.	DECCA 32017	350.00	NM

CATALINAS
AIN'T NO BIG THING	FACTS OF LOVE	CATALINAS 16691	10.00	78
LAUGHIN' THROUGH TEARS	SUMMER'S GROOVE	PAGODA 4839	30.00	NM
YOU HAVEN'T THE RIGHT	TICK TOCK	SCEPTER 12188	20.00	NM

CATCH
MR. NICE GUY	MEPHISTO'S NIGHTMARE	LK 22576	10.00	78

CATE BROS.
WHERE CAN WE GO	START ALL OVER AGAIN	ASYLUM 45370	30.00	78

CATO, JOE
I'M SO GLAD	SAVE OUR LOVE	CHESS 2026	10.00	NM

CAUTIONS
NO OTHER WAY	POOR LOSER	SHRINE 115	800.00	NM
WATCH YOUR STEP	IS IT RIGHT	SHRINE 104	500.00	NM

CAVALIERE, FELIX
NEVER FELT LOVE BEFORE	same:	BEARSVILLE 305 dj	10.00	NM

CAVALIERS
DO WHAT I WANT	TIGHTEN UP	SHRINE 119	**NEG**	NM
HOLD TO MY BABY	DANCE LITTLE GIRL	RCA 9054	50.00	NM
I'VE GOTTA FIND HER	I REALLY LOVE YOU	RCA 9321	40.00	NM

CAZZ, LOU
STOP BABY STOP	IT'S ALL UP TO YOU	CABOT 141	20.00	NM

CEE, BILLY
DARK SKIN WOMAN	TRY AGAIN	CHIMNEYVILLE 10208	10.00	F
DON'T MATTER TO ME	I'M DOING FINE	GSF 6913	30.00	78
HARD TIMES	HANGING AROUND YOUR DOORSTEP	XL 41575	20.00	F

CELEBRITIES
I CHOOSE YOU BABY	Same: Instrumental	BOSS 503	1200.00	NM
YOU DIDN'T TELL THE TRUTH	GOOD NIGHT	BOSS 502	150.00	NM
YOU DIDN'T TELL THE TRUTH	GOOD NIGHT	BOSS 502 labels reversed	100.00	NM

CELEBRITY FOUR
HONEY TELL ME	INSPIRATION	TRC 1007	100.00	NM

CELESTRALS   (CELESTRIALS)
CHECKER.BOARD LOVER	I FEEL IT COMING ON	DON-EL 126	40.00	NM
KEEP YOUR HANDS OFF MY BABY	CHAIN REACTION	RCA 9016	40.00	**NM**
WAIT FOR ME	MAN'S BEST FRIEND	ALPHA 008	20.00	GR

CENTER STAGE
HEY, LADY	SOMEDAY, SOMEWAY	DISPO 701	50.00	NM
HEY, LADY	SOMEDAY, SOMEWAY	RCA 480	15.00	NM

CERF, CHRISTOPHER
SWEET MUSIC	THE BOAT OF NOAH	AMY 954	50.00	**NM**

CHACHERE, LOUIS
THE HEN	THE HEN pt. 2	PAULA	50 30.00	F

CHAIN REACTION
LADY IN RED	NURSE YOUR NERVES	OSHOWLEO 1	15.00	GR
NEVER LOSE NEVER WIN	same: mono	ARIOLA 7651 dj	20.00	78

CHAINS
I CAN LEARN	IT HAPPENS THIS WAY	PEACOCK 1922	20.00	NM

CHALFONTES
HE LOVES ME	CONFESSIN' MY LOVE TO YOU	MERCURY 72474	40.00	**NM**
MUCH TOO MUCH FOR COMFORT	HE'S THE RIGHT KINDA GUY	MERCURY 72424	45.00	NM

CHALLENGERS
STAY	HONEY HONEY HONEY	TRI-PHI 1012	25.00	M

CHALLENGERS III
STAY	HONEY, HONEY, HONEY	TRI-PHI 1012	30.00	M
EVERY DAY	I HEAR AN ECHO	TRI-PHI 1020	30.00	M

CHAMPION, MICKIE
WHAT GOOD AM I (WITHOUT YOU)	THE HURT STILL LINGERS ON	MUSETTE 9151	300.00	**NM**

CHANCE and TONY
PRETTY BABY	I'M SORRY GIRL	ANN-V 101	500.00	NM

CHANCE, NOLAN
IF HE MAKES YOU	SHE'S GONE	CONSTELLATION. 144	25.00	NM
I'LL NEVER FORGET YOU	I'M LOVING NOTHING	THOMAS 802	40.00	NM
JUST LIKE THE WEATHER	DON'T USE ME	CONSTELLATION. 161	200.00	NM
JUST LIKE THE WEATHER	DON'T USE ME	BUNKY 161	1000.00	**NM**

CHANCELLORS
ALL THE WAY FROM HEAVEN	SAD AVENUE	CAP CITY 107	100.00	NM
GIRLS DO WONDERFUL THINGS FOR BOYS	same: instrumental	CAP CITY 112	100.00	NM
EVERYBODY'S GOT TO LOSE SOMETHING	IT WAS A VERY GOOD YEAR	EL CID 2132	50.00	NM

CHANCES
ONE MORE CHANCE	IT TAKES MORE LOVE ALONE	BEA & BABY 130	20.00	NM

CHANDELIERS
DOUBLE LOVE	IT'S A GOOD THOUGHT	LOADSTONE 1601	15.00	NM
STOP DRAGGING MY HEART AROUND	FADING DAY	LOADSTONE 1607	30.00	NM

CHANDLER, DENIECE (DENISE)
I DON'T WANNA CRY	GOOD BYE, CRUEL WORLD	TODDLIN TOWN 118	30.00	NM
I'M WALKING AWAY	LOVE IS TEARS	LOCK 1245	15.00	NM
MAMA, I'D WISHED I'D STAY AT HOME	I BELIEVE HIM	LOCK 600	100.00	NM
SHY BOY	COME ON HOME TO ME BABY	TODDLIN TOWN 127	15.00	NM

CHANDLER, DENIECE and LEE SAIN
HEY BABY	GLORIOUS FEELING	TODDLIN TOWN 113	20.00	NM

CHANDLER, E.J.
I CAN'T STAND TO LOSE YOU	BELIEVE IN ME	S.O.S. 1001	20.00	NM
TEARS OF LOVE	AIN'T THAT RIGHT	GRAY SOUNDS 1	15.00	B

CHANDLER, GENE
(GONNA BE) GOOD TIMES	NO ONE CAN LOVE YOU LIKE I DO	CONSTELLATION. 160	15.00	NM
(I'M JUST A) FOOL FOR YOU	BUDDY AIN'T IT A SHAME	CONSTELLATION. 167	15.00	NM
AFTER THE LAUGHTER	TO BE A LOVER	CHECKER 1165	15.00	NM
BABY I STILL LOVE YOU	I UNDERSTAND	CURTOM 1986	25.00	78
BET YOU NEVER THOUGHT	BABY THAT'S LOVE	CONSTELLATION. 166	10.00	NM
CHECK YOURSELF	FORGIVE ME	VEE-JAY 511	15.00	NM
DON'T HAVE TO BE LYING BABE	DON'T HAVE TO BE LYING BABE PT	CURTOM 1979	20.00	78
EVERYBODY LET'S DANCE	YOU CAN'T HURT ME NO MORE	CONSTELLATION. 146	15.00	NM
FROM DAY TO DAY	IT'S NO GOOD FOR ME	CONSTELLATION. 104	15.00	NM
GIRL DON'T CARE	MY LOVE	BRUNSWICK 55312	10.00	NM
GROOVY SITUATION	NOT THE MARRYING KIND	MERCURY 73083	10.00	NM
HAVEN'T I HEARD THAT LINE BEFORE	YOU'LL NEVER BE FREE OF ME	FASTFIRE 7003	15.00	78
HERE COME THE TEARS	SOUL HOOTENANNY pt. 2	CONSTELLATION. 164	10.00	B
I CAN TAKE CARE OF MYSELF	I CAN'T SAVE IT	CONSTELLATION. 169	15.00	**NM**
I CAN TAKE CARE OF MYSELF	I CAN'T SAVE IT	CONSTELLATION. 169 Star design	20.00	NM
IF YOU CAN'T BE TRUE	WHAT NOW	CONSTELLATION 141	10.00	NM
IF YOU CAN'T BE TRUE	WHAT NOW	CONSTELLATION.141 Star design	15.00	NM
I'LL MAKE THE LIVING IF YOU MA	TIME IS A THIEF	CHI SOUND 1001	10.00	78
IN MY BODY'S HOUSE	GO BACK HOME	CHECKER. 1220	10.00	NM
IT'S TIME TO SETTLE DOWN	RIVER OF TEARS	CHECKER. 1199	10.00	NM
LET ME MAKE LOVE TO YOU	DOES SHE HAVE A FRIEND	CHI SOUND 2451	15.00	78
MAN'S TEMPTATION	WONDERFUL, WONDERFUL	VEE-JAY 536	20.00	NM
MR. BIG SHOT	I HATE TO BE THE ONE TO SAY	CONSTELLATION. 172	25.00	**NM**
NO PEACE, NO SATISFACTION	I WON'T NEED YOU	CHECKER. 1190	10.00	F
NOTHING CAN STOP ME	THE BIG LIE	CONSTELLATION. 149	10.00	NM
PLEASE YOU TONIGHT	LUCY	FASTFIRE 7005	10.00	78
PRETY LITTLE GIRL	A LITTLE LIKE LOVIN'	CONSTELLATION. 110	150.00	NM
SUCH A PRETTY THING	I FOOLED YOU THIS TIME	CHECKER. 1155	15.00	NM
TEAR FOR TEAR	MIRACLE AFTER MIRACLE	VEE-JAY 461	20.00	NM
TELL ME WHAT CAN TO DO	THERE GOES THE LOVER	BRUNSWICK 55339	15.00	NM
THERE WAS A TIME	THOSE WERE THE GOOD OLD DAYS	BRUNSWICK 55383	15.00	NM
THINK NOTHING ABOUT IT	WISH YOU WERE HERE	CONSTELLATION. 112	20.00	NM
YOU THREW A LUCKY PUNCH	RAINBOW	VEE-JAY 468	20.00	NM
YOU'RE A LADY	STONE COLD FEELING	MERCURY 73206	15.00	NM

CHANDLER, GENE and ACKLIN, BARBARA
WILL I FIND LOVE	LITTLE GREEN APPLES	BRUNSWICK 55405	10.00	NM
FROM THE TEACHER TO THE PREACH	ANYWHERE BUT NOWHERE	BRUNSWICK 55387	10.00	NM
LOVE WON'T START	SHOW ME THE WAY TO GO	BRUNSWICK 55366	10.00	NM

CHANDLER, KENNY
BEYOND LOVE	CHARITY	Tower 405	20.00	NM

CHANDLER, LORRAINE
I CAN'T CHANGE	OH HOW I NEED YOUR LOVE	RCA 9349	85.00	**NM**
I CAN'T HOLD ON	SHE DON'T WANT YOU	RCA 8980	85.00	**NM**
TELL ME YOU'RE MINE	WHAT CAN I DO	RCA 8810	50.00	**NM**
TELL ME YOU'RE MINE	WHAT CAN I DO	GIANT 703	100.00	NM

CHANDLERS
YOUR LOVE KEEPS DRAWING ME CLOSER	I LOVED YOU, GIRL	BLEU ROSE 100 "rite sound" pressing	100.00	NM
YOUR LOVE KEEPS DRAWING ME CLOSER	I LOVED YOU, GIRL	BLEU ROSE 100	10.00	NM
YOUR LOVE MAKES ME LONELY	I NEED YOUR LOVE	COL SOUL 1152	350.00	NM

CHANEY, KEN
KEEP ON GETTIN' UP	SUMMER SONG	BEN-L 1001	30.00	F

CHANGE OF PACE
BRING MY BUDDIES BACK	BLOOD'S MUCH THICKER THAN WATE	STONE LADY 6	10.00	GR
THE VERY THOUGHT OF YOU	YOU CAN DEPEND ON ME	TABOO 100	20.00	78

CHANGING SCENE
IS YOUR HAND (WHERE IT'S AT)	same:	CO-TOWN 1440	15.00	F
WHEN THE CITY SLEEPS	YOU CAN'T DESTROY MY LOVE	JO-VEE-JO 5192	500.00	NM

CHANGING TIMES
A NEW DAY BEGINS	blank:	BOY WONDER PRODUCTIONS 2	NEG	NM

CHANNEL 3
THE SWEETEST THING	same: mono	DAKAR 4520 dj	150.00	78

CHANNEL, BRUCE
THAT'S WHAT'S HAPPENIN'	SATISFIED MIND	MELODY 112	15.00	M
YOU NEVER LOOKED BETTER	YOU MAKE ME HAPPY	MELODY 114	15.00	M

CHANNELS
I'VE GOT MY EYES ON YOU	ANYTHING YOU DO	GROOVE 46	40.00	NM
THE CLOSER YOU ARE	NOW YOU KNOW	PORT 70014	10.00	GR
YOU CAN COUNT ON ME	OLD CHINATOWN	GROOVE 61	30.00	NM

CHANTELS
I'M GONNA WIN HIM BACK	LOVE MAKES ALL THE DIFFERENCE	RCA 0347	25.00	NM
INDIAN GIVER	IT'S JUST ME	VERVE 10435	40.00	NM
YOU'RE WELCOME TO MY HEART	SOUL OF A SOLDIER	VERVE 10387	20.00	NM

CHANTEURS
YOU'VE GOT A GREAT LOVE	THE GRIZZLY BEAR	VEE-JAY 519	30.00	NM

CHANTIQUE
I KNOW I'M FALLING IN LOVE	TOO MUCH OF ANYTHING (IT AIN'T	AIP INTERNATIONAL 1001	40.00	78

CHANTLERS
IN THE BEGINNING	DARLING	CHES-LOVE 2070	500.00	NM

CHAPMAN, ANDY
HAPPY IS THE MAN	DOUBLE YOUR SATISFACTION	ATCO 6558	10.00	NM

CHAPPELL, JAMES
I'M GLAD I FOUND YOU	same: instrumental	HAYWOODS 11104	15.00	78

CHAPPELLS
HELP ME SOMEBODY	YOU'RE ACTING KIND OF STRANGE	BEDFORD 108	25.00	NM

CHAPRON, WILL and STONED GUMBO
JEALOUS	HEY GIRL	MARQUEE 177	200.00	78

CHAPTER 8
HOW CAN I GET NEXT TO YOU	TELL ME	BEVERLY GLEN 2024	20.00	78
READY FOR YOUR LOVE	COME AND BOOGIE	ARIOLA 7763	10.00	78

CHAPTER ONE
HOW CAN ANYONE (TELL ME)	THINKING ABOUT THE DAYS	A-I 105	15.00	GR
MONEY WON'T DO IT, LOVE WILL	LOAN SHARK	HERITAGE 851	10.00	78

CHARADES
I DON'T WANT TO LOSE YOU	NEVER SET ME FREE	MGM 13584	100.00	NM
LOVE OF MY LIFE	CAN'T MAKE IT WITHOUT YOU	OKEH 7195	150.00	NM
THE KEY TO MY HAPPINESS	WEEPING CUP	MGM 13540	250.00	NM
YOU BETTER BELIEVE IT	DARLING BELIEVE HIM	HARLEM HITPARADE 5009	15.00	NM
YOU'RE WITH ME ALL THE WAY	POWER OF LOVE	MERCURY 72414	100.00	NM

CHARISMA
LOVE LOVE IN YOUR LIFE	GONNA NEVER GIVE UP	ROCK MILL 8267	75.00	78

CHARISMA BAND
AIN'T NOTHING LIKE YOUR LOVE	same: mono	BUDDAH 483 dj	200.00	78

CHARLENE and the SOUL SERENADERS
LOVE CHANGES	CAN YOU WIN	VOLT 4052	20.00	NM

CHARLES, DAVE
AIN'T GONNA CRY NO MORE		DONNIE 702	400.00	NM
SHE'S A WOMAN	THIS IS GONNA HURT	COLUMBIA 44223	20.00	NM

CHARLES, LEE
GIRL YOU TURNED YOUR BACK ON M	I NEVER WANT TO LOSE MY SWEET	BAMBOO 110	20.00	NM
I GET HIGH ON MY BABY'S LOVE	YOU GOT TO GET IT FOR YOURSELF	BAMBOO 119	100.00	NM
I'LL NEVER EVER LOVE AGAIN	WRONG NUMBER	BRUNSWICK 55401	10.00	NM
STANDING ON THE OUTSIDE	IF THAT AIN'T LOVING YOU	REVUE 11007	15.00	NM
THEN WOULD YOU LOVE ME	IT'S ALL OVER BETWEEN US	DAKAR 601	25.00	NM
WHY DO YOU HAVE TO GO	I NEVER WANT TO LOSE MY GOOD T	BAMBOO 111	15.00	NM
WRONG NUMBER	SOMEONE, SOMEWHERE	REVUE 11022	15.00	NM
YOU CAN'T GET AWAY	GIRL YOU TURNED YOUR BACK ON M	BAMBOO 117	30.00	NM

CHARLES, PATTY
LOVE IS LIKE A HOLIDAY	NEVER SAY NO	HOT 101	75.00	NM

CHARLES, RAY
BOOTY BOOT	SIDEWINDER	TRC 1015	10.00	MOD
HIDE 'NOR HAIR	AT THE CLUB	ABC 10314	10.00	NM
I CHOSE TYO SING THE BLUES	HOPELESSLY	ABC 10840	10.00	NM
I DON'T NEED NO DOCTOR	PLEASE SAY YOU'RE FOOLING	ABC 10865	15.00	NM
SOMETHING INSIDE OF ME	I WANT TO TALK ABOUT YOU	ABC 10901	10.00	NM
THE TRAIN	LET'S GET STONED	ABC 10808	10.00	MOD

CHARMAINE
SEND MY BABY BACK TO ME	DON'T YOU LISTEN	TEMPLE 2083	30.00	NM
YOUNG GIRL	DON'T YOU KNOW	SEROCK 2000	25.00	NM

CHARMAINES
ETERNALLY	IF YOU EVER	DATE 1518	30.00	NM

CHARMELS
LOVING MATERIAL	I'LL GLADLY TAKE YOU BACK	VOLT 153	15.00	NM
PLEASE UNCLE SAM	SOMETHING SWEET ABOUT MY BABY	VOLT 142	15.00	NM

CHARMETTES
SUGAR BOY	STOP THE WEDDING	WORLD ARTISTS 1053	15.00	NM
WHAT IS A TEAR	PLEASE DON'T KISS ME AGAIN	KAPP 547	15.00	NM

CHARTERS
TROUBLE LOVER	SHOW ME SOME SIGN	MELODY 104	NEG	M

CHARTS
DESIREE	FELL IN LOVE WITH YOU BABY	WAND 1112	15.00	**NM**
LIVIN' THE NIGHTLIFE	NOBODY MADE YOU LOVE ME	WAND 1124	350.00	NM

CHATMON, SAM and SPARKS
I'VE NEVER KNOWN	I CAN'T BELIEVE IT	DEE DEE 2231	25.00	GR
NOBODY BUT ME	I DON'T CARE	BOSS 2121	300.00	NM

CHAUMONTS
I NEED YOUR LOVE	LOVE IS THE THING	BAY SOUND 67002	50.00	**NM**
I NEED YOUR LOVE	LOVE IS THE THING	CARAVELLE 67002	200.00	NM
LOVING SOFT SOUL	same: instrumental	BAY SOUND 67008	30.00	NM
NOW YOU'VE GONE	BROADWAY WOMAN	BAY SOUND 67004	50.00	NM
WHEN YOU LOVE SOMEONE	ALL OF MY LIFE	BAY SOUND 67011	25.00	NM

CHAVEZ, FREDDIE
THEY'LL NEVER KNOW WHY	BABY I'M SORRY	LOOK 5010 light blue label	500.00	**NM**
THEY'LL NEVER KNOW WHY	BABY I'M SORRY	LOOK 5010 white and black label	300.00	**NM**

CHECKER., CHUBBY
(AT THE) DISCOTHEQUE	DO THE FREDDIE	PARKWAY 949 stock	15.00	**NM**
(AT THE) DISCOTHEQUE	LET'S DO THE FREDDIE	PARKWAY 949 yellow label dj	30.00	NM
(AT THE) DISCOTHEQUE	LET'S DO THE FREDDIE	PARKWAY 949 West coast dj	20.00	NM
(DO THE) DISCOTHEQUE	DO THE FREDDIE	PARKWAY 949 stock	20.00	NM
(DO THE) DISCOTHEQUE	DO THE FREDDIE	PARKWAY 949 yellow label dj	30.00	NM
EVERYTHING'S WRONG	CU MA LA BE-STAY	PARKWAY 959	15.00	NM
HEY YOU! LITTLE BOO-GA-LOO	PUSSY CAT	PARKWAY 989	15.00	NM
SLOW TWISTIN'	LA PALOMA TWIST	PARKWAY 835	10.00	NM
SLOW TWISTIN'	LA POLOMA TWIST	PARKWAY 835 **PS**	15.00	NM
THE RUB	MOVE IT	AMHERST 716	10.00	78
YOU BETTER BELIEVE IT BABY	SHE WANTS T'SWIM	PARKWAY 922 **PS**	20.00	NM
YOU BETTER BELIEVE IT BABY	SHE WANTS TO SWIM	PARKWAY 922	15.00	NM
YOU JUST DON'T KNOW (WHAT YOU DO TO ME)	TWO HEARTS MAKE ONE LOVE	PARKWAY 965 west coast dj only	800.00	**NM**

CHECKER.BOARD SQUARES
DOUBLE COOKIN'	A DAY SAUSALITO	VILLA. 705	450.00	**NM**

CHECKMATES LTD.
ALL ALONE BY THE TELEPHONE	BODY LANGUAGE	POLYDOR 14313	40.00	78
GLAD FOR YOU	DO THE WALK	CAPITOL 5603	10.00	NM
KISSIN' HER AND CRYING FOR YOU	I CAN HEAR THE RAIN	CAPITOL 5753	60.00	NM
MASTERED THE ART OF LOVE	PLEASE DON'T TAKE MY WORLD AWA	CAPITOL 5814	40.00	NM
TAKE ALL THE TIME YOU NEED	LET'S DO IT	FANTASY 800	10.00	78

CHEERS
I'M NOT READY TO SETTLE DOWN	MIGHTY, MIGHTY, LOVER	PENNY 109	15.00	GR
TAKE ME TO PARADISE	I MADE UP MY MIND	OKEH 7331	40.00	NM

CHEETUM, DEWI and HOWE
IMPOSSIBLE DECISION	THIS IS MY COUNTRY	THOMAS 810	30.00	78

CHEFS
MR. MACHINE	MR. MACHHINE PT. 2	PRO-GRESS	400.00	F

CHEKKERS
LACK OF LOVE	PLEASE DON'T GO	LOOK 5007	100.00	NM

CHELL-MARS
ROAMIN' HEART	FEEL ALRIGHT	JAMIE 1266	50.00	NM

CHEQUES
DEEPER	FUNKY MUNKEY	HEATWAVE 4000	20.00	NM

CHERISH
FOR YOU	TOMORROW'S CHILD	DT 107	10.00	78

CHERRIES
WHY DON'T YOU LOVE ME **and** TREAT ME RIGHT	DON'T KNOW MUCH ABOUT LOVE	BIG BEAT 1269	25.00	B

CHERRIES and the RHYTHM KINGS
MAKE MY LIFE WORTH LIVING	YOU KNOW YOU NGONNA NEED ME	DELLA 1215	30.00	B

CHERRY PEOPLE
AND SUDDENLY	IMAGINATION	HERITAGE 801 **PS**	20.00	NM
AND SUDDENLY	IMAGINATION	HERITAGE 801	10.00	NM

CHERYLL and PAM
THAT'S MY GUY	LONELY GIRL	STAX 136	15.00	B

CHESSMEN
WHY CAN'T I BE YOUR MAN	NOTHING BUT YOU	CHESS 1950	40.00	NM

CHESTNUT, AL and TYRONE
SUPER LOVIN'	SUPER LOVIN' pt. 2	MELBA 1001	30.00	NM

CHESTNUT, MORRIS
TO DARN SOULFUL	YOU DON'T LOVE ME ANYMORE	AMY 981 dj	300.00	NM
TOO DARN SOULFUL	YOU DON'T LOVE ME ANYMORE	AMY 981 stock ink label	500.00	NM
TOO DARN SOULFUL	YOU DON'T LOVE ME ANYMORE	AMY 981 stock with paper label	800.00	NM

CHEVELLS
IT'S GOODBYE	ANOTHER TEAR MUST FALL	BUTANE 777	15.00	NM

CHI CHI
IF YOU'RE GONNA LOVE ME	LOVE IS	KAPP 749	40.00	NM
JUST LET IT HAPPEN	SOMEWHERE THERE'S SOMEONE	KAPP 776	40.00	NM

CHICAGO ALL STARS
NOWHERE TO RUN	THE BLOOD	TRI-EM 101	30.00	NM

CHICO and BUDDY
CAN YOU DIG IT	A THING CALLED THE JONES	TAYSTER 6025	15.00	F

CHIFFONS
KEEP THE BOY HAPPY	IF I KNEW THEN	LAURIE 3377	25.00	NM
KEEP THE BOY HAPPY	JUST FOR TONIGHT	LAURIE 3423	15.00	NM
MARCH	UP ON THE BRIDGE	LAURIE 3460	10.00	NM
NOBODY KNOWS WHAT'S GOIN' ON	THE REAL THING	LAURIE 3301	10.00	NM

CHILD OF FRIENDSHIP TRAINROBBERS
WILL YOU ANSWER	GIVING UP	SA. 1001	30.00	GR
JACKIE (MY OLD FASHIONED GIRL)	HEY I GOT YOUR KIND OF LOVE	NATURAL 1516	100.00	GR

CHI-LITES   also see MARSHALL and the CHI-LITES
(UM UM) MY BABY LOVES ME	THAT'S MY BABY FOR YOU	REVUE 11018	15.00	NM
I'M SO JEALOUS	THE MIX MIX SONG	BLUE ROCK 4007	20.00	NM
LIVING IN THE FOOTSTEPS OF ANTHER MAN	WE NEED ORDER	BRUNSWICK 55489	10.00	78
LOVE IS GONE	LOVE ME	REVUE 11005	15.00	NM
MY BABY LOVES ME	THAT'S MY BABY FOR YOU	REVUE 11018	10.00	NM
SHE'S MINE	NEVER NO MORE	BLUE ROCK 4037	150.00	NM
TO CHANGE MY LOVE	I'M GONNA MAKE YOU LOVE ME	BRUNSWICK 755422	15.00	NM
WHAT DO I WISH FOR	GIVE IT AWAY	BRUNSWICK 55398	10.00	NM
YOU DID THAT TO ME	I WON'T CARE ABOUT YOU	ORETTA 888	15.00	NM
YOU'RE NO LONGER PART OF MY HEART	24 HOURS OF SADNESS	BRUNSWICK 755426	15.00	NM

CHIMES
THE BEGINNING OF MY LIFE	COMING CHANGES	DOWN TO EARTH 72	15.00	NM

CHIPS
BREAK IT GENTLY	MIXED UP, SHOOK UP GIRL	PHILIPS 40520 **PS**	25.00	NM

CHISTIAN, AL
I'M A LONELY MAN	NOTHING GONNA CHANGE THE WAY I FEEL	CHANT 527	250.00	NM

CHIVERS, PAULINE
STOPPED	TOUGH STUFF	O-PEX 109	10.00	B

CHOCOLATE CHIPS
AS YOU THINK SO SHALL YOU ACT	THERE YOU ARE (I SEE YOU)	BALANCE 1001	50.00	F

CHOCOLATE COMPANY
IN ONE SMALL MOTION	WALK ON BY	EUREKA 100	20.00	NM

CHOCOLATE GLASS
JOSEPH HOLLY	FOR I LOVE YOU	JUDNELL	25.00	F

CHOCOLATE SYRUP
STOP YOUR CRYING	THE GOODNESS OF LOVE	AVCO 4567	15.00	78
YOU'RE OFF AN RUNNIN'	ALL I EVER DIO IS DREAM ABOUT	IRA 8503	60.00	78
YOU'VE GOT A LOT TO GIVE	JUST IN THE NICK OF TIME	BROWN DOG 9000	10.00	78

CHOICE OF COLOUR
YOUR LOVE	YOU'RE 21 TODAY	APT 26011	100.00	NM

CHOSEN FEW
BIRTH OF A PLAYBOY	TAKING ALL THE LOVE I CAN	MAPLE 1000	15.00	NM
FOOTSEE	YOU CAN NEVER BE WRONG	ROULETTE 7015	25.00	NM
FOOTSEE	same: instrumental	ROULETTE 7015	15.00	NM
FUNKY BUTTER	WONDERING	KONDUKO 123	25.00	F
LIFT THIS HURT	YOU BEEN UNFAIR	BANDIT 2521	60.00	NM
TAKING ALL THE LOVE I CAN	I CAN'T TAKE NO CHANCES	MAPLE 9000	15.00	NM

CHOSEN LOT
TIME WAS	IF YOU WANT TO	SIDRA 9004	50.00	NM

CHRISTIAN, BARBARA
NOT LIKE YOU BOY	I WORRY	BROWNIE 102	50.00	NM

CHRISTIAN, DIANE
WONDERFUL GUY	IT HAPPENED ONE NIGHT	BELL 610	15.00	NM

CHRISTIE, JOEL
SINCE I FOUND YOU	IT'S ALL RIGHT NOW	IMPERIAL 66198	15.00	NM

CHRISTIE, RUTH
MYSTERY OF A MIRACLE		TIDE 452011	200.00	NM

CHRISTY, ALVIN
I DON'T KNOW WHAT I WANT	I'M SO PROUD (TO BE A MAN)	PINPOINT 101	50.00	F

CHRYSLERS with the MONARCHS BAND
I'M NOT GONNA LOSE YOU	BECAUSE I LOVE YOU	JE JODY 2215	250.00	NM

CHUBBY and the TURNPIKES
I DIDN'T TRY	I KNOW THE INSIDE STORY	CAPITOL 5840	300.00	NM

CHUCK and JOE
HARLEM SHUFFLE	I WISH YOU DIDN'T TREAT ME SO	DECCA 31871	15,00	MOD

CHUCK and MIRIANN
LET'S WALKDOWN THE STREET TOGE	THE WOMAN IN LOVE	ABET 9432	20.00	NM

CHUCK-A-LUCK and the LOVEMEN LTD
ARE YOU EXPERIENCE	WHIP YOU	TAYSTER 6020	20.00	F
I'LL ALWAYS LOVE YOU	WHIP YA	TAYSTER 6019	30.00	B
NO ON YOUR LIFE FANTASTIC	HARD TO SATISFY	TAYSTER 6021	20.00	B

CHURCH, EUGENE
DOLLAR BILL	U MAKKA HANNA	WORLD PACIFIC 77866	20.00	NM

CHURCH, JIMMY
RIGHT ON TIME	I DON'T CARE WHO KNOWS	SS7 2559	40.00	NM
THE HURT	ONLY YOU (AND YOU ALONE)	OKEH 7186	100.00	NM
THINKING ABOUT THE GOOD TIMES		PEACHTREE 101	200.00	NM

CHYMES
BRING IT BACK HOME	LET'S TRY IT AGAIN	OKEH 7246	50.00	NM
MY BABY'S GONE AWAY	WHERE I COME FROM	DOWN TO EARTH 71	25.00	NM

CINCINNATIANS
DO WHAT YOU WANNA DO	MAGIC GENIE	ROOSEVELT LEE 16115	75.00	NM
DO WHAT YOU WANNA DO	MAGIC GENIE	EMERALD 161115	50.00	NM

CINDERELLAS
BABY, BABY (I STILL LOVE YOU)	PLEASE DON'T WAKE ME	DIMENSION 1026	40.00	NM

CISSEL, CHUCK
DON'T TELL ME YOU'RE SORRY	FOREVER	ARISTA 499	30.00	78

CITATIONS
CHICAGO	STOMP	MERCURY 72286	10.00	GR
HEY, MR. LOVE	TWO FOR THE ROAD	SOLID SOUL 210	30.00	GR
KEEP THE FAITH	I WILL STAND BY YOU	BALLAD 7101	30.00	NM
MERCY, MERCY (HAVE A LITTLE MERCY)	TRUTH	WIGGINS 101	30.00	GR

CLAIBORNE, VIVIAN
DON'T LEAVE	PEOPLE WILL TALK	PROWLIN. 235	100.00	NM

CLANTON, JIMMY
HURTING EACH OTHER	DON'T KEEP YOUR FRIENDS AWAY	MALA 500	75.00	NM

CLARK, ALICE
YOU HIT ME (RIGHT WHERE IT HURT ME)	HEAVEN'S WILL (MUST BE OBEYED)	WB 7270	150.00	NM

CLARK, BILLY
TOO BAD - TOO SAD	YOU'LL NEVER MAKE IT ALONE	GAMA 949	75.00	NM

CLARK, CHRIS
I LOVE YOU	I WANNA GO BACK THERE AGAIN	VIP 25041	15.00	M
DO I LOVE YOU (INDEED I DO)	DON'T BE TOO LONG	VIP 25034 unissued	NEG	M
DO RIGHT BABY DO RIGHT	DON'T BE TOO LONG	VIP 25031	20.00	M
FROM HEAD TO TOE	THE BEGINNING OF THE END	MOTOWN 1114	15.00	M
LOVE'S GONE BAD	PUT YOURSELF IN MY PLACE	VIP 25038	20.00	M
LOVE'S GONE BAD	same:	VIP 25038 dj red vinyl	30.00	M
LOVE'S GONE MAD	PUT YOURSELF IN MY PLACE	VIP 25038 title error	40.00	M
WHISPER YOU LOVE ME BOY	THE BEGINNING OF THE END	MOTOWN 1121	20.00	M

CLARK, CLAUDINE
THE TELEPHONE GAME	WALKIN' THROUGH A CEMETERY	CHANCELLOR 1124	50.00	NM

CLARK, CONNIE
MY SUGAR BABY	same: instrumental	JOKER 716	300.00	**NM**

CLARK, DEE
24 HOURS OF LONELINESS	WHERE DID ALL THE GOOD TIMES G	LIBERTY 56152	10.00	NM
CROSSFIRE TIME	I'M COMING HOME	CONSTELLATION. 108	15.00	NM
DON'T WALK AWAY FROM ME	YOU'RE TELLING OUR SECRETS	VEE-JAY 409	15.00	NM
DRUMS IN MY HEART	YOU ARE LIKE THE WIND	VEE-JAY 428	15.00	NM
HOT POTATO	I DON'T NEED	CONSTELLATION. 165	15.00	NM
I CAN'T RUN AWAY	SHE'S MY BABY	CONSTELLATION. 155	20.00	NM

I'M A SOLDIER BOY	SHOOK UP OVER YOU	VEE-JAY 487	15.00	NM
I'M GOIN' HOME	OLE FASHUN LOVE	CONSTELLATION. 173	10.00	NM
IN MY APARTMENT	I AIN'T GONNA BE YOUR FOOL	CONSTELLATION. 142	25.00	NM
IN THESE VERY TENDER MOMENTS	LOST GIRL	COLUMBIA 44200	40.00	NM
NOBODY BUT YOU	NOBODY BUT YOU pt. 2	WAND 1177	20.00	F
T.C.B.	IT'S IMPOSSIBLE	CONSTELLATION. 147	20.00	NM
THAT'S MY GIRL	IT'S RAINING	CONSTELLATION. 113	45.00	NM
THAT'S MY GIRL	COME CLOSER	CONSTELLATION. 120	75.00	NM
WARM SUMMER BREEZES	HEARTBREAK	CONSTELLATION. 132	10.00	NM

CLARK, DELORES

LIVIN' TO PLEASE	HE'S GONE	ANTARES 101	100.00	NM

CLARK, DORISETTA

YOU LOVE ME (YOU LOVE ME NOT)	IT WOULD MEAN SO MUCH TO ME	MERCURY 71253	200.00	M

CLARK, ISAAC

FLIP FLOP THE DUCK	DON'T ABUSE MY LOVE	FINGER TIPS 100	30.00	F

CLARK, JIMMEY SOUL

(COME ON AND BE MY) SWEET DARLIN'	(SOMEBODY) STOP THAT GIRL	SOULHAWK. 1	40.00	NM
HOLD YOUR HORSES	TELL HER	MIORA 104	15.00	NM
I'LL BE YOUR CHAMPION	A GIRL'S WORLD	SOULHAWK. 3	175.00	NM

CLARK, JOE

THAT'S ME WHAT'S ON YOUR MIND	WON'T YOU SETTLE DOWN	WILDCAT 602	30.00	NM

CLARK, KITTY

FUNNY YOU SHOULD ASK	BIG WHEEL	HOUSE OF ORANGE 2400	10.00	78

CLARK, LEE

ALL ALONE IN MY LONELY ROOM	AS LONG AS YOU'RE IN LOVE WITH	REJO 100	40.00	NM
ALL ALONE IN MY LONELY ROOM	AS LONG AS YOU'RE IN LOVE WITH	ATCO 6266	20.00	NM

CLARK, LEWIS

HERE'S MY HEART	IF YOU EVER, EVER LEAVE ME	TIGERTOWN 4	25.00	B
I NEED YOU BABY	DOG (AIN'T A MNS BEST FRIEND)	BRENT 7071	100.00	NM
I NEED YOUR LOVIN' SO BAD	LET'S DO IT AGAIN	TIGERTOWN 2	200.00	NM

CLARK, LUCKY

LET ME BE THE FOOL	FEELING OF LOVE	CHESS 1806	25.00	NM

CLARK, SHAREN and PRODUCT OF TIME

I'M NOT AFRAID OF LOVE	MAMA DIDN'T LIE (SHOCOME TRUE)	YODI 1000	40.00	GR

CLARKE, STANLEY

STRAIGHT TO THE TOP	THE FORCE OF LOVE	EPIC 2697	10.00	78

CLARKE, TONY

(THEY CALL ME) A WRONG MAN	NO SENSE OF DIRECTION	M-S 206	300.00	NM
JOYCE ELAINE	YOU'RE A STAR	CHESS 1944	20.00	NM
LANDSLIDE	YOU MADE ME A V.I.P.	CHESS 1979	30.00	NM
LANDSLIDE	YOU MADE ME A V.I.P.	CHESS 1979 dj	300.00	NM
THE FUGITIVE KIND	POOR BOY	CHESS 1935	10.00	NM
THIS HEART OF MINE	THE ENTERTAINER	CHESS 1924	15.00	NM
WOMAN, LOVE AND A MAN	WOMAN, LOVE AND A MAN Pt 2	CHESS 1880	10.00	NM

CLASS MATES

YOU CAN DO ME SOME GOOD	I'M SOLD ON YOUR LOVE	BRIGHT STAR 501	25.00	NM

CLASSETTS

I'VE GOT TO SPACE	YOU'RE GONNA NEED ME SLT	ULTRA-CLASS 104	30.00	F
THE GUY'S IN LOVE WITH YOU	I DON'T WANT NOBODY ELSE	ULTRA-CLASS 1111	40.00	NM

CLASSIC EXAMPLE

HEY THERE LITTLE GIRL	THAT'S GROOVY	GSF 6875	30.00	NM

CLASSIC IV

STORMY	24 HOURS OF LONELINESS	IMPERIAL 66328	10.00	NM

CLASSIC SULLIVANS

A RING DON'T MEAN A THING WITH	RIGHT BEFORE MY EYES	KWANZA 7715	10.00	78
PAINT YOURSELF IN THE CORNER	I DON'T WANT TO LOSE YOU	KWANZA 7678	10.00	78
SHAME, SHAME, SHAME	WE CAN MAKE IT	MASTER KEY 3	200.00	78

CLASSICS

LOOKING FOR A LOVE (OF MY OWN)	I'M JIMMY MACK	WISE WORLD 62728	250.00	NM

CLASSMEN

DOIN' ME RIGHT	GRADUATION GOODBY	PEARCE 5823	100.00	NM
DOIN' ME RIGHT	THE THINGS WE DID LAST SUMMER	PEARCE 5818	150.00	NM

CLASS-SET

MY STYLE	JULIE	MOD-ART 1075	15.00	78

CLAY, CASSIUS

STAND BY ME	I AM THE GREATEST	COLUMBIA 43007 PS	75.00	NM
STAND BY ME	I AM THE GREATEST	COLUMBIA 43007	30.00	NM

CLAY, JUDY

HAVEN'T GOT WHAT IT TAKES	WAY YOU LOOK TONIGHT	SCEPTER 12135	50.00	NM
LET IT BE ME	I'M UP TIGHT	LAVETTE 1004	10.00	NM
LONELY PEOPLE DO FOOLISH THING	I'M COMING HOME	SCEPTER 1281	10.00	B

YOU BUSTED MY MIND	HE'S THE KIND OF GUY	SCEPTER 12157	15.00	NM
YOU BUSTED MY MIND	YOUR KIND OF LOVIN'	SCEPTER 12157	25.00	**NM**

CLAY, OTIS

A LASTING LOVE	GOT TO FIND A WAY	ONEDERFUL 4850	15.00	NM
I PAID THE PRICE	TIRED OF FALLING	ONEDERFUL 4837	10.00	NM
I TESTIFY	I'M SATISFIED	ONEDERFUL 4841	10.00	NM
IT'S EASIER SAID, THAN DONE	A FLAME IN MY HEART	ONEDERFUL 4846	15.00	NM
MESSING WITH MY MIND	CHECK IT OUT	ECHO 2002	10.00	78
PRECIOUS, PRECIOUS	TOO MANY HANDS	HI. 2214	10.00	B
SHE'S ABOUT A MOVER	YOU DON'T MISS YOUR WATER	COTILLION 44001	15.00	NM
SHOW PLACE	THAT'S HOW IT IS	ONEDERFUL 4848	15.00	NM
THAT'LL GET YOU WHAT YOU WANT	DON'T PASS ME BY	ONEDERFUL 4852	15.00	B
THE ONLY WAY IS UP	SPECIAL KIND OF LOVE	ECHO 2003	40.00	78
TRYING TO LIVE MY LIFE WITHOUT YOU	LET ME BE THE ONE	HI. 2226	10.00	78
YOU HURT ME FOR THE LAST TIME	BABY JANE	DAKAR 610	75.00	NM

CLAY, SONGEE (SONJI)

I CAN'T WAIT (UNTIL I SEE MY BABY'S FACE)	GENTLE ON MY MIND	SONGEE 1002	85.00	NM
DEEPER IN MY HEART	WHAT NOW MY LOVE	AMERICAN MUSIC MAKER 8003	25.00	NM
NOBODY	HERE I AM AND HERE I'LL STAY	SONGEE 1001	20.00	NM

CLAY, TOM and the RAYBER VOICES

NEVER BEFORE	MARRY ME	CHANT 103	75.00	M

CLAY, VERNA RAE

HE LOVES ME, HE OVES ME NOT	I'VE GOT IT BAD	SURE SHOT 5001	15.00	NM

CLAY, VICKY

GEE WHIZ	OH IT'S ALL RIGHT	MARVLUS 3127	10.00	B

CLAYTON, MERRY (MARRY)

AFTER ALL THIS TIME	STEAMROLLER	ODE 66020	15.00	NM
BEG ME	LA LA JACE SONG	CAPITOL 5164	10.00	NM
IT'S IN HIS KISS	MAGIC OF ROMANCE	CAPITOL 4984	10.00	NM
THE DOORBELL RINGS	I'VE GOT EYES ON YOU	TELDISC 501	400.00	NM

CLAYTON, PAT

SOMEONE ELSE'S TURN	YOU'VE GOTTA SHARE	SILVER TIP 1007	100.00	NM

CLAYTON, WILLIE

LOVE PAINS	RUNNING IN ANDOUT MY LIFE	KIRSTEE 22	10.00	78
THAT'S WHAT MY DADDY DID	FALLING IN LOVE	DUPLEX 1202	100.00	F

CLEAR

EQUAL LOVE OPPORTUNITY	same: Instrumental	DT 5799	15.00	78

CLEFTONES

SOME KINDA BLUE	HOW DEEP IS THE OCEAN	GEE 1080	30.00	NM
THERE SHE GOES	LOVER COME BACK TO ME	GEE 1079	30.00	NM

CLICKETTES

I JUST CAN'T HELP IT	same: Instrumental	CHECKER. 1060	20.00	NM

CLIFF, JIMMY

WATERFALL	WONDERFUL WORLD,BEAUTIFUL PEOPLE	A&M 1146 **PS**	15.00	NM
WATERFALL	WONDERFUL WORLD, BEAUTIFUL PEOPLE	A&M 1146	10.00	NM

CLIFF, ZELMA

I DON'T BELIEVE	GOOD NIGHT MY LOVE	BATTLE 45916	30.00	NM

CLIFFORD, LINDA

MARCH ACROSS THE LAND	A LONG LONG WINTER	PARAMOUNT 269	15.00	78

CLIMATES

BREAKING UP AGAIN	NO YOU FOR ME	SUN. 404	20.00	NM

CLINTON, LARRY

SHE'S WANTED	IF I KNEW	DYNAMO 300 dj	1500.00	NM
SHE'S WANTED	IF I KNEW	DYNAMO 300	NEG	NM

CLOUD, MICHEAL

CHECK YOUR DIRECTION	DON'T LET NOBODY TURN YOU AROU	HOMARK 3	40.00	78

CLOVERS

TRY MY LOVIN' ON YOU	SWEET SIDE OF A SOULFUL WOMAN	JOSIE 997	30.00	NM

COALITIONS

INSTEAD ..HOW ARE YOU	I DON'T MIND DOING IT	REDUN 5	10.00	GR
INSTEAD, HOW ARE YOU	I DON'T MIND DOING IT	PHIL LA SOUL 367	10.00	GR

COASTERS

CRAZY BABY	BELL BOTTOM SLACKS AND A CHINE	ATCO 6379	70.00	**NM**
DOWN HOME GIRL	SOUL PAD	DATE 1552	20.00	F
LOVE POTION NUMBER NINE	D.W.WASHBURN	KING 6385	20.00	NM

COATES, GOLDIE

FISHERMAN	LOVE IS A TREASURE	COURTLAND 102	40.00	NM

COBB, JOHNNY

FORGET HIM	LOVE DOESN'T PAY	JAGUAR 468	25.00	NM

COBBLESTONE
TRICK ME, TREAT ME	SHE'S LOVES ME (SHE LOVES ME NOT)	MERCURY 73051	100.00	NM

COBBS, JOE
DON'T WORRY ABOUT ME	I'LL LOVE ONLY YOU	RICELAND 110	25.00	NM

COBRA KINGS
BIG LIMAS	TRAGEDY	BLACK GOLD 300	20.00	MOD
TOO HOT TO HANDLE	NIGHT WALK	BLACK GOLD 200	15.00	MOD

COCHRAN, WAYNE
CHOPPER 70	HARLEM SHUFFLE	KING 6326	40.00	F
I'M IN TROUBLE	GOIN' BACK TO MIAMI	MERCURY 72623	15.00	NM
WHEN MY BABY CRIES	SOME - A' YOUR SWEET LOVE	CHESS 2020	20.00	B

COCO AND BEN
GOOD FEELING	SEE THE WORLD (AS IT IS)	EARTH WORLD 2700	1000.00	78

CODAY, BILL
A MAN CAN'T BE A MAN	I DON'T WANT TO PLAY THIS GAME	EPIC 50167	200.00	78
RIGHT ON BABY		CRAJON	250.00	NM
SIXTY MINUTE TEASER	SIXTY MINUTE TEASER PT 2	CRAJON 48202	20.00	F
WHEN YOU FIND A FOOL BUMP HIS	A WOMAN RULES THE WORLD	GALAXY. 779	10.00	NM
YOU'RE GONNA WANT ME	GET YOUR LIE STRAIGHT	GALAXY. 777	10.00	B

COE, FRANKIE
GAME OF LOVE	GAME OF LOVE Pt 2	OKEH 7296	10.00	B
GET IT JERK	GOT TO SEE MY BABY	BIG CITY 100	20.00	NM

COE, JAMIE
I CRIED ON MY PILLOW	MY GIRL	ENTERPRISE 5050	50.00	NM
I WAS THE ONE BIG VOC	GOOD ENOUGH FOR A KING	ENTERPRISE 5055	20.00	NM

COEFIELD, BRICE
AIN'T THAT RIGHT	JUST ONE MORE NIGHT	OMEN. 10	400.00	NM

COFFEE, ERMA
YOU MADE ME WHAT I AM	ANY WAY THE WIND BLOWS	HI 2253	15.00	78

COFFEY, DENIS (DENNIS)
GETING IT ON '75	CHICANO	SUSSEX 631	10.00	F
GETTING IT ON	RIDE, SALLY, RIDE	SUSSEX 237	10.00	F
THEME FROM BLACK BELT JONES	LOVE THEME FROM BLACK BELT JONES	WB 7769	150.00	F
THEME FROM ENTER THE DRAGON	JUNCTION FLATS	SUSSEX 511	15.00	F

COFFEY, DENNIS and LYMAN WOODARD TRIO
IT'S YOUR THING	RIVER ROUGE	MAVERICK 1007	15.00	F

COIT, JAMES
BLACK POWER	PHILLANDRINE	PHOOF 101	10.00	**NM**

COLBERT, CHUCK and VIEWPOINT
STAY	A FOOL SUCH AS ME	CAILLIER 102	30.00	F

COLBERT, GODOY
I WANNA THANK YOU	BABY I LIKE IT	REVUE 11037	50.00	NM

COLBERT, PHIL
THE EDGE OF HEAVEN	TOMORROW MAY NEVER COME	PHILIPS 40361	30.00	NM
WHO'S GOT THE ACTION	THE LONG, LONG, TUNNEL	PHILIPS 40313	200.00	NM

COLD FIRE INC.
GET IT TOGETHER	I'M GONNA LOVE YOU ANYWAY	LIGHTIN 101	40.00	F

COLD FOUR
LOVE AND CARE	LOW RIDEN	DRELLS 889	40.00	78

COLD GRITS
IT'S YOUR THING	BRING IT HOME TO ME	ATCO 6707	60.00	F

COLE JR., NAT and CARTER, TERI
YOU	TWO MAKES A TEAM	COMPTONS STAFF 110	30.00	NM

COLE, ANN
NOBODY BUT ME	THAT'S ENOUGH	SIR 272	40.00	NM

COLE, BENNIE
I DON'T WANT TO CRY	LOVE YOU TIL I DIE	RAYNARD	75.00	F

COLE, CARMEN
I'LL NEVER STAND IN YOUR WAY	STEP RIGHT UP	GROOVE 45	150.00	NM

COLE, CINDY
WHAT'S FOR DESSERT	WHO DO YOU TAKE AFTER	MUSICOR 1023	15.00	NM

COLE, FREDDY
I'D HAVE IT MADE	THE BEST PART OF MY LIFE IS MI	TRU-GLO-TOWN 503	20.00	NM

COLE, JR. and the CRESCENTS
GO ON	NOT GUILTY NOW	FROLIC 506	20.00	NM

COLE, NAT KING
WHO'S THE NEXT IN LINE	DEAR LONELY HEARTS	CAPITOL 4870	10.00	NM
WHO'S THE NEXT IN LINE	DEAR LONELY HEARTS	CAPITOL 4870 **PS**	20.00	NM

COLE, RENITA
I FOUND LOVE (WHEN I FOUND YOU)	LATELY	KNICKERBOCKER 1006	75.00	NM

COLEMAN, BOBBY
PLEASURE GIRL	(BABY) YOU DON'T HAVE TO TELL	BOUNTY 45106	30.00	NM

COLEMAN, DAVID
DROWN MY HEART	MY FOOLISH HEART	BARRY 1013	50.00	NM

COLEMAN, JIMMY
CLOUDY DAYS	DON'T SEEM LIKE YOU LOVE ME	SIR-RAH	100.00	B
CLOUDY DAYS	DON'T SEEM LIKE YOU LOVE ME	REVUE 11002	20.00	B

COLEMAN, MICHEAL
ELECTRIC TWIST	ELECTRIC TWIST pt. 2	PECO	100.00	F

COLEMAN, MIKE J.
GET RFIGHT ON UP	IF YOU WERE MINE	MILLION. 35	15.00	F

COLEMAN, SUSAN
THE AGE OF THE WOLF	HEY GIRLS	REMMIX 4422	150.00	**NM**

COLLABORATION
WHERE IS LOVE	FORGIVE ME	MOHAWK 718	30.00	GR

COLLARD, BILLY JACK
MAINTAIN YOUR GROOVE	WATCHIN' A WINO	CRAZY CAJUN 2020	20.00	F

COLLIER, MITTY
GIT OUT	THAT'LL BE GOOD ENOUGH FOR ME	CHESS 2035	10.00	NM
HELP ME	FOR MY MAN	CHESS 1942	15.00	NM
I HAD A TALK WITH MY MAN	FREE GIRL	CHESS 1907	15.00	NM
I'D LIKE TO CHANGE PLACES	COLD BEAR	PEACHTREE 122	40.00	F
MY BABE	MISS LONELINESS	CHESS 1856	20.00	NM
MY PARTY	I'M SATISFIED	CHESS 1964	15.00	NM
NO FAITH, NO LOVE	TOGETHER	CHESS 1918	10.00	NM
PAIN	LET THEM TALK	CHESS 1889	50.00	NM
YOU HUT SO GOOD	I CAN'T LOSE	PEACHTREE 121	10.00	B
YOUR SIGN IS A GOOD SIGN	MAMA HE TREATS YOUR DAUGHTER MEAN	PEACHTREE 128	15.00	B

COLLINS and COLLINS
TOP OF THE STAIRS	PLEASE DON'T BREAK MY HEART	A&M 2233	150.00	78

COLLINS, ALBERT
COOKIN' CATFISH	TAKIN' MY TIME	20TH. CENTURY	15.00	MOD

COLLINS, BOB and the FABULOUS FIVE
INVENTORY ON HEARTACHES	MY ONE AND ONLY GIRL	MAIN LINE 1367	300.00	NM

COLLINS, EUNICE
AT THE HOTEL	AT THE HOTEL PT 2	MOD-ART 601	40.00	78

COLLINS, KEANYA
AS MUCH YOURS, AS HE IS MINE	YOU DON'T OWN ME	ITCO 103	15.00	NM
I'LL GET OVER IT	IT AIN'T NO SECRET	BLUE ROCK 4072	30.00	NM
LOVE BANDIT	I CALL YOU DADDY	KEANYA 1	60.00	**NM**

COLLINS, KEANYA and SIMMONS, MAC
LOOKING FOR THE SAME THING	I DON'T TO WANT TO BE RIGHT	PM 108	15.00	78

COLLINS, LASHAWN
WHAT YOU GONNA DO NOW	A BOY CHOSES A GIRL	SINCERE 1003 yellow label	275.00	NM
WHAT YOU GONNA DO NOW	GIRL CHOOSES THE BOY	SINCERE 1003 Red label	275.00	NM
WHAT YOU GONNA DO NOW	GIRL CHOOSES THE BOY	SINCERE 1003 blue label	300.00	NM

COLLINS, LYN
GIVE IT UP TURN IT LOOSE	WHAT THE WORLD NEEDS NOW IS LOVE	PEOPLE 636	10.00	F
MAMA FEELGOOD	FLY ME TO THE MOON	PEOPLE 618	10.00	F
THINK (ABOUT IT)	same:	PEOPLE 608 dj	15.00	F
WIDE AWAKE IN A DREAM	ROCK ME AGAIN AND AGAIN	PEOPLE 641	15.00	78
YOU'RE THE MAN	YOU'RE THE MAN Pt. 2	PEOPLE 623	15.00	F

COLLINS, RICKY
WATCHA GONNA DO	NEW PAIR SHOES	DASH 5047	15.00	78

COLLINS, RODGER
CAUGHT IN YOUR LOVE	BACK IN THE COUNTRY	GALAXY 788	10.00	F
HANDS OFF MY GIRL	WHAT AM I LIVING FOR	GALAXY 757	15.00	NM
I'M LEAVIN' THIS PLACE	YOUR LOVE, IT'S BURNING	GALAXY 775	10.00	F
SHE'S A GOOD WOMAN	AIN'T GOING TO FORGET IT	GALAXY 754	20.00	NM
SHE'S LOOKING GOOD	I'M SERVING TIME	GALAXY. 750	10.00	**NM**

COLLINS, ROMONA
YOU'VE BEEN CHEATING	NOW THAT YOU'VE GONE	CLARKS 346	1200.00	NM

COLLINS, TERRY
I L.O.V.E. Y.O.U.	ACTION SPEAKS LOUDER THAN WORD	KWANZA 7739	15.00	78
THE SHOW MUST GO ON	same: mono	KWANZA 7766 dj	10.00	B

COLLINS, TOMMY
I WANTA THANK YOU	OH WHAT I'D GIVE	T.N.T. 1036	20.00	NM
I WANTA THANK YOU	OH WHAT I'D GIVE	VERVE 10565	15.00	NM

COLLINS, WILL and WILLPOWER
ANYTHING I CAN DO	same: mono	BAREBACK 531 dj	400.00	78

Artist / Title	B-Side	Label	Price	Grade
COLLINS, WILLIE				
DON'T STOP NOW	STOP! IN THE NAME OF LOVE	PANIC 102.	15.00	78
COLMAN, DONNA				
YOUR LOVES TOO STRONG	IF YOU WANT ME	AVIN 102	250.00	NM
COLON, WILLIE				
THE HUSTLER	GUAJIRO	FANIA 468	20.00	MOD
WILLIE BABY	JAZZY	FANIA 444	20.00	MOD
COLQUITT, PAM				
I DONE GOT OVER L.OSING YOU	IT'S GOT TO BE TRUE	JACKLYN 1011	40.00	NM
COLT 45'S				
LADY, LADY	I KNOW I LOVE YOU	JERRY 119	400.00	NM
COLT, STEVE				
DYNAMITE	TAKE AWAY	BIG BEAT 105	20.00	F
COLTON, TONY				
I STAND ACCUSED	FURTHER ON DOWN THE TRACK	ABC 10705	150.00	NM
COMBINATIONS				
I'M GONNA MAKE YOU LOVE ME	THE GODDESS OF LOVE	KIMTONE 1001	800.00	NM
LIKE I NEVER DID BEFORE	WHAT YOU GONNA DO	KELLMAC 1011	NEG	NM
WHILE YOU WERE GONE	THE FEELING IS FINE	SOLID ROCK 70592 dj	100.00	NM
WHILE YOU WERE GONE	THE FEELING IS FINE	SOLID ROCK 70592 yellow label	150.00	NM
WHY	COME BACK	KELLMAC 1007	300.00	NM
COMBINATIONS INC.				
DIRTY DEAL	WHAT WOULD HAPPEN	ARC LARK 601	150.00	NM
I GOT TO GO	ADAM AND ME	STACEY 2616	100.00	NM
COMBS, JERRY and the MANNIX				
IT TAKES A WHOLE LOT OF WOMAN	I DON'T WANT TO CRY	WB 7217	10.00	B
COMEZ, JESSIE				
LACE	BABY I'M COMING AT YOU	MANKIND 12027	30.00	NM
COMMANDS				
A WAY TO LOVE ME	TOO LATE TO CRY	DYNAMICS 123	20.00	NM
DON'T BE AFRAID TO LOVE ME	AROUND THE GO GO	DYNAMIC 111	50.00	NM
HEY IT'S LOVE	NO TIME FOR YOU	BACK BEAT 570	45.00	NM
HEY IT'S LOVE	NO TIME FOR YOU	DYNAMIC 104 Red vinyl	150.00	NM
HEY IT'S LOVE	NO TIME FOR YOU	DYNAMIC 104	50.00	NM
COMMITTEE				
GIVE IN TO THE POWER OF LOVE	YOU'RE MY WONDER FULNESS	NMI 7008	100.00	78
COMMODORES				
KEEP ON DANCING	RISE UP	ATLANTIC 2633	75.00	F
COMMON LAW				
ALL I NEED IS THE THOUGHT OF YOU	ALL I NEED IS THE THOUGHT OF YOU Pt. 2	JAY PEE 150	15.00	GR
COMMUNICATORS and BLACK EXPERIENCE				
IS IT FUNKY ENOUGH	ONE CHANCE	DUPLEX 1304	40.00	F
THE ROAD	HAS TIME REALLY CHANGED	TRI OAK 4	150.00	F
COMO, MARY				
TOO FAR GONE	I'VE GOT THE BLUES	DAP 1003	25.00	B
COMPACTS				
WHY CAN'T IT BE	THAT'S HOW MY WORLD BEGAN	CARLA 718	200.00	NM
COMPANIONS				
BE YOURSELF	HELP A LONELY GUY	GENERAL AMERICAN 711	20.00	NM
COMPLIMENTS				
BEWARE, BEWARE	BORROW TIL MORNING	MIDAS 304	25.00	NM
THE TIME OF HER LIFE	EVERYBODY LOVES A LOVER	CONGRESS 252	100.00	NM
COMPOSERS				
LET'S GET TO THE POINT	CHANCES GO ROUND	COMPLEX 3 1	30.00	78
COMPULSIONS				
I CAN'T FIND LOVE	TAKE A LESSON FROM A FOOL	OMEN. 2	30.00	NM
CONCEPT NINE				
WHEN	NO ESCAPE	TRC 1018	10.00	NM
CONGENIAL FOUR				
YOU PLAYED THE PART (OF A LOSER)	FREEDOM SONG	CAPITOL 2927	50.00	GR
CONLEY, ARTHUR				
WHO'S FOOLING WHO	THERE'S A PLACE FOR US	JOTIS 472	20.00	NM
CONN, BENNIE				
FORGIVE ME	I'M SO GLAD TO BE BACK HOME	MAGNUM 741	15.00	B
HAVE YOU HAD A LOVE	I DON'T HAVE	SOULTOWN 107	40.00	B
CONN, BILLY				
I SHOULD HAVE KNOWN	I PROMISE YOU (I WON'T MENTION	FEDERAL 12500	75.00	NM
CONNELLY, EARL				
DON'T LET ME GO	MY LOVE IS STRONG	MAYCON 110	30.00	NM
MAKE UP YOUR MIND	THE DEVIL IN YOU	MAYCON 119	10.00	78
MAKE UP YOUR MIND	DON'T LET ME GO	MAYCON 114	30.00	NM
PLEASE MAKE UP YOUR MIND	TELL ME WHY	MAYCON 121	25.00	78

CONNOR, BUDDY
WHEN YOU'RE ALONE	MIND OF YOUR OWN	BREAKTHROUGH 1004 red label	50.00	78
WHEN YOU'RE ALONE	same:	BREAKTHROUGH 1003 orange label	150.00	NM

CONNOR, JIMMY
LET'S GET MARRIED	THE REALITY OF LIFE	SHELLY 10604	50.00	NM

CONNORS, NORMAN
ONCE I'VE BEEN THERE	ROMANTIC JOURNEY	BUDDAH 570	10.00	78

CONQUEST, JUNE
ALL I NEED	TAKE CARE	WINDY C 606	20.00	NM
ALMOST PERSUADED	PARTY TALK	FAME 6406	15.00	NM
WHAT'S THIS I SEE	NO ONE ELSE	CURTOM 8543	20.00	NM

CONQUISTADORS
CAN'T STOP LOVING YOU	YOU'VE BEEN GOOD	ACT IV 13	300.00	NM
SADNESS AND MADNESS	LONELY WAS I	SIGNETT 9609	150.00	NM

CONRAD, CHARLES
YOU GOT THE LOVE	ISN'T IT AMAZING	SHANDY 4001	30.00	NM

CONSERVATIVES
HAPPINESS (TAKE YOUR TIME)	THEME FROM HAPPINESS	ON TIME 100	20.00	GR

CONSTELLATIONS
I DIDN'T KNOW HOW TO	POPA DADDY	GEMINI STAR 30005	75.00	NM
I DON'T KNOW ABOUT YOU	EASY TO BE HARD	GEMINI STAR 30008	400.00	NM
SPECIAL LOVE	I CAN'T TURN YOU LOOSE	SONDAY 700	10.00	NM
TEAR IT UP BABY	DOO DOO DA DEM	SMASH 1923	20.00	NM

CONSTRUCTION
HEY LITTLE WAY OUT GIRL	MY HEART WOULD SING	SYNC 6 924	300.00	NM

CONTACTS
YOU GONNA PAY	WHY LITTLE GIRL SH2O ST	QUADRAN 40002	300.00	**NM**

CONTEMPLATIONS   also see ROCK CANDY
ALONE WITH NO LOVE	same: instrumental	DONTEE 101	500.00	NM

CONTENDERS
(YOU GOTTA) DO WHAT U GOTTA DO	MOON JERK	EDGE 506	25.00	NM
LOVELY LOVER	I LIKE IT LIKE THAT	JAVA 103	50.00	NM

CONTESSAS
I KEEP ON KEEPING ON	THIS IS WHERE I CAME IN	E RECORDS 1	30.00	NM

CONTINENTAL FOUR
(YOU'RE LIVING IN A) DREAM WORLD	NITE MOODS	JAY WALKING 019	10.00	GR
HOW CAN I PRETEND	THE LOVE YOU GAVE TO ME	JAY WALKING 13	10.00	GR
LOVING YOU (IS THE NEXT BEST THING TO)	I FOUND LOVE	MASTER FIVE 3501	10.00	GR
THE LOVE YOU GAVE TO ME	HOW CAN I PRETEND	JAY WALKING 13	15.00	NM
THE WAY I LOVE YOU	I DON'T HAVE YOU	JAY WALKING 009	20.00	NM
WHAT YOU GAVE UP	DAY BY DAY	JAY WALKING 11	10.00	NM

CONTINENTAL SHOWSTOPPERS
NOT TOO YOUNG	NEVER SET ME FREE	SEVENTY 7 107	45.00	NM

CONTINENTALS
FUNKY FOX	STRAIGHT AHEAD	BLUE FOX 101	20.00	F

CONTOURS
CAN YOU DO IT	I'LL STAND BY YOU	GORDY 7029	10.00	M
CAN YOU JERK LIKE ME	THAT DAY WHEN SHE NEEDED ME	GORDY 7037	10.00	M
DO YOU LOVE ME	MOVE MR. MAN	GORDY 7005	15.00	M
DON'T LET HER BE YOUR BABY	IT MUST BE LOVE	GORDY 7016	10.00	M
FIRST LOOK AT THE PURSE	SEARCHING FOR A GIRL	GORDY 7044	15.00	M
FUNNY	THE STRETCH	MOTOWN 1012	300.00	M
I'M A WINNER	MAKES ME WANNA COME BACK	SOLID GOLD 554	25.00	78
I'M A WINNER	MAKES ME WANNA COME BACK	ROCKET 41192	15.00	78
IT'S SO HARD BEING A LOSER	YOUR LOVE GROWS MORE PRECIOUS	GORDY 7059	15.00	M
JUST A LITTLE MISUNDERSTANDING	DETERMINATION	GORDY 7052	10.00	M
PA I NEED A CAR	YOU GET UGLY	GORDY 7019	20.00	M
SHAKE SHERRY	YOU BETTER GET IN LINE	GORDY 7012	10.00	M
WHOLE LOTTA WOMAN	COME ON AND BE MINE	MOTOWN 1008	150.00	M

CONTRAILS
FEEL SO FINE	MAKE ME LOVE YOU	MILLAGE 104	50.00	NM

CONTRASTS
WHAT A DAY	LONELY CHILD	MONUMENT 1058	15.00	NM

CONTRIBUTORS OF SOUL
(DO THE) YUM YUM MAN	YUM, YUM MAN	EMASE 1053	25.00	F
SINKING	YABBA DABBO DOO	EMASE 1052	15.00	F
YOU CAN'T HELP BUT FALL IN LOVE	WE CAN GET IT ON LATER	VENTURE 628	20.00	NM
YOU CAN'T HELP BUT FALL IN LOVE	WE CAN GET IT ON LATER	TAD 101	30.00	NM

CONTROLLERS
STAY	UNDERCOVER LOVER	MCA 52704	10.00	78

CONWELL, JIMMY (JAMES)
CIGARETTE ASHES	SECOND HAND HAPPINESS	MIRWOOD 5530	50.00	**NM**
THE TROUBLE WITH GIRLS (OF TODAY)	I KNOW I'M SURE	4J RECORDS 511	50.00	NM
TO MUCH	LET IT ALL OUT	GEMINI 1003	75.00	**NM**

COOK TRIO, BOBBY
PRANSING	QUIET NIGHT	COMPOSE 633	20.00	F

COOK, JERRY
FUNKY WAGON	HEY MRS JONES	TROYX 101	20.00	F
I HURT ON THE OTHER SIDE	TAKE WHAT I'VE GOT	CAPITOL 5981	75.00	**NM**

COOK, LITTLE JOE (and the THRILLERS)
FUNKY HUMP	CRAZY BABY	SOULTOWN 52074	15.00	F
HOLD ON TO YOUR MONEY	DON'T YOU HAVE FEELINGS	LOMA 2026	10.00	NM
HOLD ON TO YOUR MONEY	DON'T YOU HAVE FEELINGS	TWO JAY 1001	10.00	NM
I'LL NEVER GO TO A PARTY AGAIN	THE TROLLEY SONG	20TH. CENTURY 420	50.00	NM
I'M FALLING IN LOVE WITH YOU BABY	DOODLE PICKLE	TWO JAY 1003	200.00	**NM**
I'M FALLING IN LOVE WITH YOU BABY	DOODLE PICKLE	HOT. 1003	200.00	NM
MEET ME DOWN IN SOULSVILLE	YOU MAKE ME WANT TO CRY	OKEH 7211	15.00	B
MY GIRL	NIGHT MARE	TWO JAY 1005	15.00	GR
PLEASE DON'T GO	FIND A NEW GIRL	TOP-TOP 1001	20.00	GR

COOK, RONNIE
ONLY THE LONELY	WAY OUT	DORE 721	30.00	GR

COOKE, CAROLYN
I DON'T MIND	TOM, DICK AND HARRY	RCA 8553	30.00	NM

COOKE, SAM
A CHANGE IS GONNA GOME	SHAKE	RCA 8486	10.00	NM
ANOTHER SATURDAY NIGHT	LOVE WILL FIND A WAY	RCA 8164	10.00	NM
CHAIN GANG	I FALL IN LOVE EVERYDAY	RCA 7783 **PS**	20.00	NM
IT'S GOT THE WHOLE WORLD SHAKIN'	(SOMEBODY) EASE MY TROUBLIN MIND	RCA 8539	15.00	NM
LET'S GO STEADY AGAIN	TROUBLE BLUES	RCA 8803	10.00	B
SUGAR DUMPING	BRIDGE OF TEARS	RCA 8631 **PS**	30.00	NM
SUGAR DUMPLING	BRIDGE OF TEARS	RCA 8631	20.00	NM

COOKE, SARAH
PLEASE DON'T GO	HEY, HEY (THE SUNS GONNA SHINE)	BIG TOP 519	200.00	NM

COOKIE V
QUEEN OF FOOLS	YOU GOT THE WRONG GIRL	CHECKER. 1222	15.00	NM

COOL SOUNDS
BOY WONDER (WHO MADE GOOD)	same: mono	WB 7615 dj	30.00	78
I'LL TAKE YOU BACK (IF YOU PROMISE)	WHERE DO WE GO FROM HERE	WB 7538	25.00	GR
RAG DOLL	WHERE DO WE GO FROM HERE	SOUL TOWN 103	40.00	GR
RAG DOLL	MY REQUEST	PICK A HIT 103	40.00	GR
RAG DOLL	COME HOME	PULSAR 2421	30.00	GR
WHO CAN I TURN TO	A LOVE LIKE OURS COULD LAST	WB 7575	50.00	78

COOPER N' BRASS
DOES ANYBODY KNOW WHAT TIME IT	same:	AMAZON 7	15.00	NM

COOPER, BARBARA
WHAT ONE MORE TEAR	THE PLAYGROUND	RCA 9048	30.00	NM

COOPER, CHRISTINE
GOOD LOOKS (THEY DON'T COUNT)	I MUST HAVE YOU (OR NO MORE)	PARKWAY 122	15.00	B
HEARTACHES AWAY MY BOY	(THEY CALL HIM) A BAD BOY	PARKWAY 983	300.00	**NM**
HEARTACHES AWAY MY BOY	(THEY CALL HIM) A BAD BOY	PARKWAY 983 stock copy	400.00	NM
S.O.S. (HEART IN DISTRESS)	SAY WHAT YOU FEEL	PARKWAY 971	15.00	NM

COOPER, ED
JUST LIKE A HERO	DON'T LET LIFE GET YOU DOWN	NIMROD 904	200.00	NM

COOPER, EULA
BEGGARS CAN'T BE CHOOSEY	I NEED YOU MORE	NOTE 7208	25.00	NM
LET OUR LOVE GROW HIGHER	HAVE FAITH IN ME	SUPER SOUND 7002	400.00	**NM**
SHAKE DADDY SHAKE	HEAVENLY FATHER	ATLANTIC 2635	20.00	NM
STANDING BY LOVE	MY MAN IS MORE MAN (THAN YOU'LL EVER BE)	NOTE 7210	100.00	NM
TRY	LOVE MAKE ME DO FOOLISH THINGS	TRAGAR 6814	300.00	NM

COOPER, FAY
DON'T HANG YOURSELF	LOT'S OF FOLKS DO - OTHERS DON	KRIS 8089	30.00	F

COOPER, FRAN
SOMETHING'S GOT A HOLD ON ME	LOVE LETTERS	TWIN HITS 2011	30.00	NM

COOPER, GENE
GO GO INN	THE KIND OF MAN I AM	HI-Q 5037	30.00	NM

COOPER, JOEY
IT LOOKS LIKE IT'S GONNA BE MY YEAR	LOVE (IS YOU)	RCA 8569	15.00	NM

COOPER, WILLIE and THE WEBS
CAN'T LET YOU GO	TRY LOVING ME	DYNAMIC 106	150.00	NM
DON'T EVER HURT ME	LITTLE GIRL BLUE	DYNAMIC 109	100.00	NM
YOU DON'T LOVE NOBODY	I CAN'T TAKE IT NO MORE	WHIZ 508	150.00	NM
YOU DON'T LOVE NOBODY	I CAN'T TAKE IT NO MORE	DYNAMIC 105	100.00	NM

Artist / Title	B-Side	Label	Price	Grade
COOPERETTES				
EVERYTHING'S WRONG	DON'T TRUST HIM	BRUNSWICK 55307	30.00	NM
GOODBYE SCHOOL	same: instrumental	BRUNSWICK 55296	30.00	NM
SHING A LING	(LIFE HAS) NO MEANING NOW	BRUNSWICK 55329	100.00	**NM**
COPAGE, MARC				
TALK, TALK, TALK	same: instrumental	MERGING 612	50.00	NM
COPELAN, VIVIAN				
HE KNOWS MY KEY	SO NICE I HAD TO KISS U TWICE	D'ORO 3500	15.00	78
COPELAND, DEDE				
YOU GOTTA GIVE UP SOME MONEY	THE PRICE I HAD TO PAY	GME 1327	15.00	B
COPELAND, JOHNNY				
AIN'T NOBODY'S BUSINESS (BUT MINE)	YEAR ROUND BLUES	BRAGG 102	25.00	B
BLOWING IN THE WIND	DEDICATED TO THE GREATEST	WAND 1114 withdrawn	20.00	B
GHETTO CHILD	SOUL POWER	ZEPHYR 101	30.00	B
I AIN'T GONNA TAKE IT	HURT, HURT, HURT	ATLANTIC 2618	75.00	NM
I CAN TELL	SAME: INSTRUMENTAL	FIRE N FURY 1000	10.00	B
I GOT TO GO HOME	WORKING MAN'S BLUES	GOLDEN EAGLE 110	15.00	NM
IF LOVE IS YOUR FRIEND	TRYIN' TO REACH MY GOAL	ATLANTIC 2474	15.00	NM
I'M GOING TO MAKE MY HOME WHERE I HANG MY HAT	DEDICATED TO THE GREATEST	WAND 1114	10.00	B
IT'S ME	THE INVITATION	WAND 1103	20.00	NM
JUST ONE MORE TIME	DOWN ON BENDING KNEES	GOLDEN EAGLE 101	20.00	NM
SUFFERING CITY	IT'S MY OWN TEARS THAT'S BEING WASTED	ATLANTIC 2542	15.00	NM
THERE'S A BLESSING	MAY THE BEST MAN WIN	GOLDEN EAGLE 105	30.00	B
TRYIN' TO REACH MY GOAL	IF LOVE IS YOUR FRIEND	ATLANTIC 2474	10.00	B
YOUR GAME IS WORKING	MAMA TOLD ME	GOLDEN EAGLE 2034	15.00	NM
YOU'RE GONNA REAP JUST WHAT YOU SOW	WAKE UP, LITTLE SUSIE	WAND 1130	15.00	B
COPELAND, VIVIAN				
HE KNOWS MY KEY (IS ALWAYS IN THE MAILBOX)	SO NICE, I HAD TO KISS YOU TWI	DORO 3500	15.00	NM
I DON'T CARE	OH NO NOT MY BABY	DORO 1006	30.00	NM
I DON'T CARE WHAT HE'S DONE (IN THE PAST)	SO NICE, I HAD TO KISS YOU TWI	MALA 577	30.00	NM
COPNEY, BOBBY				
LOVE AU-GO-GO	AIN'T NO GOOD	TUFF 414	20.00	NM
CORBY, CHUCK and QUIET STORM				
SOMETIMES BABY	BANDIT ON THE LOOSE	FEE BEE 120	15.00	78
CORBY, CHUCK (and the ENTREES)				
PLEASE DON'T GO	I NEED LOVE	FEE BEE 117	100.00	GR
CITY OF STRANGERS	BRING MY DADDY HOME	SONIC 118	15.00	GR
COMPLETE OPPOSITES	SOUL BROTHER	CHESS 2077	30.00	NM
HAPPY GO LUCKY	MAN LOVES TWO	SOUND 717	40.00	NM
HAPPY GO LUCKY	MAN LOVES TWO	VEEP 1235	30.00	NM
CORLETTS (also see CARLETTS)				
I'M GETTING TIRED	LOST WITHOUT YOUR LOVE	CAPITOL 2775	100.00	NM
CORNELIUS BROS. and SISTER ROSE				
TREAT HER LIKE A LADY	OVER AT MY PLACE	PLATINUM 105	25.00	78
BIG TIME LOVER	ANOTHER WONDERFUL TUNE	UA 377	10.00	78
TOO LATE TO TURN BACK NOW	LIFT YOUR LOVE HIGHER	UA 50910	10.00	78
CORNER BROTHERS				
GANG WAR (DON'T MAKE NO SENSE)	TAKE IT EASY SOUL BROTHER	NEPTUNE 13	10.00	F
CORONADAS				
I'M SOLD ON YOUR LOVE	YOU CAN DO ME SOME GOOD	BRIGHT STAR 157	15.00	NM
CORTEZ				
SAY THAT YOU WILL	SAY THAT YOU WILL PT 2 + 3	CHANCE 001	30.00	GR
TONIGHT	JUICY LBL REV.	NATIONAL 6746	20.00	GR
CORTEZ, DAVE BABY				
BORN FUNKY	SOMEONE HAS TAKEN MY PLACE	ALL PLATINUM 2343	10.00	F
FUNKY ROBOT	FUNKY ROBOT Pt 2	ALL PLATINUM 2339	10.00	F
HAPPY SOUL (WITH A HOOK)	FISHIN' WITH SID	SPEED 1014	30.00	F
POPPING POPCORN	THE QUESTION (DO YOU LOVE ME)	OKEH 7208	15.00	B
CORTEZ, DAVE and WE THE PEOPLE				
(DO IT) THE FUNKY DANCE	THERE'S A NEW MAN	SOUND PAK 1001	15.00	F
CORVAIRS				
AIN'T NO SOLE IN THESE OLD SHOES	GET A JOB	COLUMBIA 43861	25.00	NM
LOVE IS SUCH A FUNNY THING	A VICTIM OF HER CHARMS	SYLVIA 5003	30.00	NM
CORY				
TAKE IT OR LEAVE IT	BEYOND THE HURT	PHANTOM 10742	40.00	78
COSBY, BILL				
LITTLE OLE MAN (UPTIGHT)	DON' CHA KNOW	WB 7072	10.00	NM
LITTLE OLE MAN (UPTIGHT)	HUSH HUSH	WB 7072	15.00	NM
COSBY, EARL				
OOH HONEY BABY	I'LL BE THERE	MIRA. 204	20.00	**NM**

COSMO
SMALL TOWN GOSSIP	THINGS I'D LIKE TO DO	SS7 2504	30.00	NM
SMALL TOWN GOSSIP	THINGS I'D LIKE TO DO	JAM 105	50.00	NM
SOFT AND PRETTY	YOU GOTTA DANCE	SS7 2520	60.00	NM
SOFT AND PRETTY	YOU GOTTA DANCE	JAM 106	100.00	NM

COTILLIONS
AIN'T NO BIG THING	DO THE THINGS I LIKE	TOMAHAWK 141	50.00	NM
SOMETIMES I GET LONELY	ONE OF THESE DAYS	ABC 10413	25.00	NM

COTTEN, CHAREN
A LITTLE MORE LOVE	TAKE CARE OF BUSINESS AT HOME	PHILOMERGA 801	50.00	NM
A LITTLE MORE LOVE	TAKE CARE OF BUSINESS AT HOME	PERCEPTION 550	40.00	NM

COTTON, HAYES
BLACK WING'S HAVE MY ANGEL	I'LL BE WAITING	RESIST 504	NEG	NM
LOVE PLAYS FUNNY GAMES	I'LL BE WAITING	CLAIRE 7000	300.00	NM

COTTON, LOYCE
TRY IT, YOU'LL LIKE IT	EVERYBODY WANTS TO BE PRESIDEN	AQUARIUS 1003	25.00	F

COULTER, PHIL AND HIS ORCHESTRA
A GOOD THING GOING	RUNAWAY BUNION	COLUMBIA 43996	20.00	NM

COUNT SIDNEY and HIS DUKES
DO YOUR STUFF	COUNTRY PEOPLE	GOLDBAND 1194	15.00	F

COUNTRY STORE
CAUGHT WITH MY HEART DOWN	YOUR LOVE (IS THE ONLY LOVE)	T.A. 196	15.00	NM

COUNTS   also see THEE COUNTS
ASK THE LONELY	IF YOU DON'T LOVE ME	YES 103	250.00	NM
NOT START ALL OVER AGAIN	THINKING SINGLE	WESTBOUND 191	10.00	F
PEACHES BABY	MY ONLY LOVE	SHRINE 117	NEG	NM
STRONGER THAN EVER	GOSPEL TRUTH	YES 102	300.00	NM
WHAT'S IT ALL ABOUT	MOTOR CITY	T.M. RECORDS 100	150.00	78

COUPE DE VILLES
WHEN TIMES ARE BAD(WE TURN TO	SO LONG, GOODBYE, IT'S OVEDR	PHILLY GROOVE 159	15.00	GR

COURCY, JOANN
I GOT THE POWER	I'M GONNA KEEP YOU	TWIRL 2026	1000.00	NM

COURTIAL and ERROL KNOWLES
DON'T YOU THINK IT'S TIME	LOSING YOU	PIPELINE 2002	75.00	F

COURTNEY, DEAN
(LOVE) YOU JUST CAN'T WALK AWAY	BETCHA CAN'T CHANGE MY MIND	MGM 13776	300.00	NM
I'LL ALWAYS NEED YOU	TAMMY	RCA 9049	100.00	NM
IT MAKES ME NERVOUS	YOU'RE ALL I GOT	PARAMOUNT 214	30.00	78
WE HAVE A GOOD THING	MY SOUL CONCERTO	RCA 8919	30.00	NM

COURTNEY, LOU
DO THE THING	THE MAN IS LONELY	RIVERSIDE 4589	15.00	F
HEY JOYCE	I'M MAD ABOUT YOU	POPSIDE 4594	30.00	F
HOT BUTTER 'N ALL	HOT BUTTER 'N ALL Pt 2	HURDY-GURDY 101	25.00	F
I DON'T NEED NOBODY ELSE	same:	EPIC 11088 dj	10.00	78
IF THE SHOE FITS	IT'S LOVE NOW	POPSIDE 4596	15.00	NM
SKATE NOW	I CAN ALWAYS TELL	RIVERSIDE 4588	10.00	NM
SOMEBODY NEW IS LOVIN ' YOU	JUST TO LET HIM BREAK YOUR HEART	EPIC 50070	10.00	78
TRYIN' TO FIND MY WOMAN	LET ME TURN YOU ON	BUDDAH 121	40.00	NM
WATCHED YOU SLOWLY SLIP AWAY	I'LL CRY IF I WANT TO	PHILIPS 40287 dj	150.00	NM
WATCHED YOU SLOWLY SLIP AWAY	I'LL CRY IF I WANT TO	PHILIPS 40287 hand-clap mix	200.00	NM
WHY	I DON'T NOBODY ELSE	EPIC 11088	20.00	78
YOU AIN'T READY	I'VE GOT JUST THE THING	RIVERSIDE 4591	10.00	NM

COURTSHIP
IT'S THE SAME OLD LOVE	LAST ROW, FIRST BALCONY	TAMLA 54217	20.00	78

COVAY, DON and the GOODTIMERS
A WOMAN'S LOVE	PLEASE DO SOMETHING	ATLANTIC 2286	15.00	GR
IRON OUT THE ROUGH SPOTS	YOU PUT SOMETHING ON ME	ATLANTIC 2340	15.00	NM
PLEASE DO SOMETHING	A WOMAN'S LOVE	ATLANTIC 2286	15.00	NM
SEESAW	I NEVER GET ENOUGH OF YOUR LOVE	ATLANTIC 2301	10.00	NM

COVAY, JULIAN
A LITTLE BIT HURT	SWEET BACON	PHILIPS 40505	25.00	NM

COVINGTON, MATT
I'M SO IN LOVE WITH YOU	I'M SO IN LOVE WITH YOU :pt. 2	APRIL 4000	75.00	78

COX, SAM.
LIFE IS LOVE	DESTINATION	RENFRO 1917	200.00	NM

COX, WALLY
COME ON HOME	I FOUND YOU	CORDON 102	50.00	NM
THIS MAN	I'VE HAD ENOUGH	WAND 11233	25.00	NM

C-QUENTS
IT'S YOU AND ME	DEAREST ONE	CAPTOWN 4028	75.00	NM
IT'S YOU AND ME	DEAREST ONE	ESSICA 4	50.00	NM

CRAIG, JOHN
DOING MY OWN THING	I DON'T WANNA DO IT	TRUE SOUL 10	20.00	F

CRANSTON BAND, LAMONT
TAKIN' A CHANCE	EJAM	WATERHOUSE 15002	70.00	NM
TAKIN' A CHANCE	E JAM	WATERHOUSE 15002 **PS**	100.00	NM

CRAVER, SONNY
I WANNA THANK YOU	UH HUH OH YEAH	STANSON 510	300.00	NM
I'M NO FOOL	I WANNA THANK YOU	TERI DE 7	75.00	NM
I'M NO FOOL		MUSETTE 102	100.00	NM
OUTSIDE OF MEMPHIS	STILL WATERS	DALYA 1895	20.00	NM
WHO (MADE YOU FOR ME)	LOVE EXCHANGE	CELESTRIAL 253	15.00	NM

CRAWFORD, CAROLYN
FORGET ABOUT ME	DEVIL IN HIS HEART	MOTOWN 1050	75.00	M
MY HEART	WHEN SOMEONE'S GOOD TO YOU	MOTOWN 1070	50.00	M
MY SMILE IS JUST A FROWN (TURNED UPSIDE DOWN)	I'LL COME RUNNING	MOTOWN 1064	100.00	M

CRAWFORD, CHARLES
FAT N FUNKY	A SAD, SAD SONG	HY SIGN 2114	25.00	F

CRAWFORD, FAYE
WHAT HAVE I DONE	SO MANY LIES	RCA 8555	100.00	NM

CRAWFORD, JAMES
GOT NO EXCUSE	HOORAY FOR THE CHILD WHO HAS G	BLUE ROCK 4033	10.00	B
HONEST I DO	HONEST I DO PT 2	OMEN. 12	25.00	NM
IF YOU DON'T WORK YOU CAN'T EAT	STOP AND THINK IT OVER	MERCURY 72441	30.00	NM
I'LL WORK IT OUT	FAT EDDIE	KING 6130	25.00	B
STRUNG OUT	MUCH TO MUCH	MERCURY 72347	10.00	B

CRAWFORD, JESSE
PLEASE DON'T GO	I LOVE YOU SO	RU-JAC 45001	40.00	NM
PLEASE DON'T GO	I LOVE YOU SO	SYMBOL. 925	25.00	NM

CREATION
I GOT THE FEVER	SOUL CONTROL	ERIC 5006	10.00	NM

CREATIONS
EVERYTHING'S COMING UP LOVE	same:mono	SILVER BLUE 810 dj	10.00	GR
FOOTSTEPS	A DREAM	ZODIAC 1005	40.00	NM
HOW SWEETLY SIMPLE	LOVIN' FEELIN'	VIRTUE 2522	15.00	GR
I'M SO IN LOVE WITH YOU	SAVE THE PEOPLE	VIRTUE 2517	20.00	GR
I'VE GOT TO FIND HER	TIMES ARE CHANGING	GLOBE 103	15.00	NM
NOTHING'S TOO GOOD FOR YOU	YU MEAN SO MUCH TO ME	VIRTUE 2520	15.00	GR
PLENTY OF LOVE	OH! BABY	GLOBE 1000	20.00	NM
TAKE THESE MEMORIES	DON'T LET ME DOWN	VIRTUE 101470	25.00	NM
THIS IS OUR NIGHT	YOU'RE MY INSPIRATION	MELODY 101	150.00	M
WE'RE IN LOVE	LADY LUCK	TAKE TEN 1501	25.00	GR
YOU'RE MY INSPIRATION	THIS IS OUR NIGHT	MELODY 101	250.00	M

CREATIVE FUNK
FUNK POWER	READY MADE FAMILY	CREATIVE FUNK 12000	15.00	F
MOVING WORLD	BREEZIES	CREATIVE FUNK 12001	15.00	F

CREATIVE SOURCE
YOU CAN'T HIDE LOVE	LOVESVILLE	SUSSEX 501	10.00	F
YOU'RE TOO GOOD TO BE TRUE	OH LOVE	SUSSEX 508	20.00	78

CREEPER and the VI-DELLS
A FOOL IN LOVE	CALIFORNIA	VDC 605	100.00	GR

CRESCENTS and MCMILLAN SISTERS
THAT'S ALL SHE LEFT ME	HERE YOU COME AGAIN	WATCH 1902	50.00	NM

CRE-SHENDOS
YOU'RE STILL ON MY MIND	IT MUST BE LOVE	AQUARIUS 822	40.00	NM

CROCKER, FRANKIE
TON OF DYNAMITE	CONFESSION OF LOVE	TURBO 0001 red design	150.00	**NM**
TON OF DYNAMITE	CONFESSION OF LOVE	TURBO O001 blue design	10.00	NM

CROCKETT, G.L.
GONNA MAKE YOU MINE	THINK TWICE BEFORE YOU GO	FOUR BROTHERS 451	15.00	NM
IT'S A MAN DOWN THERE	EVERY HOUR, EVERY DAY	FOUR BROTHERS 445	15.00	NM
WATCH MY 32	EVERY GOOD-BYE AIN'T GONE	FOUR BROTHERS 448	15.00	NM

CROCKETT, HOWARD
ALL THE GOOD TIMES ARE GONE	THE GREAT TITANIC	MELODY 121	10.00	M
BRINGING IN THE GOLD	I'VE BEEN A LONG TIME LEAVING	MELODY 111	10.00	M
MY LIL'S RUN OFF	SPANISH LACE AND MEMORIES	MELODY 115	10.00	M
THE BIG WHEEL	THAT SILVER HAIRED DADDY	MELODY 109	10.00	M

CROCKETT, ULYSSES
FUNKY RESURGENCE	TAMURA'S THEME	TRANSVERSE 3	20.00	F

CROCKHAM, ROBERT
TAKE ALL YOU WANT	YOU'RE MY NUMBER ONE	BLUESBAG 1001	50.00	NM

CROOK, ED
THAT'S ALRIGHT	YOU'LL SEE	TRI-SOUND 601 Detroit Address	60.00	NM
THAT'S ALRIGHT	YOU'LL SEE	TRI-SOUND 601	30.00	**NM**

CROOK, GENERAL
DO IT FOR ME	TILL THEN	DOWN TO EARTH 74	15.00	F
FEVER IN THE FUNKHOUSE	same: Instrumental	WAND 11276	10.00	F
GIMME SOME	GIMME SOME Pt 2	DOWN TO EARTH 73	10.00	F
IN THEW WARMTH OF MY ARMS	(TURN ON YOUR LIGHT) FOR SOUL	CAPITOL 2492	25.00	NM
TELL MW WHAT'CHA GONNA DO	REALITY	WAND 11270	20.00	78
TESTIFICATION	THE BEST YEARS OF MY LIFE	WAND 11260	20.00	F
THANKS BUT NO THANKS	I'M SATISFIED	WAND 11281	15.00	78
THE BEST YEARS OF MY LIFE	same: mono	WAND 11260 dj	20.00	78
WHAT TIME IT IS	WHAT TIME IT IS Pt 2	DOWN TO EARTH 77	10.00	F
WHEN LOVE LEAVES YOU CRYING	HOLD ON, I'M COMING	CAPITOL 2720	25.00	NM

CROSS BRONX EXPRESSWAY
CROSS BRONX EXPRESSWAY	HELP YOUR BROTHER	ZELLS 148	200.00	F

CROSS FIRE
TAKE ME BACK	MOVIES ARE GROOVEY	VIRTUE 121674	40.00	78

CROSSEN JR., RAY
TRY SOME SOUL	WOULD YOU STILL SAY THAT I'M	MUSICOR 1246	15.00	NM

CROSSROADS
COMING HOME TO YOU BABY	HERE I STAND	ATCO 6765	50.00	NM

CROSSTOWN EXPRESS
JUST KEEP THE FUNK	LET ME TRY	PEE ZEE 200	40.00	F

CROW
YOUR AUTUMN OF TOMORROW	UNCLE FUNK	INNER EAR 429	250.00	NM

CROWN FOUR
LOVE FOR MY GIRL	BIRTH OF A PLAYBOY	LEE JOHN 619	20.00	NM

CROWN G'S
I CAN'T STOP WANTING YOU	same: instrumental	CROWN G 51771	15.00	NM

CROWNS
BETTER LUCK NEXT TIME	YOU MAKE ME BLUE	VEE-JAY 546	30.00	NM

CRUISERS
PICTURE US	MINK AND SABLE MABLE	GAMBLE 4000	10.00	GR
TAKE A CHANCE	I NEED YOU SO	GAMBLE 207	10.00	NM

CRUMLEY, RAY
ALL THE WAY IN LOVE WITH YOU	UNCANNY	ALARM 115	15.00	78

CRUSADERS
YOU PAY FOR LOVE	BE MY GIRL FRIEND	PHILLY GROOVE 155	150.00	78

CRYSTAL CLEAR
STAY WITH ME	same: mono	POLYDOR 2099 dj	100.00	78

CRYSTAL IMAGE
GONNA HAVE A GOOD TIME	same: instrumental	IX CHAINS 7020	15.00	78

CRYSTAL MOTION
YOU'RE MY MAIN SQUEEZE	YOU'RE MY MAIN SQUEEZE Pt 2	SOUND GEMS 105	25.00	78

CRYSTALS
ARE YOU TRYING TO GET RID OF ME	I GOT A MAN	UA 994	40.00	NM
YOU CAN'T TIE A GOOD GIRL DOWN	MY PLACE	UA 927	50.00	NM

CUMBO, LINDA
TROUBLE MAKER		CALLA	75.00	NM
YESTERDSAY, TODAY AND TOMORROW	DID YOU EVER LOSE YOUR MIND	SELECT 738	75.00	

CUMMINGS and CUMMINGS ENTERPRISE
ELECTRIC SOUNDS	ELECTRIC SOUNDS PT 2	TWIN 101	75.00	F

CUMMINGS, JERRY
ALL I DO IS THINK OF YOU	IT'S MY PLEASURE	MECCA 10183	10.00	78

CUMMINGS, WILLIAM
MAKE MY LOVE A HURTING THING	JUST YESTERDAY'S DREAM	BANG BANG 348	300.00	NM

CUNNINGHAM, DIANE
CERTAIN KIND OF LOVER	YOU'VE HURT ME NOW	FONTANA 1608	70.00	NM
SOMEDAY BABY	PARTY TIME	FONTANA 1601	40.00	NM
SOMEDAY BABY	PARTY TIME	NEW BREED 101	75.00	NM

CUNNINGHAM, SKIP
HAVE WE MET BEFORE	LIKE TAKING CANDY FROM A BABY	20TH. CENTURY 588	30.00	NM

CURRY, CLIFFORD
EAST, WEST, NORTH OR SOUTH	JUST A LITTLE TASTE	ELF 90006	10.00	NM
GOOD HUMOR MAN	YOU TURNED OUT THE LIGHT	ELF 90003	20.00	NM
I CAN'T GET MYSELF TOGETHER	AIN'T NO DANGER	ELF 90013	30.00	NM
MISS SHAKE A PLENTY	T.C.B.	ELF 90018	15.00	NM
THE NATIVES ARE RESTLESS TONIGHT	FUNKY FEELIN'	ABBOTT 37003	20.00	NM

CURRY, GERALDINE and the HEARTSTOPPERS
YOU'RE SO WONDERFUL	NO MATTER HOW HARD I TRY	LONDON HOUSE 656	30.00	NM

CURRY, HELEN
LOVE HIM IN RETURN	A PRAYER FOR MY SOLDIER	JA-WES 115	30.00	NM
LOVE HIM IN RETURN	A PRAYER FOR MY SOLDIE	DJO 115	20.00	NM
SAD AND BLUE	A PRAYER FOR MY SOLDIER	DJO 110	100.00	NM

CURRY, LOUIS
CAPTIVATED	YOU'RE SWEETER THAN A CUP OF HONEY	M-S 210	75.00	NM
GOD'S CREATION	I'VE GOT TO GET AWAY FROM HERE	M-S 215	40.00	NM
I'LL TRY AGAIN TOMORROW	A TOAST TO YOU	M-S 203	15.00	NM
YOU'RE JUST PLAIN NICE	DON'T BE MORE WOMAN THEN I'M AM	REEL 251	400.00	NM

CURTIS LIGGINS INDICATIONS
WHAT IT IS	FUNKY MONKEY RIGHT ON	KAYCEE-SOUL 102	500.00	NM

CURTIS, BENNY
DIRTY HEARTS	BEFORE YOU GO	RESIST 503	30.00	NM

CURTIS, CRY BABY
THERE WILL BE SOME CHANGES MAD	DON'T JUST STAND THERE	JULET 1005	15.00	B

CURTIS, DEBBIE
I CHECK MY MAIL BOX	IT'S A BAD WAY TO BE	JABRO 101	400.00	NM

CURTIS, DON DAY
DON'T TALK ABOUT ME, BABY	THE BUMBLE BEE	ABC 10459	20.00	NM

CURTIS, JOHNNY
GO ON BACK	JACK AND THE BEANSTALK	HICKORY 1472	20.00	NM

CURTIS, LENNY
NOTHING CAN HELP YOU NOWE	WHO YOU GONNA RUN TO	END 1127	500.00	**NM**

CURTIS
HOW CAN I TELL HER	I REMEMBER	CHARM CITY 1879	20.00	78

CURTISS, KEITH
MY LOVE I CAN'T HIDE	I GOT TOO KEEP YOU BABY	SMOKE 601	400.00	NM

CUSTER and the SURVIVORS
I SAW HER WALKING	FLAP JACKS	ASCOT 2207	15.00	NM

CUTCHINS, BOBBY
I DID IT AGAIN	GOOD TREATMENT	LASSO 503	15.00	78

CUTE-TEENS
WHEN MY TEENAGE DAYS ARE OVER	FROM THIS DAY FORWARD	ALADDIN 3458	400.00	M

CYNTHIA
HEAVENLY LOVE	THE WAY I FEEL	BARRY 1007	40.00	NM

CYNTHIA and the IMAGINARY THREE
THAT'S WHAT I AM (WITHOUT YOU)	MANY MOOD (OF A MAN)	BIG HIT 110	300.00	NM

CYNTHIA and the IMAGINATIONS
HEY BOY (I LOVE YOU)	LOVE IS REAL	BLUE ROCK 4074	50.00	NM
THERE'S SOMETHING THE MATTER	IS THERE ANYONE, ANYWHERE	MAGIC CITY 6	30.00	NM

D and JOE see DEE and JOE
D., LITTLE RALPHIE
TAKE ME BACK	HALF WAY LOVER	20TH. CENTURY 6654	25.00	NM
WE LET GO OF A BEAUTIFUL THING	YOU'RE SO GOOD TO ME	20TH. CENTURY 6681	20.00	NM

D.C. AND COMPANY
BUMP TO THE FUNK	THIS IS MY SONG	SHINING SUNSET 2001	15.00	F

D.C. PLAYBOYS
YOU WERE ALL I NEEDED	TOO MUCH	AROCK 1009	20.00	NM

D.C. THREE
DOWN WHERE THE LOVE IS	BAPTIZE ME BIN YOUR LOVE	REIDS WORLD 90001	15.00	F

D.C.BLOSSOMS
HEY BOY	I KNOW ABOUT HER	SHRINE 107	700.00	NM

D.SPIRIT and the CITY FOLK
JUS KEEP A C'MON	IT'S GOOD	SKILLET 23316	20.00	F

DACOSTA, RITA
DON'T BRING ME DOWN	NO, NO, NO	MOHAWK 703	75.00	**NM**
DON'T BRING ME DOWN	GOLDEN DAYS OF NOW	PANDORA 7050	500.00	NM
YOU AND NOTHING MORE	AM I EVER GONNA LEARN	TOWER 168	70.00	NM

DAHROUGE, RAY
I CAN SEE HIM MAKIN' LOVE TO U	same: mono	POLYDOR 14543 dj	10.00	78

DAISES
COLD WAVE	PUT YOUR ARMS AROUND ME HONEY	CAPITOL 5667	30.00	NM

DALE, JEFF
A SUFFERING PAIN	OUR LOVE WILL GROW STRONGER	ATCO 6405	60.00	NM
DON'T FORGET ABOUT ME BABY	LANGUAGE OF LOVE	ATCO 6332	100.00	NM
WHERE DID YOU GO	COME TO ME GIRL	ATCO 6352	60.00	NM

DALLAS, MARIA
AMBUSH	LONELY FOR YOU	RCA 9279	30.00	NM

DALTON BOYS
I'VE BEEN CHEATED	SOMETHING'S BOTHERING YOU	VIP 25025 dj white label	50.00	**NM**
I'VE BEEN CHEATED	SOMETHING'S BOTHERING YOU	VIP 25025 dj multi-coloured label	100.00	NM
I'VE BEEN CHEATED	SOMETHING'S BOTHERING YOU	VIP 25025	150.00	NM
I'VE BEEN CHEATED	TAKE MY HAND	VIP 25025	350.00	NM

DALTON, JAMES and SUTTON
RUN BABY	ONE TIME AROUND	NATIONAL GENERAL 13	20.00	NM

DAME, FREDDY and the FABLES
YOU KNEW JUST WHAT TO DO	same: mono	HERITAGE 813	20.00	NM

DAMON'S EXPRESS, LIZ
YOU'RE FALLING IN LOVE	1900 YESTERDAY	MAKAHA 503	40.00	NM
YOU'RE FALLING IN LOVE	1900 YESTERDAY	WHITE WHALE 368	10.00	NM

DAN and the CLEAN CUTS
CO-OPERATION	WALKIN' WITH PRIDE	SCEPTER 12115	20.00	NM
LET LOVE WIN	OPEN UP YOUR HEART (AND LET ME IN)	SCEPTER 12141	75.00	NM
ONE LOVE, NOT TWO	GOOD MORNING	ENITH 1270	40.00	NM
ONE LOVE, NOT TWO	GOOD MORNING	SCEPTER 1289	15.00	GR

DANDERLIERS
ALL THE WAY	WALK ON WITH YOUR NOSE UP	MIDAS 9004	20.00	NM

D'ANDREA, ANN
DON'T STOP LOOKING	MISTER GOODTIME FRIDAY	JAMIE 1352	30.00	**NM**

DANE, BARBARA
I'M ON MY WAY	GO 'WAY FROM MY WINDOW	3 TREY 3012	150.00	NM

DANFAIR, AZZIE
YOU'VE GOT EVERYTHING (I WANT)	DON'T BOTHER ME	MELLOW 1003	40.00	NM

DANFAIR, BILLY
I GOT LOVE	TROUBLE TROUBLE TROUBLE	NIKE 1018	75.00	NM

DANIEL, J.J.
MR. LONESOME	DEEP DOWN INSIDE	SURE SHOT 5017	30.00	NM

DANIEL, JOHNNY and the SOUL MALIBU'S
I'M GONNA MAKE YOU MINE	MALIBU THEME	SMASH 8	20.00	78
I'M GONNA MAKE YOU MINE	MALIBU THEME	SM RECORDS 8	20.00	78
MAKE ME FEEL SO GOOD	DOWN, GET DOWN	SM RECORDS 7	15.00	78

DANIELS, BILLY
WHILE THE CITY SLEEPS	NIGHT SONG	CAPITOL 5417	20.00	NM

DANIELS, MIKE and the FUGITIVES
(I LOVE YOU) MORE THAN ANYTHING	JUMP BACK	READING 701	400.00	NM

DANIELS, PEACHES
FEELIN' SOMETHING NEW INSIDE	I HATE TO FORGET WHEN I TRY TO	PZAZZ 52	15.00	NM

DANIELS, TONY
I WON'T CRY	DRIP DROP	BEVEL 501	700.00	NM
HOW LONELY	same: instrumental	SPORT 103 TD	40.00	NM

DANIELS, YVONNE
GOT TO GET CLOSE TO YOU	SUPER SOUL MUSIC	RED LITE 117	20.00	NM
I DON'T WANNA GET AWAY FROM YOUR LOVE	I LOVE IT	STERLING 601	750.00	NM
TURN ME ON	SPREAD THE WORD	DE-LITE 541	20.00	F

DANIELS
(I LOST MY HEART IN) THE BIG CITY	FINALLY	LANTAM 1	20.00	NM

DANLEERS
BABY YOU'VE GOT IT	THE TRUTH HURTS	LE MANS 5	25.00	NM

DANTZLER, LONNELL
BO GHANA	SEARCHING FOR SOUL	MET. 4197	30.00	F

DAPPS
BRINGING UP GUITAR	GITTIN' A LITTLE HIPPER	KING 6147	30.00	F
I'LL BE SWEETER TOMORROW	A WOMAN, A LOVER, A FRIEND	KING 6201	25.00	GR
THE RABBIT GOT THE GUN	THERE WAS A TIME	KING 6169	20.00	F

DARBY, DALE
LET'S GOT IT TOGETHER	BACK STREET	WESTGATE 204	15.00	78
PRAISE THE WOMAN	TREAT A WOMAN RIGHT	WESGATE 201	50.00	B
PUSH IT UP BABY	TIME IS CHANGING	WESTGATE 202	15.00	78
PUSH IT UP BABY	HOW CAN I SAY GOODBYE	L.A.CENTRAL 204	15.00	B

DARBY, HUEY
YOU TALK TOO MUCH	THAT'S LIFE	LA LOUISIANNE 8081	15.00	NM

DARBY, SUE
CAN'T GET ENOUGH OF YOU BABY	CALL ME	ABC 10898	40.00	NM

DARCELS
TAKE ME ON HOME	PRANCIN' TIME	TOP TEN 102	10.00	GR

DARIN, BOBBY
MELODIE	same: mono	MOTOWN 1183 dj	40.00	78

DARIN, CURT
TWO ON A CLOUD	GROWN UP FAIRY TALE	BUDDAH 556	75.00	78

DARK, TOMMY
WOBBLE LEGS	WOBBLE LEGS	SUGAR 501	15.00	F

DARLETTES
LOST	SWEET KIND OF LONELINESS	MIRA 1003	30.00	NM

DARLINGS
TWO TIME LOSER	PLEASE LET ME KNOW	KAY KO 1002	50.00	NM
TWO TIME LOSER	PLEASE LET ME KNOW	MERCURY 72185	25.00	NM

DARNELL, BOBBY and the DORELLS
TELL ME HOW TO FIND TRUE LOVE	BABY CHECK YOURSELF	BRONZE 101	50.00	B

DARNELL, GRACIE
THE BAD GUYS	SO LONG LOVER	RUTH 101	150.00	NM

DARNELL, KISSY
YOU JEOPARDIZE MY LIFE	same: instrumental	GO GO G.T.O. 6	150.00	NM

DARNELL, LARRY
HEAR SAY, THEY SAY	same: instrumental	HEAR SAY THEY SAY 22409	10.00	78
WITH TEARS IN MY EYES	I'LL GET ALONG SOMEHOW	ANNA 1109	100.00	M

DARNELLS
TOO HURT TO CRY, TOO MUCH IN LOVE TO SAY	COME ON HOME	GORDY 7024	40.00	M

DARRINGTON, WILLIE
NEVER SHOULD HAVE WALKED AWAY	NEVER SHOULD HAVE WALKED AWAY Pt 2	RAV. 30569	15.00	78
NEVER SHOULD HAVE WALKED AWAY	LAY	RAV. 8198	100.00	78

DARRIS, DANELLE
DON'T LOVE ME AND LEAVE ME	LET'S DO THE SHOTGUN	COMMERCE 5020	100.00	NM

DARROW, JOHNNY
LOVE IS A NIGHTMARE	POOR BOY	SUE 741	400.00	NM

DAUGHERTY, EDWIN
GROOVY MONDAY	YOUR LOVE IS SHOWING	SAVERN 105	25.00	F

DAUGHTERS OF EVE
HEY LOVER	STAND BY ME	USA 1780	30.00	NM
SOCIAL TRAGEDY	A THOUSAND STARS	CADET 5600	20.00	NM

DAVE and VEE
DO YOU LOVE ME	TAKE ME ON YOUR MAGIC RIDE	DELUXE 107	20.00	NM

DAVE and the SHADOWS
AT THE FAIR	DANCING CHEEK TO CHEEK	CHECK MATE 1016	30.00	M
HERE AFTER	BLUE DOWN	CHECK MATE 1011	40.00	M

DAVENPORT SISTERS
YOU'VE GOT ME CRYING AGAIN	HOY HOY	TRI-PHI 1008	30.00	M

DAVENPORT, CHARLES
YOU MEAN THE WORLD TO ME	THE GIRLS OF OUR TIME	WB 7209	30.00	NM

DAVENPORT, CHET
AW SHUCKS	DON'T BUMP MY BEETLE	SS7 1516	20.00	F
CAN'T GET OVER YOU	THE PRESIDENTIAL SONG	TOEHOLT 1361	150.00	78
WAR IN THE GHETTO	WHAT WOULD I DO	KING BEE 4002	20.00	F

DAVID
I'D BE A MILLIONAIRE	MILLIONAIRE THEME	SCORPIO 2000	40.00	78

DAVID and the GIANTS
SUPERLOVE	ROLLING IN MY SLEEP	CRAZY HORSE 1307	20.00	NM
TEN MILES HIGH	I'M DOWN SO LOW	CRAZY HORSE 1300	25.00	NM

DAVID AND RUBEN
(I LOVE HER SO MUCH) IT HURTS ME	THE GIRL IN MY DREAMS	RAMPART 662	200.00	NM
(I LOVE HER SO MUCH) IT HURTS ME	THE GIRL IN MY DREAMS	WB 7316	125.00	NM

DAVID, LEE
TEMPTATION IS CALLING MY NAME	(I FEEL A) COLD WAVE COMING ON	COLUMBIA 44138	100.00	NM

DAVIE, RONNIE
WHAT DOES IT MATTER TO ME NOW	YOU TURN ME AROUND	TALMU 309	15.00	NM

DAVIS GROUP, SPENCER
GIMME SOME LOVIN'	BLUES IN F	UA 50108	10.00	NM
KEEP ON RUNNING	HIGH TIME BABY	ATCO 6400	10.00	NM
SOMEBODY HELP ME	ON THE GREEN LIGHT	UA 50162	10.00	NM
SOMEBODY HELP ME	STEVIE'S BLUES	ATCO 6416	15.00	NM

DAVIS JR., BILLY
I'VE BEEN THINKING ABOUT YOU	OUGHTA BE A LAW	MS INTERNATIONAL 45004	15.00	78

DAVIS JR., SAMMY
DON'T SHUT ME OUT	THE DISORDERLY ORDERLY	REPRISE 322	20.00	NM
THE SHELTER OF YOUR ARMS	THIS WAS MY LOVE	REPRISE 20216	15.00	NM

DAVIS, ANDREA
YOU GAVE ME SOUL	LONELY GIRL	CHESS 1980	50.00	NM

DAVIS, BRENDETTA
I CAN'T MAKE IT WITHOUT YOU	UNTIL YOU WERE GONE	LIBERTY 56056	100.00	NM

DAVIS, CARL
WINDY CITY THEME	SHOW ME THE WAY TO LOVE	CHI SOUND 904	30.00	78

DAVIS, COURT
TRY TO THINK (WHAT YOU'RE DOING)	THE WORLD KEEPS SPINNING	EAST COAST 1047	1000.00	NM

DAVIS, CURTIS and the ARKETTES
TELL ME	DON'T COUNT ON ME	RONNIE 101	150.00	NM

DAVIS, G. and TYLER, R.
HOLD ON, HELP IS ON THE WAY	BET YOU'RE SURPRISED	PARLO 102	50.00	NM

DAVIS, GEATER
DON'T WALK OFF (AND LEAVE ME)	I DON'T WORRY (ABOUT JODY)	LUNA 804	15.00	NM
I'VE GOT TO PAY THE PRICE	I'M GONNA CHANGE	LUNA 801	15.00	NM
MY LOVE IS SO STRONG FOR YOU	I CAN HOLD MY OWN	HOUSE OF ORANGE 2402	20.00	78
RIGHT BACK FOR MORE	RIGHT BACK FOR MORE pt. 2	MT RECORDS 001	15.00	NM

DAVIS, GWEN
MY MAN DON'T THINK I KNOW	I CAN'T BE YOUR PART TIME BABY	SS7 2557	50.00	NM

DAVIS, HERMAN
GOTTA BE LOVED	MEMORIES	VENUS V 9680	15.00	78

DAVIS, J.C.
BUTTERED POPCORN	COCONUT BROWN	NEW DAY	75.00	F
MONKEY	SWEET, SWEET LOVE	CHESS 1858	15.00	MOD

DAVIS, JESSE
GONNA HANG ON IN THERE GIRL		ERA 3189	500.00	NM
SO FULL OF LOVE	WINDOW SHOPPING	JABOTH 4001	1000.00	NM
THERE'S ROOM FOR ME	IT'S TOO LATE TO BE SORRY	REVERE 101	1000.00	NM
THERE'S ROOM FOR ME	IT'S TOO LATE TO BE SORRY	REVERE 101 **PS**	1300.00	NM

DAVIS, JOHNNY
YOU GOT TO CRAWL TO ME | I LOVE I SEE NOW | BANDIT 2045 | 30.00 | NM
DAVIS, JOYCE
ALONG CAME YOU | HELLO HEARTACHES, GOODBYE LOVE | OKEH 7237 | 70.00 | NM
DAVIS, KING and the HOUSEROCKERS
BABY YOU SATISFY ME | WE ALL MAKE MISTAKES SOMETIMES | VERVE 10492 | 15.00 | NM
DAVIS, LARRY
I'VE BEEN HURT SO MANY TIMES | FOR 5 LONG YEARS | KENT 4519 | 50.00 | NM
DAVIS, LARRY and the MARVELS
THE MAGIC IS GONE | I'VE BEEN LOVING YOU TOO LONG | DECCA 32474 | 100.00 | NM
DAVIS, LUCKY (JAMAL)
IT'S NOT WHERE YOU START | same: instrumental | HIGHLAND 1201 orange label | 10.00 | 78
IT'S NOT WHERE YOU START | same: instrumental | HIGHLAND 1201 yellow label | 20.00 | 78
LOVE IS BETTER | VACATE | BIG CITY 2001 | 150.00 | 78
DAVIS, LYNN
I GOT A NEW LOVE (SENT TO ME) | MY NEW LOVE | FEDERAL 12498 | 20.00 | NM
DAVIS, MARY
DANGER! (PLAYBOY AT WORK) | TAPS BLOW FOR MY BABY | CONCLAVE 338 | 200.00 | NM
GET UP AND DANCE | STOP PRETENDING | FAT BACK 701 | 10.00 | NM
DAVIS, MAXINE
BEFORE I LEAVE YOU | I REALLY GOT IT BAD FOR MY BAB | GUYDEN 2113 | 30.00 | NM
HE'S MY GUY | I FOUND A LOVE | GUYDEN 2099 | 20.00 | NM
DAVIS, MELVIN (MEL)
DOUBLE OR NOTHING | YOU CAN'T RUN AWAY | ROCK MILL 3248 | 40.00 | **78**
FAITH | LOVE BUG GOT A BEAR HUG | MALA 12009 | 25.00 | NM
FIND A QUIET PLACE | THIS AIN'T THE WAY | WHEEL CITY 1003 | 600.00 | **NM**
I MUST LOVE YOU | STILL IN MY HEART | GROOVESVILLE 1003 | 300.00 | NM
I WON'T BE YOUR FOOL | PLAYBOY (DON'T YOU PLAY IN SCH | FORTUNE 551 | 40.00 | NM
I'M WORRIED | JUST AS LONG | INVICTUS 9115 | 10.00 | B
LET LOVE IN YOUR LIFE | WACKY WORLD | ROCK MILL 5238 | 40.00 | **78**
SAVE IT (NEVER TOO LATE) | THIS LOVE WAS MEANT TO BE | MALA 590 | 30.00 | NM
YOU MADE ME OVER | I'M WORRIED | INVICTUS 1259 | 75.00 | 78
DAVIS, RHONDA
CAN YOU REMEMBER | LONG WALK ON A SHORT PIER | DUKE 473 | 100.00 | NM
DAVIS, TYRONE
ALL THE WAITING IS NOT IN VAIN | NEED YOUR LOVIN' EVERYDAY | DAKAR 609 | 10.00 | NM
BET YOU WIN | WHAT IF I MAN | ABC 11030 | 30.00 | NM
CAN I CHANGE MY MIND | A WOMAN NEEDS TO BE LOVED | DAKAR 1452 | 10.00 | NM
I WANNA BE GOOD COMPANY | I'M CONFESSIN | HIT SOUND 888 | 30.00 | NM
I'LL BE RIGHT THERE | JUST BECAUSE OF YOU | DAKAR 618 | 10.00 | NM
I'M RUNNING A LOSING GAME | TRIED IT OVER (AND OVER AGAIN) | SACK 4359 | 75.00 | NM
LET ME BACK IN | LOVE BONES | DAKAR 621 | 10.00 | NM
ONE-WAY TICKET | WE GOT A LOVE | DAKAR 624 | 10.00 | NM
TURN BACK THE HANDS OF TIME | I KEEP COMING BACK | DAKAR 616 | 10.00 | NM
YOU CAN'T KEEP A GOOD MAN DOWN | IF I DIDN'T LOVE YOU | DAKAR 615 | 15.00 | NM
YOU KEEP ME HOLDING ON | WE GOT A LOVE NO ONE CAN DENY | DAKAR 626 | 10.00 | NM
DAVIS, VIRGINIA
WHAT'S THE MATTER BABY | GOLDEN WEDDING RING | VELVET 101 | 30.00 | NM
DAVISON, ALFIE
LOVE IS A SERIOUS BUSINESS | KNOCK ON ANY DOOR | MERCURY 117 **12"** | 200.00 | 78
LOVE IS A SERIOUS BUSINESS | KNOCK ON ANY DOOR | MERCURY 76001 | 100.00 | 78
DAWN
BABY I LOVE YOU | BRING IT ON HOME | RUST 5128 | 30.00 | NM
BABY'S GONE AWAY | GOTTA GET AWAY | ABC 10791 | 40.00 | NM
IN LOVE AGAIN | BA BA BA DE BA | GAMBLE 4002 **PS** | 40.00 | NM
IN LOVE AGAIN | BA BA BA DE BA | GAMBLE 4002 | 20.00 | NM
LOVE IS A MAGIC WORD | HOW CAN I GET OFF THIS MERRY-G | UA 50096 | 30.00 | NM
DAWSON, LEAH
MY MECHANICAL MAN | STRANGE THINGS HAPPENING | MAGIC CITY 001 dj | 30.00 | **NM**
MY MECHANICAL MAN | STRANGE THINGS HAPPENING | MAGIC CITY 001 | 50.00 | NM
YOU GOT TO CHANGE | A GOOD MAN (IS ALL I WANT) | BIG HIT 002 | 75.00 | NM
DAWSON, ROY
OVER THE TOP | DON'T IT | COEMANDS 1 | 25.00 | 78
DAY, BOBBY
DON'T LEAVE ME HANGIN' ON AROUND | WHEN I STARTED DANCIN' | CLASS 705 | 75.00 | NM
KNOW IT ALL | ANOTHER COUNTRY, ANOTHER WORLD | RCA 8133 | 40.00 | NM
PRETTY LITTLE GIRL NEXT DOOR | BUZZ, BUZZ, BUZZ | RCA 8196 | 400.00 | NM
SO LONELY (SINCE YOU'VE BEEN GONE) | SPICKS AND SPECKS | SURE SHOT 5036 | 20.00 | NM

DAY, DANNY
THIS TIME LAST SUMMER	PLEASE DON'T TURN THE LIGHTS	VIP 25019	30.00	NM

DAY, EDDIE
FOR MY GIRL	SUMMERS GONE	ONYX 702	30.00	NM

DAY, JACKIE
BEFORE IT'S TOO LATE	WITHOUT A LOVE	MODERN 1028	25.00	NM
COME ON TRY ME	IT'S OVER	TUFF 411	40.00	NM
I CAN'T WAIT	GUILTY	PAULA 338	15.00	NM
LONG AS I GOT MY BABY	WHAT KIND OF MAN ARE YOU	MODERN 1037	10.00	NM
NAUGHTY BOY	I WANT YOUR LOVE	PHELECTRON 382	**NEG**	NM
OH! WHAT HEARTACHES	IF I'D LOSE YOU	MODERN 1032	20.00	NM

DAY, LUKE
LOVE LINE	A WHOLE LOT OF LOVIN'	RENFRO 40	30.00	78

DAY, REGINALD
LOST LOVE	MY GIRL JEAN	MIDAS 9005	30.00	NM

DAYCORDS
TOO BAD	ONE MORE TIME	DON-EL 120	25.00	GR

DAYBREAK
I NEED LOVE	EVERYTHING MAN	P&P 003	400.00	78

DAYDREAMS
(JUST TO KEEP UP ON) THE LOVIN' SIDE	PART OF YOUR LOVE	DIAL 4029	25.00	NM
BEEN READY FOR A LOVE TIME	SIT DOWN AND THINK	DYNAMO 107	30.00	NM
EASY BABY	HERE AND NOW	DIAL 4034	20.00	NM

DAYE, EDDIE and 4 BARS
GUESS WHO LOVES YOU	WHAT AM I GONNA DO	SHRINE 112	1000.00	NM

DAYE, JOHNNY
A LOT OF PROGRESS	YOU'RE ON TOP	PARKWAY 119	20.00	NM
GOOD TIME	I'VE GOT SOUL	JOMADA 603	15.00	NM
I NEED SMEBODY	WHAT'LL I DO FOR SATISFACTION	STAX 238	30.00	NM
I'LL KEEP ON LOVING YOU	ONE OF THESE DAYS	BLUE STAR 230	150.00	NM

DAYE, SONNY
LONG ROAD TO HAPPINESS	BRIDGE OF LOVE	POWER 8	75.00	NM

DAYLIGHTERS   also see GERALD SIMS
FOR MY BABY	SWEETER	Tip Top 2010 mountain peak design	30.00	NM
FOR MY BABY	SWEETER	Tip Top 2010 red label	20.00	NM
HEAD-HEADED GIRL	OH MOM	Tip Top 2008	20.00	GR
WHAT ABOUT ME ?	TELL ME (BEFORE I GO)	SMASH 2040	20.00	NM
WHISPER THE WIND	I CAN'T STOP CRYING	TIP TOP 2007	30.00	NM
WHISPER THE WIND	I CAN'T STOP CRYING	TOLLIE 9018	15.00	NM

DAYS, PAUL
WAKE ME UP BABY	JUVENILE JUNGLE	LOMA 2037	50.00	NM

DAYTON SIDEWINDERS
FUNKY IN HERE	OH MY OH MY	CARLCO	200.00	F
GO AHEAD ON	PHEONIX	CARLCO 103	200.00	F

DAY-TONS
A BROKEN HEART	BROAD JUMPING	DAYTON RECORDS 418	75.00	GR

D.C. BLOSSOMS
HEY BOY	I KNOW ABOUT HERE	SHRINE 107	800.00	NM

D.C. MAGNATONES
DOES SHE LOVE ME	NO ROOM FOR TWO	D.C. MAGNATONES 216	1000.00	NM

DE COSTA, BARBARA
NOW I KNOW	THE ONE IN YOUR ARMS	RIC TIC 103	30.00	M

DE LORY, AL
RIGHT ON	JESUS CHRISTO	CAPITOL 3196	15.00	NM
TRAFFIC JAM	YESTERDAY	PHI-DAN 5006	30.00	NM

DE NOEL, MARK
AIN'T NO GOOD	LOVE AND WAR	MAGNUM 415	25.00	F

DE SANTO, SUGAR PIE see DESANTO, SUGAR PIE

DE VONNS   (DE VONS)
FREDDIE	PUT ME DOWN	PARKWAY 976	20.00	NM
GROOVING WITH MY THING	WISE UP AND BE SMART	MR. G 825	20.00	NM
ONE SIDED LOVER	WONDERFUL	REDD. 306	15.00	NM
SOMEONE TO TREAT ME	NEVER FIND A LOVE LIKE MINE	KING 6226	40.00	NM

DEACONS
FAGGED OUT	LUCH BREAK	NEO FO 103	50.00	F

DEADBEATS
NO SECOND CHANCE	WHY DID YOU	STRATA 104	850.00	NM

DEAL, BILL and the RHONDELS
IT'S TOO LATE	SO WHAT IF IT RAINS	BUDDAH 318	10.00	NM
I'VE BEEN HURT	I'VE GOT MY NEEDS	HERITAGE 812	10.00	NM
WHAT KIND OF FOOL DO YOU THINK I AM	ARE YOU READY FOR THIS	HERITAGE 817	10.00	NM

DEAL, HARRY and the GALAXIES
I STILL LOVE YOU	YOU'RE ALWAYS IN MY MIND	ECLIPSE 1001	50.00	NM
WHAT AM I GONNA DO	I WANT TO KNOW ABOUT TOMORROW	ECLIPSE 1002	20.00	NM

DEALERS
YOU GOT IT	(WE'RE SO) GLAD THAT WE MADE I	BIG BUNNY 507	30.00	NM

DEAN and JEAN
LOVINGLY YOURS	GODDESS OF LOVE	RUST 5100	50.00	NM

DEAN and MARC
BOOGIE WOOGIE TWIST	BOOGIE WOOGIE TWIST Pt. 2	CHECK MATE 1008	40.00	M

DEAN, DEBBIE
BUT I'M AFRAID	ITSY BITY PITY LOVE	MOTOWN 1014	50.00	M
DON'T LET HIM SHOP AROUND	A NEW GIRL	MOTOWN 1007 striped	40.00	M
EVERYBODY'S TALKING ABOUT MY BABY	I CRIED ALL NIGHT	MOTOWN 1025	50.00	M
ITSY BITY PITY LOVE	BUT I'M AFRAID	MOTOWN 1014	60.00	M
WHY AM I LOVIN' YOU	STAY MY LOVE	VIP 25044 two sided dj	150.00	M
WHY AM I LOVING YOU	same:	VIP 25044 single sided dj	50.00	M
WHY AM I LOVING YOU	STAY MY LOVE	VIP 25044 stock	250.00	M

DEAN, GARY
YOU CAN SAY	THE DRUNKARD	YOUNG 1004	400.00	NM

DEAN, SNOOPY
I CAN'T CONTROL THIS FEELING	BE GOOD TO ME	BLUE CANDLE 1500	20.00	78
LET ME WRAP YOU IN MY LOVE	WONDERFUL LOVE	BLUE CANDLE 1515	30.00	78

DEANE, JANET
I'M GLAD I WAITED	ANOTHER NIGHT ALONE	GATEWAY 719	50.00	NM

DEANS
NO NOT KNOW	CATCH THE TRAIN	PANIK 5007	100.00	NM

DEARBORN, BILLIE
YOU NEED ME TO LOVE YOU	MACDOUGAL STREET BLUES	BELL 676	150.00	NM

DEBATE
MO - FUNK	FOXY LADY	ETTA 100	30.00	F

DEBONAIRES
HEADACHE IN MY HEART	LOVING YOU TAKES ALL MY TIME	SOLID HIT 102	800.00	**NM**
HEADACHE IN MY HEART	I'M IN LOVE AGAIN	SOLID HIT 104	100.00	NM
HOW'S YOUR NEW LOVE TREATING YOU	C.O.D. (COLLECT ON DELIVERY)	GOLDEN WORLD 44	15.00	M
HOW'S YOUR NEW LOVE TREATING YOU	BIG TIME FUN	GOLDEN WORLD 38	30.00	NM
PLEASE DON'T SAY WE'RE THROUGH	A LITTLE TOO LONG	GOLDEN WORLD 17	20.00	NM
PLEASE DON'T SAY WE'RE THROUGH	EENIE, MEENIE GYPSALEENIE	GOLDEN WORLD 26	10.00	NM
WOMAN WHY?	STOP LET'S BE UNITED	GALAXY. 774	40.00	GR

DEBONAIRS
FEEL ALL RIGHT	EVERYTHING I NEED	W-BS 2507	30.00	NM
PLEASE COME BACK BABY	UNTRUE WOMAN	SOUL CLICK 8097	350.00	NM

DEBONETTES
CHOOSE ME	TEARS	MERRY 1005	30.00	GR

DEBRA
WHAT'S IT GONNA BE	CAN YOU REMEMBER	GREE-JACK 461	15.00	NM

DEBRICK, MARLA
UM, UM DARLING	I'VE GOT TO FIND A PLACE	PHIL LA SOUL 339	150.00	NM

DECEPTIONS
OF ALL THE HEARTS	PEOPLE	BROOKS 323	15.00	GR

DECISIONS
I CAN'T FORGET ABOUT YOU	YOU LOOK LIKE AN ANGEL	SUSSEX 218	15.00	NM
I CAN'T FORGET ABOUT YOU	IT'S LOVE THAT REALLY COUNTS	SUSSEX 214	15.00	NM

DECKER, BOBBY
WHERE QUIET WATERS FLOW	WHERE I LONG TO BE	NEBO 750	100.00	NM

DECKER, CHARMEL
UP JUMPED THE DEVIL	LOVER'S LAND	CORSICAN 201	70.00	NM

DECRESCENDOS
ONE OF THE CROWD	WATER OF LOVE	PRISM 1941	125.00	NM

DEDICATIONS
I AIN'T A BIT SORRY	TOY BOY	BELL 611	40.00	NM

DEE and JOE
ALONE IN THE CHAPEL		DE – TO 2875	75.00	NM
WHO IS IT GONNA BE	I FOUND A LOVE	JUBILEE. 5670	25.00	NM
WHO IS IT GONNA BE	I FOUND A LOVE	BIG SIX 101	125.00	NM

DEE, BOBBIE
MY LIFE IS SO LONELY	I DON'T LOVE YOU	MARQUEE 2060	40.00	NM

DEE, JAMES and A PIECE OF THE ACTION
BROTHER JAMES	DESTRUCTION	ENRICA 1017	15.00	F
JEALOUS OVER LOVE	MY PRIDE	ENRICA 1020	20.00	B

DEE, JEANIE
STAND BY ME	THAT'S WHAT LOVE WILL DO	UA 806	30.00	NM
SHAKE A HAND	THREE FOOLS	HUDD 42969	30.00	F

DEE, JIMMY
IF IT WASN'T FOR PRIDE	(IN MY HEART) YOU'LL ALWAYS RE	V-TONE 236	75.00	NM

DEE, JOEY and the STARLIGHTERS
BABY DON'T YOU KNOW (I NEED YOU)	HALF MOON	JANUS 220	30.00	78
FEEL GOOD ABOUT IT	FEEL GOOD ABOUT IT pt. 2	JUBILEE. 5532	20.00	NM
GOOD LITTLE YOU	DANCIONG ON THE BEACH	JUBILEE. 5539	25.00	**NM**
HOW CAN I FORGET	same: instrumental	CANEIL	100.00	**NM**
PUT YOUR HEART IN IT	YOU CAN'T SIT DOWN	JUBILEE. 5566	20.00	**NM**

DEE, KIKI
THE DAY WILL COME BETWEEEN SUN	MY WHOLE WORLD ENDED THE MOME	TAMLA 54193 **PS**	20.00	M

DEE, LITTLE JIMMY
I SHOULD HAVE LISTENED	I WENT ON	INFINITY 10	100.00	NM

DEES, SAM
COME BACK STRONG	WORN OUT BROKEN HEART	ATLANTIC 3205	15.00	78
FRAGILE HANDLE WITH CARE	SAVE THE LOVE AT ANY COST	ATLANTIC 3287	50.00	78
I NEED YOU GIRL	SAME:	SSS INTER. 732 dj	20.00	B
I'M SO VERY GLAD	CLAIM JUMPING	CLINTONE 10	15.00	NM
LONELY FOR YOU BABY	I NEED YOU GIRL	SSS INTER. 732	350.00	NM
LOVE STARVATION	MARYANNA	CHESS 10332122	40.00	B
MY WORLD	SAY YEAH	POLYDOR 14455	30.00	B
SIGNED MISS HEROIN	SO TIED UP	ATLANTIC 2991	10.00	B
SOUL SISTER	EASIER TO SAY THAN DO	LO LO 2306A	40.00	B
TROUBLE CHILD	SO TIED UP	ATLANTIC 2991	15.00	B

DEES, SAM and SWANN, BETTYE
JUST AS SURE	STORYBOOK CHILDREN	BIG TREE 16054	40.00	78

DEGREE OF FREEDOM
VEGETABLE SOUP	PLEASE TELL ME WHY	DCI 1001	300.00	F

DEIRDRE-WILSON TABAC
ANGEL BABY	GET BACK	RCA 215	40.00	78

DEL AMOS
I'M SO WEAK	SHE'S SO WONDERFUL	NIKKO 703	75.00	NM

DEL CAPRIS
HEY LITTLE GIRL	FOREVER MY LOVE	KAMA SUTRA 235	15.00	NM
HEY LITTLE GIRL	FOREVER MY LOVE	RONJERDON 39	20.00	NM

DEL CHONTAYS
BABY I NEED YOU	THE HUSTLE	STEELTOWN 2467	250.00	NM

DEL COUNTS
WITH ANOTHER GUY	WHAT IS THE REASON	SOMA 1465	50.00	NM

DEL FONICS
HE DON'T REALLY LOVE YOU	WITHOUT YOU	MOON SHOT 6703	15.00	NM

DEL LARKS.
JOB OPENING (FOR AN EXPERIENCED	JOB OPENING (FOR AN EXPERIENCED) pt. 2	QUEEN CITY 2004	2000.00	**NM**

DEL ROYALS
MAN OF VALUE	same: mono	MERCURY 72970 dj	50.00	NM

DELACARDOS
I KNOW I'M NOT MUCH	YOU DON'T HAVE TO SEE ME	ATLANTIC 2389	20.00	NM
SHE'S THE ONE I LOVE	GOT NO ONE	ATLANTIC 2368	20.00	NM

DEL-CHORDS
YOUR MOMMY LIED TO YOUR DADDY	EVERYBODY'S GOTTA LOSE SOMEDAY	MR. GENIUS 401	100.00	NM

DELCORDS
I'M SO SORRY	SOUL STEP	TREASURE 001	10.00	NM

DELCOS
ARABIA	THOSE THREE LITTLE WORDS	SHOWCASE 2501	30.00	NM
ARABIA	THOSE THREE LITTL.E WORDS	DELTA 100	20.00	NM

DELEGATES OF SOUL
I'LL COME RUNNING BACK	WHAT A LUCKY GUY I AM	UPLOOK 51470	250.00	NM

DELEGATES
FUNKY BUTT	CONVENTION '72	MAINSTREAM 5525	10.00	F
THE PEEPER	PIGMY PT. 1	AURA 88120	15.00	F
THE PEEPER	PIGMY PT. 1	PACIFIC JAZZ	10.00	F

DELICATES
COMIN' DOWN WITH LOVE	STOP SHOVIN' ME AROUND	CHALLENGE 59304	30.00	NM
STOP SHOVING ME AROUND	HE GAVE ME LOVE	SOULTOWN 101	30.00	NM
STOP SHOVIN' ME AROUND	COMIN' DOWN WITH LOVE	CHALLENGE 59304	30.00	NM
YOU SAY YOU LOVE ME	I GOT A CRUSH ON YOU BOY	PULSAR 2413	50.00	NM

DE-LITES
LOVER	TELL ME WHY	CUPPY 101	1000.00	NM

DELL KINGS feat. Carl Henderson
JUST REMEMBER	THE BIGGEST MISTAKE	RENCO 3002	400.00	NM

DELL, FRANK

BABY YOU'VE GOT IT	NEED	VALISE 6901	60.00	NM
HE BROKE YOU GAME WIDE OPEN	I'LL GO ON LOVING YOU	VALISE 6900 red label flexi vinyl	200.00	**NM**
HE BROKE YOU GAME WIDE OPEN	I'LL GO ON LOVING YOU	VALISE 6900 orange label heavy vinyl	400.00	NM

DELLS

ALL ABOUT THE PAPER	I TOUCHED A DREAM	20TH. CENTURY 2463 12"	10.00	78
DON'T WANT NOBODY	YOU JUST CAN'T WALK AWAY	PRIVATE I 4343	15.00	78
GOOD-BYE MARY ANN	AFTER YOU	ARGO 5456	40.00	NM
HEY SUGAR (LET'S GET SERIOUS)	POOR LITTLE BOY	VEE-JAY 712	15.00	NM
INSPIRATION	YOU BELONG TO SOMEONE ELSE	CADET 5563	25.00	NM
IT'S ALL UP TO YOU	OH MY DEAR	CADET 5689	15.00	NM
MAKE SURE	DOES ANYBODY KNOW I'M HERE	CADET 5631	10.00	nm
RUN FOR COVER	OVER AGAIN	CADET 5551	40.00	NM
THERE IS	O-O I LOVE YOU	CADET 5574	15.00	NM
THERE IS	SHOW ME	CADET 5590	10.00	nm
THINKIN' ABOUT YOU	THE CHANGE WE GO THROUGH	CADET 5538	75.00	NM
WEAR IT ON OUR FACE	PLEASE DON'T CHANGE ME NOW	CADET 5599	10.00	NM
WHAT DO WE PROVE	SHY GIRL	VEE-JAY 595	10.00	GR
YOUR SONG	PASSIONATE BREEZE	20TH. CENTURY 2475	25.00	78

DEL-MONICS

CLOSE YOUR EYES	COME GO WITH ME	BENGAL 1002	10.00	GR

DELORENZO, JOEY

WAKE UP TO THE SUNSHINE GIRL	LOST MY SENSE OF DIRECTION	MI VAL 101	1000.00	NM

DEL-PHIS

I'LL LET YOU KNOW	IT TAKES TWO	CHECK MATE 1005	70.00	M
IT TAKES TWO	I'LL LET YOU KNOW	CHECKMATE 1005	100.00	M

DELPHS, JIMMY

ALMOST	I'VE BEEN FOOLED BEFORE	CARLA 2535	20.00	NM
ALMOST	DON'T SIGN THE PAPERS	KAREN 1538	15.00	NM
AM I LOSING YOU	LOVE I WANT YOU BACK	KAREN 1550	10.00	NM
DANCING A HOLE IN THE WORLD	same: instrumental	CARLA 1904	1000.00	NM

DEL-RAYS

FORTUNE TELLER	LIKE I DO	ATCO 6348	20.00	NM

DELREYS INCORPORATED

MY HEART IS NOT A TOY	COMING HOME	AMERICAN RECORDS 1	1000.00	NM
DESTINATION UNKNOWN	CRYING IN MY SLEEP	TAMPETE 5444	75.00	**NM**

DELTAS

HEY GIRL JUST LIKE YOU	DO WHAT COMES EASY	NEW CHICAGO SOUND 69730	30.00	NM

DEL-TOURS

SWEET AND LONELY	BLIND GIRL	STARVILLE 1206	2000.00	NM

DEL-VONS

GONE FOREVER	ALL I DID WAS CRY	WELLS 1001	25.00	GR

DEMAIN, ARIN

SILENT TREATMENT	YOU DON'T HAVE TO CRY ANYMORE	BLUE STAR 1000	750.00	NM

DEMETRI

GOT TO BE REAL	STAR	STAND-BY 2504	20.00	78

DEMOTRONS

I DON'T WANT TO PLAY NO MORE	I WANT A HOME IN THE COUNTRY	ATLANTIC 2589	10.00	NM

DEMURES

RAINING TEARDROPS	HE'S GOT YOUR NUMBER	BRUNSWICK 55284	250.00	NM

DENNIS, BILL

I'LL NEVER LET YOU GET AWAY	POOR LITTLE FOOL	SHRINE 113	1000.00	NM

DENNIS, ERIC

TOO MANY LOVE PAINS	THE NEXT BEST THING TO LOVE	P-COLA 101	30.00	78

DENTON, MICKEY

KING LONELY THE BLUE	HEARTACHE IS MY NAME	IMPACT 1011	30.00	NM
MI AMORE	AIN'T LOVE GRAND	IMPACT 1002	20.00	GR

DEPENDABLES

IT'S INCOMPLETE	OUT ON THE STREETS AGAIN	VESTPOCKET 2	30.00	NM

DEREK AND RAY

INTERPLAY	DRAGNET '67	RCA 9111	25.00	NM

DESANTO, SUGAR PIE

BE HAPPY	THE FEELIN'S TOO STRONG	SOUL CLOCK 106	30.00	NM
DO THE WHOOPIE	GET TO STEPPIN'	BRUNSWICK 55349	20.00	F
CRAZY LOVIN'	LOVE ME TONIGHT	CHECKER. 1056	10.00	B
GIT BACK	STRANGE FEELING	JASMAN 7	15.00	F
GOING BACK WHERE I BELONG	WISH YOUR WERE MINE	VELTONE 108	20.00	NM
HERE YOU COME RUNNING	NEVER LOVE A STRANGER	CHECKER. 1101	10.00	NM
I WANT TO KNOW	BABY IT AIN'T RIGHT	VELTONE 103	10.00	NM
I DON'T WANNA FUSS	I LOVE YOU SO MUCH	CHECKER. 1093	15.00	NM
JUMP IN MY CHEST	MAMA DIDN'T RAISE NO FOOLS	CHECKER 1109	10.00	NM

MY ILLUSIONS	MAYBE I'M A FOOL	SOUL CLOCK 1003	15.00	NM
SOULFUL DRESS	USE WHAT YOU GOT	CHECKER. 1082	15.00	NM
SLIP-IN MULES	MR. & MRS	CHECKER 1073	10.00	NM
STRANGE FEELING	A LITTLE TASTE OF SOUL	GEDINSONS 100	15.00	NM
THE ONE WHO REALLY LOVES YOU	(THAT) LOVIN' TOUCH	BRUNSWICK 55375	20.00	NM

DESHANNON, JACKIE

FIND ME LOVE	COME ON DOWN	IMPERIAL 66224	15.00	**NM**
WHAT IS THIS	TRUST ME	IMPERIAL 66370	10.00	NM

DESIRES

OH WHAT A LONELY NIGHT	same:	STARVILLE 1206d	30.00	GR
SMILE	WE CAN MAKE IT	TAMBOO 2004	200.00	NM

DESPERADOS

DISCO DANCER	I AM LONELY	MAGIC TOUCH 8001	10.00	F

DET MOOR ORCH.

JAZZ DRAMATIC	BLUE SAX	GALLANT 3004	25.00	F

DETERMINATIONS

BING BONG	GIRL, GIRL, GIRL	KING 6297	40.00	NM
ONE STEP AT A TIME	WHO BROKE THE BOTTLE	EVENT 253	20.00	NM
YOU CAN'T HOLD ON TO LOVE	THAT'S WHAT I LIKE	IMPORTANT 1010	100.00	NM

DETROIT and the INTRUDERS

THERE SHE GOES	LET ME LOVE YOU	DELLWOOD 106777	500.00	NM

DETROIT CITY LIMITS

NINETY EIGHT CENTS PLUS TAX	HONEY CHILE	OKEH 7308	30.00	MOD

DETROIT EMERALDS

I KEEP ON COMING BACK	TAKE ME THE WAY I AM	RIC TIC 141	10.00	NM
HOLDING ON	THINGS ARE LOOKING UP	WESTBOUND 147	30.00	NM

DETROIT EXECUTIVES

COOL OFF	SHO-NUFF HOT PANTS	PAMELINE 2010 orange label	30.00	NM
COOL OFF	SHO-NUFF HOT PANTS	PAMELINE 2010 green label	300.00	NM

DETROIT LAND APPLES

I NEED HELP	PRECIOUS MEMORIES	SHOTGUN 203	100.00	**NM**

DETROIT ROAD RUNNERS

SWINGIN' CAMELS	NEW KIND OF LOVE	ABC 11117	10.00	NM

DETROIT SOUL

ALL OF MY LIFE	MISTER HIP	MUSIC TOWN 502	40.00	**NM**
DOES YOUR MIND GO WILD	LOVE WITHOUT MEANING	MUSIC TOWN 207	20.00	NM

DETROIT WHEELS

LINDA SUE	same:	INFERNO 5002 dj	15.00	M
THINK (ABOUT THE GOOD THINGS)	same:	INFERNO 5003 dj	15.00	M

DEVAUGHN, WILLIAM

HOLD ON TO LOVE	FIGURES CAN'T CALULATE	TEC 767	10.00	78

DEVEREAUX, STAN and the TRENDSETTERS

SAD TOMRROWS	NO THAT IT'S HAPPEN	SUJAY 102	150.00	NM

DE'VIGNE, JOHNNY

I SMELL TROUBLE	THINGS AIN'T THE SAME	DE-LITE 518	75.00	NM

DEVILS

THE X-SORCIST	HIP HUG-HER	PEOPLE 637	20.00	F

DEVONNES   also see DE VONNS

I'M GONNA PICK UP MY TOYS (AND GO HOME)	SAME:	COLOSSUS 142 dj	25.00	**NM**

DEVORE, FLORENCE

KISS ME NOW (DON'T KISS ME LATER)	WE'RE NOT OLD ENOUGH	PHI-DAN 5000	40.00	**NM**

DEVOTIONS

DO DO DE DOP	CAN YOU EXPLAIN IT	NATION 61165	1000.00	NM
LET'S JOIN OUR WORLD TOGETHER	THE SAGA OF WILL-E JONES	SILVER DOLLAR 154	20.00	NM
SAME OLD SWEET FEELIN'	DEVIL'S GOTTEN INTO MY BABY	TRI-SOUND 501 yellow label	15.00	NM
SAME OLD SWEET LOVIN'	DEVIL'S GOTTEN INTO MY BABY	TRI-SOUND 501 gold yellow	20.00	NM
THE DAWNING OF LOVE	SO GLAD YOU'RE HOME	J CITY 325	10.00	GR

DEWITT, JULIA

IF YOU WANT YOUR MAN	A NEW CHAPTER IN MY LIFE	CORD 203224	40.00	F

DEWY, REGAL

WHERE WOULD I BE WITHOUT YOU	LOVE MUSIC	MILLENNIUM 603	20.00	GR

DEXTER AND WANDA

HOW CAN I SHOW YOU	PAST, PRESENT AND FUTURE	CARESS 81739	25.00	78

DEXTER, LENNY

LET'S DO IT AGAIN	MOVE ON	TENACIOUS 433	40.00	78

DEY AND KNIGHT

I'M GONNA LOVE YOU TOMORROW	YOUNG LOVE	COLUMBIA 43466	15.00	NM
SAYIN' SOMETHING	OOH DA LA DA LAY	COLUMBIA 43693	20.00	NM

DEZEL, NEICE

IT DOESN'T MATTER	LAST NIGHT	J&S 8718	15.00	78

DIABOLICS
I BET YOU NEVER KNEW | NIGGERS WILL BE NIGGERS | TOGETHERNESS 1001 | 10.00 | GR
DIALTONES
IF YOU DON'T KNOW YOU JUST DON'T KNOW | DON'T LET THE SUN SHINE ON ME | DIAL 4054 | 30.00 | NM
DIAMOND JOE
HURRY BACK TO ME | DON'T SET ME BACK | SANSU 460 | 15.00 | NM
IT DOESN'T MATTTER ANYMORE | GOSSIP, GOSSIP | SANSU 475 | 20.00 | NM
WAIT A MINUTE BABY | HOW TO PICK A WINNER | SANSU 454 | 15.00 | NM
DIAMOND UPRISERS
DIAMOND JERK (NEW KIND OF JERK) | same: Instrumental | RILEYS 850 | 40.00 | NM
DIAMOND, BOBBY
STOP! | USUALLY YOU | COLUMBIA 43943 | 25.00 | **NM**
DIAMOND, GENE
LONELY DRIFTER | TILL THE END OF TIME | MOTHERS 1302 | 15.00 | NM
MISS TALL AND SLENDER | I TOLD YOU SO | TRC 1009 | 25.00 | NM
DIAMOND, GERRI
GIVE UP ON LOVE | MAMA, YOU FORGOT | HBR 458 | 10.00 | NM
ONLY YOU | | COUNTERPART 2588 | 150.00 | NM
DIAMOND, TONY
DON'T TURN AWAY | YOU'RE THE SWEETEST YET | BLUE ROCK 4019 | 150.00 | NM
I DON'T WANT TO LOSE YOU | YOU MEAN EVERYTHING TO ME | CAPITOL 2418 | 50.00 | B
DIAMONETTES
DON'T BE SURPRISED | RULES ARE MADE TO BE BROKEN | DIG 902 | 25.00 | GR
DON'T BE SURPRISED | RULES ARE MADE TO BE BROKEN | ALSTON 4590 | 20.00 | GR
DICKSON, RICHARD
A THOUSAND MILES AWAY | ONE LAST CHANCE | KEYMEN 112 | 500.00 | GR
DIFFERENCES
FIVE MINUTES | THAT WAS THE DAY | MONCA 1783 | 400.00 | NM
DIFFERENT SHADES
SPECIAL LOVE | SAME: INSTRUMENTAL | EASTERN 8007 | 20.00 | 78
DIFFERENT SHADES OF BROWN
LABEL ME LOVE | LIFE'S A BALL (WHILE IT LASTS) | TAMLA 54219 | 25.00 | 78
WHEN THE HURT IS PUT BACK ON YOU | same: mono | MOTOWN 1241 dj | 30.00 | GR
DIFFERENT STROKES
SING A SIMPLE SONG | EVERYDAY PEOPLE | OKEH 7326 | 20.00 | F
DIFOSCO
SUNSHINE LOVE | YOU SAVED ME FROM DESTRUCTION | EARTHQUAKE 2 | 30.00 | 78
DILLARD and JOHNSON
HERE WE GO, LOVING AGAIN | same: instrumental | EPIC 50239 | 20.00 | 78
HERE WE GO, LOVING AGAIN | same: instrumental | PIEDMONT 76 | 25.00 | 78
DILLARD, MOSES and JOSHUA
MY ELUSIVE DREAMS | WHAT'S BETTER THAN LOVE | MALA 575 | 20.00 | NM
DILLARD, MOSES and MARTHA STARR
CHEATING, TEASING AND MISLEADING | YOU CAN'T LAUGH IT OFF | SHOUT 248 | 30.00 | 78
DILLARD, MOSES (and the DYNAMIC SHOWMEN)
I'VE GOT TO FIND A WAY | I'VE GOT TO FIND A WAY Pt 2 | CURTOM 1950 | 25.00 | B
PRETTY AS A PICTURE | GO AWAY BABY | MARK V 4026 | 400.00 | NM
I'LL PAY THE PRICE | THEY DON'T WANT US TOGETHER | MARK V 4796 | 400.00 | NM
DILLARD, MOSES and the TEX TOWN DISPLAY
I PROMISE TO LOVE YOU | WE GOTTA COME TOGETHER | SHOUT 253 | 40.00 | B
DILLARD, VARETTA
THAT'S WHY I CRY | UNDECIDED | RCA 7057 | 75.00 | NM
DINO and DOC
A WOMAN CAN'T DO (WHAT A MAN DO) | MIGHTY COLD WINTER | VOLT 4006 | 100.00 | NM
DINOS
BABY, COME ON IN | THIS IS MY STORY | VAN 3265 | 100.00 | NM
DION, DEBRA
DON'T BUG ME BABY | I WANT TO KNOW | SUE 103 | 15.00 | NM
DIPLOMATS
CARDS ON THE TABLE | UNCHAINED MELODY | AROCK 1000 | 250.00 | NM
HELP ME | HEY MR. TAXI DRIVER | AROCK 1008 | 10.00 | GR
HONEST TO GOODNESS | DON'T BUG ME | MINIT 32006 | 50.00 | NM
I'M SO GLAD I FOUND YOU | I CAN GIVE YOU LOVE | DYNAMO 122 | 10.00 | GR
THERE'S STILL A TOMORROW | SO FAR AWAY | WAND 174 | 25.00 | NM
DIRTY D
DIRTY D | YOU TOLD ME A LIE | POWER FUNK 10006 | 15.00 | F
DISCIPLES OF SOUL
THAT'S THE WAY LOVE GOES | TOGETHER | PHANTOM 2755 | 100.00 | NM
DISCO DUB BAND
FOR THE LOVE OF MONEY | FOR THE LOVE OF MONEY Pt 2 | MOVERS 1 | 30.00 | F
FOR THE LOVE OF MONEY | FOR THE LOVE OF MONEY Pt 2 | DOWNSTAIRS 201 | 30.00 | F

DISTANTS
COME ON	ALWAYS	NORTHERN 3742	200.00	M
COME ON	ALWAYS	WARWICK 546	100.00	M
OPEN YOUR HEART	ALL RIGHT	WARWICK 577	100.00	M

DISTORTIONS
GIMME SOME LOVIN'	LET'S SPEND THE NIGHT TOGOTHER	MALCOLM Z 45008	50.00	MOD
GIMME SOME LOVIN'	LET'S SPEND THE NIGHT TOGOTHER	CAPITOL 2223	15.00	MOD

DISTRICTS
ONE LOVER (JUST WON'T DO)	LIKE CLOUDS	NILE 40	250.00	NM

DITALIANS
I GOTTA GO	EGYPT LAND	TRIP. 1926	75.00	NM

DIVINNES
I GOTTA MAKE IT	LOVER'S LAND	A.O.A. 832	50.00	NM

DIXON, HOLLIS
YOU MAKE ME CRY	PAPER BOY	COMA 901	20.00	NM

DIXON, JOHNNY
WHERE ARE YOU	same: instrumental	BOSS 103	40.00	NM

DIXON, WYLIE
GOTTA HOLD ON	WHEN WILL IT END	TODDLIN' TOWN 105	15.00	B
WHEN WILL IT END	GOTTA HOLD ON	TODDLIN TOWN 105	15.00	NM

D'NUNZIO, SONNY
THAT'S HOW MUCH I LOVE MY BABY	CALIFORNIA'S STILL ON MY MIND	UNITAL 710	20.00	78

DOBBINS, DEBBY
HOW YOU GONNA FEEL	HEY MR. STRANGER	SPIRIT 102	15.00	78

DOBBINS, JIMMY
A QUITTER NEVER WINS	UNDERSTANDING	CHIMNEYVILLE 1781	20.00	B
WHAT IS LOVE (I FOUND LOVE)	LITTLE MISS PERFECT	CRASH 426	15.00	B

DOBYNE, ROBERT
CAN'T GET ALONG WITHOUT LOVE	TO MAKE YOU MINE	KAMA SUTRA 207	20.00	NM
SPENT A LOT OF YEARS (LOVING YOU)	same: mono	KWANZA 7714 dj	15.00	GR

DOC and the INTERNS
BABY I KNOW	WE CAN WORK IT OUT	NOW 1	25.00	NM

DOCKERY, JAMES
MY FAITH IN YOU HAS ALL GONE	GIVING YOU THE LOVE YOU NEED	SOUL CRAFT 1 red label	450.00	NM
MY FAITH IN YOU HAS ALL GONE		SOUL CRAFT 1 blue label	10.00	NM

DODDS, NELLA
COME BACK BABY	DREAM BOY	WAND 187	20.00	**NM**
COME SEE ABOUT ME	YOU DON'T LOVE ME ANYMORE	WAND 167	10.00	NM
FINDERS KEEPERS, LOSERS WEEPERS	A GIRL'S LIFE	WAND 171	10.00	NM
HONEY BOY	I JUST GOTTA HAVE YOU	WAND 1136	300.00	NM
P'S & Q'S	LOVE YOU BACK	WAND 178	10.00	NM

DODDS, TROY
COUNT OF LOVE	I'M SO IN LOVE WITH YOU	DAYTONA 2101	30.00	NM
EARTHQUAKE	TRYING TO FIND MY BABY	BAYTOWN 4001	30.00	NM
THE EARTHQUAKE	THE BOSSA NOVA CHA CHA CHA	BEECHWOOD 201	25.00	NM
TRY MY LOVE	THE REAL THING	EL CAMINO 701	500.00	NM

DODSON, TOMMY
CO-OPERATE	YOU DON'T KNOW HOW MUCH I LOVE YOU	MAIN SOUND 501	300.00	NM
ONE DAY LOVE	MIND READER	UPTOWN 709	75.00	NM

DOE, ERNIE K. see K-DOE, ERNIE

DOGS
SOUL STEP	DON'T TRY TO HELP ME	TREASURE 007	250.00	**NM**

DOLLS
AND THAT REMINDS ME	THE REASON WHY	LOMA 2036	15.00	NM
THE AIRPLANE SONG	A LOVER'S STAND	MALTESE 107	1000.00	NM
THE REASON WHY	AND THAT REMINDS ME	TOY 707	50.00	NM
THE REASON WHY	AND THAT REMINDS ME	LOMA 2036	20.00	NM

DOLLY and the FASHIONS
ABSENCE MADE MY HEART GROW FONDER	WAITING FOR MY MAN	TRI DISC 111	30.00	NM
JUST ANOTHER FOOL	THE RIGHT ONE	IVANHOE 5019	15.00	NM

DOMINO, FATS
IF YOU DON'T KNOW WHAT LOVE IS	SOMETHING YOU GOT BABY	ABC 10545	25.00	NM
IT KEEPS RAININ'	I JUST CRY	IMPERIAL 5753	10.00	NM

DOMINO, RENALDO
DON'T GO AWAY	I'M GETTING NEARER TO YOUR LOV	SMASH 2127	30.00	NM
DON'T GO AWAY	JUST SAY THE WORD	BLUE ROCK 4061	15.00	NM
YOU DON'T LOVE ME NO MORE	I'M HIP TO YOUR GAME	SMASH 2160	15.00	NM

DOMINO, VERBLE
I'VE BEEN FOOLED BEFORE	FADED MEMORY	TOI 920	100.00	NM

DON and JUAN
ALL THAT'S MISSING IS YOU	WHAT'S YOUR NAME	TERRIFIC 5002	150.00	NM
THE HEARTBREAKING TRUTH	THANK GOODNESS	MALA 509	300.00	NM
WHAT I REALLY MEANT TO SAY	MAGIC WAND	BIG TOP 3121	25.00	NM

DON and RON
I'M SO SO SORRY	GIRL I HOPE TO FIND	WHITE CLIFFS 214	400.00	NM

DON and the DOVES
TOGETHER	I NEED YOU	DYNAMICS 107	150.00	NM

DONALD, AMBROSE
WHO'S NUMBER ONE	MEET ME IN CHURCH	EMERSON 2103	25.00	NM

DONALD and the DELIGHTERS   also see JENKINS, DONALD
(NATIVE GIRL) ELEPHANT WALK	WANF DANG DULA	CORTLAND 109	10.00	GR

DONATIONS
I'M GONNA TREAT YOU GOOD	same: instrumental	DEE 7303	25.00	GR

DONAYS
DEVIL IN HIS HEART	BAD BOY	BRENT 7033	85.00	NM

DONNER, RAL
DON'T LET IT SLIP AWAY	WAIT A MINUTE NOW	STARFIRE 100 gold vinyl	30.00	NM
DON'T LET IT SLIP AWAY	WAIT A MINUTE NOW	STARFIRE 100 black vinyl	10.00	**NM**
DON'T LET IT SLIP AWAY	WAIT A MINUTE NOW	STARFIRE 100 green vinyl	40.00	NM
DON'T LET IT SLIP AWAY	WAIT A MINUTE NOW	STARFIRE 100 white vinyl	20.00	NM
DON'T LET IT SLIP AWAY	WAIT A MINUTE NOW	STARFIRE 100 **PS**	15.00	NM
DON'T LET IT SLIP AWAY	WAIT A MINUTE NOW	SUNLIGHT 1006 dj	100.00	NM
MR. MISERY	ANOTHER B-SIDE	STARFIRE 121 white label	30.00	NM
MR. MISERY	WAIT A MINUTE NOW	TWILIGHT 1006 dj green vinyl	100.00	NM

DONNIE, FONNIE and LAVORN
A WOMAN WHO'LL LET UB A MAN	IT'S A SWEET LOVE	TRUMP 2973	15.00	B

DONTELLS
I CAN'T WAIT	GIMME SOME	AMBASSADOR 3346	40.00	NM
IN YOUR HEART (YOU KNOW I'M RIGHT)	NOTHING BUT NOTHING	VEE-JAY 666	20.00	NM

DOONE, LORNA
DANGEROUS TOWN	WHO KNOWS IT	RCA 8532	40.00	NM

DORANDO
DIDN'T I	LISTEN TO MY SONG	MUSIC CITY 894	100.00	78

DORELLS
THE BEATING OF MY LONELY HEART	MAYBE BABY	ATLANTIC 2244	40.00	NM

DORIS and KELLEY
GROOVE ME WITH YOUR LOVIN'	YOU DON'T HAVE TO WORRY	BRUNSWICK 55327	25.00	NM

DORSEY, LEE
DO-RE-MI	PEOPLE GONNA' TALK	FURY 1056	10.00	NM
EENIE MEENIE MINI MO	BEHIND THE 8 BALL	FURY 1061	10.00	NM
EVERYTHING I DO GONH BE FUNKY	THERE SHOULD BE A BOOK	AMY 11055	10.00	F
FOUR CORNERS	FOUR CORNERS PT 2	AMY 11031	50.00	F
GET OUT OF MY LIFE, WOMAN	SO LONG	AMY 945	15.00	F
GIVE IT UP	CANDY MAN	AMY 11057	15.00	F

DORSEY, LEE and HARRIS, BETTY
TAKE CARE OF OUR LOVE	LOVE LOTS ODF LOVIN'	SANSU 474	10.00	B

DOSWELL, KITTIE
JUST A FACE IN THE CROWD	THIS COULD ONLY HAPPEN TO ME	HES 2468	150.00	NM

DOT and the VELVELETTES
SEARCHING FOR MY MAN	FOR AS LONG AS U WANT ME	TEEK 4828	20.00	M

DOTSON, JIMMY
GRAPE VINE'S TALKING	SHE TOLD ME SO	NICETOWN 5027	50.00	B
HEARTBREAK AVENUE	BABY TURN YOUR HEAD	MERCURY 72801	70.00	B
I USED TO BE A LOSER	I WANNA BE GOOD	VOLT 4013	40.00	NM

DOTTIE and MILLIE
TALKIN' ABOUT MY BABY	NOTHING IN THIS WORLD	TOPPER 1014	100.00	NM

DOTTIE and RAY
LA LA LOVER	I LOVE YOU BABY	LE SAGE 701	15.00	NM

DOTY, SYLVIA
YOU'RE FLYIN' HIGH BABY	OH HOW I HATE TO SAY GOODBYE	DELBA 200	40.00	NM

DOUBLE O'S
COLOR ONE TEAR BLACK	COLOR ONE TEAR BLACK pt. 2.	SPLIT 305222	25.00	GR

DOUGLAS, CARL (and the BIG STAMPEDE)
LEAN ON ME	MARBLE AND IRON	BUDDAH 212	30.00	NM
SOMETHING FOR NOTHING	LET THE BIRDS SING	OKEH 7287	25.00	NM
CRAZY FEELING	KEEP IT TO MYSELF	OKEH 7268	40.00	NM

DOUGLAS, JOE
CRAZY THINGS	SOMETHING TO BRAG ABOUT	PLAYHOUSE 1000	100.00	NM

DOUGLAS, K.C.
THE LITTLE GREEN HOUSE	THE THINGS I'D DO FOR YOU	GALAXY. 753	15.00	NM

DOUGLAS, RON
LOVE IS HERE	I'M IN LOVE	EXCELLO 2319	50.00	GR
NEVER YOU MIND	FIRST TIME AROUND	SMASH 2206	40.00	NM

DOUZER
THE SNEAK	same: instrumental	DORE 844	25.00	F

DOVALE, DEBBIE
HEY LOVER	THIS WORLD WE LOVE IN	RICKY	50.00	NM
HEY LOVER	THIS WORLD WE LOVE IN	ROULETTE 4521	30.00	NM

DOVALLE, JOAN
HEY LOVER	THIS WORLD WE LOVE IN	RICKY	60.00	NM
HEY LOVER	THIS WORLD WE LOVE IN	ROULETTE 4521	40.00	NM
LET ME GO	NO BETTER FOR YOU	SPORT 102	1000.00	NM

DOVE, GLENDA
IT'S IMPOSSIBLE	IT'S GOTTA BE SOMETHING ELSE	LUCKY DOVE 1001	50.00	NM

DOVE, RONNIE
CHAINS OF LOVE	IF I LIVE TO BE A HUNDRED	DIAMOND 271	15.00	NM

DOWDELI, PEARL
GOOD THING	IT'S ALL OVER	SAADIA 916	200.00	F

DOWNBEATS (also see ELGINS)
AGAIN	I HAD TO PUT YOU DOWN	ENTENTE 001	100.00	GR
DARLING BABY	PUT YOURSELF IN MY PLACE	VIP 25029	200.00	M
DARLING BABY	PUT YOURSELF IN MY PLACE	VIP 25029 dj	150.00	M
I CAN'T HEAR YOU NO MORE	SOUL FOOD	DOWNBEATS 3069	30.00	NM
REQUEST OF A FOOL	YOUR BABY'S BACK	TAMLA 54056	85.00	M
TOGETHER	SAY THE WORD	DAWN 4531	100.00	F
YOUR BABY'S BACK	REQUEST OF A FOOL	TAMLA 54026	300.00	M
YOUR BABY'S BACK	REQUEST OF A FOOL	TAMLA 54056	75.00	M

DOWNING, BIG AL
MEDLEY OF SOUL	THESE ARMS YOU PUSH AWAY	SILVER FOX 11	10.00	NM

DOZIER, GENE and the UNITED FRONT
THE BEST GIRL I EVER HAD	GIVE THE WOMEN. WHAT THEY WANT	MERCURY 73603	25.00	78

DOZIER, GENE and the BROTHERHOOD
A HUNK OF FUNK	ONE FOR BESS	MINIT 32026	15.00	F
FUNKY BROADWAY	SOUL STROLL	MINIT 32041	15.00	F
MUSTANG SALLY	I WANNA TESTIFY	MINIT 32031	15.00	F

DOZIER, LAMONT
DEAREST ONE	FORTUNE TELLER TELL ME	MELODY 102	100.00	M
WE DON'T WANT NOBODY TO COME BETWEEN US	TRYING TO HOLD ON TO MY WOMAN	ABC 11407	10.00	78

DR. SOUL
LEFT EYE JUMP	ANGEL	MONCA 1777	40.00	NM

DRAIN, CHARLES
HERE I AM	SHE'S GONE	CHECKER. 1175	30.00	NM
I'M GONNA STAY	WHAT GOOD IS A LOVE SONG	RCA 10594	20.00	78
IS THIS REALLY LOVE	ONLY YOU	RCA 10186	15.00	78
LIFETIME GUANANTEE OF LOVE	JUST AS LONG	RCA 10521	20.00	78
STOP AND THINK ABOUT IT BABY	SO GLAD	TOP TRACK 1	250.00	NM

DRAKE and the EN-SOLIDS
COULD IT BE LOVE	FIGHT FOR LOVE	ALTEEN 3000	150.00	GR
PLEASE LEAVE ME	I'LL ALWAYS BE THERE	ALTEEN 8652	100.00	NM

DRAKE, JOE (MIGHTY)
I'LL DO ANYTHING FOR YOU	I'M NO GOOD FOR ME	SHAMLEY 44004	10.00	NM
TRY, TRY, TRY	GET OUT OF MY LIFE WOMAN	KAPP 2014	30.00	NM

DRAKE, KENT
A LONESOME LOVE SONG	YOU'RE STILL THERE	SMI 200	10.00	78
BOSS THING TOGETHER	WITHOUT A LADY'S HAND	WAND 11239	60.00	78

DRAKE, TONY
LET'S PLAY HOUSE	SHE'S GONE	MUSICOR 1357	15.00	B
SUDDENLY	IT HURTS ME MORE	BRUNSWICK 55437	100.00	NM

DRAMATICS
CHOOSING UP ON YOU	DOOR TO YOU HEART	CADET 5704	10.00	NM
IF YOU HAVEN'T GOT LOVE	ALL BECAUSE OF YOU	SPORT 101	50.00	NM
INKY DINKY WANG DANG DO	BABY I NEED YOU	WINGATE 22	1500	NM
NO REBATE ON LOVE	FEEL IT	MAINSTREAM 5571	10.00	78
SINCE I'VE BEEN IN LOVE	YOUR LOVE WAS STRANGE	VOLT 4029	15.00	NM
TOY SOLDIER	HELLO SUMMER	CRACKERJACK 4015	300.00	NM

DRAPERS
(I KNOW) YOUR LOVE HAS GONE AWAY	YOU GOT TO LOOK UP	GEE 1081	100.00	NM

DREAM MERCHANTS
STOP (YOU'RE BREAKING MY HEART	GIVE UP (ALL I'VE GOT)	RENEE 5002	30.00	NM

DREAM TEAM
I'M NOT SATISFIED	THERE HE IS	GREGORY 5546	500.00	NM

DREAMLOVERS
BLESS YOUR SOUL	THE BAD TIMES MAKE THE GOOD TI	MERCURY 72595	30.00	NM
TOGETHER	AMAZONS AND COYOTESS	CASINO 1308	20.00	GR

DREAMS
DO WHAT YOU WANNA	same: instrumental	D.C. SOUND 181	10.00	NM

DREW, PATTI
HE'S THE ONE	WHICH ONE SHOULD I CHOOSE	CAPITOL 4789	25.00	NM
IT'S JUST A DREAM	I'M CALLING	CAPITOL 2989	20.00	NM
STOP AND LISTEN	MY LOVER'S PRAYER	CAPITOL 5969	20.00	NM
THERE'LL NEVER BE ANOTHER	KEEP ON MOVIN'	CAPITOL 2121	20.00	NM
WORKING ON A GROOVY THING	WITHOUT A DOUBT	CAPITOL 2197	10.00	NM

DREW-VELS
IT'S MY TIME	EVERYBODY KNOWS	CAPITOL 5145	15.00	NM
I'VE KNOWN	CREEPIN'	CAPITOL 5244	20.00	NM
TELL HIM	JUST BECAUSE	CAPITOL 5055	20.00	NM

DRIFTERS
AT THE CLUB	ANSWER THE PHONE	ATLANTIC 2268	10.00	NM
SATURDAY NIGHT AT THE MOVIES	SPANISH LACE	ATLANTIC 2260 **PS**	20.00	NM
THE OUTSIDE WORLD	FOLLOW ME	ATLANTIC 2292	10.00	NM
UP JUMPED THE DEVIL	AIN'T IT THE TRUTH	ATLANTIC 2426	10.00	NM
YOU GOT TO PAY YOR DUES	BLACK SILK	ATLANTIC 2746	40.00	NM
YOU GOT TO PAY YOUR DUES	BLACK SILK	ANDEE 14	15.00	NM

DRIGGERS, HAL
BROWN BAGGIN'	BLACK PEPPER	CHEECO 663	20.00	NM
BROWN BAGGIN' (Barefootin)	BLACK PEPPER	ATLANTIC 2385	10.00	NM

DRINKARD, KEVIN
I WANNA THANK YOU	WORLD, WORLD	TEENS 2001	10.00	78

DRUMMONETTES
FUNKY SOUL	DROP ME A LINE	BRADLEY 1410	15.00	F

DRY WELL
GYPSY	TRY A LITTLE TENDERNESS	LAUREN 2515	40.00	NM

DU PONT, SHELLEY and the CALENDARS
STOP DRIVING ME CRAZY	SHARE MY LOVE	TRIBUNE 1001	20.00	GR

DUCKETT, GEARLENE
PLEASE DON'T MAKE ME CRY	MY HEART YEARNS	CARRIE 38	75.00	NM

DUCKY and the GLOWLIGHTERS
OVER AND OVER	WATCH YOUR GIRL	UPTOWN. 2300	1000.00	NM

DU-ETTES
EVERY BEAT OF MY HEART	SUGAR DADDY	MARVLUS 6003	20.00	NM
MOVE ON DOWN THE LINE	HAVE YOU SEEN	M-PAC 7209	15.00	NM
PLEASE FORGIVE ME	LONELY DAYS	ONEDERFUL 4827	10.00	NM

DUFF, BRENDA
LOVE AIN'T NEVER HURT NOBODY	LEFT IN LOVE ALONE	BLUE ROCK 4083	30.00	NM

DUHON, JAMES
GRAVE YARD CREEP	COLOR ME SOUL	JETSTREAM 810	20.00	F

DUHON, JAMES KELLY
IN SCHOOL	HEART BREAKER (CHILD MAKER)	JUDE 741	20.00	78
IN SCHOOL	HEART BREAKER (CHILD MAKER)	MAINSTREAM 5564	10.00	78
PUSHER MAN	DRIFTER	JUDE 753	40.00	F

DUKAYS
EVERY STEP	COMBINATION	VEE-JAY 491	20.00	NM
I FEEL GOOD ALL OVER	I NEVER KNEW	VEE-JAY 460	20.00	NM
I'M GONNA LOVE YOU SO	PLEASE HELP	VEE-JAY 442	30.00	NM

DUKE and LEONARD
JUST DO THE BEST YOU CAN	YOU'VE LOST YOUR SOUL	STOMP TOWN 101	150.00	NM

DUKE OF EARL
WALK ON WITH THE DUKE	LONDON TOWN	VEE-JAY 2387	15.00	NM
YOU LEFT ME	I'LL FOLLOW YOU	VEE-JAY 455	25.00	NM

DUKE, BOBBY
SMOTHERING LOVE	I GOTTA BE WITH YOU	VERVE 10487	20.00	NM

DUKE, DORIS
BUSINESS DEAL	NOBODY TO HAVE IT BUT YOU	MAINSTREAM 5543	15.00	F

DUKE, L.
ETERNALLY	FUNKY DISCO	B.W. 910063	300.00	78

DUKES, BOBBY
JUST TO BE WITH YOU	same: instrumental	SARU 1225	30.00	NM
JUST TO BE WITH YOU (VOCAL)	same: instrumental	CALLA 184	30.00	NM
JUST TO BE WITH YOU (INSTRUMENTAL)	same: instrumental	CALLA 184 dj	10.00	NM

DUMAS, GRACIE
SONG OF A WOMAN	SEEKING	J GEMS 1046	200.00	NM
THE SONG OF A WOMAN	SEEKING	ELORADO STUDIO 8" ACETATE	750.00	NM

DUNCAN BROTHERS
MAKE ME WHAT YOU WANT ME TO BE	I GOT MY NEEDS	CAPITOL 5711	30.00	NM
SATISFACTION GUARENTEED	THINGS GO BETTER WITH LOVE	CAPITOL 5620	15.00	NM

DUNCAN, JAMES
I GOT IT MADE (IN THE SHADE)	I'M GONNA LEAVE YOU ALONE	FEDERAL 12552	25.00	F
STAND UP AND GET FUNKY	PLEASE JOHNNY DON'T TAKE MY LIFE	FEDERAL 12561	15.00	F
THREE LITTLE PIGS	I CAN'T FIGHT THE TIME	KING 5966	40.00	**NM**

DUNCAN, TOMMY
LET ME TAKE YOU OUT	I BROUGHT IT ON MYSELF	SMASH 2073	30.00	NM

DUNN, JOYCE
A NEW CHANGE OF ADDRESS	same:	MERCURY 73003 dj	150.00	F
TURN AWAY FROM DARKNESS	THE PUSH I NEED	BLUE ROCK 4081	15.00	B

DUPONTS
CROSS MY HEART	WHY DON'T YOU FALL IN LOVE WITH ME	ATCO 6918	20.00	78

DUPREE, LEONTINE
COLOR ME FOOLISH	STANDING ON HIS WORD	NATION TIME 7861	30.00	NM

DUPREE, LILLIAN
SHIELD AROUND MY HEART	HIDE AND SEEK	D-TOWN 1051	75.00	NM

DUPREES
DELICIOUS	THE SKY'S THE LIMIT	RCA 10407	10.00	78

DURAIN, JOHNNY
I'LL SHOW YOU	SOMEDAY I'LL GET OVER YOU	BIG CITY 301	25.00	NM
PEOPLE WILL TALK	ABOUT TOLOSE MY MIND	BIG CITY 300	150.00	NM

DURALCHA
GHET-TO FUNK	JODY IS GONE	MICROTRONICS	100.00	F

DURANTE, PAULA
IF HE WERE MINE	WITHOUT MY GUY	GJM 503	40.00	NM
YOUR NOT MY KIND	YOU'RE MY BABY	GJM 501	40.00	NM

DURETTES
SWEET, SWEET LOVE	TIDAL WAVE	SVR 1006	100.00	NM
SWEET, SWEET LOVE	I LOVE YOU MY LOVE (The Perfections)	SVR 1006	100.00	NM

DU-SHELLS
YOUR MY MAIN MAN	WHERE ARE YOU	PAREE	600.00	NM

DUSHON, JEAN
AS I WATCHED YOU WALK AWAY	MAKE HIM YOUR OWN	CADET 5550	15.00	NM
IT WON'T STOP HURTING ME	LOOK THE OTHER WAY	LENOX 5568	40.00	NM
SECOND CLASS LOVER		OKEH	100.00	NM

DUSHONS
YOU BETTER THINK IT OVER	TAKE THESE CHAINS (FROM MY HEART)	GOLDEN GATE 70	70.00	**NM**
YOU BETTER THINK IT OVER	TAKE THESE CHAINS (FROM MY HEART)	DOWN TO EARTH 70	50.00	NM

DYKE and the BLAZERS
CITY DUMP	YOU ARE MY SUNSHINE	ORIGINAL SOUND 90	10.00	F
FUNKY BROADWAY	FUNKY BROADWAY PT 2	ARTCO 101	200.00	F
FUNKY BULL PT. 1	FUNKY BULL PT. 2	ORIGINAL SOUND 83	15.00	F
FUNKY WALK	FUNKY WALK Pt. 2	ORIGINAL SOUND 79	15.00	F
RUNAWAY PEOPLE	I'M SO ALL ALONE	ORIGINAL SOUND 96	15.00	F
SO SHARP	DON'T BUG ME	ORIGINAL SOUND 69	10.00	F
STUFF	THE WOBBLE	ORIGINAL SOUND 102	10.00	F
UHH	MY SISTER'S MY BROTHER'S DAY	ORIGINAL SOUND 91	10.00	F
WE GOT MORE SOUL	SHOTGUN SLIM	ORIGINAL SOUND 86	15.00	F

DYNAMIC 7
SQUEEZE ME	SQUEEZE ME pt 2	SS7 2625	25.00	F

DYNAMIC ADAM
FORGIVE ME	SHE'S GONE	ANLA 113	30.00	F

DYNAMIC BELTONES
ROAD TO HAPPINESS	I NEED YOUR LOVE	SOLAR 176	30.00	78

DYNAMIC CONCEPTS
FUNKY CHICKEN	NOW THAT YOU'VE LEFT ME	DYNAMIC SOUNDS 802	200.00	F
WHATCHA WANT US TO DO	WHATCHA WANT US TO DO pt. 2	SMOG CITY 100	10.00	F

DYNAMIC HEARTBEATS
IT AIN'T NO SECRET	DANGER	P.S. 1780	20.00	NM

DYNAMIC SOUL MACHINE
MOVING ON	BOOM-A-RANG	RESPECT 2508	20.00	F

DYNAMIC SUPERIORS
ONE-NIGHTER	LEAVE IT ALONE	MOTOWN 1342	15.00	78
ONE-NIGHTER	DECEPTION	MOTOWN 1365	10.00	78

DYNAMIC THREE
YOU SAID YEAH	I HAVE TRIED	DEL VAL 1004	1200.00	NM

DYNAMIC TINTS
FALLING IN LOVE	BE MY LADY	TWINIGHT 145	50.00	NM
PACKAGE OF LOVE	PACKAGE OF LOVE Pt 2	TWINIGHT 123	25.00	GR

DYNAMICS
BINGO	SOMEWHERE	WINGATE 18	15.00	M
FUNKEY KEY	COUNT YOUR CHIPS	BLACK GOLD 9	10.00	F
I CAN'T LIVE WITHOUT YOU	I DON'T WANT TO BE YOUR PUPPET	MALA 551	50.00	GR
I NEED YOUR LOVE	LOVE ME	RCA 9084	200.00	NM
I WANNA KNOW	AND THAT'S A NATURAL FACT	BIG 2 516	150.00	NM
I WANT TO THANK YOU	DUM DE DUM	COTILLION 44045	10.00	NM
LET ME BE YOUR FRIEND	VOYAGE THRU THE MIND	BLACK GOLD 6	10.00	GR
MISERY	I'M THE MAN	BIG T. 3161	20.00	NM
THE LOVE THA\T I NEED	ICE CREAM SONG	COTILLION 44021	10.00	NM
WE FOUND LOVE	same:	COLUMBIA 10666 dj	10.00	78
WHAT A SHAME	SHUCKS, I LOVE YOU	BLACK GOLD 8	15.00	GR
WHAT WOULD I DO	AIN'T NO LOVE AT ALL	COTILLION 44038	10.00	NM
WHENEVER I'M WITHOUT YOU	LOVE TO A GUY	TOP TEN 9409	150.00	NM
WOMAN	BECAUSE I LOVE YOU	BRAINSTORM 122	30.00	NM
YES, I LOVE YOU BABY	SOUL SLOOPY	TOP TEN 100	150.00	NM
YES, I LOVE YOU BABY	SOUL SLOOPY	LAURIE 3627 styrene	10.00	NM
YES, I LOVE YOU BABY	SOUL SLOOPY	LAURIE 3627 vinyl	400.00	NM
YOU MAKE ME FEEL GOOD	LIGHTS OUT	RCA 9278	50.00	NM
YOU MAKE ME FEEL GOOD	LIGHTS OUT	RCA 9278 **PS**	75.00	NM

DYNAMICS and the ROYAL PLAYBOYS
SO FINE	DELSINIA	DYNAMIC 1002	25.00	GR

DYNAMITE, JOHNNY
THE NIGHT THE ANGELS CRIED	EVERYBODY'S CLOWN	MINARET 141	200.00	NM
THE NIGHT THE ANGELS CRIED	same:	MINARET 141 dj	85.00	**NM**

DYNAMITES
DON'T LEAVE ME THIS WAY	WEDDINGS BELLS ARE RINGIN'	DOLORES 109	15.00	NM
I KNOW SHE'S MINE	LET'S TRY	PAY 209	10.00	GR

DYNASONICS
YOU GOT IT	SOUL BUG	DYNAMICS 1014	25.00	NM

DYNATONES
THE FIFE PIPER	AND I ALWAYS WILL	ST. CLAIR 117	20.00	NM
THE FIFE PIPER	AND I ALWAYS WILL	HBR 494	10.00	NM

DYNA-TONES
THE SKUNK	THE SKUNK PT. 2	ALTO 2020	20.00	F

DYNELLS
CALL ON ME	same: instrumental	VENT	200.00	NM
LET ME PROVE THAT I LOVE YOU	SUMMERTIME GROOVE	BLUEBERRY 1002	200.00	NM
LET ME PROVE THAT I LOVE YOU	CALL ON ME vocal	ATCO 6638	200.00	NM

DYNELS
C'MON LITTLE DARLIN'	JUST A FACE IN THE CROWD	NATURAL 7001	25.00	NM

DYNETTES
NEW GUY	WITNESS TO A HEARTBREAK	CONSTELLATION. 150	20.00	NM

DYSON, CLIFTON
SO LONELY	I'M GIVING UP	QS 700	10.00	78

DYSON, RONNIE
LADY IN RED	CUP (RUNNETH OVER)	COLUMBIA 10211	25.00	78
WE CAN MAKE IT LAST FOREVER	same: mono	COLUMBIA 46021 dj	10.00	78

E.J. and THE ECHOES
PUT A SMILE ON YOUR FACE	PEOPLE SAY	DIAMOND JIM 8787	15.00	NM
TREAT ME RIGHT	IF YOU JUST LOVE ME	DIAMOND JIM 8789	30.00	NM
YOU'RE GONNA HURT	I HAD A HARD TIME	DIAMOND JIM 3	300.00	NM

E.J'S LTD.
BLACK BULL	ROCKIN THE SAME OLD BOAT	BACK BEAT 608	10.00	F

E.K.G.
GIVE ME LOVE	FOOLISH THING	ROADRUNNERS 31004	50.00	78

EADY, ERNESTINE
DEEP DOWN IN ME	HE'S NO GOOD	JUNIOR 994	15.00	NM
LET'S TALK IT OVER	MOONLIGHT IN VERMONT	PHIL LA SOUL 302	2000.00	NM
THE CHANGE	THAT'S THE WAY IT GOES	SCEPTER 12102	150.00	NM
THE CHANGE	THAT'S THE WAY IT GOES	JUNIOR 1007	200.00	NM

EAGER, BRENDA LEE
THERE AIN'T NO WAY	AH! SWEET MYSTERY OF LIFE	MERCURY 73607	25.00	78
WHEN I'M WITH YOU	LET ME BE	MERCURY 73450	20.00	78

EALY, DELORES and THE KENYATTES
COME INTO MY BEDROOM	BIG SUURPRISE	DUPLEX 1301	20.00	F
IT'S ABOUT TIME I MADE A CHANGE		VELVET	50.00	F
THE HONEYDRIPPER	SPECIAL KIND OF LOVE	DUPLEX	500.00	F
TWO SIDES TO EVERY COIN	I'VE BEEN LOOKING	VELVET 102	75.00	NM

EARL, JIMMY
STRTEGY	I'LL NEVER FORGET YOU	COLUMBIA 44762	30.00	NM

EARL, ROBERT
SAY YOU'LL BE MINE	LOVE WILL FIND A WAY	CAROL 103	30.00	**NM**

EARLES INC:
DOES YOUR MOTHER KNOW	CLOSE TO YOU	ZUDAN 5018	10.00	GR
EVERYBODY'S GOT SOMEBODY	SOMEDAY BABY	TEE TI 11264	400.00	NM
I LOVE YOU TOO	TILLIE	TEE TI 15628	40.00	NM
JUST AN ILLUSION	AFRO-WORK	ZUDAN 5017	30.00	NM
LET'S TRY IT AGAIN	WHAT WOULD YOUR DADDY SAY	TEE-TI 802	25.00	78

EARLS
MY LONELY, LONELY ROOM	IT'S BEEN A LONG TIME COMING	ABC 11109	20.00	GR

EASON, GAIL
LOVE'S GONNA FIND YOU	AH MY SISTER	A&M 1751	15.00	78
I CAN SEE THE HURT	COME BACK HEAVENLY FATHER	EPIC 11124	10.00	B

EAST BAY SOUL BRASS
THE PANTHER	LET'S GO LET'S GO LET'S GO	RAMPART 661	15.00	F

EAST COAST CONNECTION
SUMMER IN THE PARKS	SUMMER IN THE PARKS (PT 2)	NEW DIRECTIONS 7401	20.00	NM

EAST, THOMAS
FUNKY MUSIC	FUNKY MUSIC Pt 2	TRUE SOUL 7	15.00	F
FUNKY MUSIC	FUNKY MUSIC Pt 2	LION 166	10.00	F
SISTER FUNK	SISTER FUNK pt. 2	TRUE SOUL	50.00	F

EASTERLING, CLEM
SOMEDAY WE'LL BE TOGETHER	HALF THE WAY	HEPME 152	10.00	78

EASTON, BILLY
I WAS A FOOL	WHY CAN'T THIS TIME	DISPO 700	30.00	NM

EASTSIDE CONNECTION
YOU'RE SO RIGHT FOR ME	OVER PLEASE	RAMPART 772	15.00	78

EATON, BOBBY
FEVER, FEVER, FEVER	WE GONNA DO OUT THING	GALAXY. 767	100.00	NM

EBONEY ESSENCE
I'D RATHER BE BY MYSELF	PRIME TIME	DOMINO 4115	15.00	B
LET ME IN	UNSATISFIED MAN	GOODIE TRAIN 61	50.00	78

EBONY JAM
RIDE ON	same: instrumental	AMOS 122	10.00	NM

EBONY RHYTHM BAND
SOUL HEART TRANSPLANT	DRUGS AIN'T COOL	LAMP NO#	800.00	F

EBONYS
DON'T KNOCK ME	CAN'T GET ENOUGH	SOUL CLOCK 108	10.00	GR
I'M SO GLAD I'M ME	DO YOU LIKE THE WAY I LOVE	PIR 3514	15.00	78

ECHOES
MILLION DOLLAR BILL	MY BABY'S GOT SOUL	PULSE 2077	50.00	NM

ECKSTINE, BILLY
HAD YOU BEEN AROUND	DOWN TO EARTH	MOTOWN 1077	10.00	M
I WONDER WHY (NOBODY LOVES ME)	I'VE BEEN BLESSED	MOTOWN 1105	100.00	NM
STORMY	WHE YOU LOOK IN THE MIRROR	ENTERPRISE 9009	15.00	NM

EDDIE and ERNIE
DOGGONE IT	FALLING TEARS	COLUMBIA 44276	15.00	NM
FALLING TEARS (INDIAN DRUMS)	DOGGONE IT	COLUMBIA 44276	30.00	B
HIDING IN THE SHADOWS	STANDING AT THE CROSSROADS	BUDDAH 250	10.00	B
I CAN'T DO IT (I JUST CAN'T LEAVE YOU)	LOST FRIENDS	EASTERN 609 black label	30.00	NM
I CAN'T DO IT (I JUST CAN'T LEAVE YOU)	LOST FRIENDS	EASTERN 609 silver label with bar	25.00	NM
I CAN'T DO IT (I JUST CAN'T LEAVE YOU)	LOST FRIENDS	EASTERN 609 silver label	20.00	NM
I'M GOIN' FOR MYSELF	THE CAT	EASTERN 606	15.00	B
OUTCAST	I'M GONNA ALWAYS LOVE YOU	EASTERN 608	20.00	NM
WE TRY HARDER	I BELIEVE SHE WILL	NIGHTINGALE 1004	150.00	NM
WE TRY HARDER	I BELIEVE SHE WILL	SHAZAM 1004	100.00	NM
WE TRY HARDER	I BELIEVE SHE WILL	CHESS 1984	20.00	NM

EDEE
MAKE IT LAST	WHEN HE CALLS ME	ICA 22	40.00	78

EDMUND JR., LADA
THE LARUE	SOUL A GO GO	DECCA 32007	250.00	NM

EDSELS
IF YOUR PILLOW COULD TALK	SHAKE SHAKE SHERRY	CAPITOL 4675	15.00	NM

EDWARD, BROTHERS
PEOPLE SAY BUT THEY DON'T KNOW	KEEP ON KNOCKING	MUSIC WORLD 10	100.00	NM

EDWARD, LEE and the CONTINENTALS
(ON THE) REBOUND	(I TRIED 2DO) THE BEST I COULD	LANTIC GOLD 102	15.00	NM

EDWARDS, CHUCK
BULLFIGHT # 2	PICK IT UP BABY	RENE. 20013	40.00	F
BULLFIGHT	CHUCK ROAST	ROULETTE 4705	30.00	F
DOWNTOWN SOULVILLE	I NEED YOU	PUNCH 11001	25.00	NM

EDWARDS, DEE
(I CAN) DEAL WITH THAT	POSSESS ME	DE TO 2285	200.00	78
A GIRL CAN'T GO BY WHAT SHE WEARS	SAME: INSTRUMENTAL	PREMIUM STUFF 9	25.00	F
ALL THE WAY HOME	LOVE, LOVE, LOVE	D-TOWN 1063	70.00	**NM**
ALL WE NEED IS A MIRACLE	NO LOVE, NO WORLD	RCA 1030	15.00	78
HIS MAJESTY MY LOVE	TIRED OF STAYING HOME	D-TOWN 1048	50.00	NM
LOVING YOU IS ALL I WANT TO DO	NO LOVE NO WORLD	Cotilion 45000	10.00	78
ONCE YOU GIVE IT UP	MY FANTASY	MORNING GLORY 103	20.00	78
TOO CARELESS WITH MY LOVE	HE TOLD ME LIES	D-TOWN 1024	50.00	NM
WHY CAN'T THERE BE LOVE	SAY IT AGAIN WITH FEELING	BUMP SHOP 128	20.00	NM
WHY CAN'T THERE BE LOVE	SAY IT AGAIN WITH FEELING	BUMP SHOP 126	30.00	NM
WHY CAN'T THERE BE LOVE	HURT A LITTLE EVERYDAY	GM 716	20.00	NM
YOU SAY YOU LOVE ME	TIRED OF STAYING HOME	TUBA 1706	20.00	NM

EDWARDS, GLORIA
REAL LOVE	ENOUGH OF A WOMAN	DELUXE 138	20.00	NM
REAL LOVE	BLUES PART 2	PACEMAKER 802	40.00	NM
SOMETHING YOU COULDN'T WRITE ABOUT	ENOUGH OF A WOMAN	JETSTREAM 814	10.00	B

EDWARDS, JACKIE
COME BACK GIRL	TELL HIM YOU LIED	VEEP 1266	10.00	NM

EDWARDS, JACKIE and the SOUL MAKERS
CHE CHE	CHE CHE Pt 2	O 112	15.00	F

EDWARDS, JOHN
LONELY LIFE	ONE MORE TIME (TO GIVE ME A HE	TWIN STACKS 5027	20.00	B
THE LOOK ON YOUR FACE	IT'S THOSE LITTLE THINGS THAT	BELL 45205	300.00	NM

EDWARDS, JUNE
HEAVEN HELP ME	MY MAN (MY SWEET MAN)	SOUTH CAMP 7001	30.00	NM

EDWARDS, LEE
EQUAL LOVE OPPORTUNITY	I FOUND LOVE	DT 5799	20.00	78

EDWARDS, LITTLE JIMMY
SLAPPIN' SOME SOUL ON ME	JUST A DREAM	KEY-LOC	300.00	F

EDWARDS, LOU
TALKIN' 'BOUT POOR FOLKS	I GOT TO BE ME	COLUMBIA 45611	40.00	NM

EDWARDS, MILL
DON'T FORGET ABOUT ME	I FOUND MYSELF	CUTLASS 8143	15.00	B

EDWARDS, PEARL
I'LL NEVER FORGET	IT DO ME GOOD	ACE 5000	40.00	NM

EDWARDS, SHIRLEY
DREAM MY HEART	IT'S YOUR LOVE	SHRINE 110	1500.00	NM

EDWARDS, TYRONE
CAN'T GET ENOUGH OF YOU	YOU TOOK ME FROM A WORLD OUTSIDE	INVICTUS 1269	15.00	78

EDWARDS, VINCENT
SEE THAT GIRL	NO, NOT MUCH	COLPIX 771	15.00	NM

EGYPTIAN KINGS
I NEED YOUR LOVE	GIVE ME YOUR LOVE	NANC 1120	30.00	NM

EIGHT MINUTES
I CAN'T WAIT	NEXT TIME HE'LL BE GOOD	PERCEPTION 511	15.00	GR
TAKE MY LOVE DON'T SET ME FREE	LET'S SIGN A PEACE TREATY	JAY PEE 200	10.00	NM
TIME FOR A CHANGE	OH YES I DO	JAY PEE 125	10.00	GR

EKO
LOVE CAN BE HAPPY	UNIVERSAL THEME	BAD BOYS 1004	20.00	78

EL COROLS
AIN'T NO BRAG	YOU GOTTA BE AN ANGEL	ROUSER 2954	200.00	NM
CHICK CHICK	YOU GOTTA BE AN ANGEL	ROUSER 2954	20.00	NM

EL DORADOS
LOOKING IN FROM THE OUTSIDE	SINCE YOU CAME INTO MY LIFE	PAULA 347	20.00	GR
LOOSE BOOTY	LOSE BOOTY PT 2	PAULA 369	15.00	F

EL SID
LADIES CHOICE	SHINDIG BALL	JOREL 105	50.00	B

EL TORRO and the BANLONS
I LOVE YOU BABY	MY LOVE	TRIANGLE 30	40.00	GR

E'LAN
NO LIMIT	NO LIMIT (extended mix)	ATL. 1003	25.00	78

ELBERT, DONNIE
CAN'T GET OVER LOSING YOU	I GOT TO GET MYSELF TOGETHER	RARE BULLET 101	10.00	NM
CAN'T GET OVER LOSING YOU	IF I CAN'T HAVE YOU	ALL PLATINUM 2336	10.00	NM
DO WHAT'CHA WANNA	LILY LOU	GATEWAY 748	15.00	NM
I GOT TO GET MYSELF TOGETHER	CAN'T GET OVER LOSING YOU	ELBERT 800	15.00	NM
IN BETWEEN THE HEARTACHES	TOO FAR GONE (I'M A FOOL)	ATCO 6550	25.00	NM
LITTLE PIECE OF LEATHER	DO WHAT'CHA WANNA	GATEWAY 757	15.00	NM
SET MY HEART AT EASE	BABY CAKES	PARKWAY 844	15.00	GR
THIS FEELING OF LOSING YOU	CAN'T STAND THESE LONELY NIGHT	ALL PLATINUM 2346	10.00	78
YOUR RED WAGON (YOU CAN PUSH IT)	NEVER AGAIN	GATEWAY 761	15.00	NM

ELDEES
DON'T BE AFRAID TO LOVE	YOU BROKE MY HAPPY HEART	DYNAMICS 1013	30.00	NM

ELDORADOS
YOU MAKE MY HEART SING	IN OVER MY HEAD	TORRID 100	25.00	NM

ELDRED, LEE
I LOST MY GOOD THING	RECUPERATING	ARCHIVES 1827	15.00	B
LEAVE ME YOUR LOVE	RECUPERATING	ARCHIVES 67	10.00	B

ELECTRAS
ANOTHER MAN'S WOMAN	NOTHING IN THE WORLD	DE-LITE 535	20.00	NM
CAN'T YOU SEE IT IN MY EYES	BOO BABE	LOLA 100	20.00	GR
LITTLE GIRL OF MINE	MARY MARY	RUBY-DOO 2	10.00	GR

ELECTRIC EXPRESS
BEE PEE	I CAN'T BELIEVE WE DID THE WHOLE THING	LINCO 1003	15.00	F
BEE PEE	I CAN'T BELIEVE WE DID (THE WHOLE THING)	AVCO 4607	10.00	F
WHERE YOU COMING FROM	WHERE YOU COMING FROM PT. 2	LINCO 1002	20.00	F

ELECTRIC FUNK
THE SHOVEL	BEWARE OF THE SHOVEL	STRAN 111	20.00	F

ELECTRIC INDIAN
LAND OF A 1000 DANCES	GERONIMO	UA 50613	10.00	**NM**
STORM WARNING	RAIN DANCE	UA 50647	10.00	NM

ELECTRIFYING CASHMERES
WHAT DOES IT TAKE	OOH I LOVE YOU	SS7 1500	150.00	78

ELECTRODES
GO AWAY	I LOVE TOO	FRANTIC 200	75.00	NM

ELECTRONS
IT AIN'T NO BIG THING	IN THE MIDNIGHT HOUR	SHOCK 289	30.00	NM
IT AIN'T NO BIG THING	IN THE MIDNIGHT HOUR	DATE 1575	20.00	NM

ELEGANTS
HYPNOTIZED	GHETTO SLIDE	REAL MUSIC 6003	20.00	GR

ELEKTYK STARR
JUST WASN'T MEANT TO BE	TONIGHT IS RIGHT	BAY-TONE 187	20.00	GR

ELEMENT EXPERIENCE
WRITE YOUR TICKET	MAKE YOURSELF AT HOME	GREEN EAGLE 314	10.00	78

ELEMENTS
JUST TO BE WITH YOU	SON IN LAW	SARU 1224	30.00	NM

ELEPHANT BAND
STONE PENGUIN	GROOVIN' AT THE APOLLO	Mojo 2092036 UK	75.00	F

ELEVENTH COMMANDMENT
THEN I REACH SATISFACTION	same: mono	FAST TRACK 2505	30.00	78

ELGINS
DARLING BABY	PUT YOURSELF IN MY PLACE	VIP 25029	15.00	M
HEAVEN MUST HAVE SENT YOU	STAY IN MY LONELY ARMS	VIP 25037	15.00	M
HEAVEN MUST HAVE SENT YOU	STAY IN MY LONELY ARMS	VIP 25065	10.00	M
IT'S BEEN A LONG, LONG TIME	I UNDERSTASND MY MAN	VIP 25043	15.00	M
PUT YOURSELF IN MY PLACE	DARLING BABY	VIP 25029	20.00	M
YOU FOUND YOURSELF ANOTHER FOOL	STREET SCENE	VALIANT 712	50.00	NM

ELIAS, JEAN
HOW LONG CAN I GO ON FOOLING MYSELF	YOU MADE ME A ANYBODY'S WOMAN	Back Beat 623	20.00	NM

ELIJAH and the EBONIES
SOCK IT 'EM SOUL BROTHER	PURE SOUL	LOREN 20	10.00	F
HOT GRITS	SOCK IT TO 'EM SOUL BROTHER	CAPSOUL 31	15.00	F

ELITES
YOU'LL BREAK TWO HEARTS	TREE OF LOVE	ABC 10460	75.00	NM

ELLEDGE, JIMMY
YOU CAN'T STOP A MAN IN LOVE	CAN'T TAKE THE LEAVIN'	SONG BIRD 79	20.00	78

ELLEN and the SHANDELLS
GYPSEY		LA SALLE 25	50.00	NM

ELLIE, JIMMY PREACHER
I'M GONNA DO IT BY MYSELF	GO HEAD ON	JEWEL 770	75.00	NM

ELLING, MELVIN
LONELY EYES	LOVE'S ROAD	STRETCH 44	150.00	NM

ELLINGTON SISTERS
I'M ONLY WANTED WHEN (I'M NEEDED)	I BETTER GET USED TO THIS FEELING	RCA 10274	10.00	GR

ELLINGTONS
DESTINED TO BECOME A LOVER	THE AGONY AND THE ECSTASY	CASTLE 102	60.00	NM

ELLIOT, LINDA
FELL IN LOVE WITH YOU BABY	A LITTLE GIRL GREW UP LAST NIG	JOSIE 958	50.00	NM

ELLIOTT, LU
I LOVE THE GROUND YOU WALK ON	HAVE YOU TRIED TO FORGET	ABC 10897	30.00	NM

ELLIOTT, SHAWN
THE JOKER	LITTLE BIRD	ROULETTE 4634	40.00	NM

ELLIS, JIMMIE (JIMMY)
BABY I LOVE YOU	KIDDIO	RIDE 146	250.00	NM
HAPPY TO BE	LOOKING THROUGH THE EYES OF LOVE	CENTURY CITY 511	250.00	NM

ELLIS, JIMMIE PREACHER   also see "ELLIE"
PUT YOUR HOE TO MY ROW	I GOTTA SEE MY BABY	ROUND 1036	30.00	F
THAT'S THE WAY I AM	YOU CAN'T POUR WATER ON ME	HIP-DELIC 313	20.00	NM

ELLIS, JONAH
I GET HOT	POPCORN CELLAR	VIKING 1007	30.00	F

ELLIS, LARRY and THE BLACK HAMMER
FUNKY THING	FUNKY THING pt. 2	AL KING	1000.00	F

ELLIS, SHIRLEY
SOUL TIME	WAITIN'	COLUMBIA 44021	10.00	NM
THE NITTY GRITTY	GIVE ME A LIST	CONGRESS 202	10.00	F

ELLISON, LORRAINE
CALL ME ANYTIME YOU NEED SOME LOVIN'	PLEASE DON'T TEACH ME TO LOVE	MERCURY 72534	20.00	NM
DON'T LET IT GO TO YOUR HEAD	I DIG YOU BABY	MERCURY 72472	15.00	NM
STAY WITH ME	TRY (JUST A LITTLE BIT HARDER)	WB 7361	10.00	B

ELLISON, WILLIE JOHN
YOU'VE GOT TO HAVE RHYTHM	GIVING UP ON LOVE	PHIL LA SOUL 337	25.00	F

ELLUSIONS
YOU DIDN'T HAVE TO LEAVE	YOU WOULDN'T UNDERSTAND	LAMON 2003	250.00	NM

ELOISE
YOU SHOULD'VE TREATED ME RIGHT	OOH, BABY	WAND 129	30.00	NM

EMANONS
BIRD WALKIN	LOOK IN THE WANT ADS	ALL BROTHERS heavy vinyl	150.00	NM

EMBERS
A FOOL IN LOVE	GOOD AL OVER	JCP 1028	30.00	NM
AIN'T NO BIG THING	IT AIN'T NECESSARY?	JCP 1054	100.00	NM
AIN'T NO BIG THING	IT AIN'T NECESSARY	BELL 664	40.00	NM
CHEATERS NEVER WIN	EMBERS BEACH MUSIC MEDLEY 81	EEE 201	15.00	78
FIRST TIME	I WANNA BE	JCP 1034	100.00	NM
IN MY LONELY ROOM	GOOD, GOOD LOVIN'	JCP 1008	20.00	NM
IT AIN'T NO BIG THING	IT AIN'T NECESSARY	BELL 664	40.00	NM
JUST CRAZY BOUT YOU BABY	WE'VE COME A LONG WAY TOGETHER	EEE 69	100.00	**NM**
JUST CRAZY BOUT YOU BABY	FAR AWAY PLACES	BMR 2 *Carolina bootleg*	10.00	NM
WATCH OUT GIRL	FAR AWAY PLACES	MGM 14167	150.00	NM
WATCH OUT GIRL	FAR AWAY PLACES	MGM 14167 stock copy	250.00	NM
WHERE DIOD I GO WRONG	YOU GOT WHAT YOU GOT	ATLANTIC 2627	50.00	NM

EMBERS, PAT
THAT BOY (SURE GOT YOUR NUMBER)	YOU'LL NEVER LEAVE HER	ASCOT 2158	40.00	NM

EMBRACEABLES
LET MY BABY GO	HERE I GO	SIDRA 9010	100.00	NM

EMBRACERS
STOP AND LRET YOURSELF GO	MR. SUNRISE	LUCKY 1000	300.00	NM

EMERSON, BILLY (THE KID)
I NEVER GET ENOUGH	WHEN IT RAINS IT POURS	MAD. 1301	50.00	NM

EMNSLEY, ART and the ECHOES
OPEN THE DOOR TO YOUR HEART	THIS IS THE BEST WAY	SHIPTOWN 202037	100.00	NM

EMORY and the DYNAMICS
LET'S TAKE A LOOK AT OUR LIFE	IT SURE WOULD BE NICE	PEACHTREE 107	700.00	NM
PRETTY LITTLE SCHOOL GIRL	A LOVE THAT'S REAL	PEACHTREE 120	60.00	GR

EMOTIONS
DO THIS FOR ME	LOVE OF A GIRL	VARDAN 201	25.00	NM
I CALL THIS LOVING YOU	FROM TOYS TO BOYS	VOLT 4088	10.00	NM
I CAN'T NO MORE HEARTACHES	YOU BETTER GET PUSHED TO IT	BRAINSTORM 125	10.00	NM
SO I CAN LOVE YOU	GOT TO BE THE MAN	VOLT 4010	15.00	NM
SOMEBODY NEW	BUSHFIRE	TWIN STACKS 126	15.00	NM
STEALING LOVE	WHEN TOMORROW COMES	VOLT 4031	15.00	NM

EMPIRE, FREDDIE
LET ME GIVE MY LOVE TO YOU	same: Instrumental	COCONUT. 1	40.00	78

EMPIRES
HAVE MERCY	LOVE IS STRANGE	DCP 1116	30.00	GR
LOVE YOU SO BAD	COME HOME GIRL	CHAVIS 1026	50.00	GR
LOVE YOU SO BAD	COME HOME GIRL	CANDI 1026	50.00	GR
ONLY IN MY DREAMS	DEFINITION OF LOVE	CALICO 121	15.00	GR
PUSH, PUSH pt.1	PUSH, PUSH pt. 2	CAROL 62469	15.00	GR
YOU'RE ON TOP GIRL	SLIDE ON BY	CANDI 1033	1500.00	NM

EMULATIONS
MOVE A LITTLE SLOWER GIRL	STORY OF MY LIFE	EMULATE 7121	100.00	NM

ENCHANTED FIVE
HAVE YOU EVER	TRY A LITTLE LOVE	CVS 1001	20.00	NM
TRY A LITTLE LOVE	HAVE YOU EVER	CVS 1002	20.00	NM

ENCHANTERS
I PAID FOR THE PARTY	I WANT TO BE LOVED	LOMA 2012	20.00	NM
I'M A GOOD MAN	I WANNA THANK YOU	WB 5460	10.00	GR
LET THERE BE LOVE	A FOOL LIKE ME	GOLDEN EAR 100	15.00	GR
THE DAY	TRUE LOVE GONE (COME ON HOME)	CORAL 62373	15.00	GR
THERE'S A LOOK ABOUT YOU	ONE LITTLE ISLAND	TEE PEE 4566	300.00	NM
WE GOT LOVE	I'VE LOST ALL COMMUNICATIONS	LOMA 2054	20.00	GR
YOU WERE MEANT TO BE MY BABY	GOD BLESS THE GIRL **and** ME	LOMA 2035	20.00	NM

ENCHANTING ENCHANTERS
BOSS ACTION	NO ONE IN THIS WORLD	BENMOKEITH 685	200.00	F

ENCHANTMENT
CALL ON ME	same: instrumental	POLYDOR 14287	100.00	78
HOLD ON	COME ON AND RIDE	DESERT MOON 6403	10.00	78

ENCHANTMENTS
I'M IN LOVE WITH YOUR DAUGHTER	I'M IN LOVE WITH YOUR DAUGHTER pt. 2	Faro 620 orange label	100.00	NM
I'M IN LOVE WITH YOUR DAUGHTER	I'M IN LOVE WITH YOUR DAUGHTER pt. 2	Faro 620	75.00	NM

ENCORE
STAY	MINUTE	GERIM 2126	30.00	78

END PRODUCT
TURN YOU MY WAY	LOVE NEEDS LOVE	PARAMOUNT 84	30.00	78

ENDEAVORS
I CAN'T HELP CRYING	BEWARE OF YOUR FRIENDS	EMPIRESTATE 18798	200.00	NM
SEXY WOMAN	WHO! SHAFT WHERE?	GAMBIT 6	15.00	GR
SHATTERED DREAMS	I KNOW YOU DON'T WANT ME	STOP 372	20.00	GR

ENFORCERS
DOIN' WHAT I WANNA	BINGO	M AND M	50.00	F

ENGLISH, BARBARA
(YOU GOT ME) SITTIN' IN THE CORNER	STANDING ON TIP TOE	AURORA 155	150.00	NM
ALL THE GOOD TIMES ARE GONE	ALL BECAUSE I LOVE SOMEBODY	WB 5685	25.00	NM
I DON'T DESERVE A BOY LIKE YOU	EASY COME, EASY GO	MALA 488	50.00	NM

ENGLISH, BARBARA JEAN
IF THIS AIN'T LOVE	IF IT FEELS THIS GOOD	ROYAL FLUSH 101	20.00	78

ENJOYABLES
PUSH A LITTLE HARDER	WE'LL MAKE A WAY	CAPITOL 5321	30.00	NM
SHAME	I'LL TAKE YOU BACK	SHRINE 118	500.00	NM

ENTERTAINERS
I'M IN LOVE WITH YOU	HOT ON A THANG	HMC 3991	40.00	78
LOVE IN MY HEART	MY PAD	SYMBOL. 212	75.00	NM

ENTERTAINERS IV
GETTING' BACK INTO CIRCULATION	MY GARDEN OF EDEN	DORE 759	30.00	NM
GETTING' BACK INTO CIRCULATION	WHEN YOU'RE YOUNG AND IN LOVE	DORE 759	50.00	NM
HEY LADY	CLAIRE DE LOONEY	DORE 788	15.00	GR
IT'S A SMALL WORLD	RIDE AROUND THE PARK	DORE 812	15.00	GR
TEMPTATION WALK	SHAKE, SHAKE, SHAKE	DORE 749	20.00	NM

ENTERTAINERS
BABY, BABY	SETBACKS	BREVIT 501	30.00	NM
I WANNA BE (YOU'RE EVERYTHING)	MR. PITIFUL	JCP 1033	50.00	NM
LOVE IN MY HEART	MY PAD	SYMBOL. 212	75.00	NM
PO BOY	WHY?	OVIDE 238	20.00	NM
TOO MUCH	I TRIED TO TELL YOU	CHESS 1951	15.00	NM

ENTERTAINS
LOVE WILL TURN IT AROUND	WHY COULDN'T I BELIEVE THEM	STEEL TOWN 92540	15.00	78

ENTICERS
CALLING FOR YOUR LOVE	STORY TELLER	COTILLION 44125	30.00	NM

EPICS
WE ARE MADE AS ONE	WE ARE MADE AS ONE pt. 2	BRIDGE TOWN 100	50.00	GR

EPITOME OF SOUND
YOU DON'T LOVE ME	WHERE WERE YOU	SANDBAG 101 dj	150.00	NM
YOU DON'T LOVE ME	WHERE WERE YOU	SANDBAG 101	50.00	NM

EPPERSON, MINNIE
GRAB YOUR CLOTHES (AND GET ON OUT)	NO LOVE AT ALL	PEACOCK 1960	40.00	NM
NOTHING BUT THE FACTS	IT'LL LAST FOREVER	PEACOCK 1944	20.00	NM

EPPS, KING ARTHUR
I'M NOT GIVING UP	THINK HAPPY	K-ART 2123	20.00	B

EPPS, PRESTON
AFRO MANIA	LOVE IS THE ONLY GOOD THING	JO JO 106	200.00	F

EPPS, SWEET JAMES
LOVE AT FIRST SIGHT	SEARCHIN'	MOTORPOOL 3183	250.00	B

EPSILONS
MAD AT THE WORLD	I'M SO DEVOTED	SHRINE 106	200.00	NM
MIND IN A BIND	IT'S ALL RIGHT	HEM 1003	150.00	NM
THE ECHO	REALLY ROCKIN'	STAX 0021	20.00	GR

EPTONES
A LOVE THAT'S REAL	NO ONE ELSE BUT YOU	JOX 70	200.00	NM

EQUADORS
YOU'RE MY DESIRE	SOMEONE TO CALL MY OWN	MIRACLE 7	300.00	M

EQUALS
FUNKY LIKE A TRAIN	IF YOU DIDN'T MISS ME	MERCURY 6007106	25.00	F

EQUATIONS
OH YOU SWEET DARLING	HAVE FAITH	ALL PLATINUM 2311	30.00	GR

ERIC and the VIKINGS
I'M TRULY YOURS	WHERE DO YOU GO (BABY)	GORDY 7132	40.00	M
IT'S TOO MUCH FOR MAN TO TAKE TOO LONG	TIME DON'T WAIT	GORDY 7116	60.00	M
VIBRATIONS (MADE US FALL IN LOVE)	GET OFF THE STREETS YA'LL	SOULHAWK. 10	75.00	NM

ERNIE and the TOP NOTES
DAP WALK	THINGS ARE BETTER	FORDOM	200.00	F

ERVIN SISTERS
DO IT RIGHT	CHANGING BABY	TRI-PHI 1014	30.00	M
EVERYDAY'S LIKE A HOLIDAY	WHY I LOVE HIM	TRI-PHI 1022	25.00	M

ESCORTS
LOOK OVER YOUR SHOULDER	BY THE TIME I GET TO PHEONIX	ALITHIA 6052	10.00	GR
LOVE IS LIKE A DREAM	MAKE ME OVER	KNOCKOUT 10145	10.00	78
S.O.S. (HEART IN DISTRESS)	I LOVE YOU BUT YOU DON'T KNOW	SOULO 109	100.00	NM
SING A HAPPY SONG	HEART OF GOLD	KNOCKOUT 10146	15.00	78

THE HURT	NO CITY FOLKS ALLOWED	RCA 8327	25.00	NM
ESKO AFFAIR				
SALT AND PEPPER	MORNING DULLS FIRES	MERCURY 72887	20.00	NM
ESQUIRES				
AND GET AWAY	EVERYBODY'S LAUGHING	BUNKY 7752	10.00	M
DANCIN' A HOLE IN THE WORLD	THAT AIN'T NO REASON	ROCKY RIDGE 403	40.00	NM
GET ON UP	LISTEN TO ME	BUNKY 7750	10.00	NM
GIRLS IN THE CITY	AIN'T GONNA GIVE IT UP	LAMARR 1001	20.00	NM
LET ME BUILD YOU A NEW WORLD	STAY	NEW WORLD 101	20.00	GR
LISTEN TO ME	REACH OUT	CAPITOL 2650	15.00	NM
MY SWEET BABY	HENRY RALPH	HOT LINE 103	40.00	NM
PART ANGEL	I DON'T KNOW	WAND 1195	10.00	NM
THE FEELING'S GONE	WHY CAN'T I STOP	BUNKY 7755	10.00	NM
YOU SAY	STATE FAIR	BUNKY 7753	10.00	NM
YOU'VE GOT THE POWER	NO DOUBT ABOUT IT	WAND 1193	10.00	NM
ESSENCE				
BROKEN PROMISES	BLACK REFLECTIONS	RONN 70	15.00	GR
DON'T PRESS YOUR LUCK	THINK ABOUT LOVIN' YOU	INTERSTATE 103	15.00	NM
ESSEX IV				
MY REACTION TO YOU	MY HEART JUST CAN'T TAKE IT	WIND MILL 2001	100.00	78
ESSEX				
MOONLIGHT, MUSIC AND YOU	THE EAGLE	BANG 537	15.00	**NM**
ETHICS				
I WANT MY BABY BACK	FAREWELL	VENT 1006	20.00	NM
SAD, SAD, STORY	SEARCHING	VENT 1004	10.00	GR
STANDING IN THE DARKNESS	THAT'S THE WAY WAY LOVE GOES	VENT 1008	15.00	NM
THINK ABOUT TOMORROW	LOOK AT ME NOW	VENT 1001	15.00	NM
THINK ABOUT TOMORROW	LOOK AT ME NOW	VENT no release #	20.00	NM
EVALINE				
A LITTLE BIT OF HURT	THE RIGHT TIME	SS7 2518	30.00	NM
THINK YOU BETTER LEAVE	HALF	SS7 2505	10.00	NM
EVANS, KARL				
OO WEE LET IT BE ME	HONEY ON MY SHOULDER	SKYWAY 143	30.00	**NM**
EVANS, MILL				
I'VE GOT TO HAVE YOUR LOVE	THINGS WON'T BE THE SAME	CONSTELLATION. 170	20.00	**NM**
WHEN I'M READY	TRYING TO FIND A HOME	TOU-SEA 128	300.00	NM
WHY, WHY, WHY	RIGHT NOW	KING 6084	50.00	NM
EVANS, NATE and BOSS				
THE LOOK ON YOUR FACE	THIS TIME WITH FEELING	DPR 003	75.00	NM
EVANS, NATE and MEAN GREEN				
MAIN SQUEEZE	PARDON MY INNOCENT HEART	TWINIGHT 156	250.00	NM
THE LOOK ON YOUR FACE	THIS TIME WITH FEELING	DPR 003	30.00	NM
EVERETT, BETTY				
BYE, BYE BABY	YOUR LOVE IS IMPORTANT TO ME	ABC 10861	20.00	NM
GETTING MIGHTY CROWDED	CHAINED TO YOUR HEART	VEE-JAY 628	10.00	NM
I CAN'T HEAR YOU	CAN I GET TO KNOW YOU	VEE-JAY 599	10.00	NM
I GOT TO TELL SOMEBODY	WHY ARE YOU LEAVING ME	FANTASY 652	15.00	NM
I'VE GOT A CLAIM ON YOU	YOU LOVE IS IMPORTANT TO ME	ONEDERFUL 4806	30.00	NM
LOVE COMES TUMBLING DOWN	PEOPLE AROUND ME	ABC 10919	45.00	NM
MY LOVE TO LEAN ON	HEY LUCINDA	SS7 1520	30.00	NM
PLEASE LOVE ME	I'LL BE THERE	ONEDERFUL 4823	15.00	NM
PRINCE OF PLAYERS	BY MY SIDE	VEE-JAY 513	20.00	NM
TELL ME, DARLING	I'LL WEEP NO MORE	DOTTIE 1126	30.00	NM
THE REAL THING	GONNA BE READY	VEE-JAY 683	15.00	NM
THE SHOOP SHOOP SONG	HANDS OFF	VEE-JAY 585	10.00	NM
TOO HOT TO HOLD	I DON'T HURT ANYMORE	VEE-JAY 699	10.00	NM
TROUBLE OVER THE WEEKEND	THE SHOE WON'T FIT	VEE-JAY 716	15.00	NM
TRUE LOVE (YOU TOOK MY HEART)	SAME:	UA 1200	15.00	78
UNLUCKY GIRL	BETTER TOMORROW THAN TODAY	UNI 55219	20.00	NM
EVERETT, FRANK				
SPELLBOUND	MY LOVE IS TRUE	BIG SMOKEY 16	30.00	78
EVERETT, HOWARD				
END OF THE RAIN BOW	GET YORSELF TO GETHER	NEBO 2128	100.00	B
EXCEPTION				
YOU ALWAYS HURT ME	YOU DON'T KNOW LIKE I KNOW	CAPITOL 2120	10.00	NM
EXCEPTIONAL THREE feat. RUBY CARTER				
UN LUCKY GIRL	WHAT ABOUT ME	WAY OUT 101	50.00	NM
EXCEPTIONALS				
UNLUCKY GIRL	WHAT ABOUT ME	GRT 48	30.00	NM

EXCEPTIONS
THE LOOK IN HER EYES	BABY YOU KNOW I NEED YOU	GROOVEY GROOVES 161	300.00	NM

EXCITERS
BLOWING UP MY MIND	YOU DON'T KNOW WHAT YOUR MISSING	RCA 9723	20.00	NM
BLOWING UP MY MIND	YOU DON'T KNOW WHAT YOUR MISSING	RCA 1035	15.00	NM
HARD WAY TO GO	TELL HIM	UA 544	10.00	NM
IF YOU WANT MY LOVE!	TAKE ONE STEP (I'LL TAKE TWO)	RCA 9633	25.00	NM
NUMBER ONE	YOU GOT LOVE	SHOUT 205	15.00	NM
WEDDINGS MAKE ME CRY	YOU BETTER COME HOME	BANG 518	15.00	**NM**

EXCITING CHANGES
I'VE GOT SOMETHING GOOD FOR YOU	FALLING IN LOVE AGAIN	WEST HILL 1001	100.00	78

EXCLUSIVES
IF ONLY	PARKSIDE	HERBART 2279	200.00	NM

EXCUSES
TRICK BAG	KEEP ON CLIMBING	VIVACE 4501	300.00	NM

EXECUTIVE BRANCH
LOVE MADE IT ALL	PEACE OF MIND	EXPRESS 300	300.00	GR

EXECUTIVE FORCE
LET ME SHOW YOU THE WAY	DROP THAT BODY	NEW AGE 116	30.00	GR
MIDNIGHT LOVIN'	YOU'RE THE TYPE OF GIRL	NEW AGE 115	300.00	78

EXECUTIVE FOUR
I GOT A GOOD THING AND I AIN'T	YOU ARE	LU MAR 202	700.00	NM

EXECUTIVE SUITE
CHRISTINE	same:	JUBILEE. 5705 dj	25.00	GR
HEY! PEARL	same:	UA 625 dj	10.00	78
WHY IN THE WORLD DO THEY KEEP ON	I MUST MOVE ON	DT 40788	10.00	GR

EXECUTIVES
HAPPY CHATTER	FALLING IN LOVE	DERBY. 1009	15.00	NM

EXITS
ANOTHER SUNDOWN IN WATTS	I'M SO GLAD	KAPP 2028	200.00	NM
I DON'T WANT TO HEAR IT	same: instrumental	GEMINI. 1006	75.00	NM
YOU GOT TO HAVE MONEY	UNDER THE STREET LAMP	GEMINI 1004	40.00	NM

EXOTICS
BOOGALOO INVESTIGATOR	I'M GONNA NEVER STOP LOVING YO	EXCELLO 2284	20.00	NM
LET'S TRY TO BUILD A LOVE AFFAIR	LET ME BE A PART OF YOU	EXCELLO 2292	40.00	B
LIKE YOU HURT ME	BIG TIME CHARLIE	CORAL 62439	50.00	NM

EXOUTICS
HERE WE GO AGAIN	KEEP GROOVIN'	EP 5587	40.00	78

EXPERIENCE UNLIMITED
E.U. GROOVE	ROCK YER BUTT	EXPERIENCE UNLIMITED 18893	40.00	F

EXPERTS
MY LOVE IS REAL	BIG MAMA	JO BY 501	75.00	NM
MY LOVE IS REAL	SHING-A-LING AND BOOG-A-LING BIG	TAG LTD 102	50.00	NM
WAKE ME WHEN IT'S OVER	YOU'RE BEING BRAINWASHED BABY	WHIRL WIND 1001	25.00	GR
WAKE ME WHEN IT'S OVER	YOU'RE BEING BRAINWASHED BABY	METROMEDIA 116	10.00	GR

EXPLOSIONS
GARDEN OF FOUR TREES	TEACH ME	GOLD CUP	100.00	F
HIP DROP	HIP DROP PT 2	GOLDEN CUP 5	75.00	F

EXPO
ROAD TO SUNSHINE	ALWAYS THINKING OF YOU	EUPHONIC 8411	30.00	78

EXPORTATIONS
I WANT YOU	FIND ANOTHER DAY	VIR-RO 1001	50.00	78

EXPRESSIONS
YOU BETTER KNOW IT	OUT OF MY LIFE	FEDERAL 12533	25.00	NM

EXSAVEYONS
I DON'T LOVE YOU NO MORE	SOMEWHERE	SMOKE 600	30.00	NM
WHERE DO I GO FROM HERE	RUNNING WILD	SMOKE 609	50.00	GR

EXTENSIONS
I WANT TO KNOW	MY NEED	SUCCESS 109	20.00	NM
YOUR HEART BELONGS TO ME	VARIATIONS ON A THEME	NICKEL 113	20.00	GR

EXTENTIONS
THIS LOVE OF MINE	VARIATIONS ON A THEME	NICKEL 111	15.00	GR

EXTREMES
HOW I NEED YOUR LOVE	SAD SAM	4J 514	1000.00	NM

EYES OF BLUE
HEART TROUBLE	UP AND DOWN	DERAM 85001	40.00	NM
SUPERMARKET FULL OF CANS	DON'T ASK ME TO MEND YOUR BROK	DERAM 85003	30.00	NM

FABIANS
WOULD YOU BELIEVE	CONFIDENTIAL	BLUE ROCKET 315	50.00	NM

FABULETTES
SCREAMIN' AND SHOUTIN'	I'M IN THE MOOD FOR LOVE	SS7 2576	40.00	NM
THE BIGGER THEY ARE	MISTER POLICEMAN	MONUMENT 901	50.00	NM

FABULONS
THIS IS THE END	CONNIE	BENSON 100	25.00	GR
THIS IS THE END	CONNIE	BENSON-RITCO 100	40.00	GR

FABULOUS APOLLOS
SOME GOOD IN EVERYTHING BAD	same: Instrumental	VALTONE 105	50.00	NM
THE ONE ALONE	DETERMINATION	VALTONE 101	250.00	NM

FABULOUS BALLADS
GOD BLESS OUR LOVE	GOD BLESS OUR LOVE PT 2	BAY VIEW 11326	50.00	GR

FABULOUS CAPRICES
MY LOVE	GROOVY WORLD	CAMARO 3442	30.00	78

FABULOUS CAPRIS
IN THE ALLEY	STAGGER WALK	DOMINO 105	50.00	F

FABULOUS CAROUSELS
WOULD YOU LOVE ME	GOOD TIME BABY	TOWNE HOUSE 108	40.00	NM

FABULOUS COUNTS
DIRTY RED	SCRAMBLED EGGS	MOIRA 105	15.00	F
GET DOW PEOPLE	LUNAR FUNK	MOIRA 108	10.00	F
JAN JAN	GIRL FROM KENYA	MOIRA 103	20.00	F
RHYTHM CHANGES	PACK OF LIES	WESTBOUND 173	10.00	F

FABULOUS DENOS
ONCE I HAD A LOVE	BAD GIRL	KING 5908	40.00	NM

FABULOUS DIMENSIONS
I CAN'T TAKE IT, BABY	same: instrumental	SAPPHIRE 1025 red label	30.00	NM
I CAN'T TAKE IT, BABY	same: instrumental	SAPPHIRE 1025 yellow label	40.00	NM

FABULOUS DINO'S
RETREAT	INSTANT LOVE	SABER 105	50.00	NM
THAT SAME OLD SONG	WHERE HAVE YOU BEEN	MUSICOR 1025	30.00	NM

FABULOUS DOWNBEATS
LIFE GOES ON	ASK ME	POISON RING 3674	30.00	NM

FABULOUS EMOTIONS
NUMBER ONE FOOL	FUNKY CHICKEN	TAMBOO 5100	20.00	NM
NUMBER ONE FOOL	FUNKY CHICKEN	NICO 1000	30.00	NM

FABULOUS FIESTAS
ONE HURT DESERVES ANOTHER	KEEP IT IN THE FAMILY	RCA 364	25.00	B

FABULOUS FLAMES
DO YOU REMEMBER	GET TO STEPPING	BAY-TONE 102	15.00	GR

FABULOUS FOUR
IF I KNEW	EVERYBODY'S GOT TO HAVE A HEAR	SAINTMO 300	30.00	NM
I'M COMING HOME	EVERYBODY KNOWS	CHANCELLOR 1090	100.00	NM

FABULOUS HOLIDAYS
I'M SO GLAD	TOO MANY TIMES	MARATHON 257	30.00	78

FABULOUS IMPACS
MY BABY	I'LL BE CRYING	BOMB. 3017	150.00	NM

FABULOUS JADES
COME ON AND LIVE	PLANNING THIS MOMENT	RIKA 111	250.00	NM
I'LL BE SO HAPPY	COLD HEAT	LENNAN 1264	300.00	NM

FABULOUS MARK III
PSYCHO	PSYCHO pt. 2	TWINK	500.00	F

FABULOUS MOONLIGHTERS
COLD AND FUNKY	COLD AND FUNKY PT 2	BLUE EAGLE 22467	15.00	F
FOR GRANTED	I'VE LOST AGAIN	BLUE EAGLE 1011	100.00	NM

FABULOUS NU-TONES
I'M NOT WORTHY OF YOUR LOVE	OUR LOVE WAS DESTINED TO BE	WHITE HOUSE 5002	200.00	NM

FABULOUS ORIGINALS
IT AIN'T FAIR, BUT IT'S FUN	BY THE TIME I GET TOP PHEONIX	JEWEL	500.00	F

FABULOUS PEPS (also see PEPS)
GYPSY WOMAN	WHY AE YOU BLOWING MY MIND	PREMIUM STUFF 7	50.00	NM
MY LOVE LOOKS GOOD ON YOU	SPEAK YOUR PIECE	D-TOWN 1065 (219 mix)	75.00	NM
SHE'S GOING TO LEAVE YOU	THIS LOVE I HAVE FOR YOU	GE GE 503	75.00	NM
WHY ARE YOU BLOWING MY MIND	I CAN'T GET IT RIGHT	PREMIUM STUFF 1	15.00	NM
WITH THESE EYES	I'VE BEEN TRYING	WEE 3 1001	30.00	NM
WITH THESE EYES	LOVE OF MY LIFE	WHEELSVILLE 109	40.00	NM

FABULOUS PERFORMERS
ONE LITTLE KISS	WHERE IS MY DADDY	BLACK JACK 1407	600.00	NM

FABULOUS PLAYBOYS
HONKEY TONK WOMEN.	TEARS, TEARS, TEARS	APOLLO. 760	75.00	NM

FABULOUS PLAYMATES
DON'T TURN YOUR BACK (ON LOVING)	AIN'T GONNA BE NO FOOL FOR YOU	SELECT 200	150.00	78

FABULOUS SHALIMARS
FUNKY LINE	FUNKY LINE PT.II	RACK 701	20.00	F

FABULOUS SOULS
DEEP IN THE NIGHT	same: instrumental	KGBS 3113	30.00	GR

FABULOUS TEARS
SOMEONE'S WAITING		KOKO 730	200.00	GR

FABULOUS TRAITS
LONELY MAN	LOVE IS STRANGE	TELE-PHONIC 1001	15.00	GR

FADS
THE PROBLEM IS	JUST LIKE A WOMAN	MERCURY 72542	50.00	NM

FAITH, GENE
LOVE A WOMEN.-SOUL OF A MAN	COMIN' HOME	VIRTUE 2508	20.00	F

FAITHFUL WONDERS
YOU'VE GOT TO MOVE	OL' JOHN (BEHOLD THY MOTHER)	CHECKER. 5039	40.00	NM

FALANA, FLUFFY
MY LITTLE COTTAGE (BY THE SEA)	HANGOVER FROM LOVE	ALPHA 007	150.00	NM

FALCONS
(I'M A FOOL) I MUST LOVE YOU	LOVE, LOVE,LOVE	BIG WHEEL 321	50.00	NM
GOOD GOOD FEELING	LOVE YOU LIKE YOU NEVER BEEN LOVED	BIG WHEEL 1972	150.00	NM
HAS IT HAPPENED TO YOU YET	LONELY NIGHT	LU PINE 124	150.00	NM
JUST FOR YOUR LOVE	THIS HEART OF MINE	ANNA 1110	200.00	M
LOVE LOOK IN HER EYES	IN TIME FOR THE BLUES	BIG WHEEL 1971	150.00	NM
MY HEART IS OPEN	EMPTINESS	CARL 503	20.00	NM
STANDING ON GUARD	I CAN'T HELP IT	BIG WHEEL 1967	15.00	NM
THE TEACHER	WAITING FOR YOU	UA 229	20.00	NM
THIS HEART OF MINE	ROMANITA	KUDO 661	300.00	M

FALLS, ART
I WANT YOU BABY	I'LL BE THERE	NAUTILUS 125	300.00	NM

FAME GANG
GRITS AND GRAVY	SOUL FEUD	FAME 1458	20.00	F

FAME, HERB
YOU'RE MESSIN' UP MY MIND	FROM THE SHADOWS TO THE SUN	DATE 1507	15.00	NM

FAMILY
NATION TIME	same: instrumental	NORTH BAY 302	15.00	F

FAMILY AFFAIR
I HAD A FRIEND	I AM PEOPLE	AUTHENTIC 4300	15.00	78

FAMILY CIRCLE
I HOPE YOU REALLY LOVE ME	LOVING YOU MAKE THE WORLD GO R	SKY DISC 644	10.00	78
IF YOU WANTA REALLY MAKE IT	CHANGE	SKY DISC 642	25.00	GR

FAMILY CONNECTION
THE NEWSPAPER SONG SWEET!	BLACK PEARL	RUFUS 1001	20.00	GR

FAMILY FOUR
SEACHING FOR FREEDOM	HEART IN PAIN	BRO-TONE 1000	15.00	B

FAMILY OF EVE
HAVING IT SO BAD FOR YOU	I DON'T WANT TO PAY	FULL SAIL 5172	30.00	78
I WANT TO BE LOVED BY YOU	PLEASE BE TRUTHFUL	FULL SAIL 751	50.00	78

FAMILY OF SWEDE				
I GOT TO MOVE ON	same:	BUTTER FIELDS 2039	20.00	78
FAMILY PRIDE				
I WON'T BE HERE TONIGHT '77 B	MUSIC (LISTEN TO THE MUSIC)	SPIRIT RECORDS 823	20.00	B
FAMOUS CHROMES				
TEACH ME	I GOTTA GROOVE ON	DRIVE 6225	10.00	78
FANTAISIONS				
UNNECESSARY TEARS	THAT'S WHERE THE ACTION IS	SATELLITE 2006	20.00	NM
FANTASIONS				
G.I. JOE WE LOVE YOU	WAIT	THOMAS 308	300.00	NM
FANTASTIC EPICS				
FUN AND FUNK PT. II	FUN AND FUNK PT.III	TORIES 1001	40.00	F
LET'S GET TOGETHER	WE DO IT ALL UP IN HERE	KELTON 121	75.00	NM
FANTASTIC FOUR				
A MAN IN LOVE	NO LOVE LIKE YOUR LOVE	RIC TIC 137	15.00	M
AIN'T LOVE WONDERFUL	THE WHOLE WORLD IS A STAGE	RIC TIC 122	10.00	NM
AS LONG AS THE FEELING IS THERE	GODDESS OF LOVE	RIC TIC 134	10.00	NM
CAN'T STOP LOOKING FOR MY BABY	JUST THE LONELY	RIC TIC 121	150.00	NM
I LOVE YOU MADLY	same: instrumental	RIC TIC 144	15.00	M
I LOVE YOU MADLY	same: instrumental	SOUL	10.00	M
I'M FALLING IN LOVE	I BELIEVE IN MIRACLES	EASTBOUND 620	10.00	NM
LIVE UP TO WHAT SHE THINKS	GIRL HAVE PITY	RIC TIC 119	30.00	NM
PIN POINT IT DOWN	I FEEL L.IKE I'M FALLING IN LOVE	SOUL 35058	10.00	M
FANTASTIC PUZZLES				
COME BACK	COME BACK PT 2	NEW MOON 8501	75.00	78
FANTASTIC SHAKERS				
THE BIGGEST MISTAKE	SOMEBODY TAKEN YOUR PLACE	FANTASTIC SHAKERS 17041	15.00	78
FANTASTICS				
ME AND YOU	HAVE A LITTLE FAITH	SS7 2565	30.00	NM
THAT ONE	HIGH NOTE	SS7 2548	30.00	NM
THAT ONE	HIGH NOTE	COPA 8005	50.00	NM
WHERE THERE'S A WILL (THERE'S A WAY)	IN TIMES LIKE THESE	IMPRESARIO 124	300.00	NM
FANTHOMS				
WHO CARES	THERE	POWER FUNKSION 1000	75.00	F
FARRA, MARYANN and the SATIN SOUL				
LIVING IN THE FOOTSTEPS OF ANOTHER MAN	STONED OUT OF MY MIND	BRUNSWICK 55533	20.00	78
FARRAR, SUSANN				
THE BIG HURT	OUR TOWN	PHILIPS 40564	20.00	NM
FARREN, CHARLES				
YOU GOT EVERYTHING	ALONE	LIMELIGHT 3030	40.00	NM
YOU'VE CHANGED MY LIFE FOR THE BETTER	A GIRL LIKE YOU	HAWK 200	50.00	NM
FARROW, MIKKI				
SET MY HEART AT EASE	COULD IT BE	KARATE 524	250.00	**NM**
FASCINATIONS				
GIRLS ARE OUT TO GET YOU	YOU'LL BE SORRY	MAYFIELD 7714	20.00	**NM**
I'M IN LOVE	CAN'T STAY AWAY FROM YOU	MAYFIELD 7716	15.00	NM
I'M SO LIUCKY (SHE LOVES ME)	SAY IT ISN'T SO	MAYFIELD 7711	30.00	NM
MAMA DIDN'T LIE	SOMEONE LIKE YOU	ABC 10387	30.00	NM
YOU'RE GONNA BE SORRY	TEARS IN MY EYES	ABC 10443	40.00	NM
FASHIONEERS				
DON'T YOU KNOW	WITHOUT YOU	BLUE ROCK 4025	150.00	NM
FASHIONS				
A LOVER'S STAND	ONLY THOSE IN LOVE	20TH. CENTURY 6710	20.00	NM
WHEN LOVE SLIPS AWAY	I.O.U. (A LIFETIME OF LOVE)	20TH. CENTURY 6703	20.00	NM
WHY DON'T YOU STAY A LITTLE LONGER	I SET A TRAP FOR YOU	AMY 884	15.00	NM
FASINATIONS see FASCINATIONS				
FATHER and SONS				
SOUL IN THE BOWL	SOUL IN THE BOWL pt. 2	MINIT 32004	15.00	NM
FAULK, GERALD				
EXPRESS YOURSELF	I WANT YOU BACK	LANOR 590	20.00	F
FAULK, LITTLE WILLIE				
LOOK INTO MY HEART	THE LOVE I COULD NEVER HAVE	M&H 2917	1000.00	NM
FAULKCON, LAWRENCE				
MY GIRL AND MY FRIEND	WHY SHOULD WE HIDE OUR LOVE	CHECK MATE 1004	25.00	M
FAUSTUS				
BABY PLEASE	GOTTA SEE MY BABY	GAMBLE 4006	30.00	NM
FAVORITE, BARBARA				
THEN I'LL BE TRUE	TWO-WAY RADIO	Back Beat 585	30.00	NM
FAWNS				
GIRL IN TROUBLE	BLESS YOU	TEC 3015	15.00	NM
NOTHING BUT LOVE CAN SAVE ME	WISH YOU WEERE HERE WITH ME	NEW FRONTIERS 4402	30.00	NM

NOTHING BUT LOVE CAN SAVE	WISH YOU WEERE HERE WITH ME	CAP CITY 105	15.00	NM
FAYE, RENA and the TEDDY BEAR CO.				
DO IT	THANK YOU BABY	MELRON 5015	50.00	F
FEASTER, CHINO				
THE GIRL I LOVE	DON'T YOU KNOW BABY	STRAKER'S 90	25.00	NM
THE GIRL I LOVE	PRETTY BABY	SHIPP 1000	20.00	NM
FELICE TRIO, DEE				
NIGHTINGALE	LITTLE LIZA JANE	TERRY	400.00	F
THERE WAS A TIME	NEVER	BETHLEHEM 3094	30.00	F
FELLOWS				
LET'S MAKE IT LAST	SHE'S ALWAYS THERE	SOLID HIT 110	150.00	NM
FELTON, TERRY				
YOU'RE WELCOME BACK	I DON'T WANT TO HAVE TO WAIT	REVILOT 224	30.00	NM
FENWAYS				
BE CAREFUL LITTLE GIRL	same: instrumental	BEVMAR 402	10.00	NM
SATISFIED	I'M A MOVER	CO and CE 233	15.00	NM
THE FIGHT	HARD ROAD AHEAD	BLUE CAT 116	30.00	NM
FERGUSON, DAVIS AND LEE				
I THINK, I'M GONNA CRY	UP GRADE	EPIC 10592	15.00	NM
MUST BE GOING OUT OF MY HEAD	PLEASE DON'TCHA MENTION	GRT 51	15.00	GR
FERGUSON, HELENA				
I'M SO GLAD	I'D RATHER GO BLIND	CONGRESS 6009	15.00	NM
MY TERMS	WHERE IS THE PARTY	COMPASS 7009	15.00	NM
THE LONELINESS (IS COMING AGAIN)	ON'T SPOIL OUR GOOD THING	COMPASS 7017	30.00	78
FERGUSON, SHELIA				
AND IN RETURN	ARE YOU SATISFIED	SWAN 4225	125.00	NM
DON'T (LEAVE ME LOVER)	I WEEP FOR YOU	SWAN 4217	100.00	NM
HEARTBROKEN MEMORIES	SIGNS OF LOVE	SWAN 4234	100.00	NM
HOW DID THAT HAPPEN	LITTLE RED RIDING HOOD	LANDA 706	40.00	NM
FERRELL, LEON				
PURE UNADULTERATED LOVE	SOMEONE LIKE YOU	NATION 92767	15.00	NM
FERRIS WHEEL				
NUMBER ONE GUY	I CAN'T BREAK THE HABIT	PHILIPS 40512	15.00	NM
FESTIVALS				
GREEN GROW THE LILACS	same:	GORDY 7120 dj	15.00	M
HEY GIRL	CHECK IT OUT	BLUE ROCK 4076	75.00	NM
MUSIC	I'LL ALWAYS LOVE YOU	SMASH 2056	15.00	NM
TAKE YOUR TIME	BABY SHOW IT	COLOSSUS 136	20.00	NM
YOU'RE GONNA MAKE IT	SO IN LOVE	COLOSSUS 122	15.00	78
YOU'VE GOT THE MAKINGS OF A LOVER	HIGH WIDE AND HANDSOME	SMASH 2091	15.00	NM
FEVA, SANDRA				
LOVE CAME RIGHT ON TIME	same: instrumental	JERNI 2001	40.00	78
FIATS				
SPEAK WORDS OF LOVE	BEFORE I WALK OUT THE DOOR	UNIVERSAL 5003	100.00	NM
FIDELS				
I WANT TO THANK YOU	BOYS WILL BE BOYS	MAVERICK 1008	20.00	NM
I'M GIVING YOU NOTICE BABY	same:	DORE 761 dj	75.00	NM
TRY A LITTLE HARDER	YOU NEVER DO RIGHT	KEYMEN 106	100.00	**NM**
FIDELTONES				
PRETTY GIRL	GAME OF LOVE	ALLADIN 3442	150.00	M
FIELD, CLAUDIA				
TO LOVE SOMEBODY	LOVE IS ALRIGHT	ROULETTE 7207	15.00	78
FIELDS, JAMES LEWIS				
HOW LONG SHALL I WAIT	I REALLY LOVE YOU	TOP POP 2262	75.00	F
FIELDS, LEE (and the NOW GENERATION)				
BEWILDERED	TELL HER THAT I LOVE HER	BEDFORD 105	10.00	B
EVERYBODY GONNA GIVE THERE THING	EAST COAST RAPPER	SOUND PLUS 2105	40.00	F
FUNKY SCREW	THE BULL IS COMING	ANGLE 3 1004	75.00	F
I WANNA DANCE (THE LAST DANCE)	MIGHTY MIGHTY LOVE	ANGLE 3 1706	20.00	F
LET'S TALK IT OVER	SHE'S A LOVE MAKER	NORFOLK 1000	10.00	B
SHE'S A LOVE MAKER	LET'S TALK IT OVER	LONDON 190	20.00	F
SHE'S A LOVEMAKER	LET'S TALK IT OVER	NORFOLK SOUND 1000	20.00	F
TAKE ME BACK	TYRA'S SONG	ANGLE 3 1008	30.00	NM
THE LAST DANCE	THE LAST DANCE PT. II	ANGLE 3 2005	25.00	F
FIELDS, LILLY				
I'VE GOT TO TELL YOU	MY BASKET	HOLTON 6711	75.00	NM
FIELDS, LILY and LANDS, HOAGY				
SWEET SOUL (BROTHER)	A BOY IN A MAN'S WORLD	SPECTRUM 118	20.00	NM
FIELDS, RICHARD DIMPLES				
IT'S FINGER LICKIN' GOOD	YOU SEND ME	DAT RICHFIELD KAT 1005	25.00	F

FIESTAS
I FEEL GOOD ALL OVER	LOOK AT THAT GIRL	OLD TOWN 1127	20.00	NM
I GOTTA HAVE YOUR LOVIN'	AIN'T SHE SWEET	OLD TOWN 1189	20.00	NM
SO FINE	LAST NIGHT I DREAMED	OLD TOWN 1062	10.00	NM
SOMETIMES STORM	I CAN'T SHAKE YOUR LOVE	RESPECT 2509	30.00	78
THE GYPSY SAID	MAMA PUT THE LAW DOWN	OLD TOWN 1134	20.00	NM
THE PARTY'S OVER	TRY IT ONE MORE TIME	OLD TOWN 1140	10.00	GR
THE RAILROAD SONG	BROKEN HEART	OLD TOWN 1122	15.00	NM
THINK SMART	ANNA	OLD TOWN 1178	200.00	NM

FIFTH AMENDMENT
I GOT YOU WHERE I WANT YOU	PLEASE DON'T LEAVE ME NOW	NEW YORK SOUND CO. 100	15.00	NM

FIKES, BETTY
PROVE IT TO ME	I CAN'T LIE TO MY HEART	SUTHBOUND 437	250.00	**NM**

FINAL DECISIONS
HOUR OF YOUR NEED	KEEP ON WALKING	BUMPSHOP 162	10.00	GR
YOU ARE MY SUNSHINE	YOU GOT TO BE MY WOMAN	HI C RECORDS 1	60.00	78

FINCH, BOBBY
GET A HOLD OF YOURSELF	IF ONLY	BEVNIK 1912	40.00	78

FINISHI NG TOUCH
SECOND BEST (IS NEVER ENOUGH)	YOUR LOVE HAS PUT A SPELL ON ME	PHILLY GROOVE 201	20.00	78

FINLEY, GEORGE
TOO LATE FOR TEARS	BRONCO	AMBASSADOR 209	40.00	B

FINNIGAN, MIKE and the SERFS
BREAD & WATER	HELP ME SOMEBODY	RHYTHM and SOUL 101	40.00	NM
BREAD & WATER	HELP ME SOMEBODY	PARKWAY	20.00	NM

FINNIGANS WAKE
YOU BLEW IT	STAY WITH ME (BABY)	VAL. 1015	20.00	NM

FIRE
FLIGHT TO CUBA	SOUL ON ICE	BAY TOWN	300.00	F

FIRE AND RAIN
HELLO STRANGER	SOMEBODY TO LOVE	MERCURY 73373	40.00	78

FIREBIRDS
SOUL SONATA	I JUST DON'T BELIEVE YOU	EXCELLO 2307	30.00	NM

FIRST BORN
IF THIS IS OUR LAST TIME	HEY CLOUD	ATLANTIC 2872	10.00	78

FIRST CHOICE
THIS IS THE HOUSE (WHERE LOVE DIED)	ONE STEP AWAY	SCEPTER 12347	25.00	NM

FIRST CLASS
CANDY	DON'T LISTEN TO YOUR FRIENDS	PARK-WAY 1556	40.00	78
ME AND MY GEMINI	(SING) ME AND MY GEMINI	ALL PLATINUM 2365	10.00	78

FIRST FAMILY
SLOW MOTION	THE FIRST FAMILY	SCORE 10	20.00	78

FIRST GRADE
PLEASE COME BACK	BUT WE'RE OLD ENOUGH	FROG 767	20.00	NM

FIRST LOVE
LOVE ME TODAY	DON'T SAY GOODNIGHT	DAKAR 4566	15.00	78

FISCHER, JERRY
I'VE GOT TO FIND SOMEONE TO LOVE	I'VE GOT TO BE A SINGING STAR	THREE SPEED 714	75.00	NM
I'VE GOT TO FIND SOMEONE TO YO	I'VE GOT TO BE A SINGING STAR	MUSICOR 1147	60.00	NM

FISHBACK, SONNY
HEART BREAKING MAN	I WON'T TAKE BACK THESE WORDS	OUT-A-SITE 50008K BMI fishback pub	600.00	NM
HEART BREAKING MAN	I WON'T TAKE BACK THESE WORDS	OUT-A-SITE 50008 Kodel Music pub.	750.00	NM

FISHER, ANDY
HEART'S ARE BEATING STRONG	WEE BIT LONGER	FAT FISH	1000.00	NM

FISHER, EDDIE
GOT TO GET STEPPIN'	MUSIC MAKERS	NENTU 102	300.00	F

FISHER, JERRY see FISCHER, JERRY

FISHER, JESSE
HONEY	I CAN'T STOP LOVING YOU	SOJAMM 106	500.00	NM
LITTLE JOHN	WHY	WAY OUT 106	20.00	F
MR. SUPER NOBODY	DON'T CHEAT ON ME	WAY OUT 100	15.00	NM
YOUR NOT LOVING A BEGINNER	WAITING	WAY OUT 104 multi-coloured label	30.00	NM
YOUR NOT LOVING A BEGINNER	WAITING	WAY OUT 104 white and red label	45.00	NM

FISHER, MISS TONI
THE BIG HURT	MEMPHIS BELLE	SIGNETT 275	10.00	NM

FISHER, SHELLEY
BIG CITY LIGHTS	ELEGY (PLAIN BLACK BOY)	ARIES 5002	15.00	NM
GIRL, I LOVE YOU	OUTSIDE OF MEMPHIS	DALYA 5002	150.00	NM
I'LL LEAVE YOU (GIRL)	SAINT JAMES INFIRMARY	KAPP 2114	150.00	F

FISHER, SONNY
I'M GOING (ALL THE WAY)	HURTING	PEACOCK 1947	30.00	NM
OH LOVE THIS IS SONNY	same: Instrumental	TOU-SEA 130	300.00	NM

FISHER, WILLIE
ONE WAY STREET	same: Instrumental	TIGRESS 359	20.00	78
PUT YOUR LOVIN' ON ME	TAKE TIME TO KNOW HER	TIGRESS 174	40.00	78
YOU SAID CALL ME	same: Instrumental	TIGRESS 453	50.00	78

FITZGERALD, ELLA
GET READY	OPEN YOUR WINDOW	REPRISE 850	15.00	NM

FITZGERALD, ERNEST
ACE IN THE HOLE	ACE IN THE HOLE pt. 2	DANIELS 7112	50.00	NM

FIVE CROWNS
JUST A PART OF LIFE	JUST A PART OF LIFE	FIVE-O 503	10.00	NM

FIVE DU-TONES
MONKEY SEE - MONKEY DO	THE GOUSTER	ONEDERFUL 4818	10.00	NM
SWEET LIPS	LET ME LOVE YOU	ONEDERFUL 4828	20.00	NM

FIVE EMPRESSIONS
HEY LOVER	LITTLE MISS SAD	FREEPORT 1001	40.00	NM

FIVE FLIGHTS UP
DO WHAT YOU WANNA DO	BLACK CAT	T.A. 202	10.00	GR

FIVE GENTS
BITTER CANDY		SUNBURST	50.00	NM

FIVE JAYS
HEY HEY GIRL	YOU GOT LOVE	CHANT 515	40.00	NM

FIVE KEYS
STOP (WHAT YOUR DOING TO ME)	GODDESS OF LOVE	RAM LANDMARK 101	30.00	NM

FIVE MILES HIGH
SHOULD'VE BEEN SATISFIED	SO FRUSTRATED	SPOOKY 10001	20.00	F

FIVE QUAILS
BEEN A LONG TIME	GET TO SCHOOL ON TIME	HARVEY 114	40.00	M

FIVE SATINS feat. FREDDIE PARRIS
DARK AT THE TOP OF THE STAIRS	SUMMER IN NEW YORK	RCA 478	30.00	78

FIVE SPECIAL
THE MORE I GET TO KNOW YOU	SAME: PT 2	TEAL 717	25.00	78
THE MORE I GET TO KNOW YOU	THE MORE I GET TO KNOW YOU Pt.	MERCURY 73849	20.00	78

FIVE STAIRSTEPS
AIN'T GONNA REST (TILL I GET YOU)	YOU CAN'T SEE	WINDY C 605	10.00	NM
CHANGE OF PACE	THE TOUCH OF YOU	WINDY C 608	10.00	NM
COME BACK	YOU DON'T LOVE ME	WINDY C 603	10.00	GR
DON'T WASTE YOUR TIME	YOU WAITED TOO LONG	WINDY C 601	20.00	NM
OOOH, BABY BABY	THE GIRL I LOVE	WINDY C 607	15.00	GR
PLAYGIRL'S LOVE	WORLD OF FANTASY	WINDY C 602	10.00	NM
STAY CLOSE TO ME	I MADE A MISTAKE	CURTOM 1933	10.00	NM

FIVE STAIRSTEPS and CUBIE
LITTLE YOUNG LOVER	BABY MAKE ME FEEL SO GOOD	CURTOM 1936	15.00	NM
LITTLE YOUNG LOVER	WE MUST BE IN LOVE	CURTOM 1945	15.00	NM

FIVE STARS
BLABBER MOUTH	BABY BABY	COLUMBIA 42056	30.00	M
BLABBER MOUTH	BABY BABY	END 1028	50.00	M
OOH SHUCKS	DEAD WRONG	MARK-X 7006	100.00	M

FIVE TOWNS
ADVICE	IT ISN'T WHAT YOU'VE GOT	EVANS 100	25.00	GR

FIVE WAGERS
UNTIL I FOUND YOU	LUCKY I FOUND YOU	SALEM 1013	20.00	NM
UNTIL I FOUND YOU	YOU'RE MY WORLD	NATION 1013	15.00	NM
YOU'RE MY WORLD	UNITIL I FOUND YOU	NATION TIME 1013	25.00	NM

FLAIR and the FLAT FOOTS
HEY BOY - HEY GIRL	JOHN FUZZ	S.P.Q.R. 1007	20.00	NM

FLAIRS
YOU GOT TO STEAL	WHERE YOU LIVE	RAP 7	15.00	NM

FLAMBEAUS
DARLING I'M WITH YOU	NOBODY KNOWS	OLD TOWN 2001	25.00	NM

FLAME and the SONS OF DARKNESS
SOLID FUNK	SOMETHING	P&P 222	40.00	F

FLAME 'N KING
THE LOVE MAN	FAST STEPPIN'	HSP 100	20.00	NM

FLAME N KING and the BOLD ONES
HO HAPPY DAY	AIN'T NOBODY JIVIN'	N.Y.S.C. 10	75.00	78

FLAME and the LOVELIGHTS
THE WAY I WANT OUR LOVE	WHY IS LOVE	JABER 7113	30.00	NM

FLAMES
STAND UP AND BE COUNTED	MY LONELY HOUR	PEOPLE 600	20.00	F

FLAMING EMBER (S)
JUST LIKE CHILDREN	TELL IT LIKE IT IS	RIC TIC 145	15.00	M

CHILDREN	same: instrumental	RIC TIC 143	10.00	NM
LET'S HAVE A LOVE--IN (CAUSE EVERYBODY NEEDS LOVE)	same: instrumental	RIC TIC 129	10.00	M
LET'S HAVE A LOVE-IN (CAUSE EVERYBODY NEEDS LOVE)	HEY MAMA	RIC TIC 132	10.00	M

FLAMING EMERALDS

HAVE SOME EVERYBODY	same: instrumental	FEE 361 orange label	10.00	78
HAVE SOME EVERYBODY	same: instrumental	FEE 361 blue label	15.00	78

FLAMINGO, CHUCK

LOVE, LOVE, LOVE	LITTLE BIT OF THIS	ROJAC 1002	45.00	NM
WHAT'S MY CHANCES	NO ONE TO CALL MY OWN	ROJAC 1001	600.00	NM

FLAMINGOS

CALL HER ON THE PHONE	TEMPTATION	PHILIPS 40308	20.00	NM
I KNOW BETTER	FLAME OF LOVE	END 1121	25.00	NM
MONKEY TAMARIND	HEY PRETTY GIRL	ALSTON 4599	15.00	F
NOBODY LOVES ME LIKE YOU	YOU, ME, AND THE SEA	END 1068	15.00	NM
SHE SHOOK MY WORLD	ITTY BITTY BABY	PHILIPS 40413	20.00	NM
SINCE MY BABY PUT ME DOWN	BROOKLYN BOOGALOO	PHILIPS 40378	15.00	NM
THE BOOGALOO PARTY	THE NEARNESS OF YOU	PHILIPS 40347	10.00	NM
THINK ABOUT ME	same: instrumental	WORLDS 103	10.00	78

FLANAGAN, STEVE

I'VE ARRIVED	I NEED TO BE LOVED SO BAD	ERA 3186	250.00	NM

FLAVOR

DON'T FREEZE UP	same: instrumental	JU-PAR 8001	15.00	78
DON'T FREEZE UP	same: instrumental	BUNKY 711	10.00	78
TAKE A RIDE	SOUL SAVER	JAMIE 1435	10.00	F

FLEMING, DEBBIE

LONG GONE	ALL ABOUT YOU	ATTIC 102	10.00	NM

FLEMING, GARFIELD

DON'T SEND ME AWAY	YOU GOT DAT RIGHT	BECKET 7	30.00	78

FLEMING, JOY

ARE YOU READY FOR LOVE	ALABAHA STAND-BY	PRIVATE STOCK 45076	15.00	78

FLEMING, MISS ANN

YOU'RE JUST ONE MAN	I LOVE YOU DARLIN	WINLEY 253	75.00	NM

FLEMING, SHERWOOD

PEACE, LOVE AND UNDERSTANDING	BIG CITY PACKER	KENT 4528	10.00	NM

FLEMONS, WADE

AT THE PARTY	DEVIL IN YOUR SOUL	VEE-JAY 377	15.00	NM
I CAME RUNNING (BACK FROM THE PARTY)	THAT TIME OF YEAR	VEE-JAY 533	20.00	NM
I'LL COME RUNNING	AIN'T THAT LOVIN' YOU BABY	VEE-JAY 368	15.00	NM
JEANETTE	WHAT A PRICE TO PAY	RAMSEL 1001	300.00	NM
KEEP ON LOVING ME	PLEASE SEND ME SOMEONE TO LOVE	VEE-JAY 389	15.00	NM
THAT OTHER PLACE	I KNEW YOU WHEN	VEE-JAY 614	150.00	NM
TWO OF A KIND	I KNEW YOU'D BE MINE	RAMSEL 1002	250.00	NM
WATCH OVER HER	WHEN IT RAINS IT POURS	VEE-JAY 578	15.00	NM

FLETCHER, DARROW

CHANGING BY THE MINUTE	WHEN LOVE CALLS	UNI 55244	25.00	NM
GOTTA DRAW THE LINE	I'VE GOTTA KNOW WHY	GROOVY 3007	15.00	NM
HONEY CAN I	RISING COST OF LOVE	ATLANTIC 3600	40.00	78
I LIKE THE WAY I FEEL	THE WAY OF A MAN	REVUE 11008	25.00	NM
INFATUATION	LITTLE GIRL	JACKLYN 1003	15.00	NM
IT'S NO MISTAKE	TRY SOMETHING NEW	CROSS OVER 980	75.00	78
MY YOUNG MISERY	I'VE GOTTA KNOW WHY	GROOVY 3004	30.00	NM
THAT CERTAIN LITTLE SOMETHING	MY JUDGEMENT DAY	GROOVY 3009	20.00	NM
THE PAIN GETS A LITTLE DEEPER	MY JUDGEMENT DAY	GROOVY 3001	20.00	NM
THIS TIME (I'LL BE THE FOOL)	WE'VE GOTTA GET AN UNDERSTANDING	CROSS OVER 983	10.00	B
THOSE HANGING HEARTACHES	same:	REVUE 11035 dj	15.00	NM
WHAT GOOD AM I WITHOUT YOU	LITTLE GIRL	JACKLYN 1006	25.00	NM
WHAT IS THIS	DOLLY BABY	UNI 55270	15.00	NM

FLETCHER, SAM

I'D THINK IT OVER	FRIDAY NIGHT	TOLLIE 9012	300.00	**NM**
MORE TODAY THAN YESTERDAY	WHAT'LL I DO	VAULT 502	20.00	NM

FLETCHER, TEE

ALL BECAUSE OF YOU	same: instrumental	TRAGAR 6810	300.00	NM
HAPPY LOVING YOU	PARDON ME WHILE I CRY	SHURFINE 19	30.00	NM
THANK YOU BABY	WALK ON OUT	JOSIE 970	25.00	NM
WOULD YOU DO IT FOR ME	DOWN IN THE COUNTRY	TRAGAR 6802	20.00	NM

FLIGHT

NO MORE PART TIME LOVIN'	FLYING HIGH	FLY 4 15	100.00	78

FLINT EMERALDS

IS IT ALL A BAD DREAM	YOU DON'T KNOW THAT I LOVE YOU	COCONUT GROOVE 4021	25.00	78

FLIRTATIONS
CHANGE MY DARKNESS INTO LIGHT	NATURAL BORN LOVER	JOSIE 956	25.00	NM
NOTHING BUT A HEARTACHE	CHRISTMAS TIME IS HERE AGAIN	DERAM 85036	10.00	NM
STRONGER THAN HER LOVE	SETTLE DOWN	FESTIVAL 705 dj	150.00	**NM**
STRONGER THAN HER LOVE	SETTLE DOWN	FESTIVAL 705 red label	200.00	NM
STRONGER THAN HER LOVE	SETTLE DOWN	FESTIVAL 705 multi coloured label	200.00	NM

FLOATERS (and SHU-GA)
TAKE ONE STEP AT A TIME	I AM SO GLAD I TOOK MY TIME	FEE 311	10.00	78
FOR YOUR LOVE	GET READY	FEE 266	15.00	GR

FLORENCE, TINA
TOO MUCH FOR ME, BABY	LET BYGONES BE BYGONES	APT 25078	75.00	NM

FLORES, REE
LOOK INTO MY HEART	GET OUT OF MY LIFE WOMAN	M&H 9343	500.00	NM

FLOWER, PHIL see FLOWERS, PHIL

FLOWERS
FOR REAL	same: instrumental	LAX 101	450.00	78
WE COULD MAKE IT HAPPEN	WE COULD MAKE IT HAPPEN PT 2	LAX 102	200.00	78

FLOWERS, PHIL (and the UNDERDOGS)
DISCONTENTED	UNDERDOG	LOFT 103	200.00	NM
DISCONTENTED	CRY ON MY SHOULDER	DOT 17058 dj	50.00	NM
DISCONTENTED	CRY ON MY SHOULDER	DOT 17058	20.00	NM
GOT TO HAVE HER FOR MY OWN	COMIN' HOME TO YOU	COLUMBIA 43397	30.00	NM
HOW CAN I FORGET HER	IF I COULD HAVE MY WAY	ALMANAC 812	40.00	NM
STAY AWHILE	IF YOU REALLY LOVE HIM	ICI INDUSTRIES 1806	150.00	78
THE MAN, THE WIFE & THE BABY DAUGHTER	NOTHING LASTS FOREVER	BELL 928	10.00	NM
WHERE DID I GO WRONG	ONE MORE HURT	DOT 17043	15.00	NM
YOU LITTLE DEVIL	THE CLEOPATRA	JOSIE 909	20.00	NM

FLOYD, BILLY
MY OH MY	TIME MADE YOU CHANGE YOUR MIND	ARCTIC 145	400.00	**NM**
SWEETER THAN CANDY	ONE CHANCE	20TH. CENTURY 6678	100.00	NM

FLOYD, BONNY and the UNTOUCHABLES
MISTER BIG STUFF	AIN'T NO GETTING OUT	BENNETT 926	25.00	F

FLUORESCENT SMOG
ALL OF MY LIFE	LITTLE JOE	W.G. 830	1500.00	NM

FOLGER, DAN
GO ON BACK (TO WHERE YOU'VE BEEN)	SEVEN LONELY	HICKORY 1374	50.00	NM
THE WAY OF THE CROWD	CROSSWORD PUZZLE	ELF 90004	125.00	NM

FOLLET, JACKIE
I AM WHAT I AM	DON'T CARE TO	VERVE 5065	75.00	NM
THERE'S A MOMENT	THAT'S A GOOD ENOUGH REASON	VERVE 5034	15.00	NM

FONTANA, WAYNE
IT WAS EASIER TO HURT HER	YOU MADE ME WHAT I AM TODAY	MGM 13456	10.00	NM
SOMETHING KEEPS CALLING ME BACK	PAMELA, PAMELA	MGM 13661	15.00	NM

FORD, KEN
OUR LOVE IS FOR REAL	I WANNA DANCE	GOLD MINE 1000	20.00	78

FORD, MARY
ONE IN A MILLION	WHY CAN'T HE BE YOU	TOWER 279	15.00	NM

FORD, TED
PRETTY GIRLS EVERYWHERE	SHE'S GONNA COME BACK	SS7 2594	20.00	F
YOU'RE GONNA NEED ME	PLEASE GIVE ME ANOTHER CHANCE	SS7 2604	50.00	**NM**

FORD, YOUNG HENRY and the GIFTS
TWO HEARTS MAKE A ROMANCE	TREAT HER NICE	ROULETTE 4552	10.00	NM

FOREMAN, SYL
BEFORE I LEAVE YOU	THESE PRECIOUS MOMENTS	BIG STAR 7	100.00	NM
BEFORE I LEAVE YOU	THESE PRECIOUS MOMENTS	MANDINGO 7	100.00	NM

FOREST, EARL
THE DUCK	THE CROWN	DUKE 363	15.00	NM

FOREVERS
BE AWARE	GOT IT MADE	WEIS 600	40.00	NM
WHAT GOES AROUND (COMES AROUND	SOUL TOWN	WEIS 3002	15.00	NM

FORK IN THE ROAD
CAN'T TURN AROUND NOW	SKELETONS IN THE CLOSET	GM 712	25.00	NM

FORMATIONS
AT THE TOP OF THE STAIRS	MAGIC MELODY	BANK 104	20.00	NM
AT THE TOP OF THE STAIRS	MAGIC MELODY	MGM 13899 black label	10.00	**NM**
DON'T GET CLOSE	THERE'S NO ROOM	MGM 14009	15.00	NM
LONELY VOICE OF LOVE	LOVE'S NOT ONLY FOR THE HEART	MGM 13963	20.00	NM

FORMULA 12
WHERE IS SHE	same:	CATAMOUNT 133	50.00	NM

FORREST, NICK
LET ME BE	MUSIC MAESTRO PLEASE	TEEN LIFE 10	75.00	M

FORSTON AND SCOTT
SWEET LOVER	MY DREAMS OF YOU	PZAZZ 1	850.00	NM

FORT, RUBIEN
I FEEL IT	SO GOOD	ANNA 1117	25.00	M
I'LL DO THE BEST I CAN	NOBODY	CHECK MATE 1007	30.00	M

FORTE, RONNIE
THAT WAS WHISKEY TALKIN'	NERVOUS BREAKDOWN	TARX 1011	30.00	NM

FORTH SESSION
SHE'S GONE	WOULD YOU LOVE ME TOO	JAYVILLE 7147	200.00	GR

FORTSON, LARRY
KEEP YOUR LOVE GROWING	LATER	VAL. 12	40.00	B

FORTSON, ROBBY
ARE YOU FOR REAL	AIN'T IT LONELY	PZAZZ 27	40.00	NM

FORTUNE, C. and BRINSON, J.
HIPSTER	TRUE LOVE	INTERSTATE	50.00	F

FORTUNE, JEANIE
KEEP ME	ANGRY EYES	RCA 8914	15.00	NM
ONCE MORE WITH FEELING	OCCASIONAL TEARS	RCA 8704	20.00	NM

FORTUNE, ROB
CRAZY FEELIN	SWEETHEART OF MINE	PARAMOUNT 300	20.00	NM
CRAZY FEELIN	SWEETHEART OF MINE	NOW. 2	15.00	NM

FORUM
GO TRY TO PUT OUT THE SUN	GIRL WITHOUT A BOY	MIRA. 248	10.00	B

FOSTER BAND, AL
THE NIGHT OF THE WOLF	THE NIGHT OF THE WOLF Pt 2	ROULETTE 7162	100.00	F

FOSTER, BOBBY
GET YOUR LOVE WHERE YOU FIND IT	THIS TIME I'M REALLY LEAVING	SOUNDCOT 1125	20.00	F
IF YOU REALLY NEED A FRIEND (CALL ON ME)	BUILDING UP (FOR A LET DOWN)	SOUND PLUS 2101	15.00	78
WHERE DO YOU GO	I'M SO GLAD	SELECTOHITS 105	10.00	78

FOSTER, EDDIE
CLOSER TOGETHER	DON'T MAKE ME CRY	OCAMPO 100	200.00	NM
I NEVER KNEW	I WILL WAIT	IN 6311	250.00	**NM**
I WON'T BE YOUR FOOL	I MAY BE WRONG	LYONS 621	50.00	NM
I'M GROWN	WHAT YOU PUTTING ME DOWN	PROGRESS 116	30.00	NM

FOSTER, FRANK
HARLEM RUMBLE	BRING IT ON HOME	TRIODE 120	125.00	NM

FOSTER, LARRY
FUNKY BELLY	FUNKY BELLY PT 2	BIG BEAT 133	15.00	F

FOSTER, MILLIE
OLE FATHER TIME	IT KEEPS ON RAINING TEARS	TCF 4	30.00	NM

FOUNDERS
DON'T YOU LEAVE ME BABY	DON'T TURN YOUR BACK ON ME	BOLIVIA 323	25.00	GR

FOUNTAIN, CAPT. JESSE
I'M MARCHIN	WHEN IT RAINS LOVE (IT POURS)	CAMEO 457	20.00	NM

FOUNTAIN, JAMES
MY HAIR IS NAPPY	BURNING UP FOR YOUR LOVE	PEACHTREE 124	50.00	F
SEVEN DAY LOVER	MALNUTRITION	PEACHTREE 127	100.00	**NM**

FOUNTAIN, ROOSEVELT and PENS OF RHYTHM
RED PEPPER	RED PEPPER II	PRINCE-ADAMS 447	30.00	F

FOUR ANDANTES
HIPPER, THAN ME	TOO LATE TO CRY	MO DO 1007	750.00	NM

FOUR ARTS
WHO DO YOU THINK YOU ARE	JUST ONE NIGHT	SHEE 100	400.00	NM

FOUR BARS
TRY ME ONE MORE TIME	COMIN' ON HOME	DAYCO 101	100.00	GR

FOUR BELOW ZERO
E.S.P. Pt. 1	E.S.P. Pt 2	P&P 1050	150.00	78
MY BABY'S GOT E.S.P.	MY BABY'S GOT E.S.P. PT 2	ROULETTE 7186	50.00	78

FOUR BROS.
LET IT ALL REACH OUT	COOL JERK	CARLA 2538	200.00	NM

FOUR BUDDIES
JUST ENOUGH OF YOUR LOVE	I WANT TO BE THE BOY YOU LOVE	IMPERIAL 66018	50.00	NM

FOUR CHAPS
TRUE LOVERS	WILL YOU OR WON'T YOU	CO & CE 231	30.00	NM

FOUR DYNAMICS
THINGS THAT A LADY AIN'T SUPPOSE TO DO	THAT'S WHAT GIRL ARE MADE FOR	PEACHTREE 129	1000.00	NM

FOUR EXCEPTIONS
A SAD GOODBYE	YOU GOT THE POWER	PARKWAY 986	70.00	NM

FOUR FLIGHTS
ALL I WANT IS YOU	ALL I WANT IS YOU Pt 2	ALMERIA 4002	50.00	78

FOUR GENTS
I'VE BEEN TRYING	SOUL SISTER	HBR 509	20.00	GR
TOMORROW MAY NEVER COME	THE DONKEY	ONCORE 85	400.00	NM
YOUNG GIRLS BEWARE	CHERRY LIPS	ONCORE 83	400.00	NM

FOUR HAVENS
WHAT TIME IS IT	LET'S HAVE A GOD TIME BABY	VEEP 1214	30.00	GR

FOUR HI'S
HEARTBREAK RIVER	THE TRAIN (LEAVING FOR MISERY)	VERVE 10549	25.00	NM
PRETTY LITTLE FACE	THE TRAIN (LEAVING FOR MISERY)	VERVE 10450	25.00	NM

FOUR HOLLIDAYS
DEEP DOWN IN MY HEART	HE CAN'T LOVE YOU	MASTER 3001	250.00	NM
STEP BY STEP	GRANDMA BIRD	MARKIE 109	30.00	NM

FOUR JEWELS
BABY IT'S YOU	SHE'S WRONG FOR YOU BABY	TEC 3007	15.00	GR

FOUR LARKS
ANOTHER CHANCE	RAIN	TOWER 364	30.00	NM
I STILL LOVE YOU	GROOVIN' AT THE GO GO	TOWER 402	75.00	NM
I'VE GOT PLENTY	CAN I HAVE ANOTHER HELPING	TOWER 450	20.00	NM
THAT'S ALL THAT COUNTS	YOU AND ME	UPTOWN. 748	75.00	NM

FOUR MINTS
CAN'T GET STRUNG OUT	IN A RUT	CAPSOUL 26	30.00	NM
DO YOU REALLY LOVE ME	(I'M GONNA) KEEP ON LOVING YOU	CAPSOUL 27	25.00	NM
THEY WERE WRONG	ROW MY BOAT	CAPSOUL 23	20.00	GR
THEY WERE WRONG	ROW YOUR BOAT	LOREN 21	30.00	NM
YOU WANT TO COME BACK	YOU'RE MY DESIRE	CAPSOUL 28	40.00	NM

FOUR MONITORS
THANK YOU BABY	DARK SIDE OF THE GHETTO	ROKER 501	30.00	NM

FOUR M'S
I'VE GOT TO GO	MAY I LOVE YOU	GAY SHELL 404	1000.00	NM

FOUR OF CLUBS
FUNKITY	IT'S YOUR TURN TO CRY	CYPRESS 101	39.00	F

FOUR PENNIES
YOU'RE A GAS WITH YOUR TRASH	YOU HAVE NO TIME TO LOSE	BRUNSWICK 55304	40.00	NM

FOUR PRO'S
EVERYBODY'S GOT SOME SOUL	YOU CAN'T KEEP A GOOD MAN DOWN	CARLA 2532	40.00	NM
JUST ANOTHER GIRL	THERE MUST BE A REASON	CARLA 2531	30.00	NM

FOUR PUZZLES
ESPECIALLY FOR YOU	RIGHT OR WRONG	FAT BACK 215	50.00	NM

FOUR REPUTATIONS
CALL ON ME	SORRY	MILLAGE 105 labels reversed	300.00	NM
CALL ON ME	SORRY	MILLAGE 105 correct labeling	450.00	NM

FOUR SHADES
SOMETHING SPECIAL	MY WORLD	RONN 61	15.00	GR

FOUR SHELLS
REPUTATION	HOT DOG	VOLT 134	15.00	NM

FOUR SIGHTS
LOVE IS A HURTING GAME THAT I CAN'T WIN	THE DREAMER	SHY-SOUL 101	200.00	NM

FOUR SINGING AVALONS
SHE'S MY WOMAN, SHE'S MY GIRL	THE YANKEE DANCE	ATCO 6585	30.00	GR

FOUR SONICS
EASIER SAID THAN DONE	THE GREATEST LOVE	SPORT 111	20.00	NM
IF IT WASN'T FOR MY BABY	THERE'S NO LOVE	JMC 141	20.00	78
IT TAKES TWO	YOU DON'T HAVE TO SAY YOU LOVE	SPORT 110	15.00	NM
TELL ME YOU'RE MINE	LOST WITHOUT YOU	SEPIA 1	30.00	NM
WHERE ARE YOU	BLUE VELVET	TRIPLE B 2	40.00	NM

FOUR TEES
I SAID SHE SAID	LIKE MY BABY	VEE-JAY 627	15.00	NM
ONE MORE CHANCE	FUNKY DUCK	KENT 4530	25.00	NM

FOUR TEMPOS
GOT TO HAVE YOU (CAN'T LIVE WITHOUT YOU)	COME ON HOME	RAMPART 657	20.00	NM
MEMORIES	SHOWDOWN	RAMPART 655	20.00	GR
STRANGE DREAM	LONELY PRISONER	RAMPART 664	20.00	GR

FOUR THOUGHTS
KISSES AND ROSES	WHEN I'M WITH YOU	WOMAR 103	300.00	NM

FOUR TOPS
AIN'T THAT LOVE	LONELY SUMMER	COLUMBIA 41755	30.00	M
AIN'T THAT LOVE	LONELY SUMMER	COLUMBIA 43356	15.00	M
ASK THE LONELY	WHERE DID YOU GO	MOTOWN 1073 **PS**	30.00	M
ASK THE LONELY	WHERE DID YOU GO	MOTOWN 1073	15.00	M
BABY I NEED YOUR LOVING	CALL ON ME	MOTOWN 1062	10.00	M
DON'T BRING BACK THE MEMORIES	WHAT IS A MAN	MOTOWN 1147	10.00	M

I CAN'T HELP MYSELF	paper picture disc 1965	MOTOWN 1076 **paper picture disc**	40.00	M
I JUST CAN'T GET YOU OUT OF MY MIND	AM I MY BROTHER'S KEEPER	DUNHILL 4377	10.00	78
IT'S ALL IN THE GAME	LOVE (IS THE ANSWER)	MOTOWN 1164 **PS**	15.00	M
JUST SEVEN NUMBERS (CAN STRAIG	I WISH I WERE YOUR MIRROR	MOTOWN 1175 **PS**	15.00	M
REACH OUT I'LL BE THERE	UNTIL YOU LOVE SOMEONE	MOTOWN 1098 **PS**	20.00	M
SHAKE ME, WAKE ME	JUST AS LONG AS YOU NEED ME	MOTOWN 1090	10.00	M
SOMETHING ABOUT YOU	DARLING I HUM OUR SONG	MOTOWN 1084	10.00	M
WHERE YOU ARE	PENNIES FROM HEAVEN	RIVERSIDE 4534	100.00	M
WITHOUT THE ONE YOU LOVE	LOVE HAS GONE	MOTOWN 1069	10.00	M
WONDERFUL BABY	IF I WERE A CARPENTER	MOTOWN 1124	10.00	M
FOUR TRACKS				
CHARADE	YOU MEAN EVERYTHING TO ME	NOTE 7212	350.00	NM
LIKE MY LOVE FOR YOU	VOODOO WOMAN	MANDINGO 25	800.00	NM
FOUR UM				
DAY DREAMING	WHAT THE WORLD NEEDS NOW	LIBRA 7 701	50.00	78
FOUR VOICES				
SUMMER KIND OF LOVE	WE LIVE IN THE GHETTO	VOICE 1113	75.00	NM
YOU LOVE IS GETTING STRONGER	WITH A LONELY HEART	VOICE 1112 green label	1200.00	NM
YOUR LOVE IS GETTING STRONGER	WITH A LONELY HEART	VOICE 1112R gold label	75.00	NM
FOUR WONDERS				
HAVEN'T WE BEEN GOOD FOR EACH	JUST LOOKING FOR MY LOVE	SOLID FOUNDATION 108	40.00	78
FOUR COUNTS				
A HOME IN LOVELAND	LOVE IS A SONG OF LOVE	LYNDELL 1009	200.00	NM
FOURTH DAY				
YOU TURN ME ON	ON MY WAY UP	DT 104	15.00	78
FOX, ANNABELLE				
LONELY GIRL	HUMOR ME	SATIN 402	300.00	NM
TOO GOOD TO BE FORGOTTEN	GETTING THROUGH TO ME	SATIN 400	10.00	NM
FOX, DAMON				
GOTTA GET MY BABY BACK	BLACK WIDOW SPIDER	CRIMSON 1013	20.00	F
PACKING UP	BONEY MARONEY	FAIRMOUNT 1021	2000.00	NM
FOX, JOHN				
IT'S UP TO YOU	ELECTION DAY	CAPITOL 4451	40.00	78
FOX, KENNY				
I'M CRAZY 'BOUT YOU BABY	YOU'RE MINE	RCA 9590	10.00	B
FOXES				
I JUST MIGHT FALL IN LOVE	TIP TOE THROUGH THE TULIPS	ABC 10446	150.00	NM
MIGHTY GOOD SIGN	MR. TELEPHONE	FENCOE 617	400.00	NM
FOXFIRE and the ADAMS, JOHNNNY				
TRAMP	DISCO SHOES	KENT 4578	25.00	F
FOXX, INEZ (and CHARLIE)				
BROKEN HEARTED FOOL	HE'S THE ONE YOU LOVE	SYMBOL. 922	20.00	NM
I SEE YOU MY LOVE	ASK ME	SYMBOL. 926	20.00	NM
NO STRANGER TO LOVE	COME BY HERE	MUSICOR 1201	15.00	NM
TIGHTROPE	BABY TAKE IT ALL	DYNAMO 102	15.00	**NM**
FOXY				
TROUBLE	I LIKE THE WAY YOU LOVE	DOUBLE SHOT 153	10.00	F
FOXY and the 7 HOUNDS				
MIRROR, MIRROR	LISTEN LISTEN	WISE WORLD 1002	50.00	NM
FRAN, CAROL				
ANY DAY LOVE WALKS IN	JUST A LETTER	PORT 3012	30.00	NM
I'M GONNA TRY	CRYING IN THE CHAPEL	PORT 3000	30.00	NM
I'M GONNA TRY	CRYING IN THE CHAPEL	JOSIE 1016	10.00	NM
KNOCK KNOCK	EMMIT LEE'S COME BACK	EXCELLO 2156	75.00	NM
ONE LOOK AT YOU DADDY	EMMITT LEE	EXCELLO 2118	15.00	NM
YOU CAN'T STOP ME	IT'S MY TURN NOW	PORT 3005	15.00	NM
FRANCIS, DEAN and the SOUL ROCKERS				
FUNKY DISPOSITION	TIPPIN'	HILLSIDE 1007	50.00	F
FRANCIS, RUFF and the ILLUSIONS				
GIVE ME MERCY	MISERY LOVES COMPANY	ESSICA 2	50.00	F
FRANCISCANS				
WALK TO THE BOTTOM OF THE SEA	MOTHER PLEASE ANSWER ME	JIMBO 2	125.00	NM
FRANKIE and JOHNNY				
I'LL HOLD YOU	(I'M) NEVER GONNA LEAVE YOU	HICKORY 1391	50.00	NM
TIMES GONE BY	SWEET THANG	IA 112	20.00	NM
FRANKIE and ROBERT				
SWEET THING	LOVE (IT'S BEEN SO LONG)	TRAGAR 6805	40.00	NM
FRANKIE and the CLASSICALS				
WHAT SHALL I DO	I ONLY HAVE EYES FOR YOU	CALLA 127	30.00	NM
WHAT SHALL I DO	GOOD-BYE LOVE (HELLO SADNESS)	CALLA 127BN	30.00	NM
WHAT SHALL I DO	I ONLY HAVE EYES FOR YOU	CALLA 127 talking intro	50.00	NM

FRANKIE and the DAMONS
I HOPE YOU FIND THE WAY	MAN FROM SOUL	JCP 1057	150.00	NM

FRANKLIN QUARETTE, SAM
LEAVING THE GHETTO	LA WANDA	SAX 771	15.00	F

FRANKLIN, ARETHA
(NO, NO) I'M LOSING YOU	SWEET BITTER LOVE	COLUMBIA 43333	15.00	NM
I CAN'T SEE MYSELF LEAVING YOU	GENTLE ON MY MIND	ATLANTIC 2619	10.00	NM
I CAN'T WAIT UNTIL I SEE MY BABY'S FACE	ONE STEP AHEAD	COLUMBIA 43241	30.00	NM
ROCK STEADY	OH ME OH MY (I'M A FOOL FOR YOU BABY)	ATLANTIC 2091168	10.00	F
TIGHTEN UP YOUR TIE, BUTTON UP YOUR JACK	HANDS OFF	COLUMBIA 43515	15.00	NM

FRANKLIN, BOBY
THE LADIES CHOICE	THE LADIES CHOICE Pt. 2	FEE 301	15.00	F
THE LADIES CHOICE	THE LADIES CHOICE Pt. 2	PARAMOUNT	20.00	F
WHAT EVER'S YOUR SIGN	same: instrumental	BABYLON 1123	10.00	F

FRANKLIN, CAROLYN
REALITY	IT'S TRUE I'M GONNA MISS YOU	RCA 188	10.00	NM

FRANKLIN, ERMA
IT COULD'VE BEEN ME	I JUST DON'T NEED YOU	BRUNSWICK 755424	20.00	NM
ABRACADABRA	LOVE IS BLIND	EPIC 9610	150.00	NM
GOTTA FIND ME A LOVER (24 HOURS A DAY)	CHANGE MY THOUGHTS FROM YOU	BRUNSWICK 55403	10.00	NM
I DON'T WANT NO MAM'S BOY	HAVE YOU EVER HAD THE BLUES	EPIC 9594	40.00	NM
WHISPERS	I GET THE SWEETEST FEELING	BRUNSWICK 755430	75.00	NM

FRANKLIN, MARIE
BEING IN LOVE AIN'T EASY	DON'T HURT ME NO MORE	CASTLE 78102	100.00	78
I DON'T NEED NO MAN	ANYTHING YOU WASN'T BORN WITH	TRC 1008	20.00	NM
KEEP ON KEEPING ON	THERE'S ALWAYS ROOM	TRC 1016	15.00	F

FRANKLIN'S INSANITY, BOBBY
PARADISE	same: instrumental	THOMAS 803	20.00	F
BRING IT ON DOWN TO ME PT.1	SAME: PT 2	THOMAS 801	15.00	F

FRANKY and the SPINDLES
MY LETTER TO YOU	(MY GIRL IS MADE OF) CANDY	ROC-KER 100	10.00	GR

FRASER, JIMMY.
OF HOPES and DREAMS and TOMBSTONES	same: instrumental + press sheet	COLUMBIA 43407 dj	250.00	NM
OF HOPES and DREAMS and TOMBSTONES	same: instrumental	COLUMBIA 43407 dj	200.00	NM
OF HOPES and DREAMS and TOMBSTONES	same: instrumental	COLUMBIA 43407	300.00	NM

FRAZIER, BILLY
COULD THIS BE LOVE	LET ONE HURT DO	NEEDLE POINT 901	100.00	F
LET'S FACE REALITY	STAY RIGHT HERE THIS MORNING	CAPITOL 2717	50.00	NM
TAKE THE CHAIN OF YOUR BRAIN	BABY YOU SATISFY ME	CAPITOL 2497	15.00	F

FRAZIER, HAL
AFTER CLOSING TIME	THE EVER CONSTANT SEA	REPRISE 570	150.00	NM

FRAZIER, JOE
FIRST ROUND KNOCK-OUT	LOOKY, LOOKY (LOOK AT ME GIRL)	MOTOWN 1378	15.00	M
GONNA SPEND MY LIFE	KNOCK OUT DROP	CAPITOL 2661	10.00	F
THE BIGGER THEY COME (THE HARDER THEY FALL)	COME AND GET ME LOVE	CLOVERLAY 100	100.00	NM

FRAZIER, RAY and the SHADES OF MADNESS
I WHO HAVE NOTHING (AM SOMEBODY)	LONELINESS	STANSON 204	400.00	F
YOUR EYES	same:	CARRIAGE 1001	50.00	78
YOUR EYES	GOOD SIDE	CARRIAGE TRADE 4267	50.00	78

FRED and THE NEW J.B'S
IT'S THE J.B'S MONORAIL	same: instrumental	PEOPLE 655	10.00	F
RICE 'N' RIBS	MAKIN' LOVE	PEOPLE 651	10.00	F

FREDDI and HENCHI and the SOUL SETTERS
FUNK TO THE BONE	I WANT TO DANCE, DANCE, DANCE	REPRISE 1175	10.00	F

FREDDIE and the TURBINES
BERNADINE	TILL THERE WAS YOU	CENCO 111	2000.00	NM

FREDDY and the SOUNDS OF SOUL
YOUR THE BEAT OF MY HEART	THAT AIN'T RIGHT	PEARL 8001	15.00	NM

FREDERICK, CAROL
MR. LOVE	WHERE I OUGHTA BE	STONEL 1004	100.00	NM

FREE SPIRIT
LOVE YOU JUST AS LONG AS I CAN	same: instrumental	CHESS 2154	15.00	78
MISTER FIXIT MAN	WHERE DID THE GOOD TIMES GO	CHESAPEAKE 2164	10.00	78

FREEDOM NOW BROTHERS
SISSY WALK		ALL BROTHERS	300.00	F

FREEDOM
CAN'T YOU SEE	SUNSHINE	FREEDOM 1000	50.00	78

FREEDOMS
YOU LIED	TEN STEPS TO LOVE	CONSTELLATION. 105	10.00	GR

FREEMAN BROTHERS
MY BABY	BEAUTIFUL BROWN EYES	SOUL 35011 Bell distributed reference	25.00	M
MY BABY	BEAUTIFUL BROWN EYES	SOUL 35011	20.00	M

FREEMAN, ART
A PIECE OF MY HEART	EVERYBODY'S GOT TO CRY SOMETIM	FAME 1012	25.00	B
SLIPPIN' AROUND WITH YOU	I CAN'T GET YOU OUT OF MY MIND	FAME 1008 dj	100.00	**NM**
SLIPPIN' AROUND WITH YOU	I CAN'T GET YOU OUT OF MY MIND	FAME 1008 Red label styrene	250.00	NM
SLIPPIN' AROUND WITH YOU	I CAN'T GET YOU OUT OF MY MIND	FAME 1008 black label vinyl	200.00	NM

FREEMAN, ARTHUR
PLAYED OUT PLAY GIRL	HERE I AM	EXCELLO 2322	30.00	NM
YOU GOT ME UPTIGHT	I WANT TO COME HOME	JUMBO 101	700.00	NM

FREEMAN, AUDREY
THREE ROOMS	LOOKING FOR ME	MUSICOR 1043	250.00	NM

FREEMAN, BILL
I'M NOT GONNA LOSE IT	BAD PENNY	SOLAND 1000	200.00	NM

FREEMAN, BOBBY
COME TO ME	LET'S SURF AGAIN	AUTUMN 1	10.00	B
EVERYTHING'S LOVE	MIDNIGHT SHACK	TOUCH 101	20.00	78
I'LL NEVER FALL IN LOVE AGAIN	FRIENDS	AUTUMN 9	10.00	**NM**
LIES	I GOT A GOOD THING	LOMA 2080	20.00	NM
SOULFUL SOUND OF MUSIC	SHADOW OF YOUR LOVE	LOMA 2056	20.00	NM

FREEMAN, GEORGE
DOWN AND OUT	THE QUIVER	VALIANT 6039	200.00	NM
MY DARLING, MY DARLING	DARLING, BE HOME SO	EPIC 10583	15.00	B
WHY ARE YOU DOING THIS TO ME	I'M LIKE A FISH	SHOUT 201	50.00	NM
YOU GUESSED IT	COME TO ME	VALIANT 6035	15.00	NM
YOU LIED, I CRIED, LOVE DIED	ALL RIGHT NOW	OKEH 7333	20.00	NM

FREEMAN, JUDY and the BLACKROCK
HOLD ON	WALK A MILE IN MY SHOES	RCA 493	150.00	NM
ALL WE NEED IS A MIRACLE	DON'T DO IT ANYMORE	RCA 446	25.00	NM

FREEMAN, ROGER
COMIN' BACK FOR MORE	ALL SHOOK UP	R. 1512	20.00	NM

FRENCH CONNECTION
PENGUIN TALK	MONTE CARLO	FAMOUS 711	100.00	F

FRENCH FRIES
DANSE A LA MUSIQUE	SMALL FRIES	EPIC 10313	20.00	F

FRENCH, BOB
Y'ER COMES THE FUNKY MAN	ST. JAMES INFIRMARY	BROADMOOR	250.00	F

FRESH AIR
I KNOW	I CAN'T MAKE IT ANY MORE	LUV 102	50.00	NM

FRESH FLAVOR
WITHOUT YOU BABY, I'M A LOSER	same: instrumental	BUDDAH 442	15.00	78

FRESH START
LONG TIME COMIN'	SINCERELY	RONDO 26232	20.00	NM

FRIDAY, SATURDAY and SUNDAY
THERE MUST BE SOMETHING	POTATO SALAD	DIG 296	10.00	78

FRIDAY, CHARLES
BABY! I'M STICKIN' TO YOU	FIVE MINUTES MORE	EXCELLO 2275	50.00	NM

FRIENDLY PEOPLE
YOU SEND ME	MR. MOONLIGHT	VMP 3	15.00	NM
I AIN'T GOT NOTHIN' BUT THE BLUES	same: instrumental	VMP 13393	50.00	NM

FRIENDS
NO YOU - NO ME	BIRTHDAY SONG	UP. 1	10.00	78

FRISCO, DONNA
THE SAME THINGS THAT MADE ME LAUGH	I LOVE EVERY LITTLE THING	SHOWTIME 2453	200.00	NM

FROG, WYNDER K.
GREEN DOOR	DANCING FRIOG	UA 50156	20.00	NM

FRONTERA, TOMMY
(YOU'RE MY) LEADING LADY	I HEARD EVERY WORD	HI-LITE 107	150.00	NM

FRONTIERS
I JUST WANT YOU	I'M STILL LOVING YOU	PHILIPS 40148	50.00	NM

FUDOLI, RICHARD
GWEE!	BOSSA NOVA JUMPIN' BEAN	MAESTRO 102067	40.00	F
GWEE!	BOSSA NOVA JUMPIN' BEAN	DATE 1588	20.00	F

FUGI
MARY DON'T TAKE ME ON NO BAD TRIP	MARY - TRIP TWO	CADET 5652	20.00	F
RED MOON	RED MO0N pt. 2	GRAND JUNCTION 1000	15.00	F

FUGITIVES
FUNKY YOU	RICH MAN POOR MAN	SANDMAN 703	20.00	F
GOOD LOVIN' IF YOU CAN GET IT	LOVE COME DOWN	SANDMAN 701	25.00	NM
HUMAN JUNGLE	DON'T PLAY THAT SONG	ROULETTE 4779	25.00	NM
I LOVE YOU MORE THAN ANYTHING	JUMP BACK	PATH 251	40.00	NM

FULLER BROTHERS
GEE-WHIZ BABY	same: instrumental	GD&L 2004	100.00	NM
MOANIN', GROANIN' AND CRYIN'	(I WANT HER) BY MY SIDE	KEYMEN 110	30.00	NM
STRANGER AT MY DOOR	I WANT HER BY MY SIDE	SOUL CLOCK 1002	15.00	NM
STRANGER AT MY DOOR	same: instrumental	GD&L 2003	200.00	NM
TIME'S A WASTING	MOANING, GROANING AND CRYING	SOUL CLOCK 105 red lettering	40.00	NM
TIME'S A WASTING	MOANING, GROANING AND CRYING	SOUL CLOCK 105	25.00	NM

FULLER FOUR, BOBBY
THE MAGIC TOUCH	MY TRUE LOVE	MUSTANG 3018	20.00	NM

FULLER, JERRY
DOUBLE LIFE	TURN TO ME	CHALLENGE 59329	100.00	NM
I GET CARRIED AWAY	AM I THAT EASY TO FORGET	CHALLENGE 59279	45.00	NM
WHAT HAPPENED TO THE MUSIC	LOVE ME LIKE THAT	CHALLENGE 59307	20.00	NM

FULLILOVE, ARTIE
SANTA CLAUS PLEASE LISTEN TO ME	REINDEER WALK	MARLU 1001	100.00	NM
THANK YOU	STRANGERS IN THE NIGHT	MARLU 1002	100.00	NM

FULLY GUARENTEED
WE CAN'T MAKE IT TOGETHER	SPINNING AROUND	APT 26014	15.00	GR

FULSOM, LOWELL
ASK AST ANY DOOR IN TOWN	TROUBLE I'M IN	KENT 481	15.00	NM
DO YOU FEEL IT	DON'T DESTROY ME	JEWEL 811	40.00	F
KEY TO MY HEART	TOO MANY DRIVERS	KENT 401	15.00	NM
LITTLE ANGEL	BLACK NIGHTS	KENT 431	10.00	NM
MAKE A LITTLE LOVE	I'M SINKING	KENT 463 PS	15.00	NM
MAKE A LITTLE LOVE	I'M SINKING	KENT 463	10.00	NM
MY ACHING BACK	CHANGE YOUR WAYS	KENT 448	20.00	NM
NO MORE	NO MORE PT. 2	KENT 422	15.00	NM
STOP AND THINK	BABY	PROWLIN. 128	30.00	NM
TALKIN' WOMAN	BLUES AROUND MIDNIGHT	KENT 443	20.00	NM
TRAMP	PICO	KENT 456	15.00	NM
YOU GONNA MISS ME	TOMORROW	RIDE 139	50.00	NM

FULTON, BOBBY
IT'S ALL OVER	IT'S GOOD TO BE LONELY SOMETIMES	SOULVILLE 1004	15.00	B

FULTON, SONNY
PARDON ME BABY (DID I HEAR YOU	(NO, NO) IT WON'T BE LONG	HIT 1133	200.00	NM

FUN COMPANY
ZAMBEZI	ZAMBEZI pt. 2	FUNCO	200.00	F

FUNDAMENTALS
I WOULDN'T BLAME YA	LET ME SHOW IT TO YOU	OKEH 7301	100.00	NM

FUNK INC
BOWLEGS	THE THRILL IS GONE	PRESTIGE 754	10.00	F
DIRTY RED	DIRTY RED PT 2	PRESTIGE 759	15.00	F

FUNKA FIZE
BECAUSE YOUR FUNKY	NO WORDS	ROYCE 1000	20.00	F

FUNKADELIC
I'LL BET YOU	OPEN OUR EYES	WESTBOUND 150 light blue label	10.00	F

FUNKHOUSE EXPRESS
GET INTO FUNKY MUSIC	DISCO KID	DISKO 102	20.00	F

FUNKIONAIRE, E.W.
NOAH	NOAH long version	GRAYTOM 100	20.00	F

FUNKY BOYS
SOLID FUNK	OUT AND ABOUT	RCA 10262	10.00	F

FUNKY SISTERS
DO IT TO IT	SOUL WOMAN	AURORO 165 plain grey label	40.00	NM
DO IT, TO IT	SOUL WOMAN	AURORA 165	30.00	NM

FUNN
SCHOOL DAZE	SCHOOL DAZE PT. 2	MAGIC RECORDS 93000	15.00	F

FUNNY BONES
RIDE ON BONES	same: instrumental	SS7 2505	20.00	F

FURYS
ANYTHING FOR YOU	CAT N'MOUSE	WORLD PACIFIC 386	45.00	NM
BABY YOU CAN BET YOUR BOOTS	THE MAN WHO HAS EVERYTHING	LIBERTY 55692	30.00	NM
I'M SATISFIED WITH YOU	JUST A LITTLE MIXED UP	KEYMEN 104	75.00	NM
I LOST MY BABY	WHAT IS SOUL	MACK IV 118	20.00	NM
NEVER MORE	ZING! WENT THE STRINGS OF MY	MACK IV 112	20.00	NM

FUTURE
WE'RE GONNA PARTY	WE'RE GONNA PARTY pt. 2	HOUSTON INTERNATIONA 111	10.00	F

FUTURE 2000
SOUL DISCO	SOUL DISCO (Version)	TOBIN 350	25.00	F

FUTURES
(I CAN FEEL) THE ICE BREAKING	CASTLES	BUDDAH 462	10.00	78
AIN'T NO TIME FA NOTHING	(YOU'RE THE ONE) SOMEONE SPECIAL	PIR 3674	20.00	78
IN ANSWER TO YOUR QUESTION	LET'S DANCE TOGETHER	PIR 3747	15.00	78
PARTY TIME MAN	YOU GOT IT (THE LOVE THAT I NEED)	PIR 3661	30.00	78
SILHOUETTES	WE'RE GONNA MAKE IT SOMEHOW	PIR 3119	10.00	78
STAY WITH ME	LOVE IS HERE	GAMBLE 2502	15.00	78

FUZZ
I'M SO GLAD	ALL ABOUT LOVE	CALLA 179	10.00	NM

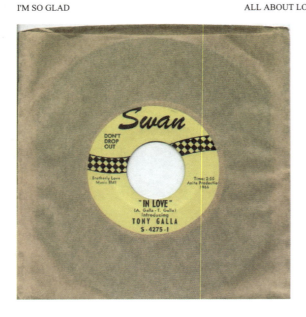

G and CO., JERRY
SHE'S GONE	THE ROAD OF LIFE	CLEVETOWN 240	50.00	NM

G.D. and THE BIG J
MOVIN' ON MUSIC	MOVIN' ON	GOOD 337	40.00	78

G.P. and the SOUL EMISSARIES
THE LONE RANGER N FUNKY TONTO	QUIET WATERS	FAT BACK 412	10.00	F

G.Q.
MAKE ME DREAMS A REALITY	I DO LOVE YOU	ARISTA 426	10.00	78

G.R.C. FIVE
SAGA OF A SECLUDED SWAMP MONSTER	MY FELLOW AMERICANS	GRC 1016	15.00	F

G.T.'s
DON'T BLAME ME	SAY HELLO TO A FRIEND	J.E.D.S RECORDS 170	50.00	GR

GADSON, JAMES
GOT TO FIND MY BABY	LET THE FEELING BELONG	CREAM 1014	10.00	78

GAHA, SAMMY
THANK YOU, THANK YOU	LEBANON	RIGHT ON 103 Canadian only	350.00	78

GAINES, EARL (GAINS)
DON'T TAKE MY KINDNESS FOR A WEAKNESS	I HAVE LOVED AND I HAVE LOST	HBR 510	20.00	NM
GOOD, GOOD LOVIN'	THE MEANING OF A SAD SONG	DELUXE 111	20.00	NM
IT'S WORTH ANYTHING	THE BEST OF LUCK TO YOU	HBR 481	20.00	NM

GAINES, FATS
FUNKY FEET	WITHOUT A FEELING	BOOLA BOOLA 680	20.00	F

GAINES, PEGGY
SWEET WAY OF LIVING	JUST TO SATISFY MY BABY	REFOREE 711	15.00	78
TELL HIM	IT'S UP TO YOU	HIT 45	20.00	NM

GALES, BILLY
I'M HURTING	DREAMING OF YOU	SHOCK 200	50.00	NM

GALES, JODI
YOU GOTTA PUSH	YOU GOTTA PUSH pt. 2	SAVERN 106	30.00	F
YOU GOTTA PUSH	I'M THE GIGOLO MAN	THOMAS 808	15.00	F

GALLA, TONY and the RISING SONS
IN LOVE	GUYS GO FOR GIRLS	SWAN 4275 yellow and blue label	350.00	NM
IN LOVE	GUYS GO FOR GIRLS	SWAN 4275	250.00	NM

GALLAHADS
I'VE GOT FIND A WAY	ONCE I HAD A LOVE	BEECHWOOD 5000	1000.00	NM

GALORE, MAMIE (P.)
IT AIN'T NECESSARY	DON'T THINK I COULD STAND IT	ST. LAWRENCE 1012 dj	40.00	NM
IT AIN'T NECESSARY	DON'T THINK I COULD STAND IT	ST.LAWRENCE 1012	20.00	NM
NO RIGHT TO CRY	DO IT RIGHT NOW	SACK 7128	800.00	NM
SPECIAL AGENT 34-24-38	I WANNA BE YOUR RADIO	ST. LAWRENCE 1004	15.00	NM

TOO MANY MEMORIES	HAVE FAITH IN ME	ST. LAWRENCE 1008	15.00	NM
THIS TIME TOMORROW	TONIGHT'S THE NIGHT	IMPERIAL 66306	15.00	NM
YOU GOT THE POWER	MISTAKEN WEDDING	THOMAS 309	25.00	NM
GALT, JAMES				
A MOST UNUSUAL FEELING	WITH MY BABY	AURORA 158	25.00	NM
GAMBLE, JIM				
WHEN YOU MOVE YOU LOSE	THE BLUES (IT'S ALL FOR YOU)	KRIS 8094	15.00	F
WHEN YOU MOVE YOU LOSE	MOVING ON	HIGHLAND 1201	30.00	F
GAMBLE, KENNY (and the ROMEOS)				
AIN'T IT BABY	same: instrumental	ARCTIC 114	40.00	NM
CHAINS OF LOVE	KEEP ON SMILIN'	ARCTIC 127 test press only	500.00	NM
HARD TO FIND THE RIGHT GIRL	(I'LL WORK) EIGHT DAYS A WEEK	ATCO 6470	30.00	NM
NO MAIL ON MONDAYS	STANDING IN THE SHADOWS	EPIC 9636	150.00	NM
OUR LOVE	YOU DON'T KNOW WHAT YOU GOT UN	COLUMBIA 43132	50.00	NM
THE JOKES ON YOU	DON'T STOP LOVING ME	ARCTIC 123	600.00	**NM**
GAMBRELLS				
I'M IN LOVE AGAIN FOR THE FIRST TIME	LOVE IS IN THE AIR	CUB 9156	20.00	NM
JIVE TALK	FIND A LOVE	PIONEER 2109 dj	100.00	NM
JIVE TALK	FIND A LOVE	PIONEER 2109	75.00	NM
YOU BETTER MOVE		CARLA	250.00	NM
GANEY, JERRY				
JUST A FOOL	WHO AM I	VERVE 10454	125.00	NM
LIKE I NEVER LOVED BEFORE	JUST FOR US	BI-TRUCKIN 12345	15.00	NM
YOU DON'T LOVE ME	HI HEEL SNEEKERS	MGM 13697	100.00	NM
GANGSTERS				
I FEEL YOU WHEN YOUR GONE	SMOKE	HEAT 1978	10.00	GR
GANT, GLENTT				
ALL MINE	JUST LIKE YOU LIKE IT	DUKE 348	20.00	NM
JUST LIKE YOU LIKE IT	ALL MINE	CHANSON 1005	40.00	NM
GANT, RAY and the ARABIAN KNIGHTS				
DON'T LEAVE ME BABY	I NEED A TRUE LOVE	JAY WALKING 14	15.00	78
GARCIA, RULIE				
COLORS	PRESCRIPTION	BILLIONAIRE 1034	40.00	F
GARDENER, GENTLEMAN JUNE				
THE JOLLY LITTLE MEGET	TENNESSEE WALTZ	HEP ME	50.00	F
GARDINER HAPPENING, BORIS				
GHETTO FUNK	EVERY NIGGER IS A STAR	LEAL	150.00	F
GARDNER, AL				
I'LL GET ALONG		GROOVESVILLE 777	100.00	NM
SWEET BABY	I CAN'T STAND IT	SEPIA	500.00	NM
WATCH YOURSELF	JUST A TOUCH OF YOUR HAND	SIR-RAH 504	40.00	NM
GARDNER, DON				
AIN'T GONNA LET YOU GET ME DOWN	SOMEBODY'S GONNA GET HURT	TRU-GLO-TOWN 505	20.00	NM
CHEATIN' KIND	WHAT NOW MY LOVE	SEDGRICK 3001	**NEG**	NM
IS THIS REALLY LOVE	TIGHTEN UP YOUR LOVE BONE	CEDRIC 3003 different label title	250.00	NM
IS THIS REALLY LOVE	TIGHTEN UP YOUR LOVE BONE	SEDGRICK 3003	250.00	NM
MY BABY LIKES TO BOOGALOO	I ANT TOP KNOW WHERE DID OUR LOVE GO	TRU-GLO-TOWN 501	15.00	NM
SON MY SON	YOU UPSET MY SOUL	LUDIX 104	25.00	NM
THERE'S NOTHING I WANT TO DO	LET'S PARTY	TNT 500	25.00	NM
WE'RE GONNA MAKE IT BIG	same:mono	MASTER FIVE 9108 dj	100.00	78
YOUR LOVE IS DRIVING ME CRAZY	THERE AIN'T GONNA BE NO LOVING	MR. G 824	30.00	NM
GARDNER, DON and FORD, DEE DEE				
NEED YOUR LOVIN'	TELL ME	FIRE 508	10.00	NM
T.C.B. (TAKING CARE OF BUSINESS)	LEAD ME ON	FIRE 517	10.00	NM
GARDNER, KENARD				
DO THE SKIN	DO THE BOUNCE	DORE 793	20.00	**NM**
GARDNER, LEON				
ADAM AND EVE	ADAM AND EVE Pt 2	VISCOJON 464	30.00	NM
THE FARM SONG	HONEST SONG	IGLOO 163	500.00	F
NATURAL	SOMETHING FOR NOTHING	CALLA 163	600.00	F
TUFF-LOVER	MY LOVE IS GROWING	IGLOO 1203	20.00	NM
GARLAND, JIMMY				
YOU MADE A PROMISE	BABY, ONE MORE TIME	FESTIVAL 702	15.00	B
GARNER JR., EMMETT				
CHECK OUT WHAT YOU'VE GOT	SO MUCH BETTER	MAXWELL 802	20.00	NM
GARNER, REGGIE				
HALF A CUP	same:	ABC 11440 dj	10.00	78
HOT LINE	BLESSED BE THE NAME	CAPITOL 3173	30.00	NM
THAT AIN'T THE WAY (YOU MAKE LOVE)	SAME:	ABC 11426 dj	15.00	78
GARNETT, GALE				
I'LL CRY ALONE	WHERE DO YOU GO TO GO AWAY	RCA 8549	40.00	NM

GARRETT, BOBBY
I CAN'T GET AWAY	same: instrumental	MIRWOOD 5508	75.00	NM
MY LITTLE GIRL	BIG BROTHER	MIRWOOD 5511	25.00	NM

GARRETT, ELAINE
WHAT ABOUT ME	same: instrumental	GREEDY 112	20.00	78

GARRETT, JO ANN
A WHOLE NEW PLAN	STAND BY MY SIDE	CHESS 1959	100.00	NM
CAN YOU DEAL WITH THAT	TELL HIM I LOVE HIM	DUO 7462	20.00	F
I'LL ALWAYS REMEMBER	GET BACK	DUO 7455	10.00	NM
JUST SAY WHEN	THOUSAND MILES AWAY	CHESS 2031	10.00	NM
ONE WOMAN	I'M A NOW GIRL (DO IT NOW)	DUO 7450	25.00	NM
STING ME BABY	I'M UNDER YOUR CONTROL	DUKE 475	15.00	NM
YOU CAN'T COME IN (BIG BAD WOLF)	blank:	CHESS 1992	40.00	NM

GARRETT, KELLY
LOVE'S THE ONLY ANSWER	KNOWING WHEN TO LEAVE	SMASH 2195	150.00	NM
THIS HEART IS HAUNTED	I DON'T THINK HE'S COMING	AVA 156	30.00	NM

GARRETT, LEE
I CAN'T BREAK THE HABIT	BABY, PLEASE DON'T GO	HARTHON 137	30.00	NM
SEE THE LOVE YOUR FACE	SEARCHING	AMERICAN FIRST 1492	20.00	78

GARRETT, VERNON
ANGEL DOLL	HOP, SKIP AND JUMP	VENTURE 635	25.00	NM
BACK IN MY LIFE	LOVE JUNKIE	L.A.WEST 1	30.00	F
CHRISTMAS GROOVE	MERRY CHRISTMAS BABY	GLOW HILL 1	10.00	F
DON'T DO WHAT I DO	I'VE LEARNED MY LESSON	WATTS USA 5	40.00	F
DROWNING IN THE SEA OF LOVE	DO WHAT YOU SET OUT TO DO	SAFE 101	15.00	B
IF I COULD TURN BACK THE HANDS OF TIME	YOU AND ME TOGETHER	MODERN 1026	40.00	NM
I LEARNED MY LESSON	LOVE JUNKIE	L.A. WEST 1	30.00	F
KEEP ON FORGIVING YOU	I MADE MY OWN WORLD	WATTS USA 54	15.00	B
LITTLE BLACK WOMAN	LONG LONELY NIGHTS	KAPP 2097	15.00	F
RUNNING OUT	SLOW AND EASY	KENT 476	15.00	NM
SHINE IT ON	THINGS ARE LOOKING BETTER	KENT 459	15.00	NM
WE PEOPLE OF THE GHETTO	YOU BLEW MY MIND	KAPP 2088	20.00	F

GARRIGAN, EDDIE
I WISH I WAS	MAIL CALL	FONTANA 1575	75.00	NM

GARTRELL, DEE DEE (DELIA)
FIGHTING, FIRE WTH FIRE	SEE WHAT YOU DONE, DONE	DEMIN-KALO 3	20.00	NM
FIGHTING, FIRE WTH FIRE	SEE WHAT YOU DONE, DONE	RIGHT ON 109	10.00	NM
I MUST BE DOING SOMETHING RIGHT	IF YOU GOT WHAT IT TAKES	MAVERICK 1010	20.00	F

GARVIN, REX and the MIGHTY CRAVERS
EMULSIFIED	GO LITTLE WILLIE	OKEH 7174	15.00	NM
I DON'T NEED NO HELP	I DON'T NEED NO HELP Pt 2	WSJ 103	30.00	NM
I GOTTA GO NOW (UP ON THE FLOOR)	BELIEVE IT OR NOT	LIKE 302	15.00	NM
QUEEN OF THE GO GO	THE OTHER MAN	Tower 374	30.00	NM
SOCK IT TO 'EM J.B.	SOCK IT TO 'EM J.B. Pt 2	LIKE 301	15.00	NM
THE OTHER MAN	QUEEN OF THE GO GO	Tower 374	30.00	NM
RAW FUNKY	BY THE TIME I GET TO PHEONIX	UPTOWN. 760	25.00	F

GARY and GARY
I'M LEAVIN' (FOR PARTS UNKNOWN)	DUECES WILD	AROCK 1003	20.00	NM
THE SOFT, EASY LIFE	CONSIDER YOURSELF LUCKY	HEIDI 105	20.00	NM

GARY, JOHN
HANG ON TO ME	SLEEPING BEAUTY	RCA 9119	15.00	NM

GAS CO.
BLOW YOUR MIND	YOUR TIME'S UP	MIRWOOD 5501	10.00	B

GASLIGHT
I CAN'T TELL A LIE	HERE'S MISSING YOU	GRAND JUNCTION 1001	10.00	GR
I'M ONLY A MAN	I'M GONNA GET YOU	GRAND JUNCTION 1100	15.00	78
JUST BECAUSE OF YOU	IT'S JUST LIKE MAGIC	POLYDOR 14276	50.00	78

GASOLINE POWERED CLOCK
FOREST FIRE ON MAIN ST.	same: instrumental	GPC 1001	15.00	NM

GASPARD, EUGENE
ON AND ON	HOLDING ON	ROSEMONT 4327	25.00	NM

GASTON
MY QUEEN	CLOCK IN	HOTLANTA 7802	15.00	F

GATES OF HEAVEN
NEVER SEEN GOD FAIL	THIS TRAIN	DYTOWN 401004	20.00	GR

GATEWAY
CAN'T ACCEPT THE FACT	CAN'T ACCEPT THE FACT PT.2	COLUMBIA 10402	15.00	78

GATLIN, JUNE
GOOD GIRL GONE BAD	same:	REVUE 11021	40.00	NM

GATTI, MARISA
YOU'RE GONE NOW | LOVE'S WHAT YOU WANT | POO PAN 101 | 400.00 | NM
GATURS
A HUNK OF FUNK | YEAH YOU'RE RIGHTYOU KNOW | GATUR 555 | 20.00 | F
COLD BEAR | THE BOOGER MAN | GATUR 508 | 30.00 | F
COLD BEAR | THE BOOGER MAN | ATCO 6870 | 40.00 | F
GATOR BAIT | WASTED | GATUR 510 | 15.00 | F
SWIVEL YOUR HIPS | SWIVEL YOUR HIPS Pt 2 | GATUR 556 | 75.00 | F
GAUFF, WILLIE and the LOVE BROTHERS
COMMUNICATE NOT HATE | IT TAKES A WHOLE LOTTA WOMAN | EUREKA 101 | 10.00 | B
EVERYBODY NEEDS LOVE | WHENEVER I CAN'T SLEEP | KENT 495 | 30.00 | F
GAYE, ERROLL and the IMAGINATIONS
LOVE AND EFFECTION | YOU DON'T WANT MY LOVE | STEEL TOWN 92539 | 20.00 | 78
GAYE, MARVIN
AIN'T THAT PECULIAR | SHE'S GOT TO BE REAL | TAMLA 54122 | 10.00 | M
AT LAST (I FOUND A LOVE) | CHAINED | TAMLA 54170 | 10.00 | M
BABY DON'T YOU DO IT | WALK ON TGHE WILD SIDE | TAMLA 54101 **PS** | 15.00 | M
BABY DON'T YOU DO IT | WALK ON THE WILD SIDE | TAMLA 54101 | 20.00 | M
CAN I GET A WITNESS | I'M CRAZY 'BOUT MY BABY | TAMLA 54087 | 10.00 | M
CHANGE WHAT YOU CAN | YOU | TAMLA 54160 | 10.00 | M
COME GET TO THIS | DISTANT LOVER | TAMLA 54241 | 10.00 | 78
HIS EYE IS ON THE SPARROW | JUST A CLOSER WALK WITH THEE | MOTOWN 1128 | 15.00 | M
HITCHHIKE | HELLO THERE ANGEL | TAMLA 54075 | 15.00 | M
HOW SWEET IT IS (TO BE LOVED BY YOU) | 1964 Paper Picture Disc!! | MOTOWN 6 **Paper disc** | 40.00 | M
HOW SWEET IT IS (TO BE LOVED BY YOU) | FOREVER | TAMLA 54107 | 10.00 | M
I'LL BE DOGGONE | YOU'VE BEEN A LONG TIME COMING | TAMLA 54112 | 15.00 | M
LET YOUR CONSCIENCE BE YOUR GUIDE | NEVER LET YOU GO | TAMLA 54041 striped | 100.00 | M
LITTLE DARLING (I NEED YOU) | HEY DIDDLE DIDDLE | TAMLA 54138 | 10.00 | M
ONE MORE HEARTACHE | WHEN I HAD YOURB LOVE | TAMLA 54129 | 10.00 | M
PRETTY LITTLE BABY | NOW THAT YOU'VE WON ME | TAMLA 54117 | 10.00 | M
PRIDE AND JOY | ONE OF THESE DAYS | TAMLA 54079 | 15.00 | M
SANDMAN | I'M YOURS, YOUR MINE | TAMLA 54055 | 30.00 | M
SOLDIER'S PLEA | TAKING MY TIME | TAMLA 54063 | 40.00 | M
STUBBORN KIND OF FELLOW | IT HURT ME TOO | TAMLA 54068 | 15.00 | M
TAKE THIS HEART OF MINE | NEED YOUR LOVING (WANT YOU BAC | TAMLA 54132 | 10.00 | M
THE TEEN BEAT SONG | LORAINE ALTERMAN Interviews Marvin Gaye | DETROIT FREE PRESS 1 | 150.00 | M
THIS IS THE LIFE | MY WAY | TAMLA 102308 | 200.00 | M
THIS LOVE STARVED HEART OF MINE | IT'S A DESPERATE SITUATION | TAMLA 42286 | 75.00 | M
THIS LOVE STARVED HEART OF MINE | IT'S A DESPERATE SITUATION | TAMLA 42286 **PS** | 100.00 | M
TRY IT BABY | IF MY HEART COULD SING | TAMLA 54095 | 10.00 | M
TRY IT BABY | IF MY HEART COULD SING | TAMLA 54095 **PS** | 30.00 | M
YOU'RE A WONDERFUL ONE | WHEN I'M ALONE I CRY | TAMLA 54093 | 15.00 | M
YOU'RE THE MAN | YOU'RE THE MAN Pt 2. | TAMLA 54221 | 10.00 | F
GAYE, MARVIN and TAMMI TERRELL
CALIFORNIA SOUL | same: | TAMLA 54192 dj red vinyl | 15.00 | M
GAYE, MARVIN and WELLS, MARY
ONCE UPON A TIME | WHAT'S THE MATTER WITH YOU BAB | MOTOWN 1057 | 10.00 | M
ONCE UPON A TIME | WHAT'S THE MATTER WITH YOU BAB | MOTOWN 1057 **PS** | 30.00 | M
GAYE, MARVIN and WESTON, KIM
I WANT YOU 'ROUND | WHAT GOOD AM I WITHOUT YOU | TAMLA 54104 | 10.00 | M
GAYLAN, JAMES
YOU CAME FIRST AT LAST | DEEPER I N LOVE | RCA 11043 | 30.00 | 78
GAYLES, JOANNE
MEET ME HALF WAY | DON'T SHAKE MY TREE | BRIGHT STAR 12269 | 15.00 | NM
GAYLORD and HOLIDAY
LOVE (WHERE HAVE YOU GONE) | A PLACE TO HIDE AWAY | PALMER 5022 | 20.00 | NM
GAYNOR, GLORIA
SHE'LL BE SORRY | LET ME GO BABY | JOCIDA 300 | 15.00 | NM
GAYTEN, PAUL
BEATNIK BEAT | SCRATCH BACK | ANNA 1112 | 15.00 | M
THE HUNCH | HOT CROSS BUNS | ANNA 1106 | 15.00 | M
GEARING, FRANKIE
SPINNING TOP | BLUER THAN BLUE | BEALE ST. 1179 | 75.00 | 78
GEDDES, DAVID
WISE UP GIRL | THE LAST GAME OF THE SEASON | BIG TREE 16052 | 10.00 | 78
GEE, FRANKIE
DATE WITH THE RAIN | YA YA | CLARIDGE 410 | 10.00 | 78
GEE, JESSE
BABY, I NEED YOU | DON'T MESS WITH MY MONEY | BARRY 1019 | 15.00 | NM

GEE, JOEY				
IT'S MORE THAN I DESERVE	DON'T BLOW YOUR COOL	ABC 10781	200.00	NM
GEE, JOHN				
NOT ENOUGH LOVE-MAKIN'	YOU ARE THAT MAN	PASHLO 1014	40.00	78
GEE, JON PIERRE				
SO GOOD TO ME	JUST GET ON	KANDI 1001 **PS**	15.00	78
GEE, MARSHA				
BABY, I NEED YOU	I'LL NEVER BE FREE	UPTOWN. 704	100.00	**NM**
GEE, RICKY				
I WILL GET YOU THERE	MISERY LOVES COPMPANY	CONDUC 102	20.00	NM
GEE, RONNIE				
SHE'S SO FINE	WHEN GIRLS DO IT	HIDDY - B 1234	40.00	NM
GEE'S				
IT'S ALL OVER	LOVE IS A BEAUTIFUL THING	PORT 3011	40.00	NM
GEMINILES				
THINKING ABOUT MY BABY	DON'T FIGHT THE FEELING	SANDBAG 111	15.00	GR
GEMINIS				
CAN'T LET YOU GO	I HIRED THE GIRL	RCA 9151	25.00	NM
YOU PUT A HURTIN' ON ME	A FRIEND OF MINE	RCA 8865	15.00	NM
GEMS				
ALL OF IT	LOVE FOR CHRISTMAS	CHESS 1917	10.00	NM
HAPPY NEW LOVE	HE MAKES ME FEEL SO GOOD	CHESS 1930	30.00	NM
I CAN'T HELP MYSELF	same:	CHESS 1908	20.00	NM
I'LL BE THERE	I MISS HIM	RIVERSIDE 4590	30.00	**NM**
GENE and EDDIE				
IT'S A SIN	YOU'VE GOT TO LOVE ME SOMETIME	MONCA 52670	40.00	NM
WHY DO YOU HURT ME	DARLING I LOVE YOU	RU-JAC 1671	10.00	B
GENE and EUNICE				
SOUL LOVING	WALKING AWAY	CENCO 113	50.00	NM
GENE and the TEAM BEATS				
I WANT'A BE YOUR BABY	SORRY 'BOUT THAT	RAVEN 2120	250.00	NM
GENERAL ASSEMBLY				
SENSITIVE MIND	LOVIN' TIME	DESIREE 106	40.00	NM
GENERAL ASSISTENCE				
PLEASING PLUMP	I'M LOOKING FOR MY ROOTS	NORTHERN 1002	20.00	GR
GENERATION				
HOLD ON	THE LONELY SEA	MOCKINGBIRD 1010	30.00	NM
GENIES				
PROVE IT	KNOW WHAT TO DO WHEN YOU GET I	RONN 68	15.00	NM
GENTLEMEN and THEIR LADY				
LOOSE BOOTY	NOW GENERATION	CONTEMPO 2038	15.00	F
GENTLEMEN FOUR				
YOU CAN'T KEEP A GOOD MAN DOWN	IT WON'T HURT	WAND 1184	450.00	NM
GENTRY, ART				
MERRY-GO-ROUND	I CAN'T MAKE IT WITHOUT YOU	ONYX 100	30.00	NM
GENTS				
LOVE'S SUCH A BEAUTIFUL THING	THE CUSHION THE CUSHION	PARAMOUNT 295	25.00	78
TIME	same: instrumental	SOUND IMPRESSION 6801	50.00	NM
GEORGE and GREER				
YOU DIDN'T KNOW IT BUT YOU HAD ME	GOOD TIMES	GOLDWAX 313	50.00	NM
GEORGE and TEDDY				
IT'S A HEARTACHE	DO WHAT YOU WANNA	PHILIPS 40423	20.00	NM
GEORGE, BARBARA				
I GOT MY GUARDS UP	TAKE ME SOMEWHERE TONIGHT	HEP ME 150	20.00	F
IF YOU THINK	IF WHEN YOU'VE DONE THE BEST YOU	SUE 763	10.00	NM
SEND FOR ME (IF YOU NEED SOME LOVIN)	BLESS YOU	SUE 766	10.00	NM
WHEN I'VE DONE THE BEST I CAN	IF YOU THINK	SUE 763	10.00	NM
GEORGE, HERMAN				
WHAT HAVE YOU GOT	MENTAL HIGH	BET ITS A HIT 203120	75.00	78
GEORGE, OTHEA				
KEEP ON WRITTIN'	COME TO ME	VOLUME 1110	25.00	NM
NOW THAT YOU'RE GONE	WHAT A GOOD THING YOU HAD IN M	CHEX 1008	30.00	NM
GEORGE, ROD				
I'VE GOT TO BE (YOUR NO. ONE M	YOU GO TO MY HEAD	TOWNES 101	50.00	NM
GEORGETTES				
HARD, HARD	WOULD YOU RATHER	YODI 1010	40.00	NM
OH SHUCKS	A GOOD MAN IS HARD TO FIND	SABRE 1003	30.00	NM
GEORGIA PROPHETS				
DON'T YOU THINK IT'S TIME	NOBODY LOVES ME LIKE YOU DO	CAPRICORN 8009	40.00	NM
FOR THE FIRST TIME	LOVING YOU IS KILLING ME	DOUBLE SHOT 138	20.00	NM
I GOT THE FEVER	SOUL CONTROL	ERIC 5009	15.00	NM
I GOT THE FEVER	CALIFORNIA	BSP 40621	15.00	NM

MUSIC WITH SOUL	CALIFORNIA	CAPRICORN 8006	30.00	NM
MUSIC WITH SOUL	CALIFORNIA	ERIC 5008	10.00	NM
GERMAINE, DENISE				
HE'S A STRANGE ONE	TOO-RA-LOO-RA (BYE-BYE-BABY)	ABC 10645	50.00	NM
LITTLE LOST LOVER	PLAYBOY	UA 707	75.00	NM
GERONIMO and the APACHES				
OH YES BABY I LOVE YOU SO	TOO LATE FOR TEARS	GALIKO 891	10.00	NM
GERRY and PAUL				
THE CAT WALK	LITTLE BIT OF SOUL	FAT BACK 411	15.00	NM
GETTO KITTY				
STAND UP AND BE COUNTED	HOPE FOR THE FUTURE	STROUD 5505	30.00	F
GHETTO BOYS				
HAND WRITING ON THE WALL	CAN I TELL YOU MORE	TARX 1009	100.00	NM
GHETTO CHILDREN				
I JUST GOTTA FIND SOMEONE TO LOVE	same:	COLUMBIA 45771 dj	30.00	GR
IT'S NOT EASY TO SAY GOODBYE	DON'T TAKE YOUR SWEET LOVIN' AWAY	ROULETTE 7173	40.00	78
GI GI				
DADDY LOVE	DADDY LOVE Pt 2	SWEET 1	20.00	F
GIBBS, DOUG				
I'LL ALWAYS HAVE YOU THERE	CLOUDY DAY	OAK 108	20.00	78
GIBBS, SHERRI and the QUOVANS				
OH MY BABY	LET HIM GO	PHILLY SOUNDS 108	30.00	NM
GIBRALTERS				
I WON'T BE YOUR FOOL ANYMORE	SIDE BY SIDE	A / W 100	20.00	NM
GIBSON TRIO, JOHNNY				
BEACHCOMBER	SWANKY	TWIRL 2012	30.00	NM
BEACHCOMBER	SWANKY	TWIRL 1023	25.00	NM
GIBSON, BEVERLY ANN				
A THREE DOLLAR BILL	DO THE MONKEY	JUBILEE. 5447	40.00	NM
GIBSON, BILLY				
YOU GOT IT, I WANT IT	WHAT I NEED NOW IS LOVE	MGM 13469	25.00	NM
GIBSON, CINDY and the TIFFANYS				
I'LL ALWAYS LOVE YOU	(A LOVELY) SUMMER NIGHT	GENERAL 700	40.00	NM
GIBSON, DELORES				
LOVE LAND	I WANT A MAN	KING 5664	30.00	NM
GIBSON, DOUGLAS				
RUN FOR YOUR LIFE	I WON'T LEAVE	TRC 969	40.00	NM
GIFTED FOUR				
ARE YOU CHOOSING	FALLEN STAR	CSC 104	15.00	78
ARE YOU CHOOSING	FALLEN STAR	HAMITO-SEMITICA 104	30.00	78
GIFTS				
GIRL I LOVE YOU	TOO LITTLE AND TOO LATE	BALLAD 6005	15.00	NM
HALL OF FAME	HALL OF FAME pt. 2	BALLAD 6006	10.00	GR
YOU CAN'T LOVE IN A BROKEN HEART	GOOD BYE MY LOVE	BALLAD 6003	15.00	NM
GIGI and the CHARMAINES				
GUILTY	GIRL CRAZY	COLUMBIA 43978	25.00	NM
POOR UNFORTUNATE ME	BRAZIL	COLUMBIA 44246	20.00	NM
GIL, ROCKY and the BISHOPS				
IT'S NOT THE END	EVERY DAY OF LIFE	TEAR DROP 3181	700.00	NM
GILBERT, CARL				
CRYING HEART	FOOL, FOOL, FOOL	AUDIO ARTS 60011	150.00	NM
GILBERT, CHARLOTTA				
CHANCES GO 'ROUND	FALLING IN LOVE WITH HIM	VEEP 1267	25.00	NM
GILES, EDDIE and THE NUMBER				
SEXY LADY	JELLY ROLL	CUSTOM SOUND 201	30.00	78
GILES, EDDIE G. (EDDY)				
LOVE WITH A FEELING	BABY, BE MINE	MURCO 1042	10.00	B
SOUL FEELING	SOUL FEELING Pt. 2	MURCO 1048	10.00	B
THAT'S HOW STRONG MY LOVE IS	SO DEEP IN LOVE WITH YOU	SILVER FOX 9	10.00	B
GILFORD, JIMMY				
HEARTBREAKER	I WANNA BE YOUR BABY	SOLID HIT 103	30.00	NM
I WANNA BE YOUR BABY	MISERY STREET	WHEELSVILLE 101	75.00	NM
NOBODY LOVES ME LIKE MY BABY	TOO LATE TO CRY	THELMA 96790	200.00	NM
GILLETTES				
THE SAME IDENTICAL THING	24 HOURS A DAY	J &S 1391	75.00	NM
GILLIAM, JOHNNY				
BABY TAKE ME BACK	YOU MAKE ME FEEL LIKE SOMEONE	MODERN 1052	40.00	NM
COME BACK CAROL	IT'S TRUE, IT'S TRUE IT'S ONLY	ICA 7	20.00	78
FIND YOURSELF ANOTHER	A BROKEN HEARTED MAN'S PRAYER	BO MAR 5004	100.00	NM
ROOM FULL OF TEARS	PEACE ON EARTH	CANCER 101	100.00	NM
TELL YOUR FRIEND (IT'S OVER)	PEACE ON EARTH	CANCER 2372	10.00	78
THANK YOU, FOR LOVING ME	LOVE WILL MAKE IT ALRIGHT	ICA 21	20.00	78

GILLMORE, JOEY
GIRL YOUR BEST FRIEND DONE TOOK YOUR PLACE	BLIND MAN	SAADIA 1610	100.00	NM
GIVE ME YOUR LOVE	RHYTHM IN MY BONE	BLUE CANDLE 1527	20.00	B
MISS YOUR SWEET LOVIN'	NIGHT AND DAY	RED ROOSTER 001	20.00	B
SOMEBODY DONE TOOK MY BABY AND GONE	DO IT TO ME ONE MORE TIME	SAADIA 7985	30.00	NM
SOMEBODY DONE TOOK MY BABY AND GONE	DO IT TO ME ONE MORE TIME	PHIL LA SOUL 345	20.00	NM
TIME TO GET WITH IT	same: instrumental	L.C. RECORDS 1701	10.00	B

GILSON, PATTI
DON'T YOU TELL A LIE	PULLING PETALS FROM A AISY	GOLDEN WORLD 6	200.00	NM

GILSTRAP, JIM
RUN, RUN, RUN	AIRPORT	BELL 45435	500.00	NM

GIN and the GENTS
DREAMS FOR SALE	BOY AND GIRL	MISS THING 1934	30.00	NM
DREAMS FOR SALE	BOY AND GIRL	ELDORADO 102	30.00	NM

GINO
IT'S ONLY A PAPER MOON	HOME SWEET HOME	GOLDEN CREST 581	60.00	NM

GIRLS
THE HURT'S STILL HERE	MARK MY WORD	MEMPHIS 102	20.00	78

GIRLS FROM SYRACUSE
LOVE IS HAPPENING TO ME NOW	YOU COULD HAVE HAD ME ALL ALONE	PALMER 5001	100.00	NM

GIRLS THREE
THAT'S HOW IT IS	BABY, I WANT YOU	CHESS 1958	40.00	NM

GLADYS
CAN'T GET YOU OUTTA MY MIND	WILLOW WEEP FOR ME	O-GEE 430	40.00	NM
LOVE	A PRECIOUS MOMENT	O-GEE 597	75.00	NM

GLASS HAMMER
WHY'D YOU PUT IT TO ME BABY	AM I TOO LATE	GUSTO 9002	20.00	NM

GLASS HOUSE
PLAYING GAMES	LET IT FLOW	INVICTUS 9111	15.00	78

GLASS, DICK
THE GOLDEN TOUCH	LOVE IS LIKE A BASEBALL GAME	WINGATE 3	10.00	M

GLASS, LINDA
BEFORE LOVE BEATS ME GOING	SOUR GRAPES	VIBRATION 3236	150.00	NM

GLENN, GARY and the SOUL SET
JUST WALK IN MY SHOES	BAD KIND OF LIFE	CO&CE 248	25.00	NM

GLOBELITERS
THE WAY YOU DO	SEE HOW THEY RUN	PHILTOWN 40003	20.00	NM

GLORIA and the TIARAS
I'M SATISFIED	RUNNING OUT OF TIME	BETTY 1204	400.00	NM

GLORIES
(I LOVE U BABE BUT) GIVE ME MY FREEDOM	SECURITY	DATE 1571	15.00	NM
I STAND ACCUSED (OF LOVING YOU)	WISH THEY COULD WRITE A SONG	DATE 1553	15.00	NM
I WORSHIP YOU BABY	DON'T DIAL THAT NUMBER	DATE 1615	75.00	NM
MY SWEET, SWEET BABY	STAND BY	DATE 1593 **PS**	30.00	NM
MY SWEET, SWEET BABY	STAND BY (I'M COMING HOME)	DATE 1593	15.00	NM
SING ME A OVE SONG	OH BABY THAT'S LOVE	DATE 1579	15.00	NM
TRY A LITTLE TENDERNESS	THERE HE IS	DATE 1636	15.00	B

GLORY ROADS
ROCK ME IN THE CRADLE	NOTHING BUT A HEARTACHE	COURTNEY 202	40.00	NM

GLOVER, CLARENCE
KEEP YOUR PROMISES	MIDNIGHT TRAIN	LYNDELL 797	40.00	B

GLOVER, HELEN
JUST LIKE THAST	JUST LIKE THE CHILD	NELBER 105	100.00	NM

GLOVER, IRA
FUNKY WOMAN	I'LL BE LOVING YOU	SOUL HOUSE 13429	40.00	F

GOGGINS, CURBY
LEAVE ME IF YOU WANT TO	COME HOME TO YOUR DADDY	CARNIVAL 510	40.00	NM

GOINS, HERBIE
COMING HOME TO YOU	THE INCREDIBLE MISS BROWN	CAPITIOL 5978	15.00	MOD

GOLDEN BOND
I KNOW (IT'S ALL OVER)	MEAN, MEAN WORLD	CAIN 2103	25.00	GR
I KNOW (IT'S ALL OVER)	MEAN, MEAN WORLD	DELUXE 116	15.00	GR

GOLDEN HARMONEERS
I'M BOUND	PRECIOUS MEMORIES	MOTOWN 1015	50.00	M

GOLDEN TOADSTOOLS
SILLY SAVAGE	WEEPING RIVER	MINARET 138	25.00	F

GOLDEN, SANDY
YOU'RE MY EVERYTHING		MASTERPIECE	800.00	NM

GOLDSBORO, BOBBY
IT'S TOO LATE	I'M COMING HOME	UA 980	10.00	NM
LONGER THAN FOREVER	TAKE YOUR LOVE	UA 50044	10.00	NM

GOMEZ, YVONNE
MY MAN A GO GO	EASE THE PAIN	HAWAII 128	50.00	NM

GONZALES, BABS
ABSCERTIONS	ALI IS THE CHAMP	O'BE RECORDS 13	50.00	F

GOOD TIME CHARLIE
CLEANED OUT (GOR FOR YOURSELF)	I'VE BEEN CLEANED OUT	FAT FISH 8007	20.00	NM
ROVER OR ME	I REMEMBER MINI-GINNY	PZAZZ 29	25.00	F
THRIFTY - MART	MY BEAUTIFUL BABY	GALAXY. 730	15.00	NM
WATCH THAT STUFF	LEARNING ALL ABOUT LOVE	GALAXY. 719	10.00	NM

GOOD, LEMME B.
GOOD LOVIN'	WE CAN'T FINISH WHAT WE STARTE	MERCURY 72418	20.00	NM

GOOD, TOMMY
BABY I MISS YOU	LEAVING HERE	GORDY 7034	40.00	M

GOODNIGHT, TERRI
THEY DIDN'T KNOW	THE FIGHTING IS OVER	PHELECTRON 701	1000.00	NM

GOODWIN, OTIS and the CASTERNETTS
I FEEL IT JUST A LITTLE BIT	SOMETIMES	JAZZ. 10	40.00	F

GORDON, BENNY and the SOUL BROTHERS
(GET IT) COME AND GET IT	UP AND DOWN	RCA 8953	15.00	F
A KISS TO BUILD A DREAM ON	IT COMES AND GOES	RCA 9270	20.00	NM
GIVE A DAMN (ABOUT YOUR FELLOW MAN)	GIVE A DAMN PT. 2	PHIL LA SOUL 351	40.00	F
GIVE A DAMN ABOUT YOUR FELLER MAN	SAME: PT. 2	ESTILL 565	50.00	F
GIVE A DAMN (ABOUT YOUR FELLOW MAN)	SAME: PT 2	SHADOW 1012	75.00	F
GONNA GIVE HER ALL THE LOVE I GOT	TURN ON YOUR LOVELIGHT	WAND 1188	15.00	NM
SO MUCH IN LOVE	LONELY MAN	ESTILL 600	15.00	B

GORDON, ROSCO
I REALLY LOVE YOU	JUST A LITTLE BIT	CALLA 145	20.00	B
JUST A LITTLE AT A TIME	GOTTA KEEP ROLLING	OLD TOWN 1167	15.00	NM

GORDON, RUSSELL
DOUBLE BOOTY BUMP	DON'T CRY BABY	JAY-CEE	100.00	F

GORDON, SAMMY and the HIPP HUGGERS
JUNGLE BUMP	JUNGLE BUMP Pt 2.	LULU 1000	30.00	F
UPSTAIRS ON BOSTON ROAD	UPSTAIRS ON BOSTON ROAD Pt. 2	ARCHIVES 70	25.00	F

GORE, LESLEY
I WON'T LOVE YOU ANYMORE (SORRY)	NO MATTER WHAT YOU DO	MERCURY 72513	10.00	NM
I'M FALLING DOWN	SUMMER AND SANDY	MERCURY 72683	10.00	NM
I'M FALLING DOWN	SUMMER AND SANDY	MERCURY 72683 **PS**	15.00	NM
MY TOWN, MY GUY AND ME	A GIRL IN LOVE	MERCURY 72475 **PS**	15.00	NM
MY TOWN, MY GUY AND ME	A GIRL IN LOVE	MERCURY 72475	10.00	NM
WE KNOW WE'RE IN LOVE	THAT'S WHAT I'LL DO	MERCURY 72530	10.00	NM

GORGEOUS GEORGE
BIGGEST FOOL IN TOWN	SWEET THING	STAX 165	75.00	B
FON-KIN		HOMARK	25.00	F
IT'S NOT A HURTING THING		PEACHTREE	100.00	NM

GORMAN, FREDDIE
IN A BAD WAY	THERE CAN BE TO MUCH	RIC TIC 101	15.00	NM
LOVE HAS SEEN US THROUGH	ALIVE AGAIN	RENE. 901	10.00	78
TAKE ME BACK	CAN'T GET IT OUT OF MY MINHD	RIC TIC 102	15.00	NM
THE DAY WILL COME	JUST FOR YOU	MIRACLE 11	75.00	M

GORME, EYDIE
EVERYBODY GO HOME	THE MESSAGE	COLUMBIA 42854	10.00	NM

GOSPEL CLASSICS
MORE LOVE, THAT'S WHAT WE NEED	YOU NEED FAITH	CHECKER. 5050	150.00	NM

GOSPEL STARS
HAVE YOU ANY TIME FOR JESUS	GIVE GOD A CHANCE	DIVINITY 99006	25.00	M
HE LIFTED ME (STRIPED)	BEHOLD THE SAINTS OF GOD	TAMLA 54037	100.00	M

GOVAN, JAMES
JAMBOLYIA	WANTED: LOVER	FAME 1461	10.00	B
UPHILL CLIMB	JEALOUS KIND	ENVELOPE 7002	20.00	78

GRACIE, CHARLIE
HE'LL NEVER LOVE YOU LIKE I DO	KEEP MY LOVE NEXT TO YOUR HEAR	DIAMOND 178	40.00	**NM**
WALK WITH ME GIRL	TENDERNESS	SOCK and SOUL 102	15.00	NM

GRAHAM, BONNIE
I KNOW IT HURTS YOU	I NEED YOU	SURE SHOT 101	25.00	NM

GRAHAM, GENE
YOU CAN'T CHANGE ME	MY GOODNESS, BABY	CHECKER. 1230	20.00	NM

GRAHAM, JIMMY
A SOUL WALK IN	SOUL WALK	REVUE 11044	20.00	F
LOVE CAN'T BE MODERNIZED	WE SHALL OVER COME	REVUE 11065	20.00	NM

GRAHAM, MISTY
SOUL ENERGY	LOVE WELL SEASONED	C.R.S. 102	15.00	78

GRAHAM, RALPH
MORE TO LIFE	COLD WATER FLAT	EVOLUTION 1050	10.00	NM
SHE JUST SITS THERE	YOU HAD TO HURT SOMEONE	UP FRONT 21	700.00	NM
WHAT DO I HAVE TO DO	MY LOVE GOES WITH YOU	SUSSEX 505	10.00	78

GRAND PIANO COMPANY
ESPERANTO	same:	AMPEX 11032 dj	10.00	**NM**

GRAND PRIXS
ROAR OF THE CROWD	LOST LOVE	TINA 1014	250.00	NM
I SEE HER PRETTY FACE	YOU DRIVE ME CRAZY	BIG MACK 2942	1000.00	NM

GRAND, BARRY
LOOKING BACK	ANNIVERSARY SONG	KARATE 504	15.00	NM

GRANGER, GERRI
CASTLE IN THE SKY	WHAT'S WRONG WITH ME	BIG TOP 3110	75.00	NM
I CAN'T TAKE IT LIKE A MAN	GET IT TOGETHER	BELL 987	50.00	NM
I GO TO PICES (EVERYTIME..)	DARLING TAKE ME BACK (I'M SORRY)	BELL 969	100.00	NM
YOU MUST BE DOING SOMETHING RIGHT	I CRIED	DOUBLE L 734	15.00	NM

GRANT, EARL
HIDE NOR HAIR	I LOVE YOU YES I DO	DECCA 32093 dj	50.00	NM
HIDE NOR HAIR	I LOVE YOU YES I DO	DECCA 32093	25.00	NM

GRANT, ESTHER
LET'S MAKE THE MOST OUT OF LOVE	TAKE ME NOW OR LEAVE ME BE	WILSTONE 1001	**NEG**	NM

GRANT, JANIE
MY HEART, YOUR HEART	AND THATREMINDS ME OF YOU	PARKWAY 982 dj	50.00	**NM**
MY HEART, YOUR HEART	AND THAT REMINDS ME OF YOU	PARKWAY 982	75.00	NM

GRAVES, JOE
DEBBIE	A BOY AND GIRL FALLS IN LOVE	PARKWAY 103	25.00	NM
IT'S GOT TO BE REAL	BABY, IF YOU WERE GONE	RACK 103	15.00	78
SEE SAW	BEAUTIFUL GIRL	PARKWAY 964	15.00	NM

GRAY, DOBIE
HONEY, YOU CAN'T TAKE IT BACK	same:	WHITE WHALE 342 dj	30.00	**NM**
OUT ON THE FLOOR	MY BABY	THUINDERBIRD 549	25.00	NM
OUT ON THE FLOOR	NO ROOM TO CRY	CHARGER 115	20.00	**NM**
SEE YOU AT THE GO GO	WALK WITH LOVE	CHARGER 107	10.00	NM
THE IN CROWD	BE A MAN	CHARGER 105	10.00	NM
WHAT A WAY TO GO		WHITE WHALE	300.00	NM

GRAY, FREDA
STAY AWAY FROM JOHNNY	same: instrumental	DEEP CITY 2366	30.00	NM

GRAY, PEARLEAN
FOR YOUR LOVE	HAVE YOU EVER HAD THE BLUES	DCP 1125	15.00	GR
I DON'T WANT TO CRY	THE LOVE OF MY MAN	GREEN SEA 104 mid-green label	30.00	NM
I DON'T WANT TO CRY	THE LOVE OF MY MAN	GREEN SEA 104 dark-green label	20.00	NM

GRAY, WILLIE CHARLES
I'M GONNA BE A WINNER	HERE I GO AGAIN	MERCURY 72608	40.00	NM

GRAYSON, CALVIN
IT'S BEEN NICE LOVING YOU	IF YOU GOTTA MAKE A FOOL OF SO	CAPITOL 5462	30.00	NM
LOVE JUST BEGAN	YOU'VE GOT TO BE WILLING	IN 6312	400.00	NM
WHERE DO I BELONG	BIG BROTHER	CAPITOL 5308	20.00	NM

GRAYSON, DORI
GOT NOBODY TO LOVE	TRY LOVE	MURCO 1038	10.00	B
SWEET LOVIN' MAN	BE MINE SOMETIME	PEERMONT 105	20.00	NM

GRAYSON, MILT
IT AINT NECESSARILY SO	YOU'RE A PART OF ME	KEEN 82102	15.00	NM
REWARD	HERE I AM BROKEN HEARTED	COLPIX 626	40.00	NM
RIGHT ON! RIGHT ON! RIGHT ON!	GOOD MORNING WORLD	PEAK 1001	20.00	F
SOMETHING THAT GETS TO ME	HURRY SUNDOWN	MGM 13699	30.00	NM
YOUR OLD STAND-BY	WAYFARIN' STRANGER	DERBY CITY 1007	150.00	NM

GREAT DELTAS
TRA LA LA	STAND UP AND BE A MAN	ENGLEWOOD 41629	**NEG**	F

GREAT LAKES ORCHESTRA
DIDN'T I TELL YOU	THIS IS THE NIGHT FOR LOVING	GREAT LAKES 101	100.00	78

GREATER EXPERIENCE
DON'T FORGET TO REMEMBER	CAROL'S CAROL	COLONY 2572	450.00	NM

GREATER LOVE CONNECTION
REFLECTION	FREEDOM	SELAH 1	15.00	GR

GREEN BROTHERS
SWEET LOVIN' WOMAN	LACK OF ATTENTION	TORTOISE 11130	30.00	78

GREEN SISTERS
WIN PLACE AND SHOW	DISCO PLAYER	SETTING SUN 003	15.00	78

GREEN, AL see AL GREENE

GREEN, ALVIN and GREEN FIRE
THE SUN SHINES	TURNING ON THE TUNING IN	GREEN FIRE 100	100.00	78

GREEN, BARBARA
I SHOULD HAVE TREATED YOU RIGHT	YOUNG BOY	VIVID 105	10.00	NM

GREEN, BETTY
LONELY GIRL	HE PUT ME DOWN	CRACKERJACK 4018	30.00	NM

GREEN, BOB
I'VE NEVER FOUND A GIRL	PLEASE FORGIVE ME	FRETONE 026	15.00	78

GREEN, BYRDIE (BIDIE)
DON'T MAKE IT HURT	THE MAGIC OF YOUR LOVE	HALLMARK 334	15.00	NM
GET A HOLD OF YOURSELF	DON'T TAKE YOUR LOVE FROM ME	20TH. CENTURY 422	30.00	NM
HOW COME	TREMBLIN'	END 1117	50.00	NM
TREMBLIN	MEMORIES ARE MADE OF THIS	END 1122	25.00	NM

GREEN, CAL
I'LL GIVE YOU JUST A LITTLE MORE TIME	SPANKY	FILMTOWN 62068	500.00	NM
STORMY	SOMEWHERE IN THE NIGHT	MUTT and JEFF 20	10.00	F
TRIPPIN'	JOHNNY'S GONE TO VIETNAM	MUTT and JEFF 22	15.00	F

GREEN, CLARENCE and the RHYTHMAIRES
I'M WONDERING	WHAT Y'ALL WAITING ON ME	DUKE 410	15.00	B

GREEN, CLAUDIA
SKATE A WHILE BABY	I JUST LOVE THE GUY	ABC 10879	25.00	NM

GREEN, GARLAND
AIN'T THAT GOOD ENOUGH	LOVE NOW PAY LATER	REVUE 11030	100.00	NM
ALL SHE DID (WAS WAVE GOODBYE AT ME)	DON'T THINK I'M A VIOLENT GUY	UNI 55188	10.00	NM
ANGEL BABY	YOU PLAYED ON A PLAYER	UNI 55213	20.00	NM
DON'T LET LOVE WALK OUT ON US	ASK ME FOR WHAT YOU WANT	RCA 10889	40.00	78
GIRL I LOVE YOU	IT RAINED FORTY DAYS AND NIGHTS	GAMMA 103	300.00	NM
GIRL I LOVE YOU	IT RAINED FORTY DAYS AND NIGHTS	REVUE 11001	100.00	NM
JEALOUS KINDA FELLA	I CAN'T BELIEVE YOU QUIT ME	UNI 55143	10.00	NM
JUST MY WAY OF LOVING YOU	ALWAYS BE MY BABY	COTILLION 44126	15.00	NM
RUNNING SCARED	LOVE IS WHAT WE CAME HERE FOR	COTILLION 44162	15.00	NM
YOU PLAYED ON A PLAYER	MR. MISERY	REVUE 11020	15.00	NM

GREEN, JIMMIE
THE ROBOT	same: Instrumental	WAND 11254	15.00	F

GREEN, JUDY
COME OUT OF THE CROWD	I CAN'T GET ALONG WITHOUT YOU	KLONDIKE 2232	20.00	NM

GREEN, MARIE
SORRY THAT NUMBER'S BEEN DISCONNECTED	same: Instrumental	BUDDAH 494 dj	20.00	78

GREEN, SAM
IT'S TIME TO MOVE	FIRST THERE'S A TEAR	GOLDSMITH TCB 19	50.00	NM

GREENE ORCH., CLAUDE FATS
SHELTER ME JOE pt.1	SHELTER ME JOE pt. 2	CAMILLE 114	15.00	F

GREENE, AL and the SOUL MATE'S
DON'T LEAVE ME	BACK UP TRAIN	HOT LINE MUSIC JOURN 15000	25.00	NM
DON'T LEAVE ME	HOT WIRE	BELL 45305	15.00	NM
GET YOURSELF TOGETHER	DON'T HURT ME NO MORE	HOT LINE MUSIC JOURN 15001	15.00	NM
I'LL BE GOOD TO YOU	A LOVER'S HOLIDAY	HOT LINE MUSIC JOURN 15002	10.00	B
LET ME HELP YOU	GUILTY	BELL 45258	20.00	NM

GREENE, BARBARA
I SHOULD HAVE TREATED YOU RIGH	YOUNG BOY	RENEE 5001	15.00	NM
LOVER'S PLEA	OUR LOVE IS NO SECRET NOW	RENEE 5004	30.00	NM

GREENE, CHARLES
DOUBLE "E" AGENT	BABY OH BABY	ANLA 108	50.00	NM

GREENE, LAURA
COME ON IN	MEMORIES AND SOUVENIRS	CAPITOL 3300	15.00	NM
MOONLIGHT MUSIC IN YOU	LOVE IS STRANGE	RCA 9164 dj	75.00	NM
MOONLIGHT MUSIC IN YOU	LOVE IS STRANGE	RCA 9164 black label stock	200.00	**NM**
MOONLIGHT MUSIC IN YOU	LOVE IS STRANGE	RCA 9164 orange label	20.00	**NM**
MOONLIGHT MUSIC IN YOU	LOVE IS STRANGE	RCA 9164 grey label	15.00	**NM**

GREENE, MARK
I'M SO LOST	MY CONFESSION OF LOVE	STANG 5002	10.00	GR

GREENE, SUSAYE
THAT'S THE WAY LOVE IS	PLEASE SEND HIM BACK TO ME	TRU-GLO-TOWN 507	50.00	NM

GREENE, TEDDY
CRY	GOTTA LOVE YOU MORE	CAPITOL 5226	30.00	NM

GREENE, VERNON
LOOK AT ME, LOOK AT ME	AM I EVER GONNA SEE MY BABY	MINIT 32034	150.00	NM

GREENWICH, ELLIE
BABY	YOU DON'T KNOW	RED BIRD 10034	100.00	NM

GREER BROTHERS
WE DON'T DIG NO BUSING	LET ME STAY A PART OF YOU	DUKE 474	10.00	F

GREER, CORTEZ
VERY STRONG ON YOU	TAKE WHAT'S COMING TO YOU	VIOLET 4010	30.00	**NM**

GREER, DAN
MY BABY'S GOT A NEW WAY | WAIT FOR ME | BIG BEAT 149 | 15.00 | NM

GREGORY, DON (and the MONTCLAIRS)
SOUL LINE | same: | APT 26013 | 10.00 | F
IS IT SO WRONG | BUG KILLER | COMET 2165 | 150.00 | NM

GRESHAM, JAMES (JIMMY or JIMMIE)
AIN'T THAT LOVE | TAKE ME TOO | KITTY 1009 | 150.00 | NM
BE PREPARED TO PAY | THE PRICE IS TOO MUCH TO PAY | BARBARY COAST 100 | 250.00 | NM
THIS FEELIN I HAVE | PUT IT OUT OF MY MIND | TERI DE 5 | 700.00 | NM
WHAT DID I DO | MR. WIND | DECCA 31832 | 15.00 | NM

GRESHAM, JESSE
BUST OUT | GET IT, WHERE YOU FIND IT | JEWEL 833 | 20.00 | F
SHOOTIN' THE GREASE | BAREFOOTIN' | HEAD 1050 | 10.00 | F
THE PENGUIN | THE PENGUIN Pt 2 | JEWEL 823 | 25.00 | f

GRESHAM, WILLIE and FREE FOOD TICKET
STEP BY STEP | I CRIED BOO HOO | MAJESTY 1040 | 40.00 | F

GRIER BROS.
WEEPING BABY ALL THE TIME | I GOT A WOMAN | MELDOY DISC 101 | 50.00 | NM

GRIER, ROOSEVELT (ROSEY or ROSIE)
BEAUTIFUL PEOPLE | same: | A&M 1457 | 75.00 | 78
C'MON CUPID | HIGH SOCIETY WOMAN | AMY 11015 | 15.00 | NM
IN MY TENEMENT | DOWN SO LONG | RIC. 112 | 50.00 | NM
LOVER SET ME FREE | WHY | BATTLE 45911 | 25.00 | NM
OH HOW I MISS YOU BABY | BRING BACK THE TIME | UA 50893 | 30.00 | 78
PEOPLE MAKE THE WORLD | HARD TO FORGET | AMY 11029 | 10.00 | B
PIZZA PIE MAN | WELCOME TO THE CLUB | D-TOWN 1058 | 100.00 | NM

GRIFFIN, BILL.
TRY TO RUN A GAME ON ME | FORBIDDEN FRUIT | NAPTOWN 904 | 100.00 | NM

GRIFFIN, GARY and TOP TEN
THINK NOTHING ABOUT IT | BOOTLEG | HMF 2001 | 300.00 | F

GRIFFIN, HERMAN (and the MELLO-DE)
ARE YOU FOR ME OR AGAINST ME | GETTIN' BETTER | MAGIC TOUCH 7 | 15.00 | NM
DREAM GIRL | NOTHING BEATS A FAILURE BUT A TRY | MERCURY 72401 | 50.00 | NM
HURRY UP AND MARRY ME | DO YOU WANT TO SEE MY BABY | ANNA 1115 | 20.00 | M
I NEED YOU | I'M SO GLAD I LEARNED TO DO TH | HOB 112. | 20.00 | M
MR. HEARTBREAK | NEVER TRUST YOUR GIRL-FRIEND | DOUBLE L 718 | 15.00 | NM
SLEEP (LITTLE ONE) | UPTIGHT | MOTOWN 1028 | 100.00 | M
TRUE LOVE | IT'S YOU | COLUMBIA 41951 | 30.00 | M
TRUE LOVE (THAT'S LOVE) | IT'S YOU | TAMLA 54032 | 100.00 | M

GRIFFIN, HERMAN and MAURICE KING
I NEED YOU | I'M SO GLAD I LEARNED TO DO TH | HOB 112 | 200.00 | M

GRIFFIN, VIRGIL and the RHYTHM KINGS
I'M ON MY WAY | LOVE WILL NEVER DIE | REGINALD 1402 | 20.00 | NM

GRIFFINS, R.L.
PLAYTHING | GIVE YOUR HEART | RIDE 8261 | 100.00 | NM

GRIFFITH INC., JOHNNY
GRAND CENTRAL - SHUTTLE | MY LOVE | RCA 805 | 20.00 | F

GRIFFITH, EMILE
GOIN GOIN GONE | THAT'S WHAT I LIKE | TRC 983 | 25.00 | NM

GRIFFITH, INC., JOHNNY
THE GRAND CENTRAL SHUTTLE | MY LOVE | GENEVA 502 | 10.00 | F

GRIMES, HERMAN
(I'LL MAKE YOU) SMILE AGAIN | THAT'S JUST HALF THE STORY | BOOT HEEL 105 | 25.00 | NM

GRINER, LINDA
GOOD-BY CRUEL LOVE | ENVIOUS | MOTOWN 1037 | 250.00 | M
GOOD-BY CRUEL LOVE | ENVIOUS | MOTOWN 1037 dj | 300.00 | M
GOOD-BY CRUEL WORLD | ENVIOUS | MOTOWN 1037 dj | 350.00 | M

GRIPPER, FREDDIE
FORGIVE ME | same: | PARAMOUNT 0264 | 10.00 | 78

GROOM BROTHERS
GIVE IT BALL WE'VE GOT | TWO OF A KIND | JEREE 82377 | 100.00 | 78

GROOVE MERCHANTS
THERE'S GOT TO BE SOMEONE FOR | WE ARE ONLY FOOLING OURSELVES | SUEMI 4557 | 500.00 | F

GROOVE STICK
IMITATION OF LIFE | I CAN SEE | UPTOWN. 765 | 15.00 | NM

GROOVE
LOVE (IT'S GETTING BETTER) | THE LIGHT OF LOVE | 20TH. CENTURY 6671 | 25.00 | NM
LOVE (IT'S GETTING BETTER) | THE LIGHT OF LOVE | WAND 1163 | 15.00 | NM

GROOVERS
I'M A BASHFUL GUY | JUST GO FOR ME | TERI DE 2 | 100.00 | NM
I'M A BASHFUL GUY | JUST GO FOR ME | MINIT 32010 | 20.00 | NM

GROUND HOG
BUMPIN' | BUMPIN' Pt 2 | GEMIGO 100 | 10.00 | F

GROUP CALLED (US)
PROMISE ME | AMERICAN GIRL | PATTY 1373 | 50.00 | NM
GROUP feat. CECIL WASHINGTON
I DON'T LIKE TO LOSE | THE LIGHT OF DAY | PROFONICS 2029 | 700.00 | NM
GROUP FROM QUEENS
YOU SEARCH IS OVER | BOSS MAN | VEEP 1238 | 50.00 | GR
GTO'S
GIRL FROM NEW YORK CITY | MISSING OUT ON THE FUN | PARKWAY 108 | 20.00 | NM
GUENTHER, WOODY and CHEATERS
TEARDROPS | BANG DANGIN'TIME | SHOUT 229 | 20.00 | B
GUESS, LENIS
JUST ASK ME | WORKIN' FOR MY BABY | LE GRAND 1042 | 100.00 | NM
JUST ASK ME | WORKIN' FOR MY BABY | S.P.Q.R. 1002 dj | 75.00 | NM
JUST ASK ME | WORKIN' FOR MY BABY | S.P.Q.R. 1002 | 30.00 | **NM**
TOO MANY NIGHTS | THANK GOODNESS GOTTA GOOD WOMA | PEANUT COUNTRY 1002 | 15.00 | NM
GUITAR RAY
PATTY CAKE SHAKE | NEW TRUE LOVE | HOT LINE 912 | 30.00 | MOD
YOU'RE GONNA WRECK MY LIFE | I AM NEVER GONNA BREAK HIS RULE | SHAGG 711 | 500.00 | NM
GUITAR RED
JUST YOU AND I | OLD FASHIONED LOVE | CHECKER. 988 | 20.00 | NM
GUNGA DIN
SNAKE PIT | CRABCAKES | VALISE 6903 | 100.00 | F
GUNN, JON
I JUST MADE UP MY MIND | NOW IT'S MY TURN | DERAM 85013 | 10.00 | NM
GUNTER, CORNELL
LOVE IN MY HEART | DOWN IN MEXICO | TOGETHER. 101 | 300.00 | NM
GUNTER, SHIRLEY
STUCK UP | YOU LET MY LOVE GROW COLD | TRC 949 | 20.00 | NM
GUY, BILLY
FOXEY BABY | SHE'S MY GIRL | CHALCO 5002 | 400.00 | NM
HERE 'TIS | LOOKIN' LIKE A NUT NUT | SEW CITY 109 | 20.00 | F
I'M SORRY ABOUT THAT | IF YOU WANT TO GET AHEAD | VERVE 10485 | 20.00 | B
GUY, BILLY and the COASTERS
TAKE IT EASY CREAZY | YOU MOVE ME | SAL/WA 1001 | ~~75.00~~ 20 | F
GUY, BUDDY
BUDDY'S GROOVE | SHE SUITS ME TO A TEE | CHESS 2067 | 15.00 | F
CRAZY LOVE | LEAVE MY GIRL ALONE | CHESS 1936 | 15.00 | NM
I DIG YOUR WIG | MY TIME AFTER WHILE | CHESS 1899 | 15.00 | NM
I DIG YOUR WIG | SCRAPING | CHESS 1899 | 25.00 | NM
GUYS and DOLLS
AIN'T IT A SHAME | PRETTY,PRETTY,BABY | ASTROPHE 37114 | 40.00 | F
HEARTACHES | YOUR MISUSING ME | TODDLIN TOWN 135 | 10.00 | GR
LOOKING FOR A LOVER | YOU LEFT ME | MELLOW 1006 | 10.00 | GR
GUYS FROM UNCLE
THE SPY | JAMMIN' | SWAN 4240 | 40.00 | NM
GUYTON, HOWARD
I WATCHED YOU SLOWLY SLIP AWAY | I GOT MY OWN THING GOING | VERVE 10386 | 120.00 | **NM**
GWEN and RAY
BUILD YOUR HOUSE ON A STRONG F | IF IT MAKES YOU FEEL GOOD | BEE BEE 223 | 250.00 | NM
GYPSIES
IT'S A WOMAN'S WORLD | THEY'RE HAVING A PARTY | OLD TOWN 1184 | 200.00 | NM
IT'S A WOMAN'S WORLD | THEY'RE HAVING A PARTY | OLD TOWN 1184 dj | 150.00 | NM
JERK IT | DIAMONDS RUBIES GOLD AND FAME | OLD TOWN 1180 | 15.00 | NM

HAFNER, DICK
GO 'WAY TEARS	WAKE UP SILLY BOY	VALIANT 6044	30.00	NM

HAINES, CONNIE
WHAT'S EASY FOR TWO IS HARD FOR ONE	WALK IN SILENCE	MOTOWN 1092	30.00	M

HAINES, GARY
KEEP ON GOING	I WANT TO SING	SOUND. 110	125.00	NM
KEEP ON GOING	I WANT TO SING	SOUND. 110 dj	225.00	NM

HAIRSTON, FOREST
WE GOT TO PIECES	THE SOUND OF THE BELLS	VINEY 1	30.00	NM

HAL and BRENDA (Hal Davis & Brenda Holloway)
IT'S YOU	UNLESS I HAVE YOU	MINASA 6714	40.00	M

HALE, LARRY
ONCE	POLLY WOLLY	DIAMOND 203	20.00	NM

HALE, LILLIAN
DON'T BOOM, BOOM	THE SIGNES WERE WRONG	FRETONE 11	20.00	F

HALL, BARBARA
CAN I COUNT ON YOU	V.I.P.	INNOVATION 8035	10.00	78
YOU BROUGHT IT ON YOURSELF	DROP MY HEART OFF AT THE DOOR	INNOVATION 9162	30.00	78

HALL, C. HENRY
(I PRAY FOR) A MIRACLE	I BELIEVE	MERCURY 72252	40.00	NM
SUMMERTIME	LET ME DOWN SLOWLY	MERCURY 72318	75.00	NM

HALL, CARL
I DON'T WANT TO BE YOUR USED TO BE)	THE DAM BUSTED	LOMA 2098	15.00	NM
IS YOUR LOVE GOING OR GROWING	ROLL OVER CASANOVA	MERCURY 72481	50.00	NM
MEAN IT BABY	YOU DON'T KNOW NOTHING ABOUT L	LOMA 2086	60.00	NM
MY BABY'S SO GOOD	WHAT COME OVER YOU	MERCURY 72396	30.00	NM
THE DAM BUSTED	I DON'T WANNA BE YOU USED TO BE	LOMA 2098	15.00	NM
WHAT ABOUT YOU	WHO'S GONNA LOVE ME	COLUMBIA 45813	200.00	78
WHAT ABOUT YOU	same:	COLUMBIA 45813 dj	150.00	78
YOU DON'T KNOW NOTHING ABOUT LOVE	same:	LOMA 2086	15.00	B
YOU'RE SO QUALIFY	HE GETS EVERYTHING HE WANTS	MERCURY 72547	40.00	NM

HALL, DAVE
LOOK AT ME	THEY'RE TALKING ABOUT MY BABY	SOUND 115	400.00	NM

HALL, DELORES
GOOD LOVIN' MAN	W-O-M-A-N	KEYMEN 111	15.00	NM
GOOD LOVIN' MAN	W-O-M-A-N	KEYMEN 111 green lettering	25.00	NM

HALL, DORA
PRETTY BOY	TIME TO SAY GOODBYE	REINBEAU 1302	25.00	NM

HALL, GERRI
I CRIED A TEAR	MR. BLUES	RAI 101	30.00	B
WHO CAN I RUN TO	I LOST THE KEY	HOT LINE 905	350.00	NM

HALL, NAT
A BROKEN HEARTED CLOWN	EXPLANATION	TOPSOUL 105	30.00	B
WATCH YOURSELF	I'M LOST WITHOUT YOU	SOUL BOSS 201	40.00	NM
WHY (I WANT TO KNOW)		LOOP	400.00	NM

HALL, SIDNEY
THE WEEKEND	I'M A LOVER	SHRINE 109	1000.00	NM

HALL, THOMAS
DO YOU REALLY LOVE ME	YOU TOLD ME A LIE	DIAMOND 180	25.00	NM

HALL, WAYMOND b/w APOLLAS
WHAT WILL TOMORROW BRING | SOUL FUNK-TION | JAMAL 1005 | 100.00 | NM
HALOS
COME SOFTLY TO ME | HE'S JUST TOO MUCH | CONGRESS 262 | 20.00 | NM
DO I | JUST KEEP ON LOVING ME | CONGRESS 244 | 10.00 | NM
HAMBER, KENNY
ANYTHING YOU WANT | AIN'T GONNA CRY (OVER ONE GIRL) | ARCTIC 131 | 600.00 | NM
LET'S DO THE CAMEL WALK | | MEAN | 200.00 | NM
THESE ARMS OF MINE | LOOKING FOR A LOVE | ARCTIC 139 | 250.00 | B
TIME | SHOW ME YOUR MONKEY | DE JAC 1254 | 20.00 | NM
HAMBRIC, BILLY
I FOUND TRUE LOVE | SHE SAID GOODBYE | DRUM. 1204 | 100.00 | NM
TALK TO ME BABY | HUMAN | FURY 5000 | 25.00 | NM
HAMBRICK, BILLY
JUST CAN'T TAKE IT NO MORE | SOMEONE TO LOVE | JOVIAL 730 | 20.00 | NM
HAMILTON and WHATT, JIMMY
WALKING IN A CROWD | NEVER UP NEVER IN | AFFIE 940 | 30.00 | 78
HAMILTON CRYSTALIZED, MILTON
MY LOVE SUPREME | I REALLY GOT A THING FOR YOU | TR RECORDS 129 | 10.00 | 78
HAMILTON MOVEMENT
LOVE MAN | WE'RE GONNA PARTY | LOOK-OUT 009 | 40.00 | GR
LOVE MAN (THAT'S WHAT I LONG TO BE) | WE'RE GONNA PARTY | SOUNDWAVES 4547 | 10.00 | GR
SEND ME SOME LOVING | LOVE CIRCUS | LOOK-OUT 016 | 30.00 | GR
SHE'S GONE | WE'RE GONNA PARTY | LOOK-OUT 007 | 700.00 | 78
YOUR LOVE BRINGS OUT THE MAN IN ME | HAVING A SET | LOOK-OUT 008 | 30.00 | GR
HAMILTON, CHRIS
I'VE GOT TO HAVE YOUR LOVE | I'VE GOT TO CRY | BELL 663 | 20.00 | NM
HAMILTON, EDWARD and the ARABIANS
BABY DON'T YOU WEEP | TELL ME | MARY JANE 1005 | 100.00 | **NM**
FOR ME ONLY | TELL ME | MARY JANE 1003 | 25.00 | NM
I'M GONNA LOVE YOU | CALL ME | CARRIE 9 | 15.00 | NM
I'M GONNA LOVE YOU | CALL ME | JAMECO 2008 | 25.00 | NM
I'M GONNA LOVE YOU | JUST LET ME KNOW | MARY JANE 6707 | 45.00 | NM
MY DARLING BABY | WILLING MIND | MARY JANE 1010 | 25.00 | NM
NOW YOU HAVE TO CRY ALONE | I LOVE YOU SO | LANROD 1605 red label | 100.00 | NM
NOW YOU HAVE TO CRY ALONE | TEMPTATION OF LOVE | LANROD 1605 yellow label | 150.00 | NM
TELL ME | SCHOOL IS COOL | MARY JANE 1006 | 10.00 | NM
TELL ME | MY DARLIN BABY | MARY JANE 1003 | 15.00 | NM
THANK YOUR MOTHER | same: Instrumental | MARY JANE 1007 | 15.00 | NM
HAMILTON, JOEL
CAN'T WAIT | VIKKI IS HER NAME | ROULETTE 4484 | 15.00 | GR
HAMILTON, LITTLE JOHNNY
OH HOW I LOVE YOU | GO | DORE 754 | 200.00 | NM
KEEP ON MOVIN' | MUDDIE PIE | DORE 760 | 1250.00 | NM
HAMILTON, PATTI
MY BABY LOVES ME | THE WAY THAT U TREAT ME BABY | LOVELITE 3 | 30.00 | NM
HAMILTON, PETER
HEY GIRL | same: instrumental | JAMIE 1338 | 100.00 | NM
HAMILTON, ROY
TORE UP OVER YOU | AND I LOVE HER | RCA 8705 | 10.00 | NM
100 YEARS | THE DARK END OF THE STREET | GAP 113 | 15.00 | B
100 YEARS | IT'S ONLY MAKE BELIEVE | GAP 125 | 10.00 | B
CRACKIN' UP OVER YOU | WALK HAND IN HAND | RCA 8960 | 100.00 | **NM**
DON'T COME CRYING TO ME | IF ONLY I HAD KNOWN | EPIC 9492 | 25.00 | NM
EARTHQUAKE | I AM | EPIC 9538 **PS** | 150.00 | NM
EARTHQUAKE | I AM | EPIC 9538 | 100.00 | NM
HANG UPS | ANGELICA | GAP 116 | 15.00 | NM
HEARTACHE (HURRY ON BY) | AIN'T IT THE TRUTH | RCA 8641 | 20.00 | NM
I NEED YOUR LOVIN' | BLUE PRELUDE | EPIC 9307 | 15.00 | NM
I TAUGHT HER EVERYTHING SHE KNOWS | LAMENT | RCA 9061 | 15.00 | B
I'LLL COME RUNNING BACK TO YOU | CLIMB EV'RY MOUNTAIN | EPIC 9520 | 20.00 | NM
I'LLL COME RUNNING BACK TO YOU | CLIMB EV'RY MOUNTAIN | EPIC 9520 **PS** | 25.00 | NM
INTERMEZZO | MIDNIGHT TOWN - DAYBREAK CITY | MGM 13157 | 15.00 | NM
IT'S ONLY MAKE BELIEVE | SAME: | GAP 125 | 10.00 | B
LAMENT | I TAUGHT HER EVERYTHING SHE KN | RCA 9061 | 10.00 | B
LET GO | YOU STILL LOVE HIM | MGM 13138 | 15.00 | NM
SHE'S GOT A HEART | THE IMPOSSIBLE DREAM | RCA 8813 | 20.00 | NM
THE CLOCK | I GET THE BLUES WHEN IT RAINS | EPIC 9390 **PS** | 30.00 | NM
THE CLOCK | I GET THE BLUES WHEN IT RAINS | EPIC 9390 | 20.00 | NM
THE PANIC IS ON | THRERE SHE IS | MGM 13217 | 100.00 | NM
THE SINNER | THEME FROM V.I.P'S | MGM 13175 | 25.00 | NM

TORE UP OVER YOU	AND I LOVE HER	RCA 8705	15.00	NM
WAIT UNTIL DARK	LET THIS WORLD BE FREE	CAPITOL 2057	15.00	B
YOU CAN COUNT ON ME	SHE MAKE ME WANNA DANCE	MGM 13291	75.00	NM
YOU CAN HAVE HER	ABIDE WITH ME	EPIC 9434	10.00	NM
YOU SHOOK ME UP	SO HIGH MY LOVE	RCA 9171	200.00	NM

HAMILTON, VERA

BUT I AIN'T NO MORE (GSTSKDTS)	same:	EPIC 10875 dj	30.00	F

HAMILTON, WILLIE

SHE'S ALRIGHT	CHEER UP	HRP 2	40.00	NM

HAMLIN, BILLY

SOMEBODY PLEASE	THE CONCENTRATION	TOY 110	40.00	NM

HAMMER, JACK

COLOUR COMBINATION	SWIM	SOUL 35088	15.00	M

HAMMETT, JO JO and the HURRICANES

AIN'T THAT HEAVY	NEXT TIME	GEORGIA 1100	300.00	F

HAMMOND, CLAY

DANCE LITTLE GIRL	SHOTGUN WEDDING	DUO DISC 109	15.00	NM
DANCE LITTLE GIRL	TWIN BROTHER	KEYMEN 105	15.00	NM
MY BABY LEFT ME CRYING	THERE'S GONNA BE SOME CHANGES	GALAXY. 723	25.00	NM

HAMMOND, JOHN

CROSS CUT SAW	BROWN EYED HANDSOME MAN	ATLANTIC 2503	15.00	NM

HAMMOND, LITTLE WALTER

LET YOUR CONSCIENCE BE YOUR GUIDE	WE GO TOGETHER, YES WE DO	DUO DISC 110	30.00	NM

HAMPTON, JOHNNY

NOT MY GIRL	DON'T LEAD ME ON	DOTTY'S 345	850.00	**NM**

HAMPTON, LIONEL

GREASY GREENS	SUNSHINE SUPERMAN	GLAD HAMP 2038	20.00	F

HAMPTON, LORI

FRAGILE, HANDLE WITH CARE	RUNAWAY BAY	UNI 55087	50.00	NM

HANDS OF TIME

THIS LOVE FOR REAL	I'LL NEVER FORGET YOU	INNER CITY 17200	50.00	78

HANDY, ROY

ACIDENTAL LOVE	WHAT DID HE DO	MARTON 1001	300.00	NM
BABY THAT'S A GROOVE	MONKEY SEE - MONKEY DO	STEPHANYE 334	30.00	**NM**

HANEY, JACK and ARMSTRONG, NIKI

PEACEFUL	THE INTERVIEW (SUMMIT CHANTED)	MELODY 107	20.00	M

HANK AND ROVER

A LOT TO BE DONE	A ROCK DOWN IN MY SHOE	OKEH 7264	150.00	B

HANKS, MIKE and the DEL-FI'S

THE HAWK	WHEN TRUE LOVE COMES TO BE	MAHS 3 yellow label	50.00	M
WHEN TRUE LOVE COMES TO BE	THE HAWK	SPARTAN 401	20.00	M

HANNA, JIMMY and the DYNAMICS

LEAVING HERE	SOMEONE SOMEWHERE	SEAFAIR BOLO 752	25.00	NM

HAPPY CATS

THESE BOOTS ARE MADE FOR WALKING	MY TUNE	OMACK 369	30.00	NM

HARD COVER

DO YOU CARE (LIKE YOU SAY U D0)	I BET SHE DOES IT	SHANTY TOWN 101	75.00	78

HARDIE, CELEST

THANK YOU LOVE	same: Instrumental	LOADSTONE 3955	15.00	78
YOU TOUCHED THE INNER PART OF ME	same: Instrumental	LOADSTONE 3961	15.00	78
YOU'RE GONE	THAT'S WHY I CRIED	REYNOLDS 200	350.00	NM

HARDY, CLARA

I DREAM OF YOU	same: Instrumental	TUNA 101	1500.00	NM
YOU'RE TOO JEALOUS	THE TOUCH OF LOVE	JACK POT 800	150.00	NM

HARDY, DOLORES

DON'T STOP	THIS SPELL	FIRE MOUNTAIN 3831	25.00	78

HARDY, HAL

HOUSE OF BROKEN HEARTS	LOVE MAN	HOLLYWOOD 1116	25.00	NM
TEARS OF JOY	AROUND ABOUT SUNDOWN	DELUXE 104	40.00	NM

HARDY, LAVELL

DON'T LOSE YOUR GROOVE	WOMEN. OF THE WORLD	ROJAC 117	30.00	F

HARGRAVES, SILKY

HURT BY LOVE	GO ON GIRL	D-TOWN 1043	30.00	NM
I'LL KEEP ON TRYING	LOVE, LET'S TRY IT AGAIN	WHEELSVILLE 116	200.00	NM
KEEP LOVING ME (LIKE YOU DO)	YOU'RE TOO GOOD (TO ME BABY)	DEARBORN 563	275.00	NM

HARGROVE, ROSE

WHY AM I LOSING YOU	ONCE A DAY	AFCO 523	75.00	NM

HARKEY, DONNA

GIVE IT ALL YOU GOT	IT'S A LONG WALK DOWN FROM THE	ATCO 6623	40.00	NM

HARLEM MEAT COMPANY

I'M NOT GONNA BE ANYBODY'S FOOL	I DON'T KNOW WHY	CASH 2634	40.00	GR

HARMONICA FATS
TORE UP	I GOT SO TIRED	DARCEY 5000	15.00	NM

HARMONICA GEORGE
GET SOME ORDER (ABOUT YOURSELF)	GET IN THE KITCHEN AND BURN	TODDLIN TOWN 106	15.00	F

HARMONICS
LET ME GO	SCUM-A-DOOM DOOM	GOLD PLATE 187	20.00	GR

HARNER, BILLY
A MESSAGE TO MY BABE	EVERYTHING'S HUNKY-DORY	V-TONE 1000	15.00	NM
HONKY DORY	IRRESISTIBLE YOU	KENT 493	15.00	NM
I DON'T WANT TO CRY	NOW THAT YOU'RE BACK	MATCH 8157	15.00	NM
I GOT IT FROM HEAVEN	same: mono	SOUND GEMS dj	400.00	78
I STRUCK IT RICH	WATCH YOUR STEP	OR. 1255	15.00	NM
SALLY SAYIN' SOMETHING	DON'T WANT MY LOVIN'	KAMA SUTRA 226	15.00	NM
SHE'S ALMOST YOU	FOOL ME	OR. 1253	10.00	NM
WHAT ABOUT THE MUSIC	PLEASE SPARE ME THIS TIME	KAMA SUTRA 242	20.00	NM

HARNER, BILLY and the EXPRESSIONS
ANYMORE	WHAT'CHA GONNA DO	LAWN 239	20.00	NM

HARPER II, HERMAN H.
HEADED FOR THE STREETS	WAITING UP FOR	LOADSTONE 3960	25.00	78

HARPER, BENNY
DON'T LET IT HAPPEN TO YOU	IN THE MIDDLE OF THE NIGHT	PHIL LA SOUL 321	30.00	NM

HARPER, BUD
MR. SOUL	LET ME LOVE YOU	PEACOCK 1939	25.00	NM
WHEREVER YOU WERE	LET IT RAIN	PEACOCK 1932	150.00	NM

HARPER, JEANETTE
PUT ME IN YOUR POCKET	TO BE LOVED	20TH. CENTURY 6683 dj	175.00	NM
PUT ME IN YOUR POCKET	TO BE LOVED	20TH. CENTURY 6683	200.00	NM

HARPER, WILLIE
BUT I COULDN'T	NEW KIND OF LOVE	ALON 9000	15.00	NM
I DON'T NEED YOU ANYMORE	A CERTAIN GIRL	TOU-SEA 133	50.00	NM
YOU, YOU	SODA POP	SANSU 451	40.00	NM
YOU'RE GONNA PAY	POWER OF LOVE	ALON 9003	15.00	NM

HARRELL, VERNON
IF THIS AIN'T LOVE	A MAN HAS GOT TO CRY SOMETIME	SCORE 1010	30.00	NM
NOBODY BUT NOBODY	SUCH A LONELY GUY	ASCOT 2144	20.00	NM

HARRIS ORCHESTRA, JOHNNY
LULU'S THEME	FOOTPRINTS ON THE MOON	WB 7319	10.00	NM

HARRIS, BETTY
12 RED ROSES	WHAT'D I DO WRONG	SANSU 455	15.00	NM
BAD LUCK	LONELY HEARTS	SANSU 461	20.00	NM
CAN'T LAST MUCH LONGER	I'M GONNA GIT YA	SANSU 471	10.00	B
I DON'T WANNA HEAR IT	SOMETIME	SANSU 452	40.00	NM
I'M EVIL TONIGHT	NEARER TO YOU	SANSU 466	20.00	NM
I'M EVIL TONIGHT	WHAT A SAD FEELING	SANSU 450	20.00	NM
MEAN MAN	WHAT'D I DO WRONG	SANSU 478	20.00	NM
RIDE YOUR PONY	TROUBLE WITH MY LOVER	SANSU 480	10.00	NM
SHOW IT	HOOK LINE N SINKER	SANSU 479	20.00	NM
TAKING CARE OF BUSINESS	YESTERDAY'S KISSES	DOUGLAS 104	30.00	NM

HARRIS, BILL
AM I COLD AM I HOT	AM I COLD AM I HOT (long version)	RCA 10520	150.00	78

HARRIS, BOBBY
LET'S STOP FOOLING OURSELVES	YOU WONDER WHY	COLUMBIA 43835	30.00	NM
MR. SUCCESS	STICKY, STICKY	SHOUT 203	20.00	B
THAT'S WHEN I'LL STOP LOVING YOU	PASSWORD IS LOVE	TURNTABLE 715	30.00	B
THE LOVE OF MY WOMAN	BABY COME BACK TO ME	SHOUT 210	30.00	B

HARRIS, BRENDA JO
LOVE IS LIKE A HURRICANE	STANDING ON THEOUTSIDE	ROULETTE 7021	10.00	NM
PLAY WITH FIRE	I CAN REMEMBER	ROULETTE 7029	10.00	NM
SHE'LL SNATCH HIM	THE OTHER SIDE OF LOVE IS HATE	BETTER 101	10.00	B

HARRIS, CALVIN
MY LOVE IS REAL	FOXY ROXY	ZORRO 300	15.00	B

HARRIS, CHARLIE
ALL OVER TOWN	I'LL NEVER LIE TO YOU	COPA 8009	200.00	NM

HARRIS, CINDIE
DANCE ME, SWING ME	EXPECTATIONS	FUTURE DIMENSION 8736	25.00	78
EXPECTATIONS	DANCE ME, SWING ME	FUTURE 8736	20.00	78

HARRIS, DIMPLES
DO I NEED YOU	IT WAS YOU	ROMARK 111	30.00	NM

HARRIS, ERNIE
HOLD ON	BETTY	OKEH 7196	40.00	B

HARRIS, GAYLE
AIN'T GONNA LET IT GET ME DOWN | HERE I GO AGAIN | DCP 1144 | 30.00 | NM
HARRIS, JILL
BABY, WON'T YOU TRY ME | OH, BABY | CAPITOL 5220 | 20.00 | NM
YOU REALLY DIDN'T MEAN IT | HIS KISS | CAPITOL 5363 | 50.00 | NM
HARRIS, JOYCE
BABY, BABY, BABY | HOW LONG (CAN I HOLD BACK MY TEARS) | FUN 6053 | 300.00 | NM
HARRIS, JUDY
YOU TOUCHED ME | GLORY TRAIN | SUN. 1117 | 30.00 | **NM**
HARRIS, KURT
EMPEROR OF MY BABY'S HEART | GO ON | DIAMOND 158 | 250.00 | NM
HARRIS, LITTLE EVA
MR. EVERYTHING | GET READY - UPTIGHT | SPRING 704 | 10.00 | NM
HARRIS, MAJOR
CALL ME TOMORROW | LIKE A ROLLING STONE | OKEH 7327 | 200.00 | NM
LOVING YOU MORE | JUST LOVE ME | OKEH 7314 | 40.00 | NM
HARRIS, MARCENE
WORK IT OUT | CHILDREN OF GEORGIA | ROMARK 105 | 10.00 | B
HARRIS, MILTON
SHE'S HURTING ME | YOU SHOULD HAVE TOLD ME | MUTT 27317 | 50.00 | NM
HARRIS, PEPPERMINT
ANGEL CHILD | AIN'T NO BUSINESS | DUKE 319 | 20.00 | NM
LITTLE GIRL | 24 HOURS | JEWEL 795 | 20.00 | NM
WAIT UNTIL IT HAPPENS TO YOU | ANYTIME IS THE RIGHT TIME | JEWEL 772 | 150.00 | NM
HARRIS, TIM
DON'T SAY | MAC ARTHUR PARK | MENZOLA 100 | 600.00 | NM
HARRIS, TYRONE
AIN'T THAT FUN | NOTHING SEEMS TO GO RIGHT | BARCLAY & THE III 133 | 30.00 | 78
HARRISON BROTHERS
I'LL BE STANDING BY | BEAUTIFUL LIES | ABC 10593 | 15.00 | NM
RUN FOR YOUR LIFE | same: Instrumental | BOBALOU 1001 | 250.00 | NM
STANDING ON THE CORNER | BABY, I'M COMING HOME TO YOU | EVERLAST 5028 | 20.00 | NM
HARRISON, BOB and JIM
HERE IS MY HEART | HAND CLAP BLUES | CLOCK 71890 | 50.00 | B
HARRISON, DANNY
GIRL, GIRL, GIRL | BROKEN AND BLUE | CORAL 62481 | 75.00 | NM
HARRISON, EARL
HUMPHREY STOMP | CAN YOU FORGIVE ME | A.B.S. 101 | 100.00 | NM
HUMPHREY STOMP | CAN YOU FORGIVE ME | GARRISON 3001 dj | 20.00 | NM
HUMPHREY STOMP | CAN YOU FORGIVE ME | GARRISON 3001 red label | 15.00 | NM
HUMPHREY STOMP | CAN YOU FORGIVE ME | GARRISON 3001 | 10.00 | NM
HARRISON, MILDRED
YOU'VE GOT A GOOD THING GOIN' | GROWN UP BLUES | TERON 412 | 200.00 | NM
HARRISON, STERLING
FUNNY LIFE | I'M A MAN | SMASH 1896 | 15.00 | NM
SAD AND LONELY | RIGHT THERE WITH YOU | SMASH 1856 | 20.00 | B
HARRISON, WILBERT
CLEMENTINE | SENTIMENTAL JOURNEY | DEESU 301 | 10.00 | B
LET'S STICK TOGETHER | MY HEART IS YOURS | FURY 1063 | 8.00 | NM
LET'S WORK TOGETHER | LET'S WORK TOGETHER Pt 2. | SUE 11 | 10.00 | NM
NEAR TO YOU | SAY IT AGAIN | SEA-HORN 502 | 15.00 | NM
HARRY and the KEYAVAS
IF THIS IS GOODBYE | TEARS | IPG 1011 | 25.00 | NM
HART and SHORTER see HART, DON
HART, BOBBY
CRY MY EYES OUT | AROUND THE CORNER | DCP 1152 | 30.00 | NM
TURN ON YOR LOVE LIGHT | THAT'LL BE THE DAY | DCP 1113 | 10.00 | NM
HART, CAJUN
GOT TO FIND MY WAY | LOVER'S PRAYER | WB 7258 | 200.00 | NM
HART, DON and the FYVE
KEEP ON HOLDING ON | I CAN MAKE IT | COOL SCHOOL 2002 | 100.00 | NM
SOLDIER COMING HOME | I CAN MAKE IT | COOL SCHOOL 2002 | 75.00 | NM
HART, DON and SHORTER, JAMES
I SHED A TEAR | ALL THE LOVE I GOT | LA BEAT 6609 | 15.00 | B
IT'S IN MY MIND | COME HERE BABY | COOL SCHOOL 2001 | 15.00 | NM
HART, FRANKIE ZEKE
I AM THE RED DEVIL | THE DEVIL'S HIGH | SPECIALTY 696 | 40.00 | F
HART, JIMMY.
TEA HOUSE IN CHINA TOWN | SUGAR BABY | MERCURY 72540 | 300.00 | NM
HARTFIELD, PETER
LOVE ME | DARLING TONIGHT | MIRACLE 8 | 50.00 | M

HARVEY
ANY WAY YOU WANTA	SHE LOVES ME SO	TRI-PHI 1017	50.00	M
COME ON AND ANSWER ME	MEMORIES OF YOU	TRI-PHI 1024	20.00	M

HARVEY and the PHENOMEN.ALS
SOUL N' SUNSHINE	WHAT CAN I DO	DA-WOOD 7200	300.00	F

HARVEY and the SEVEN SOUNDS
GLAMOUR GIRL	(ON THE STREET) OF NEW YORK CITY	CUCA 1155	100.00	NM

HARVEY and the SPINNERS
WHISTLING ABOUT YOU	SHE'S LOVES ME SO	TRI-PHI 1010	15.00	M

HARVEY and ANN
WHAT CAN YOU DO NOW	WILL I DO	HARVEY 121	20.00	M

HARVEY, LEE
MY ASSURANCE	IF I'M DREAMING	KRIS 104	100.00	NM
PROVE IT	ONLY TRUE LOVE	J GEMS 105	15.00	NM

HASKINS, AL
YOU GOT ME	TAME ME	SURE SHOT 5018	20.00	NM

HASSILEV, ALEX
YOUNG MAN	DEAR LOVE	RCA 8630	40.00	NM

HATCHER, ROGER
CAUGHT MAKING LOVE	same:	COLUMBIA 45993	15.00	B
SWEETEST GIRL IN THE WORLD	I'M GONNA DEDICATE MY SONG TO	EXCELLO 2297	200.00	NM

HATCHER, WILL (WILLIE)
GOOD THINGS COME TO THOSE WHO WAIT	SEARCHING	COLUMBIA 44259	50.00	NM
HAVE A HEART, GIRL	YOU GOT QUALITY	COTILLION 44014	30.00	NM
HEAD OVER HEELS	WHO'S GOT A WOMAN LIKE MINE	KING 6360	40.00	NM
WHO AM I WITHOUT YOU BABY	WHAT IS BEST FOR ME IS BETTER	WAND 11286	15.00	78
YOU HAVEN'T SEEN NOTHING YET	AIN'T THAT LOVING YOU	WHEELSVILLE 001	50.00	**78**
TELL ME SO	WHO'S GOT A WOMAN LIKE MINE	EXCELLO 2310	30.00	B

HATHAWAY, DONNY
LOVE, LOVE, LOVE	SOMEDAY WE'LL ALL BE FREE	ATCO 6928	10.00	78
THE GHETTO pt. 1	THE GHETTO pt. 2	ATCO 6719	10.00	F

HAVENS, RICHIE
I CAN'T MAKE IT ANYMORE	MORNING, MORNING	VERVE FORECAST 5022	40.00	NM

HAVIOR, JAMES
JUMPIN' WITH POPEYE	GIRL, GIRL, GIRL	CROW 39	50.00	F

HAVRILAK, GREGORY
A PHONE CALL AWAY	PROUD WOMAN	UA 50818	40.00	GR

HAWKINS, NIPPY and the NIP-TONES
IT'S GONNA BE TOO LATE	ANGIE	LORRAINE 1001	100.00	NM

HAWKINS, SAM
HOLD ON BABY	BAD AS THEY COME	BLUE CAT 112	10.00	NM
IT HURTS SO BAD (DRIP DROP)	I KNOW IT'S ALRIGHT	BLUE CAT 121	10.00	NM

HAWKINS, SAMMY
STANDING ON THE SIDELINES	WOBBLE MAMA	MAY 128	30.00	NM

HAYES, BERNIE
COOL STRUT PT.1	same:	VOLT 4047	20.00	F

HAYES, BILL and the SENSATIONS
I'LL HAVE TO THINK IT OVER	MY BABY LOVES ME	L. BROWN 1239	100.00	NM

HAYES, LUCY
I'VE DONE IT AGAIN	LAUGH AWAY THE TEARS	TEEN-TOWN 407	100.00	NM

HAYES, MALCOLM
I CAN'T MAKE IT WITHOUT YOU	BABY PLEASE DON'T LEAVE ME	OKEH 7299	100.00	NM
I GOTTA BE WITH YOU	PUT YOUR LOVE TO THE TEST	FILMWAYS 101	40.00	NM
IT'S NOT EASY	HURRY SUNDOWN	LIBERTY 55943	25.00	NM
SEARCHIN' FOR MY BABY	SHE'S THE ONE I LOVE	CHATTAHOOCHIE 686	150.00	NM

HAYES, RENE
I WON'T BE SATISFIED	I REALLY MISS YOU	DAMON 42988	20.00	78

HAYWARD, LEON see HAYWOOD, LEON

HAYWOOD, JOE
(PLAY ME) A CORNBREAD SONG	I WANNA LOVE YOU	KENT 490	15.00	F
I CROSS MY HEART (AND HOPE TO DIE)	IN YOUR HEART YOU KNOW I LOVE	FRONT PAGE 1003	20.00	NM
I LOVE YOU YES I DO	IT TAKES THE DARK TO MAKE YOU	RAMPAGE 1002	10.00	NM
SAY YOU WILL	SADIE MAE	DEESU 313	20.00	B
TALK TO ME BABY (PUT SOME SUGAR IN MY EAR)	WHEN YOU LOOK IN THE MIRROR	ENJOY 2016	25.00	NM

HAYWOOD, KITTY
IT'S SO LONELY	WHAT HAPPENED TO OUR GOOD THIN	WEIS 3003	10.00	B

HAYWOOD, LEON
AIN'T NO USE	HEY, HEY ,HEY	FAT FISH 8001	20.00	NM
AIN'T NO USE	ONE OF THESE DAYS	FAT FISH 8001	30.00	NM
BABY RECONSIDER	GOIN' BACK TO NEW ORLEANS	FAT FISH 8011	150.00	**NM**
CONSIDER THE SOURCE	JUST YOUR FOOL	CAPITOL 2584	75.00	NM

I'M GONNA WAIT	YOUR ALL FOR YOURSELF	FANTASY 570	40.00	NM
IT'S GOT TO BE MELLOW	CORNBREAD AND MILK	EVEJIM 1941.	30.00	NM
IT'S GOT TO BE MELLOW	CORNBREAD AND BUTTERMILK	DECCA 32164	15.00	NM
I WANNA THANK YOU	I WAS SENT TO LOVE YOU	CAPITOL 2752	20.00	NM
MELLOW MOONLIGHT	TENNESSE WALTZ	DECCA 32230	15.00	NM
SHE'S WITH HER OTHER LOVE	PAIN IN MY HEART	IMPERIAL 66123	15.00	NM
SKATE AWHILE	EVER SINCE YOU WERE SWEET 16	FAT FISH 8008	15.00	MOD
THE TRUTH ABOUT MONEY	WOULD I	FANTASY 581	50.00	NM
YOU AND YOUR MOODY WAYS	YOU KNOW WHAT	EVEJIM 1962	20.00	B
YOU DON'T HAVE TO SEE ME CRY	I WANT TO TALK ABOUT MY BABY	DECCA 32348	15.00	NM

HAYWOOD, MARILYN

MAMA'S BABY (AIN'T A BABY NO MORE)	THINK ABOUT IT	SILVER FOX 22	15.00	NM

HAZELHURST, JAMES

I WON'T DIE	COME TO ME TOGETHER	SWAR 6021	20.00	78

HEADLINERS

TONIGHT'S THE NIGHT	YOU'RE BAD NEWS	VIP 25011	25.00	M
WE CALL IT FUN	VOODOO PLAN	VIP 25026	25.00	M

HEADON, WILLIE

I WANT TO KNOW	FIND ANOTHER WOMAN	KENT 473	15.00	NM

HEALY, DEBRA and the MAGICTONES

DON'T DO NOTHING I WOULDN'T DO	CAN'T ERASE MY OLD LOVE'S FACT	CHRYSLER 701	50.00	NM

HEARD, OMA

MR. LONELY HEART	LIFETIME MAN	VIP 25008	300.00	M

HEART and SOUL

YOU GOT ME GOING	DO THE WALK	P.I.P. 6520	10.00	78

HEARTBREAKERS

I FOUND A NEW LOVER	I'M FALLIN' IN LOVE AGAIN	MIRACLE 101	100.00	NM
I'VE GOT TO FACE IT	HOW DO YOU SAY GOODBYE	DERBY CITY 101	30.00	NM

HEARTS

A THOUSAND YEARS FROM TODAY	I FEEL SO GOOD	ZELLS 3377	10.00	GR

HEARTS OF STONE

IF I COULD GIVE YOU THE WORLD	YOU GOTTA SACRIFICE	VIP 25064	20.00	M
YESTERDAY'S LOVE IS OVER	IT'S A LONESOME ROAD	VIP 25058	10.00	M

HEARTSTOPPERS

MARCHING OUT OF YOUR LIFE	COURT IN MAMA	ALL PLATINUM 2341	25.00	NM

HEATHERTON, JOEY

WHEN YOU CALL ME BABY	LIVE AND LEARN	DECCA 31962 **PS**	200.00	NM
WHEN YOU CALL ME BABY	LIVE AND LEARN	DECCA 31962	100.00	NM

HEBB, BOBBY

LOVE LOVE LOVE	A SATISFIED MIND	PHILIPS 40400 **PS**	20.00	NM
LOVE LOVE LOVE	A SATISFIED MIND	PHILIPS 40400	10.00	NM
TRUE I LOVE YOU	PROUD SOUL HERITAGE	LAURIE 3632	20.00	NM
WOMAN AT THE WINDOW	I WAS A BOY WHEN YOU NEEDED A	CADET 5690	15.00	NM
YOU WANT TO CHANGE ME	DREAMY	PHILIPS 40551	25.00	NM

HEIGHT, DONALD

BABY SET ME FREE	CLIMBING THE POLE	OLD TOWN 1172	30.00	NM
BOW 'N ARROW	CAN'T HELP FALLING IN LOVE	ROULETTE 4644	10.00	NM
GIRL DO YOU LOVE ME	MR. OCEAN	RCA 8570	40.00	NM
GOOD TO ME	BONA FIDE LOVER	SHOUT 223	10.00	B
I CAN'T GET ENOUGH	WE GOTTA MAKE UP	SHOUT 213	15.00	nm
I CHOOSE YOU	same:	DAKAR 4556	100.00	78
I'LL NEVER FORGET YOU	CRAZY LITTLE GIRL	OLD TOWN 1161	20.00	B
LIFE IS FREE	DE DA DA	HURDY-GURDY 100	20.00	F
LOOKIN' FOR MY BABY	GAMES PEOPLE PLAY	SOULFUL MUSIC 411	10.00	B
LOOKING FOR MY BABY	DON'T LET ME DOWN	JUBILEE. 5671	10.00	NM
PLEASE DON'T HURT HER	RAGS TO RICHES	SHOUT 226	10.00	B
SHE BLEW A GOOD THING	TWELTH OF NEVER	JUBILEE. 5681	30.00	NM
TALK OF THE GRAPEVINE	THERE'LL BE NO TOMORROW	SHOUT 200	30.00	NM
THREE HUNDRED AND SIXTY FIVE DAYS	I'M WILLING TO WAIT	SHOUT 208	10.00	NM
YOU CAN'T TRUST YOUR BEST FRIEND	PRETTY GIRL	OLD TOWN 1164	100.00	NM
YOU'RE GONNA MISS ME	MY BABY'S GONE	SHOUT 204	10.00	B
YOU'RE TOO MUCH	SONG OF THE STREET	ROULETTE 4658	40.00	NM

HELMS, JIMMY

THIS IS WHERE I CAME IN	THAT'S THE WAY IT IS	ORACLE 1003	75.00	NM
YOUR PAST IS BEGINNING TO SHOW	SON OF MARY	ORACLE 1004	10.00	NM
YOU'RE MINE, YOU	SUSIE'S GONE	SYMBOL. 923	85.00	NM

HENDERSON, CARL

I LOVE YOU SO	SADNESS	RENFRO 116	100.00	NM
I'M SCHEMING	GOTTA KEEP ON MOVING	RENFRO 1118	500.00	NM
SEE WHAT YOU HAVE DONE	YOU'RE ALL I NEED	RENFRO 843	100.00	**NM**

Heem The Music Monsters - Wake Up People - Blood Leaf 300

SHARING YOU	PLEASE STOP LAUGHING AT ME	RENFRO 338	15.00	B
THAT GIRL	YOU'RE ALL I NEED	RENFRO 115	30.00	NM

HENDERSON, JESSE
THE GATOR	WHAT HAPPENED (TO ALL THAT LOVE)	GOLD DUST 1	15.00	F

HENDERSON, JOE
THE SEARCHING IS OVER	THREE STEPS	TODD 1079	20.00	NM

HENDERSON, RON and CHOICE OF COLOUR
GEMINI LADY	GOODBYE MY LOVE	CHOICE CUT 8	400.00	78

HENDERSON, SHARON
INSIDE OF ME	THE MORNING AFTER	MELODY WORLD 111	40.00	NM

HENDRIX, MARGIE
I CALL YOU LOVER BUT YOU AIN'T NOTHIN BU	THE QUESTION	MERCURY 72673	10.00	NM
ONE ROOM PARADISE	DON'T TAKE YOUR GOOD THING	MERCURY 72734	50.00	NM
RESTLESS	ON THE RIGHT TRACK	MERCURY 72701	10.00	NM

HENLEY, CHUCK
BROKEN HEART	STANDING IN THE NEED OF LOVE	COACH 811	200.00	NM

HENLEY, FLOYD
BELIEVE IN ME	UNCHAINED MELODY	KAS-MO 22001	15.00	NM

HENRY, ANDREA
I NEED YOU LIKE A BABY	THE GRASS IS GREENER	MGM 13893 dj	250.00	NM
I NEED YOU LIKE A BABY	THE GRASS IS GREENER	MGM 13893	300.00	NM

HENRY, EDD
I LOVE ONLY YOU	same: Instrumental	NU SOUND 180	25.00	NM
YOUR REPLACEMENT IS HERE	CROOKED WOMAN	BIG MACK 1286	100.00	NM

HENRY, JA NEEN
BABY BOY	LOVE IS WHAT YOU MAKE IT	BLUE ROCK BABY BOY	75.00	NM

HENRY, JOHN ROOTMAN
SAY IT	LOVE IS NOT A STRANGER	AMBER ANTIQUE 5501	20.00	78

HENRY, JOSEPH
WHO'S THE KING (UKNOW THATS ME	I FEEL RIGHT	DESCO 1009	15.00	F

HENRY, THOMAS
SOME DAY	YOU DON'T WANT MY LOVE	SPAR 766	20.00	NM

HENRY, VIRGIL
I CAN'T BELIEVE YOU'RE REALLY	same: mono	COLOSSUS 115 dj	20.00	M
I CAN'T BELIEVE YOU'RE REALLY	same: mono	TAMLA 54212 dj	15.00	M
I'LL BE TRUE	YOU FOOLED ME	COLOSSUS 102	20.00	78
YOU AIN'T SAYIN' NOTHIN' NEW	I CAN'T BELIEVE YOU'RE REALLY LEAVING	COLOSSUS 115	200.00	78
YOU AIN'T SAYING NOTHING NEW	I CAN'T BELIEVE YOU'RE REALLY LEAVING	TAMLA 54212	200.00	78

HENSLEE, GENE
SHAMBLES	BEAUTIFUL WOMEN.	MELODY 110	10.00	M

HENSON, ANNITA
BIT BY BIT	TALK'S AROUND	SEVENS INTERNATIONAL 3	40.00	NM

HERB and DORIS
SOMEBODY SOMEWHERE NEEDS YOU	SOUL GUITAR	HIP 91015	100.00	NM

HERBS
NEVER, NEVER (WILL I FALL IN LOVE)	QUESTION	SMOKE 602	40.00	NM
PUT A HURTIN ON MY HEART	THERE MUST BE AN ANSWER	SMOKE 612	20.00	NM

HERCULOIDS
GET BACK	SOMETHING IS WRONG WITH MY BABY	HERCULOIDS	100.00	F
PNEUMONIA		HERCULOIDS	100.00	F

HERMAN, BONNIE
HUSH DON'T CRY	HERE THERE AND EVERYWHERE	COLUMBIA 43833	200.00	NM

HERMAN, SONNY
WHAT ABOUT ME	same: Instrumental	UTOPIA 601	500.00	NM

HESITATIONS
I'M NOT BUILT THAT WAY	SOUL SUPERMAN	KAPP 790	75.00	NM
IS THIS THE WAY TO TREAT A GIRL	YES I'M READY	GWP 504	15.00	NM
SHE WON'T COME BACK	I'LL BE RIGHT THERE	KAPP 822	50.00	NM
WAIT A MINUTE	SOUL KIND OF LOVE	KAPP 810	30.00	NM
YOU CAN'T BY PASS LOVE	YOU'LL NEVER KNOW	KAPP 848	20.00	NM

HESITATIONS and DEBBIE TAYLOR
NO BAG JUST FACT	MOMMA, LOOK SHARP	GWP 512	10.00	GR

HESS, FRED
YOU'RE NOT THE SAME NOW	COUNT ME IN	HIT. 213	25.00	NM

HESTOR, TONY
JUST CAN'T LEAVE YOU	WATCH YOURSELF	GIANT 707	400.00	NM
JUST CAN'T LEAVE YOU	WATCH YOURSELF	KARATE 523	250.00	NM

HEWITT
IS IT ME	IS IT ME pt. 2	WEE 92272	15.00	78

HEWITT, LONNIE
I GOTTA KEEP MY BLUFF IN	I GOTTA KEEP MY BLUFF IN pt. 2.	WEE 484	20.00	NM
YOU GOTTA GIT	SAUSALITO	FANTASY 612	20.00	NM

HEWITT, WINSTON
I'M FEELIN' GOOD	I'M FEELIN' GOOD PT 2	BOSS 1075	100.00	78

HEYWOOD, ANN
CROOK HIS LITTLE FINGER	EVERYTHING UNDER THE SUN	HONDO 100	150.00	NM

HICKERSON JR., WYETH E.
STOP BLOWING YOUR HORN		BACHMAN	50.00	F

HICKS, JIMMY
I'M MR. BIG STUFF	TELL HER THAT I LOVE YOU	BIG DEAL 1003	20.00	F

HICKS, JOE
DON'T IT MAKE YOU FEEL FUNKY	SOUL MEETIN'	AGC 0001	30.00	NM
I GOTTA BE FREE	DON'T IT MAKE YOU FEEL FUNKY	AGC 2	300.00	NM

HICKS, MARVA
LOOKING OVER MY SHOULDER	HERE I GO AGAIN	INFINITY 50001	25.00	78

HICKS, ZEBERN R. see the DYNAMICS

HIDDEN COST
BO DID IT	VIBRATIONS	MARMADUKE 4001	10.00	F

HIDEAWAYS
HIDE OUT	JOLLY JOE	MIRWOOD 5516	15.00	NM

HIGGINS, MONK
GOTTA BE FUNKY	BIG WATER BED	UA 50897	15.00	F
I'LL STILL BE THERE	BABY, YOU'RE RIGHT	SACK 711	10.00	F
WHO-DUN-IT?	THESE DAYS ARE FILLED WITH YOU	ST. LAWRENCE 1013	15.00	F

HIGH and MIGHTY
YOU GAVE ME A BRAND NEW START	THE FIRE'S ALL OVER	CHELSEA 3005	100.00	78

HIGH KEYES
LIVING A LIE	LET'S TAKE A CHANCE	VERVE 10423 yellow label dj	200.00	NM
LIVING A LIE	LET'S TAKE A CHANCE	VERVE 10423 light blue dj	150.00	**NM**
LIVING A LIE	LET'S TAKE A CHANCE	VERVE 10423	150.00	NM
ONE HORSE TOWN	DON'T LEAVE ME NOW	ATCO 6290	40.00	NM
QUE SERA SERA	OOH, DADDY LONG LEGS	ATC0 6268	15.00	NM

HIGH SOCIETY
I CAN'T BELIEVE	YOU CAN'T HIDE THE REAL YOU	USA 110	40.00	NM

HIGH VOLTAGE
COUNTRY ROAD	LOVE HATE	COLUMBIA 45701	20.00	NM

HIGH, DON
ALMOST YOU	MISERY LOVES COMPANY	COLUMBIA 43779	30.00	NM

HIGHLIGHTERS
POPPIN' POP CORN	AMAZING LOVE	ROJAM 01	600.00	F
FUNKY 16 CORNERS	FUNKY 16 CORNERS pt. 2	PRP	600.00	F

HIGHTOWER, WILLIE
HUNGRY FOR YOUR LOVE	DON'T BLAME ME	MERCURY 73390	20.00	NM
NOBODY BUT YOU	IT'S A MIRACLE	CAPITOL 2226	25.00	NM
SO TIRED (OF RUNNING AWAY FROM LOVE)	IF I HAD A HAMMER	FURY 5002	10.00	NM
TELL ME WHAT YOU WANT	TOO MANY IRONS IN THE FIRE	ADVENTURE ONE 8502	10.00	78
TIME HAS BROUGHT ABOUT A CHANGE	I CAN'T LOVE WITHOUT YOU	FAME 1474	20.00	B
TOO LATE	WHAT AM I LIVING FOR	ENJOY 2019	25.00	B
YOU USED ME BABY	WALK A MILE IN MY SHOES	FAME 1465	15.00	B

HI-LITES
I'M SO JEALOUS	THE MIX, MIX SONG	DARAN 222	10.00	NM
THAT'S LOVE	same: instrumental	INVICTUS 1274	20.00	78
YOU DID THAT FOR ME	ONE BY ONE	DARAN 011	50.00	GR

HILL SISTERS
HIT AND RUN AWAY	ADVERTISING FOR LOVE	ANNA 1103	20.00	M
JUST IN CASE	MY KIND OF GUY	CHOICE 1001	20.00	NM

HILL, BOBBY
TEL ME YOU LOVE ME	TO THE BITTER END	LO LO 2307	200.00	NM

HILL, CLARENCE
A LOT OF LOVIN' GOIN' ROUND	WHEN SUNNY COMES STROLLIN' HOME	MAINSTREAM 627	400.00	NM

HILL, EDDIE
I CAN HEAR YOU CRYING	I CAN'T HELP IT	GE GE 502	25.00	NM
NOTHING SWEETER (THAN YOU GIRL)	same: instrumental	M-S 207	150.00	NM
YOU GOT THE BEST OF ME	BABY I CRIED	THELMA 105	300.00	NM

HILL, ELAINE
IS IT REALLY WORTH IT	YOU'RE GONNA GET IT	RSVP 1101	75.00	NM

HILL, GINA
HELP ME SOLVE THIS PROBLEM	RICH MAN'S TOY	JILL 1	20.00	B

HILL, GLORIA
BE SOMEBODY		DEEP	100.00	NM

HILL, JACKIE
WONT' YOU COME CLOSER	MY MAN, HE'S EVERYTHING	MARBIT 301	20.00	NM

HILL, JESSIE
DOWN THE STREET	UNDERSTANDING	DOWNEY 117	10.00	B
NEVER THOUGHT	T.V. GUIDE	DOWNEY 124	10.00	B

HILL, LAINE
TIME MARCHES ON	AIN'T I WORTH A DIME	NEW VOICE 809	150.00	NM

HILL, LINDEL
CRUSH ON YOU	AIN'T GOT TIME	BRIGHT STAR 144	15.00	NM
REMONE	USED TO BE LOVE	ARCH. 1302	50.00	B

HILL, LONNIE
COLD WINTER IN THE GHETTO	COLD WINTER IN THE GHETTO (ALT	URBAN SOUND 778	75.00	78

HILL, NITA
COLD AT NIGHT	ALL THIS	CIRCLE 951	30.00	NM

HILL, RONI
I WOULDN'T GIVE YOU UP	YOU KEEP ME HANGING ON	ROULETTE 7204	15.00	78

HILL, TUTTI
HE'S A LOVER	WHEN THE GOING GETS ROUGH	AROCK 1012	20.00	NM

HILL, Z.Z.
AIN'T TOO PROUD TO BEG	SWEET WOMAN BY YOUR SIDE	AUDREY 224	10.00	NM
DON'T MAKE PROMISES (YOU CAN'T KEEP)	SET YOUR SIGHTS HIGHER	KENT 502	20.00	NM
GIMME, GIMME	YOU CAN'T HIDE A HEARTACHE	KENT 453	15.00	NM
GREATEST LOVE	OH DARLING	KENT 460	10.00	NM
HAVE MERCY SOMEONE	YOU DON'T LOVE ME	KENT 4550	15.00	NM
IT CAN BE FIXED	YOU BETTER TAKE TIME	MHR 224	10.00	NM
I'VE GOT TO GET YOU BACK	YOUR LOVE MAKES ME FEEL GOOD	UA 50977	10.00	78
MAVE MERCY SOMEONE	SOMEONE TO LOVE ME	KENT 416	15.00	NM
NO MORE DOGGIN'	THE KIND OF LOVE I WANT	KENT 444	25.00	NM
OH DARLIN'	HEY LITTLE GIRL	KENT 427	10.00	NM
OH DARLING	I NEED SOMEONE	KENT 4547	10.00	NM
ONE WAY LOVE AFFAIR	COME ON HOME	MHR 202	30.00	NM
UNIVERSAL LOVE	THAT'S ALL THAT'S LEFT	COLUMBIA 10748	15.00	78
WHAT MORE	THAT'S IT	KENT 432	10.00	NM
WHERE SHE ATT	BABY I'M SORRY	KENT 464	15.00	NM
YOU DON'T LOVE ME	IF I COULD DO IT ALL OVER	KENT 404	15.00	NM
YOU JUST CHEAT AND LIE	EVERYBODY NEEDS SOMEBODY	KENT 469	20.00	NM
YOU WERE WRONG	TOMBLE WEED	MHR 200	10.00	NM

HILL'S FAMILY AFFAIR, ROBBIE
I JUST WANT TO BE	ALL IN THE FAMILY	SOUL WEST	200.00	F

HILLS, BEVERLEY
I DON'T CARE ANYMORE	EVENING BREEZE	AIR PLAY 1	15.00	NM

HILLSIDERS
YOU ONLY PASS THIS WAY ONE TIME	RAIN IS A LONESOME THING	MELODY 120	10.00	M

HILTON, JERRY and the GENTLE RAIN
COMPLETE OPPOSITES	DANCING ON MOONBEAMS	SONIC 32133	40.00	78

HINES, BILLY
ELEANOR JEAN	BROKEN DOWN UGLY THING	WA-TUSI 1	40.00	NM

HINES, DEBBIE
GET OFF YOUR BUTT	SACRIFICES	KECK 1002	10.00	F

HINES, E. JACKIE
I'M SO GLAD	I'M NOT THE FOOL	COSMIC 101	15.00	NM

HINES, ERNIE
THANK YOU BABY (FOR A LOVE BEYOND COMPAR	WE'RE GONNA PARTY	USA 888	30.00	NM

HINES, J. and the FELLOWS
FUNKY FUNK	FUNKY FUNK Pt 2	NATION-WIDE 100	15.00	F
VICTORY STRUT	CAMELOT TIME	DELUXE 150	15.00	F

HINES, RAY
WHY DON'T YOU GIVE ME A TRY	IS IT SOMETHING YOU GOT	RNH 11073	40.00	NM

HINES, SONNY
ANYTIME, ANY DAY, ANYWHERE	NOTHING LIKE YOUR LOVE	TERRY 111	20.00	NM
NOTHING LIKE YOUR LOVE	YOU SEND ME - BRING IT ON HOME	AIRTOWN 2005	10.00	NM

HINTON, JOE
BETTER TO GIVE THAN RECEIVE	THERE'S NO IN BETWEEN	Back Beat 539	10.00	NM
THERE OUGHTA BE A LAW	YOU'RE MY GIRL	Back Beat 540	15.00	NM
TRUE LOVE	I WANT A LITTLE GIRL	Back Beat 545	10.00	NM
YOU'VE BEEN GOOD TO ME	CLOSE TO MY HEART	Back Beat 581	15.00	NM

HIT PACK
NEVER SAY NO TO YOUR BABY	LET'S DANCE	SOUL 35010	25.00	M
NEVER SAY NO TO YOUR BABY	LET'S DANCE	SOUL 35010 Bell distributed credit	20.00	M

HIT PARADE
KISSES NEVER DIE	CAN'T STOP	OCEANS 1002	50.00	NM
KISSES NEVER DIE	AH, HA, HA, DO YOUR THING	RCA 9737	15.00	NM
STAND BY ME BABY	LOVIN' YOU	RCA 235	20.00	NM

HITSON, HERMAN (HERMON)
AIN'T NO THER WAY	YOU CAN'T KEEP A GOOD MAN DOWN	SWEET ROSE 25	700.00	F/NM
BEEN SO LONG	GEORGIA ON MY MIND	ROYAL. 287147	75.00	B
I GOT THAT WILL	YOU'RE TOO MUCH FOR THE HUMAN	ATCO 6566	75.00	F
SHE'S A BAD GIRL	SHOW ME SOME SIGN	MINIT 32096	30.00	B
YES YOU DID	BETTER TO HAVE LOVED	MINIT 32072	100.00	NM

HOBBS, LARRY
TOO MUCH LUVIN' AT HOME	DISCO PARTY	PURE BLACK SOUL 1001	25.00	78

HOBBS, WILLIE
(PLEASE) DON'T LET ME DOWN	WHY ME	SS7 1511	15.00	B
CRY, CRY, CRY	UNDER THE PINES	SOFT 1018	15.00	B
I LOVE YOU MORE THAN YOU'LL EV	same: (Long Version)	BANDIT 5	10.00	B
'TIL I GET IT RIGHT	AT THE DARK END ON THE STREET	SS7 1510	50.00	78

HOBSON, GEORGE
LET IT BE REAL	A PLACE IN YOUR HEART	SOUND CITY 1001	800.00	NM

HOCKADAY, JOE and the SOUL BANDITS
BUMP IT	BUMP IT PT 2	GEORGETOWN 4794	60.00	F

HOCKADAYS
HOLD ON BABY	FAIRY TALES	SYMBOL. 918	60.00	NM

HODGE, ANN
YOU'RE WELCOME BACK	NOTHING BUT THE TRUTH	XL 358	200.00	NM

HODGE, ARCHIE
I REALLY WANT TO SEE YOU GIRL	IF I DIDN'T NEED YOU WOMAN	NARCO 003	1000.00	NM

HODGE, HANK
EYE FOR AN EYE	SINCE YOU SAID GOODBYE	EYE 503	1200.00	NM
THANK YOU GIRL	ONE WAY LOVE	EYE	600.00	NM

HODGES, CHARLES (CHARLIE)
EASIER TO SAY THAN DO	SLIP AROUND	CALLA 168	10.00	B
I'LL NEVER GO TO A PARTY AGAIN	IS THIS THE BEGINNING OF THE E	PHILIPS 40171	40.00	NM
LET'S DO IT AGAIN	WHAT'S GONNA HAPPEN TO ME	CALLA 170	10.00	F
LOVING YOU (IS BEAUTIFUL)	THE DAY HE MADE YOIU	CALLA 171	50.00	NM
THE DAY HE MADE YOU	same:	CALLA 171	20.00	NM
YOU'VE GOT THE LOVE I NEED	WHEN EVER YOU SAY	GENUINE 164	100.00	NM

HODGES, EDDIE
SOUL SEARCHER		BARD	700.00	NM

HODGES, PAT
PLAYGIRL	SURPRISE PARTY	KEYMEN 107	20.00	NM

HODGES, JAMES, SMITH and CRAWFORD
I'M IN LOVE	NOBODY	MPINGO 14000	15.00	78

HOGAN, CHA CHA
GRIT GITTER	JUST BECAUSE YOU'VE BEEN HURT	SOULVILLE 1017	10.00	F

HOGAN, SILAS
EVERY SATURDAY NIGHT	SO LONG BLUES	EXCELLO 2270	25.00	NM
I'M GONNA QUIT YOU PRETTY BABY	AIRPORT BLUES	EXCELLO 2231	25.00	NM
JUST GIVE ME A CHANCE	EVERYBODY NEEDS SOMEBODY	EXCELLO 2255	15.00	NM
YOU'RE TOO LATE BABY	TROUBLE AT HOME BLUES	EXCELLO 2221	20.00	NM

HOKIS POKIS
CAN'T WAIT FOR LOVE	NOWHERE	SHIELD 6101	10.00	78
NOWHERE	CAN'T WAIT FOR LOVE	BLACK MAGIC 001	10.00	78

HOLCOLM, MANUEL B.
KICK OUT	I STAYED AWAY TOO LONG	DIAMOND JIM 900	30.00	F

HOLDEN, LORENZO
THE WIG	THE DAYS OF WINE AND ROSES	CEE JAM 1	75.00	MOD

HOLDEN, RON
I NEED YA	CAN WE TALK	NOW. 6	15.00	F
I'LL FORGIVE AND FORGET	I TRIED	CHALLENGE 59360	60.00	**NM**

HOLDER, MARK
WHATEVER'S FAIR	WHY DEAR LORD	COTILLION 44147	40.00	F

HOLIDAE, SONNY
MY DARKEST HOUR	TIEME	SOUND PATTERNS 113	75.00	NM

HOLIDAY, CHARLES
DON'T LIE	I'M WARNING YOU	PLAYBOY 99	1000.00	NM

HOLIDAY, CHUCK
JUST CAN'T TRUST NOBODY	I STILL LOVE YOU	GLORIA 113	1500.00	NM

HOLIDAY, JIMMY
BABY BOYS IN LOVE	IF YOU'VE GOT THE MONEY I'VE GOT	MINIT 32058	15.00	NM
I'M GONNA MOVE TO THE CITY	THE TURNING POINT	MINIT 32011	10.00	NM
I'VE BEEN DONE WRONG	I CAN'T STAND IT	DIPLOMACY 23	25.00	NM
SHIELD ALL AROUND	A MAN WITHOUT LOVE	KT 503	30.00	NM
THE NEW BREED	I CAN'T STAND IT	KENT 482	10.00	NM
THE NEW BREED	LOVE ME ONE MORE TIME	DIPLOMACY 20	20.00	NM
WHEN I'M LOVING YOU	IT'S NICE TO SEE YOU AGAIN	CROSS OVER 976	10.00	78

HOLIDAY, JIMMY and KING, CLYDIE

READY, WILLING AND ABLE	WE GOT A GOOD THING GOING	MINIT 32021	20.00	NM

HOLIDAY, MARVA

IT'S WRITTEN ALL OVER MY FACE	HANG AROUND	GNP CRESCENDO 411	15.00	NM

HOLIDAYS

EASY LIVING	I LOST YOU	GROOVE CITY 206	200.00	NM
I KEEP HOLDING ON	I KNOW SHE CARES	REVILOT 210	20.00	NM
I'LL LOVE YOU FOREVER	MAKIN' UP TIME	GOLDEN WORLD 36	15.00	NM
LAZY DAY	EGO TRIPPING	MARATHON 18475	10.00	GR
NEVER ALONE	LOVE'S CREEPING UPON ME	REVILOT 205	20.00	NM
PROCRASTINATE (WHY DO WE)	SAME: INSTRUMENTAL	RON - HOL 76	10.00	GR
THIS IS LOVE	THE LOVE WE SHARE	ROB-RON 75	300.00	NM
WATCH OUT GIRL	NO GREATER LOVE	GOLDEN WORLD 47	10.00	M

HOLLAND, BRIANT

(WHERE'S THE JOY) IN NATURE BOY	SHOCK	KUDO 667	350.00	M

HOLLAND, EDDIE

BABY SHAKE	BRENDA	MOTOWN 1043	25.00	M
BECAUSE I LOVE HER	EVERYBODY'S GOING	UA 191	30.00	M
CANDY TO ME	IF YOU DON'T WANT MY LOVE	MOTOWN 1063	20.00	M
IF CLEOPATRA TOOK A CHANCE	WHAT ABOUT ME	MOTOWN 1030 **PS**	40.00	M
IF CLEOPATRA TOOK A CHANCE	WHAT ABOUT ME	MOTOWN 1030	15.00	M
IF IT'S LOVE (IT'S ALRIGHT)	IT'S NOT TOO LATE	MOTOWN 1031	30.00	M
I'M ON OUTSIDE LOOKING IN	I COULDN'T CRY IF I WANTED TO	MOTOWN 1049	150.00	M
JAMIE	TAKE A CHANCE ON ME	MOTOWN 1021	20.00	M
JAMIE	TAKE A CHANCE ON ME	MOTOWN 1021. 2'.15" version	50.00	M
JUST A FEW DAYS MORE	DARLING I HUM OUR SONG	MOTOWN 1036	45.00	M
JUST AIN'T ENOUGH LOVE	LAST NIGHT I HAD A VISION	MOTOWN 1058	20.00	M
LEAVING HERE	BRENDA	MOTOWN 1052	20.00	M
MERRY GO ROUND	IT MOVES ME	TAMLA 102	250.00	M
MERRY-GO-ROUND	IT MOVES ME	UA 172	15.00	M
WHY DO YOU WANT TO LET ME GO	THE LAST LAUGH	UA 280	30.00	M
WILL YOU LOVE ME	MAGIC MIRROR	UA 207	30.00	M
YOU (YOU, YOU, YOU, YOU)	LITTLE MISS RUBY	MERCURY 71290	150.00	M
YOU DESERVE WHAT YOU GOT	LAST NIGHT I HAD A VISION	MOTOWN 1026	400.00	M

HOLLAND, JIMMY

BABY DON'T LEAVE ME	AS LONG AS I HAVE YOU	BLUE ROCK 4036	45.00	NM
SUGAR BABY	MORE SUGAR BABY	MARKIE	40.00	NM
SUGAR BABY	MORE SUGAR BABY	SYCO 2001	20.00	NM

HOLLAND, LEE

LET'S STAY TOGETHER	GIVE ME BACK MY HEART	KING 5781	15.00	NM

HOLLAND-DOZIER

NEW BREED KINDA WOMAN	IF YOU DON'T WANT TO BE IN MY	INVICTUS 1254	40.00	78
WHAT GOES UP, MUST COME DOWN	COME ON HOME	MOTOWN 1045	25.00	M

HOLLEY, BOBBY

MOVING DANCER	BABY I LOVE YOU	WEIS 3005	15.00	F

HOLLIDAYS see HOLIDAYS

HOLLINGER, DON

LET HIM GO	I'VE BEEN HIT BY LOVE	MERCEDE 3004	20.00	B
LOVE ON THE PHONE	LOVE ON THE PHONE (RAP)	RED ROOSTER 5	10.00	B
UNTIL I FIND YOU	CRUEL WORLD	ATCO 6492	40.00	NM
WHERE THE YOUNG FOLKS GO	I HAD A NIGHTMARE	JATO 7000	150.00	NM

HOLLINS, HELENA

BABY YOU'RE RIGHT	CHINA DOLL	STONEGOOD 701	25.00	F

HOLLIS, SANDY

I'M TEMPTED	TABLES WILL TURN	BIG WHEEL 1968	25.00	NM

HOLLIS, T.C.

COME ON HOME BABY	COME ON HOME BABY pt. 2	CYCLOPS 1	20.00	F

HOLLOWAY, BOBBY

FUNKY LITTLE DRUMMER BOY	CORNBREAD, HOG MAW AND CHITTER	SMASH 2137	20.00	F

HOLLOWAY, BRENDA

EVERY LITTLE BIT HURTS	LAND OF A THOUSAND BOYS	TAMLA 54094	10.00	M
HURT A LITTLE EVERYDAY	same:	TAMLA 54137 dj	15.00	M
I'LL ALWAYS LOVE YOU	SAD SONG	TAMLA 54099	10.00	M
I'LL BE AVAILABLE	OPERATOR	TAMLA 54115	15.00	M
JUST LOOK WHAT YOU'VE DONE	I'VE GOT TO FIND IT	TAMLA 54148	15.00	M
STARTING THE HURT ALL OVER AGAIN	JUST LOOK WHAT YOU'VE DONE	TAMLA 54148	15.00	M
TOGETHER 'TIL THE END OF TIME	SAD SONG	TAMLA 54125	10.00	M
WHEN I'M GONE	I'VE BEEN GOOD TO YOU	TAMLA 54111 **PS**	50.00	M
WHEN I'M GONE WXB 118209 take	I'VE BEEN GOOD TO YOU	TAMLA 54111	20.00	M
WHEN I'M GONE DM WXL 114312 take	I'VE BEEN GOOD TO YOU	TAMLA 54111	15.00	M

Artist / Title	B-Side	Label	Price	Grade
WHERE WERE YOU	HURT A LITTLE EVERYDAY	TAMLA 54137	15.00	M
YOU CAN CRY ON MY SHOULDER	HOW MANY TIMES DID YOU MEAN IT	TAMLA 54121	15.00	M
HOLLOWAY, BRENDA and the HARRIS, JESS				
GONNA MAKE YOU MINE	I NEVER KNEW YOU LOOKED SO GOOD	BREVIT 641	40.00	M
HOLLOWAY, EDDIE				
I'M STANDING BY	I HAD A GOOD TIME	GEM 102	30.00	NM
SOMEBODY SMOOCHING MY LOVE	I AM REALLY LOVES YOU	H&H 311796	100.00	78
HOLLOWAY, LOLEATTA				
MOTHER OF SHAME	OUR LOVE	AWARE 33	15.00	NM
HOLLOWAY, PATRICE				
BLACK MOTHER GOOSE	THAT'S THE CHANCE YOU GOTTA TAKE	CAPITOL 3265	15.00	NM
HE IS THE BOY OF MY DREAMS	STEVIE	V.I.P. 25001 dj	NEG	M
LOVE AND DESIRE	ECSTASY	CAPITOL 5778	150.00	NM
STAY WITH YOUR OWN KIND	THAT'S ALL YOU GOT TO DO	CAPITOL 5985	15.00	NM
STOLEN HOURS	LUCKY, MY BOY	CAPITOL 5680	300.00	NM
HOLLY, SONNY				
CHEATING AIN'T NO GOOD	THANK YOU FOR LOVING ME	AN-GEL RECORDS 425	100.00	78
HOLLYWOOD FLAMES				
I'M GONNA STAND BY YOU	I'M COMING HOME	SYMBOL. 215	30.00	NM
HOLLYWOOD PERSUADERS				
HOLLYWOOD A-GO-GO	EVE OF DESTRUCTION	ORIGINAL SOUND 58	30.00	NM
HOLLYWOOD SPECTRUM				
I GOTTA GET BACK TO LOVIN' YOU	L.A. U.S.A.	COTILLION 44070	10.00	NM
HOLMAN, EDDIE				
EDDIE'S MY NAME	DON'T STOP NOW	PARKWAY 981	20.00	NM
I NEED SOMEBODY	CATHY CALLED	ABC 11276	20.00	NM
I SURRENDER	I LOVE YOU	ABC 11149	20.00	NM
I'LL CRY 1000 TEARS	I'M NOT GONNA GIVE UP	BELL 712	25.00	NM
LAUGHING AT ME	GO GET YOUR OWN	ASCOT 2142	100.00	GR
NEVER LET ME GO	WHY DO FOOLS FALL IN LOVE	PARKWAY 157	20.00	GR
SHE'S BEAUTIFUL	LOST	DON-EL 24		
THIS CAN'T BE TRUE	A FREE COUNTRY	PARKWAY 960	10.00	NM
TIME WILL TELL	THIS WILL BE A NIGHT TO REMEMB	SALSOUL 2026	15.00	78
YOU KNOW THAT I WILL	AM I A LOSER (FROM THE START)	PARKWAY 106	15.00	NM
YOUNG GIRL (IN YOUR WORLD)	I'LL CALL YOU JOY	GSF 6885	10.00	NM
YOU'RE MY LADY (RIGHT OR WRONG)	YOU'RE MY LADY (RIGHT OR WRONG) pt. 2	SILVER BLUE 807	10.00	GR
HOLMES, CARL				
SOUL DANCE # 3	CROSSIN' OVER	BLACKJACK 409	10.00	MOD
HOLMES, CLIFF				
I NEED YA' BABY	YOU'RE MY LADY (RIGHT OR WRONG)	INSTANT 3327	15.00	78
HOLMES, ELDRIDGE				
EMPEROR JONES	A TIME FOR EVERYTHING	ALON 9022	45.00	NM
HUMPBACK	I LIKE WHAT YOU DO	JET SET 006	15.00	NM
LOVELY WOMAN	WHAT'S YOUR NAME	DEESU 305	150.00	NM
NOW THAT I'VE LOST YOU	WHERE IS LOVE	DEESU 320	20.00	NM
NOW, THAT I'VE LOST YOU	WHERE IS LOVE	DECCA 32416	15.00	NM
WAIT FOR ME BABY	BEVERLEY	SANSU 477	15.00	NM
WITHOUT A WORD	UNTIL THE END	SANSU 469	15.00	NM
WORRIED OVER YOU	GONE, GONE, GONE	JET SET 765	20.00	NM
HOLMES, MARVIN and the UPTIGHTS				
FIND YOURSELF	FIND YOURSELF Pt 2	KIMBERLY 104	25.00	F
OOH OOH THE DRAGON	OOH OOH THE DRAGON Pt 2	UNI 55111	15.00	F
RIDE YOUR MULE	RIDE YOUR MULE PT 2	REVUE 11026	15.00	F
THANG	SWEET TALK	UNI 55233	10.00	F
YOU BETTER KEEP HER	KWAMI	BROWN DOOR 6576	15.00	78
HOLMES, MARY				
I NEED YOUR LOVIN'	I'LL MAKE IT UP TO YOU	PHILLY GROOVE 158	30.00	NM
SOUL BROTHER	AFTER I SHED A TEAR	NASSAU 100	30.00	F
HOLMES, NATE				
YOU'RE STILL ON MY MIND	SO AM I	ABC 11223	30.00	NM
HOLMES, SHERLOCK				
STANDING AT A STANDSTILL	SOONER OR LATER	PART III 101	200.00	NM
HOLT BROTHERS				
OPEN UP	DANCE WITH ME	MAE MONTI 32063	25.00	78
HOLT UNLIMITED, ISAAC				
FLO	LISTEN TO THE DRUMS	PAULA 2342	10.00	F
HOLZER and PURE LOVE				
PURE LOVE	same: instrumental	NILKAM 200	20.00	F
HONEST MEN				
BABY	CHERIE	VIP 25047	10.00	M

HONEY and the BEES
BABY, DO THAT THING	SUNDAY KIND OF LOVE	ARCTIC 158	75.00	F
BE YOURSELF		ACADEMY	500.00	NM
COME AND GET IT	LOVE CAN TURN TO HATE	JOSIE 1025	20.00	NM
DYNAMITE EXPLODES	TOGETHER FOREVER	ARCTIC 152	500.00	NM
HAS SOMEBODY TAKEN MY PLACE	THAT'S WHAT BOYS ARE MADE FOR	BELL 45217	20.00	NM
HELP ME (GET OVER MY USED TO BE)	WE GOT TO STAY TOGETHER	JOSIE 1028	20.00	NM
I'M CONFESSING	ONE TIME IS FOR EVER	ARCTIC 114	25.00	NM
LOVES ADDICT	I'LL BE THERE	ARCTIC 149	25.00	NM
IT'S GONNA TAKE A MIRACLE	WHAT ABOUT ME	JOSIE 1030	10.00	NM
TWO CAN PLAY THE SAME GAME	INSIDE O' ME	ACADEMY 114	400.00	NM
WHY DO U HURT THE ONE WHO LOVE	(YOU BETTER) GO NOW	ARCTIC 141	40.00	NM

HONEY BEES
SHE DON'T DESERVE YOU	ONE WONDERFUL NIGHT	FONTANA 1939	30.00	NM

HONEY CONE
DON'T SEND ME AN INVITATION	INNOCENT TIL PROVEN GUILTY	HOT WAX 7208	15.00	78
SOMEBODY IS ALWAYS MESSING UP A GOOD THING	same :	HOT WAX 9255 dj	30.00	78

HONEYCUTT, JOHNNY
I'M COMING OVER	LOVE THEME	TRIODE 111	1000.00	**NM**

HONEY DRIPPERS — IMPEACH THE PRESIDENT . ALAGA 100
STREAKIN'	I CAN'T STOP YOU FROM DOING	ALAGA 1018	20.00	F

HONOR SOCIETY
CONDITION RED	SWEET SEPTEMBER	JUBILEE. 5703	15.00	NM

HOOKER, JOHN LEE
BOOM BOOM	DRUG STORE WOMAN	VEE-JAY 438	10.00	NM
MONEY	BOTTLE UP AND GO	IMPULSE 242	25.00	NM

HOOKS, WILLIE
A LITTLE MORE TIME	MY HEART IS MENDING	SOUL WORLD 105	20.00	F

HOOPER, MARY JANE
I FEEL A HURT	THAT'S HOW STRIONG LOVE IS	WORLD PACIFIC 77904	10.00	B
I'VE GOT REASONS	TEACH ME	POWER-PAC 2053	40.00	F
THAT'S HOW STRONG LOVE IS	HARPER VALLEY P T A	POWER EXCHANGE 2051	30.00	B

HOPKINS, HAROLD
GLAMOUR GIRL	OOH BABY	SCEPTER 12120	20.00	NM

HOPSON, JOYCE
I SURRENDER TO YOU	THIS TIME	REVUE 11034	75.00	NM

HORAN, EDDIE
THE UPS AND DOWNS OF A LOVE AFFAIR	YOU'RE A LOVELY LADY IN MY EYE	MGM 14751	10.00	78

HORN, C.V.
LOVE IS A SITUATION	I DON'T WANT TO WAIT	DELLA 971	75.00	NM

HORNE, DELLA
THIS LITTLE BOY OF MINE	STEPPIN' UP	CLOVER 500	250.00	NM

HORNE, JIMMY BO
CLEAN UP MAN	DOWN THE ROAD OF LOVE	ALSTON 4606	10.00	F
HEY THERE JIM	DON'T THROW YOUR LOVE AWAY	DIG 901	40.00	F
I CAN'T SPEAK	STREET CORNERS	DADE 235	1000.00	**NM**
IF YOU WANT MY LOVE	ON THE STREET CORNER	ALSTON 4612	15.00	NM

HORNETS
GIVE ME A KISS	SHE'S MY BABY	VIP 25004	40.00	M

HORTON, BILL
I WANNA KNOW	NO ONE CAN TAKE YOUR PLACE	KAYDEN 403	100.00	NM

HOSKIE, DELLIE
A CHANGE IS GONNA COME	I'LL TAKE YOU THERE	NOBLE 1004	10.00	B
THE CLOWN	HOW MUCH CAN A MAN TAKE	NOBLE 1001	15.00	F

HOT BUSH
TELL ME THAT YOU WILL	ROCK STEADY	APA 17017	200.00	78

HOT CHOCOLATE
WE HAD TRUE LOVE	GOOD FOR THE GANDER	CLEVELAND RECORDS 102	40.00	GR

HOT CHOCOLATES
KEEP MY BABY COOL	WHO DO YOU CALL	DUKE 467	15.00	GR

HOT CINNAMON
NO ONE LOVES YOU	LOVES GONNA FOOL YOU	S.O.S. 05	300.00	NM

HOT ICE
ISN'T IT LONELY	LADY	HEAVY DUTY 4	40.00	GR

HOT LINE
JUICE IT UP	JUICE IT UP pt. 2	RED COACH 808	10.00	F

HOT PROPERTY
AGAIN	HARD TO HANDLE	GENERATION 112	10.00	B

HOT SAUCE
BRING IT HOME (AND GIVE IT TO ME)	ECHOES FROM THE PAST	VOLT 4076	10.00	NM
I CAN'T WIN FOR LOSING	I'LL KILL A BRICK	VOLT 4067	10.00	78

HOT TAMALES
CHICKEN - BACKS	JOIN IN THE FUN	SUPREME 101	150.00	F
LOVE'S INTENTIONS	MR. STARLIGHT	DETROIT. 410 london distributed label	100.00	NM
LOVE'S INTENTIONS	MR. STARLIGHT	DETROIT. 101 red label	200.00	NM

HOTTINGER, BUDDY
I NEED YOUR LOVING	5TH3E ONE I CAN'T FORGET	TANYA 100	100.00	NM

HOUSE BROS. and AC DC CURRENT
SPECTRUM	HOUSE PARTY	HOOKS BROS, PROD. 1000	40.00	F

HOUSE GUEST RATED X
WHAT SO NEVER THE DANCE	WHAT SO NEVER THE DANCE pt. 2	HOUSE GUESTS	75.00	F

HOUSE GUESTS
MY MIND SET ME FREE	MY MIND SET ME FREE pt. 2	HOUSE GUESTS 28821	150.00	F

HOUSTON OUTLAWS
IT'S NO FUN BEING ALONE	I JUST GOT TO BE LOVING YOU	WESTBOUND 194	25.00	GR
AIN'T NO TELLING	UNCLE ED'S BACKYARD	WESTBOUND 179	250.00	NM

HOUSTON, CISSY
I JUST DON'T KNOW WHAT TO DO WITH MYSELF	THIS EMPTY PLACE	JANUS 131	30.00	NM

HOUSTON, EDDIE
I WON'T BE THE LAST TO CRY	LOVE SURE IS A POWERFUL THING	CAPITOL 2397	50.00	B
THAT'S HOW MUCH (I LOVE YOU)	I CAN'T GO WRONG	CAPITOL 2170	75.00	B

HOUSTON, FREDDIE
CHILLS AND FEVER	I GOTTA MOVE	OLD TOWN 1153	50.00	nm
IF I HAD KNOWN	ONLY THE LONELY ONE	OLD TOWN 1156	200.00	NM
LOVE, LOVE, LOVE	TRUE	WHIZ-ON 7	200.00	NM
SOFT WALKIN'	TO BE IN LOVE	TOTO 101	100.00	**NM**

HOUSTON, LARRY
I NEED LOVE	I KNOW WE CAN MAKE IT	AMBASSADOR 1032	25.00	F
LET'S SPEND SOME TIME TOGETHER	GIVE ME SOMETHING TO GO ON	HFMP 1 ORIG.	15.00	78

HOUSTON, SISSIE
BRING HIM BACK	WORLD OF BROKEN HEARTS	CONGRESS 268	75.00	NM
DON'T COME RUNNING TO ME	ONE BROKEN HEART FOR SALE	KAPP 814	75.00	NM

HOUSTON, THELMA
BABY MINE	THE WOMAN BEHIND HER MAN	CAPITOL 5767	100.00	NM

HOWARD, DELORES
FIRST TIME IN LOVE	MY GUY AND I	MASTER 422	300.00	NM

HOWARD, FRANK
DO WHAT YOU WANNA DO	DO WHAT YOU WANNA DO Pt 2	DELUXE 124	15.00	F
I'M SO GLAD	I'M SORRY FOR YOU	BARRY 1008	80.00	NM
JUDY	SMOKY PLACES	EXCELLO 2291	75.00	NM

HOWARD, JOHNNY
THE CHASE IS ON	I MISS MY LADY	BASHIE 101	25.00	**NM**

HOWARD, MILTON
FUNKY SHING-A-LING	GIRL FROM MISSOURI	SS7 2591	20.00	F

HOWARD, TONY and the CELLUS BAND
WE GOT TIME	same: instrumental	STUDIO SOUTH 777	100.00	78

HOWARD, WILLIAM
COME TO ME	GIVE A HELPING HAND	CAT 1998	25.00	78

HOWELL, GLORIA
YOU'D BETTER HURRY UP	HE'S GONE	BIG CITY 101	300.00	NM

HOWELL, REUBEN
YOU CAN'T STOP A MAN IN LOVE	WHEN YOU TAKE ANOTHER CHANCE	MOTOWN 1274	15.00	78
YOU CAN'T STOP A MAN IN LOVE	WHEN YOU TAKE ANOTHER CHANCE	MOTOWN 1274 **PS**	30.00	78

HUDMON, R.B.
AIN'T NO NEED OF CRYING (WHEN IT'S RAINI	THIS COULD BE THE NIGHT	ATLANTIC 3413	10.00	78
HOLDIN' ON	WHATEVER MAKES YOU HAPPY	ATLANTIC 3366	40.00	78
IF YOU DON'T CHEAT ON ME	HOW CAN I BE A WITNESS	ATLANTIC 3318	30.00	78

HUDSON COUNTY
HEAVEN'S HERE ON EARTH	WELCOME TO MY DREAM	RCA 10596	15.00	78

HUDSON, AL and the SOUL PARTNERS
ALONE SHE'S GONE	MY NUMBER ONE NEED	ATCO 7011	15.00	78
I'M ABOUT LOVING YOU	ALMOST AIN'T GOOD ENOUGH	ATCO 7029	100.00	78
SPREAD LOVE	LOVE ME FOREVER	ABC 12385	15.00	78
WE MUST MAKE IT HAPPEN	LOVE IS	ATCO 7044	30.00	78
WHY MUST WE SAY GOODBYE	same:	ABC 12294 dj	15.00	78
WHEN YOU'RE GONE	I'VE BEEN LOVING YOU TOO LONG	ATCO 7037	30.00	78
WHEN I'M LOVING YOU	same:	ATCO 7044 dj only	20.00	78

HUDSON, JOHNNY
BETTER LOVE	GIRL, YOU SJHOULD HAVE KNOWN	QUICK SAND 101	15.00	78

HUDSON, POOKIE
JEALOUS HEART	I KNOW I KNOW	DOUBLE L 711	20.00	NM
THIS GET'S TO ME	ALL THE PLACES I'VE BEEN	JAMIE 1319	200.00	NM

HUESTON, MEL
TIME AND PATIENCE	DOUBLE CONFUSION	CHANSON 1179	15.00	F
SEACHING	I NEED SOME LOVING	CEZ VISTA 484	150.00	NM

HUEY, BABY and the BABYSITTERS
JUST BE CAREFUL GIRL		SHANN	300.00	NM
JUST BEING CAREFUL	MESSIN' WITH THE KID	USA 801	100.00	NM
MIGHTY ,MIGHTY CHILDREN	MIGHTY, MIGHTY CHILDREN Pt 2	CURTOM 1939	20.00	F

HUEY, CLAUDE BABY
FEEL GOOD ALL OVER	THE WORST THING A MAN CAN DO	EARLY BIRD 49654	30.00	NM
KEEP IT TO MYSELF	DIDN'T WE HAVE SOME GOOD TIMES	M.I.O.B. 1281	50.00	NM
WHY WOULD YOU BLOW IT	WHY DID OUR LOVE GO	GALAXY. 768	100.00	NM

HUFF, TERRY
THAT'S WHEN IT HURTS	JUST NOT ENOUGH LOVE	MAINSTREAM 5585	15.00	78

HUGHES, AL
TAKE IT OR LEAVE IT	STOP AND THINK	SCOPE 3027	250.00	NM

HUGHES, FRED
AS LONG AS WE'RE TOGETHER	WALK ON BACK TO YOU	ERBDUS 2009	15.00	NM
BABY BOY	WHO YOU REALLY ARE	BRUNSWICK 755419	15.00	NM
COME HOME LITTLE DARLIN'	CAN'T MAKE IT WITHOUT YOU	CADET 5579	20.00	NM
DON'T LET ME DOWN	MY HEART CRIES OH	VEE-JAY 718	15.00	NM
I KEEP TRYIN'	WE'VE GOT LOVE	ERBDUS 2006	15.00	NM
LOVE IS ENDING	BABY DON'T GO	CADET 5616	10.00	NM
YOU CAN'T TAKE IT AWAY	MY HEART CRIES OH	VEE-JAY 703	15.00	NM

HUGHES, FREDDIE
DON'T LEAVE ME	SARAH MAE	GREG-UH-RUDY 2	10.00	78
I GOTTA KEE P MY BLUFF IN	NATURAL MAN	WAND 1192	15.00	NM
I GOTTA KEEP MY BLUFF IN	HE'S NO GOOD	WAND 1197	15.00	NM
I JUST FOUND OUT	I'VE GOT MY OWN MIND	JANUS 196	30.00	78
MY BABY CAME BACK	LOVE CAN'T BE UNDERSTOOD	WEE 1011	15.00	NM
SEND MY BABY BACK	WHERE'S MY BABY	WEE 1006	15.00	NM
SEND MY BABY BACK	WHERE'S MY BABY	WAND 1182	10.00	NM
TAKE ME AS I AM	same: instrumental	HIPSTAR 1013	15.00	NM
WILL YOU BE THERE	same:	JANUS 208 dj	20.00	78

HUGHES, JIMMY
CHAINS OF LOVE	I'M NOT ASHAMED TO BEG OR PLEA	VOLT 4017	10.00	NM
I'M A MAN OF ACTION	WHY NOT TONIGHT	FAME 1011	10.00	NM
IT AIN'T WHAT YOU GOT	UNCLE SAM	ATLANTIC 2454	20.00	NM
IT WAS NICE	GOODBYE MY LOVER GOODBYE	FAME 6407	10.00	NM
LOVELY LADIES	TRY ME	FAME 6403	10.00	NM
MY LOVING TIME	I'M QUALIFIED	JAMIE 1280	15.00	NM
MY LOVING TIME	I'M QUALIFIED	GUYDEN 2075	20.00	NM
NEIGHBOR, NEIGHBOR	IT'S A GOOD THING	FAME 1003	10.00	NM
YOU REALLY KNOW HOW TO HURT A GUY	THE LOVING PHYSICIAN	FAME 6410	10.00	NM

HUGHES, JUDY
FINE, FINE, FINE		VAULT	600.00	NM
OCEAN OF EMOTION	TEARS BUILD UP INSIDE OF ME	CRUSADER 128	500.00	NM

HUGHES, OSCAR
ONE AND ONLY LOVER	GET DOWN	ETHIOPIA 777	75.00	GR

HUGHES, RHETTA
I CAN'T STAND UNDER THIS PRESSURE	YOU'RE DOING IT WITH HER	TETRAGRAMMATON 1546	20.00	78
ONE IN A MILLION	JUST LOVE ME	COLUMBIA 44073	30.00	NM
YOU'RE DOING IT WITH HER - WHEN IT SHOULD	GIMME SOME OF YOURS	TETRAGRAMMATON 1505	15.00	F

HUGHLEY, GEORGE
THAT'S WHY I CRY	YOU'RE MY EVERYTHING	BUDDAH 203	100.00	NM

HUMAN BEINZ
NOBODY BUT ME	SUENO	CAPITOL 5990	10.00	NM

HUMAN BLOOD
BLOOD CITY FUNK	same: long version	WITCHS BREW 216	15.00	F

HUMES, ANITA and the ESSEX
DON'T FIGHT IT BABY	WHEN SOMETHING'S HARD TO GET	ROULETTE 4564	20.00	NM
WHAT DID I DO	CURFEW LOVER	ROULETTE 4542	40.00	NM
EVERYBODY'S GOT YOU	ARE YOU GOING MY WAY	ROULETTE 4750	20.00	NM

HUMPHREY, AMANDA
POWER OF LOVE	CALL ON ME	USA 840	30.00	NM

HUMPHREY, DELLA
DON'T MAKE THE GOOD GIRLS GO BAD	YOUR LOVE IS ALL I NEED	ARCTIC 144	15.00	NM
LET'S WAIT UNTIL DARK	WILL YOU LOVE ME TOMORROW	ARCTIC 159	30.00	NM
OVER THE TRACKS	JUST LIKE THE BOYS DO	ARCTIC 155	30.00	NM

HUMPHREY, PAUL

DETROIT	COOL AID	LIZARD 21006	10.00	F
FUNKY L.A.	BABY RICE	LIZARD 1009	10.00	F
SCREAM AND SHOUT	HERE TO STAY	STANSON 2751	10.00	F
WHAT'S THE NOISE P.K.	COCHISE	BLUE THUMB 256	10.00	F
HUN'S REVIEW				
DON'T MAKE ME LOVE YOU	DANGER ZONE	SORRO 967	100.00	NM
HUNT, CLAY				
KEEP ME ON FIRE	MIDNIGHT PLANE	POLYDOR 2175	15.00	78
SINCE I'VE LOST YOU	IN THE CITY SQUARE	KAPP 695	75.00	NM
YOUR LOVE'S GONE BAD	(SAY IT) SWEET AND LOW	BAY SOUND 67005	30.00	NM
HUNT, GERALDINE				
I LET MYSELF GO	I WISHED I HAD LISTENED	KATRON 829	50.00	NM
I LET MYSELF GO	I WISHED I HAD LISTENED	CHECKER. 1028	30.00	NM
JUST BELIEVE IN ME	COLD BLOOD	ROULETTE 7132	20.00	78
NEVER, NEVER LEAVE ME	PUSH, SWEEP	ROULETTE 7068	20.00	78
NOW THAT THERE'S YOU	SHADES OF BLUE	ROULETTE 7109	10.00	NM
(TWO CAN LIVE) CHEAPER THAN ONE	HE'S FOR REAL	BOMBAY 4501 yellow label	150.00	NM
(TWO CAN LIVE)CHEAPER THAN ONE	HE'S FOR REAL	BOMBAY 4501 black label	200.00	NM
WINNER TAKE ALL	FOR LOVERS ONLY	ABC 10859	300.00	NM
HUNT, MARY				
I'LL GET OVER YOU	SHAKE FOR JOY	MERCURY 72421	20.00	NM
HUNT, PAT				
SUPER COOL	EVERYBODY'S SOMEBODY'S FOOL	EARLY BIRD 9664	30.00	F
WHY DO YOU DO ME LIKE YOU DO	GOOD THINGS COME YTO THOSE WAI	GRAND. 102	50.00	NM
HUNT, TOMMY				
I DON'T WANT TO LOSE YOU	HOLD ON	ATLANTIC 2278	15.00	NM
I JUST DON'T KNOW WHAT TO DO WITH MYSELF	AND I NEVER KNEW	SCEPTER 1236	15.00	NM
I NEED A WOMAN OF MY OWN	SEARCHIN' FOR MY BABY	DYNAMO 113	10.00	NM
I'LL MAKE YOU HAPPY	THE CLOWN	CAPITOL 5621	40.00	NM
JERKIN' AROUND	HUMAN	SCEPTER 21021	10.00	NM
THE BIGGEST MAN	NEVER LOVE A ROBIN	DYNAMO 101	15.00	NM
WORDS CAN NEVER TELL IT	HOW CAN I BE ANYTHING	DYNAMO 105	15.00	NM
YOU MADE A MAN OUT OF ME	IT'S ALL A BAD DREAM	SCEPTER 1275	10.00	NM
HUNT, WILLIAM				
WOULD YOU BELIEVE	MY BABY WANTS TO DANCE	STREAMSIDE 100	30.00	NM
HUNTER and HIS GAMES				
HOW YOU GET HIGHER	same: instrumental	STACEY 2617	50.00	F
HUNTER, CHERYL				
HOOKED ON YOUR LOVIN'	same: instrumental	CHELAR 213	15.00	78
HUNTER, HERBERT				
DON'T PITY ME	I'M SO SATISFIED	PONCELLO 711	50.00	NM
I WAS BORN TO LOVE YOU	PUSH AWAY FROM THE TABLE	SPAR 9009	100.00	**NM**
ISN'T IT WONDERFUL TO DREAM	MAKE ME KNOW YOU LOVE ME	PONCELLO 714	20.00	NM
HUNTER, IVORY JOE				
EVERY LITTLE BIT HELPED ME	I CAN MAKE YOU HAPPY	GOLDWAX 307	25.00	NM
HUNTER, SHANE also see MIGHTY SHANE				
SWEET THINGS (EVERY NOW AND THEN)	TRY MY LOVE	AWAKE 501	50.00	NM
HUNTER, SHERMAN				
SOMEBODY LOVES YOU	SWEET THING	DEALERS CHOICE 1059	15.00	78
HUNTER, TY				
BAD LOSER	SOMETHING LIKE A STORM	CHESS 1893	20.00	NM
EVERYTIME	FREE	ANNA 1123	20.00	M
GLADNESS TO SADNESS	LONELY BABY	CHECK MATE 1015	25.00	M
LONELY BABY	GLADNESS TO SADNESS	CHECK MATE 1015	30.00	M
LONELY BABY	GLADNESS TO SADNESS	CHESS 18	15.00	NM
LOVE WALKED RIGHT OUT ON ME	AM I LOING YOU	CHESS 1881	25.00	NM
MEMORIES	ENVY OF EVERY MAN	CHECK MATE 1002	30.00	M
ORPHAN BOY	EVERYTHING ABOUT YOU	ANNA 1114	25.00	M
HUSTLERS				
BOSTON MONKEY	YOU CHEATED	MUSICOR 1129	200.00	NM
HUTCH, WILLIE				
AIN'T GONNA STOP	DO WHAT YOU WANNA DO	RCA 189	25.00	NM
HOW COME BABY, YOU DON'T LOVE	CAN'T FIGHT THE POWER	SOUL CITY 754	20.00	NM
I CAN'T GET ENOUGH	YOUR LOVE HAS MADE ME A MAN	MODERN 1021	20.00	NM
I CHOOSE YOU	BROTHER'S GONNA WORK IT OUT	MOTOWN 1222	10.00	78
JUST ANOTHER DAY	PARTY DOWN	MOTOWN 1371	10.00	78
LOVE GAMES	TRAMPIN'	RCA 392	20.00	NM
LOVE RUNS OUT	THE DUCK	DUNHILL 4012	700.00	NM
LOVE RUNS OUT	THE DUCK	DUNHILL 4012 dj	500.00	NM

TALK TO ME	LOVE POWER	MOTOWN 1360	10.00	78
USE WHAT YOU GOT	USE WHAT YOU GOT PT 2	MAVERICK 1003	15.00	F |//

HUTSON, FRANK and the EXPOSURES
OLD MAN ME	BIG MAN	GOODIE TRAIN 10	50.00	GR

HUTSON, LEROY
ALL BECAUSE OF YOU	same: instrumental	CURTOM 100	10.00	78
ELLA WEEZ	COULD THIS BE LOVE	CURTOM 1996	15.00	78
LOVE OH LOVE	I'M IN LOVE WITH YOU GIRL	CURTOM 1983	10.00	78

HUTTON, BOBBY
COME SEE WHAT'S LEFT OF ME	THEN YOU CAN TELL ME GOODBYE	PHILIPS 40601	200.00	NM
I'VE GOT MEMORY	I CAN'T STAND A WOMAN TWO TIMI	PHILIPS 40657	20.00	NM
LONELY IN LOVE	MORE TODAY THAN YESTERDAY	PHILIPS 40692	50.00	NM
OOO BABY	THAT'S HOW HEARTACHES ARE MADE	BLUE ROCK 4055	20.00	NM
WATCH WHERE YOU'RE GOING	LOVING YOU, NEEDING YOU,LOVING	ABC 11441	75.00	78
YOU'RE MY WHOLE REASON	LONELY IN LOVE	PHILIPS 40709	100.00	NM

HUTTON, HAROLD
LUCKY BOY	IT'S A GOOD THING	CHECKER. 1125	30.00	NM

HY BOYS
BIG DREAMS	same: instrumental	BB 4008	30.00	NM

HYMAN, PHYLLIS
BABY (I'M GONNA LOVE YOU)	DO ME	DESERT MOON 6402	20.00	78
LEAVIN' THE GOOD LIFE BEHIND	same:mono	PRIVATE STOCK 45034 dj	10.00	78
UNDER YOUR SPELL	COMPLETE ME	ARISTA 495	10.00	78
YOU KNOW HOW TO LOVE ME	GIVE A LITTLE MORE	ARISTA 463	10.00	78

HYMES III, FREDERICK
TIME AIN'T GONNA DO ME NO FAVOR	EVERYDAY WILL BE LIKE A HOLIDAY	FAB VEGAS 4526	400.00	78

HYMES SISTERS
WALKING AROUND THE TOWN	NO REASON TO CRY	JER JIM HAN 104	75.00	NM

HYPERIONS
WHY YOU WANNA TREAT ME THE WAY	BELIEVE IN ME	CHATTAHOOCHEE 669	600.00	NM

HYPNOTICS
MUSIC TO MAKE LOVE TO	FIRE FUNK	CHEAPO 001 yellow vinyl	30.00	GR

HYSONG, DON
BABY HERE'S MY HEART	I'VE GOT TO GET AWAY	BARD 1013	30.00	NM
SOUL SEARCHER		BARD	1000.00	NM

HYTONES
BIGGER AND BETTER	I'VE GOT MY BABY	A-BET 9415	300.00	NM
YOU DON'T EVEN KNOW MY NAME	TILL YOU BREAK UP	SOUTHERN ARTISTS 2023	400.00	NM

HYTOWER, ROY
IT MUST BE LOVE	LOVE THAT GIRL OF MINE	EXPO 103	15.00	NM

I.A.P. CO.
CHECK YOURSELF	THE SKY'S THE LIMIT	COLOSSUS 110	40.00	NM

ICE - COLD - LOVE
WONDERFUL TO BE LOVED	SHEER MAGIC	TAMMY 1037	50.00	GR

ICEMEN
HOW CAN I GET OVER A FOX LIKE YOU	LOOGABOO (THE CHOICE IS YOURS)	ABC 11038	50.00	GR
IT'S TIME YOU KNEW	IT'S GONNA TAKE LOTS TO BRING ME BACK	OLE 9 1007	200.00	NM
ONLY TIME WILL TELL	SUGARS BABY	SAMAR 117	20.00	NM

IDEALS
I GOT LUCKY (WHEN I FOUND YOU)	TELL HER I APOLOGIZE	ST. LAWRENCE 1020	15.00	NM
THE MIGHTY LOVER	DANCING IN THE USA	BOO-GA-LOO 108 plum label	70.00	NM
THE MIGHTY LOVER	DANCING IN USA	BOO-GA-LOO 108 yellow label	100.00	NM
YOU HURT ME	YOU LOST AND I WON	SATELLITE 2007	15.00	GR

IDENTITIES
WHEN LOVE SLIPS AWAY	HEY BROTHER	HOUSE OF THE FOX 6	20.00	NM
WHEN YOU FIND LOVE SLIPPING AWAY	same:	TOGETHERNESS 300 dj	20.00	NM

IDLE FEW
PEOPLE THAT'S WHY	LAND OF DREAMS	BLUE BOOK 1 dj	85.00	NM
PEOPLE THAT'S WHY	LAND OF DREAMS	BLUE BOOK 1 blue & silver label	150.00	NM
PEOPLE THAT'S WHY	LAND OF DREAMS	BLUE BOOK 1 dark blue label	60.00	**NM**

IKE and TINA'S KINGS OF RHYTHM
PRANCING	IT'S GONNA WORK OUT FINE	SUE 760	10.00	NM

IKETTES
BEAUTY IS JUST SKIN DEEP	MAKE 'EM WAIT	POMPEII 66683	10.00	NM
I'M JUST NOT READY FOR LOVE	TWO TIMIN' DOUBLE DEALIN'	UA 51103	40.00	F
PEACHES "N" CREAM	THE BIGGEST PLAYERS	MODERN 1005	10.00	NM
PRISONER OF LOVE	THOSE WORDS	TEENA 1702	20.00	B
WHAT'CHA GONNA DO	DOWN, DOWN	PHI-DAN 5009	25.00	NM

ILANA
WHERE WOULD YOU BE TODAY	same:	VOLT 4064 dj	30.00	NM

ILLUSIONS
IT'S JUST AN ILLUSION	TAKE IT EASY	FREEDOM 4881	300.00	NM
THE FUNKY DONKEY	SHAKE YOUR MINI	SHOWTIME 1818	15.00	F

IMAGE
BETCHA DIDN'T KNOW	SURPRISE	JANUS 194	15.00	GR
FUNKY THING	OH LOVE	GRANDE. 303	20.00	F
GOING GOING GONE	IS THAT WHY	IMAGE 4343	30.00	F
PROMISES	WE'RE MOVIN	VERDY 1059	25.00	GR
SURPRISE	BETCHA DIDN'T KNOW	JANUS 194	10.00	NM

IMAGINATIONS
I WANT A GIRL	I LOVE YOU, MORE THAN ANYONE	BACON FAT 101 pain label	30.00	NM
I WANT A GIRL	I LOVE YOU, MORE THAN ANYONE	BACON FAT 101 running man design label	20.00	NM
LOVE DIET	THERE'S ANOTHER ON YOUR MIND	20TH. CENTURY 2117	15.00	78
STRANGE NEIGHBORHOOD	I JUST CAN'T GET OVER LOSING U	Fraternity 1001 dj	250.00	NM
STRANGE NEIGHBORHOOD	I JUST CAN'T GET OVER LOSING U	Fraternity 1001	400.00	NM

IMPACT
SMILE AWHILE	SISTER FINE	FANTASY 813	10.00	78

IMPACTS
JERKIN' IN YOUR SEAT	HORSE RADISJH	COUNSEL 101	75.00	NM
JUST BECAUSE	PIGTAILS	DCP 1150	50.00	NM

IMPALAS
SPEED UP	SOUL	CAPITOL 2709	30.00	78
WHIP IT ON ME	I STILL LOVE YOU	BUNKY 7762	15.00	NM

IMPERIAL C'S
SOMEONE TELL HER	I'LL LIVE ON	PHIL LA SOUL 308	1500.00	NM

IMPERIAL WONDERS
JUST A DREAM	ZIP-A-DOE-DO-DAH	DAY-WOOD 6901	50.00	NM
MY (JUST TOLD ME SHE LOVES ME)	LOVE COMING DOWN	MUSICOR 1477	15.00	GR
TRYING TO GET TO YOU	WHEN I FALL IN LOVE	BLACK PRINCE 317	10.00	78
YOU LIVE ONLY ONCE	TURNED AROUND OVER YOU	SOLID FOUNDATION 101	25.00	**78**

IMPERIALS
LIVING WITHOUT YOUR LOVE	CLOSER THAN EVER	DAY SPRING 613	10.00	78

IMPLEMENTS
LOOK OVER YOUR SHOULDER	I WISH IT WERE ME	PHILIPS 40473	30.00	NM
OLE MAN SOUL	OLE MAN SOUL pt. 2	LOMA 1087	20.00	NM

IMPOSSIBLES
IT'S ALL RIGHT	I WANNA KNOW	ROULETTE 4745	75.00	NM
MR.MAESTRO	WELL IT'S ALRIGHT	RMP 1030	20.00	GR

IMPRESSIONS
AMEN	LONG, LONG WINTER	ABC 10602	10.00	NM
CAN'T SATISFY	THIS MUST END	ABC 10831	10.00	NM
GYPSY WOMAN	AS LONG AS YOU LOVE ME	ABC 10241	10.00	NM
I'LL ALWAYS BE THERE	FINALLY GOT MYSELF TOGETHER	CURTOM 1997	10.00	78
I'M THE ONE WHO LOVES YOU	I NEED YOUR LOVE	ABC 10386	20.00	NM
I'VE BEEN TRYING	PEOPLE GET READY	ABC 10622	10.00	GR
MEETING OVER YONDER	I'VE FOUND THAT I'VE LOST	ABC 10670	10.00	NM
MINSTREL AND QUEEN	YOU'VE COME HOME	ABC 10357	15.00	NM
SAY THAT YOU LOVE ME	SENORITA I LOVE YOU	VEE-JAY 621	15.00	GR
SINCE I LOST THE ONE I LOVE	FALLING IN LOVE WITH YOU	ABC 10761	20.00	NM
SOMETHING SAID LOVE	same:	RIPETE 3001	15.00	78
TALKING ABOUT MY BABY	NEVER TOO MUCH LOVE	ABC 10511	10.00	NM
TWILIGHT TIME	JUST ONE KISS FROM YOU	ABC 10725	10.00	GR
TWIST AND LIMBO	SAD, SAD GIRL AND BOY	ABC 10431	20.00	NM
WHEREVER SHE LEADETH ME	AMEN (1970)	CURTOM 1948	15.00	78
WOMAN'S GOT SOUL	GET UP AND MOVE	ABC 10647	10.00	NM
YOU OUGHT TO BE IN HEAVEN	I CAN'T STAY AWAY FROM YOU	ABC 10964	15.00	NM
YOU'VE BEEN CHEATING	MAN OH MAN	ABC 10750	15.00	NM

IN CROWD
GRAPEVINE	CAT DANCE	BRENT 7046	20.00	NM
HAPPINESS IN MY HEART	QUESTIONS AND ANSWERS	VIVA 604	20.00	NM

INCLINATIONS
THE HARDER WE TRY	I'M GONNA MAKE LOVE LAST THIS	JANUS 202	30.00	GR

INCLINES
PRESSURE COOKER	PRESSURE COOKER PT 2	ATCO 6674	15.00	F
THE ATLANTA BOOGALOO	THE ATLANTA BOOGALOO PT 2	GIL 101	100.00	F
THE HIPPIE	THE HUSTLER	GIL 102	75.00	F

INCONQUERABLES
WAIT FOR ME	DON'T LET IT HAPPEN	FLODAVIEUR 803	2000.00	GR
WAIT FOR ME	DON'T LET IT HAPPEN	FLODAVIEUR 803 yelllow vinyl	**NEG**	GR

INCREDIBLES
CRYING HEART	I CAN'T GET OVER LOSING YOU	AUDIO ARTS 701	15.00	NM
CRYING HEART	I'LL MAKE IT EASY	AUDIO ARTS 60001	15.00	NM
CRYING HEART	I'LL MAKE IT EASY	AUDIO ARTS 60001 blue label	20.00	NM
FOOL FOOL FOOL	LOST WITHOUT YOU	AUDIO ARTS 60014	15.00	GR
I CAN'T GET OVER LOSING YOU	(I LOVE YOU) FOR SENTIMENTAL REASONS	AUDIO ARTS 60010	20.00	NM
I FOUND ANOTHER LOVE	HEART AND SOUL	AUDIO ARTS 60007	15.00	NM
STANDING HERE CRYING	WITHOUT A WORD	AUDIO ARTS 60009	15.00	NM
THERE'S NOTHING ELSE TO SAY	ANOTHER DIRTY DEAL	AUDIO ARTS 60006 blue label	30.00	NM
THERE'S NOTHING ELSE TO SAY	ANOTHER DIRTY DEAL	AUDIO ARTS 60006 Amy Mala dist.	25.00	**NM**
THERE'S NOTHING ELSE TO SAY	ANOTHER DIRTY DEAL	AUDIO ARTS 60006 dj	50.00	NM

INDEPENDANT MOVEMENT
LET'S TALK IT OVER	SLIPPIN' AWAY	POLYDOR 14503	20.00	78

INDEPENDENTS
I LOVE YOU, YES I DO	LEAVING ME	WAND 11252	10.00	78

INDIGOS
THE REST OF MY DAYS	FAR FAR AWAY	WILDFIRE 1922	50.00	GR

INELIGIBLES
DO THE GROOVE	JUST THE THINGS THAT YOU DO	CAPELLA 501	25.00	B

INFATUATIONS
WHO IS TO BLAME	KEEP YOUR BODY MOVING	POORMANS 003	100.00	GR

INFINITY
GET ON THE CASE	KEEP IT TO YOURSELF	FOUNTAIN 1102	15.00	78
KEEP IT TO YOURSELF	GET ON THE CASE	FOUNTAIN 1102	20.00	NM
PUT EVERYTHING IN PLACE	PARTY MAN	WHITEHORSE 52	350.00	78

INFORMERS
BABY SET ME FREE	A HARD WAY TO GO	BLACK JACK 1402	400.00	NM
MEMORIES	LADY OF THE NIGHT	BLACK JACK 1412 red vinyl	10.00	NM

INGRAM FAMILY
THE FUNK LIES IN OUR OUR MUSIC	SHE'S ALL ALONE (I NEED A MAN)	EXCELLO 2344	10.00	F

INGRAM, LUTHER (and the G-MEN)
AIN'T THAT NICE	YOU NEVER MISS YOUR WATER	DECCA 31794	60.00	NM
IF IT'S ALL THE SAME TO YOU BABE	EXUS TREK	HIB RECORDS 698 green label styrene	250.00	**NM**
IF IT'S ALL THE SAME TO YOU BABE	EXUS TREK	HIB RECORDS 698 orange 2nd Atco dist.	40.00	**NM**
IF IT'S ALL THE SAME TO YOU BABE	EXUS TREK	HIB RECORDS 698 orange 1st. press	300.00	NM
IF IT'S ALL THE SAME TO YOU BABE	EXUS TREK	HIB RECORDS 698 light green label Atco	300.00	NM
IF IT'S ALL THE SAME TO YOU BABE	EXUS TREK	HIB RECORDS 698 dj	250.00	NM
(I SPY) FOR THE F.B.I.	FOXEY DEVIL	SMASH 2019	20.00	NM
RUN FOR YOUR LIFE	I NEED YOU NOW	HURDY-GURDY 102	150.00	NM
TRYING TO FIND MY LOVE	GET TO ME	KOKO 731	15.00	78

INMATES
THIS IS THE DAY	GYPSY HEART	KOPIT 127	700.00	NM

INNER DRIVE
SMELL THE FUNK	PARTY MAN	Zodiac 1052	10.00	F

INNER EAR
YOUR AUTUMN OF TOMORROW	UNCLE FUNK	INNER EAR 429	250.00	NM

INNER SPACE
BREAK THE CHAINS	MAKE IT HAD ON HIM	SWEET FORTUNE 2409	10.00	78

INNERSECTION
I'M IN DEBT TO YOU	LET ME LOVE YUH	GROUP 5 101	200.00	78

INNERVISION
GOTTA FIND A WAY TO GET BACK HOME	I JUST WANT TO LOVE YOU	ARIOLA 7657	30.00	78
HONEY BABY (BE MINE)	WE'RE INNERVISION	PRIVATE STOCK 45015	20.00	78

INNOCENT BYSTANDERS
FRANTIC ESCAPE	CRIME (DOESN'T PAY)	PAMELINE 302	25.00	NM
FRANTIC ESCAPE	CRIME (DOESN'T PAY)	ATLANTIC 2766	15.00	NM

INOVATIONS
JUST KEEP ON LOVING ME	LOVE AND RESPECT	HIT SOUND 890	20.00	NM
STAY ON THE CASE	WHAT NOW MY LOVE	HIT SOUND 889	100.00	NM

INSIDERS
IF YOU HAD A HEART	MOVIN' ON	RCA 9325	30.00	NM
I'M JUST A MAN	I'M BETTER OFF WITHOUT YOU	RCA 9225	30.00	NM

INSIGHTS
(YOU'RE JUST A) SOMEDAY GIRL	YOU GOT IT MADE	RCA 9555	15.00	NM
I NEED YOUR LONELINESS	IT'S ALRIGHT	PALMETTO ARTISTS 89021	200.00	NM
LOVE AND PEACE OF MIND	TURN ME ON SWEET ROSIE	PEACOCK 1968	20.00	GR

INSPIRATIONS
KISS AND MAKE UP	LOVE CAN BE SO WONDERFUL	WAND 182	25.00	GR
NO ONE ELSE CAN TAKE YOUR PLACE	blank:	BREAKTHROUGH 101	**NEG**	NM
TOUCH ME, KISS ME, HOLD ME	FUNNY SITUATION	BLACK PEARL 100	15.00	NM
TOUCH ME, KISS ME, HOLD ME	WHAT AM I GONNA DO WITH YOU	BLACK PEARL 100	15.00	NM
YOUR WISH IS MY COMMAND	TAKE A CHANCE ON YOU	MIDAS 9003	500.00	NM

INSTIGATION (S)
I DON'T WANT TO DISCUSS IT	S.Y,S.L.J.F.M. (LETTER SONG)	GRT 15	20.00	NM
I DON'T WANT TO DISCUSS IT	S.Y,S.L.J.F.M. (LETTER SONG)	T-BIRD 101	25.00	**NM**

INTENSIONS
I DON'T CARE ANYMORE	SHE'S MY BABY	BLUELIGHT 1214	100.00	NM
I'LL BE LOST	LONDON BRIDGES FALLING DOWN	MONEYTOWN 1210	150.00	NM

INTENSIVE HEAT
INTENSIVE HEAT	KEEP AN EYE ON YOUR CLOSE FRIE	SOUL MATE 001	30.00	F

INTENTIONS
DANCING FAST, DANCING SLOW	MY LOVE SHE'S GONE	KENT 455	30.00	NM
DON'T FORGET THAT I LOVE YOU	THE NIGHT RIDER	PHILIPS 40428	50.00	NM
I JUST CAN'T WIN	FEEL SO GOOD	MONEYTOWN 1209	350.00	NM
I LOSIN' YOUR LOVE	I'LL SEARCH THE WORLD	UP TIGHT 196810	75.00	NM

INTERLUDE
I SURRENDER	GEE WHIZ	STAR VISION 1103	10.00	GR

INTERNATIONAL FIVE
SO IN LOVE WITH YOU	I NEED YOU	STARWAY 1101	30.00	NM

INTERNATIONAL GTO'S
I LOVE MY BABY	IT'S BEEN RAINING IN MY HEART	ROJAC 1007	200.00	**NM**

INTERNATIONAL KCP'S (also see Curtis Lee)
EVERYBODY'S GOING WILD	QUITTIN' TIME	WHEELSVILLE 115	50.00	NM

INTERNATIONALS
LEAD ME ON	same:	SPRING 129 dj	20.00	GR
PUSH BUTTON LOVE	GIVE A DAMN	DAR 102	15.00	GR
TOO SWEET TO BE LONELY	BEAUTIFUL PHILOSOPHY	DAR 105	150.00	78

INTERPRETATIONS
AUTOMATIC SOUL PT.1	AUTOMATIC SOUL PT 2	BELL 779	20.00	F
BLOW YOUR MIND	TRIPPIN'	JUBILEE. 5688	40.00	F
JASON PEW MOSSO	same pt. 2	JUBILEE. 5714	100.00	F
SNAP-OUT	SOUL AFFECTION	BELL 757	20.00	F

INTERPRETERS
BE KIND TO LOVE	PRETTY LITTLE THING	ABET 9425	75.00	GR
GIVE ME LIFE	HAVE YOUR FLING	ELVITRUE 1676	30.00	GR

INTERTAINS
I SEE THE LIGHT	GOTTA FIND A GIRL	UPTOWN. 717	20.00	NM

INTERVAL, JIMMY
SOMEBODY TO LOVE	GOT A DATE WITH ANGEL	COLUMBIA 43616	15.00	NM

INTICERS
SINCE YOU LEFT	I'VE GOTTA SEE MY BABY	BABY LUV	2000.00	NM

INTREPIDS
AFTER YOU'VE HAD YOUR FLING	A DOSE OF YOUR LOVE	COLUMBIA 10163	10.00	78

INTRIGUES
DON'T REFUSE MY L.OVE	GIRL LET'S STAY TOGETHER	PORT 3018	50.00	NM
I GOT LOVE	THE LANGUAGE OF LOVE	YEW 1012	15.00	NM
I'M GONNA LOVE YOU	I GOTTA FIND OUT FOR MYSELF	YEW 1002	15.00	NM
IN A MOMENT	SCOTCHMAN ROCK	YEW 1001 ink print label	20.00	NM
IN A MOMENT	SCOTCHMAN ROCK	YEW 1001 orange paper label	25.00	NM
IN A MOMENT	SCOTCHMAN ROCK	BULLET 1001	30.00	NM
JUST A LITTLE BIT MORE	LET'S MORE	YEW 1007	10.00	GR
TO MAKE A WORLD	MOJO HANNA	YEW 1013	10.00	NM
TUCK A LITTLE LOVE AWAY	I KNOW THERE'S LOVE	YEW 1010	15.00	NM

INTROS
STOP LOOK AND LISTEN	CRYSTAL	JAMIE 1350	75.00	NM

INTRUDERS
(WHO'S YOUR) FAVORITE CANDIDATE	ME TARZAN YOU JANE	GAMBLE 225	10.00	NM
(YOU BETTER) CHECK YOURSELF	IT MUST BE LOVE	GAMBLE 204	10.00	NM
A LOVE THAT'S REAL	BABY I'M LONELY	GAMBLE 209	10.00	NM
A NICE GIRL LIKE YOU	TO BE HAPPY IS THE REAL THING	TSOP 4758	20.00	78
ALL THE TIME	GONNA BE STRONG	EXCEL. 100	15.00	NM
BEST DAYS OF MY LIFE	PRAY FOR ME	GAMBLE 4014	10.00	NM
DEVIL WITH AN ANGEL'S SMILE	A BOOK FOR THW BROKEN HEARTED	GAMBLE 203 **PS**	15.00	NM
I'M GIRL SCOUTING	WONDER WHAT KIND OF BAG SHE'S	GAMBLE 4009	10.00	NM
UP AND DOWN THE LADDER	(WE'LL BE) UNITED	GAMBLE 201	15.00	NM
UP AND DOWN THE LADDER	TOGETHER	GAMBLE 205	15.00	NM

INVERTS
LOOK OUT LOVE	LONELY LOVER	TOWER 324	40.00	NM
TIME WILL CHANGE	LONELY LOVER	BROADWAY 406	350.00	NM

INVICTAS
NEW BABE (SINCE I FOUND YOU)	COTTON CANDY LANE	RAMA RAMA 7779	10.00	NM

INVINCIBLES
CAN'T NO ONE MAN	WONDERS OF LOVE	CIRAY 6702	100.00	NM
IT'S THAT LOVE OF MINE	MY HEART CRIES FOR YOU	WB 5636	20.00	NM
WOMAN IS THE SOUL OF A MAN	GIT IT	WB 7061	40.00	NM

INVITATIONS
GIRL I'M LEAVING YOU	THE SKATE	MGM 13574	25.00	NM
GOT TO HAVE IT NOW	SWINGING ON THE LOVE VINE	DIAMOND 253	20.00	NM
I DIDN'T KNOW	LIVING TOGETHER IS KEEPING US	SILVER BLUE 809	20.00	78
LET'S LOVE (AND FIND TOGETHER)	same:	SILVER BLUE 804 dj	10.00	78
LOOK ON THE GOOD SIDE	LOOK ON THE GOOD SIDE Pt 2	SILVER BLUE 818	20.00	78
SKIING IN THE SNOW	WHY DID MY BABY TURN BAD	DYNOVOICE 215	175.00	**NM**
THEY SAY THE GIRL'S CRAZY	FOR YOUE PRECIOUS LOVE	SILVER BLUE 801	15.00	78
WATCH OUT LITTLE GIRL	YOU'RE LIKE A MYSTERY	MGM 13666	75.00	NM
WE DON'T ALLOW (NO SITTING DOWN IN HERE)	FUNKY ROAD	RED GREG 211	10.00	78
WHAT'S WRONG WITH ME BABY	WHY DID MY BABY TURN BAD	DYNOVOICE 210	60.00	**NM**
WRITTEN ON THE WALL	HALLELUJAH	DYNOVOICE 206	30.00	NM

IRENE and the SCOTTS
WHY DO YOU TREAT ME LIKE YOU DO	I'M STUCK ON MY BABY	SMASH 2138	30.00	NM

IRMA and the LARKS
WITHOUT YOU BABY	DON'T CRY	PRIORITY 322	100.00	NM
WITHOUT YOU BABY	DON'T CRY	FAIRMOUNT 1003	40.00	NM

IRMA and the FASCINATIONS
LOST LOVE	JUST A FEELING	SCEPTER 12100	20.00	NM

IRONING BOARD SAM
RAINING IN MY HEART	WHEN YOU BROUGHT ME YOU	HOLIDAY INN 2208	20.00	B
TREAT ME RIGHT	ORIGINAL FUNKY BELL BOTTOMS	STYLETONE 394	30.00	F

IRON-KNOWLEDGE BAND
GIVE ME A LITTLE TASTE OF YOUR LOVE	GIVE ME A LITTLE TASTE OF YOUR LOVE pt. 2	TAMMY 1055	30.00	F
WHO PUT THE RAM	SHOW STOPPER	TAMMY 1043	30.00	F

IRWIN, BIG DEE
AND HEAVEN WAS HERE	EVERYBODY'S GOT TO DANCE BUT M	DIMENSION 1001	30.00	NM
FOLLOW MY HEART	STOP HEART	ROTATE 853	25.00	NM
YOU REALLY ARE TOGETHER	A SWEET THING LIKE YOU	FAIRMOUNT 1005	25.00	NM
YOU SATISFY MY NEEDS	I WANNA STAY RIGHT HERE WITH YOU	ROTATE 851	100.00	NM

IRWIN, DEE
I CAN'T STAND THE PAIN	MY HOPE TO DIE GIRL	IMPERIAL 66320	15.00	NM
I ONLY GET THIS FEELING	THE RONG DIRECTION	IMPERIAL 66295	15.00	NM

ISLEY BROTHERS
JUST AIN'T ENOUGH LOVE	GOT TO HAVE YOU BACK	TAMLA 54146	10.00	M
GOT TO HAVE YOU BACK	SAME:	TAMLA 54146 SS	10.00	M
HAVE YOU EVER BEEN DISAPPOINTED	MOVE OVER AND LET ME DANCE	ATLANTIC 2303	15.00	B
I GUESS I'LL ALWAYS LOVE YOU	I HEAR A SYMPHONY	TAMLA 54135	10.00	M
I HEAR A SYMPHONY	WHO COULD EVER DOUBT MY LOVE	VIP 25020 unissued	NEG	M
TAKE SOME TIME OUT FOR LOVE	JUST AIN'T ENOUGH LOVE	TAMLA 54182	10.00	M
TESTIFY	TESTIFY PT 2	T NECK 501	20.00	F
THE LAST GIRL	LOOKING FIOR A LOVE	ATLANTIC 2263	20.00	NM
VACUUM CLEANER	LAY LADY LAY	T NECK 933	10.00	F
WHO'S THAT LADY	MY LITTLE GIRL	UA 714	20.00	NM
WHY WHEN LOVE IS GONE	TAKE ME IN YOUR ARMS	TAMLA 54164	15.00	M
WORK TO DO	BEAUTIFUL	T NECK 936	15.00	F

ITHACAS
IF YOU WANT MY LOVE	GONNA FIX YOU GOOD	FEE BEE 220	100.00	NM

IVEY, CHET and HIS FABULOUS AVEN
PARTY PEOPLE	PARTY PEOPLE PT 2	SYLVIA 505	50.00	F

IVORYS
PLEASE STAY	I'M IN A GROOVE	DESPENZA 12266	400.00	NM

IVY JO
I CAN FEEL THE PAIN	I'D STILL LOVE YOU	VIP 25063	150.00	NM
I REMEMBER WHEN (DEDICATED TO BEVERLY)	SORRY IS A SORRY WORD	VIP 25055	15.00	M

IVY, SIR HENRY
HE LEFT YOU STANDING THERE	TWO TIME LOSER	FUTURE DIMENSION 479	30.00	78

J., WILLI and CO.
BOOGIE WITH YOUR BABY	same: instrumental	KI KI 7194	50.00	F

J.B.'S
EVERYBODY WANNA GET FUNKY ONE	EVERYBODY WANNA GET FUNKY ONE Pt 2	PEOPLE 664	10.00	F
GIVIN' UP FOOD FOR FUNK	GIVIN' UP FOOD FOR FUNK PT 2	PEOPLE 610	10.00	F
MY BROTHER	MY BROTHER Pt 2	PEOPLE 2502	20.00	F
PASS THE PEAS	HOT PANTS ROAD	PEOPLE 607	10.00	F
THANK YOU FOR LETTIN' ME BE MY	ALL ABOARD THE SOUL FUNKY TRAI	PEOPLE 663	10.00	F
THE GRUNT	THE GRUNT Pt 2	KING 6317	20.00	F
THE RABBIT GOT THE GUN	GIMME SOME MORE	PEOPLE 602	10.00	F
THESE ARE THE J.B.'S	THESE ARE THE J.B.'S PT 2	KING 6333	20.00	F

J.B.'S WEDGE
BESSIE	BESSIE pt. 2	BROWNSTONE 7072	15.00	F

J.C. and the SOUL ANGELS
DANCE PARTY pt. 1	DANCE PARTY pt. 2	TAMMY 1044	100.00	F
NIGHTMARE STRUT	ANGELS THEME	TAMMY 1777	40.00	F

J.M'S FUNK FACTORY.
GET ON THE CASE	GET ON THE CASE pt. 2	MONTEREY	30.00	F

J.O.B. ORQUESTRA
DON'T WANT THAT ILLUSION	THE SOUL	OM 101	75.00	78

JACK and JILL
TAKE ME FOR WHAT I AM	blank:	ARCTIC 121 dj	20.00	B
TWO OF A KIND	JUST AS YOU ARE	MAXX 330	15.00	NM

JACKIE and the TONETTES
THE PROOF OF YOUR LOVE	STEADY BOY	D-TOWN 1059	100.00	NM

JACKIE and the UMPIRES
THREE KINDS OF LOVE	COOL PARTY	SEW CITY 107	150.00	NM

JACKSON BROTHERS
I'VE GOTTA HEAR IT FROM YOU	WHAT GOES UP MUST COME DOWN	PROVIDENCE 409	200.00	NM

JACKSON FAMILY, SPENCER
BRING BACK PEACE TO THE WORLD	BRING BACK PEACE TO THE WORLD pt. 2	SCARAB 2	30.00	F

JACKSON FIVE (5)
ABC	same:	MOTOWN 1163 **PS** dj yellow vinyl	75.00	M
MAMA'S PEARL	DARLING DEAR	MOTOWN 1177 **PS**	20.00	M
WE DON'T HAVE TO BE OVER 21	JAM SESSION	STEEL TOWN 682	30.00	GR
YOU DON'T HAVE TO BE OVER 21	SOME GIRLS WANT ME FOR THEIR LOVER	DYNAMO 146	2000	M
YOU DON'T HAVE TO BE OVER 21	SOME GIRLS WANT ME FOR THEIR LOVER	DYNAMO 146 with lyric sheet	25.00	M

JACKSON SISTERS
I BELIEVE IN MIRACLES	MORE THAN JUST FRIENDS	PROPHESY 3005	50.00	78

JACKSON, BARBARA
SECOND BEST	INVITATION TO A WEDDING	VEE-JAY 507	25.00	NM

JACKSON, BART
MR. EVERYTHING	JUST FOR YOUR LOVE	JAMIE 1246	30.00	NM
WONDERFUL DREAM	DANCING MAN	DECCA 32317	40.00	NM
WONDERFUL DREAM	DANCING MAN	SOUND FACTS 2	75.00	**NM**

JACKSON, CHUCK
ANY DAY NOW	THE PROPHET	WAND 122	10.00	NM
BREAKING POINT	MY WILLOW TREE	WAND 115	10.00	NM
GIRLS, GIRLS, GIRLS	THE MAN IN YOU	MOTOWN 1118	10.00	M
GOOD THINGS COME TO THOSE WHO WAIT	YAH	WAND 1105	15.00	**NM**

HAND IT OVER	LOOK OVER YOUR SHOULDER	WAND 149	20.00	NM
HAND IT OVER	SINCE I DON'T HAVE YOU	WAND 169	10.00	**NM**
HOW LONG HAVE YOU BEEN LOVING	SAME: INSTRUMENTAL	CAROLINA 489	15.00	78
I ONLY GET THIS FEELING	SLOWLY BUT SURELY	ABC 11368	10.00	78
I WAKE UP CRYING	EVERYBODY NEEDS LOVE	WAND 110	15.00	NM
IF I DIDN'T LOVE YOU	JUST A LITTLE BIT OF YOUR SOUL	WAND 188	10.00	NM
IN BETWEEN TEARS	GET READY FOR THE HEARTBREAK	WAND 128	12.00	NM
I'VE GOT TO BE STRONG	WHERE DID SHE STAY	WAND 1142	15.00	NM
TELL HIM I'M NOT HOME	LONELY AM I	WAND 132 **PS**	25.00	NM
THE DAY THE WORLD STOOD STILL	BABY, I'LL GET IT	VIP 25052	10.00	M
THE SAME OLD STORY	IN REAL LIFE	WAND 108	20.00	NM
THESE CHAINS OF LOVE	THEME TO THE BLUES	WAND 1129	10.00	**NM**
TWO FEET FROM HAPPINESS	LET SOMEBODY LOVE ME	VIP 25056	15.00	M
WHAT AM I GONNA DO WITHOUT YOU	HONEY COME BACK	MOTOWN 1152	10.00	M

JACKSON, CHUCK and MAXINE BROWN

BABY TAKE ME	SOMETHING YOU GOT	WAND 181	10.00	NM

JACKSON, CLARENCE

IF IT DON'T FIT DON'T FORCE IT	WHAT'S SO GOOD TO YOU	VALTONE 106	25.00	NM
IF IT DON'T FIT DON'T FORCE IT	same: instrumental	VALTONE 106	15.00	NM
PARTY TIME	same: instrumental	VALTONE 107	30.00	F
WRAP IT UP	DO IT ALL OVER AGAIN	RR 929	15.00	78

JACKSON, CLEO

I'M THE REASON	same: instrumental	MAR-KEE 717	150.00	NM

JACKSON, COOKIE

LOVE BRINGS PAIN	FIND ME A LOVER	UPTOWN. 714	20.00	NM
DO YOU STILL LOVE ME	BLIND LOVE	PROGRESS 912 gold label	350.00	NM
DO YOU STILL LOVE ME	BLIND LOVE	PROGRESS 912 yellow label	300.00	NM
I DID'T LOSE A DOGGONE THING	WRITE A SONG ABOUT ME	PRESS 2814	20.00	NM
NEED OF LOVE	THE REASON I'M SINGING (BLUES)	KRIS 8082	25.00	NM
SUFFER	FRESH OUT OF TEARS	OKEH 7292	20.00	NM
TRY LOVE (JUST ONE MORE TIME)	HOT DOG	PROGRESS 121	300.00	NM
UPTOWN JERK	GO SHOUT IT ON THE MOUNTAIN	UPTOWN 700	10.00	NM
YOUR GOOD GIRL'S GONNA GO BAD	THINGS GO BETTER WITH LOVE	OKEH 7279	25.00	NM

JACKSON, DEON

COME BACK HOME	NURSERY RHYMES	ATLANTIC 2252	20.00	NM
HARD TO GET THING CALLED LOVE	WHEN YOUR LOVE HAS GONE	CARLA 2533	20.00	NM
I CAN'T GO ON	I NEED A LOVE LIKE YOURS	CARLA 1900	25.00	NM
I'LL ALWAYS LOVE YOU	LIFE CAN BE THAT WAY	SHOUT 254	50.00	NM
LOVE MAKES THE WORLD GO ROUND	YOU SAID YOU LOVED ME	CARLA 2526	10.00	NM
LOVE TAKES A LONG TIME GROWING	HUSH LITTLE BABY	CARLA 2527	15.00	NM
OOH BABY	ALL ON A SUNNY DAY	CARLA 2537	20.00	NM
THAT'S WHAT YOU DO TO ME	I CAN'T DO WITHOUT YOU	CARLA 2530	40.00	NM
YOU GOTTA LOVE	YOU'LL WAKE UP WISER	CARLA 1903	15.00	NM
YOU SAID YOU LOVED ME	HUSH LITTLE BABY	ATLANTIC 2213	30.00	NM

JACKSON, EARL

SOUL SELF SATISFACTION	LOOKING THROUGH THE EYES OF LOVE	ABC 11142	250.00	NM

JACKSON, EARNEST

REACHING OUT FOR YOUR LOVE	MY FUNNY VALENTINE	ROYAL SHIELD 110	50.00	78
TRUCK IN	PUT YOUR MIND IN YOUR POCKET	STONE. 200	15.00	F

JACKSON, GEORGE (also see BART JACKSON)

A LITTLE EXTRA STROKE	SAM, WE'LL NEVER FORGET YOU	HAPPY HOOKER 1080	15.00	78
COLD, COLD LOVE	I JUST GOT TO HAVE YOU	PUBLIC 1002	150.00	B
HOW CAN I GET NEXT TO YOU	WILLIE LUMP LUMP	MGM 14732	15.00	78
I DON'T HAVE THE TIME TO LOVE YOU	DON'T USE ME	MERCURY 72782	200.00	NM
I'M GONNA HOLD ON	THAT'S HOW MUCH YOU MEAN TO ME	FAME 1468	15.00	B
LET THEM KNOW YOU CARE	PATRICIA	HI. 2236	10.00	78
SO GOOD TO ME	I'M GONNA WAIT	HI. 2130	20.00	78
THAT LONELY NIGHT	WHEN I STOP LOVIN' YOU	CAMEO 460	20.00	NM
THAT LONELY NIGHT	WHEN I STOP LOVING YOU	DOUBLE R 248	20.00	NM
TOSSIN' AND TURNIN'	KISS ME	MERCURY 72736	15.00	NM
WONDERFUL DREAM	DANCING MAN	SOUND FACTS 2	75.00	**NM**

JACKSON, H.J.

PLEASE FORGIVE ME	DANCE THE SHING-A-LING	CROSS-TONE 2	25.00	NM

JACKSON, J.J.

BUT IT'S ALRIGHT	BOOGALOO BABY	CALLA 119	25.00	NM
COME SEE ME (I'M YOUR MAN)	I DON'T WANT TO LIVE MY LIFE A	LOMA 2096	10.00	NM
DOWN, BUT NOT OUT	WHY DOES IT TAKE SO LONG	LOMA 2090	10.00	NM
IT SEEMS LIKE I'VE BEEN HERE BEFORE	'TIL LOVE GOES OUT OF STYLE	CALLA 130	40.00	NM
SHO NUFF (GOT A GOOD THING GOING)	TRY ME	LOMA 2082	15.00	NM

JACKSON, JERRI
I CAN ALMOST BELIEVE	LET ME TRY	PARALLAX 402	30.00	NM

JACKSON, JERRY
IT'S ROUGH OUT THERE	I'M GONNA PAINT A PICTURE	PARKWAY 100	200.00	NM
TAKE OVER NOW	MISS YOU	CAPITOL 2112	25.00	NM
WIDE AWAKE INA DREAM	SHE LIED	KAPP 496	100.00	NM

JACKSON, JIM
WELCOME ME HOME	SOME LOVE WITH SOUL	SANDBAG 102	20.00	NM

JACKSON, JIMBO and the VIOLATORS
POP CORN PT. 1	POP CORN pt. 2	BRAINSTORM 134	35.00	F

JACKSON, JOHNNIE and the BLAZERS
WHAT YOU GONNA DO	WISDOM OF A FOOL	J-MER 101	50.00	NM

JACKSON, JR. (JUNIOR)
L-O-V-E SPELLS HURT	same: mono	RAINTREE 2203	15.00	78
LOVE YOU FOREVER	SAME: INSTRUMENTAL	RAJAC 633	50.00	78

JACKSON, JUNE
I'M NOT SLEEPING	LET'S TRY DANCIN'	BELL 45236	30.00	NM
IT'S WHAT'S UNDERNEATH THAT CO	FIFTY PERCENT WON'T DO	IMPERIAL 66185	75.00	NM
TENDERLY, WITH FEELING	LITTLE DOG HEAVEN	BELL 45173	30.00	NM
YOU'RE WELCOME		MUSETTE 112	850.00	NM

JACKSON, KELLIE
IN THE MIDDLE OF NOWHERE	THE DIFFERRENCE IS LOVE	COLUMBIA 43877	20.00	NM

JACKSON, LOU
I CAN'T BELIEVE YOU SAID YOU LOVE ME	OPEACE TO YOU BROTHER	SPRING 110	85.00	78

JACKSON, MARKE
SINCE YOU'VE BEEN MY GIRL	I'LL NEVER FORGET YOU	JAMIE 1357	30.00	**NM**

JACKSON, MAURICE
FOREVER MY LOVE	MAYBE	WEIS 3440	50.00	NM
LUCKY FELLOW	same: instrumental	CANDLE LITE 1938	50.00	NM
LUCKY FELLOW	same: instrumental	LAKESIDE 3101	40.00	NM
STEP BY STEP	same: instrumental	PLUM 30	15.00	78

JACKSON, MCKINLEY and the POLITICIANS
LOVE MACHINE PT.1	LOVE MACHINE PT. 2	HOT WAX 7102	20.00	F

JACKSON, MILLIE
MY HEART TOOK A LICKING	A LITTLE BIT OF SOMETHING	MGM 14050	30.00	NM

JACKSON, OLLIE
GOTTA WIPE AWAY THE TEARDROPS	THE DAY MY HEART STOOD STILL	MAGNUM 737	350.00	**NM**
JUST A LITTLE WHILE	THANK YOU NUMBER ONE	PEPPER 436	15.00	NM

JACKSON, OTIS (and the COMPROMISERS)
GET YOURSELF TOGETHER, GIRL	IT'S ALL THE SAME	GENESIS 82782	40.00	78
BEGGIN' FOR A BROKEN HEART	MESSAGE TO THE GHETTO	MEGA 1220	200.00	78
TURN OUT THE LIGHTS	YOU BELONG TO ANOTHER MAN	C&F 1001	200.00	NM

JACKSON, PAUL
QUACK, QUACK, QUACK	YOU'RE MY FIRST LOVE	HOLLYWOOD	300.00	F

JACKSON, RALPH
DON'T TEAR YOURSELF DOWN	JAMBALAYA	AMY 11002	25.00	NM

JACKSON, RALPH "SOUL"
SET ME FREE	TAKE ME BACK	BLACK KAT 2767558	500.00	NM

JACKSON, RANDY
HOW CAN I BE SURE	LOVE SONG FOR KIDS	EPIC 50576	25.00	78

JACKSON, SKIP
PROMISE THAT YOU'LL WAIT	I'M ON TO YOU GIRL	DOT-MAR 324	40.00	NM

JACKSON, WALTER
A CORNER IN THE SUN	NOT YOU	OKEH 7260	10.00	NM
A FOOL FOR YOU	THE WALLS THAT SEPARATE US	USA 104	10.00	B
AFTER YOU THERE CAN BE NOTHING	MY FUNNY VALENTINE	OKEH 7256	15.00	NM
ANYWAY THAT YOU WANT ME	LIFE HAS IT'S UPS AND DOWNS	COTILLION 44053	10.00	B
BLOWING IN THE WIND	WELCOME HOME	OKEH 7219	10.00	NM
DEEP IN THE HEART OF HARLEM	MY ONE CHANCE TO MAKE IT	OKEHJ		
EASY EVIL	I NEVER HAD IT SO GOOD	BRUNSWICK 55498	10.00	78
EVERYTHING UNDER THE SUN	ROAD TO RUIN	OKEH 7305	10.00	NM
I DON'T WANT TO SUFFER	THIS WORLD OF MINE	COLUMBIA 42528	70.00	NM
I'LL KEEP ON TRYING	WHERE HAVE ALL THE FLOWERS GON	OKEH 7229	15.00	**NM**
IT DOESN'T TAKE MUCH	same:	BRUNSWICK 55502	10.00	B
IT WILL BE THE LAST TIME	OPPORTUNITY	COLUMBIA 42823	30.00	NM
IT'S ALL OVER	LEE CROSS	OKEH 7204	10.00	B
IT'S ALL OVER 6 track EP	then only then, don't want to	OKEH 14107 EP **PS**	50.00	NM
IT'S AN UPHILL CLIMB TO THE BOTTOM	TEAR FOR TEAR	OKEH 7247	30.00	NM
IT'S AN UPHILL CLIMB TO THE BOTTOM	TEAR FOR TEAR	OKEH 7247 **PS**	40.00	NM
LET ME COME COME BACK	IT DOESN'T TAKE MUCH	BRUNSWICK 55502	75.00	78

MY SHIP IS COMING IN	A COLD, COLD WINTER	OKEH 7295	10.00	NM
NO EASY WAY DOWN	ALL CRIED OUT	WAND 11247	15.00	B
ONE HEART LONELY	FUNNY (NOT MUCH)	OKEH 7236	20.00	NM
SPEAK HER NAME	THEY DON'T GIVE MEDALS	OKEH 7272	10.00	NM
SPEAK HER NAME	THEY DON'T GIVE MEDALS	OKEH 7272 **PS**	25.00	NM
SPECIAL LOVE	SUDENLY I'M ALONE	OKEH 7215	10.00	NM
THAT'S WHAT MAMA SAY	WHAT WOULD YOU DO	OKEH 7189	20.00	NM
THEN ONLY THEN	STARTING TOMORROW	COLUMBIA 42659	100.00	NM
TOUCHING IN THE DARK	IF I HAD A CHANCE	KELLI ARTS 1006	10.00	78

JACOBS, EDDY (EXCHANGE)

CAN'T SEEM TO GET YOU OUT OF MIND	LOVE (YOUR PAIN GOES DEEP)	COLUMBIA 45174	150.00	NM
✓ PULL MY COAT	BLACK IS BLACK	COLUMBIA 44821	150.00	F
TIRED OF BEING LONELY	TURN ME LOOSE	CHESS 2014	20.00	NM
WAS I SO WRONG	FRIDAY NIGHT GET TOGETHER	KISS-KISS 221	75.00	NM

JACOBS, HANK

ELIJAH ROCKIN' WITH SOUL	EAST SIDE	CALL ME 5385	75.00	**NM**
SO FAR AWAY	MONKEY HIPS AND RICE	SUE 795	10.00	MOD

JACOBS, KISSI

LET IT BE HIM	same: instrumental	BLACK JACK 1404	40.00	NM

JACOCKS, BILL

YOU ARE THE ONE	FICKLE FINGER	MAGGIO 375	20.00	78

JADE

BROWN AND BEAUTIFUL	THE SIESTA IS OVER	CENTURY CITY 901	10.00	78
BROWN AND BEAUTIFUL	VIVA TIRADO	CENTURY CITY 512	10.00	78
MUSIC SLAVE	LATELY "I"	PESANTE 50	30.00	F

JADES

(BABY) I'M BY YOUR SIDE	FOR JUST ANOTHER DAY	VERVE 10385	10.00	NM
AIN'T IT FUNNY WHAT LOVE CAN DO	BABY I NEED YOUR LOVE	CAPITOL 2281	20.00	NM
HOTTER THAN FIRE	MOVIN' AND GROOVIN'	CHERRY RED 144	50.00	NM
I KNOW THE FEELIN'	MY LOSS, YOUR GAIN	PONCELLO 7703	40.00	NM
I'M WHERE IT'S AT	MOTHER'S ONLY DAUGHTER	NITE LIFE 70002	400.00	**NM**
LUCKY FELLOW	AND NOW	MODE. 503	300.00	NM

JADES LTD.

LAST CHANCE	YOU'RE NOT THERE	TOWER 366	15.00	NM

JAGGED EDGE

BABY DON'T YOU KNOW	DEEP INSIDE	RCA 8880	15.00	NM

JAGGERZ

BRING IT BACK	(THAT'S WHY) BABY I LOVE YOU	GAMBLE 218	20.00	NM
GOTTA FIND MY WAY BACK HOME	FOREVER TOGETHER, TOGETHER FOR	GAMBLE 226	15.00	NM
LET ME BE YOUR MAN	TOGETHER	GAMBLE 238	20.00	NM

JAGUARS

THE METROPOLITAN	WANDA, WHY	ALCO 1006	300.00	NM

JAMA, JOE

MY LIFE	SLEEP LATE MY LADY FRIEND	OPTIMUM 102	1000.00	NM

JAMECOS

MOST OF ALL	SECOND HAND LOVE	JAMECO 2004	20.00	GR

JAMERSON, ELLA

SINCE I FELL FOR YOU	WHEN I FALL IN LOVE	GALAXY. 724	10.00	B

JAMES, AL

SOCKA-TING	GROOVE CITY (USA)	BIG BEAT 150	20.00	F

JAMES, AL and the NEW RHYTHM BAND

GIVE ME UP TURN ME LOOSE	LET'S GET INTO IT	ALOCIS 23253	400.00	78

JAMES, BOBBY

I REALLY LOVE YOU		KAROL 3727	1250.00	NM

JAMES, DENITA

I HAVE FEELINGS TOO	WILD SIDE	FLIP 364	50.00	NM

JAMES, EDDIE

HER MAMMA WON'T LEAVE US ALONE	SAD, SAD FEELING	STARTOWN 5150	20.00	NM

JAMES, ELMORE

MEAN MISTREARTIN' MAMA	BLEEDING HEART	ENJOY 2020	15.00	NM

JAMES, ETTA

BREAKING POINT	THAT BELONGS HERE BACK HERE WI	ARGO 5477	10.00	NM
FIRE	YOU GOT IT	CADET 5620	15.00	NM
I JUST WANT TO MAKE LOVE TO YOU	AT LAST	ARGO 5380	10.00	NM
I'M SO GLAD	I PREFER YOU	CADET 5552	10.00	NM
MELLOW FELLOW	BOBBY IS HIS NAME	ARGO 5485	20.00	NM
MELLOW FELLOW	BOBBY IS HIS NAME	ARGO 5485 black label	30.00	NM
MISS PITIFUL	BOBBY IS HIS NAME	CADET 5655	10.00	NM
NEXT DOOR TO THE BLUES	FOOLS RUSH IN	ARGO 5424	15.00	NM
PAY BACK	BE HONEST WITH ME	ARGO 5445	10.00	NM
SEVEN DAY FOOL	IT'S TOO SOON TO KNOW	ARGO 5402	50.00	NM

SEVEN DAY FOOL	IT'S TOO SOON TO KNOW	ARGO 5402 black label	75.00	NM
SOMETHING'S GOT A HOLD ON ME	CHARLIE	ARGO 5409	10.00	NM
TELL MAMA	I'D RATHER GO BLIND	CADET 5578	10.00	NM
THE LOVE OF MY MAN	NOTHING FROM NOTHING LEAVES NO	CHESS 2100	10.00	F
TIGHTEN UP YOUR OWN THING	WHAT FOOLS WE MORTALS ARE	CADET 5664	10.00	F
TWO SIDES (TO EVERY STORY)	I WORRY BOUT YOU	ARGO 5452	10.00	NM
WHAT I SAY	BABY WHAT YOU WANT ME TO DO	ARGO 5459	10.00	NM

JAMES, ETTA and SUGAR PIE DESANTO

DO I MAKE MYSELF CLEAR	SOMEWHERE DOWN THE LINE	CADET 5519	20.00	NM
IN THE BASEMENT Pt.1	IN THE BASEMENT Pt 2	CADET 5539	15.00	NM

JAMES, JESSE (JESSIE)

ARE YOU GONNA LEAVE ME	SOMEONE TO LOVE ME	SHIRLEY 119	850.00	NM
BELIEVE IN ME BABY	BELIEVE IN ME BABY PT 2	20TH. CENTURY 6684	10.00	NM
BRING MY BABY BACK	I CALL ON YOU	HIT CITY 6119	10.00	B
DON'T NOBODY WANT TO GET MARRIED	same:	ZEA 5000 dj	20.00	F
I KNOW I'LL NEVER FIND ANOTHER	AT LAST	ZAY 30002	30.00	NM
IF YOU WANT A LOVE AFFAIR	I NEVER MEANT TO LOVE HER	20TH. CENTURY 2201	40.00	78
IF YOU'RE LONELY	GREEN POWER	20TH. CENTURY 6704	20.00	NM
THANK YOU DARLIN'	BRING BACK MY BABY	20TH. CENTURY 6700	15.00	NM
YOU OUGHT TO BE HERE WITH ME	NO MATER WHERE YOU GO	20TH. CENTURY 2118	10.00	B

JAMES, JESSICA

WE'LL BE MAKING OUT	LUCKY DAY	DYNOVOICE 220	25.00	NM

JAMES, JIMMY

SHE DON'T KNOW	TIME'S RUNNING OUT	COED 583	100.00	NM

JAMES, JOHNNY

I'M ADDICTED TO YOUR LOVE	ALI SHUFFLE	BLACK PAINT 84590	30.00	NM
TELL YOU ABOUT MY GIRL	YOU'LL NEED MY LOVE	CIRCLE M. 19682	750.00	NM

JAMES, LAWSON (also see Joe Adams)

I'VE BEEN KISSED BEFORE	THE MENDER OF BROKEN HEARTS	DEL VAL 1013	50.00	NM

JAMES, MARION

I'M THE WOMAN FOR YOU	FIND OUT WHAT YOU WANT	K&J 300	75.00	NM
THAT'S MY MAN	GIVE ME YOUR LOVE	EXCELLO 2280	50.00	NM

JAMES, MILTON

MY LONELY FEELING		DORE	1000.00	NM

JAMES, PETER

PEOPLE SAY	STAGE DOOR	REPRISE 383	30.00	NM
THAT'S HOW I KNOW	THINK I'LL BREAK DOWN AND CRY	SILVER 24	25.00	NM

JAMES, PHILIP

KEEP ON LOVING	KEEP ON LOVING pt. 2	LONGWOOD 1908	250.00	78
WIDE AWAKE IN A DREAM	WINGS OF A DOVE	BRA. 201	150.00	NM
WIDE AWAKE IN A DREAM	WINGS OF A DOVE	SOUL 102 jamaican press	150.00	NM

JAMES, WILLIE

STAND UP FOR YOUR RIGHTS	DOWN ON MY KNEES	UNITY 2711	20.00	F

JAMIE

THE PRICELESS GEM	IT OUGHT TO BE A CRIME	MGM 13736	15.00	NM

JAMISON, GAY

SOME DUES TO PAY	IF HE'S ALONE	CRAIG 101	40.00	NM

JAMMERS

WHERE CAN SHE RUN TO	WHAT HAPPENED TO THE GOOD TIME	LOMA 2072	20.00	NM

JANET and the JAYS

LOVE WHAT YOU'RE DOING TO ME	PLEADING FOR YOU	HI 2129	25.00	NM
WITHOUT A REASON	HURTING OVER YOU, BABY	HI 2109	20.00	B

JANICE

I NEED YOU LIKE A BABY	I THANK YOU KINDLY	ROULETTE 7083	100.00	NM
I TOLD YOU SO	same: mono	FANTASY 748	10.00	78

JARVIS, PAT

GUESS WHO I'M FOOLING	THE SOUL OF MY MAN	SELECT 741	75.00	NM

JASON AND PAM

SOUL TRAIN	same: instrumental	HAPPY FOX 501	20.00	F

JASON, BOBBY

WALL TO WALL HEARTACHES	YOU DON'T KNOW THE MEANING OF	RANWOOD 813	100.00	**NM**

JAY and the AMERICANS

GOT HUNG UP ALONG THE WAY	(WE'LL MEET IN THE) YELLOW FOR	UA 50196	15.00	NM
LIVING ABOVE YOUR HEAD	LOOK AT ME WHAT DO U SEE	UA 55046	10.00	NM

JAY and the SHUFFLERS   (also see SHUFFLERS)

ALWAYS BE MINE	WHEN THE LIGHTS ARE LOW	CRACKERJACK 4010	75.00	NM

JAY and the TECHNIQUES

APLLES, PEACHES, PUMPKIN PIE	STONGER THAN DIRT	SMASH 2086	10.00	NM
BABY MAKE YOUR OWN SWEET MUSIC	HELP YOURSELF TO ALL MY LOVING	SMASH 2154 **PS**	10.00	NM
DANCIN' MOOD	same:	SMASH 36 dj	15.00	NM
HERE WE GO AGAIN	KEEPTHE BALL ROLLIN'	SMASH 2124 **PS**	15.00	NM

I'LL BE THERE	ROBOT MAN	GORDY 7123	20.00	M
NUMBER WONDERFUL	DON'T ASK ME TO FORGET	EVENT 228	10.00	78
STILL (IN LOVE WITH YOU)	STRAWBERRY SHORTCAKE	SMASH 2142	10.00	NM
THIS WORLD OF MINE	I FEEL LOVE COMING ON	SILVER BLUE 812	15.00	78
JAY WALKERS				
CAN'T LIVE WITHOUT YOU	NUTS AND BOLTS	SWAN 4266	75.00	**NM**
JAY, GLORIA				
KNOW WHAT YOU WANT	I'M GONNA MAKE IT	STAGE PRODUCTIONS 1008	50.00	78
JAY, JOHNNY and the GANGBUSTERS				
YOU GET YOUR KICKS	GANGBUSTERS BLUES	JOSIE 980	20.00	**NM**
JAY and the CATHY'S CLOWNS				
DOIN' THE BEST I CAN	THE BOTTLE	S&K 1133	40.00	F
JEAN, BARBARA and the LYRICS				
WHY WEREN'T YOU THERE	ANY TWO CAN PLAY	BIG HIT 107	250.00	NM
JEAN, BETTY				
MY FELLOW'S COMING HOME	YOU BETTER GET WISE	J R RECORDS 5002	100.00	NM
JEAN, DOTTIE				
SWEET DADDY WOULDN'T DO THAT	LET ME GO LOVER	OKEH 7288	40.00	NM
JEAN, NORMA				
I'VE TAKEN OVER	TEENAGE GIRL	HEP ME 108	350.00	NM
NO COMPETITION	LOVE IS FOR THE YOUNG	HEP ME 107	10.00	B
JEAN, RUBY				
EMPTY WORDS	ROVING GIRL	MONSTER MASTERS 1	200.00	NM
JEAN and the DARLINGS				
THAT MAN OF MINE	HOW CAN YOU MISTREAT THE ONE	VOLT 151	10.00	B
JEANNE and the VALLAMONTS				
CHANGE MY DESTINY	STEPPING OVER HEARTBREAK	MAXIMUM 702 **fake release**	10.00	78
JEANNE and the DARLINGS				
SOUL GIRL	WHAT'S GONNA HAPPEN TO ME	VOLT 156	20.00	F
JEEN and HIM				
YOU AIN'T GONNA GET A CHANCE	THE PARTY'S OVER	BOSS 101	200.00	NM
JEFERSON, EDDIE				
UH OH (I'M IN LOVE AGAIN)	I DON'YT WANT YOU ANYMORE	STAX 147	30.00	NM
JEFFERIES, FRAN				
GONE NOW	I'VE BEEN WRONG BEFORE	MONUMENT 1089	100.00	NM
JEFFERIES, ROME				
GOOD LOVE	same: instrumental	RAIN RECORDS 251 12	75.00	78
JEFFERSON, EUGENE				
A PRETTY GIRL DRESSED IN BROWN	HIGH PRESSURE BLUES	OPEN 1617	20.00	NM
JEFFERSON, MORRIS				
ONE MORE TIME	IT'S THE LAST TIME AROUND FOR	GOOD LUCK 201	20.00	78
JEFFERY, ANDREW				
CAN'T BREAK AWAY	I WOULDN'T CHANGE HER	SHAMA 622	30.00	NM
JELLY BEANS				
YOU DON'T MEAN ME NO GOOD	I'M HIP TO YOU	ESKEE 10001	75.00	**NM**
JEMISON, MIKE				
GERITOL FUNK	BRIGHT LIGHT LADY	GENEVA 512	10.00	F
I WANT SOME SATISFACTION	QUICK CHANGE ARTIST	GENEVA 506	15.00	78
YOU'LL NEVER GET MY LOVE	ONLY LOVE CAN BE WITH YOU	LAKE 514	15.00	78
JENKINS REVUE, CAL				
JENKINS GOT A FUNKY THING	THE CUTOFF	KEF 4449	15.00	F
JENKINS, DAVIDA LYN				
CONSIDER ME (I'M YOUR BEST FRIEND)	YOU CAME TO ME IN SUMMERTIME	G-GROUP 1	75.00	78
JENKINS, DIANE				
I NEED YOU	same: instrumental	CREATIVE FUNK 12006	40.00	**78**
SWEET WINE, MUSIC AND MY IMAGINATION	I'M A WOMAN	CREATIVE FUNK 12005	10.00	NM
TOW A WAY ZONE	ANNIVERSARY	CREATIVE FUNK 12002	15.00	78
JENKINS, DONALD (and the DELIGHTERS)				
A NEW WORLD BEAUTIFUL	FIGHTING FOR MY BABY	THOMAS 806	25.00	GR
HAPPY DAYS	WHOLE LOTTA LOVIN'	DUCHESS 104	100.00	NM
MY LUCKY DAY	MUSIC REVOLUTION	BLACK BEAUTY 12075	10.00	NM
SOMEBODY HELP ME	ADIOS MY SECRET LOVE	COURTLAND 112	75.00	NM
JENKINS, EARL "DUKE"				
CH - BOY	MISUSIN' ME	BEE 1175	40.00	B
JENKINS, MARVIN				
I'VE GOT THE BLUES PT.1	I'VE GOT THE BLUES PT 2	PALOMAR 2208	25.00	NM
JENKINS, NORMA				
CAN YOU IMAGINE THAT	LOVE JONES	DESERT MOON 6401	10.00	78
GO HOME TO YOUR WIFE	ONE GIRL TOO MANY	KERR 13	10.00	78
IT'S ALL OVER NOW	GIMME SOME OF YOUR LOVE	DESERT MOON 6400	10.00	78
ME MYSELF AND I	NEED SOMEONE TO LOVE	CARNIVAL 528	30.00	NM

JENKINS, WALT (WALTER)
BACK IN MY LIFE	FUNKY WALK (THE MONKEY WALK)	FADERKAT 302 with red design label	25.00	78
BACK IN MY LIFE	FUNKY WALK (THE MONKEY WALK)	FADERKAT 302	15.00	78

JENNING, LEE
JUST KEEP ON LOVING ME	same: instrumental	STAR TRACK 101	40.00	NM

JENNINGS BROTHERS
BELIEVE IN ME	DON'T RUSH	SOULVILLE 221	75.00	B

JENNINGS, LENNY (LEE)
THE LAST LAUGH	EASY BABY	ROULETTE 4704	15.00	NM

JENNY and the JEWELLS
LOVE LIKE AN ITCHING IN MY HEART	IT'S A MAN'S,,MAN'S WORLD	HIT SOUND 257	15.00	NM

JENSEN, DICK
GROOVE WITH WHAT YOU GOT	GIRL DON'T COME	MERCURY 72888	15.00	**NM**

JERI and JOE
WITHOUT YOU BABE	COLD, COLD LOVE	WOMAR 100	200.00	NM

JERMS
I'M A TEARDROP	GREEN DOOR	HONOR BRIGADE 1	15.00	NM

JEROME, HENRY
UPTIGHT (EVERYTHINGS ALRIGHT)	SHADOW OF YOU SMILE	UA 50672	10.00	**NM**

JEROME, PATTI
NO MORE TEARS	BABY LET ME BE YOUR BABY	AMERICAN ARTS 10	20.00	NM

JERRY and the UNIQUES
YES HE WILL		LENNAN 1261	150.00	NM

JERRY and WILLA
WHEN I SAY GOODBYE	GROOVE	JERRY 1748	40.00	B

JERRYO (JERRY – O)
FUNKY BOO-GA-LOO	PUSH, PUSH	SHOUT 225	10.00	F
(FUNKY) FOUR CORNERS	SOUL LOVER	BOO-GA-LOO 466	15.00	F
(FUNKY) FOUR CORNERS	SOUL LOVER	WHITE WHALE 282	10.00	F
GET A LINE	THE FUNKY CHICKEN YOKE	BOOGALOO 107	15.00	F
KARATE BOOGALOO	THE PEARL	BOO-GA-LOO 102	15.00	F
POPCORN BOOGALOO PT.1	POPCORN BOOGALOO PT 2	BOO-GA-LOO 104	10.00	F

JESS and JAMES
MOVE	WHAT WAS I BORN FOR	PALETTE 100	20.00	NM

JESSE and ANITA
NICKEL TO A DIME TO A QUARTER	THE MAN	MONEY 608	25.00	F

JESSUP, WALT and the PRIMETTES
ROLL ON	NOW I'VE GOT LOVE	PUSSY CAT 500	30.00	M

JETS
EVEYTHING I DO	I WAS BORN WITH IT	PORT 3016	20.00	NM

JETSONS and the TANGIERS
DANCE OF LOVE	ALL SOULED OUT	PUMPKIN 101	50.00	**NM**

JEWEL
PARADISE	YOU AND I	JEWEL PRODUCTIONS 181	30.00	78

JEWELL, LEN
ALL MY GOOD LOVIN'	THE ELEVATOR SONG	PZAZZ 50	150.00	NM
BETTIN' ON LOVE	PAINT ME	TERI DE 11	25.00	NM
BETTIN' ON LOVE	WONDERFUL BABY	TERI DE 4	**NEG**	NM
BETTIN' ON LOVE	PAINT ME	FONTANA 1599	200.00	NM

JEWELL and the RUBIES
KIDNAPPER	A THRILL	LA LOUISIANNE 8041	30.00	NM
KIDNAPPER	A THRILL	ABC 10485	20.00	NM

JEWELLS
WE GOT TOGETHERNESS	I'M FOREVER BLOWING BUBBLES	MGM 13577	150.00	NM
WE GOT TOGETHERNESS	I'M FOREVER BLOWING BUBBLES	MGM 13577 dj	50.00	**NM**

JEWELS
GOTTA FIND A WAY	OPPORTUNITY	DIMENSION 1034	10.00	NM

JHAMELS
A ROAD TO NOWHERE	BABY, BABY, BABY	LIBERTY 55983	20.00	NM
LET'S GO, GO	I'M SCARCED	CELESTRIAL 1013	100.00	NM

JIMENEZ, RAY
I'LL KEEP ON LOVING YOU	LEAVE HER ALONE	COLUMBIA 44287	40.00	NM

JIMMY and EDDIE
STOP THINK IT OVER	NEEDLE IN A HAYSTACK	ONE WAY 801	40.00	F

JIMMY and THE ENTERTAINERS
NEW GIRL		TODDLIN TOWN 3182	500.00	NM

JIMMY and the SUNDAILS
WHERE DID I LOSE YOU	ALL ABOUT YOU	V-TONE 505 test press white label	3000.00	NM
WHERE DID I LOSE YOU	ALL ABOUT YOU	V-TONE 505	**NEG**	NM

JIVE FIVE (FYVE)
A BENCH IN THE PARK	PLEASE BABY PLEASE	UA 936	15.00	NM
CRYING LIKE A BABY	YOU'LL FALL IN LOVE	MUSICOR 1250	10.00	NM
IF I HAD A CHANCE TO LOVE YOU	I WANT TO BE YOUR BABY	DECCA 32736	40.00	NM
I'M A HAPPY MAN	KISS, KISS, KISS	UA 853	15.00	NM
MAIN STREET	GOIN' WILD	UA 50004	15.00	NM
PROVE EVERY WORD YOU SAY	UNITED	UA 807	15.00	NM
SUGAR (DON'T TAKE MY CANDY)	BLUES IN THE GHETTO	MUSICOR 1305	15.00	NM
YOU'LL FALL IN LOVE	NO MORE TEARS	MUSICOR 1270	20.00	NM
YOU'RE A PUZZLE	HA! HA!	UA 50069	75.00	NM

JIVES
LOVE	I WANT YOU	TEAR DROP 3267	25.00	GR

JJ and G
THAT'S WHAT I GET (FOR LOVING YOU)	KEEP ON MARCHING	TEC 3020	20.00	GR

JO ANN and TROY
SAME OLD FEELING	JUST BECAUSE	ATLANTIC 2293	15.00	NM

JO, DAMITA
THAT SPECIAL WAY	TOSSIN' AND TURNIN'	EPIC 9887	15.00	NM

JO, PATTI
AIN'T NO LOVE LOST	STAY AWAY FROM ME	SCEPTER 12366	30.00	NM
MAKE ME BELIEVE IN YOU	KEEP ME WARM	WAND 11255	20.00	78

JO, SHIRLEY
TRUST EACH OTHER	I LOVE YOU FOR SENTIMENTAL REAL	JAS. 323	10.00	NM

JOANNE and the TRIANGLES
AFTER THE SHOWERS COME FLOWERS	DON'T BE A CRY BABY	VIP 25003	60.00	M

JOBELL ORCHESTRA
NEVER GONNA LET YOU GO	NEVER GONNA LET YOU GO (Disco)	JAN. 300	20.00	**NM**

JOBETTES
NO EXPLANATION	WHAT YOU GONNA DO	KEVIN 2268	40.00	NM

JOCKO, J.
I'M GETTIN' OVER	same:	KAMA SUTRA 600 dj	100.00	78

JOCOBS, ADOLPH
DO IT	GETTIN' DOWN WITH THE GAME	ROMARK 117	30.00	F

JOE and EVERYDAY PEOPLE
SLEEP WALK PT.1	SLEEP WALK PT 2	BROOKS 101	100.00	F

JOE and MACK
DON'T YOU WORRY	THE PRETTIEST GIRL	ONEDERFUL 4830	50.00	NM

JOE AND AL
TOGETHER	DEARER THAN A DEAR FRIEND	ACTA 832	15.00	NM

JOE AND GEORGE (also see HOT CINNAMON)
NO ONE LOVES YOU	YOUR GONNA MISS ME	NOW. 4	50.00	NM

JOHN and the WIERDEST
NO TIME	COME AND GET THESE MEMORIES	TIE 101	1300.00	**NM**

JOHN, ADAMS
SO IN LOVE	GIVE HIM UP PT 2	SILVER BULL 255	30.00	78

JOHN, BOBBY
LONELY SOLDIER	THE BAD MAN	SONY 111	20.00	NM

JOHN, MABLE
ABLE MABLE	DON'T GET CAUGHT	STAX 249	15.00	NM
ACTIONS SPEAK LOUDER THAN WORDS	TAKE ME	TAMLA 54050	400.00	M
BIGGER AND BETTER	SAME TIME, SAME PLACE	STAX 215	10.00	NM
IF YOU GIVE UP WHAT YOU GOT	YOUR TAKING UP ANOTHER MAN'S	STAX 205	15.00	NM
IT'S CATCHING	YOUR GOOD THING	STAX 192	15.00	NM
NO LOVE	LOOKING FOR A MAN	TAMLA 54040 H632 1A	100.00	M
NO LOVE	LOOKING FOR A MAN	TAMLA 54040 striped	100.00	M
WAIT YOU DOG	I'M A BIG GIRL NOW	STAX 225	15.00	NM
WHO WOULDN'T LOVE A MAN LIKE THAT	YOU MADE A FOOL OUT OF ME	TAMLA 54031	100.00	M
WHO WOULDN'T LOVE A MAN LIKE THAT	SAY YOU'LL NEVER LET ME GO	TAMLA 54081	150.00	M

JOHN, ROBERT
RAINDROPS, LOVE AND SUNSHINE	WHEN THE PARTY IS OVER	A&M 1210	30.00	NM

JOHN, SAMMIE
BOSS BAG	LITTLE JOHN	SOFT 1003	15.00	F

JOHN, WILLIE
I DON'T JUST WANT YOUR BODY	same: instrumental	CAMPO ARTISTS 1	10.00	78

JOHNETTE
I GOTTA HOLD ON (TO MY MAN)	LIVING WITH THE BLUES	RICH 102	20.00	NM

JOHNNIE and JOE
HERE WE GO, BABY	THAT'S THE WAY YOU GO	TUFF 379	20.00	NM
YOU CAN ALWAYS COUNT ON ME	THE DEVIL SAID NO	J&S 4421	20.00	NM

JOHNNY and JACKEY (JACKIE)
BABY DON'TCHA WORRY	STOP WHAT YOU'RE DOING	TRI-PHI 1019	20.00	M
DO YOU SEE MY LOVE FOR YOU GRO	CARRY YOUR OWN LOAD	TRI-PHI 1016	20.00	M
LONELY AND BLUE	LET'S GOT TO A MOVIE BABY	ANNA 1108	20.00	M
NO ONE ELSE BUT YOU	HOY HOY	ANNA 1120	15.00	M
SO DISAPPOINTING	CASRRY YOUR OWN LOAD	TRI-PHI 1002	20.00	M
SOMEDAY WE'LL BE TOGETHER	SHO DON'T PLAY	TRI-PHI 1005	25.00	M

JOHNNY and JAKE
DRIFTIN' HEART	IT'S A MESS I TELL 'YA	BLUE ROCK 4058	25.00	NM
I NEED YOUR HELP BABY	IT'S A MESS I TELL YA	MOD 1010	20.00	NM
I NEED YOUR HELP BABY	IT'S A MESS I TELL YA!	PHILIPS 40589	10.00	NM

JOHNNY and LILLY
CROSS MY HEART	THIS IS MY STORY	VEEP 1304	15.00	B
SUFFERING CITY	SOMEBODY'S BEEN SCRATCHIN'	WET SOUL 2	10.00	NM

JOHNNY and the EXPRESSIONS
GIVE ME ONE MORE CHANCE	BOYS AND GIRLS TOGETHER	JOSIE 959	25.00	NM

JOHNNY BLUE BOY
CALL ME	I'M GOING AWAY	SCOTT 624	15.00	B

JOHNNY and the EXPRESSIONS
SHY GIRL	NOW THAT YOU'RE MINE	JOSIE 955	15.00	NM
WHERE IS THE PARTY	SOMETHING I WANT TO TELL YOU	JOSIE 946	15.00	NM

JOHNSON and COMPANY, SMOKEY
THE FUNKIE MOON		INTREPID	25.00	F

JOHNSON, DENNA and DAVIS, RICKY
THERE'S GONNA BE A SHOWDOWN	WHO ME, YEAH YOU!	SIMON 101	15.00	NM

JOHNSON SETTLEMENT, HERB
DAMPH F'AIN'T	WILL YOU STILL LOVE ME TOMORROW	TOXAN 102	250.00	F

JOHNSON SISTERS
I FOUND MY PLACE	YOU DON'T WANT ME ANY MORE	BROADWAY 400	25.00	NM

JOHNSON, AL
SITTIN' AROUND	SOUL TIME	BURT 4001	200.00	NM

JOHNSON, BENNY
VISIONS OF PARADISE	STOP ME	TODAY 1525	10.00	78

JOHNSON, CARL and the REMARKABLE SOUNDS
SCOOPY - DOO	same: instrumental	JAM. 101	25.00	F

JOHNSON, CHARLES
BABY I CRIED, CRIED, CRIED	same: mono	ALSTON 3751 dj	30.00	B
GOOD, GOOD LOVIN'	DON'T LOSE THE GROOVE	DASH 5065	50.00	78
NEVER HAD A LOVE SO GOOD	BABY I CRIED, CRIED, CRIED	ALSTON 3751	300.00	78

JOHNSON, CHUCK
COMPETITION	HERE WE GO 'ROUND THE MULBERRY	SYMBOL. 921	15.00	NM

JOHNSON, CURTIS
I'VE GOT TO GET AWAY FROM YOU	IF YOU NEED LOVE	WHURLEY BURLEY 201	200.00	B

JOHNSON, DEENA
I'M A SAD GIRL	I'LL NEVER LET YOU DOWN	SIMON 102	20.00	NM
THE BREAKING POINT	MAMA'S BOY	WILD DEUCE 1004	100.00	NM

JOHNSON, DOLORES
GIVE ME YOUR LOVE	GOTTA FIND MY BABY	BOBBIN 132	15.00	B

JOHNSON, DORTHY
IF IT'S NOT LOVE DON'T WASTE MY TIME	SINCE YOU'VE BEEN GONE	ZOT 521	20.00	B

JOHNSON, EDWIN
AIN'T THAT ENOUGH TO MAKE A MA	OUR LOVE WILL GROW	POST 1	40.00	NM

JOHNSON, ELLA
KEEP ON LOVING YOU	LIKE YOU DO	OLD TOWN 1173	30.00	NM

JOHNSON, ERNIE
BIG MAN CRY	DROWNING IN MISERY	STEPH and LEE 8667	20.00	78
I CAN'T STAND THE PAIN	IN THOSE VERY TENDER MOMENTS	ARTCO 104	1200.00	NM

JOHNSON, FRED
I NEED LOVE (I NEED YOUR LOVE)	FULL TIME DREAMER	CAPRI 110	15.00	F

JOHNSON, GENERAL
DON'T WALK AWAY	TEMPERATURE RISING	ARISTA 203	10.00	78

JOHNSON, GINO
I'M AWARE OF YOUR LOVE AFFAIR	THE STORY OF A WOMAN	BAILEY 5676	25.00	NM

JOHNSON, HANK
YOU LOST YOUR THING	I BELIEVE	SPEAR	300.00	F

JOHNSON, HAWKINS, TATUM and DURR
YOUR LOVE KEEPS DRAWING ME CLOSER	YOU CAN'T BLAME ME	CAPSOUL 22	20.00	NM
YOU'RE ALL I NEED TO MAKE IT	A WORLD WITHOUT YOU	CAPSOUL 24	30.00	NM

JOHNSON, HERB (and the IMPACTS)
I'M SO GLAD	WHERE ARE YOU	BRUNSWICK 55393	100.00	NM
CARFARE BACK	GLOOMY DAY	ARCTIC 109	500.00	NM
I'M SO GLAD (I FOUND YOU)	WHERE ARE YOU	TOXAN 101	200.00	NM

TELL ME SO	TWO STEPS AHEAD	SWAN 4186	40.00	GR
DAMPH F'AINT	WILL YOU STILL LOVE ME TOMORROW	TOXAN 102	250.00	F
JOHNSON, J.J.				
MONEY BEFORE LOVE	DON'T YOU GO AWAY	TCC 6384	30.00	78
JOHNSON, JAY R.				
COME ON BACK	ALWAYS BE YOUR LOVIN' MAN	HAWK PRODUCTION 209	50.00	NM
JOHNSON, JESSE				
LEFT OUT	A HUNDRED POUNDS OF CLAY	OLD TOWN 1195	400.00	NM
JOHNSON, JIMMIE				
LET'S GET A LINE	LET'S GET A LINE Pt. 2	STUFF 401	20.00	F
JOHNSON, JOE				
CAN I CHANGE MY MIND	MR. BO. JANGLES	SYLA 7931 **PS**	20.00	78
DO UNTO OTHERS	NOTHING LIKE BEING FREE	TEE 1026	250.00	NM
PERFECT LOVE AFFAIR	THE BLIND MAN	GSF 6909	15.00	NM
JOHNSON, JOHNNY and the BANDWAGON				
SOUL SAHARA	MR. TAMBOURINE MAN	BELL 1154 UK	15.00	F
JOHNSON, JULES and the DYMNAMICS				
I JUST WANT TO THANK YOU	300 DEGREES FAHRENHEIT	POLYDOR 14232	50.00	GR
JOHNSON, KEVIN				
YOU WALKED OUT ON ME	same: instrumental	FAMILY STAR 4314	20.00	78
JOHNSON, L.V.				
I LOVE YOU, I WANT YOU I NEED	I DON'T REALLY CARE	ICA 27	15.00	78
TRYING TO HOLD ON	TRYING TO HOLD ON pt. 2	CHI HEAT 101	600.00	78
WE BELONG TOGETHER	DANNY BOY	PHONO 101S	15.00	78
JOHNSON, LITTLE WILLIE				
LONELINESS	DARLING LET'S LOVE	VENDELLAS 101	1500.00	B
JOHNSON, LORRAINE				
CAN I HOLD YOU TO IT	IF YOU WANT ME TO BE MORE OF A LOVER	ATLANTIC 2967	10.00	78
JOHNSON, LOU				
ALWAYS SOMETHING THERE TO REMIND ME	MAGIC POTION instrumental	BIG HILL 552	15.00	NM
IF I NEVER GET TO LOVE YOU	THANK YOU ANYWAY (MR. DJ)	BIG TOP 3115	30.00	NM
IT AIN'T NO USE	THIS NIGHT	HILLTOP 551	10.00	NM
PLEASE STOP THE WEDDING	PARK AVE	BIG HILL 554	15.00	NM
REACH OUT FOR ME	MAGIC POTION	BIG TOP 3153	20.00	**NM**
THE LAST ONE TO BE LOVED	KENTUCKY BLUEBIRD	BIG HILL 553	10.00	NM
UNSATISFIED	A TIME TO LOVE- TIME TO CRY	BIG TOP 101	20.00	**NM**
UNSATISFIED	A TIME TO LOVE-A TIME TO CRY	BIG TOP 101 yellow label	30.00	NM
WALK ON BY	LITTLE GIRL	BIG TOP 104	15.00	NM
WHAT AM I CRYING FOR	ANYTIME	BIG TOP 103	20.00	NM
WOULDN'T THAT BE SOMETHING	YOU BETTER LET HIM GO	BIG TOP 3127	40.00	NM
JOHNSON, MARK				
THE BEAUTIFUL PLACE	ODE TO OTIS REDDING	DIAMOND 237	15.00	NM
JOHNSON, MARV (and the PAULETTES)				
(YOU'VE GOT TO) MOVE TWO MOUNTAINS	I NEED YOU	UA 241	10.00	M
AIN'T GONNA BE THAT WAY	ALL THE LOVE I'VE GOT	UA 226	10.00	M
ANOTHER TEAR FALLS	HE'S GOT THE WHOLE WORLD	UA 590	15.00	M
COME ON AND STOP	NOT AVAILABLE	UA 617	15.00	M
COME TO ME	WHISPER	TAMLA 101	150.00	M
COME TO ME	WHISPER	UA 160	10.00	M
CRYING ON MY PILLOW	CONGRATULATIONS YOU'VE HURT ME	UA 463	20.00	M
EASIER SAID THAN DONE	JOHNNY ONE STOP	UA 386	15.00	M
HAPPY DAYS	BABY, BABY	UA 273	15.00	M
HE GAVE ME YOU	THAT'S HOW BAD	UA 454	20.00	M
I LOVE THE WAY YOU LOVE	LET ME LOVE YOU	UA 208	10.00	M
I'M NOT A PLAYTHING	WHY DO YOU WEANT TO LET ME GO	GORDY 7042	15.00	M
I'VE GOT A NOTION	HOW CAN WE TELL HIM	UA 322	15.00	M
JUST THE WAY YOU ARE	I MISS YOU BABY	GORDY 7051	15.00	M
KEEP TELLIN' YOURSELF	EVERYONE WHO'S BEEN IN LOVE	UA 556	15.00	M
LET YOURSELF GO	THAT'S WHERE I LOST MY BABY	UA 483	15.00	M
MERRY-GO-ROUND	TELL ME THAT YOU LOVE ME	UA 294	10.00	M
MY BABY-O	ONCE UPON A TIME	KUDO 663	250.00	M
OH MARY	SHOW ME	UA 359	10.00	M
RIVER OF TEARS	I'M COMING HOME	UA 175	10.00	M
UNBREAKABLE LOVE	THE MAN WHO DON'T BELIEVE IN	UA 691	20.00	M
WITH ALL THAT'S IN ME	MAGIC MIRROR	UA 423	50.00	NM
YOU GOT THE LOVE I LOVE	I'LL PICK A ROSE FOR MY ROSE	GORDY 7077	15.00	M
JOHNSON, MARY				
THESE TEARS	LOST LOVE	QUEEN. 24001	300.00	NM
YOU HAVE MY BLESSING	HARD FORGETTING MEMORIES	FEDERAL 12506	20.00	NM

JOHNSON, NIA
PLAIN OUT OF LUCK	YOU ARE THE SPICE OF MY LIFE	MAINSTREAM 5583	15.00	78

JOHNSON, PAT
EAST OF THE SUN, WEST OF THE MOON	LOVE BROUGHT YOU HERE	WIN OR LOSE 221	15.00	78

JOHNSON, PAUL
THAT I LOVE YOU	RED ROCK	KELLMAC 1009	40.00	NM

JOHNSON, RALPH
HAVE YOUR FUN	same: instrumental	MASTER KEY 01	250.00	NM

JOHNSON, ROCHELLE
PLAYING THE FIELD	GYPSY WAYS	SWAN 4142	30.00	NM

JOHNSON, RODNEY
GET IT ON	HIT THE WIND	TRAVELRAMA 72051	15.00	78

JOHNSON, ROY LEE
CHEEER UP, DADDY'S COMING HOME	GUITAR MAN	PHILIPS 40509	15.00	B
JUST IN TIME FOR THE WEDDING	STORMY FEELING	123 716	50.00	B
NOBODY DOES SOMETHING FOR NOTH	BUSYBODY	OKEH 7182	50.00	B
SO ANNA JUST LOVE ME	BOOGALOO NO. 3	JOSIE 965	20.00	NM
TAKE ME BACK AND TRY ME DEEP	SHE PUT THE WHAMMY TO ME	PHILIPS 40558	30.00	B
THE DRYER	THE DRYER Pt. 2	STAX 144	20.00	F
TOO MANY TEARS	BLACK PEPPER WILL MAKE YOU SNE	OKEH 7160	30.00	B

JOHNSON, ROZETTA (ROSETTA)
CHAINED AND BOUND	HOLDING THE LOSING HAND	CLINTONE 6	30.00	NM
HOW CAN WE LOSE SOMETHING WE NEVER HAD	PERSONAL WOMAN	CLINTONE 008	100.00	NM
MINE WAS REAL	A WOMAN'S WAY	CLINTONE 1	15.00	NM
THAT HURTS	IT'S NICE TO KNOW YOU	JESSICA 402	100.00	NM
THAT HURTS	IT'S NICE TO KNOW	ATLANTIC 2297	40.00	NM
WHO YOU GONNA LOVE (YOUR WOMAN OR YOUR)	I CAN FEEL MY LOVE COMING DOWN	CLINTONE 3	15.00	NM

JOHNSON, RUBY
HERE I GO AGAIN	JERK SHOUT	NEBS 505	15.00	B
I'M HOOKED	WORRIED MIND	NEBS 502	75.00	NM
KEEP ON KEEPING ON	IF I EVER NEEDED LOVE	VOLT 147	20.00	NM
PLEADIN' HEART	CALLIN' ALL BOYS	V-TONE 222	20.00	NM
WEAK SPOT	I'LL RUN YOUR HEART AWAY	VOLT 133	20.00	NM
WHY YOU WANT TO LEAVE ME	I CAN'T DO IT	CAPCITY 511	15.00	NM
WHY YOU WANT TO LEAVE ME	I CAN'T DO IT	NEBS 511	15.00	NM

JOHNSON, SERENA
ALL WORK AND NO PLAY	LACK OF CUMMUNICATION	BIG 2 1001	50.00	78

JOHNSON, SMOKEY
IT AIN'T MY FAULT	DIRTY RED	NOLA 727	20.00	F

JOHNSON, STACY
DON'T BELIEVE HIM	CONSIDER YOURSELF	MODERN 1001	20.00	NM
REMOVE MY DOUBTS	DON'T BELIVE HIM	SONY 113	35.00	NM

JOHNSON, STELLA
THINK ABOUT LOVE NO MORE	LITTLE GIRL	CONCERTONE 215	30.00	NM

JOHNSON, SYL
ANNIE GOT HOT PANTS POWER	ANNIE GOT HOT PANTS POWER PT 2	TWINIGHT 151	10.00	F
CONCRETE RESERVATION	TOGETHER FOREVER	TWINIGHT 129	10.00	F
DIFFERENT STROKES	SORRY BOUT THAT	TWILIGHT 103	10.00	F
DO YOU KNOW WHAT LOVE IS	THINGS AIN'T RIGHT	SPECIAL AGENT 201 yellow label	300.00	NM
DO YOU KNOW WHAT LOVE IS	THE LOVE I FOUND IN YOU	SPECIAL AGENT 200 red label	200.00	NM
DRESSES TOO SHORT	I CAN TAKE CARE OF BUSINESS	TWINIGHT 110	15.00	F
GET READY	SAME KIND OF THING	TWINIGHT 149	10.00	F
I FEEL AN URGE	TRY ME	TWINIGHT 108	15.00	NM
I FEEL AN URGE	TRY ME	TWINIGHT 107	20.00	NM
I TAKE CARE OF HOMEWORK	TAKE ME BACK	TWINIGHT 116	15.00	F
I'LL TAKE THOSE SKINNY LEGS	ODE TO SOUL MAN	TWINIGHT 106	10.00	F
I'VE GOT TO GET OVER	FALLING IN LOVE AGAIN	TMP-TING 115	20.00	NM
ONE WAY TICKET TO NOWHERE	KISS BY KISS	TWINIGHT 134	15.00	NM
SURROUNDED	TRY ME	ZACHRON 600	15.00	NM
SURROUNDED	STRAIGHT LOVE NO CHASER	ZACHRON 600	10.00	NM
SURROUNDED	STRAIGHT LOVE NO CHASER	TAG LTD 1	20.00	NM
THANK YOU BABY	WE DO IT TOGETHER	TWINIGHT 144	15.00	F
THAT'S WHY	EVERYBODY NEEDS LOVE	TWINIGHT 155	15.00	NM
TRY ME	C0ME ON SOCK IT TO ME	TWILIGHT 100	10.00	NM

JOHNSON, TERRY
WHATCHA GONNA DO	SUZIE	GORDY 7095	15.00	NM

JOHNSON, TROY
I WANT YOU	THIS AIN'T THE WAY	SOUL BEAT 001	300.00	78

JOHNSON, W.RAY
STRETCH OUT YOUR ARMS	GIRL	HARAGE 30	30.00	NM

JOHNSON, WALLACE
BABY GO AHEAD	I'M GROWN	SANSU 476	20.00	NM
IF YOU LEAVE ME	SOMETHING TO REMEMBER YOU BY	SANSU 467	20.00	NM

JOHNSON, WILLIE
IT'S GOT TO BE TONIGHT	BETWEEN THE LINES	CAT 501	75.00	B
WHAT I'M GOING TO DO	IT'S ME	SAVANNAH 1103	50.00	78

JOINT EFFORT
COMING HOME TO YOU BABY	LOVING YOU COULD BE MAGIC	RUBY-DOO 15	40.00	NM

JOKERS
SOUL SOUND	DON'T BREAK YOUR PROMISE	SKOFIELD 23	1000.00	NM

JONATHAN
TRACKIN'	NO PLACE LIKE HOME	CATALYST 1	50.00	F

JONES AND BLUMENBERG
I FORGOT TO REMEMBER	THE RIGHT TRACK	VOLT 4039	20.00	B

JONES BROTHERS
GOOD OLD DAYS	LUCKY LADY	AVI 102	100.00	78
STORYTELLER	NO IF'S AND BUT'S ABOUT IT	AVI 122	10.00	78
THAT'S ALL OVER BABY	WITHOUT YOUR LOVE	SEEL 10	100.00	NM
THAT'S ALL OVER BABY	WITHOUT YOUR LOVE	BELL 831	40.00	NM
YOUR GOOD LOVIN'	SO MUCH LOVE	SILVER. 100	20.00	NM

JONES GIRLS
WILL YOU BE THERE	same:mono	PARAMOUNT 291 dj	40.00	78
YOU DON'T LOVE ME NO MORE	IF YOU DON'T START NOTHING	PARAMOUNT 279	20.00	78
YOU'RE THE ONLY BARGAIN I'VE GOT	COME BACK	MUSIC MERCHANT 1003	15.00	78
YOU'RE THE ONLY BARGAIN I'VE GOT	YOUR LOVE CONTROLS ME	MUSIC MERCHANT 1009	15.00	NM

JONES, AL
I'M GONNA LOVE YOU	ONLY LOVE CAN SAVE ME NOW	AMY 11041	40.00	NM

JONES, ALBERT
FIFTEEN CENT LOVE	YOU MUST BE A BLESSING	KAPP 2112	30.00	NM
I DO LOVE YOU	YOU MUST BE A BLESSING	TRI-CITY 313	100.00	NM
I'M STILL IN LOVE WITH YOU	WISDOM SONG	TRI-CITY 321	30.00	NM
IT'S GOING TO BE A LOVELY SUMMER	MONKEY BOOGALOO	TRI-CITY 314	25.00	NM
IT'S GOING TO BE A LOVELY SUMMER	MONKEY BOOGALOO	KAPP 2100	20.00	NM
UNITY	HELLO DARLIN'	KAPP 2128	40.00	NM
YOU AND YOUR LOVE	HUSTLE DISCO	CANDY APPLE 742	75.00	78

JONES, BARBARA
TREAT ME RIGHT	OUT OF NOWHERE	PAT 606	40.00	NM

JONES, BARRY
LET'S DO THE FUNKY BOOGALOO	LET'S DO THE FUNKY BOOGALOO PT	DIAL 4073	20.00	F
TURKEY WALK	I'M A GREAT LOVER	Back Beat 618	20.00	F

JONES, BESSIE
NO MORE TEARS	TOMORROW NIGHT	A-BET 9424	100.00	NM

JONES, BILL "TARZAN"
A MAN SHOULD NEVER CRY	OH JANE	TISHMAN 715	300.00	NM

JONES, BOBBY
I AM SO LONELY	I GOT A HABIT	LIONEL 3216	15.00	NM
STEALING KISSES	FEEL IT	CAP 1040	30.00	NM
TALKIN' 'BOUT JONES	YOU GOTTA HAVE LOVE (IN YOUR HEART)	EXPO 101	20.00	NM
WELCOME BACK A FOOLISH MAN	LOVING HARD, LIVING GOOD	KACK 237	75.00	NM
YOU'RE A DEVIL	WE'LL LOVE EACH OTHER	EXPO 105	10.00	NM

JONES, BOBBY and the PARA-MONTS
BEWARE A STRANGER	CHECK ME OUT	USA 864	25.00	NM

JONES, BRENDA and COCONUT LOVE
I AM THE OTHER WOMAN	GOOD THING (WHAT IT IS)	MERCURY 73645	20.00	B

JONES, BRENDA J.
ENCORE	POINT OF NO RETURN	WAND 11203	20.00	B
THIS IS THE ME, ME (NOT THE YOU, YOU)	same: mono	FLYING DUTCHMAN 10671 dj	20.00	F

JONES, BRENDA LEE
YOU'RE THE LOVE OF MY LIFE	THREAD YOUR NEEDLE	RUST 5112	50.00	NM

JONES, BUSTER
BABY BOY	YOU'VE GOT TO LEARN	SURE SHOT 5022	30.00	NM
DOWN SILENT STREETS	A GOOD THING	PHIL LA SOUL 331	100.00	NM
I'M SATISFIED	YOU KNOW WHAT TO DO	SURE SHOT 5033	30.00	NM
REMEMBER ME	POSSESSED	STANSON 2753	300.00	F

JONES, CAROL
PROBLEM CHILD	DON'T DESTROY ME	MUTT 22422	20.00	NM

JONES, CASEY
(GET UP OFF YOUR) RUSTY DUSTY	BRING THE SUNSHINE IN	MOD-ART 38	20.00	F

JONES, CASEY and the FIREMAN
(GET UP OFF YOUR) RUSTY DUSTY	BRING THE SUNSHINE IN	EPI RECORDS 102	15.00	F

JONES, CHRIS
I'M THE MAN	DESTINATION UNKNOWN	GOODIE TRAIN 8	25.00	F

JONES, CHUCK and the COMPANY
BOO ON YOU	BOOTIES	WAND 11250	10.00	NM

JONES, DENNIS
IS THERE A REASON	RAINDROPS	PLUG 3225	50.00	NM

JONES, DIZZY
COME ON AND LOVE ME	UNEXPLAINABLE	BLUE ROCK 4009	10.00	B

JONES, E. RODNEY
PEACE OF MIND	DO THE THANG	TUFF 421	75.00	NM
R & B TIME	R & B TIME Pt 2	TUFF 418 black lettering	30.00	NM
R & B TIME	R & B TIME Pt 2	TUFF 418 brown lettering	20.00	**NM**
RIGHT ON - RIGHT ON (SEX MACHINE)	FOOTBALL	WESTBOUND 160	10.00	F

JONES, EDDIE
GIVE ME GOOD LOVIN'	LET'S STOP FOOLING OURSELVES	FAIRMOUNT 1009	50.00	B

JONES, ELAINE and the TRI-DELLS
THEY'RE DOING IT	YOUR FRIENDS	ANGEL-TOWN 101	150.00	NM

JONES, ERNEST
I CAN'T LIVE WITHOUT YOU	BROKEN DREAMS	TRA MOR 1923	15.00	NM

JONES, F.J.
DIRTY MAN - DIRTY OLE MAN	PUT IT ON THE LINE GIRL	PS 2	75.00	NM

JONES, GERALDINE
BABY I'M LEAVING YOU	WHEN YOU GET TIRED OF ME	EASTERN 600	20.00	NM
I'M CRACKING UP	LOOKING THRU MY MEMORY	SONAR 101	15.00	NM
SOUL ENCYCLOPEDIA	same: instrumental	SOUND OF SOUL 300	25.00	F

JONES, GLORIA
COME GO WITH ME	HOW DO YOU TELL AN ANGEL	UPTOWN. 732	150.00	**NM**
HEARTBEAT	HEARTBEAT Pt 2	UPTOWN. 712	15.00	NM
LOOK WHAT YOU STARTED	WHEN HE TOUCHES ME	MINIT 32051	15.00	NM
TAINTED LOVE	MY BAD BOY'S COMING HOME	CHAMPION 14003	75.00	**NM**

JONES, HELEN
I WANT HIM TO BE PROUD OF ME	HEY LONELY	JAN-A-BABY 1000	20.00	NM

JONES, JACQUELINE
A FROWN ON MY FACE	MY SWEET LOVER	LOADSTONE 3953	75.00	78
YOU MAKE MY LIFE A SUNNY DAY	IT'S A BEAUTIFUL WORLD	LOADSTONE 3949	15.00	78

JONES, JAN
INDEPENDANT WOMAN	INDEPENDANT WOMAN pt. 2	DAY-WOOD 101	200.00	78

JONES, JERRY
YOU L.I.E.D. LIED	TIRED OF CRYING	PAL. 902	50.00	NM

JONES, JIM and CHAUNTEYS
BABY, MAY I LOVE YOU	SWEET DREAMS OF YOU	SUNGLOW 132	30.00	F

JONES, JIMMY
AIN'T NOTHING WRONG MAKIN' LOVE	TIME AND CHANGES	CONCHILLO 1	10.00	78
IF I KNEW THEN (WHAT I KNOW NOW)	MAKE BELIEVE EVERYTHING'S ALL	CAPITOL 3849	20.00	78
LIVE AND LET LIVE	I DON'T MIND CONFESSING	DEKE 5413	30.00	F
SAY, AMEN BROTHER	YOU BROKE A BLIND BOY'S HEART	JODY 9014	30.00	F
WALKIN'	PARDON ME	ROULETTE 4608	40.00	NM

JONES, JOHNNY and the KING CASUALS
PURPLE HAZE	HORSING AROUND	BRUNSWICK 55389	20.00	NM
SOUL POPPIN'	BLUES FOR THE BROTHERS	PEACHTREE 102	10.00	MOD

JONES, JOYCE
HELP ME MAKE UP MY MIND	I'M JUST SITTING HERE THINKING	ATCO 6681	10.00	F
HELP ME MAKE UP MY MIND	I'M JUST SITTING HERE THINKING	VEE-EIGHT 10001	15.00	B

JONES, LARRY
THEY CALL ME MR LONELY	A TIME FOR US	LARI-SHIRL 1701	250.00	NM

JONES, LEE and the SOUNDS OF SOUL
THIS HEART IS HAUNTED	ON THE OTHE SIDE	AMY 11008	75.00	GR

JONES, LETHA
I NEED YOU	BLACK CLOUDS	ANNA 1113	125.00	M
I NEED YOU	I GOT THAT FEELING	ANNA 1113	100.00	M

JONES, LINDA
FUGTIVE FROM LOVE	THINGS I'VE BEEN THROUGH	TURBO 32	10.00	B
I CAN'T STAND IT	GIVE MY LOVE A TRY	LOMA 2085	10.00	NM
I CAN'T STOP LOVING MY BABY	HYPNOTIZED	LOMA 2070	15.00	NM
I JUST CAN'T LIVE MY LIFE	MY HEART (WILL UNDERSTAND)	WB 7278	100.00	NM
I'LL BE SWEETER TOMORROW	THAT'S WHEN I'LL STOP LOVING YOU	NEPTUNE 17	15.00	B
I'M TAKING BACK MY LOVE	TAKE THE BOY OUT OF THE COUNTR	ATCO 6344	250.00	NM
MY HEART NEEDS A BREAK	THE THINGS I'VE BEEN THROUGH	LOMA 2091 Yellow label	100.00	NM
MY HEART NEEDS A BREAK	THE THINGS I'VE BEEN THROUGH	LOMA 2091 Green Label	75.00	NM
WHAT'VE I DONE (TO MAKE YOU MAD)	MAKE ME SURRENDER	LOMA 2077	10.00	B
YOU HIT ME LIKE T.N.T.	FUGITIVE FROM LOVE	BLUE CAT 128	150.00	NM

JONES, LINDA and WHATNAUTS
I'M SO GLAD I FOUND YOU	WORLD SOLUTION	STANG 5039	20.00	78

JONES, LOTTIE JOE
WALK TALL (BABY THAT'S WHAT I LIKE)	I BELIEVE TO MY SOUL	CAPITOL 5994	20.00	NM

JONES, LOUIS
THAT'S CUZ I LOVE YOU	THE BIRDS IS COMING	DECCA 31500	300.00	B

JONES, MARVA
I GOT YOUR NUMBER (634-5789)	WHY WAIT	SKI-HI 4790	50.00	NM

JONES, MATILDA
PART OF THE GAME	WRONG TOO LONG	FUTURE STARS 1002	20.00	B
YOUR GOOD GOD LOVE	I'VE BEEN WRONG TOO LONG	JUSTICE 1288	20.00	B

JONES, MINIIE
SHADOW OF A MEMORY	YOU GET TO ME	SUGAR 100	100.00	NM

JONES, NAT T.
MOVING FORWARD	OUTSIDE L.A.	GOLIAH 100	200.00	**NM**

JONES, PALMER
DANCIN' MASTER	THE GREAT MAGIC OF LOVE	EPIC 10321	15.00	NM

JONES, PORGY
CATCH JOE POTATO	CATCH ME IT YOU CAN	GREAT SOUTHERN 103	25.00	F

JONES, QUINCY
COMIN' HOME BABY	JIVE SAMBA	MERCURY 72160	10.00	MOD
SOUL BOSSA NOVA	ON THE STREET WHERE YOU LIVE	MERCURY 72041	10.00	MOD

JONES, RAMONA
EASE OFF LOVER	YOUR LOVE'S NOT RELIABLE	JETSTREAM 807	20.00	F

JONES, ROSEVELT
I SAY! THAT'S ALLRIGHT	ANY OLD TIME	SOM 1005	100.00	NM
I SAY! THAT'S ALLRIGHT	ANY OLD TIME	JAMIE	40.00	NM

JONES, ROSEY (and the SUPERIORS)
HAVE LOVE WILL TRAVEL	THINK ABOUT IT BABY	TODAY 1526	15.00	78
ALL I NEED IS HALF A CHANCE	THINK ABOUT IT BABY	WICKETT 61472	500.00	NM

JONES, SAMANTHA
DON'T COME ANY CLOSER	I WOKE UP CRYING	UA 909	15.00	NM
RAY OF SUNSHINE	HOW DO YOU SAY GOODBYE	UA 50173	20.00	NM
THAT SPECIAL WAY	I DESERVE IT	UA 979	10.00	NM

JONES, SAMMY
DON'T TOUCH ME	CINDRELLA JONES	WAND 1158	20.00	B
SHE DIDN'T KNOW	YOU'VE GOT TO SHOW ME	JENESIS 234	10.00	78
SWEEPING YOUR DIRT UNDER MY RUG	RED HOG	JENESIS 236	30.00	78
SWEEPING YOUR DIRT UNDER MY RUG	RED HOG	MERCURY 73325	20.00	78

JONES, SELENA
I'VE GOT THE BLUES	THE GLORY OF LOVE	PARROT 3015	15.00	NM

JONES, SEPTEMBER
I'M COMING HOME	NO MORE LOVE	KAPP 802	300.00	NM

JONES, SUE ANN
I'LL GIVE YOU MY LOVE	MISSING YOU	TCB 778	100.00	NM

JONES, TAMIKO
CROSS MY HEART	same:	METROMEDIA 205 dj	30.00	NM
I'M SPELLBOUND	AM I GLAD NOW	GOLDEN WORLD 40 dj	100.00	M
I'M SPELLBOUND	AM I GLAD NOW	GOLDEN WORLD 40	300.00	NM

JONES, THELMA
I WON'T GIVE UP MY MAN	SOUVENIRS OF A HEARTBREAK	BARRY 1018	20.00	B
NEVER LEAVE ME	STRONGER	BARRY 1010	10.00	NM
SECOND CHANCE	MR. FIXIT	BARRY 1024	20.00	NM

JONES, TOM
HELP YOURSELF: 6 track EP	Inc: I can't break the news to myself	PARROT 70 EP **PS**	50.00	NM
KEY TO MY HEART	THUNDERBALL	PARROT 9801	10.00	NM
STOP BREAKING MY HEART	I WHO HAVE NOTHING	PARROT 40051 **PS**	15.00	NM
TRYING TO GET MY GRITS	NOTHING BUT FINE	SYMBOL 205	15.00	NM

JONES, VIVIAN
I WANNA KNOW	OPEN ARMS	TWIRL 2009	75.00	NM

JONES, WADE
I CAN'T CONCENTRATE	INSANE	RAYBER 1001	500.00	M

JONESES
HEY BABE (IS THE GETTIN' STILL GOOD)	HEY BABE (IS THE GETTIN' STILL GOOD) pt.2	MERCURY 73458	10.00	78
WHEN IT RAIN IT POURS	WHEN IT RAIN IT POURS PT 2	TERSA 100	40.00	F

JONESETTS
ONCE I HAD LOVE	STOP, LOOK AND LISTEN	COUGAR 2017	20.00	GR

JONN-EL
HAPPY DIVORCE	THE FEELINGS GONE	SCORPION 777	20.00	B

JONNIE BABY
SPECIAL THINGS	same:	ELEKTRA 69531 dj	30.00	78

JONZ, BOBBY
THOUGHT YOU WEERE LOVING ME	same: instrumental	EXPANSION 500	15.00	78
YOU DON'T KNOW WHAT YOU'VE GOT	WIN YOUR LOVE	DISPO 100	10.00	78

JORDAN BROTHERS
(IT) AIN'T NO BIG THING	LA BAMBA	ID RECORDS 223	200.00	NM
IT'S YOU GIRL	SUGAR LADY	GOLDEN CHAROIT 70002	30.00	NM

JORDAN HARMONIZERS
DO YOU KNOW HIM	I WON'T MIND	TRI-PHI 1009	40.00	M

JORDAN, JAY
IF IT WASN'T FOR LOVE	TOBACCO ROAD NORTH	VERVE 10585	20.00	NM

JORDAN, STEVE
AIN'T NO BIG THING	IF YOU LOVE ME LIKE YOU SAY	ARV 5009	75.00	NM

JORDAN, VIVILORE
ALL WORK AND NO PLAY	PUT MY LOVING ON YOU	TASK 8211	60.00	78
PUT MY LOVING ON YOU	PICKIN UP WHERE SHE LEFT OFF	SOUND GEMS 106	50.00	78

JORDON, REVA and THE PROFILES
WHAT MORE CAN A WOMAN DO	LONESOME ROAD	AGON 10088	20.00	NM

JOSEPH, ALTON and the JOKERS
THE OTHER PLACE	WHERE'S THE PLACE	LOMA 2038	15.00	NM

JOSEPH, MARGIE
A MATTER OF LIFE AND DEATH	SHOW ME	OKEH 7313	15.00	NM
COME ON BACK TO ME	HE CAME INTO MY LIFE	ATLANTIC 3445	20.00	78
I CAN'T MOVE NO MOUNTAINS	JUST AS SOON AS THE FEELINGS O	ATLANTIC 3269	10.00	78
I'LL ALWAYS LOVE YOU	THAT OTHER WOMAN GOT MY MAN	VOLT 4061	30.00	NM
ONE MORE CHANCE	NEVER CAN YOU BE	VOLT 4012	30.00	78
PUNISH ME	SWEETER TOMORROW	VOLT 4046	20.00	NM
RIDIN' HIGH	COME LAY SOME LOVIN' ON ME	ATLANTIC 2988	15.00	78
WHAT YOU GONNA DO	same:	VOLT 4023 dj	20.00	NM
WHY DOES A MAN HAVE TO LIE	SEE ME	OKEH 7304	20.00	NM

JOSIE, MARVA
DON'T	I LOVE NEW YORK	UA 888	150.00	NM
I DON'T CARE	HEARTBREAK CITY	SAHARA 5501	200.00	NM
LOVE YOU DON'T KNOW ME	LOLLIPOP	JULMAR 2544	20.00	NM
NOW IS THE TIME (TO LOVE ME)	OOHBISKUBIDO	JULMAR 500	20.00	NM

JOSIE and the PUSSYCATS
IT'S ALL RIGHT WITH ME	EVERY BEAT OF MY HEART	CAPITOL 2967	15.00	NM

JOVIALETTS
SAY, HEY THERE	T'AIN'T NO BIG THING	JOSIE 949	20.00	NM

JOY, BOBBY
YOU SWEET DEVIL YOU	LETTER FROM A SOLDIER	SENTRY 103	60.00	NM
YOU SWEET DEVIL YOU	LETTER FROM A SOLDIER	TRC 981	40.00	NM

JOY, OLIVER
KEEP LOVE GROWING	COME GET THIS LOVE	BIG DEAL 133	300.00	NM

JOY, RODDIE
COME BACK BABY	LOVE HIT ME LIKE A WALLOP	RED BIRD 10021	30.00	NM
HE'S SO EASY TO LOVE	THE LA, LA SONG	RED BIRD 10031	75.00	NM
IF THERE'S ANYTHING ELSE YOU WANT	STOP	RED BIRD 10037	20.00	NM
LET'S START ALL OVER	I WANT YOU BACK	PARKWAY 151	30.00	NM
SOMETHING STRANGE GOING GONE	STOP	PARKWAY 101	50.00	NM
WALKIN' BACK	EVERY BREATH I TAKE	PARKWAY 134	30.00	NM

JOY-TONES.
THIS LOVE (THAT I'M GIVING YOU)	I WANNA PARTY SOME MORE	COED 600	40.00	NM

JR. CADILLAC
PAIR OF FOOLS	THAT'S THE KINDA LOVE I'VE GO	GREAT NORTHWEST 502	25.00	B
THAT'S THE KINDA LOVE I'VE GOT	PAIR OF FOOLS	GREAT NORTH WEST 502	20.00	B

JR. MOORE'S
BABY BOY CARTRECE	DISCO MAMA	HMM JNR. 1010	50.00	F

J'S
WHEN DID YOU STOP	same: long version	DANTE 966	75.00	78

JUDGE SUDS and the SOUL DETERGENTS
THE (ROCKIN') COURTROOM	SHI DANK	RED CAP RC 102	150.00	F

JUDY and the AFFECTIONS
AIN'T GONNA HURT MY PRIDE	PRETTY BOY - PRETTY GIRL	TOP TEN 2001	50.00	NM

JUGGY
OILY	THE SPOILER	SUE 9	20.00	F
THOCK IT TO ME HONI	BUTTERED POPCORN	SUE 14	15.00	nm

JUICE
CATCH A GROOVE	FEEL LIKE GOOD MUSIC	GREEDY 108	20.00	F

JULES, JIMMY
I SHOULD HAVE LISTENED	WOMEN. GONNA RULE THE WORLD	GAMBLE 4018	20.00	B

JULIAN, DON and the LARKS
SHORTY THE PIMP	SHORTY THE PIMP Pt 2	JERK 202	15.00	F

JULIAN, DON and the MEADOW LARKS
HOW CAN YOU BE SO FOUL	PHILLY JERK	JERK 100	100.00	GR
IF I STOLE YOUR LOVE FROM SOMEONE	MY FAVORITE BERR JOINT	JERK 200	10.00	GR

JUNIOR and the CLASSSICS
KILL THE PAIN	PLEASE MAKE LOVE TO ME	MAGIC TOUCH 2009	40.00	F
WISE UP	STOCK BLUES IN D	MAGIC TOUCH 2001	15.00	NM

JUPITER'S RELEASE
NEVER, NEVER	GOOD STROKES	OWL 6111	40.00	GR

JUST BOBBY
I'M A WINNER	LOVE IS POWERFUL	R&R 101	20.00	NM

JUST BROTHERS
CARLENA	SHE BROKE HIS HEART	GARRISON 3003	850.00	NM
SLICED TOMATOES	YOU'VE GOT THE LOVE TO MAKE ME	MUSIC MERCHANT 1010	25.00	F
SLICED TOMATOES	TEARS AGO	MUSIC MERCHANT 1002	30.00	F
THINGS WILL BE BETTER	SHE BROKE HIS HEART	EMPIRE 126214	200.00	NM
THINGS WILL BE BETTER TOMORROW	same:	MUSIC MERCHANT 1008 dj	15.00	NM

JUST RITA
THE BEST THING YOU EVER HAD	ROOT OF LOVE	BARRINGTON 5002	30.00	NM
THIS MUST BE LOVE	LULLABY	BARRINGTON 5002 **PS**	30.00	NM

JUST US
NOW	NOW pt. 2	TONCE 529	20.00	F

JUSTICE DEPT.
COME BACK BABY (TO MY EMPTY ARMS)	IT COULD BE MORE BEAUTIFUL	FAIR PLAY 101	75.00	78

JUSTIN
RIGHT NOW	THE PLACE WHERE SORROW HIDES	DOWN EAST 5372	10.00	NM
WHAT CAN I DO	RIGHT ON	DOWN EAST 5341	100.00	NM

JYVE FYVE also see JIVE FIVE
ALL I EVER DO (IS DREAM OF YOU	SUPER WOMAN PT. II	BRUT 814	10.00	GR

MANSHIPS
GUIDE TO:-

3rd EDITION

Bootlegs
Counterfeits,
Reissues of

NORTHERN SOUL 45's

**Complete & comprehensive
reference for authenticating RARE SOUL**
1000's of listings of Matrix Stamps & Master Numbers,
Label Designs, & Release Dates

UK £12.00
USA $15.00

K, ROGER
GIVE ME THE LOVE (I'M NEEDING)	YOU'LL BE ALONE	BIRTH 102	10.00	NM

KADDO STRINGS
CRYING OVER YOU	NOTHING BUT LOVE	IMPACT 1005	75.00	NM

KADO, SUNNY MAN
MARS IN 1975	MARS IN 1975 pt. 2	GOLD WEST 3	20.00	MOD

KADOR, GENE
WHY NOT MY BABY	DON'T BE AFRAID - MARY ANN	GOLDEN - RECORDS 115	50.00	B

KAIN
NUBIAN II	AIN'T IT FINE	JUGGERNAUT 410	10.00	F

KALEIDOSCOPE
I WANNA LIVE FOR YOU	WE'RE NOT GETTING ANY YOUNGER	TSOP 4765	40.00	78
I'M A CHANGED PERSON	THANK YOU	TSOP 4770	30.00	78

KAMMA, LAVELL
SOFT SOUL	I KNOW WHERE IT'S AT	TUPELO SOUND 1	15.00	F

KAMPELLS
NEW LOCK ON MY DOOR	YOU'VE GOT IT BAD	SELECT 736	40.00	NM

KARIM, TY
I AIN'T LYING	ONLY A FOOL	ROACH 102	50.00	NM
LIGHTEN UP BABY	ALL IN VAIN	CAR-A-MEL 1677 pink label	600.00	NM
LIGHTEN UP BABY	ALL IN VAIN	CAR-A-MEL 1677 orange label	500.00	NM
LIGHTIN' UP	DON'T LET ME BE LONELY TONIGHT	ROMARK 104	500.00	NM
ONLY A FOOL	I AIN'T LYING	ROACH 101	50.00	NM
YOU JUST DON'T KNOW	ALL IN VAIN	ROMARK 113	NEG	NM
YOU REALLY MADE IT GOOD TO ME	ALL AT ONCE	ROMARK 101	600.00	NM
YOU REALLY MADE IT GOOD TO ME	AIN'T THAT LOVE ENOUGH	EBONY 101	30.00	NM

KARL, FRANKIE (and the DREAMS)
DON'T BE AFRAID (DO AS I SAY)	I'M SO GLAD	D.C. SOUND 180	10.00	GR
DON'T SLEEP TOO LONG	PUT A LITTLE LOVE IN YOUR HEART	LIBERTY 56164	30.00	NM
YOU SHOULD'O HELD ON	BOY NEXT DOOR	PHILTOWN 105	500.00	NM

KARMEN, STEVE
BREAKAWAY	BREAKAWAY Pt 2	UA 50451	25.00	**NM**
MOMENTS	same: instrumental	UA 50534	10.00	NM

KAROL, SHIRLEY
JUST TO MAKE YOU HAPPY	YOU DON'T WANT ME ANYMORE	DAKAR 1449	40.00	NM
MY BABY'S GONE AWAY	FAITH	DAKAR 606	40.00	NM

KARR, YOLANDA
IT TAKES TWO HEARTS	LEAVE IT TO ME	RA-SEL 7103	15.00	NM

KASINO
HEAVEN'S TOUCH	HOPELESS ROMANTIC	SPECTRUM X 123	15.00	78

KASTLE
WHY DON'T YOU (DO IT)	GETTIN' DOWN (WITH HOSS)	KING 6418	25.00	F

KATHY and the CALENDERS
PLEASE DON'T GO	BACK IN MY ARMS AGAIN	PORT 3023	40.00	NM

KATRELL, KIM
DID YOU SEE HER LAST NIGHT	TOMORROW	TYSON 100	300.00	NM

KATS
THE NEW BUMP AND TWIST	THE NEW BUMP AND TWIST pt. 2	CLE-AN-THAIR	75.00	F
UNDER THE COVERS	WEAR ME OUT	E&C 1001	75.00	F

KAVETTES
YOU BROKE YOUR PROMISE	I'M NOT SORRY FOR YOU	OKEH 7194	100.00	NM

KAVETTS
I'VE GOT A STORY TO TELL YOU	STAY WITH ME	LEN DRE 101	200.00	NM
YOU BROKE YOR PROMISE	I'M SORRY FOR YOU	OKEH 7194	75.00	NM

KAY, CAROL
THIS TIME YOUR WRONG	THAT'S WHEN IT HURTS	WRIGHT-SOUND 4479	30.00	NM

KAY, JOEY
BUNDLE OF JOY	JOHNNY BOM BONNEY	EMPIRE 502	200.00	NM

KAYLI, BOB
EVERYBODY WAS THERE	TOODLE DOO	GORDY 7004	300.00	M
EVERYONE WAS THERE	I TOOK A DARE	CARLTON 482	15.00	M
HOLD ON, PEARL	TOODLE DOO	GORDY 7008	50.00	M
PEPPERMINT (YOU KNOW WHAT TO DO)	NEVER MORE	ANNA 1104	25.00	M
TIE ME TIGHT	SMALL SAD SAM	TAMLA 54051	40.00	M

K-DOE, ERNIE
A CERTAIN GIRL	I CRIED MY LAST TEAR	MINIT 634	10.00	NM
GOTTA PACK MY BAG	HOW SWEET YOU ARE	DUKE 437	15.00	F
I'LL MAKE EVERYTHING BE ALRIGHT	WISHING IN VAIN	DUKE 456	10.00	NM
LOVE ME LIKE I WANTA	DON'T KILL MY GROOVE	DUKE 420	15.00	NM

KEEBLE, DENISE
BEFORE IT FALLS APART	CHAIN ON MY THING	PELICAN 1230	40.00	NM

KEENE, BILLY
I FINALLY GOT WISE	YOU'RE A DESERTER	GALAXY. 726	150.00	NM
SOMEBODY PLEASE	LOSERS WIN SOMETIMES	DOTTIE 1134	20.00	NM
WISHING AND HOPING	CROSS MY HEART	VAULT 943	30.00	NM
WISHING AND HOPING	CROSS MY HEART	PAULA 335	30.00	NM

KEITH
DAYLIGHT SAVIN' TIME	HAPPY WALKING AROUND	MERCURY 72695 **PS**	15.00	NM

KEITH, GORDON
LOOK AHEAD	WHERE DO I GO FROM HERE	CALUMET 682	15.00	NM
TELL THE STORY	DON'T TAKE KINDNESS FOR A WEA	STEELTOWN 1981	10.00	78

KEITH, ROD
AND THE LORD SAID	JESUS IS YOUR FRIEND	PREVIEW	400.00	NM

KEITH, RON and LADYS
GOTTA GO BY WHAT YOU TELL ME	PARTY MUSIC	A&M 1780	100.00	78
CAN'T LIVE WITHOUT YOU (STICKS & STONES)	GET IT ON	A&M 1702	30.00	78

KELLEY, EMORISE
THE BIGGEST FOOL	DISAPPOINTED IN LOVE	PEACOCK 1919	25.00	NM

KELLY and the SOUL EXPLOSIONS
GOT A GIG ON MY BACK	TALKIN' ABOUT MY BBY'S LOVE	DYNAMITE 13206	50.00	F

KELLY BROTHERS
COMIN' ON IN	THAT'S WHAT YOU MEAN TO ME	EXCELLO 2290	10.00	B
COUNTING ON YOU	TIME HAS MADE ME CHANGE	SIMS 210	10.00	B
CRYING DAYS ARE OVER	CAN'T STAND IT NO LONGER	SIMS 293	40.00	NM
CRYSTAL BLUE PERSUASION	same:	EXCELLO 2308 dj	20.00	NM
GOT THE FEELING	YOU'RE THE MOST	SIMS 239	10.00	NM
HAVEN'T I BEEN GOOD TO YOU	IF IT WASN'T FOR YOUR BLOVE	EXCELLO 2295	30.00	NM
I'D RATHER HAVE YOU	MAKE ME GLAD	SIMS 281	15.00	NM
LOVE TIME	FIRST STEP DOWN	SIMS 247	30.00	NM
MY LOVE GROWS STRONGER	I'VE GOT MY BABY	SIMS 287	15.00	NM
OUCH! OH BABY!	STOP THAT CRYING WOMAN	SIMS 313	20.00	NM
WALKIN' BY THE RIVER	STAY WITH MY BABY	SIMS 230	10.00	B
YOU PUT YOUR TOUCH ON ME	HANGING IN THERE	EXCELLO 2286	10.00	B
YOU'RE THAT GREAT BIG FEELING	FALLING IN LOVE AGAIN	SIMS 265	15.00	NM

KELLY, COLETTE
CITY OF FOOLS	LONG AND LONELY WORLD	VOLT 4018	15.00	NM

KELLY, DENISE and FAME
I'D LIKE TO GET INTO YOU	same:	20TH. CENTURY 2385 dj	50.00	78

KELLY, PAUL (and the ROCKETEERS)
CHILLS AND FEVER	ONLY YOUR LOVE	LLOYD 007	75.00	NM
CHILLS AND FEVER	ONLY YOUR LOVE	DIAL 4021	10.00	NM
I NEED YOUR LOVE SO BAD	NINE OUT OF TEN TIMES	PHILIPS 40409	20.00	NM
NINE OUT OF TEN TIMES	I NEED YOUR LOVE SO BAD	PHILIPS 40409 **PS**	20.00	B
SINCE I FOUND YOU	CAN'T HELP IT	DIAL 4025	40.00	NM
SOUL FLOW	HANGIN' ON IN THERE	HAPPY TIGER 573	10.00	F
SWEET, SWEET LOVIN'	CRYING FOR MY BABY	PHILIPS 40457	15.00	NM
UPSET	I CAN'T HELP IT	LLOYD 7	100.00	NM

KENARD
WHAT DID YOU GAIN BY THAT	Same:	DORE 848	400.00	**NM**

KENDRICK, WILLIE
FINE AS WINE	STOP THIS TRAIN	GOLDEN WORLD 1.	30.00	NM
GIVE ME LOTS OF LOVIN'	YOU CAN'T BYPASS LOVE	RCA 8947	25.00	NM
WHAT'S THAT ON YOUR FINGER	CHANGE YOUR WAYS	RCA 9212 dj	300.00	**NM**
WHAT'S THAT ON YOUR FINGER	CHANGE YOUR WAYS	RCA 9212	500.00	**NM**

KENDRICKS, EDDIE
DATE WITH THE RAIN	BORN AGAIN	TAMLA 54285	15.00	78
I'M IN LOVE WITH YOU	WHEN I'M CLOSE TO YOU	MS. DIXIE 1077	15.00	78

KENNEBRUEW, DELILAH
BRIGHT LIGHTS	WE'LL BE TOGETHER	LOMA 2049	40.00	NM

KENNEDY, JAYE
I'M FEELING IT TO0	IF THIS IS GOODBYE	UA 969	0.00	NM

KENNEDY, JOE
FUNKY TIME	TENDER LOVING CARE	VIGOR 704	10.00	F
SLICK TRICK	TODAY AND TOMORROW	BANG 517	20.00	NM

KENNEDY, JOYCE
COULD THIS BE LOVE	PADDLE MY OWN CANOE	FONTANA 1924	20.00	NM
DOES ANYBODY LOVE ME	THE HI-FI ALBUMS AND I	BLUE ROCK 4023	25.00	NM
I'M A GOOD GIRL	DOES ANYBODY LOVE ME	BLUE ROCK 4016	100.00	NM

KENNEDY, NAT
TRY LOVE, YOU'LL LIKE IT	BABY PLEASE DON'T LEAVE	JOHNSON 1030	15.00	F

KENNER, CHRIS
DON'T MAKE NO NOISE	RIGHT KIND OF GIRL	PRIGAN 2002	15.00	NM

KENNY and the IMPACTS
WISHING WELL	HEARTACHES	DCP 1147	50.00	NM

KENOLY, RON
MOVING ON	THE GLORY OF YOUR LOVEQ	AUDIO ARTS 60020	25.00	NM
YOU'RE STILL BLOWING MY MIND	TAKE IT EASY	AUDIO FORTY 1806	25.00	NM

KENT and the CANDIDATES
THERE OUGHTA BE A LAW	SLICK IKE	DOUBLE SHOT 129	15.00	F

KENT, AL
COUNTRY BOY	YOU KNOW I LOVE YOU	WINGATE 4	15.00	M
FINDERS KEEPERS	OOH!! PRETTY LADY	RIC TIC 133	20.00	M
HOLD ME	YOU KNOW YOU	WIZARD 100	75.00	M
OOH! PRETTY LADY	FINDERS KEEPERS	RIC TIC 133	10.00	M
THAT'S WHY (I LOVE YOU)	AM I THE MAN	CHECKER. 881	100.00	M
THE WAY YOU'VE BEEN ACTING LATELY	same: instrumental	RIC TIC 123	15.00	NM
THE WAY YOU'VE BEEN ACTING LATELY	same: instrumental	RIC TIC 123 dj	150.00	NM
WHERE DO I GO FROM HERE	YOU'VE GOT TO PAY THE PRICE	RIC TIC 127	10.00	NM

KENT, BILLY
TAKE IT ALL THIS TIME	LOVE ME FOREVER	EXPO 104	250.00	NM

KENT, BILLY and the ANDANTES
TAKE ALL OF ME	YOUR LOVE	MAHS 2	30.00	M

KERR ORCH., G.
BACK LASH	3 MINUTES 2 - HEY GIRL	ALL PLATINUM 2316	20.00	F

KERR, GEORGE
SUNDAY	HEY GEORGE THE MASQUERADE IS O	ALL PLATINUM 2318	10.00	B

KEYES, TROY
IF I HAD MY WAY	same: instrumental	VMP 110 **PS**	15.00	NM
IF I HAD MY WAY	same: instrumental	VMP 110	10.00	NM
LOVE EXPLOSIONS	I'M CRYING (INSIDE)	ABC 11027	10.00	NM
YOU TOLD YOUR STORY	NO SAD SONGS	ABC 11060	20.00	NM

KEYES, TROY and NORMA JENKINS
A GOOD LOVE GONE BAD	I CAN WAIT MY TURN	ABC 11116	30.00	NM

KEYES, VALERIE
LISTEN HERE	ONE OF THEM	DOUBLE SHOT 134	30.00	MOD

KIARA
NO LUCK	QUIET GUY	CANON 1	20.00	78

KIBBLE, FRED
HEY GIRL! HEY BOY!	THE GAY ONE	COPA 8003	200.00	NM

KICKIN' MUSTANGS
KICKIN'	TAKE A MIRACLE	PLATO NO#	150.00	F

KILGORE, THEOLA
IT'S GONNA BE ALRIGHT	I CAN'T STAND IT	MERCURY 72564	30.00	NM
THE SOUND OF MY MAN	LATER I'LL CRY	LANDIX 311	30.00	NM

KILLENS, JOHNNY K. and the DYNAMITES
I DON'T NEED HELP	FRENCHY THE TICKLER	DEEP CITY 2370	75.00	F

KIMBLE, BOBBY
STOP RIGHT HERE I GOT LOVE	I'M SORRY WE HAD TO PART	JAB. 1001	50.00	NM
YOU'RE FLYING HIGH NOW BABY	A GOOD FOOL	FAT FISH 8010	30.00	NM

KIMBLE, NEAL
I'VE MADE A RSERVATION	AIN'T IT THE TRUTH	VENTURE 607	30.00	NM

KINDLY SHEPHERDS
LEND ME YOUR HAND	HE'LL BE WAITING FOR ME	CHECKER. 5038	150.00	NM

KINDRICK, WILLIE   (also see WILLIE KENDRICK)
FINE AS WINE	STOP THIS TRAIN	GOLDEN WORLD 1	50.00	NM

KING CAIN
DON'T GIVE A DAMN	OFF BEAT	BIG STAR	300.00	F

KING COBRAS
THANK YOU BABY	D.J. SONATA	SEN-TOWN 103	750.00	NM

KING DAVIS HOUSE ROCKERS
BABY YOU SATISFY	WE ALL MAKE MISTAKES SOMETIMES	VERVE 10492	20.00	NM

KING ERRISON
ZOLA	SAMBA D JUBILEE.	CANYON 26	40.00	**NM**

KING FLOYD
HEARTACHES	TOGETHER WE CAN DO ANYTHING	VIP 25061	10.00	M
HEARTACHES	THIS IS OUR LAST NIGHT TOGETHER	PULSAR 2404	15.00	B
WALKIN' AND THINKIN'	YOU DON'T HAVE TO HAVE IT	UPTOWN. 719	20.00	NM

KING GEORGE
I'M GONNA BE SOMEBODY SOMEDAY	DRIVE ON JAMES	RCA 8743	10.00	NM
SO LONG JOHNNY	AH HUH	RCA 8846	10.00	NM

KING GEORGE and FABULOUS SOULS
BABY I'VE GOT IT	same: instrumental	AUDIO ARTS	200.00	F

KING GEORGE and the TIM
I'M THROUGH LOSING YOU	I CRIED	MIDTOWN 2	50.00	NM

KING HANNIBAL
RERUN	AIN'T NOBODY PERFECT	MIRACLE 1001	40.00	F

KING JOHN
SOMETHING ON MY MIND	I WON'T TAKE YOU BACK	NARCO 287148	200.00	NM

KING LEO and the CHAMPIONS
CHICKEN SCRATCH pt. 1	CHICKEN SCRATCH pt. 2	LA CHAMBRE 1596	50.00	F

KING MOSES
I'VE GOT THIS FEELING	I FORGOT TO SAY (I LOVE YOU)	PET 1010	1500.00	78

KING OF HEARTS
A LITTLE TOGETHERNESS	WHEN YUOU WISH UPON A STAR	ZEA 50004	15.00	NM

KING SOLOMAN
SOMETHING'S WRONG WITH ME	LOVE BUG	LEBAM 1201	40.00	NM
THE NATURAL LOOK	NO WOMAN'S NO STRANGER	HIGHLAND 1196	30.00	NM
YOU AIN'T NOTHING BUT A TEENAG	BIG THINGS	RESIST 501	10.00	NM

KING SOLOMAN'S ADVISERS
THE TIGHT ROPE	BACK OF MY MIND	GHETTO 001	20.00	F

KING SOUND INTERPRETERS
HI NOTE	SUMMERTIME	TALENT OF MUSIC 8253	400.00	NM

KING SPORTY
THE MORE THINGS CHANGE	same: instrumental	KINGSTON	50.00	F

KING TUTT (and the UNTOUCHABLES)
YOU'VE GOT ME HUNG UP	D-A-N-C-I-N'	FUN CITY 461	100.00	78
LET'S KEEP ON JUKIN'	same: instrumental	FUTURE STARS 1007	15.00	F

KING WILLIAMS
FIGHT FOR YOUR GIRL	PATIENCE BABY	MGM 13259	20.00	NM

KING, ALBERT
CROSSCUT SAW	DOWN DON'T BOTHER ME	STAX 201	10.00	NM

KING, ALFREDA
YOU KNOW THAT I WANT YOU BABY	same: instrumental	ALKIE 10	30.00	78

KING, ANNA
COME AND GET THESE MEMORIES	IF SOMEBODY TOLD YOU	SMASH 1858	15.00	NM
MAMA'S GOT A BAG OF HER OWN	SALLY	END 1126	30.00	NM
MAMA'S GOT A BAG OF HER OWN	SALLY	END 1126 dog design label	50.00	NM
THE BIG CHANGE	YOU DON'T LOVE ME ANYMORE	LUDIX 103	85.00	NM

KING, B.B.
HEARTBREAKER	RAINING IN MY HEART	BLUESWAY 61011	40.00	NM
LOVE, HONOR AND OBEY	5 LONG YEARS	KENT 4454	10.00	NM
STOP LEADING ME ON	PLEASE SEND ME SOMEONE TO LOVE	ABC 10616	10.00	NM
THE HURT	WHOLE LOTTA WOMAN	ABC 10576	20.00	NM

KING, BEN E.
AROUND THE CORNER	THAT'S WHEN IT HURTS	ATCO 6288	15.00	NM
CRY NO MORE	(THERE'S) NO PLACE TO HIDE	ATCO 6371	25.00	NM
FORGIVE THIS FOOL	DON'T TAKE YOUR LOVE FROM ME	ATCO 6571	15.00	NM
HERE COME THE NIGHT	YOUNG BOY BLUES	ATCO 6207	10.00	NM
HERMIT OF MISTY MOUNTAIN	DON'T PLAY THAT SONG	ATCO 6222	10.00	NM

HEY LITTLE ONE	WHEN YOU LOVE SOMEONE	ATCO 6666	15.00	NM
I CAN'T BREAK THE NEWS TO MYSELF	GOODNIGHT MY LOVE	ATCO 6390	75.00	NM
I CAN'T TAKE IT LIKE A MAN	GOODBYE MY OLD GAL	MAXWELL 800	10.00	78
IT'S ALL OVER	LET THE WATER RUN DOWN	ATCO 6315	10.00	NM
SEVEN LETTERS	RIVER OF TEARS	ATCO 6328	10.00	NM
SO MUCH LOVE	DON'T DRIVE ME AWAY	ATCO 6413	10.00	NM
TEARS, TEARS, TEARS	A MAN WITHOUT A DREAM	ATCO 6472	10.00	NM
TEENY WEENY LITTLE BIT	KATHRINE	ATCO 6493	10.00	NM
TELL DADDY	AUF WEIDERSEHN, MY DEAR	ATCO 6246	10.00	NM
THE BEGINNING OF TIME	I (WHO HAVE NOTHING)	ATCO 6267	10.00	NM
THE RECORD (BABY I LOVE YOU)	THE WAY YOU SHAKE IT	ATCO 6343	15.00	NM
TOO BAD	MY HEART CRIES FOR YOU	ATCO 6231	10.00	NM
WHAT CAN A MAN DO	SI SENOR	ATCO 6303	15.00	NM
YES	ECSTASY	ATCO 6215	10.00	NM

KING, BOBBY and SILVER FOXX BAND

FAT BAG	HEY LULU	MOS-BE	75.00	F

KING, CLYDIE

'BOUT LOVE	FIRST TIME, LAST TIME	LIZARD 21007	10.00	NM
I'LL NEVER STOP LOVING YOU	SHING-A-LING	MINIT 32032	15.00	NM
MISSIN' MY BABY	MY LOVE GROWS DEEPER	IMPERIAL 66139	150.00	NM
MY MISTAKES OF YESTERDAY	ONE OF THOSE GOOD FOR CRYING	MINIT 32025	20.00	NM
NEVER LIKE THIS BEFORE	THE LONG AND WINDING ROAD	LIZARD 21005	10.00	NM
ONE PART, TWO PART	LOVE NOW, PAY LATER	MINIT 32054	10.00	NM
ONLY THE GUILTY CRY	BY NOW	PHILIPS 40107	200.00	NM
SOFT AND GENTLE WAYS	HE ALWAYS COMES BACK TO ME	IMPERIAL 66172	150.00	NM
THE THRILL IS GONE	IF YOU WERE MY MAN	IMPERIAL 66109	75.00	NM

KING, CURTIS

BAD HABITS	SO NICE WHILE IT LASTED	COLUMBIA 44096	15.00	NM
WEAKER BY THE MOMENT	WORKIN' OVERTIME	MERCURY 72947	15.00	B

KING, DIANA

THAT KIND OF LOVE	BOY IN THE RAINCOAT	CLARIDGE 300	40.00	NM

KING, DONNA

TAKE ME HOME	BLESS HIS HEART	HOT LINE 906	300.00	**NM**

KING, EARL

A PART OF ME	TIC TAC TOE	WAND 11230	20.00	B

KING, EDDIE

I TALK TOO MUCH	KINDNESS, LOVE AND UNDERSTANDI	BIG WHEEL 1970	20.00	NM

KING, FREDDY

DOUBLE EYED WAMMY	USE WHAT YOU'VE GOT	KING 6057	10.00	NM
HIDE AWAY	I LOVE THE WOMAN	FEDERAL 12401	15.00	NM
ONE HUNDRED YEARS	(I'D LOVE TO) MAKE LOVE TO YOU	FEDERAL 12491	25.00	NM
YOU'RE BARKIN' UP THE WRONG TREE	(THE WELFARE) TURNS IT'S BACK ON ME	FEDERAL 12499	15.00	NM

KING, JEAN

DON'T SAY GOODBYE	IT'S GOOD ENOUGH FOR ME	HBR 497	75.00	NM
SOMETHING HAPPENS TO ME	THE NICEST THINGS HAPPEN	HBR 450	20.00	NM

KING, JEANIE

YOU'VE GOT A GOOD THING GOING	EVERYBODY KNOWS	GENERAL AMERICAN 717	40.00	NM

KING, JO ANN

LET THEM LOVE AND BE LOVED	DON'T PLAY WITH FIRE	FAIRMOUNT 1008	25.00	NM

KING, JOANNE

MY BABY LEFT ME	PLEASE MR. SONGWRITER	CORAL 62463	70.00	NM

KING, JOE

SPEAK ON UP	WHAT'S WRONG	PRIX 7002	150.00	NM

KING, JOEY

(COME BACK) SUMMERTIME	NUT HOUSE	CHECK MATE 1017	40.00	M

KING, LEONARD

THE BARRACUDA	I'VE BEEN SAVED	INFERNO 2003	20.00	MOD

KING, MABLE

GO BACK HOME YOUNG FELLA	LEFTY	AMY 851	100.00	NM

KING, MARTIN LUTHER

I HAVE A DREAM	WE SHALL OVERCOME	GORDY 7023	15.00	M
PRICE OF FREEDOM+ I HAVE A DREAM	SEGREGATION IS WRONG + URGENCY	GORDY 906 EP	30.00	M

KING, NICKY

NOW THAT YOU'RE GONE	HEY JUDGE	TRACK DOWN 1314767	40.00	78
NOW THAT YOU'RE GONE	HEY JUDGE	FULL SPEED AHEAD 1314767	30.00	78

KING, RAMONA

I CHOOSE YOU	A FEW YEARS LATER	SOUL SET 104	20.00	78
IT'S IN HIS KISS	IT COULDN'T HAPPEN TO A NICER	WB 5416	10.00	NM
MAKE THE NIGHT A LITTLE LONGER	HEY EVERYBODY	WB 5602	25.00	NM
ORIENTAL GARDEN	SOUL - MATE	EDEN 3	20.00	NM

KING, RICARDO
ON A HOT SUMMER DAY IN THE BIG CITY	WON'T YOU COME ON HOME	JOKER 712	20.00	NM

KING, REV. MARTIN LUTHER and LIZ LANDS
I HAVE A DREAM	WE SHALL OVER COME	GORDY 7023	20.00	M

KING, ROD and the SOULS
DON'T BE AFRAID	HYPNOTIZED	SPACE 21	20.00	NM
PENNILESS LOVER	MUSIC TO MY EARS	SPACE 19	30.00	F

KING, SAMMY
BE A FRIEND OF MINE	AIN'T THAT SATIFACTION	MARATHON 104	75.00	NM
YOUR OLD STAND BY		MARATHON 101	150.00	NM

KING, SANDRA
PLEASE HEART	LEAVE IT TO THE BOYS	BELL 613	40.00	NM

KING, SLEEPY
LOST MAN	THE PILLOW	AWAKE 909	50.00	NM

KING, SUSAN
BUILDING A WALL AROUND MY HEART	WHERE WILL I FIND HIM	TOY 104	30.00	NM
I GOT A GOOD THING	TIME IS AWASTING	TOY 111	50.00	NM
(OH! OH! OH!)WHAT A LOVE THIS	TELL HER (OR LET ME GO)	MIDTOWN 3501	20.00	NM
YOU GOT ME IN A FIX	DRUM RHYTHM	TURNTABLE 711	15.00	NM

KING, WILLARD
LADY BE MINE	I'M NOTHING WITHOUT YOUR LOVE	CAPITOL 3644	20.00	78

KING-PINS
A LUCKY GUY	DANCE, ROMEO, DANCE	VEE-JAY 494	30.00	NM

KINGS AND QUEENS
STUCK IN THE MUD	I CAN FEEL IT	ASCOT 2185	15.00	GR

KIRBY, GEORGE
WHAT CAN I DO	GOOD NIGHT IRENE	CADET 5523	200.00	**NM**

KIRK, JAMES
YOU BETTER COME HOME	TELL ME PLEASE	GUYDEN 2126	20.00	NM

KIRKLAND, MICHEAL
THE PROPHET	TOGETHER	ZAY 30000	50.00	F

KIRKLAND, MIKE JAMES
GIVE IT TO ME	LOVE IS	BRYAN 9003	30.00	78
GIVE IT TO ME	LOVE INSURANCE	BRYAN 9005	25.00	78
IT'S ALRIGHT WITH ME	PLAY IT DOWN	BRYAN 9011	25.00	78
OH ME OH MY (I'M A FOOL FOR YOU)	GOT TO DO IT RIGHT	YAZOO 1001	15.00	B

KIRTON, LEW
COME ON WITH IT	DO WHAT YOU WANT, BE WHAT YOU	MARLIN 3311	10.00	78
HEAVEN IN THE AFTERNOON	same: instrumental	ALSTON 3743	30.00	78
TALK TO ME	same: instrumental	BELIEVE IN A DREAM 4058	15.00	78

KITT, EARTHA
ANYWAY YOU WANT IT, BABY	THE LITTLE GOLD SCREW	MUSICOR 1203	25.00	NM
THERE COMES A TIME	ANYWAY YOU WANT IT, BABY	MUSICOR 1220	100.00	NM

KITTENS
HOW LONG (CAN I GO ON)	I'VE GOT TO GET OVER YOU	CHESS 2055	15.00	NM
AIN'T NO MORE ROOM	HEY OPERATOR	CHESS 2027	30.00	NM
I GOTTA KNOW HIM	SHINGDIG	ABC 10619	20.00	NM
IS IT OVER BABY	UNDECIDED YOU	ABC 10783	50.00	NM
IT'S GOT TO BE LOVE	(I'M AFRAID) THE MASQUERADE IS	ABC 10835	100.00	NM
LOOKIE, LOOKIE	WE FIND HIM GUILTY	ABC 10730	75.00	NM
WAIT A MINUTE (YOU GETTING CARELESS WITH MY HEART)	SOMEBODY NEW	VICK 300	400.00	NM

KITTENS THREE
BABY (I NEED YOU)	I'M COMING APART AT THE SEEMS	NEWARK 215 multi coloured	40.00	NM
BABY (I NEED YOU)	I'M COMING APART AT THE SEEMS	NEWARK 215 pink label	60.00	NM

KITTRELL, CHRISTINE
CALL HIS NAME	AIN'T NEVER SEEN SO MUCH RAIN	KING 6045	20.00	NM
IT'S NOBODY'S FAULT	I'M A WOMAN	VEE-JAY 444	15.00	NM

KLINE, BOBBY
SAY SOMETHING NICE TO ME	TAKING CARE OF BUSINESS	MB RECORDS 1001	500.00	NM
SAY SOMETHING NICE TO ME	TAKING CARE OF BUSINESS	MB RECORDS 1002 reversed labels	350.00	NM

KNIGHT BROTHERS
ALL I HAVE TO DO IS DREAM	same:	CHECKER. 1146 dj	10.00	B
SHE'S A-1	THAT'LL GET IT	CHECKER. 1153	15.00	NM
TEMPTATION 'BOUT TO GET ME	SINKING LOW	CHECKER. 1107	15.00	NM
YOU'RE MY LOVE	NOBODY'S FAULT	MERCURY 72718	25.00	NM

KNIGHT, CHARLES
ON MY STREET	DRIP, DRIP ON MY PILLOW	KNITE LIFE 3	30.00	NM

KNIGHT, CURTIS
THAT'S WHY	VOODOO WOMAN	GULF 31	50.00	NM

KNIGHT, DICK GHOULARDY
GHOULARDY'S GROOVE	HIS GHOUL	GEMINIX 5505	40.00	F

KNIGHT, FREDERICK
I BETCHA DIDN'T KNOW THAT	LET'S MAKE A DEAL	TRUTH 3216	30.00	78

KNIGHT, GLADYS and the PIPS
BLACK CELEBRITY COMMERCIALS	30 DONUT	KENTUCKY FRIED 106016 **PS**	30.00	M
EITHER WAY I LOSE	GO AWAY STAY AWAY	MAXX 331	15.00	NM
JUST WALK IN MY SHOES	STEPPING CLOSER TO YOUR HEART	SOUL 35023 Lilac & white label	25.00	M
JUST WALK IN MY SHOES	STEPPING CLOSER TO YOUR HEART	SOUL 35023	15.00	M
LETTER FULL OF TEARS	YOU BROKE YOUR PROMISE	FURY 1054	10.00	NM
STEPPING CLOSER TO YOUR HEART	EVERYBODY NEEDS LOVE	SOUL 35034	10.00	M
STOP AND GET A HOLD OF MYSELF	WHO KNOWS	MAXX 334	30.00	NM
TELL HER YOU'RE MINE	IF I SHOULD EVER FALL IN LOVE	MAXX 335	20.00	NM
WHAT SHALL I DO	LOVE CALL	ENJOY 2012	10.00	NM

KNIGHT, JEAN
HUMPIN TO PLEASE	LOVE ME SLOWLY!	OLA 101	30.00	F
LOVE	LONESOME TONIGHT	TRIBE 8304	10.00	B
T'AIN'T IT THE TRUTH	I'M GLAD FOR YOUR SAKE	TRIBE 8306	10.00	B
THE MAN THAT LEFT ME	DOGGIN AROUND	JETSTREAM 706	15.00	B
WHAT ONE MAN WON'T DO ANOTHER	RUDY BLUE	OPEN 2627	15.00	F

KNIGHT, JIMMIE "PLAYBOY"
LITTLE ANN	AT NADENS EBONY DOOR	PHYNK 1753	50.00	NM

KNIGHT, LARRY and the UPSETTERS
HURT ME	EVERYTHING'S GONE WRONG	GOLDEN WORLD 37	20.00	M

KNIGHT, MARIE
COME ON BABY (HOLD MY HAND)	WHAT KIND OF FOOL	OKEH 7147	100.00	NM
COME TOMORROW	NOTHING IN THE WORLD	OKEH 7141	30.00	NM
I DON'T WANNA WALK ALONE	I WAS BORN AGAIN	DIAMOND 136	20.00	NM
MAKE YOURSELF AT HOME	same:	DIAMOND 171 dj	15.00	NM
THAT'S NO WAY TO TREAT A GIRL	SAY IT AGAIN	MUSICOR 1106	150.00	**NM**
TO BE LOVED BY YOU	HOPE YOU WON'T HOLD IT	ADDIT 1016	75.00	NM
YOU LIE SO WELL	A LITTLE TOO LONELY	MUSICOR 1128	85.00	NM

KNIGHT, ROBERT
DANCE ONLY WITH ME	BECAUSE	Dot 16256	20.00	NM
LOVE ON A MOUNTAIN TOP	THE POWER OF LOVE	RISING SONS 708 dj	15.00	NM

KNIGHT, VICTOR
CHINATOWN	VELVET MOOD	RON-CRIS 1015	150.00	**NM**

KNIGHTS
I'VE GOT A FEELING	FORGIVE ME	USA 800	200.00	NM
THE HUMP	TIPPING STRINGS	TRAGAR 6806	25.00	F

KNIGHTS and ARTHUR
DO YOU	SO SWEET, SO FINE	GAMBLE 202	20.00	NM
I SHALL NOT MOVE	LOVIN' YOU BABY	LANDA 709	40.00	NM
I WANT TO GO BACK	I CAN TELL THE WORLD	ROULETTE 4606	20.00	NM

KNOWN FACTS
HOW CAN I BELIEVE IN YOU	HE'S GOT IT	PAWN 3803	30.00	B

KNOX, DAVID
BABY SHOW IT	THE CHILL	FT. KNOX ENTERPRISES 1	50.00	78

KO - KANE
SHUCKY DARN	PINK GIN	KONE 1001	100.00	F

KOLAHYAH
LEO	LEO PT 2	KIMO 001	50.00	F

KOLETTES
WHO'S THAT GUY	JUST HOW MUCH (CAN ONE HEART TAKE)	BARBARA 1004	40.00	NM
WHO'S THAT GUY	JUST HOW MUCH (CAN ONE HEART TAKE)	CHECKER. 1094	20.00	NM

KOOL BLUES
(I'M GONNA) KEEP ON LOVING YOU	WHY DID I GO	CAPSOUL 25	150.00	NM
CAN WE TRY LOVE AGAIN	I WANT TO BE READY	CAPSOUL 30	75.00	78

KOUSER, GWEN
THE HARDWAY	NOTHING CAN HURT ME NOW	STORK 1	50.00	NM

KRYSTAL
FALSE ALARM	BODY DANCE	MAGIC TOUCH 9002	10.00	78
I'LL BE IN LOVE WITH YOU FOREVER	B.G.M.	PINNBALL 1	30.00	78

KUBAN, BOB
THE CHEATER	TRY ME BABY	MUSICLAND USA 20001	10.00	NM
THE CHEATER	TRY ME BABY	MUSICLAND USA 21000 yellow label	25.00	NM

KUMANO
I'LL CRY FOR YOU	I HEARD IT	PRELUDE 8010	15.00	78

K.W.   also see KEN WILLIAMS
COME BACK	BABY IF YOU WERE GONE	OKEH 7303	250.00	NM

Artist / Title	B-side	Label	Price	Grade
L, JOE				
(I'M NOT GONNA BE) WORRIED	PLEASE MR. FOREMAN	CLISSAC 3001	20.00	NM
IT'S LOVE BABY (24 HOURS A DAY)	NORMA'S BLUES	VALTONE 103	15.00	B
L.A. BARE FAXX				
SUPER COOL BROTHER	THE THINGS YOU DO	WATTS USA 10	300.00	F
L.A. POWER and LIGHT				
LET'S SPEND SOME TIME TOGETHER	LET'S SPEND SOME TIME TOGETHER (vocal)	WB 7087	10.00	NM
L.C.				
PUT ME DOWN EASY	TAKE ME FOR WHAT I AM	SAR 148	15.00	NM
L.P.T.'S				
(TOGETHER) THAT'S THE ONLY WAY	(TOGETHER) THAT'S THE ONLY WAY Pt. 2	LA BEAT 6701	20.00	GR
LA CHORDS				
HAMMER OF MY HEART	ON THE BEACH	TAKE FIVE 631	500.00	NM
SIT DOWN AND WRITE	HEY PRETTY BABY	TAKE FIVE 631 - 6	500.00	NM
LA DELLICS				
I'LL NEVER CHANGE (MY LOVE FOR YOU)	GOT TO NBE A WAY	MO-JO 3001	300.00	NM
LA MAR, LA REINE				
THAT'S NOT THE WAY TO LOVE	MAMA I DON'T WANNA	CLOUD 503	300.00	NM
LA MAR, TONY				
COME OUT TONIGHT	PROMISES	DUCO 5001	200.00	GR
FUNKY WAH WAH	READY FOR YOUR LOVE	FIVE-FOUR 5450	200.00	F
LA MONT, REGGIE				
HOW LONELY (CAN ONE MAN BE)	DARLING I'LL GET ALONG	BLUE ROCK 4029	40.00	NM
LA NIERS				
I'VE GOT TO GET MYSELF TOGETHER	I'VE GOT TO STOP	RIVER CITY 602	75.00	NM
LA' SHELL and THE SHELLETTS				
YOU BETTER CHECK YOURSELF	SOMETHING I'M DOING WRONG	EAGLE 101	20.00	NM
LA VERN				
IT WON'T WORK OUT BABY	same:	MAYHEW 851	25.00	NM
LA VETTES				
NO MATTER WHAT YOU DO TO ME	PRACTICE WHAT YOU PREACH	PHILIPS 40338	15.00	NM
LABAT, VICKIE				
GOT TO KEEP HANGIN ON	WHEN YOU'RE IN LOVE	SHAGG 712 orange label	800.00	NM
GOT TO KEEP HANGIN ON	WHEN YOU'RE IN LOVE	SHAGG 712 biege label	800.00	NM
LABELLE, PATTI				
IT'S ALRIGHT WITH ME	MUSIC IS MY WAY OF LIFE	EPIC 50659	10.00	78
LABELLE, PATTI and the BLUEBELLES				
ALL OR NOTHING	YOU FORGOT HOW TO LOVE	ATLANTIC 2311	15.00	NM
LOVONG RULES	PRIDE'S NO MATCH FOR LOVE	ATLANTIC 2629	40.00	NM
TENDER WORDS	ALWAYS SOMETHING THERE TO REMI	ATLANTIC 2390	20.00	NM
TRUSTIN' IN YOU	SUFFER	ATLANTIC 2712	30.00	NM
YOU FORGOT HOW TO LOVE	ALL OR NOTHING	ATLANTIC 2311	20.00	NM
I'M STILL WAITING	FAMILY MAN	ATLANTIC 2347	15.00	NM
LACKEY, RICHARD				
THE GREATEST GIFT	LOVE SHOPPING	SOLID FOUNDATION 106	500.00	NM
LACY, HERBERT				
GIVE ME A CHANCE	WHEN THING GET THROUGH	GEORGIA GAR 53272	15.00	78
LADREW, JOHN				
WHAT'S THE MATTER WITH ME	YOU'RE JUST WHAT I NEEDED	ROULETTE 4688	15.00	NM

LADY MARGARET and the SMITH, PERRY
TRIPPIN' WITH YOU	OUT IN SPACE	GEMINI. 546	20.00	78

LADY MARGO
SIMPLY GOT TO MAKE IT	STOP BY	CYNTHIA 1000	15.00	78
THIS IS MY PRAYER	I'VE GOT JUST THE THING	M.T.H. 33947	10.00	B

LADYBIRDS
HANDSOME BOY	YES I KNOW	LAWN 231	300.00	NM

LAMAR, PRETTY BOY
YOU ARE GONNA BE SORRY	I AM IN LOVE	CYCLONE 124	150.00	NM

LAMAR, RALPH
DON'T LET ME CROSS OVER	same: short version	HONOR BRIGADE 6 blue vinyl	25.00	B

LAMAR, TONI
JUST IN THE NICK OF TIME	IT'S TOO LATE	BUDDAH 10	20.00	NM

LAMARR, CHICO
HOW ABOUT YOU	WHAT DO YOU THINK I AM	FULLER 1004	200.00	NM

LAMBERT, RUDY
LOVE	LETS STICK TOGETHER	CLUB 7 1234	250.00	NM

LAMONT, CHARLES and the EXTREMES
I'VE GOT TO KEEP MOVIN'	DOIN' MICKEY'S JERK	CHALLENGE 59290	100.00	NM

LAMONT, LEE
HAPPY DAYS	PLEASIN' WOMAN	BACK BEAT 564	10.00	NM
I'LL TAKE LOVE	THE CRYING MAN	BACK BEAT 542	10.00	NM

LAMONT, PAULA
THE BEATLE MEETS A LADYBUG	GREATEST LOVER UNDER THE SUN	LOADSTONE 1605	30.00	NM

LAMONT, REGGIE
HOW LONELY (CAN ONE MAN BE)	DARLING I'LL GET ALONG SOMEHOW	BLUE ROCK 4029	40.00	NM

LAMP SISTERS
A WOMAN WITH THE BLUES	I THOUGHT IT WAS ALL OVER	DUKE 427	15.00	NM
NO CURE FOR THE BLUES	YOU CAUGHT ME NAPPING	DUKE 439	10.00	NM

LAMP, BUDDY
HEN PECKED	IF YOU SEE KATE	DUKE 468	15.00	NM
I WANNA GO HOME	CONFUSION	WHEELSVILLE 120	10.00	NM
SAVE YOUR LOVE	I WANNA GO HOME	WHEELSVILLE 122	100.00	NM
THE NEXT BEST THING	JUST A LITTLE BIT OF LOVIN'	D-TOWN 1064	50.00	NM
YOU'VE GOT THE LOVING TOUCH	WANNA GO HOME	WHEELSVILLE 113	50.00	NM

LAMPKIN, TONY
YOU'VE GOT TOO MANY MILES	MAKE 'EM BETTER NOW	SWAR 6020	30.00	78

LANAY, MICKEY
I'M GONNA WALK	FORGET YESTERDAY	VULCAN 100	100.00	NM

LANCE and the SPIRITS
THE PERFECT COMBINATION	COOKING UP SOME SOUL	GARRETT 1005	30.00	NM

LANCE, MAJOR
AIN'T IT A SHAME	GOTTA GET AWAY	OKEH 7223	15.00	NM
AIN'T NO SOUL (IN THESE OLD SHOES)	I	OKEH 7266 **PS**	30.00	NM
AIN'T NO SOUL (LEFT IN THESE OLD SHOES)	I	OKEH 7266	20.00	**NM**
COME SEE	YOU BELONG TO ME MY LOVE	OKEH 7216 **PS**	25.00	NM
COME SEE	YOU BELONG TO ME MY LOVE	OKEH 7216	10.00	NM
COME WHAT MAY	COME ON, HAVE YOURSELF A GOOD	COLUMBIA 10488	20.00	78
DARK AND LONELY	TOO HOT TO HOLD	OKEH 7226 45	75.00	NM
DELILAH	EVERYTIME	OKEH 7168	75.00	NM
EVERYBODY LOVES A GOOD TIME	I JUST CAN'T HELP IT	OKEH 7233	15.00	NM
FOLLOW THE LEADER	SINCE YOU'VE BEEN GONE	DAKAR 608	10.00	NM
GIRL, COME ON HOME	SAME	VOLT 4069	10.00	78
GIRLS	IN AIN'T NO USE	OKEH 7197	15.00	NM
GOTTA GET AWAY	AIN'T IT A SHAME	OKEH 4-7223	15.00	NM
GYPSY WOMAN	STAY AWAY FROM ME	CURTOM 1953	10.00	NM
HEY LITTLE GIRL	CRYING IN THE RAIN	OKEH 7181	15.00	NM
I'M SO LOST	SOMETIMES I WONDER	OKEH 7209	20.00	NM
INVESTIGATE	LITTLE YOUNG LOVER	OKEH 7250	30.00	**NM**
INVESTIGATE	LITTLE YOUNG LOVER	OKEH 7250 **PS**	40.00	NM
IT AIN'T NO USE	GIRLS	OKEH 7197	12.00	NM
IT'S THE BEAT	YOU'LL WANT ME BACK	OKEH 7255	20.00	**NM**
I'VE GOT A GIRL	PHYLISS	MERCURY 71582	100.00	GR
I'VE GOT A RIGHT TO CRY	KEEP ME COMING BACK TO YOU	OSIRIS 2	100.00	78
LITTLE YOUNG LOVER	MUST BE LOVE COMING DOWN	CURTOM 1956	15.00	NM
MONKEY TIME	MAMA DIDN'T KNOW	OKEH 7175	15.00	NM
RHYTHM	PLEASE DON'T SAY NO MORE	OKEH 7203	25.00	NM
RHYTHM	PLEASE DON'T SAY NO MORE	OKEH 7203 **PS**	30.00	NM
SHADOW OF A MEMORY	SWEETER AS THE DAYS GO BY	DAKAR 612	15.00	NM
SINCE I LOST MY BABY'S LOVE	GIRL, COME ON HOME	VOLT 4069	10.00	78

SINCE I LOST MY BABY'S LOVE	AIN'T NO SWEAT	VOLT 4085	10.00	78
SINCE YOU'VE BEEN GONE	FOLLOW THE LEADER	DAKAR 608	10.00	NM
STAY AWAY FROM ME (I LOVE YOU	same:	CURTOM 1953 dj	10.00	NM
SWEETER AS THE DAYS GO BY	SHADOWS OF A MEMORY	DAKAR 612	15.00	NM
THAT'S THE STORY OF MY LIFE	I WANNA MAKE UP (BEFORE WE BREAK UP)	VOLT 4079	15.00	NM
THE BEAT	YOU'LL WANT ME BACK	OKEH 7255	30.00	**NM**
THE MATADOR	GONNA GET MARRIED	OKEH 7191	15.00	NM
THE MONKEY TIME	MAMA DIDN'T KNOW	OKEH 7175	20.00	NM
THINK NOTHING ABOUT IT		OKEH 7200 unissued	**NEG**	NM
TOO HOT TO HOLD	DARK AND LONELY	OKEH 7226	20.00	NM
UM, UM, UM, UM, UM, UM	SWEET MUSIC	OKEH 7187	10.00	NM
UM, UM, UM, UM, UM, UM	SWEET MUSIC	OKEH 7187 **PS**	25.00	NM
WITHOUT A DOUBT	FOREVER	OKEH 7298	40.00	NM
YOU DON'T WANT ME NO MORE	WAIT TIL I GET YOU IN MY ARMS	OKEH 7284	200.00	**NM**
LANCELOT, RICK				
HEARTBREAK TRAIN	HOO DOO MAN	RCA 8564	20.00	NM
LANCERS				
DOING THE SNATCH	BASS OLOGY	BLUE ROCK 4021	30.00	NM
LANDLORDS and TENANTS				
BACK UP PT.1	BACK UP PT 2	BUDDAH 301	25.00	F
SAGITTARIUS PT.1	SAGITTARIUS PT 2	COACH 11	60.00	F
LANDS, HOAGY				
BABY COME ON HOME	BABY LET ME HOLD YOUR HAND	ATLANTIC 2217	15.00	B
THE NEXT IN LINE	PLEASE DON'T TALK ABOUT ME WHE	LAURIE 3381	30.00	NM
WHY DIDN'T YOU LET ME KNOW	DO YOU KNOW WHAT LIFE IS ALL ABOUT	SPECTRUM 122	40.00	NM
LANDS, LIZ				
HE'S GOT THE WHOLE WORLD IN HIS HANDS	MAY WHAT HE LIVED FOR LIVE	GORDY 7026	20.00	M
MIDNIGHT JOHNNY	KEEP ME	GORDY 7030	75.00	M
ONE MAN'S POISON	DON'T SHUT ME OUT	ONEDERFUL 4847	20.00	NM
LANDSLIDES				
MUSIC PLEASE MUSIC	WE DON'T NEED NO MUSIC	HUFF PUFF 1001	20.00	F
LANDY				
DOCTOR GOOD SOUL	MAMA DEAR	MOON SHOT 6711	15.00	NM
LANE RELATIONS				
CLEANING UP HERE	EVERYTHING ON EARTH	ARCTIC 110	10.00	B
LANE, HERB and the RHYTHM MAKERS				
YOU'RE MY LAST GIRL	AT THE HOP	VIGOR 1729	15.00	GR
LANE, JEFF				
I SURE DO WANT SOMEONE		DOUBLE ZERO	250.00	NM
YOU PUT THE HURT ON ME	THE DAY THAT YOU LEFT ME	UNITED INTERNATIONAL 1002	75.00	NM
LANE, LINDA				
LONELY TEARDROPS	CANCEL THE CELEBRATION	CUB 9124	50.00	NM
LANE, MICKEY LEE				
HEY SAH-LO-NEY	OF YESTERDAY	SWAN 4222	20.00	NM
LANE, STACY				
FUNKY LITTLE TRAIN	NO BRAGS JUST FACTS	EXCELLO 2302	75.00	F
LAREY, PEGGY				
WELCOME HOME	FLESH FAILURES	SIDEWALK 110	100.00	78
LARK, FRANCES				
HOLD BACK THE DAWN	GET UP AND DANCE	DORE 730	85.00	NM
LARK, TOBI				
HAPPINESS IS HERE	TALKIN' ABOUT LOVE	TOPPER 1011	150.00	NM
CHALLENGE MY LOVE	SWEEP IT OUT THE SHED	TOPPER 1015	150.00	NM
I'LL STEAL YOUR HEART	TALK TO AN ANGEL	PALMER 5000	250.00	NM
LOTS OF HEART		USD	800.00	NM
TWENTY FOUR HOURS	SHAKE MY HAND	COTILLION 44025	10.00	NM
LARKS				
COME BACK BABY	THE SKATE	MONEY 127	30.00	NM
I WANT HER TO LOVE ME	SAME:INSTRUMENTAL	GUYDEN 2098	15.00	GR
SOUL JERK	MICKEY'S EAST COAST JERK	MONEY 110	10.00	NM
THE JERK	FORGET ME	MONEY 106	10.00	NM
THE JERK	FORGET ME	MONEY 106	15.00	NM
LARRY and the LARKS				
TELL ME	THE GIRL I LOVE	VEEP 1251	30.00	NM
LAS VEGAS CONNECTION				
CAN'T NOBODY LOVE ME LIKE YOU	RUNNING BACK TO YOU	HEP ME 169A	30.00	78
GIVE ME YOUR LOVE	DANCING WITH MY LOVE BONES	HEP ME 169	10.00	78
LASALLE, DENISE				
A LOVE REPUTATION	ONE LITTLE THING	TARPON 6603 blue label	60.00	NM
A LOVE REPUTATION	ONE LITTLE THING	TARPON 6603 green label	75.00	NM

Billy Larkin - Funky Fice - Kola Shanah 75-

A LOVE REPUTATION	ONE LITTLE THING	CHESS 2005	30.00	NM
HEARTBREAK OF THE YEAR	HUNG UP STRUNG OUT	PARKA 2302	20.00	NM
HEARTBREAKER OF THE YEAR	HUNG UP, STRUNG OUT	WESTBOUND 162	10.00	NM
I'M TRIPPING ON YOU	I'LL GET YOU SOME HELP	MCA 51046	10.00	78
NO MATTER WHAT THEY SAY	WORKIN' OVERTIME	ABC 12419	10.00	78
TOO LATE TO CHECK YOUR TRAP	HEARTBREAKER OF THE YEAR	CRAJON 48201	15.00	NM
TOO LATE TO CHECK YOUR TRAP	THE RIGHT TRACK	PARKA 2301	20.00	NM

LASALLES

LA, LA, LA, LA, LA	THIS IS TRUE	VIP 25036	20.00	M

LASHANNON, RONNIE

WHERE HAS OUR LOVE GONE	same: short version	BRUNSWICK 55532	15.00	78

LASHONS

LITTLE SISTERS BEWARE	MONKEY AGE	VENDED 105	100.00	NM

LASKEY, EMANUEL

DON'T LEAD ME ON	WHAT DID I DO WRONG	THELMA 106	45.00	NM
DON'T LEAD ME ON	YOU BETTER QUIT IT	THELMA 115	20.00	NM

Credited to Emanuel Laskey on the label. But THELMA 115 the singer is **Billy Kennedy.**

I'D RATHER LEAVE ON MY FEET	same: Full Length Version.	DT 100	200.00	78
I'M A PEACE LOVING MAN	SWEET LIES	THELMA 108 HVC 701 mix	100.00	NM
I'M A PEACE LOVING MAN	SWEET LIES	THELMA 108	50.00	NM
I NEED SOMEBODY	TOMORROW	THELMA 2282	25.00	M
JUST THE WAY (I WANT HER TO BE)	RIGHT NOW (WIT IT)	MUSIC NOW 2880	25.00	78
LUCKY TO BE LOVED (BY YOU)	OUR WORLD	WILD DUECE 1003	30.00	NM
MORE LOVE (WHERE THAT CAME FROM)	A LETTER FROM VIETNAM	WESTBOUND 143	15.00	B
REMEMBER ME ALWAYS	REMEMBER ME ALWAYS pt. 2	DT 10008	40.00	78
RUN FOR YOUR LIFE	YOU BETTER BE SURE	THELMA 110	250.00	NM
TOMORROW	I NEED SOMEBODY	NPC 303	30.00	GR
WELFARE CHEESE	THE MONKEY	THELMA 100	30.00	NM
WELFARE CHEESE	CRAZY	THELMA 101	20.00	NM

LASTER, LARRY

GO FOR YOURSELF	HELP YOURSELF	LOMA 2043	50.00	NM
THAT'S JUST WHAT YOU DID	IT WILL BE	DUO VIRGO 100	150.00	NM

LATELY, JAMES

LOVE FRIENDS AND MONEY	TEARS RUNNING AND FALLING IN MY EYES	TEMPLE 2082	1200.00	NM

LATHAM, GERALDINE

LAZY LOVER	MR. FIXIT	WINNER 7 11 101	10.00	NM
MR. FIX-IT	LAZY LOVER	WINNER 7 11 101	15.00	NM

LATIMORE, BENNY

GIRL I GOT NEWS FOR YOU	AIN'T CRY NO MORE	DADE 2013	30.00	NM
I'LL BE GOOD TO YOU	LIFE'S LITTLE UPS AND DOWNS	DADE 2025	40.00	NM
I'M JUST AN ORDINARY MAN	I PITY THE FOOL	ATLANTIC 2639	10.00	B
IT WAS SO NICE WHILE IT LASTED	THERE SHE IS	DADE 2014	40.00	NM
IT'S JUST A MATTER OF TIME	LET'S MOVE AND GROOVE TOGETHER	DADE 2015	15.00	B
LOVE DON'T LOVE ME	THE POWER AND THE GLORY	DADE 2017	15.00	B
RAIN FROM THE SKY	I CAN'T GO ON ANYMORE	BLADE 701	500.00	NM

LATIN BREED

I TURN YOU ON	RAINY DAY	GC	200.00	F

LATIN COUNTS

NIGHT CHEATER	YOU DON'T KNOW IT	CORONA 3001	30.00	GR

LATTER, GENE

SIGN ON THE DOTTED LINE	I LOVE YOU	LIBERTY 56117	15.00	NM

LATTIMORE, ALMETA

THESE MEMORIES	same: mono	MAINSTREAM 5575 dj	200.00	78

LATTIMORE, CHARLES

DO THE THING	WE TRY HARDER	SHOUT 219	20.00	F
I DONE GOT OVER	ONE MAN'S WOMAN	FESTIVAL 706	40.00	NM

LAVANT, JACKIE and the FASHIONS

I DON'T MIND DOIN' IT	WHAT GOES UP	PHIL LA SOUL 354	10.00	NM

LAVETT, BETTY

WIITCH CRAFT IN THE AIR	YOU KILLED THE LOVE	LU-PINE 123	30.00	NM

LAVETTE, BETTY

HEY LOVE	A LITTLE HELP FROM MY FRIENDS	KAREN 1545	20.00	NM
I'M HOLDING ON	TEARS IN VAIN	BIG WHEEL 1969	20.00	NM
I'M JUST A FOOL FOR YOU	STAND UP LIKE A MAN	CALLA 106	20.00	NM
LET ME DOWN EASY	WHAT I DON'T KNOW	CALLA 102	10.00	NM
ONLY YOUR LOVE CAN SAVE ME	I FEEL GOOD (ALL OVER)	CALLA 104	25.00	NM
SHUT YOUR MOUTH	MY MAN HE'S A LOVIN' MAN	ATLANTIC 2160	20.00	NM
WHAT CONDITION MY CONDITION IS IN	GET AWAY	KAREN 1544	25.00	NM 150
WITCH CRAFT IN THE AIR	YOU KILLED THE LOVE	LU PINE 123	10.00	NM

YOU MADE A BELIEVER OUT OF ME	THANK YOU FOR LOVING ME	EPIC 50143	100.00	78
YOU'LL NEVER CHANGE THAT	HERE I AM	ATLANTIC 2198	30.00	NM
YOU'LL WAKE UP WISER	HEART OF GOLD	ATCO 6891	20.00	NM

LAWRENCE, TONY

HARLEM CULTURAL FESTIVAL	same:	LO LO 2102 DJ	40.00	F

LAWRENCE and the ARABIANS

I'LL TRY HARDER	MONEY	HEM 1002	100.00	NM
OOH BABY	COINCIDENCE	HEM 1001	60.00	NM
OOH BABY	COINCIDENCE	SHOUT 215	10.00	NM

LAWS, ELOISE

LOVE FACTORY	STAY WITH ME	MUSIC MERCHANT 1013	50.00	**NM**
TIGHTEN HIM UP	same:	MUSIC MERCHANT 1011 dj	15.00	F

LAWS, LUCKY

WHO IS SHE	BROKEN HEART	ONEDERFUL 4825	20.00	NM

LAWSON, CURTIS

FIFTY - FIFTY	MY WOMAN MY GIRL MY WIFE	B AND B 7901	10.00	78

LAWSON, JOYCE

LOVE UPRISING	LOVE UPRISING PT. 2	MUTT and JEFF 42	15.00	78

LAWSON, ROBBY

BURNING SENSATION	I HAVE SEARCHED	KYSER 2122	850.00	**NM**

LAWSON, SHIRLEY

ONE MORE CHANCE	THE STAR	BACK BEAT 567	150.00	NM
SO MUCH TO ME	SAD SAD DAY	ENTERPRISE 5040	100.00	NM

LAWTON, LOU

I AM SEARCHING (FOR MY BABY)	DOING THE PHILLY DOG	CAPITOL 5613	15.00	NM
WRAPPED IN A DREAM	I'M JUST A FOOL	CAPITOL 5742	10.00	NM

LAYNE, SANDY

HOW MANY TIMES	PUSH MY LOVE BUTTON	LOMA 2052	30.00	NM

LAZY SUSANS

IF YOU LOVE ME	I GIVE IN	KAPP 741	50.00	NM

LE ROY

COME WHAT MAY	EASY LIVIN'	DREAM MACHINE 1001	20.00	78

LE TRE FEMME

OPEN UP THE SAFE	YOU BETTER GET BACK	20TH. CENTURY 6702	15.00	NM

LEACH, JOHN

PUT THAT WOMAN DOWN	LOVE DON'T TURN YOUR BACK ON ME	LAWN 256	400.00	NM

LEADERS

YOU ARE THE ONE I LOVE	IT'S FUNNY HOW FAST YOU FORGOT	BLUE ROCK 4060	25.00	NM

LEAR, KEVIN KING

(YOU GOT) THE POWER OF LOVE	MR. PEARLY	PAGE ONE 21011	15.00	NM

LEAVILL, OTIS

A REASON TO BE LONELY	BECAUSE OF YOU	BLUE ROCK 4031	20.00	NM
BOOMERANG	TO BE OR NOT TO BE	BLUE ROCK 4015	15.00	**NM**
CAN'T STOP LOVING YOU	BABY (WHY CAN'T YOU HEAR ME)	BRUNSWICK 55337	50.00	NM
GLAD I MET YOU	THERE'S NOTHING BETTER	DAKAR 625	10.00	NM
GOTTA RIGHT TO CRY	RISE SALLY RISE	LUCKY 1004	200.00	NM
I LOVE YOU	I NEED YOU	DAKAR 614	10.00	NM
I'M AMAZED	JUST A MEMORY	LIMELIGHT 3020	30.00	NM
IT'S THE SAME OLD ME	LET ME LIVE	BLUE ROCK 4063	20.00	NM
KEEP ON LOVING	RIGHT BACK IN LOVE	COLUMBIA 43661	50.00	NM
LOVE UPRISING	I NEED YOU	DAKAR 620	10.00	NM
NOBODY BUT YOU	CHARLOTTE	SMASH 2141	20.00	NM
WHEN THE MUSIC GROOVES	LET HER LOVE ME	BLUE ROCK 4002	15.00	**NM**
WHY, WHY, WHY	GLAD I MET YOU	DAKAR 617	20.00	NM
YOU BROUGHT THE GOOD OUT IN ME	I'M SO JEALOUS	DAKAR 622	10.00	NM

LEAVY, CALVIN

BROUGHT YOU TO THE CITY	CUMMINS PRISON	SOUL BEAT 100	15.00	F
ENJOY BEING HURT BY YOU	FREE FROM CUMMINS PRISON FARM	SOUL BEAT 118	20.00	NM
IS IT WORTH ALL (I'M GOING THROUGH)	FUNKY JAM	SOUL BEAT 112	20.00	B
THAT'S WHERE I AM	CUMMINS PRISON	SOUL BEAT 102	20.00	F

LEDFORD, BOBBY

MAKE LOVE TO MY WOMAN	MAKE LOVE TO MY WOMAN PT 2	SS7 2627	20.00	F

LEDGENDS

FEAR NOT	GOTTA LET YOU GO	LOCKET 756	40.00	NM
FEAR NOT	GOTTA LET YOU GO	COMMONWEALTH 3014	20.00	NM

LEE and the LEOPARDS

COME INTO MY PALACE	TRYING TO TAKE IT	GORDY 7002	40.00	M

LEE, BRENDA

COMING ON STRONG	YOU KEEP COMING BACK TO ME	DECCA 32018	10.00	NM
TIME AND TIME AGAIN	TOO LITTLE TIME	DECCA 31917	30.00	NM
WHERE'S THE MELODY	SAVE ME FOR A RAINY DAY	DECCA 32213	10.00	NM

LEE, BYRON and the DRAGONAIRES
THE RECORD (BABY I LOVE YOU)	HANG ON SLOOPY	BRA. 901	100.00	NM

LEE, CURTIS
IS SHE IN YOUR TOWN		CODA 101	300.00	NM
SHE'S IN YOUR TOWN		MIRA	100.00	NM

LEE, DENNIS and the NOTABLES
FUNKY PENGUIN	SUNDAY AFTERNOON	JERBARK 104	15.00	F

LEE, JACKIE
BRING IT HOME	GLORY OF LOVE	KEYMEN 109	10.00	NM
DARKEST DAYS	ONE FOR THE ROAD	ABC 11146	100.00	NM
OH, MY DARLIN'	DON'T BE ASHAMED	MIRWOOD 5527	10.00	**NM**
PERSHING SQUARE	25 MILES TO LOUISIANA	CAPITOL 3145	10.00	NM
THE CHICKEN	I LOVE YOU	UNI 55206	10.00	F
THE DUCK	LET YOUR CONSCIENCE BE YOUR GUIDE	MIRWOOD 5502	10.00	NM
SHOTGUN AND THE DUCK	DO THE TEMPTATION WALK	MIRWOOD 5510	10.00	NM
WOULD YOU BELIEVE	YOU'RE EVERYTHING	MIRWOOD 5519	15.00	NM
YOU WERE SEARCHING FOR A LOVE	YOUR SWEETNESS IS MY WEAKNESS	UNI 55259	15.00	NM
YOUR P-E-R-S-O-N-A-L-I-T-Y	TRY MY METHOD	MIRWOOD 5509	10.00	NM

LEE, JOE
BOTTOM OF THE BAG	CLOSE TO YOU	PAPA JOES	75.00	F

LEE, LAURA
TO WIN YOUR HEART	SO WILL I	RIC TIC 111	40.00	**NM**
YOUR SONG	SAT-IS-FACTION	FANTASY 865	10.00	78

LEE, LEONARD
I'M A POOR BOY (WITH MILLIONS)	SINCE YOU'VE BEEN GONE	BROADMOOR 102	25.00	NM

LEE, LITTLE FRANKIE (and the SAXTONS)
FULL TIME LOVER	DON'T MAKE ME CRY	GREAT SCOTT 9	30.00	NM
FULL TIME LOVER	DON'T MAKE ME CRY	PEACOCK 1929	20.00	NM
I GOTTA COME BACK	TAXI BLUES	PEACOCK 1935	75.00	NM
I'M MAKING LOVE	HELLO MR. BLUES	PEACOCK 1965	25.00	F

LEE, MAMIE
I CAN FEEL HIM SLIPPING AWAY	THE SHOW IS OVER	MGM 13850	40.00	NM

LEE, MARVA
IF YOU CAN'T BE TRUE	TOO BAD, TOO SAD	ATCO 6367	75.00	NM

LEE, NORA
YOU MUST BELIEVE ME	FORGET IT	WESTWOOD 1421	50.00	NM

LEE, OTIS
HARD ROW TO HOE	THEY SAY I'M A FOOL	QUAINT 1-1	500.00	NM

LEE, PERK
THE DOCKS	PEANUT BUTTER SANDWICH	BOSS 2125	350.00	NM
THE DOCKS	PEANUT BUTTER SANDWICH	USA 748	250.00	NM

LEE, RITA
SALVATION	SO OH	CHARAY 101	20.00	NM

LEE, ROBERT and the EXQUISITES
TEARS ARE FALLING	LISA	JIVE 1301	25.00	GR

LEE, RUBY
I BELIEVE IN YOU	I'M GONNA PUT A WATCH ON YOU	POPTONE 1901	15.00	NM

LEE, SAMMY
IT HURTS ME	NUSERY RHYMES	RAMPART 653	25.00	NM
WHAT GOES AROUND		PROMCO	100.00	NM

LEE, T.C. and the BRICKLAYERS
UP AND DOWN THE HILL	GET AWAY FROM HERE	KING 6135	750.00	NM

LEE, TOMMIE
THAT'S THE WAY I WANT TO LIVE	DELTA QUEEN	CAPITOL 6662	75.00	78

LEE, WARREN
EVER SINCE (I'VE BEEN LOVING YOU)	CLIMB THE LADDER	DEESU 315	10.00	NM
MAMA SAID WE CAN'T GET MARRIED	A LADY	DEESU 302	70.00	F

LEE, WILLIE
FLY DOWN	IT NEVER FADES	CREATIVE MOTIF 1001	30.00	F
SWEET THING	MAN THAT I AM	GATUR 511	25.00	F

LEE'S GROUNDHOGS, JOHN
I'LL NEVER FALL IN LOVE AGAIN	OVER YOU BABY	PLANET 104	20.00	MOD

LEGAIR, MICHEAL
HUSTLE ON DOWN	HUSTLE ON DOWN PT 2	ALAGA 1020	20.00	F

LEGEND, TOBI
NO GOOD TO CRY	HEARTBREAKER	MALA 12003	30.00	NM
TIME WILL PASS YOU BY	HEARTBREAKER	MALA 591 dj	150.00	NM
TIME WILL PASS YOU BY	HEARTBREAKER	MALA 591	250.00	NM

LEGENDS
HIDEOUT	TELL ME BABY (DO YOU NEED MY LOVE)	MICKAYS 3008	100.00	NM

LEMANN, PATTY
I COULD HAVE LOVED YOU SO	AHSAMED	WB 5642	25.00	NM

LEMONS, GEORGE
FASCINATING GIRL	same: instrumental	GOLD SOUL	1200.00	NM

LEMON TWISTERS
HEY LITTLE BABY		ARLINGTON 8807	30.00	NM

LEN and the PA'S
SOUL BLOCK		RUSH	100.00	F

LENA and the DELTANETTES
TURN AROUND BABY	I'VE GOT THE WHOLE WORLD IN MY	UPTOWN. 721	25.00	NM

LENOIR, PATTIE and the HI STANDS
TRY IT YOU'LL LIKE IT	I HAD A LOVE	C.J. 660	50.00	NM

LENTON, VAN
YOU DON'T CARE	GOTTA GET AWAY	SMASH 2007	10.00	NM

LENYARD, DAVID and THE MUSIC TREE
IT COULD HAVE BEEN YOU	same: instrumental	FLYING EAGLES 572	10.00	78

LEON and THE BURNERS
WHIPLASH	CRACK UP	JOSIE 945	25.00	F

LEON and the METRONOMES
I'LL CATCH YOU ON THE REBOUND	BUY THIS RECORD FOR ME	CARNIVAL 515	40.00	NM

LEONARD, BILLY
TELL ME DO YOU LOVE ME SLST.	TEARS OF LOVE	FAIRMOUNT 1007	25.00	NM

LEONARD, CHUCK
NOBODY BUT YOU GIRL	DOODLEY DOO	CRACKERJACK 4017	15.00	B

LEONARD, JOY
DON'T FEEL SORRY FOR ME	BABY I WANNA BACKTRACK	HERCULES 102	150.00	NM

LEO'S SUNSHIPP
GIVE ME THE SUNSHINE	same: short intro.	LYONS 777	150.00	78

LEROY and the DRIVERS
THE SAD CHICKEN	RAINY NIGHT IN GEORGIA	DUO 7458	200.00	F
L-O-V-E	BLOW WIND	CORAL 62515	40.00	B

LES CHANSONETTES
DON'T LET HIM HURT YOU	DEEPER	SHRINE 114	700.00	NM
I ALMOST LEFT YOU	I ALMOST LEFT YOU pt. 2	MONCA 1780	25.00	B

LESLIE, C. VAUGHN
AIN'T IT LIKE I TOLD YOU	HOLD IT	MASTERTONE 4014	300.00	NM

LESLIE, DICK
HARLEM TRAIN	LUCKY MAN	G-L 3368	75.00	NM

LESTER, BOBBY
HANG UP YOUR HANG UPS	SWEET GENTLE NIGHTIME	COLUMBIA 45081	20.00	NM

LESTER, KETTY
PLEASE DON'T CRY ANYMORE	ROSES GROW WITH THORNS	RCA 8371	25.00	NM
SOME THINGSARE BETTER LEFT UNSAID	THE HOUSE IS HAUNTED	RCA 8331	45.00	**NM**
WEST COAST	I'LL BE LOOKING BACK	TOWER 166	15.00	NM

LESTER, LONNIE
YOU CAN'T GO	YOU CHOOSE	NU-TONE 210	100.00	NM

LESTER, LONNIE and DANZY, CHUCK
AIN'T THAT A SHAME	I KNOW	NU-TONE 1209	40.00	NM

LEVERETT, CHICO
SOLID SENDER	I'LL NEVER LOVE AGAIN	TAMLA 54024.	1000.00	M

LEVON, TAMMY
SHOW ME THE WAY	A SCHOOL GIRL'S DREAM	NATION 2166	15.00	NM

LEWIS SISTERS
HE'S AN ODDBALL	BY SOME CHANCE	VIP 25018	30.00	M
YOU NEED ME	MOONLIGHT ON THE BEACH	VIP 25024	30.00	M

LEWIS, LOUISE
WEE OO I'LL LET IT BE YOU BABE	MATCHES	SKYWAY 144	50.00	**NM**

LEWIS, ARTIE
FALLING (IN LOVE WITH YOU)	AIN'T NO GOOD	LOMA 2073	20.00	NM

LEWIS, BARBARA
ASK THE LONELY	WHY DID IT TAKE SO LONG	ENTERPRISE 9027	20.00	NM
DON'T FORGET ABOUT ME	IT'S MAGIC	ATLANTIC 2316	15.00	NM
FOOL, FOOL, FOOL	ONLY ALL THE TIME	ATLANTIC 2413	15.00	NM
HELLO STRANGER	THINK A LITTLE SUGAR	ATLANTIC 2184	10.00	NM
I REMEMBER THE FEELING	BABY WHAT DO YOU WANT ME TO DO	ATLANTIC 2361	20.00	NM
I'M SO THANKFUL	ROCK AND ROLL LULLABY	REPRISE 1146	20.00	78
LOVE MAKES THE WORLD GO ROUND	I'LL MAKE HIM LOVE ME	ATLANTIC 2400	10.00	NM
PUSHIN' A GOOD THING TOO FAR	COME HOME	ATLANTIC 2255	15.00	NM
SOMEDAY WE'RE GONNA LOVE AGAIN	SPEND A LITTLE TIME	ATLANTIC 2227	10.00	**NM**
THANKFUL FOR WHAT I GOT	SHO-NUFF	ATLANTIC 2482	15.00	NM
YOU MADE ME A WOMAN	JUST THE WAY YOU ARE TODAY	ENTERPRISE 9012	20.00	NM

LEWIS, DEBRAVON
THE LITTLE THINGS (THAT KEEP M	I'M NOT THAT KIND OF GIRL	OAKLAND SMOKE 3	20.00	78

LEWIS, DIANE
I THANK YOU KINDLY	PLEASE LET ME HELP YOU	WAND 1183	15.00	NM
MY DARLIN'	PLEASE LET ME HELP YOU	LOVE 101	10.00	NM

LEWIS, ESSIE
YOU'RE MY LOVE	YOU'RE MY LOVE PT 2	IGLOO 1000	200.00	NM

LEWIS, GARY and the PLAYBOYS
MY HEARTS SYMPHONY	TINA (I HELD YOU IN MY ARMS)	LIBERTY 55898 **PS**	20.00	NM

LEWIS, GUS THE GROOVE
LET THE GROOVE MOVE YOU	TOGETHER	TOU-SEA 131	50.00	F

LEWIS, HERMAN
THINK! TWICE BEFORE YOU WALK AWAY	same:	MERCURY 73002 dj	25.00	NM
WHO'S KISSING YOU TONIGHT	THINK TWICE BEFORE YOU WALK AWAY	MERCURY 73002	850.00	NM
WHO'S KISSING YOU TONITE	RIGHT DIRECTION	STONE BLUE 101	1300.00	NM

LEWIS, J.G.
DANCE LADY DANCE	THAT'S HER (THAT'S THE GIRL FOR ME)	AL and THE KID 105	30.00	78
WHAT AM I GOING TO DO	same: instrumental	IX CHAINS 7018	15.00	78

LEWIS, JAMES and the CASE OF TYME (also see CASE OF TYME)
MANIFESTO	SOME CALL IT LOVE	LEGEND 1014	30.00	**NM**

LEWIS, JIMMY
I QUIT, YOU WIN	I CAN'T GET NO LOVING NOWHERE	TRC 1000	30.00	NM
I'M JUST DOING TO YOU WHAT YOU	STRING BEAN	BUDDAH 255	25.00	F
IS THAT ANY WAY TO TREAT A LADY	THERE AIN'T NO MAN THAT CAN'T	HOTLANTA 301	10.00	78
LET ME KNOW	THE GIRLS FROM TEXAS	MINIT 32017	25.00	NM
LET'S CALL THE WHOLE THING OFF	I'M STEPPING OUT	TRC 994	15.00	NM

LEWIS, JUNIOR
ALL ABOUT LOVE	WHY TAKE IT OUT ON ME	MGM 13728	15.00	NM
FORTY DAYS AND FORTY NIGHTS	THE ONLY GIRL	COLUMBIA 42361	30.00	NM

LEWIS, KENI
AIN'T GONNA MAKE IT EASY	WHAT'S YOUR SIGN	DE-VEL 6753	30.00	78
WHAT'S HER NAME	DRUG TRAFFIC	BUDDAH 191	150.00	NM

LEWIS, LITTLE GRADY and the SOUL SMOKE
SOUL SMOKIN PT.1	SOUL SMOKIN PT 2	WAND 11231	20.00	F

LEWIS, LOUISE
WEE OOO I'LL LET IT BE YOU BABE	MATCHES	SKYWAY 144	50.00	**NM**

LEWIS, LUVENIA (LEVENIA)
LET ME BE THE ONE	I'M NOT STRONG ENOUGH	SUAVE 711	30.00	NM
SO MANY TIMES	NOBODY GONNA TAKE MY MAN	GOLDEN EAGLE 108	10.00	B
SO MANY TIMES	NOBODY'S GONNATAKE MY MAN	VALERIE 227	15.00	B

LEWIS, MARGARET
SOMETHING'S WRONG BABY	JOHN DE LEE	ROYAL AUDIO MUSIC 2451	100.00	NM

LEWIS, MARTY
I CAN'T DO WITHOUT YOU	DON'T LEAVE ME BABY	BIG DEAL 135	100.00	NM

LEWIS, MORRIS
ONE HUNDRED PERCENT OF YOUR L	THE ENCHZATRESS	C.J. 686	20.00	78

LEWIS, PAT
I CAN'T SHAKE IT LOSE	LET'S GO TOGETHER	GOLDEN WORLD 42	20.00	NM
LOOK WHAT I ALMOST MISSED	NO BABY, NO	SOLID HIT 101	25.00	NM
NO ONE TO LOVE	I OWE YOU SOMETHING	SOLID HIT 109	1200.00	NM
WARNING	I'LL WAIT	SOLID HIT 105	30.00	NM

LEWIS, RAMSEY
WADE IN THE WATER	AIN'T THAT PECULIAR	CADET 5541 blue & silver label	15.00	NM
WADE IN THE WATER	AIN'T THAT PECULIAR	CADET 5541	10.00	NM

LEWIS, RAY
GIVE MY LOVE A TRY	GETTING OVER YOU	FAIRMOUNT 1013	200.00	NM
TOO SWEET TO BE LONELY	SITTIN' AT HOME WITH MY BABY	DAR 101	20.00	NM

LEWIS, RAYMOND
SMOOTH OPERATOR	GOOD-BYE MY LOVE	SANSU 470	15.00	B

LEWIS, RUSS
BRAND NEW RECIPE	LOVE MADE ME BLUE	SHARP 6040	10.00	NM

LEWIS, RUTH
HURTING EACH OTHER	THAT SPECIAL WAY	RCA 8859	20.00	NM

LEWIS, TAMALA
YOU WON'T SAY NOTHING	IF YOU CAN STAND BY ME	MARTON 1002	1000.00	**NM**

LEWIS, VERMA
YOU DO	SOMEBODY HELP ME	GOLD TOKEN 103	200.00	NM

LIBERATION
LOVE LOOKS GOOD ON YOU	IN THE CITY	S.O.A. 150	400.00	78

LIFE
TELL ME WHY	same: Stereo version	REPRISE 1185	50.00	**NM**

LIFESTYLE
KATRINA	same:	MCA 40722 dj	10.00	78

LIGGINS, MICHEAL
LOADED BACK	GET TO STEPPIN'	MIGHTY 6901	75.00	F
LOADED TO THE GILLS	LOADED TO THE GILLS Pt 2	MIGHTY 7001	200.00	F

LIGHT DRIVERS
DREAMS OF A SHOESHINE BOY	OPERATOR	GEMINI 1021	30.00	NM

LIGHT OF DARKNESS
JUST GOT TO FIND THE WAY	SO GLAD THAT WE MET YOU	BAZAR 1004	40.00	NM

LIL BUCK and the TOP CATS
MONKEY IN A SACK		LA LOUISIANNE	300.00	F

LIL' MURRAY and the SOUL EXCITERS
SOUL CHITLENS	OPEN THE DOOR TO YOUR HEART	TAMMY 1028	40.00	F

LIL' SOUL BROTHERS
I'VE GOT HEARTACHES	WHAT CAN IT BE	D-TOWN 1069	50.00	NM
I'VE GOT HEARTACHES	WHAT CAN IT BE	WEE 3	60.00	NM
I'VE GOT HEARTACHES	WHAT CAN IT BE	WHEELSVILLE 111	50.00	NM

LIL' TIGER
DO IT	I DON'T MIND	GEODOL 109	100.00	F

LIL WALTER and the AVERAGE BLACK
FUNK TRAIN	EVERYDAY LIFE	COLUMN B 1000	300.00	F

LIL WILLIE
TELL ME WHY	A MAN DON'T LAST TOO LONG	GOLDEN RECORDS 117	50.00	B

LIMAR, RONNIE
LOVE GAME PT.1	LOVE GAME PT 2	BRC 114	10.00	78
YOU MEAN THE WORLD TO ME SWEETHEART	NATURALLY STONED	BRC 116	10.00	78

LIME
LOVE A GO GO	SOUL KITCHEN	WESTWOOD 12367	45.00	NM
LOVE A GO GO	HEY GIRL	CHESS 2045	15.00	NM

LIMELIGHTS
DON'T LEAVE ME BABY	YOU DON'T LOVE ME ANYMORE	UNCLE 1441	800.00	NM

LIMITATIONS
HOLD ON TO IT	ALL BECAUSE OF YOU	VOLT 4057	25.00	NM
I'M LONELY, I'M TROUBLED	MY BABY	BACONE 101	50.00	NM

LINDA and the VISTAS
BAD APPLE	SHE WENT AWAY	SHRINE 100	150.00	NM

LINDA and the PRETENDERS
BELIEVE ME	IT'S NOT MY WILL	ASSAULT 1879	600.00	NM

LINDSEY, THERESA
GOTTA FIND A WAY	WONDERFUL ONE	CORREC-TONE 5840	20.00	NM
I'LL BET YOU	DADDY-O	GOLDEN WORLD 43	20.00	M
IT'S LOVE	GOOD IDEA	CORREC-TONE 1053	150.00	NM

LINTONS
DON'T YOU EVER WALK AWAY	LOST LOVE	ESSICA 5	15.00	GR

LIQUID BLUE
AIN'T THAT WHAT YOU WANT	TAKE IT ANY WAY YOU WANT TO	HDM 501	15.00	78

LITTLE ALFRED
EVEN THOUGH	WALKING DOWN THE AISLE	JEWEL 744	15.00	GR

LITTLE ANN
GOING DOWN A ONE WAY STREET	I'D LIKE TO KNOW YOU BETTER	RIC TIC 142	15.00	M

LITTLE ANTHONY and the IMPERIALS (also see ANTHONY and the IMPERIALS)
BETTER USE YOUR HEAD	THE WONDER OF IT ALL	VEEP 1228	20.00	NM
BETTER USE YOUR HEAD	THE WONDER OF IT ALL	VEEP 1228 **PS**	30.00	NM
GET OUT OF MY LIFE	I MISS YOU SO	DCP 1149	10.00	NM
GONNA FIX YOU GOOD	YOU BETTER TAKE IT EASY BABY	VEEP 1233	20.00	NM
HURT SO BAD	REPUTATION	DCP 1128 **PS**	20.00	NM
NEVER AGAIN	HURT	DCP 1154	10.00	NM
NOBODY BUT ME	YOU'RE MY ONE AND ONLY	SHOW ART 102	150.00	NM
NOTHING FROM NOTHING	RUNNING WITH THE WRONG CROWD	PURE GOLD 101	30.00	78

LITTLE BEAVER
FUNKADELIC SOUND	JOEY	CAT 1977	10.00	F
LISTEN TO MY HEARTBEAT	WE THREE	CAT 2006	10.00	78

LITTLE BEN and the CHEERS
BABY YOU'RE MINE	I DON'T HAVE TO CRY	RUSH 604	20.00	NM
BEGGAR OF LOVE	ROLL THAT RIGG	LAREDO 2518	25.00	GR
BROWN EYED GIRL	BEGGAR OF LOVE	RUSH 601	15.00	GR
I GOTTA HAVE LOVE TOO	HEARTBREAK AVENUE	OLD TOWN 2003	25.00	NM
I'M GONNA GET EVEN WITH YOU	NEVER MORE	PENNY 1206	30.00	NM
MIGHTY MIGHGTY LOVER	(I'M NOT) READY TO SETTLE DOWN	PENNY 101	30.00	NM

LITTLE BESSIE
FOR YOUR LOVE	BROKEN HEARTED	AMY 816	40.00	NM

LITTLE BOB (and the LOLLIPOPS)

ARE YOU EVER COMING HOME	PLEASE BELIVE IN ME	HIGH-UP 101	40.00	NM
I GOT LOADED	NOBODY BUT YOU	LA LOUISIANNE 8067	20.00	NM
MY HEART'S ON FIRE	SO IN NEED	LA LOUISIANNE 8075	200.00	NM

LITTLE BUSTER

ALL NIGHT WORKER	I THINK I'M FALLING	JUBILEE. 5537	20.00	NM
I GOT A GOOD THING GOING	IT'S LOVING TIME	JUBILEE. 5527	30.00	NM
I KNEW IT ALL THE TIME	T.C.B.	JUBILEE. 5510	20.00	B
YOU WERE MEANT FOR ME	I'M SO LONELY	JUBILEE. 5502	20.00	B

LITTLE CAESAR and the EMPIRE

EVEREYBODY DANCE NOW	same: instrumental	PARKWAY 152	20.00	NM

LITTLE CHARLES and the SIDEWINDERS

GUESS I'LL HAVE TO TAKE WHAT'S	GIVE ME A CHANCE	JEWEL 752	25.00	NM
HELLO HEARTBREAKER	I GOT MY OWN THING GOING	DRUM. 1202	30.00	NM
IT'S A HEARTACHE		DECCA 31981	40.00	NM
PLEASE OPEN UP THE DOOR	SHANTY TOWN	BOTANIC 1001	10.00	NM
PLEASE OPEN UP THE DOOR	YOU'RE A BLESSING	RED SANDS 701	15.00	NM
TALKIN' ABOUT YOU, BABE	A TASTE OF THE GOOD LIFE	DECCA 32095	30.00	NM
TWICE AS MUCH FOR MY BABY	SWEET LORENE	DECCA 32321	15.00	NM
YOUR LOVE IS ALL I NEED	TOO MUCH PRIDE	GEMINI STAR 1001	10.00	B

LITTLE CLARENCE

SOMEONE TO LOVE	COME INTO MY HEART	HUNTER 1204	200.00	NM

LITTLE CURTIS and the BLUES

PLEASE KEEP ME	SOUL DESIRE	VANCO 219	400.00	NM

LITTLE DAVID

HOME IS WHERE YOU COME	SO LONG	SAVOY 1617	40.00	NM

LITTLE DENICE

CHECK ME OUT	YOU CAN TEACH ME NEW THINGS	RUTHIES 101	40.00	F

LITTLE DOC, SENSATIONAL

LOOKING FOR MY BABY	same: instrumental	MUSIC-GO-ROUND 1	30.00	78

LITTLE DONDI

I'VE FORGOT TO GET MYSELF TOGE	LOVE ME DARLING	RAINES 4500	200.00	NM

LITTLE DOOLEY (and the FABULOUS TEARS)

(IT'S GOT TO BE) NOW OR NEVER	MEMORIES	NORTH BAY 308	15.00	78
IF EVER NEEDED YOU	YOU BETTER BE READY	KOKO 742	200.00	NM
IT'S GOT TO BE NOW OR NEVER	MEMORIES	RED RUBY 1	20.00	78
YOU BETTER BE READY	RUNNIN' WILD	KOKO 742	50.00	NM
SHE'S SO FINE	I LOVE YOU	BAYLOR 1001	50.00	NM

LITTLE EDITH

I COULDN'T TAKE IT	I BELIEVE IN YOU	JESSICA 405	15.00	NM

LITTLE ELLEN

THAT OTHER GUY	ANSWER ME MY LOVE	SMASH 1724	15.00	GR

LITTLE EVA

TAKE A STEP IN MY DIRECTION	EVERYTHING IS BEAUTIFUL ABOUT	VERVE 10529	25.00	NM

LITTLE FOXES

LOVE MADE TO ORDER	SO GLAD YOUR LOVE DON'T CHANGE	OKEH 7312	75.00	NM

LITTLE GIGI

I VOLUNTEER	SAVE OUR LOVE IN TIME	DECCA 31760	40.00	NM

LITTLE GRIER

BUT YOU	DON'T CRY	DON-EL 6215	30.00	NM

LITTLE HANK

MISTER BANG, BANG MAN	DON'T YOU KNOW	SS7 2566	20.00	NM
TRY TO UNDERSTAND	I GOT A FEELING	SS7 2551	150.00	NM

LITTLE HAROLD

BABY, BABY JUST A LITTLE MORE S	WHAT'S WRONG WITH ME BABY	DAMON 114	400.00	NM

LITTLE HELEN

MORE AND MORE	WHAT ABOUT ME BOY	SOULTOWN 106	20.00	NM
MORE AND MORE	WHAT ABOUT ME BOY	AMOS 141	15.00	NM
THE RICHEST GIRL	MORE AND MORE	SOULTOWN 103	10.00	B

LITTLE HERMAN

I'M GONNA PUT THE HURT ON YOU	GOTTA KEEP ON WALKING	GINA 751	30.00	NM
I'M GONNA PUT THE HURT ON YOU	GOTA KEEP ON WALKING	ARLEN 751	20.00	NM
ONE OUT OF A HUNDRED	IT'S ALL RIGHT PARTNER	ARLEN 749	20.00	NM

LITTLE HOOKS

GIVE THE DRUMMER SOME MORE	I DON'T WANT TO LEAVE YOU	UA 50932	30.00	F

LITTLE IVA and HER BAND

WHEN I NEEDED YOU	CONTINENTAL STRUT	MIRACLE 2	1000.00	M

LITTLE JEANETTE

CRAZY, CRAZY	PLEASE COME BACK AGAIN	GREEN LIGHTS 40	200.00	NM

LITTLE JOE and the THRILLERS

BRING IT UP	LOVE IS A HURTIN' THING	TOMI 122	30.00	MOD
PLEASE DON'T GO	STAY	OKEH 7136	20.00	GR

LITTLE JOE and the LATINAIRES
AIN'T NO BIG THING	IN CROWD	TOMI 113	100.00	NM

LITTLE JOHN
HEART BREAKIN' TIME	DO THE DIP	MARTAY 4508	75.00	NM
JUST WAIT AND SEE	ASK ME	GOGATE 2	1500.00	NM
MY LOVE IS GONE	LOOKING FOR MY PICTURE	NEAL 1236	200.00	B

LITTLE KENNETH and the RHYTHMAKERS
YOU CAN GO ON HOME	WHAT MORE CAN I SAY	CARL. 506	300.00	NM

LITTLE LISA
HANG ON BILL	PUPPET ON A STRING	VIP 25023	30.00	M

LITTLE LORENE
MISS YOU SO	I'D BE THE LAST TO KNOW	EXCELLO 2226	30.00	NM

LITTLE MILTON
CAN'T HOLD BACK THE TEARS	WE'RE GONNA MAKE IT	CHECKER. 1105	20.00	NM
DON'T TALK BACK	BABY I LOVE YOU	CHECKER. 1227	15.00	NM
GRITS AIN'T GROCERIES	I CAN'T QUIT YOU BABY	CHECKER. 1212	10.00	NM
I KNOW WHAT I WANT	YOU MEAN EVERYTHING TO ME	CHECKER. 1194	15.00	NM
IF WALLS COULD TALK	LOVING YOU	CHECKER. 1226	15.00	NM
JUST A LITTLE BIT	SPRING	CHECKER. 1217	15.00	NM
LET ME BACK IN	LET YOUR LOSS BE YOUR LESSON	STAX 229	10.00	78
LET'S GET TOGETHER	I'LL ALWAYS LOVE YOU	CHECKER. 1225	10.00	NM
MORE AND MORE	THE COST OF LIVING	CHECKER. 1189	10.00	NM
SO BLUE (WITHOUT YOU)	POOR MAN	CHECKER. 1221	10.00	NM
SOMEBODY'S CHANGIN' MY SWEET BABY'S MIND	I'M TIRED	CHECKER. 1231	15.00	NM
SOMETIMEY	WE GOT THE WINNING HAND	CHECKER. 1132	15.00	NM
SPRING	JUST A LITTLE BIT	CHECKER. 1217	15.00	NM
WHO'S CHEATING WHO	AIN'T NO BIG DEAL ON YOU	CHECKER. 1113	10.00	NM
YOU COLORED MY BLUES BRIGHT	FEEL SO BAD	CHECKER. 1162	10.00	NM

LITTLE MISS JESSIE
MY BABY HAS GONE	ST. LOUIS SUNSET TWIST	MELLO 101	150.00	NM

LITTLE MR. LEE and the CHEROKEES
YOUNG LOVER	I DON'T WANT TO GO	SURE SHOT 5015	10.00	GR

LITTLE NATALIE and HENRY
TEARDROPS ARE FALLING	THE UNCLE WILLIE	ROULETTE 4540	15.00	NM

LITTLE OSCAR
I TRIED	THE MESSAGE	SUPREME BLUES 1022	20.00	NM

LITTLE OTIS
I OUT-DUKED THE DUKE	BABY I NEED YOU	TAMLA 54058	40.00	M

LITTLE RAY
I BEEN TRYING	I WHO HAVE NOTHING	ATCO 6355	50.00	NM

LITTLE RICHARD
A LITTLE BIT OF SOMETHING	MONEY	OKEH 7286	15.00	**NM**
DON'T DECIEVE ME (PLEASE DON'T GO)	NEVER GONNA LET YOU GO	OKEH 7278	10.00	B
I DON'T WANT TO DISCUSS IT	HURRY SUNDOWN	OKEH 7271	20.00	**NM**
I NEED LOVE	THE COMMANDMENTS OF LOVE	OKEH 7262	15.00	NM
I'M BACK	DIRECTLY FROM MY HEART	MODERN 1022	20.00	NM
NEVER GONNA LET YOU GO	DON'T DECIEVE ME	OKEH 7278	10.00	B
POOR DOG (WHO CAN'T WAG HIS OWN TAIL)	WELL	OKEH 7251 **PS**	20.00	NM
POOR DOG (WHO CAN'T WAG HIS OWN TAIL)	WELL	OKEH 7251	20.00	NM
WHOLE LOTTA SHAKIN' GOIN' ON	LUCILLE	OKEH 7325	10.00	B

LITTLE RICHARD III
SHE BROKE DOWN	THE GIG	DPG 101	20.00	F

LITTLE RITCHIE (RICHIE)
JUST ANOTHER HEARTACHE	I WISH I WAS A BABY	SS7 2554	400.00	**NM**
JUST ANOTHER HEARTBREAK	I WISH I WAS A BABY	SS7 2554	500.00	NM
ONE BO-DILLION YEARS	I CATCH MYSELF CRYING	SS7 2567	75.00	NM

LITTLE ROBBIE
I'VE GOT TROUBLES OF MY OWN	LET ME OUT OF THE DOG HOUSE	RSVP 1103	100.00	NM

LITTLE RONNIE and the CHROMATICS
CAN YOU FORGIVE, CAN YOU FORGET	GET TO STEPPING	EARLY BIRD 49660	25.00	B
I WAS WRONG	I WAS WRONG Pt 2	GALAXY. 751	10.00	B

LITTLE ROYAL
DON'T NOBODY STANDING OVER ME	KEEP PUSHING YOUR LUCK	BLACK PRIDE 105	10.00	78
I'M GLAD ABOUT IT	MY LOVE NEEDS COMPANY	TRIUS 916	10.00	B
RAZOR BLADE	JEALOUS	TRIUS 912	20.00	F
YOU KNOW (YOU MADE ME LOVE YOU)	I CAN TELL	CARNIVAL 531	30.00	NM

LITTLE SAMSON
DON'T TAKE YOUR LOVE	HEALTH CONSCIOUS	EL D 1001	300.00	NM

LITTLE SHERMAN and the MOD SWINGERS
THE PRICE OF LOVE	THE PRICE OF LOVE Pt 2	SAGPORT 105	20.00	NM
THE PRICE OF LOVE	THE PRICE OF LOVE Pt 2	ABC 11233	10.00	NM

LITTLE SISTER
STANGA	SOMEBODY'S WATCHING YOU	STONE FLOWER 9001	10.00	F
YOU'RE THE ONE PT.1	YOU'RE THE ONE pt 2	STONE FLOWER 9000	10.00	F

LITTLE SISTERS
JUST A BOY	FIRST YOU BREAK MY HEART	DETROIT SOUND 229	75.00	NM

LITTLE SONNY
LET'S HAVE A GOOD TIME	ORANGE PINEAPPLE CHERRY BLOSSOM	WHEELSVILLE 103	20.00	B
WADE IN THE WATER	THEY WANT MONEY	ENTERPRISE 9021	15.00	MOD
WE GOT A GROOVE	SONNY'S BAG	REVILOT 227	15.00	MOD

LITTLE SOUL
PROBLEMS	LONELY STRANGER	SOLID SOUL 39	200.00	NM

LITTLE STANLEY
OUT OF SIGHT LOVING	WANTED	VANCE 111	2000.00	NM
THE STRAN	WANTED	VANCE 126	500.00	NM

LITTLE TEDDY
NEED MONEY PT.1	NEED MONEY pt. 2	LANTIC GOLD 101	25.00	NM

LITTLE TOMMY
BABY CAN'T YOU SEE	I'M STILL HURT	SOUND OF SOUL 104	600.00	NM
I'M HURT	LOV'H	SOUND OF SOUL 100	20.00	NM

LITTLE TOMMY and the ELGINS
I WALK ON	NEVER LOVE AGAIN	ELMAR 1084	150.00	**NM**
I WALK ON	NEVER LOVE AGAIN	ABC 10358	100.00	NM

LITTLE TONY and the HAWKS
CRY, CRY, CRY	DO WHAT YOU DID	ORIGINAL SOUND 63	20.00	NM
DON'T TRY TO FIGHT IT	MY LITTLE GIRL	RENFRO 817	15.00	NM
THE TEARS	SWEET LITTLE GIRL	RENFRO 314	30.00	B

LITTLE WALTER
MY BABE	BLUE MIDNIGHT	CHECKER. 955	15.00	NM

LITTLE WOODEN SOUL-DIERS
LITTLE WOODEN SOLDIER	I CAN SEE	PAM-O 102	100.00	NM

LITTLE, LITTLE ROSE
GET A HOLD OF YOURSELF	LIE TO ME	BLUE ROCK 4003 **PS**	40.00	NM
YOU'VE GOT THE LOVE	INTO SOMETHING FINE	ROULETTE 4747	30.00	NM

LITTLE, MARGARET
LOVE FINDS A WAY	I NEED SOME LOVING	GENEBRO 230	**NEG**	NM

LITTLES, HATTIE
BACK IN MY LOVING ARMS	IT'S LOVE	GORDY 7004	300.00	M
HERE YOU COME	YOUR LOVE IS WONDERFUL	GORDY 7007	40.00	M

LIVING COLOR
THANK THE LORD FOR LOVE	GOTTA STRANGE FEELING	MADHATTER 4391 pink label	85.00	**NM**
THANK THE LORD FOR LOVE	GOTTA STRANGE FEELING	MADHATTER 4391 yellow label	75.00	NM

LIVING SOULS
DROP IT ON ME	SOUL SEARCHIN'	REVUE 11013	30.00	MOD

LIVINGSTON, PAT (PATTY)
I'VE GOT MY BABY	PLAYIN' WITH FIRE	DIMENSION 1044	40.00	NM
TAKE ME NOW OR LEAVE ME		WILSTONE 1069	100.00	NM
YOU BET I WOULD (IF I COULD)	same: instrumental	MONEY 606	30.00	NM

LIZZMORE, MICHEAL
PROMISE THAT YOU'LL WAIT	TRY A LITTLE TENDERNESS	CAPITOL 3480	75.00	NM

LLOYD, BETTY
I'M CATCHING ON	YOU SAY THINGS YOU DON'T MEAN	BSC 401	200.00	NM

LLOYD, HETTI
IF YOU CAN'T SATISFY	GRIEF, SORROW, PAIN AND WOE	PRIDE 1014	50.00	78

LLOYD, LINDA
BREAKAWAY	LITTLE THINGS LIKE THAT	COLUMBIA 43486	300.00	NM

LOADING ZONE
DANGER HEARTBREAK DEAD AHEAD	DON'T LOSE CONTROL	RCA 9538	10.00	NM

LOCATIONS
MISTER DIAMOND MAN	HE'S GONE	RON PAUL 101	1000.00	NM

LOCK-STOCK and BARREL
WHERE CAN SHE BE	LOVE AND SUNSHINE	BULLET RECORDS 1001	200.00	NM

LOCK, MARK
AIN'T THAT ENOUGH TO MAKE A MAN CRY	OUR LOVE WILL GROW	POST 101	40.00	NM

LOE and JOE
LITTLE OLE BOY - LITTLE OLE GIRL	THAT'S HOW I AM WITHOUT YOU	HARVEY 112	15.00	M

LOGG
I KNOW YOU WILL	I KNOW YOU WILL pt. 2.	SALSOUL 2146	10.00	78

LO-KALS
YOU LIED	SOMEWHERE YOU'VE GOT A GIRL	DROCER 1003	50.00	NM

LOLITA and THE EXOTICS
PUT A LOTTA LOVIN TO IT	TOO, TOO GOOD TO BE TRUE	LIBRA. 102	20.00	NM

LOLLIPOP, LUKAS
DON'T HOLD ON TO SOMEONE (WHO DON'T LOVE	HOCHIE-COOCHI-COO	LOMA 2067	20.00	B

LOLLIPOPS
BUSY SIGNAL	I WANT YOU BACK AGAIN	RCA 8494	50.00	NM
CHEATING, IS TELLING ON YOU	same:	VIP 25051	30.00	M
CHEATIN IS TELLING ON YOU	NEED YOUR LOVE	VIP 25051	100.00	M
LOVE IS THE ONLY ANSWER	DON'T MONKEY WITH ME	RCA 8390	20.00	NM
LOVING GOOD FEELING	STEP ASIDE BABY	IMPACT 1021	100.00	NM
NEED YOUR LOVE	CHEATIN IS TELLING ON YOU	VIP 25051	100.00	M

LOMAX, ERIC
SEVEN THE LOSER	LIVE FAST DIE YOUNG	COLUMBIA 44918	40.00	NM

LONAS, KENNY
WOULD YOU BELIEVE	LOVE YOU	COLUMBIA 43888	30.00	NM

LONDON, PAUL and the KAPERS
SUGAR BABY	NEVER LIKE THIS	CHECK MATE 1006	50.00	M

LONETTE
BLUE JEANS	TRUE DIDN'T STAY	M-S 211	850.00	NM
VEIL OF MYSTERY	STOP!	M-S 208	15.00	NM

LONG DISTANCE LOVE AFFAIR
RESISTANT TO CHANGE	LONG DISTANCE LOVE AFFAIR	DSR INTERNATIONAL 102	75.00	78

LONG, BARBARA
WE CALL IT LOVE	TAKE IT FROM ME	JET SET 1005	250.00	NM

LONG, BOBBY and the DEALERS
I GOTTA HAVE LOVE TOO	HEARTBREAK AVENUE	OLD TOWN 2003	50.00	NM

LONG, EDDIE
IT DON'T MAKE SENSE BUT IT SURE SOUNDS GOOD	DID YOU EVER DREAM LUCKY	SKYE 4522	30.00	F

LONG, EMMITT
CALL ME	YOU'RE PUZZLING ME	DONOYIA 101	300.00	78

LONG, KENNY
I SEE THE SIGNS	IT'S BETTER TO HAVE LOVED AND	BRITE LITE 1003 12"	75.00	78

LONG, LYNN
DON'T LET ME DOWN	DO I BABY	MERCURY 72454	25.00	NM

LONG, MAURICE
A CHANGE IS GONNA COME	NO MAN IS AN ISLAND	CYCLONE 75008	10.00	NM
I DON'T LOVE YOU ANYMORE	A LOVER'S QUESTION	CYCLONE 75000	15.00	78

LONG, NORWOOD
I'D LIKE TO HAVE YOU	SHE BELONGS TO ME	GROOVEY GROOVES 166	300.00	NM

LONG, SHORTY
DEVIL WITH THE BLUE DRESS	WIND IT UP	SOUL. 35001	10.00	M
FUNCTION AT THE JUNCTION	CALL ON ME	SOUL 35021 lilac and white label	25.00	M
I'LL BE HERE	TOO SMART	TRI-PHI 1015	20.00	M
I'LL BE THERE	BAD WILLIE	TRI-PHI 1006	25.00	M
IT'S A CRYING SHAME	OUT TO GET YOU	SOUL 35005 lilac and white label	30.00	M
NIGHT FO' LAST	same: instrumental	SOUL 35040	10.00	M
WHAT'S THE MATTER	GOING MY WAY	TRI-PHI 1021	20.00	M
YOUR LOVE IS AMAZING	CHANTILLY LACE	SOUL 35031	15.00	M

LOPEZ, ROSIE
I'LL NEVER GROW TIRED	TOO HOT TO HOLD	PULSAR 2411	30.00	B

LORD CHARLES and the PROPHETS
NO MORE DOGGIN	CHERRY PIE	MODERN 1016	20.00	NM

LORD LUTHER
MY MISTAKE	HOUSE OF THE RISING SUN	SCHIRECK 101	200.00	NM

LORDS
SINCE I FELL FOR YOU	ONLY A MAN	MIKIM 1501	30.00	GR

LORELEI
S.T.O.P. (STOP)	I'LL NEVER LET YOU DOWN	COLUMBIA 45629	10.00	NM

LOREN, DONNA
BLOWING OUT THE CANDLES	JUST A LITTLE GIRL	CAPITOL 5250 **PS**	75.00	NM
BLOWING OUT THE CANDLES	JUST A\LITTLE GIRL	CAPITOL 5250	50.00	NM
NINETY DAY GUARENTEE	TEN GOOD REASONS	CAPITOL 5337	25.00	NM

LORI and LANCE
I DON'T HAVE TO WORRY	ALL I WANT IS YOU	FEDERAL 12548	100.00	NM

LORNETTES
HIS WAY WITH THE GIRLS	DOWN THE BLOCK AND UP TO HEAVE	GALLIO 110	30.00	NM
I DON'T DENY IT GIRL	STANDING THERE ALL ALONE	GALLIO 105	20.00	NM

LORRAINE and the DELIGHTS
BABY I NEED YOU	I JUST COULDN'T SAY	BARRY 1002	100.00	**NM**

LORRI, MARY ANN
I WANNA THANK YOU	ONE MORE TEAR	UNITED INTERNATIONAL 1004	20.00	NM

LOS CANARIOS
GET ON YOUR KNEES	3-2-1-AH	CALLA 156	15.00	NM

LOS STARDUSTERS
ALL NIGHT WORKER | FOREVER YOURS | TEAR DROP 3106 | 15.00 | MOD
LOST FAMILY
BLOW MY MIND | PRETTY FACE | MUSIC BAG 1101 | 15.00 | 78
BLOW MY MIND | PRETTY FACE | INNOVATION II 9160 | 10.00 | 78
LOST GENERATION
PRETTY LITTLE ANGEL EYES | YOU ONLY GET OUT OF LOVE | BRUNSWICK 55492 | 15.00 | 78
WAIT A MINUTE | WASTING TIME | BRUNSWICK 55441 | 10.00 | GR
YOU ONLY GET OUT OF LOVE | PRETTY LITTLE ANGEL EYES | BRUNSWICK 55492 | 20.00 | 78
YOUR MISSION (IF YOU DECIDE TO ACCEPT IT) | same: | INNOVATION 8002 dj | 15.00 | 78
YOU'RE SO YOUNG BUT YOU'RE SO BEAUTIFUL | THE SLY, SLICK AND THE WICKED | BRUNSWICK 55436 | 15.00 | NM
LOST SOUL
A SECRET OF MINE | MINDS EXPRESSWAY | RAVEN 211 | 400.00 | NM
I'M GONNA HURT YOU | FOR YOU | RAVEN 2032 | 250.00 | NM
LOST SOULS
I'M YOUR LOVE, MAN | IF A CHANGE DON'T COME SOON | GLASCO 300 | 100.00 | NM
IT WON'T WORK OUT BABY | GIVE ME YOUR LOVE | GLASCO 101 | 20.00 | NM
LOTS A POPPA
I FOUND A LOVE | THAT'S WHERE IT'S AT | TRIBE 8305 | 20.00 | B
LOU, BETTI and the ADAMS, BOBBY
DR. TRUELOVE | WHY DID I DECIDE TO GET MARRIE | TRA-X 16 | 750.00 | NM
LOU, MARY
EVERYBODY'S GOT A HOME BUT ME | MY BABY FOR YOU | MAGIC EYE 1101 | 30.00 | NM
LOVABLES (also see LOVEABLES)
YOU CAN'T DRESS UP A BROKEN HEART | WE GOT A NEED FOR EACH OTHER | TOOT 600 | 30.00 | NM
LOVALL, SONNY
GHETTO BOY | GHETTO BOY PT 2 | MYSTIC INSIGHT 1200 | 20.00 | F
LOVATIONS
I DON'T WANT YOU | same: instrumental | CAP CITY 115 | 20.00 | NM
LOVE and BROTHERHOOD
SUGAR PIE HONEY | YOU'RE WHAT'S BEEN MISSIN' | CHESS 2121 | 15.00 | 78
LOVE AFFAIR
TO MAKE YOU LOVE ME | I CAN'T STOP LOVING YOU | UA 396 | 75.00 | 78
LOVE' COMER, MARY   see MARY LOVE
LOVE COMMITTEE
CHEATERS NEVER WIN | WHERE WILL IT END | GOLD MIND 4003 | 10.00 | 78
I MADE A MISTAKE | BOOGIE PAPERS | T-ELECTRIC 41189 | 10.00 | 78
LOVE I and II
FUNKY DOWN | STREAK OFF | LOVE III 10 | 20.00 | F
LOVE KITTENS
I LIKE EVERYTHING ABOUT YOU | KEEP IT UP | MOS-LEY 5202 | 15.00 | NM
LOVE MACHINE
TELL ME | DUNLOP SONG | EFFORT 1001 | 100.00 | F
LOVE POTION
OUR LOVE STORY | same: | AVCO 4577 dj | 20.00 | GR
THIS LOVE | MOBY BINKS | KAPP 979 | 30.00 | NM
LOVE, C.P.
NEVER BEEN IN LOVE BEFORE | I FOUND ALL THESE THINGS | CHIMNEYVILLE 438 | 15.00 | 78
SPIRITUAL LOVE | MUSIC (HELP ME MAKE IT) | MOON WIND 001 | 350.00 | B
LOVE, CANDACE
NEVER IN A MILLION YEARS | I WANT TO GET BACK | AQUARIUS 4012 | 20.00 | NM
PEACE LOVIN' MAN | SOMETHING GONNA HAPPEN | AQUARIUS 4050 | 20.00 | NM
WONDERFUL NIGHT | UH UH BOY THAT'S A NO NO | AQUARIUS 4010 | 15.00 | NM
LOVE, CYNDY
YOU NEVER KNEW | GAMES GUYS PLAY | SPACE. 13 | 20.00 | NM
LOVE, DARLENE
LORD, IF YOU'RE A WOMAN | same: | WARNER SPECTOR 410 dj | 10.00 | NM
TOO LATE TO SAY YOU'RE SORRY | IF | REPRISE 534 | 200.00 | NM
LOVE, DAVE
BABY HARD TIMES | YOU PAINTED ME BLUE | WORLDS 101 | 10.00 | 78
COLALINED BABY | same: instrumental | SOLID SOUL 722 | 30.00 | NM
LOVE, DEVOTION AND HAPPINESS
JOY SWEET JOY | YESTERDAYS FOOL | P.E.U. JADAN 101 | 50.00 | 78
LOVE, FREDDIE
CRAZY GIRL | CRAZY GIRL pt. 2 | ANLA NO.# | 50.00 | F
EVERYBODY'S DOING IT | SEA OF LOVE | ANLA 123 | 25.00 | F
LOVE, J.B.
NO ONE ELSE BUT YOU | I AM A HEART | CONGRESS 239 | 75.00 | NM
THEN ONLY THEN | I WOULDN'T HAVE IT ANY OTHER W | KAPP 603 | 100.00 | NM
LOVE, JIMMY
TWO SIDES TO EVERY STORY | I'M GONNA CHANGE MY LIFE FOR YOU | JOSIE 944 | 40.00 | NM

LOVE, JOHNNY also see RONNIE LOVE
CHILLS AND FEVER	NO USE PLEDGING MY LOVE	STARTIME 5001	150.00	NM

LOVE, KATIE and FOUR SHADES OF BLACK
HURTS SO GOOD	DON'T LET IT GO TO YOUR HEAD	SCEPTER 12304	20.00	78
IT HURTS SO GOOD	DON'T LET IT GO TO YOUR HEAD	MUSCLE SHOALS SOUND 100	40.00	78

LOVE, MARIAN
CAN'T FORGET ABOUT YOU, BABY	TRY A LITTLE TENDERNESS	CAPITOL 2642	60.00	NM
WALK PROUD AND PRETTY	ANOTHER RAINY DAY	CAPITOL 2177	15.00	NM

LOVE, MARTHA JEAN
HOW TO SUCEED IN LOVE (WITHOUT REALLY TRYING)	DON'T WANT YOU TO LEAVE ME	ABC 10607	50.00	NM
NICE GUY	TALKIN' 'BOUT MY MAN	ABC 10689	20.00	NM

LOVE, MARY
COME OUT OF THE SANDBOX	same: instrumental	COLOVE 1001	10.00	78
HEY STONEY FACE	I'VE GOTTA GET YOU BACK	MODERN 1010	20.00	NM
LAY THIS BURDEN DOWN	THINK IT OVER BABY	MODERN 1029	25.00	**NM**
LET ME KNOW	MOVE A LITTLE CLOSER	MODERN 1020	15.00	NM
SATISFIED FEELING	BABY I'LL COME	MODERN 1033	20.00	NM
THE HURT IS JUST BEGINNING	IF YOU CHANGE YOUR MIND	HILL. 430	20.00	NM
THE HURT IS JUST BEGINNING	IF YOU CHANGE YOUR MIND	JOSIE 999	15.00	NM
YOU TURNED MY BITTER INTO SWEET	I'M IN YOUR HANDS	MODERN 1006	25.00	**NM**

LOVE, PEACE and HAPPINESS
STRIP ME NAKED	UNBORN CHILD	RCA 584	20.00	78

LOVE, PRESTON
CISSY POPCORN		HUDSON 2011	200.00	F

LOVE, RONNIE (also see JOHNNY LOVE)
CHILLS AND FEVER	NO USE PLEDGING MY LOVE	DOT 16144	40.00	NM
JUDY	SHOW ME WHAT YOU GOT	D-TOWN 1021	200.00	GR
JUDY	DETROIT, MICHIGAN	D-TOWN 1047	50.00	GR
LET'S MAKE LOVE	NOTHING TO IT	ALMERIA 4001	30.00	78

LOVE, WILSON
FUNNY MONEY	same: instrumental	NAT.SOUL 35001	200.00	78

LOVEABLES
JUST BEYOND MY FINGERTIPS	ANYMAN	TOOT 604	15.00	NM
YOU CAN'T DRESS UP A BROKN HEART	WE GOT A NEED	TOOT 600	20.00	NM

LOVEJOY, JOY
IN ORBIT	UH HUM	CHECKER. 1188	25.00	NM

LOVELETTES
I CAN'T FORGET ABOUT YOU	DON'T FORGET POOR ME	CAP CITY 117	10.00	NM

LOVELITES
(WHEN) I GET SC ARED	MALADY	PHI-DAN 5008	40.00	NM
GET IT OFF MY CONSCIENCE	OH WHAT A DAY	LOVELITE 1500	20.00	NM
HOW CAN I TELL MY MOM AND DAD	same: instrumental	UNI 55181	15.00	NM
I FOUND ME A LOVER	YOU BETTER STOP IT	BANDERA 2515	15.00	NM
LOVE SO STRONG	OH MY LOVE	20TH. CENTURY 2068	15.00	78
MY CONSCIENCE	MAN IN MY LIFE	LOVELITE 1	20.00	NM
THIS LOVE IS REAL	OH MY LOVE	UNI 55242	15.00	NM
WHO YOU GONNA HURT NOW	OH MY LOVE	UNI 55222	20.00	NM

LOVELLES
PRETENDING DEAR	I'M COMING TODAY	ATCO 6670	15.00	GR

LOVELLS
HERE COME THE HEARTACHES	MY TIME TO CRY	BRENT 7073	25.00	**NM**

LOVELY, IKE
FOOL'S HALL OF FAME	LITTLE MISS SWEET THING	WAND 11266	15.00	78

LOVEMAKER, JIMMY
FOXY DEVIL	SOUL	DECCA 31720	25.00	NM

LOVEMAKERS
WHEN YOU'RE NEXT TO ME	MY GIRL IS REALLY DYNAMITE	ISLAND 39	15.00	78

LOVEMASTERS
PUSHIN' AND PULLIN'	LOVE TRAIN	JACKLYN 1009	15.00	NM

LOVENOTES
BABY, BABY, YOU	BEG ME	CAMEO 409	75.00	NM

LOVERS
DO THIS FOR ME	SOMEONE	PHILIPS 40353	10.00	NM
IN MY TENEMENT	CARAVAN OF LONELY MEN	AGON 1001	15.00	NM
SECURITY	IT'S TOO LATE	CHECKER. 1100	30.00	NM

LOVETT, MICHELLE and MIGHTY GRAVERS
PLAY MY FUNKY MUSIC	PLAY MY FUNKY MUSIC PT 2	WSJ 105	15.00	F

LOVETTES
I NEED A GUY	I'M AFRAID (TO SAY I LOVE YOU)	CARNIVAL 530	50.00	NM
LITTLE MISS SOUL	LONELY GIRL	CARNIVAL 518	30.00	**NM**

LOWE, FREDDE (FREDDIE)
DECISIONS	DECISIONS short version	SIROCCO 1002	300.00	78
I'M SLOWLY LOSING MY MIND	I'M SLOWLY LOSING MY MIND	POLYDOR 14150	20.00	B
WE AIN'T AS TIGHT AS WE USED TO BE	I'VE GOT TO FIND SOMEONE TO LO	POLYDOR 14145	30.00	78

LOWE, JANICE
(IS IT ALL) IN VAIN	BE MINE	DALLAS GROOVE 200	20.00	78

LOWE, ROBERT
BACK TO FUNK	PUT YOUR LEGS UP HIGH	EASTBOUND 624	30.00	F

LOWERY, FRED - BIG BO and ARROWS
IT MAY BE A LIFETIME	CAN'T GET ENOUGH OF MY BABY'S	GAY SHELL 403	40.00	B
WORK WITH ME ANNIE	DADDY'S BABY	GAY SHELL 7868	40.00	NM

LOWMAN, PHIL
MY BABY'S MISSING	WE FOUND OUR BABY	PALOS 2021	50.00	NM
ROCK ME TIL 'I WANT NO MORE	LONG DUSTY ROAD	PALOS 312	40.00	**NM**

LOWNLY CROWDE
SHADOWS AND REFLECTIONS	same: instrumental	MGM 13740	30.00	NM

LUCAS, BILL
CAUSE I KNOW YOUR MINE	I DON'T WANNA EVER LOVE AGAIN	DIONN 502	50.00	NM

LUCAS, CHARLIE and the THRILLERS
WONDERFUL FEELING	SOUL FOR SALE	WATERBIRD 1	100.00	F

LUCAS, ERNIE
WHAT WOULD I DO WITHOUT YOU	LOVE THIEF	OKEH 7315	15.00	NM

LUCAS, MATT
BABY YOU BETTER GO-GO	MY TUNE	KAREN 2524	1000.00	NM
YOU GOTTA LOVE	SAME:	CELEBRATION 1002	10.00	78

LUCIEN, JOHN
WHAT A DIFFERENCE LOVE MAKES	L.A. (LOS ANGELES)	COLUMBIA 44077	50.00	NM

LUCIFER
IT TAKES SOUL	AFTER YOU	NICO 105	50.00	78

LUMLEY, RUFUS
I'M STANDING	LET'S HIDE AWAY	HOLTON 5001	50.00	**NM**

LUMPKIN, HENRY
HONEY HUSH	YOUR SWEET LOVIN'	BUDDAH 55	10.00	NM
I'M A WALKING	MAKE A CHANGE	PAGEANT 605	40.00	NM
I'VE GOT A NOTION	WE REALLY LOVE EACH OTHER	MOTOWN 1005	85.00	M
MO JO HANNA	BREAK DOWN AND SING	MOTOWN 1029	30.00	M
SOUL IS TAKING OVER	IF I COULD MAKE MAGIC	BUDDAH 22	15.00	NM
WHAT IS A MAN (WITHOUT A WOMAN)	DON'T LEAVE ME	MOTOWN 1013	40.00	M

LUNAR FUNK
MR. PENGUIN	MR. PENGUIN PT 2	BELL 45172	10.00	F
SLIP THE DRUMMER ONE	SPACE MONSTER	BELL 45214	20.00	F

LUNDY, BRAD
BREAKING POINT	I LOVE YOU	LUNDY 6222	30.00	NM

LUNDY, PAT
ANY DAY NOW	NOTHING BUT TEARS	COLUMBIA 44155	15.00	NM
CITY OF STONE	WILDFIRE	COLUMBIA 43989	10.00	NM
COME TO ME	MAKE IT FOR THE DOOR	HEIDI 108	50.00	NM
SOUL AIN'T NOTHING BUT THE BLUES	ANOTHER RAINY DAY	COLUMBIA 44312	15.00	NM
THE THRILL IS GONE	CITY OF STONE	COLUMBIA 44773	20.00	NM

LUNLY, RUFUS
I'M IN LOVE AGAIN	PINNOCHIO	SKYSCRAPER 500	75.00	NM

LUPPER, KENNY
PASSION FLOWER	KISS ME NOW	TAMLA 54294	20.00	78

LUSCIOUS THREE
TAKE ME AS I AM	SAY WHAT YOU MEAN	TSUGA RAYS 300	10.00	78

LUTHER
DON'T WANNA BE A FOOL	THIS CLOSE TO YOU	COTILLION 44216	85.00	78

LUV BUGS
MAMA'S GONNA WHIP YOU	SOUL IN THE GHETTO	WAND 11234	20.00	NM

LUV CO.
THINGS ARE NOT THE SAME	MAYBE	SPRING 705	20.00	NM

LYLE, JAY
HOW GOOD CAN IT GET	HEARTACHES BY THE NUMBER	ANGEL CITY 1	40.00	NM

LYNCH, FRANK
YOUNG GIRL	PEOPLE WILL MAKE YOU SAY THING	MY RECORD 2101	50.00	NM

LYNCH, ROSE
I DON'T NEED NO HELP	I'VE BEEN HURT	WINNER. 201	100.00	NM

LYNDELL, LINDA
BRING YOUR LOVE BACK TO ME	HERE AM I	VOLT 161	20.00	**NM**
WHAT A MAN	I DON'T KNOW	VOLT 4001	20.00	F

LYNDON, FRANK
DON'T GO AWAY BABY	LISA	UPTOWN. 758	25.00	**NM**

LYNN, BARBARA
CLUB A GO GO	WATCH THE ONE	TRIBE 8322	15.00	NM
I DON'T WANT A PLAYBOY	NEW KIND OF LOVE	TRIBE 8324	75.00	NM
I'M A GOOD WOMAN	RUNNING BACK	TRIBE 8316	40.00	NM
I'M STILL THE SAME	same: Instrumental	JAM STONE 104	10.00	78
MOVIN' ON A GROOVE	DISCO MUSIC	JETSTREAM 829	150.00	78
NICE AND EASY	I'M A ONE MAN WOMAN	ATLANTIC 2853	10.00	NM
NICE AND EASY	YOU BETTER QUIT IT	JETSTREAM 811	15.00	NM
OH! BABY (WE GOT A GOD THING GOIN')	UNFAIR	JAMIE 1277	10.00	NM
TAKE YOUR LOVE AND RUN	(UNTIL THEN) I'LL SUFFER	ATLANTIC 2812	15.00	NM
TAKE YOUR LOVE AND RUN	(UNTIL THEN) I'LL SUFFER	JETSTREAM 804	20.00	**NM**
TAKE YOUR TIME	GIVE HIM HIS FREEDOM	STARFLITE 1001	15.00	B
THIS IS THE THANKS I GET	RING TELEPHONE RING	ATLANTIC 2450	25.00	NM
TRYING TO LOVE TWO	SUGAR COATED LOVE	ICHIBAN 142	75.00	78
YOU CAN'T BUY MY LOVE	THAT'S WHAT A FRIEND WILL DO	JAMIE 1301	15.00	NM
YOU LEFT THE WATER RUNNING	UNTIL I'M FREE	TRIBE 8319	25.00	NM
YOU MAKE ME SO HOT	IT AIN'T GOOD TO BE TOO GOOD	ATLANTIC 2931	10.00	78
YOU'LL LOSE A GOOD THING	LONELY HEARTACHES	JAMIE 1220	10.00	NM
YOU'RE LOSING ME	WHY CAN'T YOU LOVE ME	ATLANTIC 2513	10.00	NM

LYNN, BOBBI
EARTHQUAKE	OPPORTUNITY STREET	ELF 90009	30.00	NM
JUMP BACK IN THE ARMS OF LOVE	SO IN LOVE WITH YOU	LOOK 5033	20.00	NM

LYNN, CINDY
MEET ME AT MIDNIGHT	SIR GALLAHAD	IN SOUND 402	100.00	NM

LYNN, DELORES
THE BIG SEARCH IS ON	JUST TELL IT LIKE IT IS	JUNIOR 1008	15.00	NM

LYNN, DENI
YOU TAUGHT ME	THE LIGHTS OF NIGHT	WHITE WHALE 328	20.00	NM

LYNN, DONNA
DON'T YOU DARE	IT WAS RAINING	PALMER 5016	40.00	NM

LYNN, GINNIE
IN LOVE	I LOVE THE WAY YOU LOVE	MISTY 101	10.00	78

LYNN, MICKI
I'VE GOT THE BLUES	SOME OF THIS AND SOME OF THAT	CAPITOL 5495	25.00	NM

LYNN, SANDRA
PROVE IT	I CAN'T ESCAPE	LEMAY 1002	15.00	NM
WHERE WOULD I BE	SOMETIME	CONSTELLATION. 140	30.00	NM

LYNN, TAMI
I'M GONNA RUN AWAY FROM YOU	THE BOY NEXT DOOR	ATCO 6342	15.00	NM
I'M GONNA RUN AWAY FROM YOU	THE BOY NEXT DOOR	COTILLION 44123	10.00	NM
MOJO HANNAH	ONE NIGHT OF SIN	COTILLION 44123 .	10.00	F
MOJO HANNAH	HOW MANY TEARS	COTILLION 44135	15.00	F

LYNNE, GLORIA
I CAN'T STAND IT	FOOLISH DREAMER	FONTANA 1594	10.00	NM
SPEAKING OF HAPPINESS	SOMETIMES IT BE'S THAT WAY	FONTANA 1538	20.00	MOD
YOU DON'T HAVE TO BE A TOWER OF STRENGTH	I WILL FOLLOW YOU	EVEREST 19428	40.00	NM

LYON, EDDIE
I WANT YOU TO LOVE ME BOY	PLEASE HEAR ME NOW	SMOKE 605	200.00	NM

LYONS, MARIE "QUEENIE"
SEE AND DON'T SEE	DADDY'S HOUSE	DELUXE 123	50.00	F
YOUR KEY DON'T FIT IT ANYMORE	FEVER	DELUXE 103	30.00	NM

LYONS, QUEENIE
DROWN IN OWN TEARS	TRY ME	DELUXE 101	20.00	NM

LYRICS
KEEP CLOSER TO YOUR HEART	YOU'LL ALWAYS BELONG TO ME	J.W.J. 22925	50.00	NM
SO GLAD	MY SON	GNP CRESCENDO 381	75.00	NM

M.V.P.'S
TURNIN' MY HEARTBEAT UP	same:	BUDDAH 262 dj	100.00	NM
TURNIN' MY HEARTBEAT UP	EVERY MAN FOR HERSELF	BUDDAH 262	200.00	NM

M-3'S
FUNNY CAFE	SO GIVE ME LOVE	ABC 10772	20.00	NM

MABON, WILLIE
GOT TO HAVE SOME	WHY DID IT HAPPEN TO ME	FORMAL 1016	20.00	NM
I'M HONGRY	RUBY'S MONKEY	USA 750	15.00	NM
JUST GOT SOME	THAT'S NO BIG THING	USA 735	15.00	NM

MABRY, BETTY
IT'S MY LIFE	LIVE, LOVE, LEARN	COLUMBIA 44469	25.00	NM

MAC and BARB
HOLD ME TIGHTER	WHAT'S YOU BUSINESS HERE	PYRAMID 63918	75.00	NM

MAC, BOBBY
KEEP ON	WALKIN' TOGETHER	MOONGLOW 5019	15.00	NM
KEEP ON	WALKIN' TOGETHER	ORIGINAL SOUND 68	15.00	NM

MACEO and ALL THE KING'S MEN
GOT TO GET'CHA	(I REMEMBER) MR. BANKS	HOUSE OF THE FOX 1	10.00	F
FUNKY WOMEN.	SOUTHWICK	HOUSE OF THE FOX 10	15.00	F
THANK YOU FOR LETTING ME BE MYSELF	THANK YOU FOR LETTING ME BE MYSELF Pt .2	HOUSE OF THE FOX 8	10.00	F

MACEO and the MACKS
CROSS THE TRACK (WE BETTER GO BACK)	THE SOUL OF A BLACK MAN	PEOPLE 647	30.00	F
PARRTY	PARRTY PT 2	PEOPLE 624	10.00	F
I CAN PLAY FOR (JUST YOU AND ME)	DOING IT TO DEATH	PEOPLE 634	10.00	F
SOUL POWER 1974	SOUL POWER 74 Pt 2	PEOPLE 631	10.00	F

MACK, ANDY
LATER THAN YOU THINK	DO YOU WANTA GO	CHESS 1910	30.00	NM

MACK, BILLY
ONE HEARTACHE TOO MANY	LOVE ME NOW (NO NOT LATER)	MGM 13229	50.00	B
SON OF A LOVER	I CA\N'T SLEEP	BETTY 34	25.00	NM
SON OF A LOVER	I CA\N'T SLEEP	MISS BETTY 34	25.00	NM

MACK, JIMMY
BE GOOD TO THE ONE	LOVE JUNKIE	PAWN 3808	20.00	B
MY WORLD IS ON FIRE	GO ON	PALMER 5019	500.00	NM
WOMAN IS HARD TO UNDERSTAND	HARD TO UNDERSTAND	HAMSTER 4541	40.00	**NM**

MACK, LES and the IMPACTS
SO BLUE	FAREWELL MY LOVE	JOKERS THREE 672	500.00	NM

MACK, ONE'SY
I'LL NEVER GO AWAY	I DID IT ALL FOR THE RIGHT REASONS	GODA 101	50.00	NM
NEVER LISDTEN TO YOUR HEART	A PART OF A FOOL	GHETTO 17	25.00	NM

MACK, OSCAR
I'M GLAD IT'S OVER	PUT OUT THE FIRE (AND LET ME GO)	AMY 11007	40.00	B
YOU NEVER KNOW HOW MUCH I LOVE	DREAM GIRL	STAX 152	20.00	NM

MACKEY, LINDA
YOURS FOR THE ASKING	GOTTA FIND MY MAN	VJ INTERNATIONAL 721 **PS**	75.00	NM

MAD DOG and the PUPS
HEP SQUEEZE	HEP SQUEEZE (PARTY TIME)	MAGIC CITY 007	15.00	F
PLEASE DON'T LET ME GO	LOOK INTO MY EYES	MAGIC CITY 15	20.00	GR
WHY DID YOU LEAVE ME GIRL	same: Instrumental	MAGIC CITY 12	25.00	NM

MAD LADS
DID MY BABY CALL	LET ME REPAIR YOUR HEART	VOLT 4080	15.00	78
HEY MAN	WHY	MARK-FI 1934	100.00	NM
MAKE ROOM	SO NICE	VOLT 4003	10.00	NM
TRYING TO FOGET ABOUT YOU	YOU BLEW IT	EXPRESS 3985	10.00	78

MAD MEN
DO THE AFRICAN TWIST	DO THE AFRICAN TWIST PT 2	GAMBLE 212	15.00	F

MADDOX, SYLVIA
VIET NAM BLUES	GOT TO BE FREE	DUKE 408	15.00	NM

MADE IN JAPAN BAND
WHAT IT IS	MAREEFER	CENCO 111	75.00	F

MADISON, ROSALIND
NEIGHBORHOOD GIRL	NO OTHER LOVE	LIBERTY 55795	150.00	NM

MADISONS
BECAUSE I GOT YOU	BAD BABOON	LIMELIGHT 3018	30.00	NM

MAE, ELSIE
DO YOU REAKLLY WANT TO RESCUE	DO YOU REALLY WANT YTO RESCUE	KING 6022	40.00	NM
WHOLE LOT OF LOVIN'	ALL OF ME	SMASH 1953	15.00	NM

MAESTRO, JOHNNY
HEARTBURN	TRY ME	PARKWAY 987	15.00	NM
I'M STEPPING OUT OF THE PICTURE	AFRAID OF LOVE	SCEPTER 12112	450.00	NM

MAGEE, STERLING
I STILL BELIVE IN YOU	TIGHTEN UP	TRC 975	30.00	NM
KEEP ON	GET IN MY ARMS LITTLE GIRLIE	SYLVIA 5009	20.00	NM
OH SHE WAS PRETTY	GET IN MY ARMS LITTLE GIRL	TRC 968	40.00	NM

MAGIC DISCO MACHINE
SCRATCHIN'	CONTROL TOWER	MOTOWN 1362	20.00	F

MAGIC NIGHT
IF YOU AND I HAD NEVER MET	LOST AND LOONELY BOY	ROULETTE 7153	15.00	78

MAGIC SAM
SAM'S FUNCK	I'LL PAY YOU BACK	BRIGHT STAR 1037	25.00	F
SAM'S FUNCK	I'LL PAY YOU BACK	MINIT 32070	20.00	F

MAGIC TONES (see MAGICTONES)

MAGIC TOUCH
BABY YOU BELONG TOME	LOST AND LONELY BOY	ROULETTE 7143	10.00	GR

MAGICIANS
WHY DO I DO THESE FOOLISH THINGS	IS IT ALL GONE	VILLA. 704	150.00	GR
WHY MUST YOU CRY (I DEEPLY LOV	KEEP YOUR HANDS OF MY BABY	VILLA. 706	30.00	GR

MAGICS
IF I DIDN'T HAVE YOU	LET'S BOOGALOO	R.F.A. 100	20.00	B

MAGICTONES
GOT TO GET A LITTLE CLOSER	ME AND MY BABY	WHEELSVILLE 106	50.00	NM
HAPPY DAYS	TRYING REAL HARD (TO MAKE THE	WESTBOUND 145	15.00	NM
HOW CAN I FORGET YOU	ME AND MY BABY	WHEELSVILLE 114	200.00	NM
IT'S BETTER TO LOVE	TOGETHER WE SHALL OVERCOME	MAHS 1037	15.00	NM
LOOK AWAY	GREAT DAY	RAM-BROCK 2001	15.00	NM

MAGNETIC FORCE
IS IT WRONG	THROUGH THE PAIN	PICKIN POST 978	30.00	78
OLE SWEET MUSIC	same: instrumental	LUCKY JERICE 301	15.00	GR

MAGNETIC TOUCH
AIN'T GONNA BE A NEXT TIME	same: Instrumental	P&P 1515	15.00	78
AIN'T GONNA BE A NEXT TIME	same: Instrumental	CHERYL 6503	15.00	78
HURT SO BAD	same: Instrumental	CHERYL 1007	10.00	GR
WILL YOU STAY WITH ME	same: Instrumental	CHERYL 1000	15.00	78

MAGNETICS (also see LEE McKINNEY)
I HAVE A GIRL	LOVE AND DEVOTION	RA-SEL 7104	1500.00	**NM**
LADY IN GREEN	HEART YOU'RE MADE OF STONE	BONNIE 107374	1500.00	**NM**
WHEN I'M WITH MY BABY	COUNT THE DAYS	SABLE 102	1300.00	**NM**
WHERE ARE YOU	THE TRAIN	ALLRITE 620 drexall music	40.00	GR

MAGNIFICENT 7
NEVER WILL I MAKE MY BABY CRY	OOH, BABY BABY	DIAL 4074	30.00	NM
SHE'S CALLED A WOMAN	SINCE YOU'VE BEEN GONE SO LONG	EASTERN 611	100.00	NM

MAGNIFICENT MEN
ALL YOUR LOVIN'S GONE TO MY HEAD	PEACE OF MIND	CAPITOL 5608	15.00	NM
FOREVER TOGETHER	BABE, I'M CRAZY ABOUT YOU	CAPITOL 2062	15.00	NM
I FOUND WHAT I WANTED IN YOU	ALMOST PERSUADED	CAPITOL 2202	10.00	NM
MUCH, MUCH MORE OF YOUR LOVE	STORMY WEATHER	CAPITOL 5812	20.00	NM
TIRED OF PUSHING	BY THE TIME I GET TO PHEONIX	CAPITOL 2134	10.00	NM

MAGNIFICENTS
MY HEART IS CALLING	ON MAIN STREET	DEE GEE 3008	100.00	NM
MY HEART IS CALLING	ON MAIN STREET	DEE GEE 3008 dj	75.00	NM
MY HEART IS CALLING	WHERE DO I GO FROM HERE	DEE GEE 3008	100.00	NM
ON MAIN STREET	WHERE DO I GO FROM HERE	DEE GEE 3008	100.00	NM
YOU TURN ME ON	ON MY WAY UP	DT 104	100.00	78

MAGNUM
EVOLUTION	YOUR MIND	PHEONIX 315	15.00	F
FUNKY JUNKY	COMPOSITION SEVEN (PRELUDE)	PHEONIX 314	20.00	F

MAGNUM FORCE
SHARE MY LOVE WITH YOU	ARE YOU READY FOR THE WEEKEND	KELLI-ARTS 1000	15.00	GR

MAHAN, BENNY
SHE KNOWS HOW	WHAT YOU NEVER HAD	SCRATCH 5882	40.00	NM
SHE KNOWS HOW	WHAT YOU NEVER HAD	POMPEII 66690	30.00	NM

MAHOANEY, SKIP (MAHONEY)
RUNNING AWAY FROM LOVE	THIS IS MY LAST TIME	ABET 9468	10.00	78
WHERE EVER YOU GO	AND IT'S LOVE	ABET 9465	10.00	GR
JANICE (DON'T BE SO BLIND TO LOVE)	DON'T STOP ME NOW	SALSOUL 2120	45.00	78

MAIN ATTRACTION
THAT'S THE WAY I FEEL	ON BROADWAY	SATIN 701	15.00	GR

MAIN CHANGE
SUNSHINE IS HER WAY	LIFE	NEBULA 1	200.00	NM

MAIN EVENTS
DON'T LEAVE (BABY DON'T GO)	GIRL, I WANT YOU TO REMEMBER	GOLDEN BIRD 500	20.00	78
DON'T LEAVE (BABY DON'T GO)	GIRL, I WANT YOU TO REMEMBER	MIRACLE MILE 501	15.00	78
DON'T LEAVE (BABY DON'T GO)	GIRL, I WANT YOU TO REMEMBER	UA 50811	10.00	78

MAIN INGREDIENT
CALIFORNIA MY WAY	LOOKS LIKE RAIN	RCA 10095	15.00	78
EVERYTHING MAN	REGGAE DISCO	POWER EXCHANGE 265 WI	20.00	78

MAJESTIC
HOW LONG WILL I LOVE YOU	SEND MY BABY BACK TO ME	EQUATOR 1401	50.00	GR

MAJESTICS
(I LOVE HER SO MUCH) IT HURTS	GIRL OF MY DREAMS	LINDA 121 yellow design label	250.00	NM
(I LOVE HER SO MUCH) IT HURTS	GIRL OF MY DREAMS	LINDA 121 purple design label	300.00	NM
DOIN THE BEST I CAN	FEELS!	MALA 574	40.00	GR
FUNKY CHICK	COMING ON	MORSOUND 1001	500.00	F
TURN BACK THE HANDS OF TIME	Y VOLVERE	LADY 31741	100.00	78

MAJJESTEES
TAKE BACK ALL THOSE THINGS	LET GO	MUTT 18382	50.00	NM

MAJOR IV (also see MAJORS)
I DON'T BELIEVE IN LOSING	ALL OF MY LOVE	VENTURE 608	40.00	NM
THIS LITTLE GIRL OF MINE	JUST ANOTHER LONELY NIGHT	VENTURE 619	40.00	NM

MAJOR, EARL and JIMMY
CHASE IT AWAY	QUIET AS IT'S KEPT	PULSAR 2418	25.00	F

MAJORS
DOWN IN THE GHETTO	SUGAR PIE	VENTURE 606	30.00	NM
LOST IN A CITY	SAY YOU'LL BE MINE	BIG THREE 403	70.00	NM

MALCOLM, CARLOS and the FIREBURNERS
BUSTIN' OUTTA THE GHETTO	POUND FOR POUND #.1	AJP 1512	40.00	F

MALIBUS
A BROKERB MAN	IT'S ALL OVER BUT THE SHOUTING	WHITE WHALE 289	10.00	NM
GEE BABY (I LOVE YOU)	WHAT'S THIS COMING	SURE SHOT 5028	50.00	NM
I JUST CAN'T STAND IT	THE ROBOT	DUKE 457	20.00	NM
TWO AT A TIME	I HAD A DREAM	SURE SHOT 5014	25.00	NM

MALLETT, SAUNDRA and THE VANDELLAS
CAMEL WALK	IT'S GONNA BE HARD TIMES	TAMLA 54067	800.00	M

MALLORY, WILLIE
FAITHFUL	I'LL BE YOUR JIM	JIM BAR 513	30.00	B
YOU WENT BACK ON WHAT YOU SAID	I'LL BE YOUR JIM	LANOR 539	40.00	NM

MALONE, CINDY
IS IT OVER BABY	IT'S UP TO YOU	CAPITOL 5629	30.00	NM

MALONE, J.J.
IT'S A SHAME	DANGER ZONE	GALAXY. 784	15.00	F

MAMSELLES
OPEN UP YOUR HEART (LET LOVE OUT)	IT WON'T TAKE MUCH TO BRING ME	ABC 11040	300.00	NM

MANCHA, STEVE
DID MY BABY CALL	WHIRL POOL	WHEELSVILLE 102	650.00	NM
DON'T MAKE ME A STORY	I WON'T LOVE YOU AND LEAVE YOU	GROOVESVILLE 1005	25.00	NM
FRIDAY NIGHT	MONDAY THROUGH THURSDAY	GROOVESVILLE 1004	300.00	NM
HATE YOURSELF IN THE MORNING	A LOVE LIKE YOURS	GROOVE CITY 204	30.00	NM
I DON'T WANT TO LOSE YOU	I NEED TO BE NEEDED	GROOVESVILLE 1002	20.00	NM

JUST KEEP ON LOVING ME	SWEET BABY (DON'T EVER BE UNTRUE)	GROOVESVILLE 1007	30.00	NM
YOU'RE STILL IN MY HEART	SHE'S SO GOOD	GROOVESVILLE 1001	20.00	NM

MANDALA
GIVE AND TAKE	FROM TORONTO - 67	KR 121	15.00	NM
LOST LOVE	OPPORTUNITY	KR 119	10.00	GR

MANDARINS
THAT OTHER GUY	BETTER WATCH OUT GIRL	COMMERCE 5014	100.00	NM

MANDELLS
BABY DON'T GET HOOKED ON ME	I'M THE ONE	TRANS WORLD 721	15.00	GR
HOW TO LOVE A WOMAN	I CAN'T GET ENOUGH OF YOUR STUFF	TRANS WORLD 711	25.00	NM
I MISS YOU BABY	THINK BACK	TRANS WORLD 222	30.00	NM
I JUST CAN'T WIN		MONEY TOWN	400.00	NM
NOW I KNOW	DON'T TURN YOUR BACK ON ME	HOURGLASS 4	15.00	NM
THERE WILL BE TEARS	THERE WILL BE TEARS Pt 2	TRANS WORLD 701	15.00	F
WHAT CAN YOU DO FOR ME	SAME: INSTRUMENTAL	MONEYTOWN 4522	10.00	GR

MANDOLF, MARGARET
SOMETHING BEAUTIFUL	I WANNA MAKE YOU HAPPY	PLANETARY 106	200.00	**NM**

MANDOLPH, BOBBY
GOTTA GET YOU BACK	TELL ME TOMORROW	VAULT 949	40.00	**NM**

MANDRILL
MY KIND OF GIRL (MY GIRL)	same:	ARISTA 490 dj	15.00	78
NEVER DIE	LOVE SONG	POLYDOR 14214	20.00	78
TOO LATE	HOLIDAY	ARISTA 375	80.00	78

MANHATTANS
ALL I NEED IS YOUR LOVE	OUR LOVE WILL NEVER DIE	CARNIVAL 526	15.00	NM
BABY I NEED YOU	TEACH ME (THE PHILLY DOG)	CARNIVAL 514	10.00	GR
BABY I'M SORRY	WHEN WE'RE MADE AS ONE	CARNIVAL 529	10.00	GR
CAN I	THAT NEW GIRL	CARNIVAL 517	10.00	GR
I BETCHA (COULDN'T LOVE ME)	SWEET LITTLE GIRL	CARNIVAL 522	15.00	NM
I CALL IT LOVE	MANHATTAN STOMP	CARNIVAL 533	15.00	GR
JUST A LITTLE LOVING	BEAUTIFUL BROWN EYES	GOLDEN WORLD 14	20.00	M
LATER FOR YOU	WHAT SHOULD I DO	AVANTI 1601	60.00	NM
LOVE IS BREAKIN' OUT (ALL OVER)	I DON'T WANNA GO	CARNIVAL 542	15.00	NM
THERE GOES A FOOL	CALL SOMEBODY PLEASE	CARNIVAL 506	20.00	NM

MANLEY, LORENZO
(I'M GONNA) SWOOP DOWN ON YOU	TO PROVE MY LOVE	ORIGINAL SOUND 60	30.00	NM

MANN, CHARLES
IT'S ALL OVER	VERY LONELY	ABC 11384	30.00	78
HEY, LITTLE GIRL	YOU'RE NO LONGER MINE	LANOR 529	30.00	NM
I CAN FEEL IT	SAY YOU LOVE ME TOO	ABC 11347	15.00	78
LOVING YOU IS CHANGING ME	same:	ABC 11434	10.00	78
SHONUFF NO FUNNY STUFF LOVE	same: Instrumental	LA. 70	15.00	78

MANN, CLARENCE
COME WHAT MAY	same: Instrumental	BAMA 30002	20.00	78
COME WHAT MAY	same: Instrumental	SUSIE Q 336	15.00	78
MAN'S TEMPTATION	HAVE FAITH IN ME	T&M	20.00	GR
SHOW ME GIRL	SHOW ME GIRL PT 2	CALIFORNIA GOLD 50	20.00	78

MANN, DONNY
I'M A WEAK MAN	same:	WOODEN NICKEL 10107	15.00	78
NO MORE CHILD'S PLAY	TREAT ME LIKE A STRONGER	AVALANCHE 36014	25.00	78
THINGS	IS THERE A MISSING PIECE	AVALANCHE 197	30.00	78
TRY ME	I'M A WEAK MAN	WOODEN NICKEL 10107	25.00	NM

MANN, HERBIE
SCRATCH	THIS IS MY BELOVED	ATLANTIC 5070	15.00	F

MANN, REV COLUMBUS
JESUS LOVES	THEY SHALL BE MINE	TAMLA 54047	40.00	M

MANNS, JIMMY and BLACKMAILERS
RAP ON	MESSING WITH THE KID	MEL 8001	15.00	F

MANZEL
SPACE FUNK	JUMP STREET	Fraternity 3401	100.00	F

MAR VELLS
GO ON AND HAVE YOURSELF A BALL	HOW DO I KEEP THE GIRLS AWAY	ANGIE 1005	20.00	NM

MARBOO
WHAT ABOUT LOVE	I REMEMBER SUNDAY MORNING	MIDLAND INT. 10540	10.00	NM

MARCEL, EDDIE
I GO CRAZY		GLAD HAMP 2033	150.00	NM

MARCEL, VIC
FUNKY LOVER	I'VE TRIED	RCA 317	15.00	78
WON'T YOU COME AND FLY WITH ME	THIS BITTER EARTH	RCA 9750	30.00	NM

MARCELLE, LYDIA
EVERYBODY DANCE	I'VE BEEN HURT LIKE THIS BEFORE	ATCO 6366	50.00	NM
IT'S NOT LIKE YOU	IMITATION LOVE	MANHATTAN 809	100.00	**NM**
IT'S NOT LIKE YOU	IMITATION LOVE	MANHATTAN 809 dj red vinyl	200.00	**NM**

MARCH, PEGGY
FOOL, FOOL, FOOL	TRY TO SEE IT	RCA 9032	15.00	NM
FOOLIN' AROUND	THIS HEART WASN'T MADE TO KICK	RCA 9283	10.00	NM
IF YOU LOVED ME (SOUL COAXING)	THINKING THROUGH MY EYES	RCA 9494	20.00	NM
LOSIN' MY TOUCH	WHY CAN'T HE BE YOU	RCA 8534	40.00	NM
YOUR GIRL	LET HER GO	RCA 8605	15.00	NM

MARCHAN, BOBBY
EVERYTHING A POOR MAN NEEDS	THERE'S SOMETHING ABOUT MY BABY	CAMEO 405	15.00	NM
JUST BE YOURSELF	SHAKE YOUR TAMBORINE	CAMEO 429	10.00	GR
WHAT CAN I DO	ANY WAY YOU WANT IT	RIVER CITY 727	20.00	B

MARCHAND, RAY
YOUR SHIP OF FOOLS	HOLDING HANDS	DORE 763	600.00	NM

MARCUS, B.K.
DOES SHE CARE ABOUT ME	HIPPIE OF THE CITY	GAMBLE 4013	60.00	NM

MARGIE and the FORMATIONS
SAD ILLUSION	BETTER GET WHAT GOES FOR YOU	COED 601	60.00	NM

MARIE, ANN
A GIFT OF LOVE	GOD BLESS SON	FAM-LEE 1001	25.00	NM

MARIE, VONDA
I FEEL COMPLETE	OPEN ARMS CLOSED HEART	PHIL LA SOUL 319	20.00	NM

MAR – J's
GOT TO FIND A WAY	FOREVER THERE'LL BE A SUMMER NIGHT	MAGIC TOUCH 2008	200.00	NM

MARK III TRIO
G'WAN GO ON	GOOD GREASE	WINGATE 15	15.00	MOD
TRES LOBO	ALL THE THINGS YOU ARE	ATCO 6451	10.00	MOD

MARK 1V
WHY DID YOU FALL IN LOVE WITH ME	I'M SO PROUD OF YOU	ALAGA 1019	15.00	GR
HONEY I STILL LOVE YOU	SINCE GOD MADE WOMAN	NATION-WIDE 106	20.00	GR
IF YOU CAN'T TELL ME SOMETHING	TAKE THIS LOVE	BRITE LITE 2001 **12"**	200.00	78
IF YOU CAN'T TELL ME SOMETHING	TAKE THIS LOVE	BRITE LITE 2001 7"	1200.00	78
SIGNS OF A DYING LOVE	SIGNS OF A DYING LOVE PT 2	OTB 1007	200.00	78

MARK V UNLIMITED
FUNNY CHANGES	GONE!	SAGPORT 203	40.00	NM

MARKETTS
A TOUCH OF VELVET-A STING OF BRASS	THE AVENGERS	WB 5814	15.00	NM
BELLA DELENA	OUTER LIMITS	WB 5391	10.00	NM
STIRRIN' UP SOME SOUL	TARZAN	WB 5857	20.00	NM

MARKHAM, PIGMEAT
HERE COMES THE JUDGE	THE TRAIL	CHESS 2049	10.00	F
PIG'S POPCORN	WHO GOT THE NUMBER	CHESS 2087	15.00	F
SOCK IT TO 'EM JUDGE	THE HIP JUDGE	CHESS 2059	10.00	F

MARKS, RICHARD
FUNKY FOUR CORNERS	same: Instrumental	TUSKA 101	40.00	F
FUNKY FOUR CORNERS	same: Instrumental	ROULETTE 7034	40.00	F
I'M THE MAN FOR YOU	CRACKERJACK	TUSKA	250.00	F

MARLAND, CLETUS
EVERY NOW AND THEN	KEEP ON LOVING	TERRY 109	20.00	NM
EVERY NOW AND THEN	KEEP ON LOVING	GENEVA 109	30.00	NM
YOU'RE GONNA MISS ME	YESTERDAY	TERRY 110	15.00	NM

MARLBORO MEN
(RIDE ON) IRON HORSE	NEVER WILL YOU MEET A GUY LIKE	NITE BEAT 1001	50.00	F

MARLIN, MILTON
HOW CAN YOU MEND A BROKEN HEAR	HERE I YAM	SOUL-PO-TION 116	10.00	NM

MARLYNNS
MY HEART IS YOURS	THE BREAK	Tower 103163	100.00	NM

MARQUEE REVUE
WHAT GOOD TOMORROW	DON'T TALK OF LOVE	PACIFIC AVENUE 464	700.00	NM

MARR, HANK
THE "OUT" CROWD	WHITE HOUSE PARTY	WINGATE 12	20.00	M
GREASY SPOON	I CAN'T GO ON	FEDERAL 12508	15.00	F
THE GREASY SPOON	ALL MY LOVE BELONGS TO YOU	KING 6263	10.00	F

MARRS, TROY
RHYTHM MESSAGE	RHYTHM MESSAGE pt. 2	SURE SHOT 5018	30.00	MOD

MARS, MARLINA
HEAD AND SHOULDERS	I'VE GOTTA PLEASE HIM	MGM 13361	20.00	NM
I'M GONNA HOLD ON (TO YOUR LOV	INSIDE I'VE DIED	MGM 13404	25.00	NM
JUST ANOTHER DANCE	IT IS LOVE THAT REALLY COUNTS	OKEH 7213	150.00	NM

JUST FOR THE BOOK	I THOUGH I KNEW ME	CAPITOL 4997	25.00	NM
PUT MY LOVE ON STRIKE	GIVE YOUR LOVE TO ME	MGM 13481	25.00	NM
THE CORRECT FORM	JOHNNY'S HEART	CAPITOL 4921	30.00	B

MARSHALL and the CHI-LITES

PRETTY GIRL	LOVE BANDIT	DARAN 012	75.00	NM
PRICE OF LOVE	BABY IT'S TIME	DAKAR 600	20.00	NM

MARSHALL, BOB and the CRYSTALS

GIMME SOME LOVIN'	same: instrumental	L-REV 22770	15.00	MOD
I'M GOING TO PAY YOU BACK	YOU GOT ME CRYING	L-REV 968	40.00	NM

MARSHALL, DONOVAN, BROOMFIELD

SINCE I FOUND MY BABY	LET ME DOWN BABY	AUGUSTA. 100	40.00	78

MARSHALL, STEVE

MAINTAIN	CREATIVE HAPPINESS	REYNOLDS 200.	20.00	F

MARSHALL, WAYNE and the MEMBERS

HER FINAL LETTER	TELL ME WHO	JOSIE 937	30.00	B

MARTHA and the VANDELLAS (also see REEVES, MARTHA)

COME AND GET THESE MEMORIES	JEALOUS LOVER	GORDY 7014	15.00	M
DANCING IN THE STREET	PAPER PICTURE DISC # 7	GORDY 7033 paper picture disc	60.00	M
DANCING IN THE STREET	THERE HE IS (AT MY DOOR)	GORDY 7033 **PS**	150.00	M
HEAT WAVE	A LOVE LIKE YOURS	GORDY 7022	10.00	M
HEARTLESS	TAKING MY LOVE AND LAEVING ME	GORDY 7094	10.00	M
I'LL HAVE TO LET HIM GO	MY BABY WON'T COME BACK	GORDY 7011	40.00	M
IN MY LONELY ROOM	A TEAR FOR THE GIRL	GORDY 7031	15.00	M
LIVE WIRE	OLD LOVE (LET'S TRY IT AGAIN)	GORDY 7027	10.00	M
LOVE, GUESS WHO	I SHOULD BE PROUD	GORDY 7098	15.00	M
MY BABY LOVES ME	NEVER LEAVE YOUR BABY'S SIDE	GORDY 7048	10.00	M
ONE WAY OUT	LOVE BUG LEAVE MY HEART ALONE	GORDY 7062	10.00	M
COME AND GET THESE MEMORIES	JEALOUS LOVER	GORDY 7014	20.00	M
HEAT WAVE	A LOVE LIKE YOURS	GORDY 7022	15.00	M
NOWHERE TO RUN	MOTORING	GORDY 7039	10.00	M
QUICKSAND	DARLING, I HUM OUR SONG	GORDY 7025	10.00	M
WHAT AM I GOING TO DO WITHOUT	GO AHEAD AND LAUGH	GORDY 7053	10.00	M
WILD ONE	DANCING SLOW	GORDY 7036	10.00	M
YOU'VE BEEN IN LOVE TOO LONG	LOVE (MAKES ME DO FOOLISH THIN	GORDY 7045	10.00	M

MARTELLS

WHERE CAN MY BABY BE	TEAR ON MY PILLOW	ALA CARTE 239	500.00	**NM**

MARTIN REVUE, FRED (JNR.)

I WANT ANOTHER CHANCE	COME TO THE CITY	MELRON 5020	20.00	NM
TAKE ME BACK AGAIN	I KNOW IT'S GOING TO HAPPEN	RU-JAC 9170	50.00	B
CONTAGIOUS	I'M THE ONE (WHO LOVES YOU)	CHESS 2152	15.00	F

MARTIN, BOBBI

FOR THE LOVE OF HIM	I THINK OF YOU	UA 50602	15.00	NM

MARTIN, CLEVELAND

I DON'T WANT TO SLIP AWAY	SOUL TRAIN THAT'S IT	SINGLE B 120	20.00	78

MARTIN, CLOE

IT COMES TO MY ATTENTION	LIFE RACE	GENEVA 509	15.00	78

MARTIN, DAVID

YOU'RE MIGHTY RIGHT	YOU'RE MIGHTY RIGHT 2	REKORD 702 blue label	50.00	78
YOU'RE MIGHTY RIGHT	YOU'RE MIGHTY RIGHT 2	REKORD 702 red label	10.00	78

MARTIN, DEREK

DADDY ROLLIN' STONE	DON'T PUT ME OUT LIKE THIS	CRACKERJACK 4013	25.00	NM
IF YOU GO	COUNT TO TEN	SUE 143	20.00	NM
SLY GIRL	SOUL POWER	TUBA 2010	25.00	NM
SLY GIRL	SOUL POWER	VOLT 160	20.00	NM
BREAKWAY	TAKE ME LIKE I AM	ROULETTE 4743	40.00	NM
THAT'S WHAT I'LL DO	HOW CAN I GET AWAY	VIBRATION 526	10.00	78
YOU BETTER GO	YOU KNOW	ROULETTE 4631	15.00	NM
YOU BLEW IT BABY	MOVING HARBDS OF TIME	BUTTERCUP 9	15.00	NM

MARTIN, GENE

LONELY NIGHTS	I GOT THE BLUES	LU PINE 106	20.00	B

MARTIN, JAY D.

BY YOURSELF	HOLD ON TO YOUR HEART	TOWER 403	75.00	**NM**

MARTIN, KENNY

HEART STORM	LOVIN' MAN	BIG TOP 3053	30.00	NM

MARTIN, LELA and the SOUL PROVIDERS

YOU CAN'T HAVE YOUR CAKE	SHY GUY	MELATONE 1032	100.00	NM

MARTIN, PAUL

I'VE GOT A NEW LOVE	SNAKE IN THE GRASS	ASCOT 2172	20.00	NM

MARTIN, RODGE

THEY SAY	I'M STANDING BY	Dot 16394	25.00	NM
WASTED NIGHTS	CLOSE MY EYES (AND OPEN UP MY HEART)	NEWARK 213	20.00	B

MARTIN, RUDY
LOVE MUST GO ON | PEEK-A-BOO | ROACH 105 | 20.00 | NM

MARTIN, SHANE
I NEED YOU | YOU'RE SO YOUNG | EPIC 10384 | 40.00 | NM
ONE AND ONE | TROUBLE IS MY MIDDLE NAME | COLUMBIA 44222 | 15.00 | NM

MARTIN, TONY
ASK ANY MAN | SPANISH ROSE | MOTOWN 1088 | 10.00 | M
THE BIGGER YOUR HEART IS | THE TWO OF US | MOTOWN 1082 | 15.00 | M

MARTIN, TRADE
MOANIN' | TAKE ME FOR A LITTLE WHILE | RCA 9112 | 20.00 | NM
SHE PUT THE HURT ON ME | SON OF A MILLIONAIRE | STALLION 1003 | 150.00 | **NM**
WORK SONG | SO THIS IS LOVE | RCA 8926 | 30.00 | NM

MARTINELLS
I DON'T CARE | BABY THINK IT OVER | SUCCESS 110 | 10.00 | NM

MARTINEZ, VAL
SOMEONE'S GONNA CRY | THEY | RCA 8140 | 30.00 | NM

MARTINIS
BULLSEYE | HOLIDAY CHEER | USA 893 | 40.00 | MOD
HUNG OVER | LATE, LATE PARTY | BAR 1001 | 25.00 | F

MARVELETTES
BEECHWOOD 4-5789 | SOME DAY SOME WAY | TAMLA 54065 | 10.00 | M
DANGER HEARTBREAK DEAD AHEAD | YOUR CHEATING WAYS | TAMLA 54120 | 10.00 | M
DON'T MAKE HURTING ME A HABIT | I'M GONNA HOLD ON AS LONG AS I CAN | TAMLA 54177 | 10.00 | M
GODDESS OF LOVE | HE'S A GOOD GUY (YES HE IS) | TAMLA 54091 | 15.00 | M
I'LL KEEP HOLDING ON | NO TIME FOR TEARS | TAMLA 54116 | 20.00 | M
LOCKING UP MY HEART | FOREVER | TAMLA 54077 | 15.00 | M
MY DADDY KNOWS BEST | TIE A STRING AROUND YOUR FINGE | TAMLA 54082 | 10.00 | M
PLAYBOY | ALL THE LOVE I'VE GOT | TAMLA 54060 | 15.00 | M
PLEASE MER. POSTMAN | SO LONG BABY | TAMLA 54046 **PS** | 60.00 | M
PLEASE MR.POSTMAN | Group Info:Meet Marvelettes | TAMLA 54046 **paper picture disc** | 40.00 | M
SAS LONG AS I KNOW HE'S MINE | LITTLE GIRL BLUE | TAMLA 54088 | 10.00 | M
STRANGE I KNOW | TOO STRONG TO BE STRUNG A LONG | TAMLA 54072 | 10.00 | M
THAT'S HOW HEARTACHES ARE MADE | RAINY MOURNING | TAMLA 54186 | 10.00 | M
TOO MANY FISH IN THE SEA | A NEED FOR LOVE | TAMLA 54105 | 10.00 | M
TWISTIN POSTMAN | I WANT A GUY | TAMLA 54054 | 10.00 | M
YES HE IS | blank: | TAMLA 54091 dj only | 30.00 | M
YOUR CHEATING WAYS | DANGER HEARTBREAK DEAD AHEAD | TAMLA 54120 | 15.00 | M
YOU'RE MY REMEDY | A LITTLE BIT OF SYMPATHY | TAMLA 54097 **PS** | 40.00 | M
YOU'RE MY REMEDY | A LITLE BIT OF SYMPATHY | TAMLA 54097 | 20.00 | M

MARVELLOS (also see MARVELOWS)
HEY, HEY GIRL | WAIT BE COOL | ABC 11139 | 10.00 | NM
IN THE SUNSHINE | DOWN IN THE CITY | MODERN 1054 | 15.00 | NM
LET ME KEEP YOU SATISFIED | DON'T PLAY WITH MY HEART | WB 7011 | 20.00 | NM
PIECE OF SILK | YES I DO | WB 7054 | 20.00 | NM
SOMETHING'S BURNIN' | WE GO TOGETHER | LOMA 2045 | 60.00 | NM
YOUR LITTLE SISTER | THE SHIM SHAM | ABC 10708 | 50.00 | NM
YOU'RE SUCH A SWEET THING | WHY DO YOU WANT TO HURT THE ON | LOMA 2061 | 20.00 | NM
YOU'VE BEEN GOING WITH SALLY | FADE AWAY | ABC 10820 | 20.00 | NM

MARVELLS
TOMORROW | I'M A FOOL FOR LOSING YOU | FINER ARTS 2026 | 60.00 | NM

MARVELOUS RAY
WHIRLPOOL | TEARS | ABNER 1004 | 75.00 | NM

MARVELOWS (also see MIGHTY MARVELOWS)
DO IT | I'VE GOT MY EYES ON YOU | ABC 10756 | 15.00 | NM
YOUR LITTLE SISTER | THE SHIM SHAM | ABC 10708 | 40.00 | NM

MARVELS
MR. SOFT TOUCH | same: | MERCURY 72992 dj | 50.00 | NM

MARVIN and the UPTIGHTS
OOMPH | DOUBLE DOSE OF SOUL | SPOTLIGHT 703 | 30.00 | F

MARX, MELINDA
IT HAPPENS IN THE SAME OLD WAY | WHAT | VEE-JAY 689 | 25.00 | NM

MASKMAN and the AGENTS
IT'S THE THING | (IN A) CROWDED STATION | LOOP 701 | 40.00 | NM
ONE EYE OPEN | YAW'LL | DYNAMO 125 | 10.00 | F
STAND UP | STAND UP Pt 2 | VIGOR 707 | 15.00 | F
THERE'LL BE SOME CHANGES | NEVER WOULD HAVE MADE IT | GAMA 674 | 25.00 | NM
THERE'LL BE SOME CHANGES | NEVER WOULD HAVE MADE IT | DYNAMO 118 | 10.00 | NM

MASON, AL
GOOD LOVIN' | COLOR HER WOMAN | BUNKY 2587 | 10.00 | 78

MASON, BARBARA

AIN'T GOT NOBODY	OH, HOW IT HURTS	ARCTIC 137	50.00	**NM**
BOBBY IS MY BABY	I NEED LOVE	ARCTIC 120	20.00	NM
DEDICATED TO YOU	TROUBLE CHILD	CRUSADER 111	15.00	B
DEDICATED TO YOU	TROUBLE CHILD	CHARGER 111	10.00	B
DON'T EVER GO AWAY	I'M NO GOOD FOR YOU	ARCTIC 146	15.00	NM
DON'T EVER WANT TO LOSE YOUR LOVE	IS IT ME	ARCTIC 116	20.00	NM
HALF A LOVE	SLIPPING AWAY	ARCTIC 142	20.00	NM
HELLO BABY	POOR GIRL IN TROUBLE	ARCTIC 126	10.00	NM
I DON'T WANT TO LOSE YOU	DEDICATED TO THE ONE I LOVE	ARCTIC 140	10.00	B
KEEP HIM	YES, I'M READY	ARCTIC 105	10.00	NM
YOU BETTER STOP IT	HAPPY GIRL	ARCTIC 154	50.00	**NM**

MASON, BARBARA and the FUTURES

MAKE IT LAST	WE GOT EACH OTHER	BUDDAH 481 **PS**	40.00	78

MASON, JAE

WOMAN (YOU'VE GOTTA BE THERE)	same:	BUDDAH 466 dj	30.00	78

MASON, TONY

(WE'RE GONNA) BRING THE COUNTRY	LOVELY WEEKEND	RCA 8938	15.00	NM
SCRAM	A HEART FOR RENT OR SALE	RCA 9180	20.00	NM
TAKE GOOD CARE	SEEING IS BELIEVING	RCA 9104	30.00	NM

MASON, WILLIE and ALL THE KINGS MEN

WHY	KNOCK ON WOOD	KA LA MA 2773	400.00	NM

MASQUERADERS (MASQUADERS)

A FAMILY	A FAMILY Pt 2	LA BEAT 6605	10.00	GR
DO YOU LOVE ME BABY	SWEET LOVIN' WOMAN	WAND 1172	200.00	NM
HOW	I'M GONNA MAKE IT	LA BEAT 6606	200.00	NM
I AIN'T GONNA STOP	I'M JUST AN AVERAGE GUY	GAP 108	20.00	NM
I AIN'T GOT TO LOVE NOBODY ELSE	I GOT IT	BELL 733	15.00	GR
I GOT THE POWER	TOGETHER THAT'S THE ONLY WAY	LA BEAT 6704	125.00	NM
IT'S THE SAME THING	TALK ABOUT A WOMAN	SOUL TOWN 201	1000.00	NM
LET'S FACE FACTS	DON'T WANT NOBODY TO LEAD ME O	WAND 1158	30.00	GR
NOW THAT I'VE FOUND YOU	WAKE UP FOOL	HI. 2264	15.00	78
NOW THAT I'VE FOUND YOU	WAKE UP FOOL	HI. 2264	10.00	78
PLEASE TAKE ME BACK	same:	BELL 874 dj	15.00	GR
SWEET SWEETNING	THE TRAVELING MAN	ABC 12157	15.00	78
YOU SWEET LOVE IS A BLESSING	same:	ABC 12190 dj	10.00	78

MASTER FLEET

LET LOVE STAND	UNTIL TOMORROW	SUSSEX 625	15.00	GR

MASTER FORCE

HEY GIRL	DON'T FIGHT THE FEELING	RAIN FOREST 1	50.00	78

MASTER FOUR

LOVE FROM THE FAR EAST	IT'S NOT THE END	TAYSTER 6012	75.00	NM
LOVE FROM THE FAR EAST	IT'S NOT THE END	TAYSTER 6024	50.00	NM
LOVE HAS TAKEN WINGS	WHERE HAVE YOU BEEN	TAYSTER 6015	300.00	NM

MASTERKEYS

IF YOU HAVEN'T GOT LOVE	WEAK AND BROKEN HEARTED	SPORT 109	40.00	NM

MASTERPIECE

TAKE A LOOK AROUND	THE GIRL'S ALRIGHT WITH M,E	WHITFIELD 149218	10.00	GR
WE'RE GONNA MAKE IT	LOVE AFFAIR	YPSI 1001	100.00	78

MASTERS OF HOUSTON (see MASTERS OF SOUL)

MASTERS OF SOUL

COUNT THE TIMES	I NEED YOU	OVIDE 247	10.00	GR
DO YOU REALLY LOVE ME	BY THE TIME I GET TO PHEONIX	OVIDE 241	20.00	NM
I CAN SEE IT IN YOUR EYES	IN THE DAYTIME AND LOVE YOU AT	DUKE 476	15.00	GR
NO DOUBT ABOUT IT	DO DA ELECTRIC	CAPITOL 2483	10.00	GR
PLEASE WAIT FOR ME	LOVE LOVES LOVE	OVIDE 232	30.00	GR
PLEASE WAIT FOR ME	LOVE LOVES LOVE	CAPITOL 2255	10.00	B
SAD FACE	LORD BLESS MY WOMAN	OVIDE 253	10.00	GR
SHOULD I JUST READ THE SIGNS	I HATE YOU (IN THE DAYTIME AND	DUKE 478	10.00	GR

MASTERS, LINDA

YOU CAN'T IMAGINE	YOU ARE DRIVING ME CRAZY	DOUBLE HH 115	100.00	NM

MASTERS.

(I'M) JUST A MAN IN LOVE	I'VE MADE A MISTAKE	DELLWOOD 1	350.00	NM
I NEED YOUR LOVE	NOT MY BABY	CRIMSON 1008	60.00	NM
PARTY TIME	LA MAYOR AMBICION	MASTERS	200.00	F

MATADORS

SAY YES BABY	CARMEN I WISH YOU WERE HERE	CHAVIS 1034	500.00	NM
YOU'D BE CRYING TOO	MY FOOLISH HEART	KEITH 6504	250.00	NM

MATEO, GIA

IF YOU CAN'T SAY ANYTHING NICE	JUANITO	RCA 9138	50.00	NM

MATHIS, ALDER RAY
I WANT TO GET MARRIED	TAKE ME BABY	JETSTAR 122	15.00	B

MATHIS, JODI
DON'T YOU CARE ANY MORE	MAMA	CAPITOL 3180	15.00	NM

MATHIS, LUCILLE
SOMEWHERE OUT THERE	same:	ABET 9431	15.00	B
I'M NOT YOUR REGULAR WOMAN		ABET	100.00	NM

MATLOCK, RONN
YOU GOT THE BEST OF ME	LET ME DANCE	COTILLION 45002	60.00	78

MATTHEWS, JOE
AIN'T NOTHING YOU CAN DO	(YOU BETTER) CHECK YOURSELF	KOOL KAT 1001	1000.00	NM
AIN'T NOTHING YOU CAN DO	(YOU BETTER) CHECK YOURSELF	KOOL KAT 1001 dj	1200.00	**NM**
LITTLE ANGEL (THAT'S WHAT YOU	I HAD A MOAN	NEW MOON 1	20.00	NM
SHE'S MY BEAUTY QUEEN	IS IT WORTH IT ALL	THELMA 104	200.00	NM
SORRY AIN'T GOOD ENOUGH	YOU BETER MEND YOUR WAYS	THELMA 107	25.00	NM
WE GOT A GOOD THING GOING	SORRY AIN'T GOOD ENOUGGH	THELMA 114	15.00	NM

MATTHEWS, JOHNNIE MAE
BABY WHAT'S WRONG	HERE COMES MY BABY	BLUE ROCK 4001 **PS**	20.00	NM
GOT - TO BE ON	YOU'RE THE ONE	ART 3	200.00	NM
HELP ME	SO LONELY	NORTHERN 3742	100.00	NM
HERE COMES MY BABY	BABY WHAT'S WRONG	BLUE ROCK 4001	15.00	NM
I CAN'T LIVE WITHOUT YOU	MY MAN	BLUE ROCK 4011	10.00	NM
I CAN'T LIVE WITHOUT YOU	MY MAN (SWEETEST MAN IN THE WORLD)	BLUE ROCK 4011	20.00	NM
I HAVE NO CHOICE	THAT'S WHEN IT HURTS	BIG HIT 105	700.00	NM
ITTY BITTY HEART	WORRIED ABOUT YOU	KAREN 4002	40.00	NM
LONELY YOU'LL BE	CUT ME LOOSE	JAM	150.00	NM
LONELY YOU'LL BE	CUT ME LOOSE	ART 2	100.00	NM
LONELY YOU'LL BE	CUT ME LOOSE	ATCO 6528	70.00	NM
TWO SIDED THING	YOU MAKE ME FEEL GOOD	BIG HIT 104	40.00	NM

MATTHEWS, SHIRLEY
(YOU CAN) COUNT ON ME	BIG-TOWN BOY	TARAMAC 602	50.00	NM
(YOU CAN) COUNT ON ME	BIG-TOWN BOY	ATLANTIC 2210	20.00	NM
MY SUGAR BABY	same: Instrumental	MIRWOOD 5551	15.00	NM

MAURICE and MAC
AIN'T NO HARM TO MOAN	USE THAT GOOD THING	BROWN SUGAR 103	20.00	78
YOU LEFT THE WATER RUNNING	YOU'RE THE ONE	CHECKER 1197	10.00	NM

MAURICE and the RADIANTS
BABY YOU'VE GOT IT	I WANT TO THANK YOU BABY	CHESS 1954	15.00	NM

MAX INFINITY
YOU GOT ME GOING, GOING	YOU GOT ME GOING, GOING pt. 2	M-I-C 1	75.00	78

MAXIMILIAN
THE SNAKE	THE WANDERER	BIG TOP 3067	30.00	MOD
YOU'D BETTER	BUTTER BALL	MAGIC CIRCLE 4226	150.00	NM

MAXWELL, HOLLY
DON'T SAY YOU LOVE ME UNTIL YOU DO	BLUEBERRY HILL	STAR. 101	150.00	NM
NEVER LOVE AGAIN	WINTER GO AWAY	SMIT-WHIT 400	20.00	NM
NO ONE ELSE	SUFFER	CURTOM 1942	10.00	GR
ONE THIN DIME	IT'S IMPOSSIBLE	CONSTELLATION. 152	30.00	NM
ONLY WHEN YOU'RE LONELY	LET HIM GO FOR HIMSELF	CONSTELLATION. 162	150.00	NM
ONLY WHEN YOU'RE LONELY	LET HIM GO FOR HIMSELF	CONSTELLATION. 162 dj	150.00	**NM**
PHILLY BARRACUDA	PHILLY BARRACUDA pt. 2	STAR 100	10.00	MOD

MAY, ANITA
WHEN IT'S DARK	TARNISHED ANGEL	AUDIO ARTS 60013	40.00	NM

MAYBERRY MOVEMENT
I THINK I'M IN LOVE	IT'S SO GOOD TO KNOW	EVENT 214	40.00	78

MAYBERRY, EDDIE
BREAK IT DOWN TO ME	A LOSING BATTLE	CHRIS. 1030	15.00	F

MAYE, CHOLLI
YOU WILL NEVER GET AWAY	CRY FOR ME	GOLD. 212	40.00	NM

MAYE, LEE
I CAN'T PPLEASE YOU	HALF WAY	LENOX 5566	15.00	NM
IF YOU NEED ME	THE GREATEST LOVE I'VE EVER KN	ABC 11028	20.00	NM
TODAY, TODAY	TOUCH ME ON MY SHOULDER	PIC 1 115	30.00	B
TOTAL DISASTER		PIC 1 ?	200.00	NM
WHEN MY HEART HURTS NO MORE	AT THE PARTY	TOWER 243	20.00	B

MAYE, MARSHA
THE SUN SHINES AT NIGHT	YOU WERE NEAR ME	RCA 9260	10.00	NM

MAYER, NATHANIEL
GOING BACK TO THE VILLAGE OF LOVE	MY LAST DANCE WITH YOU	FORTUNE 557 **PS**	100.00	GR
I WANT LOVE AND AFFECTION	FROM NOW ON	FORTUNE 567	40.00	NM
LEAVE ME ALONE	HURTING ME ALONE	FORTUNE 487	30.00	GR

| | WELL, I'VE GOT NEWS (FOR YOU) | MR. SANTA CLAUS | FORTUNE 550 | 30.00 | NM |

MAYES, JIMMY and the SOUL BREED
| | DRUMS FOR SALE | PLUCKIN' | PORT 3014 | 30.00 | F |

MAYFIELD SINGERS
| | I'VE BEEN TRYING | IF | MAYFIELD 7712 | 20.00 | GR |

MAYFIELD, CURTIS
| | MOVE ON UP | same: mono | CURTOM 1974 dj | 10.00 | NM |

MAYS, WILLIE
| | IF YOU LOVE ME | MY SAD HEART | DUKE 350 | 20.00 | NM |

MAZE feat. FRANK BEVERLY
| | COLOR BLIND | WHILE I'M ALONE | CAPITOL 4392 | 15.00 | 78 |

MBULU, LETTA
| | WHAT'S WRONG WITH GROOVIN' | USHAKA | RANDOM 67 | 300.00 | F |

McAFEE, BILL
| | I DON'T KNOW WHY | MY LOVE | GALAXY. 710 green vinyl | 25.00 | NM |

McALLISTER, MAURICE (and the RADIANTS)
| | BABY HANG ON | blank: | CHESS 1988 dj | 20.00 | NM |
| | SHY GUY | I'M IN LOVE | CHESS 1872 | 15.00 | NM |

McARTHUR, JOHN
| | CONTACT | CONTACT pt. 2 | DASH 5021 | 15.00 | 78 |

McCAIN, RONNIE
| | THIS TIME I'M GONE | TOO MUCH OF A GOOD THING | TRIODE 116 | 20.00 | NM |

McCALL, AL
| | IF YOU EVER KNEW | same: Instrumental | ALAR 1 | 20.00 | NM |
| | IF YOU EVER KNEW | same: Instrumental | PROFILE 5026 | 15.00 | NM |

McCALL, CASH
	I'LL ALWAYS LOVE YOU	MORE POWER TO YOU	PS 501	25.00	B
	I'M IN DANGER	S.O.S.	CHECKER. 1184	15.00	NM
	IT'S WONDERFUL (TO BE IN LOVE)	blank:	THOMAS 312 dj	10.00	B
	WHEN YOU WAKE UP	YOU AIN'T TOO COOL	THOMAS 307	15.00	NM

McCALL, JOHNNY
| | YOU CAN'T GET AWAY | LET'S CALL IT A DAY | SATELLITE 2001 | 300.00 | NM |

McCALL, TOUSSAINT
| | SHIMMY | NOTHING TAKES THE PLACE OF YOU | RONN 3 | 15.00 | F |

McCANN, LES
	BUCKET OF GREASE	ALL IN	LIMELIGHT 3077	10.00	MOD
	BURNING COAL	WITH THESE HANDS	ATLANTIC 2615	10.00	MOD
	RIVER DEEP – MOUNTAIN HIGH	SUNNY	MERCURY 72613	10.00	MOD

McCANNON III., GEORGE
| | SEVEN MILLION PEOPLE | YOU CAN'T GROW PEACHES ON A CH | PHI-DAN 5007 | 25.00 | NM |

McCANTS, JUNIOR
| | THE BOY NEEDS A GIRL | HELP MY LOVE | KING 6076 | 20.00 | NM |
| | TRY ME FOR YOUR NEW LOVE | SHE WROTE IT – I READ IT | KING 6106 | **NEG** | NM |

McCARTHY, BOBBY JAY
| | SPOON ME UP YOUR HONEY | SEARCHING FOR THE HIGH ROAD | 123 1719 | 15.00 | NM |

McCLAINE, MILLIE
| | CAUGHT UP | WHY | SOULVILLE 1010 | 10.00 | NM |

McCLEAN, JOE
| | LET'S TALK ABOUT LOVE | same: Instrumental | EGO 202 | 40.00 | F |

McCLEESE, JAMES
| | I NEED YOUR LOVE | TELL ME WHY | MARCO 103 | 200.00 | NM |

McCLOUD, JIMMY
| | I BLEW IT | DON'T MAKE THE ANGELS CRY | TRIBE 1111 | 100.00 | 78 |

McCLURE, BOBBY
	BABY, YOU DON'T LOVE ME	DON'T GET YOUR SIGNALS CROSSED	CHECKER. 1169	10.00	NM
	BEGGING YOU BABY	I GOT A WOMAN	VANESSA 5123	20.00	NM
	DOING IT RITE ON TIME	same:	HI 2321 dj	15.00	78
	HIGH HEEL SHOES	TO GET WHAT YOU GOT	HI 78512	15.00	78
	I GOT A GOOD WOMAN	BEGGING YOU BABY	VANESSA 5123	20.00	78
	LOVE'S COMING DOWN ON ME	NEVER LET YOU GET AWAY	CEDRIC 3001	20.00	NM
	NEVER LET YOU GET AWAY	HAVE A LITTLE MERCY	CEDRIC 3002	50.00	NM
	NEVER LET YOU GET AWAY	HAVE A LITTLE MERCY	SEDGRICK 3002	50.00	NM
	WAS IT SOMETHING I SAID	LOVE TRAP	HI 2307	20.00	78
	YOU GOT ME BABY	PEAK OF LOVE	CHECKER. 1152	15.00	NM

McCOY, FREDDIE
| | SPIDER MAN | HAVE MERCY | PRESTIGE 398 | 10.00 | MOD |
| | SOUL YOGI | SALEM SOUL | PRESTIGE 462 | 20.00 | MOD |

McCOY STRINGS, VAN
	SWEET AND EASY	IF I COULD MAKE YOU MINE	SHARE 102 blue label	10.00	NM
	SWEET AND EASY	IF I COULD MAKE YOU MINE	SHARE 102 yellow label	15.00	NM
	SWEET AND EASY	IF I COULD MAKE YOU MINE	SHARE 102 multi colored label	15.00	NM

McCOY, LACHARLES
| | HELLO BLUES | LET'S TALK IT OVER | AMC 820 | 150.00 | NM |

McCRACKLIN, JIMMY
LET THE DOOR HIT YOU	THIS THING	MINIT 32018	20.00	NM
PRETTY LITTLE SWEET THING	A AND I	MINIT 32044	10.00	NM
THE WALK	I'M TO BLAME	CHECKER 885	10.00	NM

McCRAE, GEORGE
TAKE IT ALL OFF	PLEASE HELP ME FIND MY BABY	SOUL CITY 456	15.00	NM

Mc CREA, DARLENE
I FEEL A LITTLE BIT BETTER	SOULFUL FEELING	JUBILEE. 5524	20.00	B

McCRAE, GWEN
90% OF ME IS YOU	IT'S WORTH THE HURT	CAT 1992	12.00	78
ALL THIS LOVE THAT I'M GIVING	MAYBE I'LL FIND SOMEBODY NEW	CAT 2015	15.00	78
LEAD ME ON	LIKE YESTERDAY OUR LOVE IS GON	COLUMBIA 45214	25.00	**NM**
THE MELODY OF LIFE	THE JOY	CAT 2014	15.00	78

McCRAKEN, HUGH
WHAT I GOTTA DO TO SATISFY YOU	RUNNIN' RUNNIN'	CONGRESS 261	75.00	NM

McCULLERS, MICKEY
SAME OLD STORY	I'LL CRY A MILLION TEARS	TAMLA 54064	85.00	M
WHO YOU GONNA RUN TO	SAME OLD STORY	VIP 25009	75.00	M

McDANIELS, GENE
A HUNDRED PUNDS OF CLAY	COME ON TAKE A CHANCE	LIBERTY 55308	10.00	NM
'CAUSE I LOVE YOU SO	SOMETHING BLUE	COLUMBIA 43800	15.00	NM
HANG ON	WILL IT LAST FOREVER	LIBERTY 55834	20.00	NM
IT'S A LONELY TOWN	FALSE FRIENDS	LIBERTY 55597	10.00	NM
WALK WITH A WINNER	A MIRACLE	LIBERTY 55805	75.00	NM

McDONALD, MIKE
GOD KNOWS	IF YOU WON'T, I WILL	RCA 405	50.00	NM

McDOUGAL, WILLIE
DON'T TURN AWAY	I CAN'T WAIT	KINARD 2318	50.00	NM

McELROY, SOLLIE
ANGEL GIRL	PARTY TIME	JA-WES 101	75.00	NM

McFADDEN, RUTH
DO IT UP RIGHT	I'LL CRY	SURE SHOT 5011	50.00	NM

McFALL, ORPHELIA
HE'S NEVER THERE	DID YOU KNOW	ESSAR 1008	50.00	NM

McFARLAND, JIMMY
LONELY LOVER	LET ME BE YOUR MAN	RPR 108 dj	200.00	NM
LONELY LOVER	LET ME BE YOUR MAN	RPR 108	250.00	NM

McGEEE, BERNARD
BACK UP GROOVE	CALIFORNIA BREEZE	ROSEMOUNT 82101	20.00	F

McGEEE, EDDIE
WHAT MADE YOU CHANGE	BE YOURSELF	HI 2189	30.00	78

McGILL, CONNIE and the VISIONS
A MILLION YEARS	FOR A GREAT DAY	TOY 107	20.00	GR
I CAN'T STOP MY LOVE	FOR THAT GREAT DAY	SUGAR 501.	15.00	NM
I COULD NEVER LOVE ANOTHER	FOR THAT GREAT DAY	SUPER 102	20.00	GR
TAKE IT LIKE A MAN	MY LOVE WILL NEVER CHANGE	EDGE 502	100.00	NM
WEEK ENDS	I'M SO HAPPY I FOUND YOU	CAMILLE 130	20.00	GR

McGOWAN, SAM
LOVE POWER	WE CAN HELP EACH OTHER	SMASH 2175	10.00	NM

McGOWAN, SYNG
LONELINESS IS A PLEASURE	DEAR SANTA	HOPE 2052	60.00	NM
LONELINESS IS A PLEASURE	JUST IN THE NICK OF TIME	HOPE 553	40.00	NM
THAT'S WHAT I WANT	PEGGY DID	HOPE 551	30.00	NM

McGREGOR, BILLY
IT'S MY TURN NOW	THE GREAT CREATION	MELLOTONE 1000	50.00	NM
MR. SHY	FALL ON MY KNEES	FLASH 6601	10.00	NM

McGRIFF, JIMMY
ALL ABOUT MY GIRL	MG BLUES	SUE 777	10.00	MOD
FAT CAKES	SUGAR, SUGAR	CAPITOL 2875	25.00	F
I'VE GOT A WOMAN	I'VE GOT A WOMAN PT. 2	SUE 770	10.00	MOD
THE WORM	KEEP LOOSE	SOLID STATE 252	10.00	MOD

McKAY, BEVERLY
BABY YOU'RE SO RIGHT	YOU BETTER BELIEVE ME	OLD TOWN 1135	30.00	NM
CONSCIENCE	SAY IT WITH FEELING	OLD TOWN 1159	50.00	NM
HE'LL NEVER CHANGE	NO NO I CAN'T HELP YOU	SUE 127	15.00	NM

McKEE, LONETTE
DO TO ME	SAVE IT (DON'T GIVE IT AWAY)	SUSSEX 624	10.00	78

McKENZIE, DON
WHOSE HEART (ARE YOU GONNA BRE	I'LL CALL YOU	MIRACLE 10	75.00	M

McKINLEY, FLASH
I'LL RESCUE YOU		BOMBAY 4105	850.00	NM

Artist / Title	B-side	Label	Price	Grade
McKINNEY, LEE and the MAGNETICS				
I'LL KEEP HOLDING ON		SABLE 104	800.00	NM
McKINNIES, MAURICE				
SOCK A POO POO	SOCK A POO POO PT 2	BLACK & PROUD 10000	20.00	F
McKNIGHT, BUDDY				
EVERYTIME PT. 1	EVERYTIME PT 2	RENFRO 125	30.00	NM
McLEOD, GLENDA				
NO STRANGER TO LOVE	same: Instrumental	HGEI 14423	300.00	78
NO STRANGER TO LOVE	same: Instrumental	HGEI 14423 bevel run in groove	15.00	78
McLOLLIE, OSCAR				
NURSERY RHYME	IGNORE ME	SHOW TIME 600	20.00	NM
McMAHAN, SHARON				
GOT TO FIND ANOTHER GUY		KAREN	400.00	NM
HERE COMES THE BOY I LOVE	LOVE IS WONDERFUL	KAREN 319	200.00	NM
McNAIR, BARBARA				
EVERYTHING IS GOOD ABOUT YOU	WHAT A DAY	MOTOWN 1099	10.00	M
FANCY PASSES	YOU COULD NEVER LOVE HIM (LIKE	MOTOWN 1133	10.00	M
IT WAS NEVER LIKE THIS	WANTED	WB 5633	100.00	NM
YOU'RE GONNA LOVE MY BABY	THE TOUCH OF TIME	MOTOWN 1087	100.00	M
YOU'RE GONNA LOVE MY BABY	THE TOUCH OF TIME	MOTOWN 1087 dj	125.00	M
McNEAL, LANDY				
COUNTING ON YOU BABY	same:	COLUMBIA 44938 dj	15.00	NM
STAND UP AND BE COUNTED (ONE B	COUNTING ON YOU BABY	COLUMBIA 44938	25.00	NM
McNEALY, TIMOTHY				
SAGITTARIUS BLACK	FUNKY MOVEMENT # 2	SHAWN	500.00	F
McNEIR, RONNIE				
GOOD SIDE OF YOUR LOVE	DIFFERENT KIND OF LOVE	TORTOISE 11381	100.00	NM
SITTING IN MY CLASS	ISN'T SHE PRETTY	DE TO 2878	500.00	NM 725
WENDY IS GONE	GIVE ME A SIGN	SETTING SUN 101	15.00	78
WENDY IS GONE	GIVE ME A SIGN	PRODIGAL 614	10.00	78
McPHATTER, CLYDE				
A SHOT OF RHYTHM AND BLUES	I'M NOT GOING TO WORK TODAY	AMY 968	20.00	NM
BABY YOU'VE GOT IT	BABY I COULD BE SO GOOD AT LOV	DERAM 8503	15.00	NM
CRYING WON'T HELP YOU NOW	I FOUND MY LOVE	MERCURY 72407	30.00	NM
DEEP IN THE HEART OF HARLEM	HAPPY GOOD TIMES	MERCURY 72220 **PS**	25.00	NM
DEEP IN THE HEART OF HARLEM	HAPPY GOOD TIMES	MERCURY 72220	15.00	NM
EVERYBODY LOVES A GOOD TIME	LITTLE BIT OF SUNSHINE	AMY 950	15.00	NM
I NEVER KNEW	HAPPINESS	MERCURY 71841	25.00	NM
I'LL LOVE YOU TIL THE COWS COME HOME	TOMORROW IS A-COMIN	MERCURY 71783	30.00	NM
IN MY TENAMENT	SECOND WINDOW, SECOND FLOOR	MERCURY 72253	15.00	NM
LAVENDER LACE	SWEET AND INNOCENT	AMY 975	15.00	NM
LONELY PEOPLE CAN AFFORD TO CRY	I DREAMT I DIED	AMY 993	70.00	NM
WHY CAN'T WE GET TOGETHER	THE MIXED UP CUP	DECCA 32753	10.00	NM
McRAE, JOHNNY				
YOU'RE ANYBODY'S GIRL	I LIKE THAT GIRL	DC. 1967	300.00	NM
MEADE, KENT				
THE BAD ONE	FUNKY TO ME	MAGIC CARPET 6000	15.00	F
MEADOW				
YOU DON'T KNOW THE PAIN	CORONA MOON	FINE RECORDS 11369	300.00	NM
MEADOWS BROTHERS				
GET ON DOWN (LIKE SOUL FOLKS DO)	I WANNA DO IT	HIP SPIN 144	20.00	F
MEASURES				
GIRLS ARE EVIL	CAN YOU HANDLE IT	DESPENZA 503	20.00	NM
MEGATONS				
SHIMMY - SHIMMY WALK	SHIMMY – SHIMMY WALK pt. 2	DODGE 818	30.00	MOD
MELLOW FELLOWS				
MY BABY NEEDS ME	ANOTHER SLEEPLESS NIGHT	Dot 17135	40.00	78
MELLOW SOUL				
I GOT MY PRIDE	WE CAN MAKE IT	MELLO	**NEG**	NM
MELODICS				
I NEVER THOUGHT I'D LOSE YOU	AIN'T THAT SHARING MY LOVE	M.O.C. 674	50.00	NM
MELTING POT				
KOOL AND THE GANG	AS I LAY DYING	AMPEX 11029	30.00	F
MELVIN, HAROLD (and the BLUENOTES)				
PRAYIN'	same: instrumental	SOURCE 41156	10.00	78
WHAT CAN A MAN DO	GO AWAY	ARCTIC 135	50.00	NM
GET OUT (AND LET ME CRY)	YOU MAY NOT LOVE ME	PHIL LA SOUL 372	15.00	NM
GET OUT (AND LET ME CRY)	YOU MAY NOT LOVE ME	LANDO 703 multi colored label	50.00	**NM**
GET OUT (AND LET ME CRY)	YOU MAY NOT LOVE ME	LANDO west coast black and silver label	150.00	**NM**
MELVIN, KIM				
DOIN' THE POPCORN	KEEP THE FAITH	HI 2160	15.00	MOD

Artist	A-Side	B-Side	Label	Price	Grade
MEMBERS OF STAFF					
STOP THE BELLS	I WANNA THANK YOU	EVE-JIM 1944	25.00	GR
MEMPHIANS					
SLIDIN' IN AND OUT	WHO WILL THE NEXT FOOL BE	PAWN 3801	20.00	F
MEMPHIS BLACK					
HANG 'EM HIGH	WHY DON'T YOU PLAY THE ORGAN MAN	ASCOT	70.00	F
MEMPHIS HORNS					
SOUL BOWL	SHARE YOUR LOVE WITH ME	COTILLION 44074	40.00	F
MEMPHIS MEN					
OH WHAT A NIGHT	ACT NATURALLY	MIRAMAR 109	100.00	NM
MENDES, SERGIO					
LOVE MUSIC	same:	BELL 45335 dj	20.00	NM
MERCED BLUE NOTES					
DO THE PIG	DO THE PIG pt. 2	SOUL 35007.	250.00	M
MIDNITE SESSION	MIDNITE SESSION pt. 2	TRI-PHI 1011	25.00	M
THUMPIN'	DO THE PIG	SOUL 35007	250.00	M
WHOLE LOTTA NOTHING	FRAGILE	TRI-PHI 1023	30.00	M
MERCER, BARBARA					
CALL ON ME	SO REAL	SIDRA 9012	30.00	NM
CALL ON ME	SO REAL	CAPITOL 2059	25.00	NM
HEY	CAN'T STOP LOVING YOU BABY	GOLDEN WORLD 21	15.00	NM
HUNGRY FOR LOVE	THE THINGS WE DO TOGETHER	GOLDEN WORLD 27	60.00	M
NOBODY LOVES YOU LIKE ME	DOIN' THINGS TOGETHER WITH YOU	GOLDEN WORLD 28	15.00	M
MERCURY, ERIC					
LONELY GIRL	LONELY GIRL pt. 2	SAC	2000.00	NM
LOVE IS ON OUR SIDE	TAKE ME GIRL I'M READY	COLUMBIA 10729	30.00	78
POURS WHEN IT PAINS	COLOUR YESTERDAY	MERCURY 73679	15.00	78
MERGING TRAFFIC					
AIN'T NO NEED (IN ME FOOLING MYSELF)	SOMETHING SPECIAL	MY RECORDS 2495	500.00	NM
MERIDIANS					
HE CAN'T DANCE	BLAME MY HEART	PARNASO 120	500.00	**NM**
MERIWEATHER, BILL					
THAT'S LOVE	NO STRONGER LOVE	FEE 1868	15.00	78
MER-LYN					
PROMISE	YOU'RE THE ONLY BOY I'LL EVER	ABC 10660	40.00	NM
MERRITT, JIMMY					
LONELY BATTLE	I'LL FORGET ABOUT YOU	CRACKERJACK 4007	200.00	NM
MESSENGERS					
WINDOW SHOPPING	CALIFORNIA SOUL	SOUL 35037	15.00	M
MESSIAH					
ALPHA WAVE	EASY LIVIN'	MAGIC MINSTREL 3001	20.00	F
MESSINA, J.C.					
TIME WON'T LET ME	NICE AND EASY	TOM KING PROD. 7507	30.00	**NM**
METELIKO, GEOFFREY					
GOT TO FIND A WAY	SI' I'OFA	HAPPY TIGER 4760	50.00	NM
METERS					
CHICKEN STRUT	HEY! LAST MINUTE	JOSIE 1018	10.00	F
CISSY STRUT	HERE COMES THE METER MAN	JOSIE 1005	10.00	F
DOODLE-OOP	I NEED MORE TIME	JOSIE 1029	10.00	F
DRY SPELL	LITTLE OLD MONEY MAKER	JOSIE 1013	10.00	F
EASE BACK	ANN	JOSIE 1008	10.00	F
GOOD OLD FUNKY MUSIC	SASSY LADY	JOSIE 1031	10.00	F
JOOG	HAND CLAPPING SOING	JOSIE 1021	10.00	F
LOOK-KA PY PY	THIS IS MY LAST AFFAIR	JOSIE 1015	10.00	F
SOPHISTICATED CISSY	SEHORNS FARMS	JOSIE 1001	10.00	F
STRETCH YOUR RUBBER BAND	GROOVY LADY	JOSIE 1026	10.00	F
ZONY MASH	A MESSAGE FROM THE METERS	JOSIE 1024	10.00	F
METRICS					
WISHES	FOUND YOU	CHADWICK. 101	150.00	NM
METROS					
SINCE I FOUND MY BABY	NO BABY	RCA 9159	75.00	NM
SWEETEST ONE	TIME CHANGES THINGS	RCA 8994	15.00	NM
WHAT'S WRONG WITH YOUR LOVE	SHE'S JUST NOT EVERYBODY'S GIR	SOUL KING 401	10.00	NM
WHERE WERE YOU	NOW THAT YOU'VE GONE	RA-SEL 9106	20.00	GR
MEYER, BOB					
BEHOLD	YOU'VE GOT TO TELL ME	LAWN 238	20.00	NM
MEYERS, JOHNNY					
T.C.B. (TAKING CARE OF BUSINES	TEENAGE GIRL	PEACOCK 1954	20.00	NM
MEZA, LEE					
ONE GOOD THING LEADS TO ANOTHE	IF IT HAPPENS	JUBILEE. 5555	25.00	NM

MFALME
NUKU PENDA	DANSER ET CHANTER	ASANTE 1	30.00	F

MICHEAL and RAYMOND
MAN WITHOUT A WOMAN	WALKING THE DOG	RCA 9244	75.00	**NM**

MICHEAL and the CONTINENTALS
LITTLE SCHOOL GIRL	RAIN IN MY EYES	AUDIO FIDELITY 139	100.00	NM

MICHEALS, CODY
SEVEN DAYS FIFTY TWO WEEKS	OPEN THE DOOR	MERBEN 504	75.00	NM

MICHEALS, JERRI
GIVE IT ALL TO ME	LIKE A MADNESS	CAMEO 414	30.00	NM

MICHEALS, KELLY
I NEED HIM	FOGGY DAYS	CARLA 2537	100.00	NM

MICHEALS, TONY
I LOVE THE LIFE I LIVE	PICTURE ME AND YOU	GOLDEN WORLD 41 dj	75.00	NM
I LOVE THE LIFE I LIVE	PICTURE ME AND YOU	GOLDEN WORLD 41	150.00	NM

MICKEY and HIS MICE
CRACKER JACK	ABRAHAM, MARTIN AND JOHN	MARTI 402	15.00	F

MICKEY and the SOUL GENERATION
FOOTBALL	JOINT SESSION	MAXWELL 806	15.00	F
GET DOWN BROTHER	HOW GOOD IS GOOD	MR. G 1005	600.00	F
IRON LEG	CHOCOLATE	MR. G 1005	40.00	F
IRON LEG	CHOCOLATE	MAXWELL 803	30.00	F
SOUTHERN FRIED FUNK	MOVEMENT 2	OMEGA	75.00	F

MIDDLETON, BARBARA
COME ON BACK TO ME	I WONDER WHY	TRC 980	50.00	NM

MIDDLETON, GENE
NO ONE TO LOVE ME	DON'T LET THE GREEN GRASS FOOL	FUNK FACTORY 5506	20.00	NM
YOU CAN GET IT NOW	A MAN WILL DO ANYTHING	SOUL TOWN 1	300.00	NM

MIDDLETON, TONY
KEEP ON DANCING	ANGELA	A&M 1084	25.00	NM
MY HOME TOWN	PLEASE TAKE ME	ALFA 113	20.00	NM
PARIS BLUES	OUT OF THIS WORLD	MALA 544 dj	200.00	NM
PARIS BLUES	OUT OF THIS WORLD	MALA 544	250.00	NM
ROTA ROOTA GRIND	same: instrumental	COTTON 1	10.00	F
SPANISH MAIDEN	AQUI LEGGO	SPEED 1005	25.00	NM
TO THE ENDS OF THE EARTH	DON'T EVER LEAVE ME	MGM 13493	125.00	NM
YOU SPOILED MY REPUTATION	IF I COULD WRITE A SONG	ABC 10695	150.00	NM

MIDNIGHT MADNESS
GUT FUNKY	FEELINGS	C.R.S. 9	25.00	F

MIDNIGHT MOVERS UNLTD.
FOLLOW THE WIND	FOLLOW THE WIND PT 2	RENEE 3004	10.00	F
PUT YOUR MIND IN YOUR POCKET	TRUCK IN	RENEE 3005	10.00	F

MIDNITERS see THEE MIDNITERS

MIGHTY CHEVELLES
BUS STOP	BUS STOP PT 2	FLAMING ARROW 26	20.00	F

MIGHTY ELEGANT
I FIND MYSELF (FALLING IN LOVE)	I DON'T KNOW WHAT IT IS	JABER 7115	25.00	GR
I FIND MYSELF (FALLING IN LOVE)	I DON'T KNOW WHAT IT IS	WESTBOUND	25.00	GR

MIGHTY GROOVE MAKERS
LET'S DANCE SOME MO PT.1	LET'S DANCE SOME MO PT 2	PEANUT COUNTRY 1003	25.00	F

MIGHTY LOVERS
AIN'T GONNA RUN NO MORE	(SHE KEEPS) DRIVING ME OUT OF MY MIND	SOULHAWK. 1007	30.00	NM
MIGHTY LOVER	SOUL BLUES	BOOGALOO 468 yellow label	100.00	NM

MIGHTY MARVELOWS (also see MARVELOWS)
I'M SO CONFUSED	I'M WITHOUT A GIRL	ABC 11073	15.00	NM
YOU'RE BREAKING MY HEART	THIS TOWNS TOO MUCH	ABC 11189	10.00	GR
TALKIN' BOUT YA, BABY	IN THE MORNING	ABC 11011	15.00	NM

MIGHTY PASSIONS
I'M SO LONELY	BABY DUMPLIN'	BRIDGE RECORDS 200	20.00	GR

MIGHTY POPE
HEAVEN ON THE SEVENTH FLOOR	TOWER OF STRENGTH	PRIVATE STOCK 45157	10.00	78
IF YOU WANT A LOVE AFFAIR	MANY RIVERS TO CROSS	RCA 50250 Canadian only	100.00	78

MIGHTY SAM
BABY COME ON HOME	I JUST CAME TO GET MY BABY	AMY 11022	15.00	NM
FANNIE MAE	BADMOUTHIN'	AMY 963	15.00	NM
GOOD HUMOR MAN	SWEET DREAMS (OF YOU)	AMY 957	15.00	NM
I NEED A LOT OF LOVIN'	TALK TO ME TALK TO ME	AMY 984	20.00	NM
IN THE SAME OLD WAY	SILENT TEARS	AMY 990	15.00	B
NEVER TOO BUSY	MR. & MRS UNTRUE	MALACO 1011	20.00	NM
PAPA TRUE LOVE	I WHO HAVE NOTHING	AMY 11044	25.00	NM

MIGHTY-KIN-EXPLOSION
I WANT YOU TO REALIZE	DANCIN' MUSIC	MKE 333	30.00	78

MIGHTY MUSTANGS
FIRST LOVE	A CHANGE	SURE SHOT 5004	20.00	NM

MIKE and BILL
THINGS WON'T ALWAYS BE THIS BAD	same: instrumental	ARISTA 180	10.00	78
WHERE DO I STAND	WRONG FAMILY	YORK 8501	50.00	78

MIKE and IKE
SAX ON THE TRACK	YA YA	ARCTIC 117	30.00	NM

MIKE and RAY
IF ONLY YOU KNEW	PRIVATE WORLD OF MY OWN	GIANT 706.	500.00	NM

MIKE and the CENSATIONS
BE MINE FOREVER	I NEED YOUR LOVIN'	HIGHLAND 1186	30.00	GR
DON'T MESS WITH ME	THERE IS NOTHING I CAN DO ABOU	HIGHLAND 1181	20.00	NM
DON'T SELL YOUR SOUL	BABY WHAT'RE GONNA DO	HIGHLAND 1189	30.00	GR
SHOPPING FOR LOVE	THE STRAW (THAT BROKE THE CAME	REVUE 11056	15.00	GR
YOU'RE LIVING A LIE	SPLIT PERASONALITY	REVUE 11041	10.00	GR

MIKE and the MODIFIERS
I FOUND MYSELF A BRAND NEW BABY	IT'S TOO BAD	GORDY 7006	50.00	M

MIKE and MICHEAL
MY NEIGHBORHOOD	WHERE HAVE YOU BEEN	MANHATTAN 1004	20.00	NM

MILBURN, AMOS
MY BABY GAVE ME ANOTHER CHANCE	I'LL MAKE IT UP TO YOU	MOTOWN 1038	30.00	M
MY DAILY PRAYER	I'LL MAKE IT UP TO YOU SOMEHOW	MOTOWN 1046	50.00	M

MILEM, PERCY
CALL ON ME	CRYING BABY BABY	GOLDWAX 315	20.00	NM

MILES, BUDDY
I'M JUST A KISS AWAY	PULL YOURSELF TOGETHER	COLUMBIA 10089	75.00	78

MILES, SHAN
SOUL PEOPLE prt. 2	SOUL PEOPLE pt. 1	SHOUT 222	15.00	F

MILESTONES
THE JOKER	JUICIE BRUCIE	ANDRE 706	200.00	NM
THE JOKEY	JUICIE BRUCIE	ANDRE 706 miss-spelt title	300.00	NM

MILITELLO, BOBBY with JEAN CARN
LET'S STAY TOGETHER	same:	GORDY 1652 dj	15.00	78

MILLER, BERT
KIDNAPPER	KING OF SOUL	LA LOUISIANNE 8114	40.00	NM

MILLER, BOBBY
I'M FOR THE GIRLS	LOVE TAKE THE CASE	CONSTELLATION. 134	30.00	NM

MILLER, BONNIE
WHAT ARE YOU TRYING TO DO	SUNDAY	ASTRO 10005	25.00	NM

MILLER, CATHERINE
DON'T WASTE YOUR TIME GIRL	LIFE IS LIKE A CHECKER.BOARD	TYSON 100	30.00	NM

MILLER, FLORENCE
I BELIEVE IN LOVE	I'M COMING BACK TO LIFE AGAIN	P&P 555	100.00	NM

MILLER, GENE
SHO IS GOOD	THE GOODEST MAN	HI. 2121	30.00	F

MILLER, GENE (Bowlegs)
BOW-LEGGED	TODDLIN'	GOLDWAX 111	25.00	B

MILLER, HAL
ON MY OWN TO FEET	I STILL CARE	MALA 909	150.00	NM
A BLESSING IN DISGUISE	CRY LIKE THE RAIN	MALA 920	200.00	NM

MILLER, JIMMY
(ON A) BACK STREET	BREAK, MY HEART, BREAK	CARLSON INTERNATIONAL 4121	200.00	NM
ON A BACK STREET	BREAK MY HEART BREAK	COUNTERPOINT 9001	100.00	NM

MILLER, LESLEY
(YOU GOT A WAY OF) BRINGING OUT MY TEARS	HE WORE A GREEN BERET	RCA 8786	25.00	NM
(YOU GOT A WAY OF) BRINGING OUT MY TEARS	I TALK TO YOUR PICTURE	RCA 8600	20.00	NM

MILLER, LISA
LONELIEST CHRISTMAS TREE	LOVE IS	CANTERBURY 519	10.00	NM

MILLER, RONNIE
LISTEN TO THE MUSIC	I OWE YOU LOVE	JAR-VAL 16	20.00	NM

MILLIONAIRES
AND THE RAINS CAME	COFFEE AND DONUTS	SPECIALTY 694	20.00	NM
BREAKDOWN	I NEVER KNOW WHEN TO LEAVE	BIG BUNNY 508	30.00	NM
CHERRY BABY	I THOUGHT ABOUT YOU	BUNNY 506	20.00	NM
IT AIN'T NO ACHIEVEMENT	LOVE IS STRANGE	SPECIALTY 719	20.00	NM
NEVER FOR ME	IF I HAD YOU BABE	PHILIPS 40477	20.00	**NM**
YOU'VE GOT TO LOVE YOUR BABY	GOOD LOVE IS WORTH WAITING FOR	CASTLE 101	75.00	NM

MILLS, BARBARA
QUEEN OF FOOLS	(MAKE IT LAST) TAKE YOUR TIME	HICKORY 1323	20.00	**NM**

MILNER, REGGIE
HABIT FORMING LOVE	AND I LOVE HER	VOLT 4028	10.00	NM
HELLO STRANGER	SOUL MACHINE	VOLT 4048	30.00	NM
SHE'S ALRIGHT	SOMEBODY HELP ME	RONS 2	40.00	NM

MILON, LA CLEVE
TAKE A GIANT STEP	YOUR LOVE	SELECT-O-HIT 15	20.00	F

MILSAP, RONNIE
AIN'T NO SOUL LEFT IN THESE OLE SHOES	ANOTHER BRANCH	SCEPTER 12161	15.00	NM
TOTAL DISASTER	IT WENT TO YOUR HEAD	WB 5405	75.00	NM
TOTAL DISASTER	IT WENT TO YOUR HEAD	PRINCESS 4030	150.00	NM
WHEN IT COMES TO MY BABY	1000 MILES FROM NOWHERE	SCEPTER 12127	20.00	NM

MILTON, JACKIE
YOU'LL NEVER KNOW	WILL YOU LOVE ME TOMORROW	DE-VEL 6755	15.00	78

MILTON, REGINALD
CLAP YOUR HANDS		MILTON 1000	200.00	F

MIMMS, GARNET
ANYTIME YOU WANT ME	TELL ME BABY	UA 694	10.00	NM
BABY DON'T YOU WEEP	FOR YOUR PRECIOUS LOVE	UA 658 PS	15.00	B
CAN YOU TOP THIS	WE CAN FIND THAT LOVE	VERVE 10624	15.00	NM
HAPPY LANDING	TAKE ME	VERVE 10642	10.00	NM
IT WAS EASIER TO HURT HER	SO CLOSE	UA 848	10.00	NM
LOOK AWAY	ONE WOMAN MAN	UA 773	15.00	NM
LOOKING FOR YOU	MORE THAN A MIRACLE	UA 951	75.00	NM
PROVE IT TO ME	I'LL TAKE CARE OF YOU	UA 995	10.00	NM
STOP AND THINK IT OVER	I CAN HEAR MY BABY CRYING	VERVE 10596	10.00	NM

MIND AND MATTER
I'M UNDER YOUR SPELL	SUNSHINE LADY	M&N 5002	800.00	78

MIND READERS
BITTER TEARS	BET YOU DIDN'T KNOW	VILLAGE SOUNDS 107	20.00	78

MINGKO
LOVE FOR YOU	IT'S TOUGH, IT'S ROUGH	ALEPA BOLI 3960 PS	30.00	78

MINITS
STILL A PART OF ME	LOVER BOY	MGM SOUNDS OF MEMPHI 706	100.00	NM

MINNER, PRENTICE
IF YOU	THANK GOD HE GAVE ME YOU	M.L 19731	20.00	78

MINOR and HIS BAND, LYNN
HESITATE ONE TIME FOR ME	I FINALLY FOUND TRUE LOVE	TAMMY 2853	75.00	F

MINOR, DIANE
I'M GONNA WALK (RIGHT OUT OF YOUR LIFE)	EVEN THE BAD TIMES ARE GOOD	ISLE CITY 4447	75.00	NM

MINTZ, CHARLES
FINDER'S KEEPER'S	GIVE A MAN A BREAK	ABBOTT 2011	15.00	B
GIVE A MAN BREAK	FINDERS KEEPERS	UPLOOK 12270	100.00	F
I'LL COME RUNNING BACK		UPLOOK	500.00	NM

MIRACLE WALKERS
LOVE IN MY SOUL	STRANGERS TO LOVE	SCAMM 1003	200.00	NM

MIRACLES (ROBINSON, SMOKEY and the MIRACLES)
AIN'T IT BABY	THE ONLY ONE I LOVE	TAMLA 54036 globe	20.00	M
AIN'T IT BABY	THE ONLY ONE I LOVE	TAMLA 54036 stripes	30.00	M
ALL I WANT	I NEED A CHANGE	CHESS 1768 blue and silver label	40.00	M
BAD GIRL	I LOVE YOUR BABY	MOTOWN G1	800.00	M
BAD GIRL	I LOVE YOUR BABY	CHESS 1734 blue and silver label	30.00	M
BROKEN HEART	MIGHTY GOOD LOVING	TAMLA 54044 PS	100.00	M
BROKEN HEARTED	MIGHTY GOOD LOVIN'	TAMLA 54044	15.00	M
CAN YOU LOVE A POOR BOY	DEPEND ON ME	TAMLA 540. bootleg	25.00	M
COME ON DO THE JERK	BABY DON'T YOU GO	TAMLA 54109	10.00	M
COME SPY WITH ME	THE LOVE I SAW IN YOU WAS JUST	TAMLA 54145	15.00	M
EVERYBODY'S GOTTA PAY SOME DUES	I CAN'T BELIEVE	TAMLA 54048	15.00	M
GOING TO A GO GO	CHOOSEY BEGGAR	TAMLA 54127	15.00	M
GOING TO A GO GO	CHOOSEY BEGGAR	TAMLA 54127 PS	30.00	M
GOT A JOB	MY MAMA DONE TOLD ME	END 1016	30.00	M
I CAN TAKE A HINT	A LOVE SHE CAN COUNT ON	TAMLA 54078	10.00	M
I CARE ABOUT DETROIT	blank:	STANDARD GROOVE 13090	100.00	M
I CRY	MONEY	END 1029	45.00	M
I GOTTA DANCE TO KEEP FROM CRYING	SUCH IS LOVE, SUCH IS LIFE	TAMLA 54089	15.00	M
I LIKE IT LIKE THAT	YOU'RE SO FINE AND SWEET	TAMLA 54098 PS	50.00	M
I LIKE IT LIKE THAT	YOU'RE SO FINE AND SWEET	TAMLA 54098	30.00	M
IF YOUR MOTHER ONLY KNEW	WAY OVER THERE	TAMLA 54069	25.00	M
I'LL TRY SOMETHING NEW	YOU NEVER MISS A GOOD THING	TAMLA 54059 PS	150.00	M
I'LL TRY SOMETHING NEW	YOU NEVER MISS A GOOD THING	TAMLA 54059	20.00	M
MICKEY'S MONKEY	WHATEVER MAKES YOU HAPPY	TAMLA 54083	15.00	M

Side A	Side B	Label	Price	Grade
SAVE ME	(COME ROUND HERE) I'M THE ONE YOU NEED	TAMLA 54140	10.00	M
SAVE ME	(COME ROUND HERE) I'M THE ONE YOU NEED	TAMLA 54140 **PS**	30.00	M
SHOP AROUND (take 2)	WHO'S LOVIN YOU	TAMLA 54034 (2) stripes	75.00	M
SHOP AROUND (take 1)	WHO'S LOVIN YOU	TAMLA 54034 (1) stripes	40.00	M
SHOP AROUND (take 3)	WHO'S LOVIN YOU	TAMLA 54034 (3) stripes Gordt credit	30.00	M
SHOP AROUND (take 3)	WHO'S LOVIN YOU	TAMLA 54034 (3) stripes Gordy credit	20.00	M
SHOP AROUND (take 2)	WHO'S LOVIN YOU	TAMLA 54034 (2) globe	30.00	M

Check dead wax matrix for seesion take, look for the smll number in brackets.

Side A	Side B	Label	Price	Grade
THAT'S WHAT LOVE IS MADE OF	WOULD I LOVE YOU	TAMLA 54102	15.00	M
THE FEELING IS SO FINE	YOU CAN DEPEND ON ME	TAMLA 54028 stripes	500.00	M
THE FEELING IS SO FINE	YOU CAN DEPEND ON ME	TAMLA 54028 globe	350.00	M
THE MAN IN YOU	HEARTBREAK ROAD	TAMLA 54092	10.00	M
THE TRACKS OF MY TEARS	A FORK IN THE ROAD	TAMLA 54118	15.00	M
WAY OVER THERE	DEPEND ON ME	TAMLA 54028 stripes	30.00	M
WAY OVER THERE	DEPEND ON ME	TAMLA 54028 globe	25.00	M
WAY OVER THERE	DEPEND ON ME	TAMLA 54028 (T3) with strings	200.00	M
WHAT'S SO GOOD ABOUT GOODBYE	I'VE BEEN GOOD TO YOU	TAMLA 54053	15.00	M
WHOLE LOT OF SHAKING IN MY HEART (SINCE I MET YOU)	OH BE MY LOVE	TAMLA 54134	10.00	M
YOU GOTTA PAY SOME DUES	I CAN'T BELIEVE	TAMLA 54048 miss-spelt title	75.00	M
YOU'VE REALLY GOT A HOLD ON ME	HAPPY LANDING	TAMLA 54073	15.00	M

MIRAGE
ROMEO	DON'T BURN DOWN THE BRIDGE	RCA 11210	20.00	78

MIRANDA, BILLY
COUNT YOUR TEARDROPS	YOU COULD'VE HAD A GOOD THING	QUEENS 721	400.00	NM

MIRETTES
AIN'T MY STUFF GOOD ENOUGH	THE TIME AND THE SEASON	ZEA 50002	10.00	NM
AIN'T YOU TRYING TO CROSS OVER	WHIRLPOOL	UNI 55147	10.00	NM
HE'S ALRIGHT WITH ME	YOUR KIND AIN'T NO GOOD	MIRWOOD 5514	15.00	NM
NOW THAT I FOUND YOU BABY	HE'S ALRIGHT WITH ME	MIRWOOD 5531	15.00	NM

MISS LAVELL
EVERYBODY'S GOT SOMEBODY	THE BEST PART OF ME	DUKE 382	20.00	NM
RUN TO YOU	WHY YOUNG MEN GO WILD	DUKE 372	15.00	NM
STOLEN LOVE	YOU'RE THE MOST	DUKE 322	50.00	NM
STOP THESE TEARDROPS	YES I'VE BEEN CRYING	DUKE 307	75.00	NM
TEEN-AGE LOVE	IF (I COULD BE WITH YOU)	DUKE 198	25.00	NM
TIDE OF LOVE	JUST LOOK AT YOU FOOL	DUKE 334	30.00	NM

MISS LOUISTINE
I DON'T WANT TO LOVE NOBODY	TIRED OF BEING ALONE	NWE RECORDS 1	10.00	78

MISS MADELINE
LONELY GIRL	BEHAVE YOURSELF	MARVLUS 6019	10.00	NM

MISSISSIPPI JOE
SOUL POWER	THE FUNKY BLUES	MIDAS 9010	15.00	F

MISTER JIM and the RHYTHM MACHINE
CARNIVAL	MRS. ROBINSON	DATE 1611	10.00	NM

MITCHELL, DAVE
THE TRIP	HANG IN THERE	MET. 2768	20.00	**NM**

MITCHELL, GROVER
AH FEEL SHE REALLY DOESN'T WANT ME	SUPER HEROES	VANGUARD 35113	10.00	78
I GOTTA KEEP MOVIN'	LIE LIPS LIE	DECCA 31909	30.00	NM
I WILL ALWAYS HAVE FAITH IN YOU	SOMEONE'S KNOCKIN' AT MY DOOR	DECCA 31747	20.00	B
MIDNIGHT TEARS	LOVING YOU	DECCA 31714	15.00	B
TAKE YOUR TIME AND LOVE ME	SWEETER AS THE SAYS GO BY	JOSIE 961	20.00	NM
THAT'S A GOOD IDEA	LONELY WITHOUT YOUR LOVE	VEE-JAY 429	20.00	NM
WHAT HURTS	SUPER HEROES	VANGUARD 35139	40.00	78

MITCHELL, JOCK (and the FABULOUS AGENTS)
NO MAD WOMAN	FREE AT LAST (GREAT DAY COMING	GOLDEN HIT 103	150.00	NM
NOT A CHANCE IN A MILLION	I GOT TO KNOW	IMPACT 1023 dj	450.00	NM
NOT A CHANCE IN A MILLION	I GOT TO KNOW	IMPACT 1023	400.00	**NM**
YOU MAY LOSE THE ONE YOU LOVE	WORK WITH ME ANNIE	IMPACT 1004	40.00	NM

MITCHELL, LEE
THE ECONOMY	IS IT YOU OR IS IT I	ROLL 1	15.00	**NM**
YOU AND YOU ALONE	MEMPHIS ON THE MISSISSIPPI	MUSICOR 1479	40.00	B

MITCHELL, MCKINLEY (MCKINNLEY)
GYPSY	THIS PLACE AIN'T GETTING NO BE	SANDMAN 702	20.00	NM
THE TOWN I LIVE IN	NO LOVE LIKE MY LOVE	MIDAS 2030	20.00	NM
WATCH OVER ME	I'M READY	ONEDERFUL 4832	10.00	B
YOU KNOW I'VE TRIED	IT'S SPRING	ONEDERFUL 4826	20.00	NM

MITCHELL, PHILLIP
FREE FOR ALL	FLOWER CHILD	SHOUT 244 dj	25.00	**NM**
FREE FOR ALL	FLOWER CHILD	SHOUT 244	45.00	NM

LITTLE THINGS	THAT'S WHAT A MAN IS FOR	HI. 2221	20.00	78
OH HOW I LOVE YOU	THE SAME FOLKS THAT PUT YOU T	HI. 2240	15.00	78
THE WORLD NEEDS MORE PEOPLE LIKE YOU H2	I'M GONNA BUILD CALIFORNIA ALL	SHOUT 246	50.00	78
THERE'S ANOTHER IN MY LIFE	IF WE GET CAUGHT, I DON'T KNOW	EVENT 223	10.00	78

MITCHELL, PRINCE PHILIP

I'M SO HAPPY	IF IT AIN'T LOVE IT'LL GO AWAY	ATLANTIC 3587	200.00	78
ONE ON ONE	ONLY SMOKE REMAINS	ATLANTIC 3480	30.00	78
YOU'RE ALL I GOT IN THE WORLD	FALLING FROM HEAVEN	ATLANTIC 3506	10.00	78

MITCHELL, STANLEY

GET IT BABY	QUIT TWISTIN' MY ARM	DYNAMO 111 dj	300.00	NM
GET IT BABY	QUIT TWISTIN' MY ARM	DYNAMO 111	400.00	**NM**

MITCHELL, WILLIE

BAREFOOTIN'	MISTY	HI 2119	10.00	MOD
MERCY	STICKS AND STONES	HI. 2112	10.00	NM
PERCOLATING	EMPTY ROOMS	HI.2066	10.00	MOD
SECRET HOME	20-75	HI 2075	10.00	NM
TAKE FIVE	30-60-90	HI. 2154	10.00	MOD
THAT DRIVING BEAT	EVERYTHING IS GONNA BE ALRIGHT	HI. 2097	10.00	NM
UP HARD	BEALE STREET MOOD	HI 2151 **PS**	10.00	NM
WADE IN THE WATER	TAILS OUT	HI. 2181	10.00	NM

MITCHISON, LEON

MITCH'S GROOVE	LOVE IS	MITCHITONE	75.00	F
STREET SCENE	KASH – BO – WE - YAH	MITCHITONE	75.00	F

MIXED EMOTIONS

GOLD OF MY LIFE	CAN YOU FEEL THE FUNK	ROCK-WAY 5709	100.00	78

MIXON, LITTLE JOE

WHAT YOU SEE IS WHAT YOU GET	same: instrumental	DUO 7461	20.00	F

MOB

DISAPEAR	I WISH YOU'D LEAVE ME ALONE	MERCURY 72791	10.00	NM
I DIG EVERYTHING ABOUT YOU	LOVE HAS GOT A HOLD ON ME	COLOSSUS 130	10.00	78
I'D LIKE TO SEE MORE OF YOU	GIVE IT TO ME	COLOSSUS 134 **PS**	15.00	NM
I'D LIKE TO SEE MORE OF YOU	GIVE IT TO ME	COLOSSUS 134	10.00	78
OPEN THE DOOR TO YOUR HEART	I WISH YOU'D LEAVE ME ALONE	DAYLIGHT 1000	75.00	**NM**

MOD LADS

FUN TIME PT 2	FUN TIME PT.1	WAND 11221	40.00	F

MOD MODS

THE GREATEST STORY	HEAVEN'S DOOR	REP RECORDS 102	40.00	NM

MOD SQUAD

CHARGE	MOD SQUAD YOU ALL	TRC 1004	50.00	F

MODERN REDCAPS

EMPTY WORLD	OUR LOVE WILL NEVER BE THE SAM	LAWN 254	250.00	NM
I COULDN'T CARE LESS	DONE BEING LONELY	SMASH 1768	30.00	NM
NEVER KISS A GOOD MAN GOOD-BY	FREE	PENNTOWNE 101	30.00	NM
NEVER TOO YOUNG	GOLDEN TEARDROPS	SWAN 4243	30.00	**NM**

MODERN SOUL TRIO

YOU'RE NO GOOD	THAT'S WHERE ITS AT	YOUNGSTOWN 606	300.00	NM

MODS

DRY MY EYES	ROSALIE	FONA 126595	100.00	NM

MODULATIONS

I CAN'T FIGHT YOUR LOVE	same: mono	BUDDAH 418	15.00	78
I'M HOPELESSLY IN LOVE	WHAT GOOD AM I	BUDDAH 398	40.00	78
SHARE YOUR LOVE	WHO'S GOING TO LOSE	MOZEL 101	20.00	GR
WORTH YOUR WEIGHT IN GOLD	I'LL AWAYS LOVE YOU	BUDDAH 497	15.00	78
YOUR LOVE HAS LOCKED ME UP	I CAN'T FIGHT YOUR LOVE	BUDDAH 418	30.00	78

MODY-VATION

GHETTO KUNG FU	GHETTO KUNG FU pt. 2	PHIL LA SOUL 370	20.00	F

MOFFETT, JOHNNY

I FOUND JOY	SEND HER HOME TO ME	CANTERBURY 518	15.00	NM
YOU'RE THE ONE	COME ON HOME	CANTERBURY 510	40.00	NM

MOHAWKS

THE CHAMP	SOUND OF THE WITCHDOCTOR	COTILLION 44002	30.00	NM
BABY HOLD ON	BABY HOLD ON pt. 2	COTILLION 44036	10.00	MOD

MOKIE, J.J. and R.O.B.

COME TOGETHER IN LOVE	YOU'RE SO REAL	SUN MOON STARS 10067	10.00	78
YOU'RE SO REAL	COME TOGETHER IN LOVE	SUN, MOON **and** STARS 10068	15.00	78

MOMENTS

BABY, I WANT YOU	PRAY FOR ME	HOG 1001	1300.00	NM
PRAY FOR ME	same:	HOG 1000 dj	30.00	GR
RAIN IN MY BACKYARD	DISCO MAN	STANG 5076	10.00	78
YOU SAID	LOVE YOU CAN'T YOU HEAR	DEEP 001	300.00	NM

MOMIE-O
YOU'RE WELCOME, STOP ON BY | ONCE YOU GET STARTED | I DENTIFY 8004 | 20.00 | 78
MONARCHS
LOOK HOMEWARD ANGEL | WHAT MADE YOU CHANGE YOUR MIND | SS7 2516 | 15.00 | GR
MONDAY AFTER
HE WHO LAUGHS LAST LAUGHS THE BEST | EVERYBODY'S DOING IT | BUDDAH 540 | 15.00 | GR
MERRY GO ROUND | MERRY GO ROUND PT 2 | BUDDAH 512 | 10.00 | 78
MONDAY, ARTHUR
WHAT GOES AROUND COMES AROUND | | STAGE MUSIC | 1000.00 | F
MONDAY, DANNY
BABY, WITHOUT YOU | GOOD TASTE OF LOVE | MODERN 1025 | 450.00 | **NM**
MONDAY, JOHNNY
DON'T PUT THE HURT ON ME | IF I HAD IT | 20TH. CENTURY 569 | 150.00 | NM
MONDAY, JUNE
STILL SEARCHIN' | YOUR KINDA LOVIN' | SCEPTER 12160 | 200.00 | NM
MONEY'S BIG ROLL BAND, ZOOT
BIG TIME OPERATOR | ZOOT SERMON | EPIC 10077 | 15.00 | MOD
MONIQUE
NEVER LET ME GO | I WOULDN'T BELIEVE | MAURCI 108 | 250.00 | NM
IF YOU LOVE ME | | MAURCI 104 | 500.00 | NM
MONIQUES
BABY DON'T LEAVE ME | same: instrumental | DARREL'RIE 140 | 100.00 | NM
MONITORS
FENCE AROUND YOUR HEART | HAVE YOU SEEN HER | BUDDAH 278 | 25.00 | NM
NUMBER ONE IN YOUR HEART | GREETINGS (THIS IS UNCLE SAM) | VIP 25032 | 20.00 | M
SAY YOU | ALL FOR SOMEONE | VIP 25028 | 20.00 | M
SINCE I LOST YOU GIRL | DON'T PUT OFF TOMORROW | VIP 25039 | 20.00 | M
STEP BY STEP (HAND IN HAND) | TIME IS PASSING BY | SOUL 35049 | 10.00 | M
THE FURTHER YOU LOOK THE LESS | BRING BACK THE LOVE | VIP 25046 | 15.00 | M
MONORAYS
LOVE | YOU'RE NO GOOD | 20TH. CENTURY 594 | 100.00 | NM
MONROE, BEN
A MOMENT OF WEAKNESS | SINCE YOU CAME INTO MY LIFE | DAKAR 4502 | 1000 | B
BROKEN HOME | THE MELODY IS FOR MY BABY | DAKAR 4557 | 20.00 | 78
MONSTARS
GROOVY LIFE | FUNNY SAGA | AAVALANCHE 7710 | 15.00 | F
MONTCLAIRS
COME ON AND HOLD ME | YOUNG WINGS CAN FLY | UNITED INTERNATIONAL 1013 | 75.00 | NM
HEY YOU! DON'T FIGHT IT | NEVER ENDING LOVE | ARCH. 1305 | 700.00 | NM
HUNG UP ON YOUR LOVE | I'M CALLING YOU | PAULA 390 | 15.00 | NM
I JUST CAN'T GET AWAY | DREAMING OUT OF SEASON | PAULA 363 | 10.00 | NM
I NEED YOU MORE THAN EVER | PRELUDE TO A HEARTBREAK | PAULA 382 | 10.00 | NM
IS THIS FOR REAL (OR IS IT A DREAM) | ALL I REALLY CARE ABOUT | VANESSA 109 | 20.00 | NM
UNWANTED LOVE | BEGGIN' IS HARD TO DO | PAULA 375 | 10.00 | NM
WAIT FOR ME | HAPPY FEET TIME | SUNBURST 106 | 25.00 | NM
MONTE, JOE
HURTIN' MYSELF | PLEASE SEND ME SOMEONE TO LOVE | CAPITOL 5283 | 20.00 | NM
MONTEGOS
MOST OF ALL | THEME OF A BROKEN HEART | BLACK FALCON 19101 | 50.00 | GR
MONTEREYS
GET DOWN | I'M LOOKING | NGC 001 | 200.00 | F
MONTEREYS and the GRANDEURS
COME HOME TO ME | FREEDOM TRAIN | CARDINALE 6901 | 25.00 | NM
MONTGOMERY, BOBBY
MAKE ME YOURS | SEEK AND YOU SHALL FIND | HIGHLAND 78 | 200.00 | NM
MONTGOMERY, CHARLES
I DON'T THINK (I'LL TRY THAT ANY MORE) | YOU AND ME | LADERA 192930 | 30.00 | 78
MONTGOMERY, JACK
BABY, BABY TAKE A CHANCE ON ME | same: | REVUE 11009 dj | 50.00 | NM
BABY, BABY, TAKE A CHANCE ON ME | same: instrumental | REVUE 11009 | 75.00 | NM
BEAUTY ISN'T BORN | same: instrumental | AUSTONS 1 | 100.00 | 78
DEARLY BELOVED | DO YOU BELIEVE IT | SCEPTER 12152 | 150.00 | NM
MY DEAR BELOVED | DO YOU BELIEVE IT | SCEPTER 12152 alternate .title | 175.00 | NM
DON'T TURN YOU'RE BACK ON ME | NEVER IN A MILLION YEARS | BARRACUDA 8030 | 250.00 | NM
MONTGOMERY, KITTY
HEY BOY | BRING LOVE | SANNS 8804 | 15.00 | NM
MONTGOMERY, ROBBIE and the IKETTES
CRAZY IN LOVE | PEE WEE | TEENA 1701 | 25.00 | NM
MONTGOMERY, TAMMY
I CRIED | IF YOU DON'T THINK | TRY ME 28001 | 25.00 | M
IF I WOULD MARRY YOU | THIS TIME TOMORROW | CHECKER. 1072 | 25.00 | M

IT'S MINE	IF YOU SEE, BILL	SCEPTER 1224	25.00	M
MONTICELLOS				
DON'T HOLD BACK	I CAN'T WAIT UNTIL I SEE MY BABY	RED CAP 102	100.00	NM
MONTRE EL, JACKIE				
DOOM	WORSHIP	READY 1009	30.00	NM
DOOMED BY JEALOUSY	I WORSHIP THE GROUND YOU WALK	ABC 11035	20.00	NM
MONZAS				
BABY YOU KNOW	WHERE IS LOVE	PACIFIC JAZZ 544	30.00	**NM**
HEY! I KNOW YOU	FOREVER WALKS THE DRIFTER	WAND 1120	40.00	NM
HEY! I KNOW YOU	FOREVER WALKS A DRIFTER	PACIFIC. 104 sky blue label	20.00	**NM**
HEY! I KNOW YOU 1	FOREVER WALKS A DRIFTER	PACIFIC 542 White and blue label	40.00	NM
MOODS				
HUSTLIN'	KING HUSTLER	REDDOG 4001	25.00	F
MOODY				
YOU GOTTA BE MOTIVATED	ONE MAN'S HAPPINESS	SOUL UNLIMITED 106	25.00	F
MOODY, JOAN				
ANYTHING WORTH HAVING	BIG TIME OPERATOR	SYLVIA 5002	50.00	NM
BIG TIME OPERATOR	DON'T DO ME THAT WAY	TCF 122	20.00	NM
WE MUST BE DOING SOMETHING RIGHT	THE LIFE OF THE PARTY	SYLVIA 5007	30.00	**NM**
MOON AND MARS				
BE BY YOUR SIDE	COPPER PENNY	DOOTO 477	15.00	NM
MOON PEOPLE				
LAND OF LOVE	REVOLT	SPEED 3	15.00	F
MOONLIGHTERS (BAND)				
MORE THAN I CAN STAND	JUST LIKE SHE SAID SHE WOULD	LAMP 82	150.00	NM
FUNKY MOON MEDITATION	THE MASQUERADE IS OVER	BLUE EAGLE	30.00	F
LONELY BABY	RIGHT ON BROTHER	LAMP 653A	150.00	NM
MORE THAN I CAN STAND	JUST LIKE SHE SAID SHE WOULD	LAMP 82	150.00	NM
MOONS				
GAMMERA	same: instrumental	DATE 1545	15.00	NM
MOORE, BERNIE				
OH NO	HURT WORSE	S.S.I. 1003	50.00	78
MOORE, BOBBY (and the RHYTHM ACES)				
CHAINED TO YOUR HEART	REACHING OUT	CHECKER. 1180	10.00	NM
I CAREFULLY CHECKED YOUR HEART	LET'S PROVE THEM RIGHT	KAY – O 107	150.00	NM
SEARCHING FOR MY LOVE	HEY, MR. D.J.	CHECKER. 1129	10.00	NM
MOORE, BOBBY and the FOURMOSTS				
IT WAS A LIE	GIRL YOU DO SOMETHING TO ME	RED BIRD 10071	15.00	GR
MOORE, CECELIA				
YOU SET MY SOUL ON FIRE	PEEK-A-BOO	EXTRA 719	300.00	NM
MOORE, CURLEY and the KOOL ONES				
SHELLY'S RUBBER BAND	FUNKY, YEAH	HOUSE OF THE FOX 1934	15.00	F
MOORE, CURLEY (CURLY)				
GET LOW DOWN PT.1	GET LOW DOWN PT. 2	SANSU 457	15.00	B
THIS WAY I DO	SOUL TRAIN	HOT LINE 901	40.00	B
GOODBYE	WE REMEMBER	SANSU 468	30.00	B
NOT JUST YOU	BACK IN MOTHERS ARMS	SCRAM 120	400.00	NM
YOU DON'T MEAN	DON'T PITY ME	SANSU 473	100.00	NM
MOORE, DANNY				
SOMEBODY NEW	HERE COMES SUMMER	ALLRITE 625	150.00	**NM**
MOORE, DELILAH				
I'LL JUST WALK AWAY	I WISH	MONEY 602	20.00	NM
IT TAKES LOVE	WRAPPED UP TIGHT	MIDDLE EARTH 1	200.00	78
WRAPPED UP TIGHT	OOO-WEE BABY	MONEY 603	20.00	NM
MOORE, DOROTHY				
JUST THE ONE I'VE BEEN LOOKING	CRY LIKE A BABY	GSF 6908	10.00	78
MOORE, DOROTHY with the DOLLETS				
I'M A LONELY GIRL	BELIEVE IT OR NOT	ABC 10627	150.00	NM
The above has poor sound reproduction. One with perfect sound would double the value.				
MOORE, DOROTHY.				
GIRL OVERBOARD	SPECIAL OCCASION	MALACO 1052	10.00	78
MOORE, HENRY				
SHE'S A LOVER	LET THE WORLD END TOMORROW	ATHENS 200	30.00	NM
MOORE, JACKIE (MISS)				
BOTH ENDS AGAINST THE MIDDLE	CLEAN UP YOUR OWN BACKYARD	ATLANTIC 2989	10.00	78
HEART BE STILL	same:	KAYVETTE 5139 dj	10.00	78
HERE I AM	DEAR JOHN	SHOUT 232	10.00	NM
MAKE ME YOURS	SOMEBODY LOVES YOU	KAYVETTE 5129	15.00	78
WHO TOLD YOU	LOSER AGAIN	WAND 11204	20.00	F
MOORE, JAMES and the PRETENDERS				
A MAN SHOULD NEVER CRY	TO BE LOVED (FOREVER)	TISHMAN 905	300.00	NM

MOORE, JOE
HANG RIGHT IN THERE	NOBODY LOVES ME	TRU-GLO-TOWN 509	30.00	NM
I AIN'T	I'VE GOT MY SWEET BABY	TRU-GLO-TOWN 510	30.00	NM
I AIN'T	I'VE GOT MY SWEET BABY	VERVE 10566	20.00	NM
I KNOW YOU LIKE A BOOK	I MUST BE IN LOVE	CB 5004	50.00	nm

MOORE, JOHNNY
CAN'T LIVE WITHOUT YOUR LOVE	I'M ONLY HALF A MAN WITHOUT YO	JADAN 7740	200.00	NM
HAVEN'T I BEEN GOOD TO YOU	A DOLLAR NINETY EIGHT	WAND 1165	10.00	NM
IT MAY BE TEARS OF JOY	YOUR LOVE'S GOT THE POWER	BRIGHT STAR 148	25.00	NM
JUST BE FOR REAL	(I WANNA) SPEND THE REST OF MY	BRUNSWICK 55459	60.00	78
LONELY HEART IN THE CITY	THAT'S WHAT YOU SAID	BLUE ROCK 4070	20.00	NM
SUCH A WONDERFUL FEELING	WITHOUT YOUR LOVE	BLUE ROCK 4053	15.00	NM
THANK YOU BABY	GRANDPA TOLD ME	MERCURY 72908	15.00	NM
WALK LIKE A MAN	IT'S JUST MY WAY OF LOVING YOU	DATE 1562	40.00	**NM**
WHAT MORE CAN I DO	LET'S GET IT TOGTHER	LARRY O 404	15.00	NM
YOUR LOVE IS FADING	THERE'LL NEVER BE ANOTHER YOU	MERCURY 72939	20.00	NM
YOU'RE THE GIRL FOR ME	CALL IT WHAT YOU WANNA	CHI-CITY 777	20.00	NM
YOU'RE THE ONE TO BLAME	SOLD ON YOU	BRIGHT STAR 145	15.00	NM

MOORE, JOSEPH
I STILL CAN'T GET YOU	I'M LOST WITHOUT YOU	MARVLUS 6008	1000.00	NM

MOORE, JUDSON
EVERYBODY PUSH AND PULL	CONFIDENCE	CAPRI 109	20.00	NM

MOORE, MELBA
DON'T CRY SING ALONG WITH THE MUSIC	DOES LOVE BELIEVE IN ME	MUSICOR 1189	60.00	NM
DON'T CRY	DOES LOVE BELIEVE IN ME	MUSICOR 1403	40.00	NM
THE WAY YOU MAKE ME FEEL	SO MANY MOUNTAINS	BUDDAH 562	10.00	78

MOORE, MELVIN
ALL OF A SUDDEN	TENNESSE	SKY HERO 198133 1ST. issue	400.00	**78**
ALL OF A SUDDEN	INNER SIDE	SKY HERO 198133	10.00	78
I'VE BEEN WATCHING YOU	HOW DOES IT FEEL TO BE A BIG	BRAINSTORM 1198	15.00	F
RAIN GO AWAY	HOW DIOES IT FEEL TO BE A BIG	BRAINSTORM 1196	15.00	B

MOORE, MISTY
LITTLE THINGS	CAN'T BELIEVE YOUR GONE	PZAZZ 10	100.00	NM

MOORE, ROBERT
CAN'T HELP MYSELF	EVERYTHING'S GONNA BE ALL RIGHT	SAADIA 6091	300.00	F
JIMMIE BO CHARLIE	TEARS OF THE WORLD	BLUE CANDLE 1499	75.00	F
JO ANN	OLD GRANDMA	DELUXE 105	50.00	NM

MOORE, RUDY RAY
PUT YOUR WEIGHT ON IT	EASY BABY EASY	CHERRY 2	40.00	F
THE TURNING POINT	THE GREAT PRTETENDER	GENERATION 3	60.00	F
THE TURNING POINT	THE GREAT PRETENDER	KENT 4570	30.00	F

MOORE, SAMUEL and CHI'S-TNT'S
I'M SO JEALOUS	same: Instrumental	O 3004	10.00	NM

MOORE, W.J. and the DYNAMIC UPSETTERS
EVERYTHING GOOD TO YOU	LAST CALL FOR ALCOHOL	GUTTER 85001	20.00	78
I BELIEVE I'M FALLING IN LOVE	BEACH MUSIC IS SO GOOD FOR YOU	CARDINAL. 45001	20.00	78

MOORER, BETTY
SPEED UP	IT'S MY THING	WAND 11202	75.00	NM

MORENO, AUGIE
SHE'S GOT THE MAGIC	VERY SPECIAL LOVE	MARBOR 2045	75.00	NM

MORESE, GINO
LIVED A GOOD LIFE	same: instrumental	SMOKE 300	50.00	NM

MORGAN, CHRIS
WHO AM I	NOW I TASTE THE TEARS	BELL 798	40.00	NM

MORGAN, J.E.
BY MY SIDE	BY MY SIDE Pt 2	THEODA 518	20.00	NM

MORGAN, JOANNE
JUST HOW LOUD	TAKE ME BACK	MGM 13659 **PS**	30.00	NM
JUST HOW LOUD	TAKE ME BACK	MGM 13659	20.00	NM

MORGAN, LEE
SIDEWINDER	SIDEWINDER pt. 2	BLUE NOTE 1911	10.00	NM

MORISETTE, JOHNNIE
I'M HUNGRY	TREAT ME RIGHT	J&J	200.00	F
MEET ME AT THE FUNK HOUSE	MEET ME AT THE FUNK HOUSE pt. 2	ICEPAC 301	15.00	F

MORRELL, MIA
I HAVE A MIND OF MY OWN	SUNSHINE AND ROSES	ABC 10951	75.00	NM

MORRIS, DAVID
(EVERYTHING IS) HUNKY FUNKY	TWO HEARTS ONE SUMMER DAY	PHILIPS 40534	10.00	NM
MIDNIGHT LADY pt. 2	JACK IN THE BOX	BUDDAH 518	15.00	78
SNAP CRACKLE POP	GONE IS THE LAUGHTER	PLUSH 206	40.00	78

MORRIS, ELMORE
BEFORE YOU TURN YOUR BACK ON M	IT SEEMED LIKE HEAVEN TO ME	CRACKERJACK 4006	20.00	NM

MORRIS, FLOYD
A MELLOW MOOD	BEE QUE	BBS 578	20.00	F
BEE QUE	THAT'S HOW I FEEL	BUNKY 7757	10.00	F

MORRISON, DOROTHY
I CAN'T DO WITHOUT YOU	I CAN'T DO WITHOUT YOU PT 2	BROWN DOOR 6580	125.00	78

MORRISON, JESSE
SHAKEY PUDDING	LOVING YOU	ABET 9462	10.00	F

MORRISON, KIM
ONE IN A MILLION	HOLLYWOOD AND VINE	MALACO 1053	20.00	78

MORRISON, VAN
DOMINO	same:	WB 7434 dj	10.00	NM

MORROCCO MUZIK MAKERS
PIG KNUCKLES	BACK TO SCHOOL AGAIN	MOTOWN 1047	150.00	M

MORROW, TEDDY
WHAT'S YOUR SIGN	PEACE, LOVE AND TOGETHERNESS	SEIBU 1010	10.00	GR

MORTIMER, AZIE
(I GET THE FEELING) YOU'RE ASHAMED OF ME	THE OTHER HALF OF ME	UA 847 dj + promo sleeve	50.00	NM
(I GET THE FEELING) YOU'RE ASHAMED OF ME	THE OTHER HALF OF ME	UA 847	30.00	NM
HAUNTED	COOL IT	NUMBER ONE 7501	15.00	NM
LITTLE MISS EVERYTHING	THE BEST YEARS	RCA 8985	20.00	NM
PROVE IT	I DON'T CARE	OKEH 7337	10.00	B
PUT YOURSELF IN MY PLACE	BRING BACK YOUE LOVE	SWAN 4158	20.00	NM
TELLING A LIE	HAUNTED	BLOOMIE 101	75.00	NM
YOU CAN'T TAKE IT AWAY	A ONE WAY LOVE	OKEH 7336	15.00	NM

MORTON, JAY
ALLIGATOR STRUT	DID YOU GET THE MESSAGE	SMC 101	25.00	F
ALLIGATOR STRUT	DID YOU GET THE MESSAGE	BUDDAH 157	20.00	F

MOSES, LEE
REACH OUT, I'LL BE THERE	DAY TRIPPER	MUSICOR 1227	20.00	F
TIME AND PLACE	I CAN'T TAKE NO CHANCES	FRONT PAGE 2301	40.00	F

MOSES
I GOT MY MIND TOGETHER	IF YOU DON'T MEAN IT, DON'T TO	PIEDMONT 75	30.00	78
SWEETEST LOVE	SUNDAY AFTERNOON	PURE SILK 45001	15.00	78

MOSELY, EARNEST
STUBBORN HEART	KEEP ON LOVING ME.	LA CINDY 225 light blue label	500.00	NM
STUBBORN HEART	KEEP ON LOVING ME	LA CINDY 225 white label	1000.00	NM

MOSLEY, TOMMY
EXIT LONELINESS ENTER LOVE	SO THIS IS LOVE	ERA 3184	50.00	NM
YOU LIED, I CRIED, LOVE DIED	FOR HER LOVE	UPTOWN. 706	75.00	NM

MOST, SAM
PLOP, PLOP BOOM	JUNGLE FANTASY	BELL 955	150.00	F

MOTHER AFRICA YOU
GODFATHERS - ANIBABA PT.1	GODFATHERS - ANIBABA PT 2	GANGAN 1001	15.00	F

MOTHERLODE
WHAT DOES IT TAKE (TO WIN YOUR LOVE)	MEMORIES OF A BROKEN PROMISE	BUDDAH 144	100.00	NM

MOTIVATIONS
THE SLOW FIZZ	THE SQUEEZE	DYNOVOICE 216	20.00	NM

MOULTRIE, MARY
ROVER	DON'T BE SURPRISED	COLUMBIA 42821	75.00	NM
THAT'S HOW STRONG MY LOVE IS	THE SADDEST STORY EVER TOLD	COLUMBIA 43857	15.00	B
THEY'RE TRYING TO TEAR US APART	LAST YEAR, SENIOR PROM	KING 6038	75.00	NM

MOULTRIE, SAM
I'LL ALWAYS LOVE YOU	I FOUND LOVE	SOUTHBOUND 102 70s mix	50.00	NM
I'LL ALWAYS LOVE YOU	DO YOUR OWN THING	WARREN 108	30.00	**NM**
THE PROMISED LAND	FUNKY JERK	ROULETTE 7038	15.00	NM

MOUSIE and the TRAPS
IT'S ALL IN THE WAY	HOW ABOUT YOU	TODDLIN TOWN 8204	150.00	NM

MOVEMENTS
YOU DON'T KNOW	LET'S GET INVOLVED	PEANUT COUNTRY 1002 L	40.00	GR

MOVIES
SHE GAVE ME THAT ITCH	THE LOVE IN YOU	MACOLA 1039	15.00	F

MR. CALDWELL
LOVE BANDIT	LOVE HAS THE POWER	SCORPIO. 104	150.00	NM

MR. D. and the HIGHLIGHTS
NOSE FULL OF WHITE	EVERY NOW AND THEN	JAS. 316	20.00	F

MR. FLOODS PARTY
COMPARED TO WHAT	UNBREAKABLE TOY	GM 714	20.00	**NM**

MR. JIM and the RHYTHM MACHINE
(DO THE) HOT PANTS	MIDNIGHT IN MADRID	WIZDOM 1984	15.00	F

MR. LEE and the CHEROKEES
COME\CLOSER	TAKE YOUR TIME	SURE SHOT 5006	20.00	GR
WILL MY BABY COME BACK	PARTY TIME	SURE SHOT 5002	15.00	GR

MR. LUCKY
I WAS BORN TO LOVE YOU		STARDOM	1000.00	NM

MR. PITIFUL
GIRL CAN'T HELP IT	ONE DOLLAR MAN	JOSIE 987	15.00	NM

MR. SOUL
WHAT HAPPENED TO YESTERDAY	YOU'RE T00 GOOD	GENUINE 150	1500.00	NM

MR. SOUL, BOBO
H.L.I.C.	ANSWER TO THE WANT ADS	OVIDE 252	10.00	F
HITCH HIKE TO HEARTBREAK ROAD	SHE'S MY WOMAN	OVIDE 258	15.00	NM
HITCHHIKE TO HEARTBREAK ROAD	SHE'S MY WOMAN	HI. 2225	15.00	NM

MR. TEARS
DON'T LEAD ME ON	EXCUSE ME BABY	4J 509	40.00	NM

MR. WIGGLES
FATBACK	FACKBACK pt. 2	SOUND OF SOUL	30.00	MOD
FATBACK	FACKBACK pt. 2	PARKWAY 104	20.00	MOD
WASH MY BACK	HOME BOY	GOLDEN TRIANGLE 100	20.00	MOD

MUGO
ORGANIZE	SPACE TRAVEL	UNITED WORLD 4490	75.00	F

MUHAMMAD, IDRIS
I'M A BELIEVER	RHYTHM	PRESTIGE 756	100.00	78
EXPRESS YOURSELF	SUPER BAD	PRESTIGE 743	15.00	MOD

MULLINS, DEE
LOVE MAKES THE WORLD GO ROUND	COME BACK (AND BE MY LOVE AGAIN)	MELODY 117	10.00	M

MURPHY, DONNIE and the AMBASSADORS
EVERYTHING I DO	MY LOVE FOR YOU	REDBUG 0005	200.00	NM

MURPHY, JOE
SO BLUE (WITHOUT YOU)	IT'S A WEAKNESS	VIVID 106	20.00	NM

MURRAY JONES, JUGGY
INSIDE AMERICA	INSIDE AMERICA Pt 2	JUPITER 902	10.00	F

MURRAY, BILL and COPELAND, GEORGE
THE BIG TIME SPENDER	THE BIG TIME SPENDER pt. 2	ANNA 1121	40.00	M

MURRAY, CLARENCE
BABY, YOU GOT IT	ONE MORE CHANCE	SSS INTER. 730	10.00	B
DON'T TALK LIKE THAT	POOR BOY	SSS INTER. 756	15.00	NM

MURRAY, JO JO and the TOP FLIGHT
YOUR LOVE	I'M IN LOVE	IB 7809	15.00	78

MURRAY, JUGGY
BUILT FOR SPEED	BUILT FOR SPEED pt. 2	PONY 11	10.00	F

MURRAY, MICKEY
LITTLE BITTY BODY	LITTLE BITTY BODY PT 2	PEPCO 101	50.00	F
LONELY ROOM	SHOUT BAMALAMA	SSS INTER. 715	10.00	B

MURRAY, RON
FIRST DAY OF SPRING	AIN'T GIOT NOBODY	GENNA 1003	30.00	F

MURRAY, TIM
THINKING OF YOU	STREET PEOPLE	DETROIT TRAKS 531825 white & blue lbl	50.00	**78**
THINKING OF YOU	STREET PEOPLE	DETROIT TRAKS 531825 red label	10.00	**78**

MURRAY, VIRGIL
I STILL CARE	SUMMER DREAMIN'	KOOL KAT 1004	150.00	NM
I STILL CARE	SUMMER DREAMIN'	AIRTOWN 15	50.00	NM

MUSIC CITY SOUL BROTHERS
LET OUR LOVE GO ON	EVERY NIGHT I SEE YOUR FACE	MUSIC CITY 856	25.00	GR
SOMETHING IN MY EYE	LOOKING FOR MY BABY	MUSIC CITY 855	15.00	GR

MUSIC CITY TWO IN ONE
SNAG NASTY	SILLY SONG	MUSIC CITY 890	20.00	F

MUSTANGS
TURN BACK THE HANDS OF TIME	HOW FUNKY CAN YOU GET	JETSTAR 120	15.00	F

MYLES, BIG BOY
BIG BREAK	YOU GONNA COME CRYING	PIC 1 101	50.00	NM
SHE'S SO FINE	THE FLAME	V-TONE 232	30.00	NM

MYLESTONES
SEXY LADY	LOVE ME GIRL	HAWK SOUND 102	20.00	**NM**

MYSTIC MOODS
ASTRAL TRIP	DRIFTING PROPHET	WB 7743	20.00	NM
COSMIC SEA	THE AWAKENING	WB 7686	15.00	F

MYSTICS
JUST A LOSER	SHE'S GOT EVERYTHING	CONSTELLATION. 138	15.00	B
PAIN	same:	METROMEDIA 130	15.00	NM

MYTH MICHEALS
PUSH IT	WASH MY LOVE AWAY	WE FOUR 2209	100.00	78

N GROUP				
KEEP ON RUNNIN'	WORDS OF LOVE	WES MAR 1021	20.00	NM
N.Y. JETS				
WE WILL ALWAYS BE TOGETHER	FUNKY CHICKEN	TAMBOO 5101	15.00	NM
N / WT 14 KARAT BLACK				
STOP LISTENIN'	AIN'T NOTHING BUT A HABIT	LUNA 802	20.00	F
NABAY				
BELIEVE IT OR NOT	same: instrumental	IMPACT 1032	1000.00	NM
NABBIE, JIM				
LOOK HEAR GIRL	REMEMBER ME	RPI 1008	75.00	NM
NAIROBI AFRO BAND				
SOUL MAKOSSA PT. 1	SOUL MAKOSSA PT. 2	TOWN HALL ONE STOP 777	20.00	F
NAKED TRUTH				
THE SHING A LING THING	THE STRIPPER	RCA 9327	15.00	NM
NAOMI and HARRIS				
COME ON BABY AND HURT ME	WE BELONG TOGETHER	ATCO 6543	15.00	NM
NASH, JOHNNY				
(I'M SO) GLAD YOU'RE MY BABY	STORMY	MGM 13805 black label	15.00	**NM**
BIG CITY	SOMEWHERE	ATLANTIC 2344	15.00	NM
I'M LEAVING	OH MARY DON'T YOU WEEP	GROOVE 30	30.00	NM
I'M MOVIN' ON	CIGARETTES, WHISKEY AND WILD, WILD WOMEN	WB 5336	25.00	NM
LOVE AIN'T NOTHING	TALK TO ME	ARGO 5471	30.00	NM
MOMENT OF WEAKNESS	DON'T TAKE AWAY YOUR LOVE	WB 5270	20.00	NM
OL' MAN RIVER	MY DEAR LITTLE SWEETHEART	WB 5301	30.00	NM
ONE MORE TIME	TRYIN TO FIND HER	JODA 105	15.00	B
STRANGE FEELING	SPRING IS HERE	ARGO 5492	15.00	NM
TOWN OF LONELY HEARTS	IT'S NO GOOD FOR ME	GROOVE 26	30.00	**NM**
WHAT KIND OF LOVE IS THIS	DEEP IN THE HEART OF HARLEM	GROOVE 21	75.00	NM
WHAT KIND OF LOVE IS THIS	DEEP IN THE HEART OF HARLEM	GROOVE 21 **PS**	100.00	NM
YOU'LL NEVER KNOW	GOOD GOODNESS	MGM 13683	15.00	NM
NATURAL FACTS				
GIRL DON'T CRY	WHAT TIME IS IT	LUCKY LOU 813	200.00	NM
YOU DID THIS FOR ME	WHY SHOULD WE STOP NOW	ABC 11205	10.00	NM
NATURAL FOUR				
HANGING ON TO A LIE	TWELVE MONTHS OF THE YEAR	BOOLA BOOLA 1001	450.00	NM
I THOUGHT YOU WERE MINE	HURT	ABC 11253	150.00	NM
I THOUGHT YOU WERE MINE	YOU DID THIS FOR ME	BOOLA BOOLA 2382	250.00	NM
LOVE THAT REALLY COUNTS	LOVE'S SOCIETY	CURTOM 1995	10.00	78
LOVE'S SO WONDERFUL	WHAT'S HAPPENING HERE	CURTOM 104	10.00	78
THE DEVIL MADE ME DO IT	GIVE A LITTLE LOVE	CHESS 2119	10.00	NM
TRY LOVE AGAIN	CAN THIS BE REAL	CURTOM 1990	10.00	78
YOU DID THIS FOR ME	WHY SHOULD WE STOP NOW	BOOLA BOOLA 6384	20.00	GR
YOU DID THIS FOR ME	WHY SHOULD WE STOP NOW	ABC 11205	10.00	NM
NATURAL IMPULSE				
SHE WENT AWAY	TIME IS RIGHT	NATURAL IMPULSE 0101	2000.00	78
NATURAL ORDER				
JEALOUSY	JEALOUSY pt. 2	SOUND OF WASHINGTON 230	10.00	78
NATURAL RESOURCES				
NOTHING LASTS FOREVER	IF THERE'S A TOMORROW	DEE DEE 1003	200.00	NM

NATURALS
CRYSTAL BLUE PERSUASION	same:	SHOUT 307	15.00	78
DA DA DA DA DA (I LOVE YOU)	THIS LONELINESS	QUADRAN 4443	40.00	78
DON'T JUST STAND THERE	MAKE IT MOVE	PATH 5564	75.00	NM
I CAN'T SHARE YOU	YOUNG GENERATION	CALLA 181	20.00	GR
THE GOOD THINGS (WHERE WAS I WHEN LOVE CAME)	same: mono	MOTOWN 1208 dj	25.00	NM

NATURE BOYS
WATCH YOURSELF	DO THE TEMPTATION	UPTOWN. 725	30.00	NM

NATURELLES
LOVE HAS JOINED US TOGETHER	same:	VENTURE 609 dj	20.00	NM
SHOW ME THE WAY	SO MUCH IN NEED	VENTURE 633	15.00	NM

NAVARRO, TOMMY
I CRIED MY LIFE AWAY	CLUB OF BROKEN HEARTS	DE JAC 1253 torquoise label	150.00	**NM**
I CRIED MY LIFE AWAY	CLUB OF BROKEN HEARTS	DE JAC 1253 white & blue label	150.00	NM
I CRIED MY LIFE AWAY	CLUB OF BROKEN HEARTS	DE JAC 1253 red, white & blue label	200.00	NM

NAYLOR, JERRY
CITY LIGHTS	LIFE	Tower 162	120.00	NM

N'COLE
YOU'RE GONNA NEED THIS LOVE	THANK YOU FOR THE LOVE	MILLENIUM 617	20.00	78

NEAL, C.C.
ALL I WANT FROM YOU IS YOUR LOVE	O.J.	SOUL CRAFT 107	20.00	NM

NEAL, ROBERT
I'M SO GLAD	GOOD-BYE NOW	PORT 3020	30.00	NM

NEAL, TOMMY
GOIN' TO A HAPPENING	TEE TA	VAULT 938	25.00	NM
GOIN' TO A HAPPENING	TEE TEA	PALMER 5024	200.00	NM
GOIN' TO A HAPPENING	TEE TEA	PAMELINE 100 yellow label	100.00	NM
GOING TO A HAPPENING	TE - TA	PAMELINE 100 pink label	150.00	NM

NEIL, TRACY (also see WENDY WOODS)
DON'T HURT ME NO MORE	DO IT NOW	SINCERE 1002	150.00	NM

NELSON, ERNEST
I'LL MAKE IT SOMEDAY	BABY, I NEED YOU	RUNAWAY 1314	150.00	NM

NELSON, FRANK and the BEAT STRINGS
DOMINICA	BLACK PEARLS	MIRA. 233	15.00	NM

NELSON, GRANT
MY HEART CAN'T UNDERSTAND	BILLY AND SUE	WAND 1126	20.00	B

NELSON, JAMES
MELLOW, MELLOW ME	I WANT TO TURN THE WORLD ON	TERI DE 13	40.00	78

NELSON, NATE
ONCE AGAIN	TELL ME WHY	PRIGAN 2001	100.00	NM

NELSON, ROY
ELEVATOR MAN	ITCHY TWITCHY LOVE	RANARD 12196	20.00	NM

NELSON, SANDY
SOCK IT TO 'EM JB	SOCK IT TO 'EM JB pt. 2	IMPERIAL 66193	15.00	NM

NELSON, VICKI
STONEY FACE	same: instrumental	DISCOVERY 41541	300.00	**NM**

NEPTUNES
GIRL THAT'S AN AWFUL THING TO KNOW	TURN AROUND	GEM. 100	100.00	NM
HOUSE OF HEARTACHES	MAKE A MEMORY	INSTANT 3255	30.00	NM
I DON'T CRY ANYMORE	I'M COMING HOME	VICTORIA 102	200.00	NM

NERO, FRANCES
KEEP ON LOVIN' ME	FIGHT FIRE WITH FIRE	SOUL 35020	70.00	M
KEEP ON LOVIN' ME	same:	SOUL 35020 dj	75.00	M
KEEP ON LOVIN' ME	FIGHT FIRE WITH FIRE	SOUL 35020 lilac and white label	150.00	M

NESBARY, SHERM
DON'T MAKE ME SORRY	ALL MY LIFE ALL MY LOVE	CHERI 500	20.00	NM

NESBIT, SAM
BLACK MOTHER GOOSE	CHASE THOSE CLOUDS AWAY	AMOS 154	350.00	NM

NEVILLE, AARON
A HARD NUT TO CRACK	THOSE THREE WORDS	PARLO 105	20.00	NM
ALL THESE THINGS	SHE'S ON MY MIND	BELL 834	30.00	GR
HERCULES	GOING HOME	MERCURY 73387	75.00	78
WHY WORRY	TELL IT LIKE IT IS	PARLO 101	10.00	NM

NEVILLE, CYRIL
GOSSIP	same:	JOSIE 1014 dj	20.00	F

NEVILLE, IVAN
DANCE YOUR BLUES AWAY	SWEET HONEY DRIPPER	COOKIE 8032	60.00	78

NEVILLES, GAIL
HE CAN'T DO WITHOUT ME	TAKING MY MIND OFF LOVE	STAR-TRACK 350	800.00	NM
HE CAN'T DO WITHOUT ME	TAKING MY MIND OFF LOVE	DOTTY'S 350	800.00	NM

NEVILLES, LARRY
THIS TIME IT'S REAL	CERTAINLY LOVE	LARAY 101	15.00	78

NEVIN, DAVID
KEEP OUR LOVE ALIVE	THE MAZE	PARDNER 1001	60.00	78
LOVE IS IN VIEW	SHINE	PARDNER 1002	75.00	78
YOU'RE FOR ME	WHAT YA WANNA DO	PARDNER 1000	100.00	78

NEW ARRIVALS
SOMEBODY ELSE	BIG TIME GIRL	PALMER 5004	50.00	NM

NEW BLOODS (also see EDDIE & ERNIE)
SELF SERVICE	FOUND A LOVE, WHERE IT'S AT	20TH. CENTURY 554	40.00	NM

NEW CONCEPTS
GIVE ME ANOTHER CHANCE	OVER THE RAINBOW	PHILIPS 40570	20.00	NM

NEW FIGURATIONS
THAT'S WHAT YOU GET (FOR ABUSING MY LOVE	NUTS FOR YA'	ABS. 101	200.00	78

NEW GROUP
LOVE CAN'T BE MODERNIZED	THERE'S THAT MOUNTAIN	GEMINI. 1005	25.00	NM

NEW HOLIDAYS
MY BABY AIN'T NO PLAYTHING	MAYBE SO MAYBE NO	WESTBOUND 157	15.00	NM

NEW JERSEY QUEENS
PARTY (AND DON'T WORRY ABOUT IT)	PARTY (AND DON'T WORRY ABOUT IT) pt. 2	MAGNET 2	150 50.00	F

NEW PEOPLE
TILL THE END OF THE TIME	I'M LOSING YOU	ALL STAR 42170 .	15.00	GR

NEW PERSPECTIVE
STONE OUTTA MY HEAD	IT WILL NEVER BE THE END	MAXWELL 807	10.00	NM

NEW PHASE
LOVE IS THE NAME OF THE GAME	LOVE IS THE NAME OF THE GAME pt. 2	GAYTIME EAST 1003	60.00	78

NEW SILHOUETTES
WE BELONG TOGETHER	CLIMB EVERY MOUNTAIN	JAMIE 1333	40.00	NM

NEW TESTAMENT BAND
SAY YES	GET TESTA-MIZED	TABLET 82215	100.00	GR

NEW WANDERERS
AIN'T GONNA DO YOU NO HARM	LET ME RENDER MY SERVICE	READY 1002	2000.00	NM
THIS MAN IN LOVE	ADAM - AND EVE	READY 1006	50.00	NM

NEW WAY
HOLDING ON	same: instrumental	PRESTIGE 109	75.00	78
I'M SORRY 'BOUT THAT	LOKKING LIKE A NUT NUT	GUYJIM 587	15.00	GR

NEW WORLD
THE WORLD TODAY	J.R.	VIRTUE NO#.	100.00	F

NEW WORLD SOUL CHIOR
YOU BETTER BE GOIN'	KEEP A TALKIN'	UNI 55198	30.00	NM

NEW YORKERS
AIN'T THAT NEWS	THERE'S GOING TO BE A WEDDING	TAC-FUL 102	25.00	NM
AIN'T THAT NEWS	THERE'S GOING TO BE A WEDDING	RADIO CITY 101	30.00	NM
DON'T WANT TO BE YOUR FOOL	YOU SHOULD HAVE TOLD ME	TAC-FUL 101	300.00	NM
DON'T WANT TO BE YOUR FOOL	YOU SHOULD HAVE TOLD ME	RADIO CITY 100	400.00	NM
THERE'LL COME A TIME	LONELY	WB 7318	40.00	NM

NEW YOUNG HEARTS
A LITTLE TOGETHERNESS	YOUNG HEARTS GET LONELY TO	SOULTOWN 10	20.00	NM
THE YOUNG HEARTS GET LONELY TOO	WHY DID YOU HAVE TO GO	ZEA 50001	15.00	GR

NEWBAG, JOHNNY
GOT TO GET YOU BACK	THE POORER THE MAN	ATLANTIC 2355	50.00	NM
SWEET THING	LITTLE SAMSON	PORT 3008	60.00	NM

NEWBEATS
CRYING MY HEART OUT	SHORT ON LOVE	HICKORY 1387	15.00	**NM**
DON'T TURN ME LOOSE	YOU AND ME AND HAPPINESS	HICKORY 1485	15.00	NM
I'M A TEARDROP	SHE WON'T HANG HER LOVE OUT	HICKORY 1569	10.00	NM
RUN, BABY RUN (BACK INTO MY ARMS)	MEAN WOOLY WILLIE	HICKORY 1332	10.00	**NM**

NEWBY and JOHNSON
I WANT TO GIVE YOU MY EVERYTHING	SWEET HAPPINESS	MERCURY 73080	10.00	NM

NEWBY, DIANE
EVERYHING'S WRONG	THE BOY DON'T STAND A CHANCE	KAPP 716	30.00	NM
WHAT YOU'RE PUTIING ME THROUGH	SAY IT AGAIN	KAPP 692	30.00	NM

NEWCOMERS
KEEP AN EYE ON YOUR CLOSE FRIEND	SAME: INSTRUMENTALS	TRUTH 3204	10.00	78
THE WHOLE WORLD'S A PICTURE SHOW	TOO MUCH GOING TO SAY GOODBYE	TRUTH 3213	20.00	78

NEWDAY
JUST ANOTHER REASON	WAIT A MINUTE	ON TOP 4207	20.00	GR

NEWLYWEDS
THE QUARREL	LOVE WALKED OUT	HARMONENIZED SOUL	750.00	GR
THE QUARREL	LOVE WALKED OUT	FAT FISH 8002	250.00	GR

NEWMAN, DAVE
MAKE UP YOUR MIND	CAN'T TAKE NO FOR AN ANSWER	LOOK 5011 dj	150.00	**NM**
MAKE UP YOUR MIND	CAN'T TAKE NO FOR AN ANSWER	LOOK 5011 blue label stock copy	250.00	**NM**

NEWMAN, TONY
SOUL THING	LET THE GOOD TIMES ROLL	PARROT 4003	10.00	NM

NEWSOME, FRANKIE
DON'T MESS WITH MY LOVEMAKER	DON'T MESS WITH MY LOVEMAKER	WAND 11227	20.00	F
WE'RE ON OUR WAY	same: mono	WB 8056 dj	20.00	78
TAUNTING LOVE	IT'S A SHAME	USA 911	100.00	NM

NEWSOUND
BET YOU NEVER THOUGHT ABOUT IT	JUST ONE TIME	SCORPION 1001	20.00	NM

NEWTON, BOBBY (and BLOUNT, TINA)
DON'T FIGHT THE FEELING	ALONE AND LONELY NIGHTS	LORRAINE 1401	20.00	NM
YOUR LOVE GETS SWEETER EVERYDAY	HOW CAN I THANK YOU ENOUGH	INTREPID 75014	20.00	NM

NIALATIONS
I'LL TAKE YOU JUST AS YOU COME	same:	BRC 105	10.00	GR

NIBBS
SPENDING CHRISTMAS DAY WITH YOU	A BRIGHTER WORLD	ARC LARK 504	30.00	GR

NICHOLS, BILLY
TREAT YOUR NEIGHBOR	EXPRESSWAY TO YOUR HEART	MERCURY 73024	15.00	F
DIAMOND RING	MY WOMAN	WEST END 1226	15.00	78

NICHOLS, J.J.
DANCIN' LADY	DANCIN' LADY (DISCO VERSION)	NAMI 2029	30.00	78

NICHOLS, RICK
I KNOW THE FEELING	INFATUATION	SOUND 231	150.00	NM

NICK and the JAGUARS
ICHI-I-BON #1	COOL AND CRAZY	TAMLA 5501	500.00	M

NICKY NEWARKERS
WOMAN	LEAVE ME OR LOVE ME	MERCURY 73812	400.00	78

NIGHT RIDERS
GIRLS IN THE CITY	SUPER LADY	ECLIPSE 35451	50.00	78

NIGHT WATCH
LIPS TO YOUR HEART	CLOUD TIME	ABC 10862	30.00	NM

NIGHTCHILL
I WANT YOUR LOVING	HIP SKIP AND JUMP	TRA-SAND 203033	100.00	GR

NIGHTINGALE, OLLIE
I DON'T KNOW WHY I LOVE YOU	I'LL TAKE CARE OF YOU	MEMPHIS 105	10.00	78

NIGHTS
(WHEN YOU DROP YOUR GUARD) LOVE KNOCKED YOU DOWN LET THERE BE LOVE		LITTLE STAR 1577	15.00	NM
LET THERE BE LOVE	COUNTRY GIRL	LITTLE STAR 1527	10.00	NM

NINO and APRIL
PUT IT WHERE YOU WANT IT	I CAN'T GET OVER YOU BABY	A&M 1443	10.00	NM

NITE DREAMERS
LATER FOR YOU	COUNT DOWN TO SLOW DOWN	ALWIN 103	150.00	NM

NITE TRAIN
LET ME BABY YOU BABY	TO THE BITTER END	ROULETTE 7077	40.00	NM

NITE-LITERS
AFRO-STRUT	(WE'VE GOT TO) PULL TOGETHER	RCA 591	10.00	F
CHERISH EVERY PRECIOUS MOMENT	I'VE GOT DREAMS TO REMEMBER	RCA 714	10.00	F
CON-FUNK-SHUN	DOWN AND DIRTY	RCA 374	10.00	F
K-JEE	TANGA BOO GONK	RCA 461	10.00	F

NITRO, BILLY
AS SWEET AS YOUR LOVE FOR ME	MYSTIC LOVER	RESIST 110	300.00	B

N-JOYS
THE GIRL'S GOT A NEW STYLE	SHARE YOUR LOVE WITH ME	GRAY SOUNDS 4	100.00	GR

NOBLE KNIGHTS
SING A SIMPLE SONG	MOVIN' PART IV	COTILLION 44030	50.00	F

NOBLE, BEVERLEY
WHY MUST I CRY	YOU CHEATED	SPARROW 100	20.00	GR

NOBLE, IKE
WE GOT TO HOLD ON TO OURSELVES	SHE'S ALL I LOVE	SMOKE 6045	40.00	78

NOBLE, JOHNNY
YOU'RE SO SMOOTH	NO USE CRYIN'	VEEP 1249	20.00	NM

NOBLE, KITTY
I'VE SEEN EVERYTHING	I'LL BE YOURS	MAY 119	20.00	NM

NOBLES, CLIFF
IS IT THE WAY	THE HORSE 1971	J-V 109	75.00	NM
MY LOVE IS GETTING STRONGER	TOO FOND OF YOU	J-V 1034	200.00	NM
MY LOVE IS GETTING STRONGER	TOO FOND OF YOU	ATLANTIC 2352	150.00	**NM**
PONY THE HORSE	LITTLE CLAUDIE	MOON SHOT 6710	10.00	NM
SWITCH IT ON	BURNING DESIRE	PHIL LA SOUL 324	10.00	NM
THIS FEELING OF LONLINESS	WE GOT OUR THING TOGETHER	ROULETTE 7142	15.00	NM
YOUR LOVE IS ALL I NEED	EVERYBODY IS WEAK FOR SOMEBODY	ATLANTIC 2380	30.00	NM

NOEL, DIDI
LET THE MUSIC PLAY	NO MORE TEARS TO CRY	Blue Cat 129	20.00	**NM**

NOMADS
SOMETHIN'S BAD	TELL HER NO LIES	MO-GROOVE 78240	750.00	NM

NORFOLK
DON'T ASK ME	GIFT WRAP MY LOVE	TRENTON 45001	25.00	GR
TOGETHER	TOGETHER pt. 2	BARBARA JEAN 750	75.00	78
YOU ARE MY DOLL BABY	YOU ARE MY DOLL BABY PT 2	MIDNIGHT LOVE 1	50.00	78

NORMA and the HEARTACHES
NICE AND SLOW	HARLEM AT SUNDOWN	JOY RIDE 1030	600.00	NM

NORMAN, JIMMY (and the VICEROYS)
FAMILY TREE	IT'S BEAUTIFUL WHEN YOU'RE FAL	MERCURY 72658	15.00	NM
GANSTER OF LOVE	GANGSTER OF LOVE Pt 2	JOSIE 994	15.00	F
I DON'T LOVE YOU NO MORE	TELL HER FOR ME	LITTLE STAR 113	15.00	NM
I WANNA MAKE LOVE TO YOU	FALLING IN LOVE	BUDDAH 504	20.00	78
LOVE IS WONDERFUL	WHAT'S THE WORD, DO THE BIRD	LITTLE STAR 126	10.00	NM
THIS I BEG OF YOU	CAN YOU BLAME ME	SAMAR 116	15.00	NM
WHAT ABOUT ME	TRUE LOVE (FOR EVER MORE)	GOOD SOUND 120	15.00	NM
YOU CRACK ME UP	I KNOW I'M IN LOVE	LITTLE STAR 121	15.00	NM
YOU CRACK ME UP	DOTTIE LINE	POLO 211	40.00	NM
YOU'RE ONLY HURTING YOURSELF	THAT LITTLE OLD GROOVEMAKER	SAMAR 112	20.00	B

NORMAN, OLIVER
DON'T MAKE PROMISES	REACH OUT	DECCA 32354	20.00	NM
DROWNING IN MY OWN DESPAIR	YOUR LOVE COUNTS	DECCA 32209	30.00	NM

NORTH, FREDDIE
JUST TO PLEASE YOU	NINETY - POUND WOMAN	CAPITOL 4832	10.00	NM
THE HURT	IT'S NO GOOD FOP ME	RIC 119	150.00	NM

NORTH, PENNY
THOUGHT I HAD A GOOD THING	SATISFIED	LUAU 5590	20.00	NM

NORVELLS
WITHOUT YOU	WHY DO YOU WANT TO MAKE ME SAD	JANIS 6366	20.00	NM
WITHOUT YOU	WHY DO YOU WANT TO MAKE ME SAD	PENNY 107	15.00	NM

NOTATIONS
AT THE CROSSROADS	A NEW DAY	TWINIGHT 148	10.00	GR
I'M STILL HERE	I CAN'T STOP	TWINIGHT 141	25.00	NM
SUPERPEOPLE	IT ONLY HURTS FOR A LITTLE WHILE	GEMIGO 103	15.00	F
TRYING MY BEST TO FIND HER	GONNA GET READY	TAD 205	150.00	NM

NOTEABLES
FUNKY FROG	GET READY	SOUND CITY 001	40.00	F

NOVA'S NINE
WHY LISTEN	PAIN	ABC 11127	15.00	NM

NOW
CHAINED	DESPERADO	HIT CITY 9	10.00	78
GIRL YOU SURE TURN ME ON	GIRL YOU SURE TURN ME ON Pt. 2	FEE 303	20.00	78
LOVIN' YOU IS EASY	LAND OF NOW	NOW 101	30.00	GR

NU LUVS
HELLO LOVER	BABY YOU BELONG TO ME	CLOCK 2003	20.00	NM

NUE SPECTRUM
JUST A LITTLE LOVE (GOES A ONG	A MESSAGE	FLO-JAY 101	20.00	GR

NUMONICS
FOREVER AND A DAY	TIME BRING'S ABOUT CHANGES	HODISH 000	20.00	78
FOREVER AND A DAY	YOU LIED	HODISH 6	15.00	78

NUNYA, JIMMY
FIND SOMEONE THAT YOU LOVE	MY SWEET BABY	SALSA 110	15.00	78

NU-RONS
ALL MY LIFE	I'M A LOSER	NU-RON 1060	1000.00	NM

NU'RONS and CO
CAN'T DO ENOUGH GIRL	DISCO HUSTLE	STAGE-ART 1001	40.00	78

NU-SOUND EXPRESS LTD
AIN'T IT GOOD ENOUGH	I'VE BEEN TRY8ING	SILVER DOLLAR 152	15.00	F
ONE MORE TIME YOU ALL	A ROSE FOR THE LADY	SILVER DOLLAR 156	15.00	F

O, LE FRANK
KEEP ON GETTIN' DOWN	KEEP ON GETTIN' DOWN Pt. 2	M M-M GOLD 500	50.00	78

OBJECTIVES
LOVE WENT AWAY	OH MY LOVE	JEWEL 751	20.00	NM

OBOE
TRYING TO MAKE IT	I'M JUST THAT KIND OF FOOL FOR	GOLDWAX 304	15.00	B

O'BRIEN, BETTY
SHE'LL BE GONE	LOVE OH! LOVE	LIBERTY 55365	250.00	**NM**

OBSESSION
WHAT DO YOU THINK ABOUT THAT B	MUSIC TO MY HEART	HAPPY TIGER 531	10.00	NM

OCCASIONS
BABY DON'T GO	THERE'S NO YOU	BIG JIM 3273	20.00	GR

OCEANLINERS
CUTTING ROOM	FUNKY PANTS	BLUE CANDLE	150.00	F

OCEANS, SONNY
PITY ME	I'M HER LOVER MAN	COLUMBIA 43422	20.00	NM
PITY ME	I'M HER LOVER MAN	COLUMBIA 43422 **PS**	30.00	NM

O'CONNOR, EMIL
SOME OF YOUR LOVIN'	THERE'S A TIME	COLUMBIA 42617	50.00	NM

ODD SQUAD
JUST TO SEE YOUR FACE	SOUL POWER	MINIT 32088	30.00	NM

ODDIS, RAY
HAPPY GHOUL TIDE	RANDY, THE NEWSPAPER BOY	VIP 25012	25.00	M

ODDS and ENDS
LET ME TRY	FOOT TRACK	TODAY 1001	15.00	NM

ODDYSEE and COMPANY
YOUNG GIRL	YOU I LOVE	FAT BOY 2025	15.00	78

O'DELL, BROOKS
I'M YOUR MAN	SHIRLEY, REMEMBER ME	GOLD. 216	10.00	NM
IS IT REAL	I GOTTA\TRAVEL ON	MANKIND 12010	15.00	NM
STANDING TALL	THE LIVELY ONES	COLUMBIA 43664	50.00	NM
WALKING IN THE SHADOW OF LOVE	IT HURTS ME TO MY HURT	BELL 612	20.00	NM
WATCH YOUR STEP	WALK ON BY	GOLD. 214	10.00	NM
YOU BETTER MAKE UP YOUR MIND	SLOW MOTION	BELL 618	25.00	NM

ODYSSEY
OUR LIVES ARE SHAPED BY WHAT WE LOVE	BROKEN ROAD	MOWEST 5022	50.00	78

OFFENBACH
JUDY IN DISGUISE	NO LETTER TODAY	PAULA 293	10.00	NM

OFFITT, LILLIAN
MISS YOU SO	IF YOU ONLY KNEW	EXCELLO 2104	20.00	NM

O'HARA, CHARLOTTE
WHAT ABOUT YOU	DAYDREAMS	AVA 126	50.00	NM

O'HENRY, LENNY
ACROSS THE STREET	SATURDAY ANGEL	ATCO 6525	15.00	NM
MR.MOONLIGHT	BURNING MEMORIES	SMASH 1800	40.00	NM

OHIO PLAYERS
A THING CALLED LOVE	NEIGHBORS	TRC 978	20.00	F
IT'S A CRYING SHAME	I'VE GOT TO HOLD ON	COMPASS 7018	20.00	NM
YOU DON'T MEAN IT	TRESPASSIN'	COMPASS 7015	15.00	NM

O'JAHS
ROADSIDE 75	LET IT ALL HANG OUT	SS7 2599.	20.00	MOD

O'JAYS
BRANDED BAD	YOU'RE THE BEST THING SINCE CANDY	NEPTUNE 18.	10.00	NM
CAN'T TAKE IT	MIRACLES	APOLLO. 759	15.00	NM
GOING, GOING GONE	THE CHOICE	BELL 737	10.00	GR
HOLD ON	WORKING ON YOUR CASE	MINIT 32015	15.00	NM
I DIG YOUR ACT	I'LL BE SWEETER TOMORROW	BELL 691	15.00	NM
I WON'T HURT	I'LL NEVER LET YOU GO	IMPERIAL 66145	15.00	NM
I'LL NEVER FORGET YOU	PRETTY WORDS	IMPERIAL 66162	100.00	NM
I'M SO GLAD I FOUND YOU	LOOK OVER YOUR SHOULDER	BELL 704	10.00	NM
IT WON'T HURT	I'LL NEVER LET YOU GO	IMPERIAL 66145	25.00	NM
JUST TO BE WITH YOU	NOW HE'S HOME	LITTLE STAR 1401	30.00	78
LA DE DA (MEANS I'M OUT TO GET YOU)	SHATTERED MAN	SARU 1220	20.00	GR
LIPSTICK TRACES	THINK IT OVER, BABY	IMPERIAL 66102	15.00	NM
LOOKY LOOKY (LOOK AT ME GIRL)	LET ME IN YOUR WORLD	NEPTUNE 31	10.00	NM
NO TIME FOR YOU	A BLOWING WIND	IMPERIAL 66177	20.00	NM
OH, HOW YOU HURT ME	GIRL MACHINE	IMPERIAL 66076	10.00	NM
WHIP IT ON ME BABY	I'VE CRIED MY LAST TEAR	IMPERIAL 66121	20.00	NM

O'KAYSIONS
GIRL WATCHER	DEAL ME IN	ABC 11094	10.00	NM
GIRL WATCHER	DEAL ME IN	NORTH STATE 1001 **PS**	40.00	NM
GIRL WATCHER	DEAL ME IN	NORTH STATE 1001	20.00	NM
WATCH OUT GIRL	same:	COTILLION 44089 dj	15.00	NM

OLIVER, BENNY C.
MAKE IT NOW	BEFORE YOU GO	OJOBCO 1	75.00	NM

OLIVER, FRAN
YOU WON'T GET AWAY	TOMORROW MAY NEVER COME	BBS 579	25.00	NM

OLIVER, WES
KEEP THE FAITH	I CONFESS	STAR FIRE 19671	100.00	NM

OLLIE and the NIGHTINGALES
GIRL, YOU HAVE MY HEART SINGING	I GOT A SURE THING	STAX 245	15.00	NM
YOU'RE LEAVING ME	SHOWERED WITH LOVE	STAX 14	15.00	NM

OLYMPICS
BABY DO THE PHILLY DOG	WESTRN MOVIES	MIRWOOD 5523 dj	15.00	NM
GIRL, YOUR MY KIND OF PEOPLE	PLEASE, PLEASE, PLEASE	WB 7369	20.00	NM
HULLY GULLY	BIG BOY PETE	MIRWOOD 5533 dj	10.00	NM
NO MORE WILL I CRY	BABY I'M YOURS	LOMA 2017	50.00	NM
OLYMPIC SHUFFLE	GOOD LOVIN'	LOMA `2013	10.00	NM
PAPA WILL	I FEEL YOUR LOVE (COMING ON)	MAC WINN 102	50.00	F
THE DUCK	THE BUNCE	CRESTVIEW 20010	10.00	NM
THE SAME OLD THING	I'LL DO A LITTLE MORE	MIRWOOD 5529	15.00	NM
THERE AIN'T NO WAY	THREE BILLION PEOPLE	SONGSMITH 1	15.00	GR
WE GO TOGETHER	SECRET AGENTS	MIRWOOD 5504	15.00	NM

OMNI
KEYS TO THE CITY	DON'T BE SELFISH	FOUNTAIN 100	10.00	78

ONCOMING TIMES
IF YOU HAD MY LOVE	WHAT IS LIFE WITHOUT LOVE	DUO 7459	40.00	NM

ONEDERFUL BAND
HONEY IN THE BEE-BO	BLACK IS BEAUTIFUL	ONEDERFUL 4853	15.00	F

ONES
HAPPY DAY	YOU HAVEN'T SEEN MY LOVE	SPIRIT 1	15.00	M
YOU HAVEN'T SEEN MY LOVE	HAPPY DAY	MOTOWN 1117	10.00	M

ONLY THREE
DIG IT	(DOWN TO THE SOUL BROS.) BAL	WALANA 101	100.00	NM

ONYX
YOU NEVER FAIL TO AMAZE ME	SOMETHING YOU'RE TRYING TO HID	YEW 1008	40.00	NM

OPALS
DOES IT MATTER	TENDER LOVER	OKEH 7188	75.00	NM
I'M SO AFRAID	RESTLESS DAYS	OKEH 7224	100.00	NM
YOU'RE GONNA BE SORRY	YOU CAN'T HURT ME NO MORE	OKEH 7202	75.00	NM

OPUS VII
DREAMS	I CAME BACK	GRAMOPHON 45710	15.00	GR

ORACLES
I AIN'T GOT TIME	LOVE IN MY HEART	OM 1967	750.00	NM

ORANGE COLOURED SKY
HELP	PRESS A ROSE	PEOPLE 1007	15.00	NM

ORDELLS
SIPPIN' A CUP OF COFFEE	BIG DOM	DIONN 505	20.00	GR

ORGANICS
FOOT STOMPING	GOOD THING GOING	COMPOSE	50.00	F

ORIENTALS
SOUL AIN'T YOU THRILLED	MISTY SUMMER NIGHT	NEW DAWN 413	60.00	NM

ORIGINAL BREED
THE PROPHET	I'M SOMEBODY	KAROL 725	30.00	NM

ORIGINAL CADILLACS
I'LL NEVER LET YOU GO	WAYWARD WANDERER	JOSIE 915	40.00	NM

ORIGINAL SOUL PATROL
SOUL PATROL	PLEASE ACCEPT MY LOVE	MAR-KEE	100.00	F

ORIGINALS
AIN'T NO SUN (SINCE YOU'VE BEEN GONE)	AIN'T NO SUN (SINCE YOU'VE BEEN GONE) pt. 2	SUSPENSION 1001	200.00	NM
GOOD LOVIN' IS JUST A DIME AWAY	NOTHING CAN TAKE THE PLACE	MOTOWN 1355	10.00	78
GOOD NIGHT IRENE	NEED YOUR LOVING (WANT YOU BACK)	SOUL 35029	20.00	M
GOOD NIGHT IRENE	same:	SOUL 35029 dj red vinyl	30.00	M
I'M SOMEONE WHO CARES	ONCE I HAVE YOU (I'LL NEVER LE	SOUL 35093	10.00	78
KEEP ME	A MAN WITHOUT KNOWLEDGE	SOUL 35085	10.00	M
OOH YOU (PUT A CRUSH ON ME)	TOUCH	SOUL 35117	10.00	78

ORLONS
DON'T THROW YOUR LOVE AWAY	BON-DOO-WAH	CAMEO 287	15.00	NM
DON'T YOU WANT MY LOVIN'	I CAN'T TAKE IT	CAMEO 372	20.00	NM
ENVY	NO LOVE BUT YOUR LOVE	CAMEO 384	50.00	NM
IT'S NO BIG THING	CROSSFIRE!	CAMEO 273 **PS**	15.00	NM
NOT ME	MY BEST FRIEND	CAMEO 257 **PS**	15.00	NM
ONCE UPON A TIME	KISSIN' TIME	ABC 10948 vinyl	25.00	NM
ONCE UPON A TIME	KISSIN' TIME	ABC 10948 styrene	10.00	NM
SPINNING TOP	ANYONE WHO HAD A HEART	CALLA 113	25.00	NM
THE WAH-WATUSI	HOLIDAY HILL	CAMEO 218	10.00	NM

ORSI, PHIL
LOVE IS SLIPPING AWAY	CALIFORNIA SUN	BLUE SOUL 9877	100.00	NM

ORTIZ, PETER
OH MY DARLING	LOSER	R CADE 101	15.00	NM

OSBORN, RICHETTA
MY SWEET BABY	CALIFORNIA SOUND	BLUE RIVER 226	300.00	NM

OSBORNE, KELL
QUICKSAND	THE LONELY BOY SONG	TITANIC 5008	350.00	NM
LAW AGAINST A HEARTBREAKER		HIGHLAND	NEG	NM
SMALL THINGS (MAKE A DIFFERENCE)	NOTHING FROM NOTHING LEAVES NO	NEW BAG 101	750.00	NM
YOU CAN'T OUTSMART A WOMAN	THAT'S WHAT'S HAPPENING	LOMA 2023	30.00	NM

OTHER BROTHERS
BRING IT ON HOME TO ME GIRL	MINI DRESS	AMY 11005	15.00	GR
IT'S BEEN A LONG TIME BABY	HOLE IN THE WALL	MODERN 1027	20.00	NM
LET'S GET TOGETHER	LITTLE GIRL	AMY 11033	15.00	NM
NO CLASS	HIGHER	PET	200.00	F
PRECIOUS MEMORIES pt. 1	PRECIOUS MEMORIES pt. 2	RENAISSANCE 5051	15.00	78

OTHER ONES
THE TWO OF US	THE GIRL IN THE SHADE	KNOLL 500	150.00	NM

OTIS SHOW, JOHNNY
HEY BOY! I WANT YA	NIGGER, PLEASE!	JAZZ WORLD 70	20.00	78

OTIS, CHARLES
I SEE LOVE GIRL	I WONDER WILL YOU ALWAYS LOVE	CARALJO 2	200.00	NM

OTIS, JOHNNY
JAWS	GOOD TO THE LAST DROP	HAWK SOUND 1003	20.00	F
SKUNK (BOOTY)	DON'T IT MAKE YOU FEEL GOOD	JAZZ WORLD 71	25.00	F

OTISETTES
EVERYTHING YOU SAID CAME TRUE	SITTING ALONE (IN MY LONELY RO	EPIC 10879	10.00	NM

OUR BROTHERS KEEPER
THE HARLEM CLOWN	WHO'S GONNA KEEP YOU WARM TONI	KING 6421	100.00	78
YOU BEEN A LONG TIME COMIN	same:	COLUMBIA 45239 dj	25.00	NM

OUR LADIES OF SOUL
DON'T MAKE IT IMPOSSIBLE	LET'S GROOVE TOGETHER	KELTON 2002	25.00	NM

OUT OF SIGHTS
BABY YOU'VE GOT IT	I CAN'T TAKE IT	SARU 1613	20.00	GR
FOR THE REST OF MY LIFE	YOU MADE ME BEG	SARU 1610	400.00	NM
MY WOMAN'S LOVE	I WAS WRONG	SARU 1618	40.00	NM

OUTER LIMITS
JUST ONE MORE CHANCE	HELP ME PLEASE	DERAM 7508	20.00	NM

OUTLER, JIMMY
IT'S ALL OVER	THREE LITTLE PIGS	DUKE 396	15.00	NM

OVATIONS
DON'T BREAK YOUR PROMISE	TOUCHING ME	MGM S.O.M. 708	10.00	78
I'M IN LOVE	DON'T SAY YOU LOVE ME (IF YOU DON'T)	MGM 14705	20.00	78
I'M LIVING GOOD	RECIPE FOR LOVE	GOLDWAX 117	10.00	GR
IT'S WONDERFUL TO BE IN LOVE	DANCE PARTY	GOLDWAX 113	10.00	GR
I'VE GOTTA GO	RIDE MY TROUBLES AND BLUES AWA	GOLDWAX 322	15.00	GR
ONE IN A MILLION	SO NICE TO BE LOVED BY YOU	MGM S.O.M.717	20.00	78
QUALIFICATIONS	I BELIEVE I'LL GO BACK HOME	GOLDWAX 306	15.00	NM
RECIPE FOR LOVE	I'M LIVING GOOD	GOLDWAX 117	15.00	GR
ROCKIN' CHAIR	HAPPINESS	GOLDWAX 341	30.00	NM
SWEET THING	TILL I FIND SOME WAY	XL 120	10.00	78
TAKE IT FROM ONE WHO KNOWS	HOOKED ON A FEELING	MGM S.O.M. 712	15.00	GR
THEY SAY	ME AND MY IMAGINATION	GOLDWAX 314	15.00	**NM**

OVERTON, C.B.
IF I CAN'T STOP YOU	same: instrumental	SHOCK 9	15.00	78
SUPERSTAR LADY	WHEN IT RAINS IT POURS	SHOCK 13	15.00	78

OVERTON, CHUCK
I'M SO THANKFUL	IS IT POSSIBLE	KAPP 2101	20.00	NM

OWENS, GARLAND
I WANT TO KNOW IF YOU LOVE ME	DANCING WITH TEARS IN MY EYES	LEMONDE 1502	40.00	NM

OWENS, GWEN
I'LL BE CRYING	I LOST A GOOD THING	VELGO 1 green label	100.00	NM
I'LL BE CRYING	I LOST A GOOD THING	VELGO 1 black label	150.00	NM
IT AIN'T HARDLY OVER	KEEP ON LIVING	JOSIE 1009	15.00	NM
JUST SAY YOU'RE WANTED	STILL TRUE TO YOU	VELGO 2	1500.00	**NM**
MAKE HIM MINE	ONE MORE DAY	LAU-REEN 1002	250.00	NM
MYSTERY MAN	SOMEONE TO LOVE	ONCORE 84	800.00	NM

OWENS, TONY
I NEED, I NEED YOUR LOVE	I'M A FOOL FOR LOVIN' YOU	SOULIN 147	40.00	NM
THIS HEART CAN'T TAKE NO MORE	I GOT SOUL	SOUL SOUND 145	20.00	NM
WISHING, WAITING, HOPING	same:	SOULIN 146	25.00	NM
YOU GOT TO PAY THE PRICE	ONE MAN'S WOMAN ANOTHER MAN'S	LISTENING POST 101.	20.00	NM

O'WILLIAMS, LARRY
THAT'S MY GIRL	HEAR ME CALLING BABY	ARHOOLIE 519	20.00	NM

OXFORD NIGHTS
I'M SUCH A LONELY ONE	JUST GIVE US TIME	DELPHI 16 matt finish to label	900.00	**NM**

OZZ and the SPERLINGS
CAN YOU QUALIFY	DADDY ROLLIN' STONE	GOLDENWAY 501	250.00	NM
DANCE (HOLES IN YOUR SHOES)	I CAN'T JERK	VILLA. 702	40.00	NM
SOMEBODY TO LOVE	A STRONG SHOULDER TO CRY ON	M.I.O.B. 1282	40.00	NM

P.G. (ako see Gene Pitney)
SHE'S A HEARTBREAKER	same:	MUSICOR 1306 dj	15.00	NM

P.J.
T.L.C. (TENDER LOVING CARE)	IT TAKES A MAN A TEACH WOMAN H	TAMLA 54215	20.00	M

PACE, ROGER
BETTER KNOW WHAT YOU'RE DOING	LET THIS CRAZY WORLD GO BY	TWIRL 2023	25.00	NM
THE MINUTE MY BACK WAS TURNED	HEY HEY MY BABY'S GONE	SELECT. 744	60.00	NM

PACE SETTERS
MONKEY WHIP	same: instrumental	CORREC-TONE 3476	15.00	MOD
MY SHIP IS COMING IN (TOMORROW)	VICTIM OF LONELINESS	MICA 503	150.00	NM
WHAT ABOUT ME, BABY	I'M GONNA MAKE IT	MINIT 32043	20.00	GR
FREEDOM AND JUSTICE	PUSH ON JESSIE JACKSON	KENT 4565	15.00	F

PACKERS
HOLE IN THE WALL	GO AHEAD ON	PURE SOUL MUSIC 1107	15.00	NM
JUICY LUCY	COME HERE MY LOVE	MARK 102	10.00	NM
YOU GOT IT	PACKIN' IT IN	IMPERIAL 66380	15.00	F

PAGE, PATTI
YOU DON'T NEED A HEART	BOY FROM THE COUNTRY	COLUMBIA 44989	50.00	NM

PAGE, PRISCILLA
I'M PRETENDING	THROW THE POOR DOG	TOPPER 1010	25.00	NM

PAGE, RICKIE
I CRY INSIDE	I'M HIS GIRL	EPIC 9841	50.00	NM

PAGEANTS
ARE YOU EVER COMING HOME	I'M A VICTIM	RCA 8601	30.00	NM
IT'S BEENSO LONG	SHOW TEM YOU CAN DANCE	BEACON 559	25.00	GR
SHE IS YOUR GIRL	MAKE IT LAST	GROOVE 56	20.00	NM

PAGES
HEARTACHES AND PAIN	MACK	SUNSTRUCK 1001	100.00	**78**
IF I SAW YOU AGAIN	same:	EPIC 50639	10.00	78

PAIGE, RAY
DON'T STOP NOW	AIN'T NO SOUL LEFT IN THESE OLE SHOES	RCA 9047	45.00	NM

PAIGE, SHARON
NEW TO YOU	I WANNA KNOW YOUR NAME	ABC 12311	50.00	78

PAIGE, WESLEY
I'VE GOT TO FIND OUT FOR MYSELF	BETTER DAYS ARE COMING	ROJAC 113	15.00	NM
YOU TURN ME AROUND	BLAME IT ON YOUR LOVE	ROJAC 125	20.00	NM
YOU TURNED ME AROUND	OH MY GOODNESS	ROJAC 1008	50.00	NM

PAINE, JACKIE
GO GO TRAIN	I'LL BE HOME	JETSTREAM 725	10.00	NM
NO PUPPY LOVE	AT YOUR WEDDING	JETSTREAM 729	20.00	NM
NO PUPPY LOVE	AT YOUR WEDDING	JETSTREAM 737	15.00	NM

PAIR EXTRAORDINAIRE
PATIENCE BABY	FIGHT FOR YOUR GIRL	LIBERTY 55748	25.00	NM

PAL and the PROPHETS
I KEEP FOOLIN' MYSELF	LOTTA GOOD LOVIN'	PHIL LA SOUL 328	15.00	NM
TEA-PEE	PEACE PIPE	JAMIE 1382	40.00	F

PALLBEARERS
GETTING FIRED UP	EVERY MAN NEEDS A WOMEN	FONTANA 1624	15.00	NM
MUSIC WITH SOUL	LOVE IS A MANY SPLENDOUR THING	DELPHI 11	50.00	NM
MUSIC WITH SOUL	LOVE IS A MANY SPLENDOUR THING	FONTANA 1603	30.00	NM

PAMOJA
GET IT ALL	WE BELONG TOGETHER	SOULVATION ARMY	50.00	F
OOOH, BABY	ONLY THE LONELY KNOW	KEIPER 60848	50.00	NM

PAN EARTH
THE MANDINGO	THE MANDINGO pt. 2	FAMILY SPIRIT 2	15.00	F

PANDORAS (also see STEINWAYS)
CALL ME	SWEATHEART SWEETHEART	OLIVER 2003	15.00	NM

PANE, DIANE
WHAT SIDE YOUR BREAD IS BUTTERED ON	WISHING IT WAS YOU	LOGO 501	100.00	NM

PANIC BUTTONS
COME OUT SMOKIN'	BAD KARMA	GAMBLE 236	20.00	F
O-WOW	LISA	GAMBLE 230	15.00	F
O-WOW	LISA	CHALOM 102	25.00	F

PAPA'S RESULTS
I'M LOOKING FOR A SONG	LOVE MAKES THEV WORLD GO ROUND	ATCO 7078	10.00	78
SISTER SHEILA	same: instrumental	SAL/WA 1002	10.00	F

PARADISE
TELL HER	WE BELONG TOGETHER	PHIL LA SOUL 385	150.00	78

PARAGONS
OH LOVIN' YOU	CON ME	BUDDAH 478	150.00	GR
OH LOVIN' YOU	same:	BUDDAH 478 dj	10.00	78

PARAKEETS
I WANT YOU RIGHT NOW	I LOVE YOU LIKE I DO	BIG TOP 3130	200.00	NM

PARAMOUNTS
COME GO WITH ME	I DON'T WANT TO LOSE YOU	OLE 101	25.00	NM
I WON'T SHARE YOUR LOVE	GIRLS WITH THE BIG BLACK BOOTS	MERCURY 72429	60.00	NM
UNDER YOUR SPELL	TIME WILL BRINGS ABOUT A CHANGE	MAGNUM 722	50.00	NM
UNTIL I MET YOU	ALL I WANT TO DO IS WAIT	CABELL 114	100.00	NM

PARAMOUNT FOUR
YOU DON'T KNOW	I'VE MADE UP MY MIND	SOUTHERN CITY 1114	30.00	NM

PARFAYS
YOU GOT A GOOD THING GOIN' BOY	IN THE BEGINNING	FONTANA 1526	30.00	NM

PARIS SISTERS
LONG AFTER TONIGHT IS ALL OVER	SOME OF YOUR LOVIN'	REPRISE 548	30.00	NM

PARIS, BOBBY
I WALKED AWAY	KANSAS CITY	CAPITOL 5929	100.00	NM
NIGHT OWL	TEARS ON MY PILLOW	CAMEO 396	150.00	**NM**
PER-SO-NAL-LY	TRAGEDY	TETRAGRAMMATON 1504	20.00	**NM**

PARIS, FREDDIE
FACE IT, BOY, IT'S OVER	LITTLE THINGS CAN MAKE A WOMAN	RCA 9358	20.00	NM
IT'S O.K. TO CRY, NOW	TAKE ME AS I AM	RCA 9232	15.00	NM
TAKE ME AS I AM	IT'S O.K. TO CRY NOW	RCA 9232	20.00	NM

PARIS, HARI
YOU HIT MY LOVE	same: instrumental	CAREDAJA 1956	20.00	78

PARIS
LOVE MAKES THE WORLD GO ROUND	same: instrumental	SWEET TRACK 72652	10.00	78
SLEEPLESS NIGHTS	WISHING WELL	DOC 102	500.00	**NM**

PARISIANS
TWINKLE LITTLE STAR	THE COCKROACH	DEMON HOT 1	500.00	NM

PARKER, BOBBY
WATCH YOUR STEP	STEAL YOUR HEART AWAY	V-TONE 223	20.00	NM

PARKER, BRENDA
HELP ME FIND MR. GOOD MAN	same: instrumental	BLACK FALCON 19104	15.00	78
MY BABY LOVES ME	GET READY	RARE BIRD 5006	40.00	NM

PARKER, EDDIE
BODY CHAINS	same: instrumental	PRODIGAL 617	10.00	78
BUT IF YOU MUST GO		MICA	800.00	B
CRYING CLOWN	I NEED A TRUE LOVE	TRIPLE B 1	15.00	NM
I'M GONE	CRYING CLOWN	AWAKE 502	NEG	**NM**
LOVE YOU BABY	same: instrumental	ASHFORD 1 dj	300.00	NM
LOVE YOU BABY	same: instrumental	ASHFORD 1 large "Archer" matrix	30.00	**NM**
LOVE YOU BABY	same: instrumental	ASHFORD 1 small"Archer" matrix	15.00	**NM**
SHE	DREAM	RJ 1	15.00	78

PARKER, ELBIE
PLEASE KEEP AWAY FROM ME	LUCKY GUY	VEEP 1246	250.00	NM

PARKER, ELMA
GOING TO LOUISIANA	GOING TO LOUISIANA pt. 2	RARE BIRD NO#	75.00	F

PARKER, GLORIA
IF YOU'VE EVER LOVED SOMEONE	HELLO BABY - GOODBYE TOO	LLP 104	15.00	B
THE BEST THING FOR YOU BABY	HEADED IN THE RIGHT DIRECTION	SAMAR 118	25.00	NM
WHY CAN'T WE GET TOGETHER	I'M IN YOUR I'M IN YOUR CORNER	L.L.P. 102	10.00	NM

PARKER, HANK
DON'T LEAVE ME		TUBA 1700	100.00	NM

PARKER, JOHN
JUST A THING CALLED LOVE	A BIG MISTAKE	BRUNSWICK 55427	100.00	NM

PARKER, JUNIOR
(OOH WEE BABY) THAT'S THE WAY	YOU CAN MAKE IT IF YOU TRY	MERCURY 72651	10.00	NM
CRYING FOR MY BABY	GUESS YOU DON'T KNOW	DUKE 389	10.00	NM
I CAN'T PUT MY FINGER ON IT	IF I HAD YOUR LOVE	MERCURY 72699	15.00	NM
I GOT MONEY	LOVER TO FRIEND	BLUE ROCK 4064	15.00	NM
I'M SO SATIFIED	AIN'T GONNABE NO CUTTING LOOSE	BLUE ROCK 4080	15.00	NM
LOVIN' MAN ON YOUR HANDS	RECONSIDER BABY	BLUE ROCK 4067	10.00	NM
THESE KIND OF BLUES	THESE KIND OF BLUES PT 2	DUKE 394	15.00	NM
WHY DO YOU MAKE ME CRY	GET AWAY BLUES	DUKE 406	10.00	NM
YONDERS WALL	THE TABLES HAVE TURNED	DUKE 367	15.00	NM
YOU BETTER QUIT IT	YOUR LOVE IS ALL OVER ME	JETSTREAM 818	10.00	NM
YOU CAN'T KEEP A GOOD MAN DOWN	EASY LOVIN'	BLUE ROCK 4088	15.00	NM

PARKER, LITTLE JUNIOR
I'M HOLDING ON	FIVE LONG YEARS	DUKE 306	15.00	NM
SEVEN DAYS	DRIVING WHEEL KILLER BLUES	DUKE 335	15.00	NM
THE NEXT TIME	YOU'RE ON MY MIND	DUKE 317	20.00	NM
WONDERING	SITTING AND THINKING	DUKE 184	30.00	NM

PARKER, MILTON
WOMEN, LIKE IT HARDER	ANYHOW	CLOSET 3101 styrene	750.00	NM
WOMEN, LIKE IT HARDER	ANYHOW	CLOSET 3101 vinyl	850.00	NM

PARKER, PAULETTE
(GIMME BACK) MY LOVE	SHOULD I LET HIM GO	DUKE 451	20.00	NM

PARKER, RICHARD
GOT TO FIND A WAY	YOU'RE ALL I NEED	COMMONWEALTH 3013	10.00	NM
SUGAR LOVE	YOU'RE ALL I NEED	RIGHT ON 106	15.00	NM

PARKER, ROBERT
BAREFOOTIN'	LET'S GO BABY (WHERE THE ACTION IS)	NOLA 721	10.00	NM
HAPPY FEET	THE SCRATCH	NOLA 726	10.00	NM
I CAUGHT YOU IN A LIE	HOLDIN' OUT	NOLA 738	25.00	NM
TIP TOE	SOUL KIND O' LOVING	NOLA 729	10.00	NM

PARKER, SONNY
MR. ROMANCE	WHAT CAN I DO WITHOUT YOU	HITTS 404	300.00	NM

PARKER, WILLIE
DON'T HURT THE ONE YOU LOVE	THE TOWN I LIVE IN	M-PAC 7237	20.00	NM
I'VE GOT TO FIGHT IT		M-PAC 7233	40.00	NM
SALUE TO LOV ERS	DON'T HURT THE ONE YOU LOVE	M-PAC 7235	40.00	NM
YOU GOT YOUR FINGER IN MY EYE	I LIVE THE LIFE I LOVE	M-PAC 7236	15.00	NM

PARKER, WINFIELD
I LOVE YOU JUST THE SAME	MY LOVE	RU-JAC 17 blue label	250.00	NM
I LOVE YOU JUST THE SAME	MY LOVE	RU-JAC 17 yellow label	20.00	NM
I WANNA BE WITH YOU	MY OVE FOR YOU	P&L 62142	40.00	78
I'M ON MY WAY	S.O.S. (STOP HER ON SIGHT)	SPRING 116	15.00	78
OH MY LOVE	SHE'S SO PRETTY	RU-JAC 22	25.00	B
SHAKE THAT THING	BRAND NEW START	ARCTIC 151	75.00	F
SWEET LITTLE GIRL	WHAT DO YOU SAY	ATCO 6474	25.00	NM
TRUST ME	BABY DON'T GET HOOKED ON ME	GSF 6883	30.00	78
WILL THERE EVER BE ANOTHER	I'M WONDERING	WAND 11218	300.00	NM

PARKS, GINO
BLIBBER BLABBER	DON'T SAY BYE	MIRACLE 3	300.00	M
FIRE	FOR THIS I THANK YOU	TAMLA 54066	45.00	M
MY SOPHISTICATED LADY	TALKIN' ABOUT MY BABY	GOLDEN WORLD 32	15.00	M
NERVES OF STEEL	HELP ME SOMEBODY	CRAZY HORSE 1303	100.00	NM
SOMETHING WILL HAPPEN TO YOU	THAT'S NO LIE	TAMLA 54108	400.00	M
TALKIN' ABOUT MY BABY	MY SOPHISTICATED LADY	GOLDEN WORLD 32	10.00	M
THAT'S NO LIE	SAME THING	TAMLA 54042 globe	40.00	M
THAT'S NO LIE	SAME THING	TAMLA 54042 stripes	60.00	M

PARLIAMENTS
A NEW DAY BEGINS	I'LL WAIT	ATCO 6675	15.00	NM
A NEW DAY BEGINS	I'LL WAIT	REVILOT 228	50.00	NM
CRY NO MORE	SWEET NOTHING	CABELL 112	200.00	NM
DON'T BE SORE AT ME	ALL YOUR GOODIES ARE GONE	REVILOT 211 dj	150.00	NM
DON'T BE SORE AT ME	ALL YOUR GOODIES ARE GONE	REVILOT 211	20.00	NM
HEART TROUBLE	THAT WAS MY GIRL	GOLDEN WORLD 46	100.00	NM
I CAN FEEL THE ICE MELTING	I WANNA TESTIFY	REVILOT 207	10.00	NM
I'LL GET YOU YET	YOU'RE CUTE	SYMBOL. 917	50.00	GR
LOOK AT WHAT I ALMOST MISSED	WHAT YOU BEEN GROWING	REVILOT 217	10.00	NM

THE GOOSE (THAT LIAD THE GOLDEN EGG)	LITTLE MAN	REVILOT 214	15.00	F
TIME	THE GOOSE THAT LAID THE GOLDEN	REVILOT 223 multi coloured	15.00	NM
TIME	GOOD OLE MUSIC	REVILOT 223 pink	10.00	F
PARRIS, FRED (and the RESTLESS HEARTS)				
BLUSHING BRIDE	GIVING MY LOVE TO YOU	GREEN SEA 106	20.00	NM
DARK AT THE TOP OF THE STAIRS	BENEDICTION	BIRTH 101	20.00	NM
LAND OF BROKEN HEARTS	BRING IT HOME DADDY	ATCO 6439	10.00	NM
I'LL BE HANGING ON	I CAN REALLY SATISFY	GREEN SEA 107	20.00	NM
PARRISH, DEAN				
BRICKS BROKEN BOTTLES AND STICKS	I'M OVER EIGHTEEN	MUSICOR 1099 dj	100.00	NM
BRICKS, BROKEN BOTTLES AND STICKS	I'M OVER EIGHTEEN	MUSICOR 1099	150.00	NM
DETERMINATION	TURN ON YOUR LOVELIGHT	BOOM 60016	20.00	NM
I'M ON MY WAY	WATCH OUT	LAURIE 3418	25.00	**NM**
SKATE	SKATE pt. 2	BOOM 60038	20.00	MOD
TELL HER	FALL ON ME	BOOM 60012	20.00	NM
PARRISH				
YOUR SMILE	FREE TO GO	UPTITE 22	30.00	NM
PARRY, PHIL				
IF THIS IS GOOD-BYE	CRY, BABY, CRY	ST. CLAIR 009	400.00	NM
PARTNERSHIP				
NOT FOR LOVE NOR MONEY	BABY, IF I HAD YOU	MGM 13854	15.00	NM
SEARCHIN' FORTY FLOORS	I MISS YOU DIXIE	RCA 9226	10.00	NM
PARTY BROTHERS				
A&T'S PARTY	LET ME BE THE ONE	CANUSA 505	40.00	F
NASSUA DADDY	DO THE GROUNDHOG	REVUE 11046	20.00	F
PARTY FAVORS				
CHANGED DISPOSITION	YOU'RE NOT THE MARRYING KIND	RSVP 1109	75.00	NM
PASSION				
DON'T BRING BACK THE MEMORIES	MIGHTY LOVERS	PRELUDE 8008	15.00	78
PASSIONETTES				
I'M NOT IN LOVE WITH YOU ANYMORE	MY LIFE DEPENDS ON YOU	SOUL BURST 502	50.00	NM
SISTER WATCH YOURSELF	STAND BY YOUR MAN	UNI 55230	30.00	F
PASSIONS				
IF YOU SEE MY BABY	RUNNING OUT OF TEARS	EL VIRTUE	400.00	NM
TO MANY MEMORIES	THE REASON	UNIQUE 79	30.00	NM
TO MANY MEMORIES	THE REASON	FANTASTIC 79	15.00	NM
WITHOUT A WARNING	I CAN SEE MY WAY THROUGH	TOWER 443	15.00	NM
PASTELS				
BEEN SO LONG	same: instrumental	QUALITY SOUND 1	25.00	GR
PAT and PAM				
HEY LOVE	MY BABY AND I	DAY DREAMING 1062	20.00	NM
PAT and the BLENDERS				
DON'T SAY YOU LOVE ME	HARD WORKIN' MAN	TSOP 4757	40.00	GR
DON'T SAY YOU LOVE ME (UNLESS	(THEY CALL ME) CANDY MAN	GAMBLE 2504	15.00	GR
JUST BECAUSE	same: instrumental	FAST EDDIE 102	40.00	NM
JUST BECAUSE	(ALL I NEED IS YOUR) GOOD, GOOD LOVING	FAST EDDIE 102	200.00	NM
PATCHES				
I'M GONNA MAKE THIS WORLD A BETTER PLACE	same: instrumental	PHAX 2002	20.00	78
PATIENCE				
THIS IS ALL I CAN SAY	SHAME ON YOU	SOUNDS ON SOLID GROU 1002	40.00	NM
THIS IS ALL I CAN SAY	TELL ME	SOUNDS ON SOLID GROU 1001	40.00	GR
PATTEN, ALEXANDER (also ALEXANDER PATTON)				
A LIL LOVIN SOMETIMES	NO MORE DREAMS	CAPITOL 5677	100.00	**NM**
PATTERSON TWINS				
GONNA FIND A TRUEV LOVE	same:	COMMERCIAL 42 dj	350.00	78
I NEED YOUR LOVE	TWO WRONGS DON'T MAKE IT RIGHT	MALACO 1036	400.00	78
PATTERSON, BOBBY (and the MUSTANGS)				
BROADWAY AIN'T FUNKY NO MORE	I MET MY MATCH DEEP SOUL	JETSTAR 111	20.00	F
BUSY, BUSY BEE	SWEET TASTE OF LOVE	JETSTAR 113	10.00	NM
DON'T BE SO MEAN	THE GOOD OL DAYS	JETSTAR 112	15.00	NM
I GET MY GROOVE FROM YOU	WHAT GOES AROUND COMES AROUND	PAULA 386	75.00	78
I'M IN LOVE WITH YOU	MARRIED LADY	JETSTAR 121	100.00	NM
MY BABY COMING BACK TO ME	GUESS WHO	JETSTAR 117	10.00	NM
MY BABY'S COMING BACK TO ME	WHAT A WONDERFUL NIGHT FOR LOVE	JETSTAR 116	15.00	**NM**
MY THING IS YOUR THING	KEEPING IT IN THE FAMILY	JETSTAR 115	15.00	F
SOCK SOME LOVIN' AT ME	I'M LEROY - I'LL TAKE HER	JETSTAR 110	15.00	NM
THE KNOCK OUT POWER OF LOVE	THE TRIAL OF MARY MAGUIRE	JETSTAR 118	15.00	NM
TILL YOU GIVE IN	LONG AGO	JETSTAR 108	15.00	NM
WHAT A WONDERFUL NIGHT FOR LOVE	T.C.B. OR T.Y.A.	JETSTAR 114	15.00	NM
YOU TAUGHT ME HOW TO LOVE	IF A MAN EVER LOVED A WOMAN	JETSTAR 119	10.00	B

PATTERSON, KELLE
I'M GONNA LOVE YOU JUST A LITTLE MORE	YOU ARE SO BEAUTIFUL	SHADY BROOK 21	40.00	78

PATTI and the EMBLEMS (also see PATTY and the EMBLEMS)
ALL MY TOMORROW ARE GONE	PLEASE DON'T EVER LEAVE ME BABY	KAPP 850	15.00	NM
I'LL CRY LATER	ONE MAN WOMAN	KAPP 870	30.00	NM
I'M GONNA LOVE YOU A LONG, LONG TIME	MY HEART'S SO FULL OF YOU	KAPP 897 dj	200.00	**NM**
I'M GONNA LOVE YOU A LONG, LONG TIME	MY HEART'S SO FULL OF YOU	KAPP 897	250.00	NM
IT'S THE LITTLE THINGS	EASY COME, EASY GO	CONGRESS 263	150.00	NM
TRY IT YOU WON'T FORGET IT	LET HIM GO LITTLE HEART	KAPP 790	15.00	NM

PATTI and the LOVELITES
LOVE BANDIT	I'M THE ONE THAT YOU NEED	COTILLION 44145	20.00	NM
LOVE SO STRONG	OH MY LOVE	LOVELITE 1008	20.00	NM
WE'VE GOT THE REAL THING	IS THAT LOVIN' IN YOUR HEART	COTILLION 44161	40.00	NM

PATTON, ALEXANDER
MAKE THE BEST OF WHAT YOU GOT	I KNEW IT WAS WRONG	DUO DISC 113	25.00	B

PATTY and the EMBLEMS
MIXED UP SHOOK UP GIRL	ORDINARY GUY	HERALD 590	15.00	NM
YOU TOOK ADVANTAGE OF A GOOD THING	MUSIC MAKES ME WANT TO DANCE	HERALD 593	30.00	NM

PAUL, BUNNY
I'M HOOKED	WE'RE ONLY YOUNG ONCE	GORDY 7017	40.00	M

PAULETTE
LOVE YOU BABE	THE CRISIS (HAS YET TO COME)	CONTACT 4058	400.00	NM

PAULINE and BOBBY
NO MESSIN AROUND	PLEASE BLESS OUR HOME	EXPO 102	15.00	NM

PAXTON, PEGGY
IT AIN'T WHAT I DO (IT'S THE WAY YOU DO IT)	I FEEL LIKE CRYING	PAULA 229	75.00	NM

PAYNE, FREDA
SAD, SAD SEPTEMBER	YOU'VE LOST THAST LOVING FEELING	MGM 13509	40.00	NM

PAYTON, LAWRENCE
TELL ME YOU LOVE ME (LOVE SOUN	same:	ABC 15014 dj	15.00	78

PAZANT BROTHERS (BEAUFORT EXPRESS)
BACK TO BEAUFORT	WATER FRONT BLUES	PRISCILLA 1002	20.00	F
DRAGON FLY	DIXIE ROCK	VIGOR 1713	15.00	F
FEVER	GROOVIN'	RCA 117	25.00	F
JUICY LUCY	WORK SONG	GWP 506	15.00	F
MBOGA-CHAKULA (GREASY GREENS)	CHICK A BOOM	VIGOR 711	15.00	F
SKUNK JUICE	TOE JAM	RCA 9634	50.00	F

PEACEMAKERS
DON'T PUSH YOUR LUCK		STAR. 100.	100.00	F

PEACHES and HERB
I NEED YOUR LOVE SO DESPERATELY	FOR YOUR LOVE	DATE 1563 **PS**	20.00	NM
I NEED YOUR LOVE SO DESPERATELY	FOR YOUR LOVE	DATE 1563	10.00	NM
WE'RE IN THIS THING TOGETHER	LET'S FALL IN LOVE	DATE 1523	15.00	NM

PEACHES also see PEACHES DANIELS
MUSIC TO MY EARS	BABY THINK IT OVER	CONSTELLATION. 171	15.00	NM
PLEASE DON'T TAKE MY MAN	I'M LIVING IN A DREAM	BUM 1503	400.00	NM

PEARLS
SHOOTING HIGH	CAN I CALL YOU BABY	LAMP 653	300.00	NM

PEARLY QUEEN
QUIT JIVE' IN	JUNGLE WALK	SOUND TRIANGLE	200.00	F

PEEK, PAUL
I'M MOVIN' UPTOWN.	THE SHADOW KNOWS	COLUMBIA 43771	20.00	NM

PEGGY AND ARTIE
I'LL BE LEAVING YOU SOON	HOW DO YOU FEEL	KING 6174	20.00	NM

PENDULUM SWINGERS
NEVER SHOULD HAVE LOVED YOU BABY	NEVER HAPPENED BEFORE	PENDULUM 1	50.00	78
NEVER SHOULD HAVE LOVED YOU BABY	NEVER HAPPENED BEFORE	G.W.S. 280	30.00	78

PENDULUMS
LOVE IS SUMMERTIME	WHERE THERE'S SMOKE THERE'S FIRE	AURORA 160	25.00	NM

PENETRATIONS
SWEET, SWEET BABY	CHAMPAGNE (SHING-A-LING)	TERI DEE 006	300.00	NM
SWEET, SWEET BABY	CHAMPAGNE (SHING-A-LING)	HIGHLAND 1183	200.00	NM

PENETTS
IF I EVER SEE YOU AGAIN	THAT'S NO WAY TO SPEND YOUR WIFE	BECCO 1	150.00	N

PENN, BOBBY
I DON'T CARE	GONE FOREVER	UP-TIGHT 10268	20.00	F

PENN, DAN
BLIND LEADING THE BLIND	STONY	BELL 45327	20.00	B
I NEED SOME ONE	WILLIE AND HAND JIVE	MGM 13458	20.00	NM
PRAYER FOR PEACE	IF LOVE WAS MONEY	HAPPY TIGER 556	20.00	B

PENNY
NOW THAT I FOUND YOU	COME SEE ABOUT ME	KELTON 3003	25.00	NM

PENNY and the EKO'S
GIMME WHAT YOU GOT	SHARE YOUR LOVE	ARGO 5295	200.00	M

PENNY, BILL and the PACEMAKERS
I CAN'T STAY	STICK WITH IT	TEMPO 125936	150.00	NM

PENTAGONS
I WONDER (IF YOUR LOVE WILL EVER BELONG	SHE'S MINE	JAMIE 1201	30.00	NM
I'M GONNA WAIT FOR YOU	FOREVER YOURS	SUTTER	200.00	NM

PEOPLE IN THE NEWS
MISTY SHADE OF PINK	COLOR ME	KNAP TOWN	100.00	F

PEOPLES CHOICE
EASE THE PAIN	HOT WIRE	GRANDLAND 14	15.00	M
EASE THE PAIN	HOT WIRE	PALMER 5009	15.00	M
I LIKES TO DO IT	BIG LADIES MAN	PHIL LA SOUL 349	15.00	F
JUST LOOK WHAT YOU'VE DONE	KEEP ON HOLDING ON	PHILIPS 40653	15.00	NM
LET ME DO MY THING	ON A CLOUDY DAY	PHIL LA SOUL 358	15.00	F
LOST AND FOUND	KEEP ON HOLDIN' ON	PHILIPS 40615	25.00	NM
SAVIN' MY LOVIN' FOR YOU	EASY TO BE TRUE	PALMER 5020	600.00	NM
SAVIN' MY LOVIN' FOR YOU	EASY TO BE TRUE	PALMER 5031	450.00	NM
THE WOOTIE-T-WOO	CAUSE THAT'S THE WAY I KNOW	PHIL LA SOUL 352	10.00	F

PEPP, GEORGE
HE CREATED WOMAN	FOR YOU	MASQUE 2936	100.00	B
THE FEELING IS REAL	BLOW BETSEY BLOW	COLEMAN 80	NEG	NM

PEPS   (also see FABULOUS PEPS)
MY LOVE LOOKS GOOD ON YOU	SPEAK YOUR PEACE	D-TOWN 1065 (689)	60.00	NM
MY LOVE LOOKS GOOD ON YOU	SPEAK YOUR PEACE	D-TOWN 1065 (219)	75.00	NM
THIS I PRAY	THINKIN' ABOUT YOU	D-TOWN 1060	15.00	GR
YOU NEVER HAD IT SO GOOD	DETROIT, MICHIGAN	D-TOWN 1049	100.00	NM

PERCY AND THEM
LOOK IN THE MIRROR OF MY EYES	TRYING TO FIND A NEW LOVE	ROULETTE 7202	75.00	78

PEREZ, REUBEN
HOMEMADE	YOU GIRL	JUDNELL	100.00	F

PERFECT TOUCH
KEEP ON LOVING YOU	KEEP ON LOVING YOU (INSTRU.)	CREATIVE PROFILE 1112	15.00	78
MERRY GO ROUND	BOOGIE TONIGHT	MORNING GLORY 102	15.00	78
WHAT GOES AROUND	BOOGIE TONIGHT	CELEBRITY 40717	20.00	GR

PERFECTIONS
CAN THIS BE REAL	TILL I GET HOME	CALGAR 5	100.00	78
DON'T TAKE YOUR LOVE FROM ME	SINCE I LOST MY BABY	DRUMHEAD 100	20.00	78
GIRL YOU BETTER HURRY	GET ON DOWN	TRI-CITY 328	20.00	NM
I LOVE YOU, MY LOVE	AM I GONNA LOSE YOU	SVR 1005	125.00	NM
MR. PERFECTION	NO MORE LOVE FOR YOU	PAM-O 101	75.00	NM
NEVER LET ME GO	AND THEN THE SUN WENT DOWN	JUBILEE. 5685	50.00	GR
SO LONELY	BABY DON'T YOU GO	BIG B. 800	750.00	NM
SOMEWHERE OVER THE WATER	TO YOU, MY LOVE	ARCHIVES 71	15.00	GR
THE RIGHT TO CRY	WOMEN	AGC 3	150.00	NM

PERFORMERS
I CAN'T STOP YOU	L.A. STOMP	MIRWOOD 5535	30.00	NM
I'LL ALWAYS LOVE YOU	DARLING I'M SO THANKFUL	VILLA 707	100.00	GR
JUST DANCE	LOVE IS THE ANSWER	ABC 10777	15.00	NM
LITTLE ANGEL	NIGHTMARES	SIR GRAHAM 101	150.00	NM
SET ME FREE	THAT DAY WHEN SHE NEEDED ME	MIRWOOD 5536	20.00	NM

PERIGENTS
LET'S GET INTO SOMETHING	BETTER KEEP MOVIN' ON	MALTESE 101	20.00	NM
LOVE ON THE RAMPAGE	BETTER KEEP MOVIN' ON	MALTESE 106	30.00	NM

PERKINS, AL
I DON'T WANT NO (SECOND HAND LOVE)	SAME: INSTRUMENTAL VERSION	ATCO 6781	15.00	F
NEED TO BELONG	AIN'T NOTHING IMPOSSIBLE WITH	ATCO 6820	10.00	B
NOTHING IS IMPOSSIBLE	SNAP YOUR FINGERS	ATCO 6734	15.00	NM
SO LONG	JUST THE ONE	ATCO 6717	15.00	GR
TRUST ME	SO LONG	ATCO 6709	30.00	NM
YES, MY GOODNESS YES	I STAND ACCUSED	ATCO 6693	20.00	NM
YES, MY GOODNESS YES	I FALL IN LOVE AGAIN	BUDDAH 575	40.00	78

PERKINS, AL and BIBBS, BETTY
HOMEWORK	LOVE ME LIKE I LOVE YOU	USA 812	40.00	NM

PERKINS, GEORGE
GROOVE MAKING	HOW CAN A BROKE MAN SURVIVE	GOLDEN - RECORDS 114	30.00	F
I'M SO GLAD YOU'RE MINE	POOR ME	ROYAL SHIELD 155661	40.00	78
KEEP ON LOVING ME	BABY I LOVE YOU	ROYAL SHIELD 101	15.00	78
WHEN YOU TRY TO USE A GOOD MAN	A MAN IN LOVE	SOUL POWER 108	20.00	B

PERKINS, IKE
WHEN THE BOTTOM FALLS OUT	ANNABELLE	APT 26012	20.00	78

PERRELL, EDDIE
LISTEN	ONE FOR MY BABY	QUETTE 101	30.00	NM

PERRIN, SUE
CANDY STORE MAN	RECIPE FOR LUVE	GOLDEN WORLD 2	20.00	M

PERRY and SANLIN
OF ON YOUR LOVE	KEEP DANCING	CAPITOL 4934	40.00	78

PERRY, ANN
THAT'S THE WAY HE IS	same: instrumental	THEODA 884 yellow label	15.00	NM
THAT'S THE WAY HE IS	same: instrumental	THEODA 884 Bell Sound Matrix vinyl	50.00	**NM**
THAT'S THE WAY HE IS	same: instrumental	THEODA 884 Circa Distributed styrene	250.00	NM

PERRY, CHARLES
HOW CAN I (KEEP FROM CRYING)	MOVE ON LOVE	MUTT & JEFF 16	40.00	NM
HOW CAN I (KEEP FROM CRYING)	MOVE ON LOVE	MAGNUM 728	40.00	NM
HOW CAN I (KEEP FROM CRYING)	MOVE ON LOVE	MGM 13621	30.00	NM

PERRY, GREG
HEAD OVER HEELS (IN LOVE)	LOVE CONTROL	CHESS 2032	15.00	NM
IT TAKES HEART	THE GETAWAY	ALFA 7016	40.00	78
LOVE DON'T COME NO STRONGER	I'VE GOT TO SEE YOU RIGHT AWAY	ARISTA 133	10.00	78
VARIETY IS THE SPICE OF LIFE	COME ON DOWN	CASABLANCA 817	10.00	78

PERRY, JEFF
CALL ON ME	same: instrumental	EPIC 50372	30.00	78

PERRY, LINDA
I NEED SOMEONE	same: instrumental	MAINSTREAM 5550	15.00	F
IT'S ALL AT THE BACK OF ME NOW	EVERYONE HAS SOMESOME	MAINSTREAM 5555	150.00	78

PERRY, OSCAR
(LOVE ME) LIKE IT WAS THE LAST TIME	LIKE I WAS YOUR ONLY CHILD	BACK BEAT 606	20.00	NM
CAN'T MEND A BROKEN HEART	ONCE IN A WHILE	MERCURY 73363	30.00	78
FACE REALITY		FERON	300.00	NM
FOOL FROM THE STICKS	LIKE IT WAS THE LAST TIME	BACK BEAT 614	20.00	NM
GIMME SOME	COME ON HOME TO ME	PHIL LA SOUL 380	10.00	78
GIMMIE SOME	COME ON HOME TO ME	PERI-TONE 101874	20.00	78
HE SENT ME YOU	MOTHER! CAN YOUR CHILD COME HO	MERCURY 73408	30.00	78
I GOT WHAT YOU NEED	COME ON HOME TO ME	PERI-TONE 101674	40.00	78
IF IT COULD BE	4 CORNER GET DOWN	PERI-TONE 101774	20.00	78
MAIN STRING	I WAS RIGHT	PERI-TONE 1001	20.00	78
MERRY-GO-ROUND	SAME: INSTRUMENTAL	FAIR PLAY 102	10.00	78
SHE NEEDS LOVE	BAD, BAD MOTOR MACHINE	JETSTREAM 901	20.00	78
TEASIN' ME	I WANNA THANK YOU	RED SUN 112	20.00	78
WIND ME UP	I DIDN'T PLAN IT THIS WAY	YELLOW HORIZON 242101	30.00	78

PERSIANS
(WHEN YOU SAID) LET'S GET MARRIED	(LET'S MONKEY) AT THE PARTY	MUSIC WORLD 102	60.00	NM
I CAN'T TAKE IT ANYMORE	DETOUR	GRAPEVINE 201	15.00	NM
I ONLY HAVE EYES FOR YOU	THE SUN'S GOTTA SHINE IN YOUR	ABC 11145	20.00	GR
KEEP ON MOVING	YOUR LOVE	CAPITOL 3230	15.00	GR
THAT GIRL OF MINE	DON'T LET ME DOWN	SIR RAH 501	40.00	NM

PERSIONETTES
CALL ON ME	IT HAPPENS EVERYDAY	STRATA 102.	100.00	NM
CALL ON ME	IT HAPPENS EVERYDAY	OR. 1256	25.00	NM
CALL ON ME	IT HAPPENS EVERYDAY	OPEN. 1256	25.00	NM

PERSONAL TOUCH
IT AIN'T NO BIG THING PT.1	IT AIN'T NO BIG THING pt. 2	P&P 001	25.00	78

PERSONATIONS and ORGANIZATIONS
FUTURE	FUTURE II	CURRI CANE	100.00	F

PERSUADERS
ANOTHER TIME ANOTHER PLACE	I'M SO GLAD, I GOT YOU	BRUNSWICK 55553	20.00	78
PLEASE STAY	BAD BOLD AND BEAUTIFUL GIRL	ATCO 6919	10.00	78
TRYIN' TO LOVE TWO WOMEN.	THE QUICKEST WAY OUT	CALLA 3007	10.00	78

PERSUASIONS
IT'S BETTER TO HAVE LOVED AND	PARTY IN THE WOODS	MINIT 32067	10.00	GR
ONE THING ON MY MIND	DARLIN'	A&M 1698	10.00	78
THE SPOILERS RAP	SUMMER RIDE	ERICA 1	50.00	NM

PETALS
THE WINDOWS OF YOUR HEART	UP AND DOWN	MERCURY 72661	40.00	**NM**

PETERMAN, PAT
LOVE THE WAY YOU DO YOUR THING	YOU GONNA REAP IT	123 1727	40.00	NM

PETERS, BERNADETTE
WILL YOU CARE WHAT'S HAP'NIN' TO ME BABY	YOU'RE TAKING ME FOR GRANTED	COLUMBIA 44106	15.00	NM

PETERS, HOWARD
TELL ME IT'S ALRIGHT	TIGHTEN UP THE SLACK	CORAL 62533	50.00	B

PETERS, NANCY
CRY, BABY HEART	DON'T WORRY ME NO MORE	KUDO 664	250.00	M

Artist / Title A	Title B	Label	Price	Grade
PETERS, PRESTON				
GOT TO HAVE PEACE OF MIND	BAD NEWS	MARKHAP 6467	20.00	NM
PETERSON, KRIS				
I'LL GET EVEN WITH YOU	I LOVE YOU	HI-LITE 111	75.00	NM
JUST AS MUCH	UNBELIEVABLE	TOP DOG 102	50.00	NM
PETERSON, LEON				
DON'T SQUEEZE THE SHERM	I WISH YOU WOULD STAY	FIRE MOUNTAIN 3834	15.00	F
MY BABY	BABY, BABY, BABY	OPUS SOUL 201	20.00	NM
MY BAG	BABY, BABY	MODERN 1058	15.00	NM
NOW YOU'RE ON YOUR OWN	PARTY CRASHIN' TIME	SKYLARK 501	700.00	NM
PETERSON, PAUL				
A LITTLE BIT FOR SANDY	SAME:	MOTOWN 1129	10.00	M
PETS				
I SAY YEAH	WEST SIDE STORY	CARNIVAL 511	150.00	F
WHAT KIND OF GIRL	NOBODY (KNOWS HOW MUCH I LOVE	MGM 13324	45.00	NM
PETTIS, RAY				
DON'T USE ME	2 STEP	ERBDUS 2012	20.00	NM
IF I FOUND LOVE	QUESTION AND ANSWER	SALEM 1005	15.00	NM
TOGETHER FOREVER	THINK IT OVER	DEE DEE 73173	15.00	NM
PETTITE, JO JO				
JOEY	YOU MAKE ME COME ALIVE	BOSS 41	300.00	NM
PEYTON, BOBBY				
KEEP CALLING ME (BABY LOVE)	SLIDE AND JERK	HILTON 651	50.00	NM
PHANTOM, THE				
COME BACK TO ME	UH HUH, OHYEAH	KARISMA 5022	300.00	NM
PHARAOHS				
IS THAT BLACK ENOUGH FOR YOU	TRACKSA OF MY TEARS	CAPITOL 3072	30.00	F
PHARR, MARCIA				
CHEER UP	I'LL BE THE ONE	BUST-OUT 3369	10.00	78
PHASE FOUR				
IT TAKES MORE THAN AMOMENT	I'M SO GLAD	CLINTONE 2	15.00	NM
PHASE II				
THE FIRST SHOT	HAPPINESS IS	OSIRIS 3	10.00	78
PHASES				
ANYTHING YOU WANNA BE	SING YOUR SONG	CAPITOL 2684	50.00	78
PHELPS, BOOTSEY				
FUN IN YOUR THANG	FUN IN YOUR THANG pt. 2	GENERAL AMERICAN 321	75.00	F
PHELPS, JAMES				
I'LL DO THE BEST I CAN	LOVE IS A 5 LETTER WORD	ARGO 5499	10.00	NM
THE LOOK ON YOUR FACE	YOU WERE MADE FOR LOVE	APACHE 2007	700.00	NM
PHENOMENONS				
WITHOUT YOUR LOVE	YOU GAVE ME HAPPINESS	AVI 191	30.00	78
PHILADELPHIA STORY				
IF YOU LIVED HERE YOU'D BE HOME NOW	YOU ARE THE SONG	WAND 11280	30.00	GR
PHILHARMONICS				
I NEED, I NEED YOUR LOVE	WILL YOU MARRY ME GIRL	SOULIN 149	30.00	78
PHILLIPS BROS.				
I GOT HURT	WHO STOLE MY COOKIE	NOW 5	700.00	F
PHILLIPS SISTERS				
WHERE DID YOU STAY LAST NIGHT	SOMEDAY I WON'T BE BLUE	ROMARK 106	50.00	NM
PHILLIPS, DOUG and the NOW CONCEPTS				
YOU REALLY KNOW HOW TO HURT A GUY	IN AND OUT OF MY LIFE	RAY-PHI 102	100.00	NM
YOU REALLY KNOW HOW TO HURT A GUY	IN AND OUT OF MY LIFE	ATCO 6692	30.00	NM
PHILLIPS, ESTHER				
CATCH ME I'M FALLING	A WOMAN WILL DO WRONG	ATLANTIC 2783	15.00	NM
HOME IS WHERE THE HATRED IS	TIL MY BACK AIN'T GOT NO BONE	KUDU 904	20.00	78
I'VE NEVER FOUND A MAN	CHERRY RED	KUDU 910	10.00	78
JUST SAY GOODBYE	I COULD HAVE TOLD YOU	ATLANTIC 2324	30.00	NM
NOBODY BUT YOU	TOO MUCH OF A MAN	ROULETTE 7059	50.00	NM
WHILE IT LASTED	WHY SHOULD WE TRY ANYMORE	LENOX 5570	15.00	NM
PHILLIPS, JIMMY				
SHE BELONGS TO ME	SHOW ME	BUM 6404	300.00	NM
PHILLIPS, JOE				
CAN'T HELP BUT TO LOVE	I JUST CAN'T HELPTHINKING ABOUT YOU	OMEN 6	40.00	NM
WITHOUT YOU	THE SWEETHEART TREE	OMEN 18	30.00	NM
PHILLIPS, LAROSE				
WANTED	DON'T AKE ME AWAY	GOLDISC 1005	70.00	NM
PHILLIPS, MISS D.D.				
HEY LITTLE GIRL	NOW	EVOLUTION 1008	50.00	**NM**
PHILLIPS, PHIL				
IT TAKES MORE	PYRAMID GAME PYRAMID GAME	HARD BOILED 101	20.00	78

PHILLIPS, SANDRA (SAUNDRA)
I WISH I HAD KNOWN	HOPING YOU'LL COME BACK	OKEH 7310	150.00	NM
MISS FATBACK	same: mono	BROWN DOG 9004 dj	20.00	F
WORRLD WITHOUT SUNSHINE	OKI	BROADWAY 403	100.00	**NM**
YOU SUCCEEDED	WHEN MIDNIGHT COMES	BROADWAY 402	15.00	NM

PHILLIPS, SUSAN
KEY IN THE MAILBOX	JUST HOW LONG	ALL PLATINUM 2335	40.00	78

PHILLY DEVOTIONS
I JUST CAN'T MAKE IT WITHOUT YOU	SAME: LONG VERSION	COLUMBIA 10191	10.00	78
I JUST CAN'T SAY GOODBYE	COME OVER ON THE LOVIN' SIDE	DON DE 127	15.00	78

PHOENIX
EVERY NOW AND THEN I CRY	LOVE HAVE MERCY	P.I.. 12391	200.00	NM

PHONETICS
GHOSTS	IT'S JERKIN' AND TWININ' TIME	TRUDEL 1010	20.00	NM
IT'S JERKIN; AND TWININ' TIME	GHOSTS	TRUDEL 1010	30.00	NM
JUST A BOYS DREAM	DON'T LET LOVE GET YOU DOWN	TRUDEL 1007	1000.00	**NM**
JUST A BOY'S DREAM	DON'T LET LOVE GET YOU DOWN	TRUDEL 1008	1000.00	NM
PRETTY GIRL	DON'T LET LOVE GET YOU DOWN	TRUDEL 1005	200.00	NM
WHAT GOOD (AM I WITHOUT YOU)	DON'T LET LOVE GET YOU DOWN	TRUDEL 1012	300.00	NM

PIC and BILL
ALL I WANT IS YOU	IT'S NOT YOU	CHARAY 67	15.00	B
FUNNY HOW TIME SLIPS AWAY	HOW MAN Y TIMES	CHARAY 60	10.00	B
GONNA GIVE IT TO YOU	THE SOUL OF A MAN	BLUE ROCK 4073	15.00	NM
MOMENTS LIKE THESE	LOVE IS A MANY SPLENDORED THIN	SMASH 2177	15.00	B
SAD WORLD WITHOUT YOU	JUST A TEAR	SMASH 2132	10.00	B

PICKETT, WILLIE
ON THE STAGE OF LIFE	same: instrumental	SOUL POT 1	750.00	NM
ON THE STAGE OF LIFE	same: instrumental	SOUL SPOT 1	1000.00	NM

PICKETT, WILSON
COME HOME BABY	TAKE A LITTLE LOVE	ATLANTIC 2271	10.00	NM
HOW WILL I EVER KNOW	THE BEST PART OF A MAN	WICKED 8101	10.00	78
I WANT YOU	LOVE OF MY LIFE	EMI 8027	15.00	78
LET ME BE YOUR BOY	MY HEART BELONGS TO YOU	CORREC-TONE 501	60.00	NM
LET ME BE YOUR BOY	MY HEART BELONGS TO YOU	CUB 9113	30.00	NM
LET ME BE YOUR BOY	MY HEART BELONG TO YOU	VERVE 10378	25.00	NM

PICO PETE
CAN'T GO FOR THAT	THE HORSE	GROOMS 312	75.00	NM

PIECES OF EIGHT
COME BACK GIRL	T.N.T.	A&M 879	15.00	NM
STRANGE THINGS ARE HAPPENING	DOUBLE SHOT (OF MY BABY'S LOVE)	ACTION 4	40.00	NM

PIECES OF PEACE
PASS IT ON	PASS IT ON pt. 2	TWINIGHT	50.00	F

PIERCE, DON
THIS FUNKY THING	SPOOK A DELIC	MAJESTY 1041	40.00	F

PINKERTONES
IT'S NOT THE WAY YOU WALK	IT'S NOT WHO YOU ARE (BUT WHAT YOU DO)	QUEEN-G 1368	400.00	NM

PINKNEY, BILL
DON'T CALL ME	I DO THE JERK	FONTANA 1956	20.00	NM
MILLIONAIRE	OL' MAN RIVER	GAME 394	25.00	NM

PINKOOSHINS
MAKE IT EASY	SHARE YOUR LOVE	MERCURY 73164	20.00	NM

PINKSTON JR., AL
I LOOK I SEE	YOU'RE NOT THERE	TRA MO. 102	50.00	NM

PIPKINS, JIM and the BOSS FIVE
MR. C.C.	I'M JUST A LONELY GUY	EMERGE 1108	10.00	MOD

PIRATES
I'LL LOVE YOU 'TIL I DIE	MIND OVER MATTER	MELODY 105	50.00	M

PITMAN, DONNELL
YOUR LOVE IS DYNAMITE	CANDY LOVE	AFTER FIVE 710	50.00	78

PITNEY, GENE
SHE'S A HEARTBREAKER	CONQUISTADOR	MUSICOR 1306	10.00	NM

PLANETS
EVERYBODY'S GETTING HIGH	TIME	PLANETS 0001	200.00	GR

PLATTERS
DEVRI	ALONE IN THE NIGHT (WITHOUT YOU)	MUSICOR 1195	10.00	NM
FEAR OF LOSING YOU	SONATA	MUSICOR 1341	15.00	NM
HARD TO GET THING CALLED LOVE	WHY	MUSICOR 1322	10.00	NM
HEAR NO EVIL, SPEAK NO EVIL, SEE NO EVIL	I LOVE YOU 1000 TIMES	MUSICOR 1166	10.00	NM
SWEET, SWEET LOVIN'	SONATA	MUSICOR 1275	10.00	NM
THINK TWICE BEFORE YOU WALK AWAY	SO MANY TEARS	MUSICOR 1302	10.00	NM

WASHED ASHORE (ON A LONELY ISLAND IN THE SEA)	WHAT NAME SHALL I GIVE YOU MY LOVE	MUSICOR 1251	10.00	NM
WITH THIS RING	IF I HAD A LOVE	MUSICOR 1229	10.00	NM

PLATTERS '65
RUN WHILE IT'S DARK	WON'T YOU BE MY FRIEND	ENTREE 107	15.00	NM

PLAYER, JAY
LOVE IS THE ANSWER	LOVE IS THE ANSWER PT 2	BEVNIK 556	30.00	78

PLAYERS
HE'LL BE BACK	I WANNA BE FREE	MINIT 32001	10.00	GR
I'M SO ALONE	GET RIGHT	MINIT 32029	10.00	GR
THAT'S THE WAY	THER'S GOT TO BE A WAY	MINIT 32019	10.00	GR
WHAT ABOUT ME	YOU NEED A LOVE	TARX 1007	100.00	NM
WHY DID I LIE	I'M SO GLAD I WAITED	MINIT 32012	30.00	NM

PLAYERS IV
THE TWO OF US.	THE GIRL IN THE SHADES	KNOLL 500	150.00	NM

PLUM, JEAN
HERE I GO AGAIN	I LOVE HIM	HI 2314	25.00	78
LOOK AT THE BOY	BACK TO YOU	HI 2297	30.00	78
YOU ASK ME	POUR ON THE LOVING	HI 78515	10.00	B

PLUMMER, BETTYE JEAN
BABY I WANT YOU BACK	I BELIEVE	SALEM 2000	20.00	NM
HOW CAN WE SAVE IT	MAKE IT TOGETHER	BELL 45284	100.00	NM
YOU DON'T KNOW	I REMEMBER YOU WELL	BELL 45368	150.00	NM

PLUS 4
HAPPIEST GIRL IN THE WORLD	HANG ON (LOVE IS ON THE WAY)	WB 7287	15.00	NM

POETS
A SURE THING	SO YOUNG (AND SO INNOCENT)	SYMBOL. 216	10.00	NM
I'M STUCK ON YOU	MERRY CHRISTMAS BABY	RED BIRD 10046	30.00	NM
I'VE GOT TWO HEARTS	I'M PARTICULAR	SYMBOL. 219	40.00	NM
SHE BLEW A GOOD THING	OUT TO LUNCH	SYMBOL. 214	20.00	NM
THE HUSTLER		VEEP 1266	20.00	NM
WRAPPED AROUND YOUR FINGER	CAN'T WAIT UNTIL TOMORROW	J-2 1302	900.00	NM

POINDEXTER, ANNETTE
YOU'LL GET IT RIGHT BACK	same: instrumental	BRENA 3608	40.00	NM

POINTER SISTERS
SEND HIM BACK	DESTINATION NO MORE HEARTACHES	ATLANTIC 2893	50.00	**NM**

POLITICIANS
LOVE MACHINE	FREE YOUR MIND	HOT WAX 7114	10.00	F

POLK, FRANK
CRACK UP LAUGHING	IN THE RING	CAPITOL 5442	15.00	GR
LOVE IS DANGEROUS	I AM YOUR MAN	CAPITOL 5581	30.00	NM
YEARS OF TEARS	DO THE JERK	CAPITOL 5303	20.00	NM

POLK, JAMES and the BROTHERS
JUST PLAIN FUNK	BLACK DOOR JEANNE	TWINK	400.00	F
POWER STRUGGLE	NEVER GIVE HIM UP	TWINK 711	300.00	F

POLK, LONNIE
I CAN MAKE YOU HAPPY	I KISS IT AND MAKE IT BETTER	MERCURY 73624	40.00	78

POLLARD, RAY
IT'S A SAD THING	ALL THE THINGS YOU ARE	UA 50012	70.00	NM
LIE LIPS LIE	THIS IS MY SONG	DECCA 32111	40.00	NM
THE DRIFTER	LET HIM GO (AND LET ME LOVE YOU)	UA 916	100.00	NM
THIS TIME (I'M GONNA BE TRUE)	NO MORE LIKE ME	SHRINE 103	1000.00	NM

PONDEROSA TWINS + ONE
HEY GIRL	YOU SEND ME	HOROSCOPE 102	10.00	NM

PONDS, JOE
DON'T LET LOVE P0ASS YOU BY	WHEN WE GET ON CLOUD NINE	SUE 13	20.00	B

POODLES
STEP BY STEP	I GOT A GOOD THING	SOUTHERN C 1111	75.00	NM

POOKS, EL
I COULD DO THE IMPOSSIBLE		ORIVIOUS	100.00	F

POOLE, BENNY
PEARL, BABY PEARL	SORRY ABOUT THAT	SOLID HIT 107	20.00	MOD

POOR BOY and the ORPHANS
I KNOW SHE LOVES ME	SITTING ON TOP OF A GROOVY THI	BUTCHS THANG 1	30.00	NM

POPCORN and the MOHAWKS   also see POPCORN WYLIE
REAL GOOD LOVIN	HAVE I THE RIGHT	MOTOWN 1019	200.00	M
SHIMMY GULLY	CUSTER'S LAST MAN	MOTOWN 1002	100.00	M

POPPIES
DO IT WITH SOUL	HE MEANS TE WORLD TO ME	EPIC 10059	10.00	NM
HE'S GOT REAL LOVE	HE'S READY	EPIC 10019 **PS**	25.00	NM
HE'S GOT REAL LOVE	HE'S READY	EPIC 10019	15.00	NM
THERE'S A PAIN IN MY HEART	MY LOVE AND I	EPIC 10086	50.00	NM

PORGY and the MONARCHS
LOVE CHAIN	MAGIC MUSIC MAKERS	VERVE 10597	15.00	NM
MY HEART CRIES FOR YOU	THINK TWICE BEFORE YOU WALK AWAY	MUSICOR 1221 black label	125.00	NM
MY HEART CRIES FOR YOU	THINK TWICE BEFORE YOU WALK AWAY	MUSICOR 1221 biege label	40.00	NM

Miss-press the flip actually plays "HEY GIRL (IT'S A DREAM I'VE ALWAYS HAD)" previously unissued.

SOMEBODY SAID (I'D CRY SOMEDAY)	STAY	MALA 462	30.00	NM
THAT GIRL	IF IT'S FOR REAL BABY	MUSICOR 1179	85.00	NM
THATS MY GIRL	(THAT) BOY AND GIRL	VERVE 10609	20.00	NM
THAT'S MY GIRL	THE GIRL AND THE BOY	SYLVES 123	15.00	NM

PORK and the PAUL WRIGHT
WATCH YOURSELF	THE COMPANY	PORK A LOT	100.00	78

PORTEE, ROBERT
CASANOVA	I AM SO PROUD	DIAMOND 151	85.00	NM

PORTER, N.F.
KEEP ON KEEPING ON	DON'T MAKE ME COLOR MY BLACK	LIZARD 1010	15.00	NM

PORTER, NOLAN
IF I COULD ONLY BE SURE	WORK IT OUT IN THE MORNING	ABC 11343	60.00	78
OH BABY	SINGER MAN	ABC 11367	25.00	NM

PORTER, ROBIE
THAT'S THE WAY LOVE GOES	YESTERDAY YEARS	MGM 13779	10.00	NM
THAT'S THE WAY LOVE GOES	YESTERDAY YEARS	MGM 13779 PS	15.00	NM

POSEY, ART
NO MORE HEARTACHES	NOTHING TAKES THE PLACE OF YOU	SCOPE 126206	40.00	NM

POSITIVE EXPRESS
NOT ON THE OUTSIDE	same:	VICTORY 1000	40.00	GR

POSSE
EVIL	ARE YOU READY	JANUS 133	75.00	NM
FEEL LIKE GIVIN' UP	TAKE SOMEBODY LIKE YOU	VIP 25069	15.00	M

POSSESSIONS
YOU AND YOUR LIES	NO MORE LOVE	BRITTON 1003 blue vinyl	50.00	NM
YOU AND YOUR LIES	NO MORE LOVE	BRITTON 1004	30.00	NM
YOU AND YOUR LIES	NO MORE LOVE	PARKWAY 930	20.00	NM

POST COALITION, MIKE
BUBBLE GUM BREAKTHROUGHB	NOT A BLADE OF GRASS	WB 7357	15.00	NM

POSTON, A.C.
I'M SO FULL OF LOVE	MY BABY'S STEPPIN' OUT	ODESSA 2010	20.00	NM

POVERTY TRAIN
LOVE AND FUNKY MUSIC	PEOPLE'S PEOPLE	MONEY 7001	15.00	F

POWDRILL, PAT
DO IT	I CAN'T HEAR YOU	DOWNEY 139	50.00	NM
DO IT	I CAN'T HEAR YOU	DOWNEY 139 dj red vinyl	75.00	NM
LUCKIEST GIRL IN TOWN	BREAKIN' POINT	REPRISE 286	20.00	NM
TOGETHER FOREVER	THEY ARE THE LONELY	DOWNEY 141	20.00	NM
TOGETHER FOREVER	THEY ARE THE LONELY	DOWNEY 141 dj red vinyl	30.00	NM

POWELL, TINY
GET MY HAT	I DONE MADE IT OVER	OCAMPO 101	75.00	NM
GOING HOME	ON THE BLUES SIDE	TBC 401	40.00	NM

POWELL, WILLIAM
HEARTACHE SOUVENIRS	CHICKEN SHACK	POWER-HOUSE 101	2000.00	NM

POWER OF ATTORNEY
JELLY ROLL	TURN AROUND	POLYDOR 14259	10.00	F
THE BOOM, BOOM SONG	YOU GOT OVER ON ME	NICETOWN 2	10.00	F

POWER, MIKE
TEENAGE SWEETHEART	I LEFT MY LOVE IN PARIS	ZELMAN 5301	500.00	M

PRECISIONS
A PLACE	NEVER LET HER GO	DREW 1005	20.00	NM
I WANNA TELL MY BABY	MY LOVER COME BACK	D-TOWN 1033	2000.00	NM
IF THIS IS LOVE (I'D RATHER BE LONELY)	YOU'LL SOON BE GONE	DREW 1003	10.00	NM
INSTANT HEARTBREAK (JUST ADD TEARS)	DREAM GIRL	DREW 1004	15.00	NM
INTO MY LIFE	DON'T DOUBLE WITH TROUBLE	ATCO 6643	15.00	NM
MY SENSE OF DIRECTION IS BLOWN	TAKE A GOOD LOOK	HEN-MAR 4501	30.00	NM
SUCH MISERY	A LOVER'S PLEA	DREW 1001	50.00	NM
SUGAR AIN'T SWEET	WHY GIRL	DREW 1002 dj	2000.00	NM
WHY GIRL	WHAT I WANT	DREW 1002	10.00	NM
YOU'RE SWEET	MEXICAN LOVE SONG	D-TOWN 1055	25.00	NM
YOU'RE THE BEST (THAT EVER DID IT)	NEW YORK CITY	ATCO 6669	15.00	GR

PREE SISTERS
LET'S GET TOGETHER	same:	CAPITOL 3472	15.00	78

PREE, KAREN
MAKE LOVE LAST FOREVER	same:	CASABLANCA 12 dj	60.00	78

Artist / Title	B-side	Label	Price	Grade
PREMIERS				
SPEAKING OF YOU	FUNKY MONKEY	ODEX 133	25.00	GR
PREMIUM				
THE LETTER THAT BROKE HEART	PLEDGING MY LOVE	SOULIN 150	30.00	78
PREMONITIONS				
BABY BABY	IN LOVE TO GETHER	JADE. 711	150.00	NM
PREPOSITIONS				
SOMETHING DIFFERENT	FUNKY DISPOSITIOMN	MOVEMENT	300.00	F
PRESENT				
MANY'S THE SLIP TWIXT THE CUP	I KNOW	PHILIPS 40466	40.00	NM
PRESENTATIONS				
CALL ON ME	SORRY	AMERICAN MUSIC MAKER 11	25.00	NM
PRESIDENTS				
PETER RABBIT	WHICH WAY	DELUXE 127	50.00	F
SNOOPY	STINKY	DELUXE 120	20.00	MOD
SWEET MAGIC	TRIANGLE OF LOVE	SUSSEX 212	15.00	NM
PRESTON, BILLY				
IN THE MIDNIGHT HOUR	ADVICE	CAPITOL 5660	15.00	NM
LET THE MUSIC PLAY	SUNNY	CAPITOL 5730	10.00	NM
THEGIRL'S GOT "IT"	THE NIGHT	CAPITOL 5611	30.00	NM
VOLCANO	YOUNG HEARTACHES	CONTRACT 5102	200.00	NM
PRETENDERS				
I WANNA BE	HEARTS WERE MADE TO LOVE	CARNIVAL 552	15.00	NM
HEARTS WERE MADE TO LOVE	FOR THE REST OF MY DAYS	CARNIVAL 556	20.00	GR
I CALL IT LOVE	FEELIN' GOOD	CARNIVAL 550	10.00	GR
I CALL IT LOVE	IT'S EVERYTHING ABOUT YOU	CARNIVAL 560	60.00	78
JUST BE YOURSELF	JUST YOU WAIT AND SEE	CARNIVAL 559	40.00	78
TEMPTATION WALK	BABY BE MY LOVE	JERK 202	1000.00	NM
WHAT IS LOVE	SWEET POTATO GRAVY	CARNIVAL 554	15.00	GR
PRETTY PURDIE (see PURDIE, PRETTY BERNARD)				
PREYER, RON				
IF YOU DON'T WANT MY LOVE	BALTIMORE	SHOCK 10	15.00	78
PRICE, LLOYD				
BAD CONDITIONS	THE TRUTH	TURNTABLE 506	10.00	F
FEELIN' GOOD	CUPID'S BANDWAGON	LUDIX 4747	10.00	NM
JUST FOR BABY	LOVE MUSIC	GSF 6894	10.00	78
OH LADY LUCK	WOMAN	MONUMENT 877	50.00	NM
THEY GET DOWN	TRYING TO SLIP AWAY	GSF 6904	15.00	F
WHAT DID YOU DO WITH MY LOVE	LOVE MUSIC	LPG 111	10.00	78
PRIDE, FREDDIE				
ALL MY LIFE	THE JOY OF CHRISTMAS	DIAMOND JIM 3208	15.00	NM
PRIDE, LOU				
BEEN SUCH A LONG TIME	same: instrumental	ONYX 15520	15.00	B
I DIDN'T TAKE YOUR WOMAN	GONE BAD AGAIN	CURTOM 601	10.00	78
I'M COM'UN HOME IN THE MORN'UN	I'M NOT THRU LOV'UN YOU	SUEMI 4567	900.00	**NM**
IT'S A MAN'S MAN'S WORLD	YOUR LOVE IS FADING	SUEMI 4568	750.00	F
LOOK OUT LOVE	YOU'VE GOT TO WORK FOR LOVE	ALBATROSS 2636	250.00	78
WE'RE ONLY FOOLING OURSELVES	PHONEY PEOPLE	GEMCO 118	20.00	B
YOUR LOVE IS FADING	LONELY ROOM	SUEMI 4569	750.00	NM
YOUR LOVE IS FADING	IT'S A MAN'S MAN'S WORLD	SUEMI 4568	750.00	F
PRIME MINISTERS				
I DON'T KNOW NO MORE	MAKE-UP	RCA 9470	20.00	NM
PRIMERS				
HOW DOES THAT GRAB YOU	THAT LUCKY OLD SUN	HALE 101	2000.00	NM
PRINCE CHARLES and the ROYAL TONES				
FUNKY BOOTIE	GIVE IT UP, IF YOU CAN'T DO NO	ATTACK 369	50.00	F
WHAT I LIVE FOR	FAIR WEATHER FRIEND	ONYX 701	50.00	NM
PRINCE ELLA				
BABY SUGAR, I LOVE YOU	CUT ME LOOSE	PRINCE 711	150.00	**NM**
PRINCE GEORGE				
WRONG CROWD	I LOVE TOO HARD	DPG 105	150.00	**NM**
PRINCE HAROLD				
BABY, YOU'VE GOT ME	FORGET ABOUT ME	MERCURY 72621	10.00	NM
MY NEW FOUND JOY	THEY DON'T MAKE WOMEN. LIKE YOU	KAPP 2042	15.00	B
PRINCE LA LA				
GETTING' MARRIED SOON	COME BACK TO ME	A.F.O. 303	20.00	NM
SHE PUT THE HURT ON ME	DON'T YOU KNOW GIRL	A.F.O. 301	20.00	MOD
PRINCE PHILLIP also see MITCHELL, PRINCE PHILIP				
KEEP ON TALKING	LOVE IS A WONDERFUL THING	SMASH 2152	20.00	NM
PRINCE, BILLY				
SAY IT AGAIN	YOU NEVER SHOULD HAVE LOVED ME	VERVE 10392	20.00	NM

PRINCE, DOROTHY
HEY MISTER | I LOST A LOVE | M-PAC 7208 | 10.00 | B

PROBY, P.J.
YOU CAN'T COME HOME AGAIN | WORK WITH ME ANNIE | LIBERTY 55974 **PS** | 15.00 | NM
YOU CAN'T COME HOME AGAIN | WORK WITH ME ANNIE | LIBERTY 55974 | 10.00 | NM

PROCTOR, BILLY (and the LOVE SYSTEM)
I CAN TAKE IT ALL | WHAT IS BLACK | SOUL 35099 | 20.00 | 78
KEEPING UP WITH THE JONESES | same: | EPIC 50160 | 30.00 | 78

PRODUCERS
LOVE IS AMAZING | LADY, LADY, LADY | HUFF PUFF 1003 | 20.00 | NM

PRO-FASCINATION
SOMETHING ON MY MIND | OVERPOWERING LOVE | MOT. 777 | 50.00 | GR
TRY LOVE AGAIN | I WANT TO WRAP YOU IN MY ARMS | MOT. 312 | 300.00 | 78

PROFESSORS
LITTLE RED RIDING HOOD | THE THREE BEARS | OMEN. 3 | 40.00 | NM

PROFFESIONALS
MY HEART BELONGS TO YOU | TRHERE GOES MY BABY SWL | ACTION 707 | 30.00 | GR
THAT'S WHY I LOVE YOU | DID MY BABY CALL | GROOVE CITY 101 | 1300.00 | NM

PROFFESOR LETT and STUDY
THE FUNKY PROFESSOR | WE OUGHT TO GET TOGETHER | BEANTOWN 115 | 100.00 | F

PROFILES
A LITTLE MISUNDERSTANDING | GOT TO BE LOVE (OR SOMETHING S | BAMBOO 115 | 20.00 | NM
GOT TO BE LOVE | YOU DON'T CARE ABOUT ME | BAMBOO 104 | 15.00 | NM
GOT TO BE LOVE (OR SOMETHING | A LITTLE MISUNDERSTANDING. | BAMBOO 115 | 10.00 | NM
IF I DIDN'T LOVE YOU | GOT TO BE YOUR LOVER | DUO 7449 | 20.00 | NM
RAINDROPS | WINSTROM | MUSICLAND USA 20004 | 100.00 | NM
TAKE A GIANT STEP (WALK ON) | THE WATUSI WOBBLE | GOLDIE 1103 | 75.00 | NM

PROFONIX
AIN'T NO SUN | OPEN UP YOUR HEART | DAVEY-PAUL 4023 | 15.00 | NM

PROFOUND IMAGES
UPTITCH | XMAS TIME | KRIS 8096 | 50.00 | F

PROFS
LOOK AT ME | | CUR | 400.00 | NM

PROLIFICS
GUTS | THE JUDGE | HEP ME | 75.00 | F

PROMATICS
I THINK I'M GONNA LET GO | I THINK I'M GONNA LET GO pt. 2 | BROWN DOOR | 150.00 | NM
SUGAR PIE HONEY | EVERYBODY'S TALKIN' | JO JO 2201 | 15.00 | NM

PROMINENTS
JUST A LITTLE | YOU'RE GONNA LOSE HER | LUMMTONE 116 | 100.00 | NM

PROMISED LAND
CHEYENNE | NIGHTCRAWLIN' | ERIC 5003 | 10.00 | NM

PROMISES
LIVING IN THE FOOTSTE**PS** OF ANOTHER GIRL | LOVE IS | BRC 104 | 30.00 | 78
THIS LOVE IS REAL | OH BOY | BRC 109 | 25.00 | 78

PROPHECY
BETCHA CAN'T GUESS MY SIGN | SAME: INSTRUMENTAL | MAINSTREAM 5569 | 15.00 | F
RAIN IN MY LIFE | LET ME KEEP ON WALKING | ALL PLATINUM 2340 | 15.00 | 78
WHAT EVER'S YOUR SIGN | WHAT EVER'S YOUR SIGN Pt 2 | MAINSTREAM 5565 | 10.00 | F

PROPHET, BILLY
WHAT CAN I DO | blank: | SUE 133 dj | 200.00 | NM
WHAT CAN I DO | SAD SAM | SUE 133 | 250.00 | **NM**
WHAT CAN I DO | SAD SAM | SUE 133 dj | 200.00 | NM

PROPHETS
DON'T YOU THINK IT'S TIME | I DON'T LOVE YOU NO MORE | DELPHI 9 | 100.00 | NM
DON'T YOU THINK IT'S TIME | I DON'T LOVE YOU NO MORE BABY | JUBILEE. 5596 | 30.00 | NM
I GOT THE FEVER | SOUL CONTROL | DELPHI | 200.00 | NM
I GOT THE FEVER | SOUL CONTROL | SMASH 2161 | 20.00 | NM
IF I HAD (ONE GOLD PIECE) | HUH BABY | SHRINE 116 | **NEG** | NM
MY KIND OF GIRL | I CAN'T MAKE IT | STEPHANYE 335 | 20.00 | NM
TALK DON'T BOTHER ME | DON'T LOOK BACK | DELPHI 7 | 50.00 | NM
TALK DON'T BOTHER ME | DON'T LOOK BACK | JUBILEE. 5565 | 20.00 | NM

PROPHETS OF SOUND
SHADE OF RED | WIN MY TIME | MARSI 1011 | 20.00 | NM

PROTO JAYS
YOU COUNTERFEIT GIRL | CAN I SHARE YOUR LOVE | RILEYS 8790 | 200.00 | NM

PROWTLE, MICHEAL
WHEN I FALL IN LOVE | WHAT YOU'RE LOOKING FOR IS HER | CASTLE 82101 | 50.00 | 78

PRYSOCK, RED
GROOVY SAX | I HEARD IIT THROUGH THE GRAPEV | JUNIOR 1015 | 50.00 | F
GROOVY SAX | I HEARD IIT THROUGH THE GRAPEV | CHESS 2042 | 20.00 | F

PSYCHODELIC FRANKIE
PUTTING YOU OUT OF MY LIFE | DONNA | HI-SPEED 1670 | 500.00 | NM
PUBLIC SCHOOL 13
RECESS | HELP KICK THE HABIT | JUGGERNAUT 406 | 15.00 | F
PUFFS
I ONLY CRY ONCE A DAY NOW | MOON OUT THERE | DORE 757 | 75.00 | NM
PULSE
BABY I MISS YOU | SHAKE HAT YOU GOT | OLDE WORLD 1106 | 10.00 | GR
PUNCHY and EARLY WARNING SYSTEM
GIT IT | WHOLE LOTTA JAMMIN' | PUNCHY 1202 | 40.00 | F
PURDIE, PRETTY
SOUL DRUMS | FUNKY DONKEY | DATE 1568 | 20.00 | F
FUNKY DONKEY | CARAVAN | DATE 1568 | 10.00 | F
PURDY, BERNARD PRETTY
FICKLE FINGER OF FATE | GENUINE JOHN | COLUMBIA 44829 | 15.00 | NM
PURE FUNK
SEARCHING | NOTHING LEFT IS REAL | PLANET EARTH 1001 | 40.00 | F
PURE PLEASURE
BY MY SIDE | DANCIN' PRANCIN' | QC 5100 | 75.00 | 78
PURE SOUL BAND
HEADIN' WEST | BROKEN MACHINE | MAM 801 | 50.00 | NM
PURIFY, JAMES and BOBBY
I'M YOU PUPPET | EVERYBODY NEEDS SOMEBODY | SPHERE SOUND 770043 | 20.00 | NM
SHAKE A TAIL FEATHER | GOODNESS GRACIOUS | BELL 669 | 10.00 | NM
PURPLE MUNDI
STOP HURTING ME BABY | I CAN'T UNDERSTAND | CAT 1978 | 500.00 | 78
PURRELL, EDDIE
THE SPOILER | MY PRIDE WON'T LET ME | VOLT 145 | 15.00 | NM
PUSSYCATS
I WANT YOUR LOVE | THE RIDER | COLUMBIA 43272 | 20.00 | NM
PUTNEY, MARK
TODAY'S MAN | DON'T COME AROUND HERE ANYMORE | OVIDE 237 | 25.00 | NM
TODAY'S MAN | DON'T COME AROUND HERE ANYMORE | ATLANTIC 2617 | 20.00 | NM
PUZZLES
MY SWEET BABY | I NEED YOU | FAT BACK 216 | 30.00 | NM
PYRAMIDS
I'M THE PLAYBOY | CRYIN' | CUB 9112 | 15.00 | NM

Q, THE
THAT'S THE WAY | STOP THIS FEELING | HOUND 333 | 100.00 | NM

QUADRAPHONICS
BETCHA IF YOU CHECK IT OUT | PROVE MY LOVE TO YOU | INNOVATION II 8019 | 10.00 | 78
BETCHA IF YOU CHECK IT OUT | PROVE MY LOVE TO YOU | INNOVATION II 7826 | 15.00 | 78

QUAILS
MY LOVE | NEVER FELT LIKE THIS BEFORE | HARVEY 116 | 100.00 | M
OVER THE HUMP | I THOUGHT | HARVEY 120 | 40.00 | M

QUALLS, SIDNEY JOE
HOW CAN YOU SAY GOODBYE | I ENJOY LOVING YOU | DAKAR 4537 | 10.00 | 78
RUN TO ME | same: | DAKAR 4546 dj | 15.00 | 78
WHERE THE LILLIES GROW | I'M BEING HELD HOSTAGE | DAKAR 4530 | 10.00 | 78

QUALITY CONTROLS
GRAPEVINE | GRAPEVINE II | SURE SHOT 5040 | 15.00 | MOD

QUANTRELLS
CAN'T LET YOU BREAK MY HEART | SHOW ME THE GAME OF LOVE | YAMBO 15 | 40.00 | GR

QUARLES, BILLY
BRINGING UP WHAT I'VE DONE WRONG | LITTLE ARCHIE | RALLY 501 | 30.00 | NM
QUIT BRINGING UP WHAT I'VE DON | LITTLE ARCHIE | COLUMBIA 43769 | 25.00 | NM

QUARTERMAN, JOE
(I GOT) SO MUCH TROUBLE IN MY MIND | (I GOT) SO MUCH TROUBLE IN MY MIND Pt. 2 | GSF 6879 | 10.00 | F
GET DOWN BABY | GET DOWN BABY Pt 2 | MERCURY 73637 | 15.00 | F

QUEEN CITY SHOW BAND
TRUE PATRON OF THE ARTS | ELEANOR RIGBY | POW! 104 | 20.00 | NM

QUEEN ESTHER
TAKE IT EASY BABY | I DON'T WANT YOU TO WANT ME | GUEST 701 | 75.00 | NM

QUEEN YAHNA
AIN'T IT TIME | same: instrumental | P&P 1010 | 20.00 | 78

QUEEN, LINDA
I FEEL THE PAIN | WHERE CAN MY BABY BE | ROD 106 | 100.00 | NM

QUESTELL, CONNIE
DON'T LET IT BREAK YOUR HEART | STRAIGHTEN UP | DECCA 31783 | 50.00 | NM
GIVE UP GIRL | WORLD OF TROUBLE | DECCA 31855 dj | 150.00 | NM
GIVE UP GIRL | WORLD OF TROUBLE | DECCA 31855 | 300.00 | NM
TELL ME WHAT TO DO | THE GIRL CAN'T TAKE IT | DECCA 31986 | 50.00 | NM

QUICK BROWN FOX
WORKIN' ON MY THING | MOTHER IN LAW | ROULETTE 7044 | 15.00 | NM

QUICKEST WAY OUT
HELLO STRANGER | TICK TOCK BABY (IT'S A QUARTER | KAREN 717 | 20.00 | 78

QUIET FIRE
LOST (WITHOUT YOUR LOVE) | YOUR KIND OF LOVE | HIT MACHINE 3977 | 200.00 | 78

QUINN, CAROL
I'LL DO IT FOR YOU | DO THOSE LITTLE THINGS | MGM 13326 | 50.00 | NM

QUINTESSENTS
IMAGE OF A MAN | MOVIN' ON | VIBRA 101 | 150.00 | NM

QUOTATIONS
HAVIN' A GOOD TIME | CAN I HAVE SOMEONE | IMPERIAL 66368 | 10.00 | NM
I DON'T HAVE TO WORRY | IT CAN HAPPEN TO YOU | DIVENUS 107 | 50.00 | NM
SEE YOU IN SEPTEMBER | SUMMERTIME GOODBYES | VERVE 10261 | 30.00 | GR

R, JOHNNY				
THE CHAMP	IT'S ALL OVER	STRIKE 1006	25.00	NM
R.D.M. BAND				
GIVE UP	CALIFORNIA HERE I COME	VIRTUE 2506	50.00	78
R.P.M.GENERATION				
RONA'S THEME	LOVE THEME FROM RONA	ROMAR. 702	50.00	**NM**
RA-BOZ				
THE LAST TIME	COME BACK BOY	PISCES 3840	50.00	78
RADARS				
FINGER LICKING CHICKEN	SOUL SERENADE	YEW 1004	25.00	F
RADCLIFFE, JIMMY				
DON'T LOOK MY WAY	TWIST CALYPSO	UA 1016.	15.00	B
LONG AFTER TONIGHT IS ALL OVER	WHAT I WANT I CAN NEVER HAVE	MUSICOR 1042	40.00	NM
LONG AFTER TONIGHT IS ALL OVER	WHAT I WANT I CAN NEVER HAVE	MUSICOR 1042 dj	70.00	**NM**
MY SHIP IS COMIN' IN	GOIN' WHERE THE LOVIN' IS	AURORA 154	25.00	NM
SO DEEP	LUCKY OLD SUN	SHOUT 202	25.00	B
(THERE GOES) THE FORGOTTEN MAN	AN AWFUL LOT OF CRYING	MUSICOR 1024	50.00	NM
THROUGH A LONG AND SLEEPLESS NIGHT	MOMENT NOF WEAKNESS	MUSICOR 1033	50.00	NM
RADIANTS				
AIN'T NO BIG THING	I GOT A GIRL	CHESS 1925	10.00	NM
DON'T WANNA FACE THE TRUTH	MY SUNSHINE GIRL	TWINIGHT 153	20.00	NM
HEARTBREAK SOCIETY	same:	CHESS 1849 dj	100.00	NM
HOLD ON	I'M GLAD I'M THE LOSER	CHESS 2037	10.00	NM
IT AIN'T NO BIG THING	I GOT A GIRL	CHESS 1925	20.00	NM
ONE DAY I'LL SHOW YOU (I REALLY LOVE YOU)	FATHER KNOWS BEST	CHESS 1832	100.00	NM
TOMORROW	WHOLE LOT OF WOMAN	CHESS 1939	15.00	NM
VOICE YOUR CHOICE	IF I ONLY HAD YOU	CHESS 1904	15.00	NM
RADIATIONS				
LOVE BE NOT A STRANGER	SHAKING UP THE NATION	VALISE 6905	30.00	GR
RAE, DELLA				
HAPPY DAY	SOMEONE, SOMETIME	GROOVE 52	20.00	NM
RAE, JENNIE				
TO LOVE	GEORGIA ON MY MIND	MGM 13566	20.00	NM
RAELETS				
IT'S ALMOST HERE	I WANT TO THANK YOU	TRC 986	20.00	F
ONE ROOM PARADISE	ONE HURT DESERVES ANOTHER	TRC 972	15.00	NM
RAFEY, SUSAN				
HURT SO BAD	THE WAY TO LOVE	VERVE 10390	50.00	NM
THE BIG HURT	BRING BACK THE LOVE YOU GAVE ME	VERVE 10366	15.00	NM
RAGLAND, LOU (and HOT CHOCOLATE)				
I CAN'T TAKE IT	WHAT THE DOCTOR PRESCRIBED	CO-CO 103	75.00	78
I TRAVEL ALONE	BIG WHEEL	AMY 988	600.00	NM
SINCE YOU SAID YOU'D BE MINE	I DIDN'T MEAN TO LOVE YOU	WB 7734	50.00	78
WHAT SHOULD I DO	UNDERSTAND EACH OTHER	SMH 71842	100.00	78
RAGLAND, LOU and THE BANDMASTERS				
NEVER LET ME GO	PARTY AT LESTER'S	WAY OUT 2605	1000.00	GR
RAIN				
OUT OF MY MIND	HERE WITH YOU	BELL 45142	50.00	NM

Artist	Side A	Side B	Label	Price	Grade
RAINBOW					
DO WHAT YOU WANNA	BUFFALO SOLDIER	WILMINGTON HOUSE	400.00	F
RAINBOWS					
HELP ME IF YOU CAN	PEOPLE LIKE TO TALK	CAPITOL 5991	25.00	NM
RAJ					
SOMETHING INSIDE	DANCE WHAT YOU FEEL LIKE	OAK TREE 1	50.00	78
RAKES, PAL					
HURT	OLD SHEP	VERVE	20.00	NM
RAM					
LOVE IS THE ANSWER	LOVE IS THE ANSWER pt. 2	TUESDAY	50.00	F
RAMBLERS					
SO SAD	COME ON BACK	TRUMPET 102	600.00	NM
RAMES, PAL (also see RAKES, PAL)					
CAN'T DENY THE HURT	OLD SHEP	UPTIGHT 1001	50.00	NM
RAMON and COMPANY					
THE DUCK WALK	MEAN WORLD	LU SOUND	300.00	F
RAMRODS					
SOUL EXPRESS	SOUL EXPRESS PT 2	RAMPAGE 1003	15.00	F
SOULTRAIN PT 2	blank:	RAMPAGE 1000	10.00	F
RAMSEY and CO.					
LOVE CALL	LEG GREASE	RAMCO 001	400.00	78
RAMSEY, ROBERT					
TAKE A LOOK IN YOUR MIND	LIKE IT STANDS	KENT 4552	20.00	B
RANDAZZO, TEDDY					
YOU DON'T NEED A HEART	AS LONG AS I LIVE	DCP 1134	100.00	NM
YOU'RE NOT THAT GIRL ANYMORE	SOUL	DCP 1153	30.00	NM
RANDELL, LYNNE					
STRANGER IN MY ARMS	CIAO BABY	EPIC 10147 **PS**	150.00	NM
STRANGER IN MY ARMS	CIAO BABY	EPIC 10147 dj	100.00	NM
THAT'S A HOE DOWN	I NEED YOU BOY	EPIC 10197	15.00	NM
THE RIGHT TO CRY	AN OPEN LETTER	ABC 11112	30.00	NM
RANDLE, CLEO					
BIG CITY LIGHTS	YOU GOT EVERYTHING	STA-SET 406	30.00	NM
RANDLE'S SOUL SENDERS, CHESTER					
TAKE A LITTLE NIP	WHY DID I LET YOU GO	ANLA 105	15.00	NM
RANDOLF BROS. PLUS					
WHAT IT IS	WHAT IT IS PT 2	STAR CITY 1	500.00	F
RANDOLF, BARBARA					
CAN I GET A WITNESS	YOU GOT ME HURTIN' ALL OVER	SOUL 35050	15.00	M
I GOT A FEELING	YOU GOT ME HURTIN ALL OVER	SOUL 35038 dj red vinyl	40.00	**M**
I GOT A FEELING	YOU GOT ME HURTIN ALL OVER	SOUL 35038 dj	25.00	**M**
I GOT A FEELING	YOU GOT ME HURTIN ALL OVER	SOUL 35038	15.00	M
RANDOLF, BOOTS					
TAKE A LETTER MARIA	C.C. RIDER	MONUMENT 1233	10.00	**NM**
RANDOLF, JIMMY					
YOU HAVE TO LOSE LOVE (TO LOVE	same: mono	HONEY BEE 2012 dj	15.00	78
RANDOLPH, LORRAINE					
IT'S OVER BETWEEN US	YOU'RE WHAT I WANT	GEMINI STAR 8863	10.00	B
RAPPERS					
KRUNCHBERRY BEAST	I'VE TRIED	ROACH 1944 bevelled run in groove	20.00	F
KRUNCHBERRY BEAT	I'VE TRIED	ROACH 1944	150.00	F
RARE FUNCTION					
DISCO FUNCTION	BABY I'M FOR REAL	SOUL UNLIMITED 108	20.00	F
RARE GEMS					
YOU'VE GOT MY LOVE	MILLION DOLLAR DISCO	CALIFORNIA GOLD 81	30.00	78
RARE GEMS ODYSSEY					
IT DON'T TAKE MUCH	TOUCHDOWN	RENFRO 38	30.00	78
RARE PLEASURE					
LET ME DOWN EASY	LET ME DOWN EASY (Long version)	CHERI 505	15.00	78
RAVENETTES					
SINCE YOU'VE BEEN GONE	TALK ABOUT SOUL	SHURFINE 25	30.00	NM
RAVIN MADS					
WHERE IS LOVE	HOW LONG HAS IT BEEN	RAVIN 1000	250.00	NM
RAW SOUL EXPRESS					
BURN THE CANDLE	IT'S IN YOU	CAT 2001	15.00	F
THE WAY WE LIVE		CAT 2010	75.00	F
RAW UMBER					
LOVE ONE ANOTHER	CARRY - ON	VIRGINIA 4075	150.00	78
RAWLS, LOU					
DEAD END STREET	YES IT HURTS - DOESN'T IT	CAPITOL 5869	15.00	NM
LOVE IS A HURTIN' THING	MEMORY LANE	CAPITOL 5790	10.00	NM

SOUL SERENADE	YOU'RE GOOD FOR ME	CAPITOL 2172	15.00	NM
THE HOUSE NEXT DOOR	COME ON IN, MR. BLUES	CAPITOL 5160	75.00	NM
WHEN LOVE GOES WRONG	SHOW BUSINESS	CAPITOL 5941	10.00	NM
YOU CAN BRING ME ALL YOUR HEARTACHES	A WOMAN WHO'S A WOMAN	CAPITOL 5790	15.00	NM

RAY and the CORRUPTERS
FUNKY TIME	DIPPY FEELING	KWAKU 1	15.00	F

RAY and DAVE
WRONG, WRONG, WRONG	SIX LONELY NIGHTS	MICA 501	75.00	NM

RAY and his COURT
COOKIE CRUMBS	SOUL FREEDOM	SOUND TRIANGLE 7780	300.00	F

RAY and the BLUE SATINS
SHE DOESN'T LOVE ME	THANK YOU FOR THE MEMORIES	ARV 5002	1000.00	NM

RAY, ADA
GIVE OUR LOVE A CHANCE	I NO LONGER BELIEVE IN MIRACLE	ZELLS 252	50.00	NM

RAY, ALDER
I NEED YOU, BABY	MY HEART IS IN DANGER	MINIT 32005	30.00	NM

RAY, BABY
THE HOUSE ON SOUL HILL	THERE'S SOMETHING ON YOUR MIND	IMPERIAL 66216	10.00	MOD

RAY, CHUCK
BABY PLEASE DON'T LET GO	THERE AIN'T A THING YOU CAN DO	BUDDAH 207	30.00	NM
I DON'T MIND	COME ALIVE BABY	TAMBOO 6719	75.00	NM
RECONSIDER	I'LL BE THERE	GEMIGO 101	15.00	78

RAY, DON
BORN A LOSER	LIVING ON A PRAYER	RCA 9438 dj	150.00	NM
BORN A LOSER	LIVING ON A PRAYER	RCA 9438	200.00	NM

RAY, EDDIE (and COMPANY)
GLAD I FOUND YOU	YOU GOT ME	PRIX 7001	100.00	NM
DON'T TAKE YOUR LOVE	I WANT YOUR LOVE	HOT SOX 1002	60.00	B
I'VE GOT SOMETHING OF VALUE		TRUE SOUL	200.00	NM

RAY, JAMES
A MIRACLE	THINGS ARE GONNA BE DIFFERENT	CAPRICE 117	20.00	NM
WE GOT A THING GOIN' ON	ON THAT DAY	CONGRESS 218	30.00	NM

RAY, RICARDO
NITTY GRITTY	YA YA YA	ALEGRE 4024	10.00	NM

RAY and the CORRUPTERS
FUNKY TIME	DIPPY FEELIN	KWAKU 10	15.00	F
SOUL EXPLOSION	FANCY FACE	RAMPAGE 1005	15.00	F

RAY and the BEL-AIRES
THE BLAME IS ON YOU	I WISH I COULD	ARV 5750	100.00	NM

RAYE, ANTHONY
GIVE ME ONE MORE CHANCE	ON THE EDGE OF SORROW	IMPACT 1009	100.00	NM
GIVE ME ONE MORE CHANCE	HOLD ON TO WHAT YOU GOT	IMPACT 1030	40.00	NM

RAYE, JIMMIE
LOOK AT ME, GIRL (CRYING)	I TRIED	TUFF 401	20.00	NM
PHILADELPHIA DAWG	WALKED ON, STEPPED ON, STOMPED	KKC 1	20.00	NM
PHILLY DOG AROUND THE WORLD	JUST CAN'T TAKE IT NO MORE	KKC 2	350.00	NM
THAT'LL GET IT	IT'S WRITTEN ALL OVER YOUR FAC	MOON SHOT 6708	40.00	NM
YOU DON'T WANT MY LOVE	I KEPT ON WALKIN	NIAGRA	100.00	NM
YOU MUST BE LOSING YOUR MIND	FOR THE SAKE OF LOVE	JRE 4220	250.00	NM
YOU MUST BE LOSING YOUR MIND	FOR THE SAKE OF LOVE	GARRISON 3008	100.00	NM

RAYE, SONNY
EYE TO EYE	WHIP IT ON ME	JETSTREAM 819	20.00	NM

RAYE, SONNY and FANCY
CALVIN no. 1	CALVIN no. 2	SPORTSCENE 112	20.00	F
SACRAFICE	GOT TO MAKE IT	JETSTREAM 826	15.00	F

RAYE, TOMMY
YOU DON'T LOVE ME	DON'T LET ME BE THE LAST TO KN	PEN 351	15.00	NM

RAYLOV, BOBBY
IF WE CAN'T BE LOVERS	MIND ON THE MONEY	LOVINN 200	10.00	NM

RAYMOND, RAY
IT BREAKS MY HEART	SHE'S ALRIGHT	TUFF 409	30.00	NM

RAYMOND, SHIRLEY
YOU'RE GONNA MISS ME	WHAT A WEDDING DAY	AT LAST 1001	30.00	B

RAYONS
I'M GIVING UP BABY	DO YOU LOVE ME	DECCA 32521	75.00	B

RAZZY   (also see BAILEY, RAZZY)
I HATE, HATE	SINGING OTHER PEOPLES SONGS	AQUARIAN 601	10.00	78

REACHERS
I JUST WANT TO DO MY OWN THING	REACH ON BACK	MAGIC DISC 212	40.00	78

REACTIONS
LIVE MY LIFE FOR MYSELF	THE REVERAND MARTIN LUTHER KIN	SANFRIS 50	400.00	NM

Artist / A-side	B-side	Label	Price	Grade
REALINDA				
HEY MR. PAUL	HEY MR. PAUL (INSTRUMENTAL)	PERCEPTION 525	10.00	GR
REALISTICS				
BRENDA, BRENDA	HOW DID I LIVE WITHOUT YOU	LOMA 2088	20.00	NM
PLEASE BABY PLEASE	TOO SHY	DE-LITE 528	20.00	GR
WHAT'CHA GONNA DO	IF THIS AIN'T LOVE	LOMA 2079	15.00	NM
REALITY				
STANDING BESIDE YOU	MAKE LOVE NOT WAR	JUPITER 905	10.00	GR
REASON WHY				
SO LONG LETTER	same: mono	POLYDOR 14382 dj	50.00	78
REASONS				
BABY, BABY	MY KINDA GUY	UA 50005 **PS**	25.00	NM
BABY, BABY	MY KINDA GUY	UA 50005	15.00	NM
WINDOW SHOPPING	THEN CAME HEARTBREAK	UA 961	30.00	NM
REAVES, PAULETTE				
DO IT AGAIN	YOUR EYES	DASH 801	10.00	78
JAZZ FREAK	IT'S HARD TO DANCE	BLUE CANDLE 1526	10.00	78
LET ME WRAP YOU IN MY LOVE	YOUR REAL GOOD THING IS ABOUT	BLUE CANDLE 1518	10.00	78
RECITATIONS				
MAKE THE FUNK JUMP	THE GREAT NIGHT HUNTER	DOUBLE SHOT 136	15.00	F
RECORD PLAYER				
FREE YOUR MIND	NUSERY RHYMES	GEM CITY 2001	150.00	78
RECORD, EUGENE				
OVERDOSE OF JOY	MOTHER OF LOVE	WB 8386	20.00	78
REDD, BARBARA				
I'LL BE ALL ALONE	DANCING TEARDROPS	S.P.Q.R. 3311	250.00	NM
REDDICK, J.				
WHEN YOU CALL MY NAME	WAITING FOR YOU	ALCOVE 100	50.00	78
REDDING, GENE				
I NEED YOUR LOVIN'	I GOT SOUL	BELL 819	75.00	NM
REDDING, OTIS				
FAT GAL	SHOUT BAMALAMA	KING 6149	20.00	B
REDMOND, RAY and the GAYLETTES				
YOU DON'T KNOW	YOU SAY YOU LOVE ME	SA-MO 1147	400.00	NM
REDMOND, ROY				
AIN'T THAT TERRIBLE	A CHANGE IS GONNA COME	LOMA 2071	20.00	NM
THAT OLD TIME FEELING	GOOD DAY SUNSHINE	LOMA 2075	15.00	NM
REED JR., JIMMY				
I AIN'T GOING NOWHERE	DO YOU REMEMBER	MERCURY 72668	250.00	NM
REED, A.C.				
BOOGALOO - TRAMP	TALKING 'BOUT MY FRIENDS	NIKE 2002	15.00	F
MY BABY'S BEEN CHEATING	MY BABY IS FINE	COOL 5001	75.00	NM
REED, AL				
SORRY ABOUT THAT	99 % 100 % PURE LOVE	AXE 103	30.00	NM
REED, BILLY				
LET YOUR HAIR DOWN BABY PT. 1	TORE UP	MEN-DEL 101	600.00	F
REED, BOBBY				
I'LL FIND A WAY	I WANNA LOVE YOU SO BAD	LOMA 2089	75.00	NM
THE TIME IS RIGHT FOR LOVE	IF I DON'T LOVE YOU	BELL 888	400.00	NM
YOU ARE	I'M NOT COMING BACK	CLAY TOWN 17700	70.00	NM
YOU ARE	I'M NOT COMING BACK	BRUNSWICK 55282	40.00	NM
REED, CLARENCE and the DELMIROS				
SOONER OR LATER	DOWN WITH IT, CAN'T QUIT IT	SELMA 4002	40.00	NM
REED, LULA				
BABY, BABY (YOUR LOVE)	CALL M DARLIN'	TRC 943	10.00	NM
WALK ON BY ME	THE KIND OF BABY	TRC 952	75.00	NM
REED, VIVIAN				
I FEEL THE EARTH MOVE	same: mono	EPIC 10752 dj	10.00	NM
SAVE YOUR LOVE FOR ME	I DIDN'T MEAN TO LOVE YOU	ATCO 6938	200.00	78
REEDER, ESKEW (S.Q.)				
A TEAR	JOHNNY LITTLE	EVEREST 2025	15.00	NM
JUST IN TIME	I WANT TO KNOW	OKEH 7239	20.00	B
UNDIVEDED LOVE	THE FLU	INSTANT 3258	100.00	NM
YOU BETTER BLIEVE ME		CROSSTONE 1007	50.00	NM
REEGAN, VALA and THE VALARONS				
FIREMAN	LIVING IN THE PAST	ATCO 6412	200.00	NM
FIREMAN	LIVING IN THE PAST	BOB CREWE PRODUCTIONS	400.00	NM
REESE and THE PROGRESSIONS, JAME				
JODY'S FREEZE	LET'S GO (IT'S SUMMERTIME)	NAJMA	200.00	F
REESE and THE THRILLERS				
TRY IT	ANGRY WOMAN	ONE WAY 109	200.00	NM

REESE, DELLA
A CLOCK THAT'S GOT NO HANDS	THE BOTTOM OF OLD SMOKEY	RCA 8337	75.00	NM
BLOW OUT THE SUN	I LOVE YOU SO MUCH IT HURTS	RCA 8070	20.00	NM
BLOW OUT THE SUN	I LOVE YOU SO MUCH IT HURTS	RCA 8070 **PS**	30.00	NM

REESE, JACKSON (JAXON)
CRY ME A RIVER	PRETTY GIRL	PARKWAY 142	20.00	NM
HURRY SUNDOWN	HOW DO YOU SPEAK TO AN ANGEL	PARKWAY 129	30.00	NM

REESE, REATHA
ONLY LIES	THINGS I SHOULD HAVE DONE	DOT 16630	500.00	NM

REEVES, HARRIET
JUST FRIENDS	COME TO ME	EON 103	40.00	NM

REEVES, MARTHA and the VANDELLAS (see MARTHA and the VANDELLAS)

REFLECTIONS
(I'M JUST) A HENPECKED GUY	DON'T DO THAT TO ME	GOLDEN WORLD 16	10.00	M
(JUST LIKE) ROMEO AND JULIET	CAN'T YOU TELL BY THE LOOK	GOLDEN WORLD 9	10.00	NM
COMIN' AT YOU	POOR MAN'S SON	GOLDEN WORLD 20	10.00	M
GET YOUR MIND TOGETHER	PEACE, LOVE OR WAR	RENFRO 32	15.00	B
GIRL IN A CANDY STORE	YOUR KIND OF LOVE	GOLDEN WORLD 29	10.00	M
JUNE BRIDE	OUT OF THE PICTURE	GOLDEN WORLD 24	10.00	M
LIKE ADAM AND EVE	VITO'S HOUSE	ABC 10794	75.00	NM
LIKE COLUMBUS DID	LONELY GIRL	GOLDEN WORLD 12	10.00	M
SHE'S MY SUMMER BREEZE	GIFT WRAP MY LOVE	CAPITOL 4358	15.00	78
TALKIN' ABOUT MY GIRL	OOWEE NOW NOW	GOLDEN WORLD 15	10.00	NM
THE LONG CIGARETTE	YOU'RE GONNA FIND OUT YOU NEED	ABC 10822	20.00	NM
WHEELIN' AND DEALIN'	DEBORAH ANN	GOLDEN WORLD 22	15.00	M
YOU'RE MY BABY (AND DON'T YOU FORGET)	SHABBY LITTLE HUT	GOLDEN WORLD 19	15.00	M

REGAN, EDDIE
PLAYIN' HIDE AND SEEK	TALK ABOUT HEARTACHES	ABC 10795	50.00	**NM**

REGAN, JOAN
DON'T TALK TO ME ABOUT LOVE	I'M NO TOY	COLUMBIA 43704 **PS**	40.00	NM
DON'T TALK TO ME ABOUT LOVE	I'M NOT A TOY	COLUMBIA 43704	20.00	NM

REID, CLARENCE
I REFUSE TO GIVE UP	SOMEBODY WILL	WAND 1106	20.00	NM
I'M SORRY BABY	LET THOSE SOUL SOUNDS PLAY	TAYSTER 6013	20.00	B
I'M YOUR YES MAN		WAND 1121	300.00	NM
NOBODY BUT YOU BABE	SEND ME BACK MY MONEY	ALSTON 4574	10.00	F
PART OF YOUR LOVE	GIMME A TRY	DIAL 4040	15.00	NM
PART TIME LOVER	FOOLS ARE NOT BORN	ALSTON 4572	10.00	NM
SEE THROUGH	I BET YOU BELIVE ME NOW	ATCO 7025	15.00	F
SOMETHING SPECIAL ABOUT MY BABY	ALONG CAME WOMAN	TAYSTER 6022	15.00	B
THERE'LL COME A DAY	I GOT MY SHARE	DIAL 3018	15.00	NM

REID, GERRI
OUT IN THE COLD	NO FOOL NO MORE	SLA-MON 304	200.00	NM

RELAFONTE, SAMUEL RAY
PEOPLE, THERE'S GOT TO BE A CHANGE	PEOPLE, THERE'S GOT TO BE A CHANGE pt. 2.	JWJ 1	75.00	F

RELATIVES
I'M JUST LOOKING FOR LOVE	NEVER WILL I LOVE YOU AGAIN	ALMONT 306	40.00	NM
LENIENT WITH MY LOVE	MORE TIME (TO EXPLAIN)	ARCHWAY 831	100.00	NM
THREE KINDS OF LOVE	SHE'S GOT SOUL	WOW 711	75.00	NM

RELF, BOB
BLOWING MY MIND TO PIECES	GIRL, YOU'RE MY KIND OF WONDER	TRANS AMERICAN 10 orange	40.00	NM
BLOWING MY MIND TO PIECES	GIRL, YOU'RE MY KIND OF WONDER	TRANS AMERICAN 10 yellow	60.00	**NM**

REMARKABLES
I CAN'T GIVE UP	YOU WOULDN'T HAVE ANYTHING	AUDIO ARTS 60000	100.00	NM
I CAN'T GIVE UP ON LOSING YOU	LOVE BOUND	AUDIO ARTS 6765	10.00	NM
IS THE FEELING STILL THERE	EASILY MISLED	AUDIO ARTS 700	15.00	NM

REMUS, EUGENE
YOU NEVER MISS A GOOD THING	GOTTA HAVE YOUR LOVIN'	MOTOWN 1001.	250.00	M
YOU NEVER MISS A GOOD THING	HOLD ME TIGHT	MOTOWN 1001	600.00	M
YOU NEVER MISS A GOOD THING	GOTTA HAVE YOUR LOVIN'	MOTOWN 1001 no strings	200.00	M

RENAULTS
ANOTHER TRAIN PULLED OUT	JUST LIKE MINE	WAND 114	20.00	NM

RENAY, BETTY
MONEY HONEY	YOU'RE THE ONE FOR ME	ULTRA CITY 70391	20.00	F

RENAY, DIANE
CAN'T HELP LOVING THAT MAN	IT'S A GOOD DAY FOR A PARADE	D-MAN 101	150.00	NM

RENE, DAVE
I'VE BEEN WRONG	TOUCH ME	HELENA 101	20.00	NM

RENE, GOOGIE (COMBO)
CHICA-BOO	MERCY, MERCY	CLASS 1518.	15.00	MOD
SMOKEY JOES LA LA	NEEDING YOU	CLASS 1517	20.00	MOD
THERE I WAS	VIKKI'S LAMENT	CLASS 1515	100.00	NM
THERE I WAS	ON THE FREEWAY	CLASS 1515	200.00	NM

RENE, WENDY
AFTER LAUGHTER	WHAT WILL TOMORROW BRING	STAX 154 .	15.00	B
BAR-B-Q	YOUNG AND FOOISH	STAX 159	20.00	**NM**
REAP WHAT YOU SOW	GIVE YOU WHAT I GOT	STAX 171	20.00	B

RENNE, BETTE
YOUR KINDA LOVE	YOU AIN'T SO SUCH A MUCH	LAWN 246	40.00	NM

RENTZEL, LANCE
LOOOKIN' LIKE SOMETHIN' THAT AIN'T	BEYOND LOVE	COLUMBIA 44595	30.00	NM

RENZETTI'S SOUNDS, JOE
REACH OUT FOR ME	HIGH CHAPARRAL	MALA 581	30.00	NM

REO, RAY
SOUL SENDING	LET'S GO APE	ROUND 1035	20.00	F

REPARATA and the DELRONS
IT'S WAITING THERE FOR YOU	I BELIEVE	MALA 573	20.00	**NM**
PANIC	SATURDAY NIGHT DIDN'T HAPPEN	MALA 12000	30.00	**NM**
THE KIND OF TROUBLE THAT I LOVE	BOYS AND GIRLS	RCA 9123	20.00	NM

RESULTS
UNTIE ME	I MIGHT AS WELL FORGET HIM	APT 25094	75.00	NM

REVEALERS
THEY HAD A PARTY AT THE WATERGATE	I WANT TO MAKE YOU GLAD	PARAMOUNT 243	100.00	78

REVELATION
FEEL IT	WHEN I FALL IN LOVE	HANDSHAKE 5305	10.00	78

REVELATION FUNK
BEAR FUNK	ELASTIC LOVER	GOLD PLATE 1014	20.00	F

RE-VELLS
I WANT A NEW LOVE	DO I LOVE YOU?	TRENT TOWN 1014	150.00	NM

REVELS
TRUE LOVE	EVERYBODY CAN DO THE NEW DOG	JAMIE 1318	50.00	NM

REVLONS
(OH, OH, OH) WHAT A LOVE THIS IS	DID I MAKE A MISTAKE	TOY 101	75.00	NM

REWIS, SUSAN
AND THE TROUBLE WITH ME IS YOU	I'LL EAT MY HAT	COLUMBIA 43777	20.00	NM
THEY SAY YOU FOUND A NEW BABY	DO I HEAR FOOTSTEPS	COLUMBIA 43580	100.00	NM

REYNOLDS, BURNY
TRY ME	IF SHE'S YOUR LOVER	SURKAR 101	20.00	NM

REYNOLDS, JEANNIE
HIT AND RUN	I'VE STILL GOT MY PRIDE	CASABLANCA 866	10.00	78
UNWANTED COMPANY	PHONES BEEN JUMPING ALL DAY	CASABLANCA 834	15.00	78
YOU AIN'T THE ONLY MAN	I KNOW HE'LL BE BACK SOMEDAY	CHESS 2150	15.00	78

REYNOLDS, L.J.
ALL I NEED	COOKIN' WITH NIXON	LADY 33	30.00	78
KEY TO THE WORLD	TELL ME	CAPITOL 5035	20.00	78
WHAT'S THE MATTER BABY IS IT HURTING YOU	THE PENGUIN BREAKDOWN	LAW-TON 1556	10.00	NM

REYNOLDS, LARRY (CHUBBY)
PLEASE DON'T LEAVE ME	THE BELLS OF MY HEART	TRI-SPIN 1005	50.00	NM
SWEET TOOTH	SEARCHIN' AND LOOKING	TRI-SPIN 1006	60.00	NM

REYNOLDS, WILBUR and the MASTERS
SWEETE'N	WHO'LL CRY	RESIST 507	75.00	NM
SWEETE'N	TENDERIZER	C.B. RECORDS 1	75.00	NM

RHODES, DAVID
HUNG UP IN MID-AIR	MOVING DOWN LAKE-SIDE	CHI-CITY 1001 **fake UK press**	10.00	78

RHODES, SAM
SHAKE YOUR SOUL HONEY (INSTRU.)	SHAKE YOUR SOUL HONEY	CAPITOL 2222	50.00	F

RHYS, JOHN and the LIVELY SET
NOTHING BUT LOVE	BOY WATCHERS THEME	IMPACT 1024	40.00	NM

RHYTHM MACHINE
FREAKISH LOVE	WHATCHA GONNA DO	RODAN 2436	150.00	F
THE KICK	THE KICK pt. 2	LULU 9706	150.00	F

RHYTHM MASTERS
I CAN DO ANYTHING YOU CAN DO	BLACK CONVERSATION	SUCCESS 100	50.00	F

RHYTHM RASCALS
WHY DO YOU HAVE TO GO	GIRL BY MY SIDE	ROULETTE 4696	15.00	NM
WHY DO YOU HAVE TO GO	GIRL BY MY SIDE	SONIC 117	30.00	NM

RHYTHM REBELLION
SPELLBINDER	RACOON	TRC 1022	15.00	F
UNIVERSAL RHYTHM	same: instrumental	TRC 1011	15.00	F

Artist / Title	B-Side	Label	Price	Grade
RHYTHM, J.T.				
ALL I WANT IS YOU	MY SWEET BABY	PALMER 5021	750.00	NM
RHYTHM, JAY				
WOULDN'T IT BE A PLEASURE	SOUL EMOTIONS	LEO 884	25.00	NM
RICE, DENZIL "DUMPY"				
DE-FUNKY DUMPY	MARLI	GENERAL AMERICAN 319	20.00	F
RICE, E.J.				
WILL YOU BE COMING BACK	LET ME LOVE YOU (ONE MORE TIME	PLATINUM RECORDS 2	200.00	78
RICE, MACK				
BABY I'M COMING HOME	MY BABY	LU PINE 119	15.00	NM
RICE, ROBIN				
I'VE HAD IT	WANTED	METRO. 3	200.00	NM
I'VE HAD IT	WANTED	CRACKERJACK 4016	50.00	NM
RICH, BOBBY				
THERE'S A GIRL SOMEWHERE (FOR ME)	I CAN'T HELP MYSELF	SAMBEA 101	1000.00	78
RICH, CHARLIE				
DANCE OF LOVE	I CAN'T GO ON	SMASH 2012	15.00	NM
LOVE IS AFTER ME	PASS ON BY	HI. 2116	15.00	NM
RICHARDS, DONALD				
I CRIED FOR YOUR LOVE	HELLO OPERATOR	CHEX 1003	40.00	NM
RICHARDS, JIMMY				
(I WON'T BE) RESPONSIBLE	BUTTER BEAN SUZY	A&M 973	30.00	NM
A PENNY FOR YOUR THOUGHTS	PEACE IN THE VALLEY	A&M 1062	30.00	NM
MY NEW FOUND JOY	DON'T FORGET THOSE WHO KNEW YO	A&M 917	20.00	B
RICHARDS, LISA				
LET'S TAKE A CHANCE	MEAN OLD WORLD	JOVIAL 728	50.00	NM
TAKE A CHANCE	MEAN OLD WORLD	SURE SHOT 5007	20.00	NM
RICHARDS, NEON				
HE HAS THE RIGHT TO KNOW	BYE NOW	MGM 13706	50.00	NM
RICHARDSON, DONALD LEE				
I'VE LEARNED MY LESSON	YOU GOT ME IN THE PALM OF YOUR	SOULVILLE 1022	30.00	**NM**
RICHARDSON, GWEN				
THAT'S MY BABY	YES I'M SAD	CB 5002	75.00	NM
RICHARDSON, HENRY				
SHE LOVES TO PARTY	DANCING GIRL	ELOIS 303	25.00	NM
RICHARDSON, JOHNNIE				
EVERY NIGHT THE SAME TIME	LONELY NIGHTS	SPROUT 994	150.00	NM
RICHARDSON, SANDRA				
STAY HERE WITH ME	DON'T LET ME DOWN	INTER SOUL 103 gree n label	10.00	NM
RICHARDSON, TENDER JOE				
B SIDE SHING-A-LING	THE CHOO CHOO	VEEP 1261	20.00	F
RICHMOND EXTENTION				
GIRLS WERE MADE TO LOVE	EVERYTHING'S COMING UPLOVE	SILVER BLUE 811	40.00	GR
LET'S GET INTO SOMETHING	SHE'S EVERYTHING I NEED	POLYDOR 14264	15.00	78
RICHMOND INTERNATIONAL				
BACK ON THE ROAD AGAIN	MAYBE - IF I LEAVE YOU	RED COACH 805	15.00	F
MAYBE - IF I LEAVE YOU	Same:	RED COACH 805	10.00	GR
RICK, ROBIN and HIM				
CAUSE YOU KNOW ME	THREE CHORUSES OF DESPAIR	VIP 25035	75.00	M
THREE CHORUSES OF DESPAIR	same:	VIP 25035 dj	10.00	M
RICKETT, NOONEY				
TOMORROW IS A BRAND NEW DAY	PLAYER, PLAY ON	IT 107	15.00	NM
WHAT MAKES A DANCE	WHAT MAKES A DANCE PT 2	IT 108	10.00	NM
RICKS, JIMMY				
DADDY ROLLING STONE	HOMESICK	ATCO 6220	15.00	MOD
OH! WHAT A FEELING	OL' MAN RIVER	FESTIVAL 703	175.00	NM
THE LONG LONG ARM OF LOVE	WIGGLIN' GIGGLIN'	JUBILEE. 5561	20.00	NM
RICKS, RICKY				
CHAINED AND BOUND	WHY DID I	SURE SHOT 5021	40.00	NM
RIDELL, SUNNY				
COME OUT IN MY WORLD	DON'T STEAL MY BABY	WHITE CLIFFS 6901	100.00	NM
RIDEOUT				
SOMEONE SPECIAL	same: instrumental	ROTA. 101	20.00	78
SOMEONE SPECIAL	same: instrumental	HOT LICKS 1003	10.00	78
RIDGLEY, SAMMY				
LOCKED UP	I'M DREAMING	HIT SOUND 437	100.00	78
RIDGLEY, TOMMY				
I'M ASKING FORGIVENESS	THERE IS SOMETHING ON YOUR MIN	RIVER CITY 728	20.00	B
IN THE SAME OLD WAY	I'M NOT THE SAME PERSON	RONN 36	20.00	NM
IN THE SAME OLD WAY	THE GIRL FROM KOOKA MONGA	RIC. 984	20.00	NM
MY LOVE IS GETTING STRONGER	FLY IN MY PIE	INTERNATIONAL CITY 7102	1000.00	NM

RIDLEY, SHARON
WHERE DID YOU LEARN TO MAKE LOVE | SCANDAL IN BEDROCK | SUSSEX 229 | 20.00 | 78

RIGHT KIND
I'VE BEEN CHANGED | WHY DO YOU HAVE TO LIE | GALAXY. 759 | 15.00 | GR

RIGHT TRACK
I GOTTA MOVE WUITH THE GROOVE | MAYBE YES, MAYYBE NO | TRUE SOUL 9 | 15.00 | F

RIGHTEOUS BROS. BAND
RAT RACE | GREEN ONIONS | VERVE 10403 | 15.00 | **NM**

RIMSHOTS
DANCE GIRL | WHO GOT THE MONSTER | ASTROSCOPE 118 | 10.00 | F
SAVE THAT THING | CONCERTO IN F | A-I 4002 | 15.00 | F
SOULTRAIN pt. 1 | SOULTRAIN pt. 2 | A-I 4000 | 15.00 | F

RINGLEADERS
BABY, WHAT HAS HAPPENED TO OUR LOVE | LET'S START OVER | M-PAC 7232 | 200.00 | NM

RIPPLE and WAVES plus MICHEAL
LET ME CARRY YOUR SCHOOL BOOKS | I NEVER HAD A GIRL | STEELTOWN 688 | 50.00 | M

RISING SUN
FUNKY YOLK | JOLLY OLE SIX TOE | TOE. 6601 | 20.00 | F
FUNKY YOLK | IT DON'T CONCERN US | KINGSTON 265 | 30.00 | F
GETTIN' IS KINDA COOL NOW | FEEL IT | KINGSTON 41001 | 10.00 | GR

RITA and the TIARAS
GONE WITH THE WIND IS MY LOVE | WILD TIMES | DORE 783 | 450.00 | NM

RIVAGE
STRUNG OUT (ON YOUR LOVE) | SITTIN' ON IT | TEMPUS 460 | 200.00 | 78

RIVERA, HECTOR and LATIN RENAISSANCE
AT THE PARTY | DO IT TO ME | BARRY 1001 | 10.00 | MOD
I WANT YOU, I NEED YOU, I LOVE YOU | SWEET SOUL BABY | 4 POINTS 4452 | 25.00 | GR
PLAYING IT COOL | I GOT MY EYES ON YOU | BARRY 1012 | 15.00 | MOD

RIVERS, JAMES
TIGHTEN UP | BIRD BRAIN | EIGHT-BALL 1560 | 15.00 | F

RIVERS, JOHNNY
POOR SIDE OF TOWN | A MAN CAN CRY | IMPERIAL 66205 | 10.00 | NM
POOR SIDE OF TOWN | A MAN CAN CRY | IMPERIAL 66205 **PS** | 15.00 | NM

RIVIERAS
YOU COUNTER FEIT GIRL | CAN I SHARE YOUR LOVE | RILEYS 369 | 200.00 | NM

RIVINGTONS
ALL THAT GLITTERS | YOU MOVE ME BABY | VEE-JAY 634 | 15.00 | NM
I LOVE YOU ALWAYS | YEARS OF TEARS | VEE-JAY 649 | 20.00 | NM
JUST GOT TO BE MORE | THE WILLY | VEE-JAY 677 | 20.00 | NM
POP YOUR CORN | POP YOUR CORN pt. 2 | RCA 301 | 15.00 | F
TEND TO BUSINESS | A ROSE GROWING IN THE RUINS | COLUMBIA 43581 | 40.00 | NM
YOU MOVE ME BABY | ALL THAT GLITTERS | A.R.E. 100 | 15.00 | NM
YOU MOVE ME BABY | ALL THAT GLITTERS | VEE-JAY 634 | 20.00 | NM
YOU'RE GONNA PAY | I DON'T WANT ANEW BABY | QUAN 1379 | 40.00 | NM

ROAD RUNNERS
EVERY MAN FOR HIMSELF | NO NAMES WILL BE CALLED | CUSTOM SOUND | 300.00 | F

ROBBINS, JIMMY (ROBINS)
I CAN'T PLEASE HER | I MADE IT OVER | JERHART 207 | 20.00 | NM
I JUST CAN'T PLEASE YOU | I MADE IT OVER | IMPRESSION 108 | 40.00 | NM
IN MY HEART | THERE'S NO NEED TO CRY | JERHART 209 | 20.00 | NM
ONCE IN A LIFETIME | LONELY STREET | TRC 995 | 10.00 | B
REPOSSESING MY LOVE | FOR GOODNESS SAKE | ALA 1173 | 40.00 | NM
SHINE IT ON | WAITIN' ON YOU | 20TH. CENTURY 6667 | 15.00 | NM
WAITIN' ON YOU | SHINE IT ON | 20TH. CENTURY 6661 | 30.00 | NM

ROBBINS, ROCK
GOOD LOVIN' | LITTLE GIRL | MY RECORDS 2909 | 40.00 | F

ROBBINS, SHARON
GOOD GRACIOUS BABY | THE REO | JAY-EM 1001 | 20.00 | NM

ROBBINS, SYLVIA
DON'T LET YOUR EYES GET BIGGER YOUR HEART | FROM THE BEGINNING | SUE 805 | 20.00 | NM
OUR LOVE | I CAN'T TELL YOU | SUE 106 | 20.00 | NM

ROBBINS, TRACIE
THIS WORLD WITHOUT YOU | THAT'S WHAT YOU ARE TO ME | BRUNSWICK 55331 | 75.00 | NM

ROBBINSON, LIONEL
CANDY | SOMETHING'S WRONG (WITH MY BABY) | KNIGHT 304 | 30.00 | F

ROBERSON, CHUCK
I'VE GOT TO HAVE YOUR LOVE | YOU DON'T LOVE ME | BLUESONG 1154 | 40.00 | 78
YOU GONNA MISS ME (WHEN I'M GONE) | TOE - JOE | ALBRADELLA 3003 | 10.00 | 78

ROBERT, ROY   see ROBERTS, ROY

ROBERTA
I'M ON THE PROWL | I'LL TRY | LU-CEE 103 | 75.00 | NM

ROBERTS EXPERIENCE, ROY   also see ROBERTS, ROY

YOU MOVE ME PT.1	YOU MOVE ME PT 2	HOUSE OF THE FOX 11	15.00	F

ROBERTS, CAL

INTERNATIONAL FUNK	LOVING IN A LAY A WAY	MAGIC MINSTREL 3000	10.00	F

ROBERTS, CHUCK

HELLO	I'VE GOTTA TRY	MGM 14127	15.00	NM

ROBERTS, GIP

HUNCHIN	HUNCHIN pt. 2	TCB 758	40.00	F

ROBERTS, JOHN

COME BACK AND STAY FOREVER	I'LL ALWAYS REMEMBER	DUKE 459	10.00	NM
I'LL FORGET YOU	BE MY BABY	DUKE 436	10.00	NM
SOCKIN' 1-2-3-4	SOPHISTICATED FUNK	DUKE 425	10.00	F
TO BE MY GIRL	SOMETHING REMINDS ME	DUKE 429	30.00	NM

ROBERTS, LOU and the MARKS

EVERYTHING YOU ALWAYS WANTED TO KNOW ABOUT LOVE	SHE'S NOT MAMA'S LITTLE GIRL	MGM SOUNDS OF MEMPHIS S704	50.00	NM
TEN TO ONE	DON'T COUNT ON ME	MGM 13387	40.00	**NM**
YOU FOOLED ME	GETTIN' READY	MGM 13347	40.00	**NM**
YOU FOOLED ME	GETTIN' READY	XL	100.00	NM

ROBERTS, ROCKY (and the AIREDALES)

I WON'T THINK HARD OF YOU	VOLARE	CHESS 2096	15.00	NM
JUST BECAUSE OF YOU	STASERA MI BUTTO	UA 2804	25.00	NM

ROBERTS, ROY

GOT TO HAVE ALL YOUR LOVE	THE LEGEND OF OTIS REDDING	BO RO 102	150.00	NM
GOT TO HAVE YOUR LOVE	LEGEND OF OTIS REDDING	NINANDY 1011	100.00	NM
I KNOW WHAT TO DO TO SATISFY YOU	same: Instrumental	TINA 500	100.00	NM

ROBERTS, RUNETTE

SHE DIDN'T KNOW	same: Instrumental	ICA 5	30.00	78

ROBERTS, TINA

ONE WAY OR THE OTHER	CAN'T STAND TOO MUCH PAIN	SECURITY 1366	1000.00	NM

ROBERTS, VIVIAN

SO PROUD OF YOU	DON'T SAY GOODBYE	VAULT 921	20.00	NM

ROBERTS,NORA

I JUST FLIP	MY LOVE IS YOURS	KICK OFF 189	150.00	NM

ROBERTSON, OTHELLO

SO IN LOVE	COME ON HOME	BABY LUV 35	300.00	NM
SO IN LUV	COME ON HOME	ERA 3179	150.00	NM

ROBIN, EDE

THERE MUST BE A LOVE SOMEWHERE	CHICKEN SLACKS	LE CAM 310	10.00	NM

ROBINS, ART

I CAN'T STAND TO SEE YOU CRY	FOUNTAIN OF LOVE	VANDO 102	20.00	NM

ROBINS, JIMMY see ROBBINS, JIMMY

ROBINSON, ALVIN

BABY DON'T YOU DO IT	LET ME DOWN EASY	ATCO 6581	20.00	NM
I'M GONNA PUT SOME HURT ON YOU	HOW CAN I GET OVER YOU	BLUE CAT 108	15.00	NM
SOMETHING YOU GOT	SEARCHIN'	TIGER 104	15.00	NM
YOU BROUGHT ME TO MY KNEES	WHATEVER YOU HAD U AIN'T GOT I	JOE JONES 1	15.00	NM

ROBINSON, ANN

YOU DID IT	I'M STILL WAITING	ALL BROTHERS 61069	300.00	**B**

ROBINSON, BERT

HEART OF GOLD	JUST A LITTLE LOVE	CAPITOL 44013 **PS**	15.00	78

ROBINSON, BILL and the QUAILS

DO I LOVE YOU	LAY MY HEAD ON YOUR SHOULDER	DATE 1620	15.00	NM

ROBINSON, BILLY and the BURNERS

YOU LEFT THE FIRE BURNINHG	I AM A LONELY BLACK BOY	CRAZY HORSE 1305	30.00	NM

ROBINSON, CHUCK

LOVE AFFAIR	ARE YOU WOMEN. ENOUGH	ALBRADELLA 3000 purple label	75.00	78
LOVE AFFAIR	ARE YOU WOMEN. ENOUGH	ALBRADELLA 3000 silver label	20.00	78

ROBINSON, CLEVELAND

BOY	SOMEBODY TO LOVE	NOSNIBOR 1011 pink label	30.00	NM
BOY	SOMEBODY TO LOVE	NOSNIBOR 1012 green label	10.00	NM
LOVE IS A TRAP	A LOAF OF BREAD	NOSNIBOR 1002	600.00	NM
MR.WISHING WELL	TAKE A FOOLS ADVICE	NOSNIBOR 1007	15.00	NM
MY PLACE IN THE WORLD	WOMNAN IN MOTION	NOSNIBOR 1003	20.00	NM
WORK SONG	A MAN GETS TIRED	NOSNIBOR 1004	20.00	NM

ROBINSON, DAVID

I'M A CARPENTER	I'M A CARPENTER pt. 2	ORBITONE	200.00	F

ROBINSON, DUTCH

CAN'T GET ALONG WITHOUT YOU	same: mono	UA 1059 dj	30.00	78

ROBINSON, ED

I JUST WANNA BE THERE	same: mono	ATCO 6830 dj	15.00	78

ROBINSON, FENTON

YOU'REE CRACKING ME UP	I PUT MY BABY IN HIGH SOCIETY	GIANT 705	75.00	NM

ROBINSON, GERRY
SUGAR DUMPLIN' | A MOUNTAIN OUT OF A MOLEHILL | MGM 14350 | 30.00 | NM

ROBINSON, J.P.
LOVE IS NOT A STRANGER | YOU GOT YOUR THING ON A STRING | ALSTON 4577 | 10.00 | B
ONLY BE TRUE TO ME | I'VE GOT A LONG WAY TO GO | ALSTON 4570 | 20.00 | B
PLEASE ACCEPT MY CALL | SAY IT | ALSTON 4585 | 10.00 | B
WHAT CAN I TELL HER | DOGGONE IT | ALSTON 4583 | 20.00 | B
YOU GOT YOUR STRING ON A THING | LOVE IS NOT A STRANGER | ALSTON 4577 | 20.00 | NM

ROBINSON, JAY and the DYNAMICS
I CAN'T LIVE WITHOUT YOU | I DON'T WANT TO BE YOUR PUPPET | MALA 551 | 30.00 | GR

ROBINSON, JOHNNY
FUNKY FEET | DON'T TAKE IT SO H\RD | EPIC 10557 | 15.00 | F
GONE BUT NOT FORGOTTEN | I NEED YOUR SO BAD | OKEH 7307 | 300.00 | NM
GREEN, GREEN GRASS OF HOME | YOU'VE BEEN WITH HIM | OKEH 7328 | 15.00 | B
WHEN A MAN CRIES | POOR MAN | OKEH 7317 | 25.00 | B

ROBINSON, KENNY and the CHESSMEN
BABY SAY YOU LOVE ME | SOMETHING YOU GOT | B.O.S.S. 1031 | 100.00 | NM

ROBINSON, LIONEL
WARNING | BABY LET ME DO MY THING | KNIGHT 779 | 75.00 | NM
WARNING | ONE WOMAN MAN | KNIGHT 777 | 50.00 | NM

ROBINSON, PRINCE JOHNNY
I FEEL IN LOVE WITH AN ANGEL | I GOT LOVE | MERCURY 73472 | 15.00 | B

ROBINSON, ROSCO (ROSCOE)
DON'T FORGET THE SOLDIERS | THE YULETIDE | GERRI 2 | 10.00 | B
DON'T PRETEND (JUST BE YOURSELF) | WHAT COLOR IS LOVE | FAME 1469 | 75.00 | NM
OO WEE BABY I LOVE YOU | LEAVE YOU IN THE ARMS OF YOUR | ATLANTIC 2637 | 15.00 | NM
THAT'S ENOUGH | ONE MORE TIME | GERRI 1 | 50.00 | NM
THAT'S ENOUGH | ONE MORE TIME | WAND 1125 | 15.00 | NM
WHAT YOU'RE DOING TO ME | A THOUSAND RIVERS | WAND 1149 | 15.00 | NM
WE'RE LOSING IT BABY | WE GOT A GOOD THING GOING | PAULA 378 | 10.00 | F
WHAT YOU'RE DOING TO ME | A THOUSAND RIVERS | WAND 1149 | 10.00 | NM
WHAT MAKES A MAN DO WRONG | TOO MANY LIES | TUFF 405 | 15.00 | NM
WHY ARE YOU AFRAID | DARLING PLEASE TELL ME | SS7 2595 | 10.00 | B
WHY MUST IT END | HOW MANY TIMES MUST I KNOCK | SS7 2618 | 15.00 | B
YOU DON'T MOVE ME NO MORE | FOX HUNTING ON A WEEKEND | SS7 2610 | 20.00 | NM

ROBINSON, SAMUEL T.
TAKE TIME TO GO CRAZY | SOMEWHERE IN MISSISSIPPI | VIMLA 73 | 15.00 | F

ROBINSON, SHAUN
MY DEAR HEART | FIND LOVE RIGHT NOW | MINIT 32013 | 150.00 | NM

ROBINSON, SMOKEY and the MIRACLES   see MIRACLES

ROBINSON, SYLVIA
OO-WEE BABY | LOVE IS THE ONLY THING | TRU-GLO-TOWN 508 | 10.00 | B

ROCK CANDY   also see CONTEMPLATIONS
ALONE WITH NO LOVE | I DON'T THINK I'LL EVER LOVE ANOTHER | DONTEE 103 blue label | 30.00 | NM
ALONE WITH NO LOVE | I DON'T THINK I'LL EVER LOVE ANOTHER | DONTEE 103 yellow label | 75.00 | NM

ROCKMASTERS
MY LONELY ONE (WHERE ARE YOU) | A WONDERFUL THING (LOVE) | ONEDERFUL 4820 | 20.00 | NM
RAINING TEARDROPS | GET YO-SELF MARRIED | ROMULUS 3003 | 250.00 | NM

RODGERS, JOHNNY and the NU-TONES
MAKE A CHANGE | SOUL FOOD | AMON 4619 | 1500.00 | NM

RODGERS MOVEMENT, BUCKS
TAKE IT FROM ME GIRL | L.A. | 21ST. CENTURY 603 | 100.00 | NM

RODGERS, TOMMY
I'LL TELL IT TO THE WIND | PASS THE WORD | AJP 1510 | 30.00 | NM

RODGERS, WILLIE
WAKE UP | TENNESSE WALTZ | BROMACK 101 | 300.00 | F

ROE-O-TATION
SPECIAL CATEGORY | OLD LOVE | GERIM 1 | 40.00 | NM

ROECKER, SHERRILL
DON'T SAY NOTHING | IT'S ALL OVER | SWAN 4173 | 20.00 | NM

ROGER and the GYPSIES
PASS THE HATCHET | PASS THE HATCHET pt. 2 | SEVEN B 7002 | 30.00 | MOD

ROGERS, BIG DADDY
I'M A BIG MAN | BE MY LAWYER | MIDAS 9006 | 300.00 | NM

ROGERS, LEE
GO GO GIRL | I'M A PRACTICAL GUY | D-TOWN 1067 | 15.00 | NM
HOW ARE YOU FIXED FOR LOVE | CRAKED UP OVER YOU | WHEELSVILLE 118 | 15.00 | NM
I WANT YOU TO HAVE EVERYTHING | OUR LOVE IS MORE | D-TOWN 1035 | 15.00 | NM
IF I COULD STEAL YOU AWAY | SWEETEST WOMAN EVER BORN | DIAMOND JIM 1006 | 10.00 | B
JUST YOU AND I | BOSS LOVE | D-TOWN 1050 | 20.00 | NM

LOVE AND WAR	HOW ARE YOU FIXED FOR LOVE	WHEELSVILLE 110	100.00	NM
MY ONE AND ONLY	YOU WON'T HAVE TO WAIT	D-TOWN 1062	15.00	NM
SOCK SOME LOVE POWER TO ME	BLANK:	PREMIUM STUFF 6	50.00	NM
THE SAME THINGS THAT MAKE YOU	HOW ARE YOU FIXED FOR LOVE	WHEELSVILLE 119	50.00	NM
TROUBLES	WALK ON BY	MAHS 9	40.00	NM
YOU'RE THE CREAM OF THE CROP	SOMEBODY ELSE WILL	D-TOWN 1041	15.00	NM

ROKK

PATIENCE	DON'T BE NO FOOL	TOLLIE 1001	700.00	78

ROLESIA and the KENYATTAS

KENYATTA IN YOUR TOWN	WHERE WERE YOU	VELVET 15	15.00	F

ROLLINS, BIRD

DON'T WORRY 'BOUT IT	ALL ON ACCOUNT OF YOU	DISCO RECORD 201	15.00	F
LOVE MAN FROM CAROLINA	SHE NEEDS LOVIN' ALL THYE TIME	CALLA 182	15.00	NM
NO HEAT NO HOT WATER	NO HEAT NO HOT WATER (LONG VER	MAGNET 7	15.00	F

ROLLINS, DEBBIE

HE REALLY LOVES ME	SOMEONE	ASCOT 2148	20.00	NM
WHO CASRES WHAT PEOPLE SAY	MY JOHNNY DOESN'T COME AROUND	ASCOT 2150	30.00	NM

ROMANS, CHARLIE

TWENTY FOUR HOUR SERVICE	COME BACK HOME	HICKORY 1438	20.00	**NM**

ROMANS, LITTLE JOE

WHEN YOU'RE LONESOME	YOU'VE GOT THE LOVE	TUFF 419	400.00	**NM**

ROMEOS

MON PETITE CHOW	CALYPSO CHILI	LOMA 2041	30.00	NM

RON and BILL

IT	DON'T SAY BYE-BYE	TAMLA 54025	175.00	M
IT	DON'T SAY BYE BYE	ARGO 5350 black label	40.00	M
IT	DON'T SAY BYE BYE	ARGO 5350 brown label	10.00	M

RON and the EMBRACERS

YOU CAME INTO MY HEART	LATIN BLOOD	SPECTRUM 2	30.00	NM

RON AND CANDY

LOVELY WEEKEND	PLASTIC SITUATION	INNER CITY 173	15.00	78

RONDELS

GET IN THE CORNERS	HEY JUDE	CAPRI 150	20.00	F

RONNIE and JOYCE

ON THE STAGE OF LOVE	YES I'M FALLING IN LOVE	ALPHA 005	15.00	NM

RONNIE and ROBYN

AS LONG AS YOU LOVE ME (I'LL STAY)	EACH TIME	SIDRA 9006	250.00	NM
AS LONG AS YOU LOVE ME (I'LL STAY)	STEP INTO MY HEART	SIDRA 9011	100.00	**NM**
CRADLE OF LOVE	DREAMIN'	TEAM TOWN 9001	15.00	B
SIDRA'S THEME	BLOW OUT THE CANDLE	SIDRA 9007	50.00	NM

RONNIE and the MANHATTANS

LONG TIME NO SEE	COME ON BACK	ENJOY 2008	100.00	NM

RONNIE and the PARLEYS

AM I IN LOVE	ROSSI'S SOUND	KERWOOD 1001	200.00	NM

ROOSEVELT and the SEVEN C's

WE WERE ALWAYS SWEETHEARTS	BLACK CAT	RONDO 1118	250.00	NM

ROSARIO, WILLIE

WATUSI BOOGALOO	VENTO EN POPPA	ATCO 6483	20.00	MOD

ROSCO and BARBARA

COULD THIS BE LOVE	IT AIN'T RIGHT	OLD TOWN 1175	20.00	NM

ROSCOE and the FRIENDS

BARNYARD SOUL	BROADWAY SISSY	TEC 3012	60.00	F
WATERMELON MAN	DO WHAT'CHA KNOW	TEC 3010	40.00	MOD

ROSE COLORED GLASS

CAN'T FIND THE TIME	MYSTIC TOUCH	BANG 584	10.00	NM

ROSEBUDS

SAY YOU'LL BE MINE	MAMA SAID	Tower 105	25.00	NM

ROSIE (and the ORIGINALS)

I DON'T UNDERSTAND	YOU'RE NO GOOD	WAX WORLD 3265	300.00	NM

ROSS, DIANA

AIN'T NO MOUNTAIN HIGH ENOUGH	CAN'T IT WAIT UNTIL TOMORROW	MOTOWN 1169 **PS**	20.00	M
DO YOU KNOW WHERE YOU'RE GOING	NO ONE'S GONNA BE A FOOL FOREV	MOTOWN 1377 **PS**	10.00	M
SORRY DOESN'T ALWAYS MAKE IT RIGHT	TOGETHER	MOTOWN 1335 **PS**	10.00	M
T'AIN'T NOBODY'S BIZNESS + MY MAN	GOOD MORNING HEARTACHE + 1	MOTOWN 758 4 track **EP**	40.00	M
WE CAN NEVER LIGHT THAT OLD FLAME AGAIN	same: mono	MOTOWN 1626 dj **PS**	15.00	M

ROSS, DIANA and the SUPREMES   see SUPREMES
ROSS, DIANA and the SUPREMES with the TEMPTATIONS

I'M GONNA MAKE YOU LOVE ME	A PLACE IN THE SUN	MOTOWN 1137 **PS**	20.00	M

ROSS, FAYE

FAITH, HOPE **and** TRUST	YOU AIN'T RIGHT	ROUND 1030	15.00	NM

ROSS, JACKIE

DON'T CHANGE YOUR MIND	WHO COULD BE LOVING YOU	FOUNTAIN 1101	20.00	NM
DYNAMITE LOVIN'	YOU REALLY KNOW HOW 2 HURT	CHESS 1929	25.00	NM
GLORY BE	I MUST GIVE YOU TIME	MERCURY 73185	20.00	NM
HASTE MAKES WASTE	WASTING TIME	CHESS 1915	10.00	NM
HONEY DEAR	TAKE ME FOR A LITTLE WHILE	CHESS 1938	10.00	NM
I'VE GOT THE SKILL	CHANGE YOUR WAYS	CHESS 1913	10.00	NM
KEEP YOUR CHIN UP	LOVE IS EASY TO LOSE	BRUNSWICK 55325	30.00	NM
MR. SUNSHINE	WALK ON MY SIDE	BRUNSWICK 55361	20.00	NM
NEW LOVER	JERK AND TWINE	CHESS 1920	10.00	NM
SELFISH ONE	EVERYTHING BUT LOVE	CHESS 1903	15.00	NM
SELFISH ONE	blank:	CHESS 1903 dj	20.00	NM
SHOWCASE	ANGEL OF THE MORNING	FOUNTAIN 1103	20.00	NM
SHOWCASE	ANGEL IN THE MORNING	MERCURY 73041	10.00	NM

ROSS, JOHNNY and SOUL EXPLOSION

I CAN'T HELP MYSELF	SORE LOSER	CHIRRUP 1523	50.00	**NM**

ROSSI, KENNY

DON'T LOSE THIS LOVE	TURN ON YOUR LOVELIGHT	ARCTIC 122	50.00	NM

ROSSI, NITA

SOMETHING TO GIVE	HERE I GO AGAIN	HICKORY 1399	20.00	NM

ROTATIONS

(PUT A DIME ON) D-9	same: Instrumental	FRANTIC 200.	300.00	NM
(PUT A **NICKEL** ON) D - 9	same: Instrumental	FRANTIC 200 miss spelt title	400.00	NM
A CHANGED MAN	HEARTACHES	FRANTIC 202	150.00	NM
DON'T EVER HURT ME GIRL	I COULD BE LIKE COLUMBUS	LAW-TON 1550	40.00	NM
I CAN'T FIND HER	SEARCHING IN VAIN	DEBROSSARD 111	100.00	NM
TRYING TO MAKE YOU MY OWN	MISTY ROSES	MALA 576	50.00	NM

ROUND ROBIN MONOPOLY

AVERAGE MAN	LOVE'S OUT TO GETCHA	TRUTH 1664	15.00	F
I'D RATHER LOAN YOU OUT	LIFE IS FUNKY	TRUTH 3209	30.00	78

ROUNTREE, WILLIE

HOUSE OF MEMORIES	WISHING	VOLARE 1004	25.00	78

ROUZAN SISTERS

DANCE EVERY DANCE	MEN OF WAR	FRISCO 113	25.00	NM

ROWE, RUBY

WE LOVE EACH OTHER	A WOMAN IS HEAVEN SENT	RESIST 850	30.00	NM

ROY, JAY

WORKING FOR YOU	BLUE AS A MAN CAN BE	TOU-SEA 129	10.00	B

ROY, ROCK and REESE

PRETENDING	WHO'S COMPLAINING	COLPAR 1006	20.00	GR

ROYAL CHESSMEN

YOU MUST BELIEVE ME	BEGGIN' YOU	CUSTOM FIDELITY no #	300.00	NM

ROYAL ESQUIRES

AIN'T GONNA RUN	OUR LOVE USED TO BE	PRIX 69001	500.00	NM

ROYAL FIVE

IT AIN'T NO BIG THING	PEACE OF MIND	ARCTIC 160	30.00	NM
MY BABY JUST CARES FOR ME		COBRA 1128	100.00	NM
SAY IT TO MY FACE	GONNA KEEP LOVIN' YOU	TYLER 200	40.00	**NM**

ROYAL JESTERS

I'VE GOT SOUL	MY KIND OF WOMAN	OPTIMUM 101	100.00	NM
THAT GIRL	LADY SUNSHINE	OPTIMUM 104	40.00	NM
WHAT LOVE HAS JOINED TOGETHER	WISDOM OF A FOOL	JESTER 102	30.00	NM

ROYAL JOKERS

FROM A TO Z (LOVE GAME)	same: Instrumental.	WINGATE 20	10.00	M

ROYAL PLAYBOYS

ARABIA	BRING IT BACK	DO DE 111	500.00	NM

ROYAL PREMIERS

I CAN MAKE IT IF I TRY	MAKE LOVE TO ME	MBS 105	15.00	NM
WHO AM I WITHOUT YOUR LOVE	I WANNA LOVE ,LOVE, LOVE	TOY 102	30.00	NM

ROYAL ROBINS

HOW HIGH THE MOON	SOMETHING YOU'VE GOT BABY	ABC 10542	20.00	GR
SOMETHING ABOUT YOU SENDS ME	ROLLER COASTER	TRU-GLO-TOWN 506	600.00	NM
TURN ME LOOSE	THE COUNTRY FOOL	ABC 10504	25.00	NM

ROYAL, AUDREY

COME ON PLAYBOY	same: Instrumental	ALSTON 4575	40.00	NM

ROYAL, BILLY JOE

HEART'S DESIRE	DEEP INSIDE ME	COLUMBIA 43622	25.00	NM

ROYAL, DUKE

MONKEY ON MY BACK		DEBBIE 1003	50.00	NM

ROYAL, MARGARET

I'LL NEVER GO AWAY	same: Instrumental	TRA-X 19	150.00	NM

ROYALETTES
NEVER AGAIN	I WANT TO MEET HIM	MGM 13405	10.00	NM
ONLY WHEN YOU'RE LONELY	YOU BRING ME DOWN	MGM 13451 **PS**	25.00	NM
ONLY WHEN YOU'RE LONELY	YOU BRING ME DOWN	MGM 13451	15.00	NM
OUT OF SIGHT, OUT OF MIND	IT'S GONNA TAKE A MIRACLE	MGM 13366	15.00	NM
THERE HE GOES	COME TO ME	WB 5439	15.00	NM

ROYE, LEE
TEARS (NOTHING BUT TEARS)	WHO AM I	DECCA 32356	100.00	NM

RUBAIYATS
OMAR KHAYYAM	TOMORROW	SANSU 456	30.00	NM

RUBIES
A SPANISH BOY	DEEPER	VEE-JAY 596	15.00	NM

RUBIN
YOU'VE BEEN AWAY	BABY, YOU'RE MY EVERYTHING	KAPP 869 dj	200.00	**NM**
YOU'VE BEEN AWAY	BABY, YOUR MY EVERYTHING	KAPP 869	300.00	NM

RUBY and the ROMANTICS
BABY COME HOME	EVERY DAY'S A HOLIDAY	KAPP 601	15.00	NM
DOES HE REALLY CARE FOR ME	NEVERTHELESS (I'M IN LOVE WITH	KAPP 646	15.00	NM
MUCH BETTER OFF THAN I'VE EVER BEEN	OUR EVERLASTING LOVE	KAPP 578	15.00	NM
NOBODY BUT MY BABY	IMAGINATION	KAPP 702	20.00	NM
ONLY HEAVEN KNOWS	THIS IS NO LAUGHTING MATTER	ABC 10941	75.00	NM
TWILIGHT TIME	UNA BELLA BRAZILIAN MELODY	ABC 10911	10.00	NM

RUBY
FEMININE INGENUITY	DECEIVED	GOLD TOKEN 100	250.00	NM

RUBY and the PARTY GANG
RUBY'S HOUSE PARTY	HEY RUBY (SHUT YOUR MOUTH)	LAW-TON 1554	10.00	F

RUDD, NORMA
HE'S MINE	SOMETHING KEE**PS** TELLING ME	SURE SHOT 5009	30.00	NM

RUDOLPH, LORI
DON'T LET THEM TELL ME	GRIEVING ABOUT A LOVE	TRI-PHI 1003	20.00	M

RUDOLPH, LORRAINE
KEEP COMING BACK FOR MORE	AFTER ALL I'VE BEEN THROUGH FO	JETSTREAM 817	20.00	NM

RUFFIN, DAVID
ACTION SPEAKS LOUDER THAN WORDS	YOU CAN GET WHAT I GOT	CHECK MATE 1003	100.00	**M**
DON'T STOP LOVING ME	EACH DAY IS A LIFETIME	MOTOWN 1178	15.00	M
I'M IN LOVE	ONE OF THESE DAYS	ANNA 1127	75.00	M
MR. BUS DRIVER - HURRY!	KNOCK YOU OUT (WITH LOVE)	CHECK MATE 1010	75.00	M
YOU CAN COME RIGHT BACK TO ME	DINAH	MOTOWN 1187	20.00	M

RUFFIN, JIMMY
DON'T FEEL SORRY FOR ME	HEART	MIRACLE 1	175.00	M
DON'T YOU MISS ME A LITTLE BIT BABY	I WANT HER LOVE	SOUL 35035	10.00	M
HOW CAN I SAY I'M SORRY	AS LONG AS THERE IS L-O-V-E LOVE	SOUL 35016	20.00	M
SINCE I'VE LOST YOU	I WANT HER LOVE	SOUL 35002	10.00	M

RUMBLERS
SOULFUL JERK	HEY DID A DADA	DOWNEY 127	50.00	NM

RUSH, OTIS
HOMEWORK	I HAVE TO LAUGH	DUKE 356	30.00	NM

RUSS, LONNIE
SOMETHING OLD, SOMETHING NEW	MY WIFE CAN'T COOK	FOUR-J 501	10.00	GR
SAY GIRL	SOMETHING FOR MY LOVE	KERWOOD 711	600.00	NM

RUSSELL, JACKIE
IF YOU DON'T WANT ME (LET ME B	DON'T TRADE LOVE FOR MONEY	SOUL KITCHEN 10	100.00	NM

RUSSELL, RICHARD
WISH YOU WERE HERE	NO BODY CAN STOP ME	KASHE 444	15.00	NM

RUSSELL, SAXIE
PSYCHEDLIC SOUL	PSYCHEDELIC SOUL PT 2	THOMAS 1639	75.00	NM

RUSSO, CHARLIE
YOU BETTER BELIEVE IT	HEAVEN KNOWS YOU'RE HERE	LAURIE 3393	25.00	NM

RYAN, ROZ
YOU'RE MY ONLY TEMPTATION	I CAN'T SEE NOTHING BUT THE GO	VOLT 4040	75.00	NM

RYDER, MITCH and DETROIT WHEELS
BLESSING IN DISGUISE	WHAT NOW MY LOVE	DYNOVOICE 901	15.00	NM
BREAK OUT	I NEED HELP	NEW VOICE 811	10.00	**NM**
COME SEE ABOUT ME	A FACE IN THE CROWD	NEW VOICE 828	15.00	NM
SOCK IT TO ME - BABY	I NEVER HAD IT BETTER	NEW VOICE 820 **PS**	20.00	NM
SOCK IT TO ME - BABY	I NEVER HAD IT BETTER	NEW VOICE 820	15.00	NM
TOO MANY FISH IN THE SEA	ONE GRAIN OF SAND	NEW VOICE 822 **PS**	20.00	NM
TOO MANY FISH IN THE SEA	ONE GRAIN OF SAND	NEW VOICE 822	10.00	NM
YOU GET YOUR KICKS	TAKIN' ALL I CAN GET	NEW VOICE 814	15.00	NM
YOU GET YOUR KICKS	RUBY BABY	NEW VOICE 830	10.00	NM

S.N. and the CT'S
THE PLEASURE OF YOUR COMPANY	MARIA (LOVE AND MUSIC)	SUNBURST 771	15.00	NM

S.O.T.
DO THE SPANK	DO THE SPANK PT 2	SOULAPPLE 3030	15.00	F

S.O.U.L.
BURNING SPEAR	TELL IT LIKE IT IS	MUSICOR	200.00	F
CAN YOU FEEL IT	LOVE, PEACE AND POWER	MUSICOR 1460	15.00	F
PEACE OF MIND	TO MEND A BROKEN HEART	MUSICOR 1463	15.00	F
ROPE A DOPE	I NEED SOMEBODY TO LOVE	DYNAMO 6004	10.00	F
THIS TIME AROUND	ON TOP OF THE WORLD	MUSICOR 1472	15.00	78

SAAB, CLIFF
THE MULE	MIX IT UP	ROULETTE 7014	15.00	F

SABLES
I'M ON FIRE	DARLING	RCA 8521	20.00	NM

SADDLER REVUE, REGGIE
I CAN'T ACCOUNT TO MY ACTIONS	same: mono	DE-LITE 556 dj	15.00	78
JUST WAIT AND SEE	R.R.A.W.J.	DE-LITE 545	30.00	78
LOVE, YOU CAN'T SHAKE IT	same: mono	DE-LITE 560 dj	20.00	78
RAGGEDY BAG	JUST WAIT AND SEE	AQUARIUS 8700	50.00	F
SO LONG SWEET GIRL	I'VE BEEN TRYING	DE-LITE 548	40.00	78

SADDLER, JANICE and the JAMMERS
MY BABY'S COMING HOME TO STAY	same: Instrumental	DE-LITE 558	30.00	78

SADINA
I WANT THAT BOY	WHO AM I KIDDIN'	SMASH 1979	20.00	NM

SAI WHATT
SHE'S MY WOMAN	PUT YOUR WEIGHT ON IT	STASH 0001	15.00	78

SAILS, JOHNNY   also see SAYLES, JOHNNY
DON'T TURN YOUR BACK ON ME	YOU TOLD A LIE	MARVLUS 6000	20.00	NM

SAIN, LEE
I CAN'T FIGHT IT	BABY DON'T LEAVE ME	BROACH 6724	15.00	NM
TELL MY BABY	WE'LL MEET AGAIN	GLOW STAR 816	30.00	NM
THEM HOT PANTS	THEM HOT PANTS PT 2	WE PRODUCE 1804	10.00	F

SAIN, OLIVER
AFRICAN WALK	TANYA	VANESSA 105	20.00	F
BUS STOP	NIGHT TIME	ABET 9457	10.00	F
LONDON EXPRESS	BLOWING FOR LOVE	ABET 9460	10.00	F
SCRATCH MY BACK	SOUL SERENADE	ABET 9447	10.00	F
ST. LOUIS BREAKDOWN		ABET	20.00	F

SAINT, CATHY
BIG BAD WORLD	MR. HEARTBREAK	DAISEY 501	40.00	NM

SAINTS
COME ON LET'S DANCE	MIRROR, MIRROR ON THE WALL	REVUE 11069	25.00	NM
I'LL LET YOU SLIDE	LOVE CAN BE	WIGWAM	1500.00	NM
THE SUN DON'T SHINE (EVERYDAY)	I'VE BEEN TAKE FOR A RIDE	STARDOM 101	50.00	NM
THE SUN DON'T SHINE (EVERYDAY)	I'VE BEEN TAKE FOR A RIDE	KENT 480	25.00	NM

SALT
HUNG UP	I CAN'T BELIEVE	CHOCTAW	300.00	F

SALVADORS

STICK BY ME BABY	I WANNA DANCE	WISE WORLD 301	1500.00	NM
SAM and KITTY				
I'VE GOT SOMETHING GOOD	LOVE IS THE GREATEST	FOUR BROTHERS 452	40.00	NM
YOUR MONEY - MY LOVE	DON'T HIT ON ME	FOUR BROTHERS 400	15.00	NM
SAM AND BILL				
FOR YOUR LOVE	BEAUTIFUL BABY	KARATE 508	10.00	B
I'LL TRY	I FEEL LIKE CRYING	DECCA 32143	25.00	NM
TRYING TO GET BACK TO MY BABY	I NEED YOUR LOVE TO COMFORT ME	DECCA 32201	15.00	NM
SAMPLE, HANK				
I'M SO IN LOVE WITH YOU	YOU'RE BEING UNFAIR TO ME	JAY WALKING 6	20.00	NM
SAMON, DON RAY				
BABY COME BACK	TAKE IT EASY	E RECORDS 401	50.00	NM
SAMSON and DELILAH				
LIVING IN A WORLD OF TROUBLE	DON'T LEAVE ME HERE	KING JAMES 401	40.00	F
THERE'S A DJ IN YOUR TOWN	TIME TO PROVE MY LOVE TO YOU	INDIGO 315	30.00	F
WOMAN	WILL YOU BE READY	RED CAP 101	25.00	NM
WOMAN	WILL YOU BE READY	ABC 10954	15.00	NM
SAMSON				
I NEED YOUR LOVIN'	COUNTRY AND WESTERN	BUTTERMILK 100	10.00	78
SAN REMO (GOLDEN) STRINGS				
FESTIVAL TIME	JOY ROAD	RIC TIC 112	15.00	NM
FESTIVAL TIME	JOY ROAD	GORDY 7060	10.00	M
HUNGRY FOR LOVE	ALL TURNED ON	RIC TIC 104	10.00	NM
I'M SATISFIED	BLUEBERRY HILL	RIC TIC 108	10.00	M
SANDELLES				
HIT N' RUN LOVER	FORTROCKE	DEBONAIR 309	300.00	NM
SANDERS, FRANKIE				
TAKE ANOTHER LOOK	BLUES TIME IN BIRMINGHAM	JUANA 1953	30.00	78
SANDERS, NELSON				
I HOLD THE KEY	IT'S REAL	SOUL KING 402	15.00	B
MOJO MAN	I'M LONELY	RAMBLER 3001	500.00	NM
THIS LOVE IS HERE TO STAY	TIRED OF BEING YOUR FOOL	LA BEAT 6608	30.00	NM
SANDERS, ROBERT and the ENTERTAINERS				
WHAT I DON'T SEE CAN'T HURT ME	I CAN EASILY GET ALONG WITH YOU	C.V.C. 001	500.00	NM
SANDIFER, MCKINLEY				
GET UP (IF YOU WANT TO BE SOMEBODY)	SWEET LITTLE WOMAN	USA 907	30.00	F
SANDPEBBLES				
YOU TURN ME ON	GARDEN OF EDEN	CALLA 160	20.00	NM
SANDPIPERS				
LONELY TOO LONG	I REALLY LOVE YOU	GIANT 705	400.00	NM
YOUNG GENERATION	ALI BABA	KISMET 394	30.00	NM
SANDS, EVIE				
BILLY SUNSHINE	IT MAKES ME LAUGH	CAMEO 2002	15.00	NM
PICTURE ME GONE	IT MAKES ME LAUGH	CAMEO 413	40.00	NM
RUN HOME TO YOUR MAMA	TAKE ME FOR A LITTLE WHILE	BLUE CAT 118	15.00	NM
SANDS, IDA				
RESCUE ME	PROPHESIZE	SHIPTOWN 008	200.00	NM
START ALL OVER AGAIN	DON'T LOSE A GOOD THING	HOW BIG 202129	50.00	NM
YOU CAME ALONG TO RESCUE ME	I PROPHESIZE	CHIEF 103	30.00	NM
SANDS, LOLA				
TO WHOM IT MAY CONCERN		BISON 101	150.00	NM
SANDS, PAT and the PEBBLES				
LOVING HIM	HOT DOG (I LOVE HIM SO)	SUSSEX 203	100.00	NM
SANDS, TOMMY				
THE STATUE	LITTLE ROSITA	LIBERTY 58842	25.00	NM
SANDY and the PEBBLES				
MY FOOLISH LITTLE HEART	HE'S MY KIND OF FELLOW	MERCURY 72745	25.00	NM
SANDY and the SOPHOMORES				
WALK AWAY GIRL	I TRUST YOU TOMMY	COLUMBIA 43089	100.00	NM
SANDY and the STY-LETTS				
I'VE GOT TWO LOVERS	WISHING STAR	REM. 101	200.00	NM
SANSOM, BOBBY				
DON'T LEAVE	HOW'S ABOUT IT BABY	SUBLIME 3	20.00	78
SANTOS, LARRY				
YOU GOT ME WHERE YOU WANT ME	TOMORROW WITHOUT LOVE	EVOLUTION 1007	75.00	**NM**
SAPPHIRES				
EVIL ONE	HOW COULD I SAY GOODBYE	ABC 10693	40.00	NM
GONNA BE A BIG THING	YOU'LL NEVER STOP ME FROM LOVING	ABC 10753	100.00	NM
GOTTA BE MORE THAN FRIENDS	MOULIN ROUGE (WHERE IS YOUR HE)	SWAN 4184	10.00	NM
GOTTA HAVE YOUR LOVE	GEE I'M SORRY BABY	ABC 10639	25.00	NM
I'VE GOT MINE YOU BETTER GET YOURS	I FOUND OUT TOO LATE	SWAN 4177	20.00	NM

THE SLOW FIZZ	OUR LOVE IS EVERYWHERE	ABC 10778	40.00	NM
WHO DO YOU LOVE	OH SO SOON	SWAN 4162	10.00	NM

SARI and the SHALIMARS

IT'S SO LONELY (BEING TOGETHER)	YOU WALKED OUT ON ME BEFORE	VEEP 1281	20.00	NM

SATAGANS

LOVERS TO FRIENDS	SMOKIN'	YAMBO 777	200.00	GR

SATANS

WHAT A FOOL	IT MUST BE LOVE	GEM. 10	75.00	NM

SATIN BELLS

BABY, YOU'RE SO RIGHT FOR ME	WHEN YOU'RE READY	SHAMLEY 44002	10.00	NM

SATIN, GINNY

HEY LOVER	WHERE DID ALL THE GOOD TIMES G	PHILIPS 40261	50.00	NM

SATINTONES

ANGEL	A LOVE THAT CAN NEVER BE	MOTOWN 1006 AN	1500.00	M
GOING TO THE HOP	MOTOR CITY	TAMLA 54026.	500.00	M
I KNOW HOW IT FEELS	MY KIND OF LOVE	MOTOWN 1010	150.00	M
MY BELOVED	SUGAR DADDY	MOTOWN 1000 no address on label	100.00	M
MY BELOVED	SUGAR DADDY	MOTOWN 1000 no strings	200.00	M
MY BELOVED	SUGAR DADDY	MOTOWN 1000 address on label	125.00	M
MY KIND OF LOVE	I KNOW HOW IT FEELS	MOTOWN 1010R	10.00	M
MY KIND OF LOVE	I KNOW HOW IT FEELS	MOTOWN 1010	200.00	M
TOMORROW AND ALWAYS	A LOVE THAT CAN NEVER BE	MOTOWN 1006	150.00	M
TOMORROW AND ALWAYS	A LOVE THAT CAN NEVER BE	MOTOWN 1006 male lead with strings	200.00	M
ZING WENT THE STRINGS OF MY HE	FADED LETTER	MOTOWN 1020	500.00	M

SATISFACTIONS

OH WHY	WE WILL WALK TOGETHER	CHESAPEAKE 610	50.00	GR
TAKE IT OF LEAVE IT	YOU GOT TO SHARE	SMASH 2098	50.00	NM
TURN BACK THE TEARS	ONE LIGHT TWO LIGHTS	LIONEL 3205	10.00	78
USE ME	KEEP ON TRYING	SMASH 2131	20.00	NM

SAUNDERS, EUGENE

GIVE ME A TOUCH OF YOUR LOVE	MOVING UP ON THE DOWN SIDE	GOLDEN WHEELS 533	30.00	78

SAUNDERS, FRANKIE L.

TAKE ANOTHER LOOK 1ST. LABEL	BLUES TIME IN BIRMINGHAM	SHO ME 517	50.00	78

SAUNDERS, GARRETT

A DAY OR TWO	EASIER SAID THAN DONE	SEROCK 2001	350.00	NM

SAUNDERS, LARRY

ON THE REAL SIDE	blank:	TURBO 38 dj	50.00	NM
ON THE REAL SIDE	LET ME BE THE SPECIAL ONE	TURBO 38	20.00	NM
THIS WORLD	LOVE I HAVEN'T FOUND YOU YET	SOUND OF SOUL 301	10.00	B

AVAGE, JOE and the SOUL PEOPLE

ALL POWER TO THE PEOP,LE	ALL POWER TO THE PEOPLE PT 2	JACKLYN 1010	20.00	F

SAVOY, RONNIE

LOVING YOU	MEMORIES LINGER	WINGATE 1	10.00	M
PITFALL	ON THE SPAISH SIDE	TUFF 416	100.00	NM

SAX, BOBBY and the NEW MESSIAH

OUT-HOUSE 73	OUT-HOUSE 73 PT 2	MESSIAH 1000	50.00	F

SAYLES, JOHNNY

ANYTHING FOR YOU	DEEP DOWN IN MY HEART	MINIT 32003	30.00	NM
DON'T TURN YOUR BACK ON ME	YOU TOLD A LIE	MARVLUS 6000	20.00	NM
GOT YOU ON MY MIND	YOU DID ME WRONG	MARVLUS 6001	15.00	B
I CAN'T GET ENOUGH	HOLD MY OWN BABY	ST. LAWRENCE 1024	25.00	NM
I CAN'T GET ENOUGH	HOLD MY OWN BABY	ST. LAWRENCE 1024 styrene West Coast	200.00	NM
MY LOVE AIN'T WITHOUT YOUR LOVE	GOOD GOLLY	BRUNSWICK 55473	15.00	NM
MY LOVE'S A MONSTER	NEVER LET ME GO	CHI-TOWN 3	20.00	NM
SOMEBODY'S CHANGING (MY SWEET BABY'S MIND)	YOUR SO RIGHT FOR ME	DAKAR 607	10.00	NM

SCALES, HARVEY (and the SEVEN SOUNDS)

I CAN'T CRY NO MORE	BROADWAY FREEZE	MAGIC TOUCH 16001	15.00	NM
FUNKY FOOTBALL	GET DOWN 1970	CHESS 2093	10.00	F
SINGLE GIRLS	SPEND THE NIGHT FOREVER	EARTHTONE 508014	40.00	78
THE FUNKY YOLK	THE YOLK	CHESS 2089	40.00	F

SCARBURY, JOEY

MIDNIGHT MAIL	HOUSE OF THE RISING SUN	DUNHILL 4209	50.00	NM

SCHOFIELD, MICHEAL

IT'LL BE ALL OVER	I'M COMING HOME	WILSTONE 003	100.00	NM

SCHROEDER ORCH., JOHN

AGENT 00-SOUL	NIGHTRIDER	CAMEO 389	15.00	NM

SCHUMAKER, CHRISTINE and the SUPREMES

MOTHER YOU, SMOTHER YOU	same:	MOTOWN	400.00	M

SCHWARTZ, DEDE

FUNNY HOW WE CHANGED PLCES	same: mono	RCA 10605 dj	15.00	78

SCIENTISTS OF SOUL
BE'S THAT WAY SOMETIMES | BABY, BABY I LOVE YOU | KASHE 442 | 15.00 | NM
SCORPION
LEO | KEEP ON TRYING | SBP 4122 | 400.00 | F
SCOTT BROTHERS
SIDE TRACKING | GOTTA GET AWAY FROM YOU | CAPRI 111 | 15.00 | F
WE LIKE GIRLS | MAGIC WAND | ZACHRON 602 | 15.00 | NM
SCOTT BROS. ORCH.
A HUNK OF FUNK | THEY ALL CAME BACK | TODDLIN TOWN 125 | 15.00 | F
SCOTT, AL   also see MR. SOUL
WHAT HAPPENED TO YESTERDAY | YOU'RE TOO GOOD | GENUINE 150 | 1700.00 | NM
SCOTT, BETTYE and the DEL-VETTS
GOOD FEELING | DOWN, DOWN, DOWN | TEAKO 747 | 15.00 | NM
GOOD FEELING | DOWN, DOWN, DOWN | ONE WAY 2291 | 10.00 | NM
SCOTT, BILLY and the PROPHETS
SO GLAD YOU HAPPENED TO ME | EVERY DAY I HAVE TO CRY | 3-P 36506 | 30.00 | 78
SCOTT, BOBBY
DON'T PAY THEM NO MIND | GIVE ME TOMORROW | COLUMBIA 44732 | 30.00 | NM
SCOTT, BRUCE
I MADE AN ANGEL CRY | DON'T SAY GOODBYE TO ME | MERCURY 72399 | 25.00 | NM
SCOTT, CINDY
I LOVE YOU BABY | IN YOUR SPARE TIME | VEEP 1253 | 150.00 | NM
TIME CAN CHANGE A LOVE | I'VE BEEN LOVING YOU TOO LONG | VEEP 1268 | 30.00 | NM
SCOTT, COOKIE
MISLED | same: instrumental | ORR 1013 | 75.00 | NM
MISLED | I DON'T CARE | ORR 1016 | 150.00 | NM
YOUR LOVE, IT WON ME OVER | FUNNY CHANGES | ORR 1007 | 20.00 | NM
YOUR LOVE, IT WON ME OVER | FUNNY CHANGES | ORR 1101 | 15.00 | NM
SCOTT, DEAN
GOTTA HAVE LOSERS YOU | TWO YEARS AGO TODAY | SCEPTER 12137 | 20.00 | NM
SCOTT, EARL
ALL MIXED UP | MY LOVE IS BURNING | CASH SALES 101 | 25.00 | NM
SCOTT, FREDDIE
GIRL I LOVE YOU | I SHALL BE RELEASE | PROBE 481 | 20.00 | NM
HEY GIRL | THE SLIDE | COLPIX 692 USA | 10.00 | NM
MR. HEARTACHE | ONE HEARTACHE TOO MANY | COLUMBIA 43112 | 70.00 | NM
SCOTT, GARRETT
WORKING ON A GROOVY THING | NOW THAT I LOVE YOU | MERCURY 73006 | 40.00 | 78
SCOTT, GLORIA
JUST AS LONG AS WE'RE TOGETHER | THERE WILL NEVER BE ANOTHER | CASABLANCA 815 | 15.00 | 78
WHAT AM I GONNA DO | WHAT SHALL I DO | CASABLANCA 5 | 40.00 | 78
SCOTT, IRENE   also see IRENE and the SCOTTS
EVERYDAY WORRIES | YOU'RE NO GOOD | MIDAS 300 | 30.00 | NM
SCOTT, JIMMY (LITTLE)
IF I LOSE YOUR LOVE | DON'T STOP | FEE 5 | 20.00 | B
IT RAINED 40 DAYS AND NIGHTS | DO YOU GET MESSAGE | GIANT 706 | 250.00 | NM
IT RAIN 40 DAYS AND NIGHTS | NOBODY BUT YOU | GIANT 708 | 200.00 | NM
WHAT AM I GONNA DO (ABOUT YOU BABY) | PAIR AND A SPARE | EASTBOUND 610 | 25.00 | F
SCOTT, JOHNNY
IT'S OVER NOW | BABY I GIVE | PORTRA. 20 | 20.00 | 78
LET ME BE A WINNER | I'M COMING OUT FROM UNDER | PORTRA. 10 | 20.00 | 78
SCOTT, KURTIS
NO, NO BABY | NO PLACE LIKE HOME | SURE SHOT 5020 | 20.00 | NM
SCOTT, LINDA
YOU BABY | I CAN'T THROUGH TO YOU | KAPP 713 | 15.00 | NM
SCOTT, LITTLE RENA
I JUST CAN'T FORGET THAT BOY | SET ME FREE | BLACK ROCK 2000 | 15.00 | NM
SCOTT, MOODY
(WE GOTTA) BUST OUT OF THE GHETTO | WE GOTTA BUST OUT OF THE GHETTO Pt 2 | SS7 2660 | 20.00 | F
MAY I TURN YOU ON | same: | SEVENTY 7 109 | 25.00 | F
MY LOVELY LADY | I'LL ALWAYS BELONG TO YOU | STRAIGHT AHEAD 12 | 30.00 | 78
SCOTT, PEGGY (and JO JO BENSON)
LOVER'S HOLIDAY | HERE WITH ME | SSS INTER. 736 | 10.00 | NM
SOULSHAKE | WE WERE MADE FOR EACH OTHER | SSS INTER. 761 | 10.00 | NM
WE'LL MAKE IT | TOO FAR GONE | GCS 1202 | 10.00 | 78
SCOTT, RAY and the SCOTTSMEN
LOOKING FOR YOU | JOY | RAN-DEE 102 | 50.00 | NM
THE REAL THING | CAN'T GET OVER LOSING YOU | DECCA 32186 | 20.00 | NM
LOVE PILED ON TOP OF LOVE | CAN YOU GET ON T.V. BABY | DECCA 32032 | 200.00 | NM
SCOTT, SAM
A CHANGE IS GONNA COME | DOWN-HEARTED BLUES | OKEH 7258 | 30.00 | B

Artist / Title	B-side	Label	Price	Grade
SCOTT, SHARON				
COULD IT BE YOU	I'D LIKE TO KNOW	RCA 8907	85.00	NM
SCOTT, SHIRLEY J.				
GOOSE PIMPLES	LONELY GIRL	STEPHANYE 333	30.00	NM
SCOTT, TOMMY				
PAIN RELIEVER	INSTANT RELIEF	WISE WORLD 1004	20.00	NM
SCOTT, WALTER				
FEELIN' SOMETHING NEW INSIDE	SOUL STEW RECIPE	PZAZZ 26	50.00	NM
SCOTT-HERON, GIL				
HOME IS WHERE THE HATRED IS	REVOLUTION WILL NOT BE TELEVIS	FLYING DUTCHMAN 26011	10.00	78
LADY DAY AND JOHN COLTRANE	SAVE THE CHILDREN	FLYING DUTCHMAN 26015	20.00	78
THE BOTTLE	BACK HOME	STRATA-EAST 19742	15.00	**78**
SCOTTON, JOHNNY				
I'M NOT TIRED YET	BE HAPPY, HAPPIER..	TWAIN 3	10.00	B
I'M NOT TIRED YET	same:	BUDDAH 328	10.00	F
YOU DON'T WANNA DO NOTHING DO	same:	PEOPLE 649	20.00	F
SCREEN, JEANIE				
WHILE THE LOVIN' IS GOOD	I WANNA GO STEADY	JOSIE 932	40.00	NM
SCRUGGS, BARRY				
AFTER ALL (YOU PUT ME THRU)	I'M WAITING	EATON 253	750.00	NM
SCRUGGS, JIMMY				
LEAN ON ME	YOU DON'T CARE FOR ME ANYMORE	WORLD PACIFIC 77924	30.00	B
SD'S				
WATCH THE CLOCK	WATCH THE CLOCK PT 2	J.B.s 173	20.00	F
SEA SHELLS				
QUIET HOME	ANOTHER TEAR MUST FALL	VILLIGE 1000	300.00	NM
SEA, DAVID				
ANGEL	ANGEL Pt 2	T-JAYE 782	15.00	78
NIGHT AFTER NIGHT	WHEN DID YOU STOP LOVING ME	CROWN LIMITED 15655	30.00	78
SEAGRAM, RON				
I WANNA SPEND MY WHOLE LIFETIME	GIRLS WERE MADE 2B LOVED	CHOCOLATE MAMA 386	20.00	78
SEALS, JIMMY				
THE YESTERDAY OF OUR LOVE	SHE'S NOT A BAD GIRL	CHALLENGE 59299	100.00	NM
SEARS, JEFFREY and SOUND PERCUISION				
DELI QUE	PUERTO RICAN SUMMER	BLACK SEED 893	20.00	GR
SEARS, TOMMY				
GET OUT	SOUL CITY	CHALET 1050	40.00	NM
SEBASTIAN				
LIVING IN DEPRESSION	WASTED DAYS AND NIGHTS	PESANTE 112	25.00	F
SEBASTIAN and the HOUSEROCKERS				
THE BEST MAN CRIED	NOBODY CAN DO THE DOG LIKE I D	KEY 302	25.00	B
SEBASTIAN, JOEL				
ANGEL IN BLUE	BLUE CINDERELLA	MIRACLE 9	50.00	M
SEBASTION, JOEL				
ANGEL IN BLUE	BLUE CINDERELLA	MIRACLE 9 miss-spelt artist name	100.00	M
SECRETS				
HERE I AM	I FEEL A THRILL COMING ON	OMEN. 15	40.00	**NM**
SEEDS OF THE EARTH				
PLANTING SEEDS	BROTHER BAD	CONTEMPO 2052 UK	100.00	F
ZION + I	PHIRE	CONTEMPO 2073	30.00	F
SEGMENTS OF TIME				
TEARS KEEP FALLING	MEMORIES	SUSSEX 256	30.00	NM
SELECTIVE SERVICE				
GREEN ONIONS	SHAKE	MAINLINE 1363	15.00	F
SELVIN BAND, BOB				
GONNA GET FUNKY	IRATE IRANIANS	IMPERIAL CO. 1002	15.00	F
SEMINOLES				
I CAN'T STAND IT	IT TAKES A LOT	CHECKMATE 1012	75.00	M
TROUBLE IN MIND	HAVE YOU GOT A LOVE	HI-LITE 87568	150.00	NM
YOU CAN LUMP IT	FOREVER	ACT IV 94147	250.00	NM
YOU CAN LUMP IT	FOREVER	MID TOWN 101	200.00	NM
SENAY, EDDY				
HOT THANG	AIN'T NO SUNSHINE	SUSSEX 230	10.00	F
SARKO EAST	SAFARI	SUSSEX 260	15.00	F
SENOR SOUL				
DON'T LAY YOUR FUNKY TRIP ON ME	WORKING IN A COALMINE	WHIZ 620	15.00	F
IT'S YOUR THING	SOME GOT IT SOME DON'T	WHIZ 611	10.00	F
PATA PATA	POQUITO SOUL	DOUBLE SHOT 122	15.00	F
PSYCHOTIC REATION	SPOOKY	DOUBLE SHOT 127	30.00	F
THE MOUSE	SOUL SERMON	WHIZ 614	50.00	F

SENSATIONS
Artist/Title	B-Side	Label	Price	Grade
DEMANDING MAN	GONNA STEP ASIDE	WAY OUT 2005	600.00	NM
I WON'T HURT YOU	GET ON UP MAMA	WAY OUT 1047	15.00	GR
LONELY WORLD	GOTTA FIND MYSELF ANOTHER GIRL	WAY OUT 1000	20.00	NM
OH, GIRL	I GUESS THAT'S LIFE	WAY OUT 1003	30.00	NM
TWO CAN MAKE IT	IT'S A NEW DAY	WAY OUT 1005	15.00	GR

SENSATIONS WILD
LOVE SOMEBODY, LOVE SOMEONE	COUNTRY LIVIN'	RAM 1001	100.00	GR

SENSATIONS with BAKER, YVONNE
I CAN'T CHANGE	MEND THE TORN PEICES	JUNIOR 1010	30.00	NM

SENTIMENTALS
I WANT TO LOVE YOU	THIS TIME	MINT 808	50.00	NM
I'LL MISS THESE THINGS	FOUND A NEW BABY	MINT 807	75.00	NM

SEPTEMBER, JOHNNY
DO IT TO IT TURNS YOU ON	FUNK DISCO CONNECTION	K&K 5	20.00	F
IT'S THAT TIME AND YEAR	TRIPPING BACK TO REALITY	K&K 01	50.00	F

SEQUINS
A CASE OF LOVE	YOU'RE ALL I NEED	RENFRO 112	60.00	NM
HE'S A FLIRT	THAT BOY	RENFRO 113	1000.00	**NM**
TRY MY LOVE	HE'S GONNA BREAK YOUR HEART	DETROIT SOUND 503	500.00	NM

SERENADERS
IF YOUR HEART SAYS YES	I'LL CRY TOMORROW	MOTOWN 1046 never issued	500.00	M
I'LL CRY TOMORROW	IF YOUR HEART SAY YES	VIP 25002	75.00	M
TWO LOVERS MAKE ONE FOOL	ADIOS, MY LOVE	RIVERSIDE 4549	70.00	NM

SERVICEMEN
ARE YOU ANGRY	NEED A HELPING HAND	WIND HIT 100	1000.00	**NM**
CONNIE	SWEET MGIC	CHARTMAKER 408.	500.00	NM
I NEED A HELPING HAND	MY TERMS	PATHEWAY 102 man label labels reversed	70.00	NM
I NEED A HELPING HAND	MY TERMS	PATHEWAY 102 man label labels correct	100.00	NM
I NEED A HELPING HAND	MY TERMS	PATHEWAY 102 orange label	70.00	**NM**

SEVEN SOULS
I STILL LOVE YOU	I'M NO STRANGER	OKEH 7289	500.00	NM

SEVENS, SAMMY
EVERYBODY CROSSFIRE	WATCH YOUR STEP	SWAN 4159	40.00	NM
YOU ARE A LUCKY SO AND SO	HERE COMES THE BRIDE	SWAN 4146	50.00	nm

SEVENTH WONDER
AIN'T NOTHING GONNA BREAK US UP	LET'S STOP KIDDING OURSELVES	ABET 9456	10.00	GR
CAPTAIN OF MY SHIP	PHAROH	W.G. 666	20.00	NM

SEXTETTE UNLIMITED
BOOT THAT THING	BOOT THAT THING pt. 2	GERRI	250.00	F

SEXTON, ANN
I STILL LOVE YOU	COME BACK HOME	SEVENTY 7 114 yellow label	15.00	NM
I STILL LOVE YOU	COME BACK HOME	SEVENTY 7 114 multi coloured label	10.00	F
SUGAR DADDY	I WANT TO BE LOVED	MONUMENT 225	10.00	F
YOU GOT TO USE WHAT YOU GOT	I'M HIS WIFE	SS7 2504	10.00	78
YOU'RE LOSING ME	YOU'RE GONNA MISS ME	SEVENTY 7 133	15.00	F
YOU'VE BEEN GONE TOO LONG	YOU DON'T KNOW WHAT YOU GOT	IMPEL 101	200.00	NM
YOU'VE BEEN GONE TOO LONG	YOU'RE LETTING ME DOWN	SEVENTY 7 104 yellow label	50.00	NM
YOU'VE BEEN GONE TOO LONG	YOU'RE LETTING ME DOWN	SEVENTY 7 104 multi coloured label	15.00	NM

SHADES OF BLUE
ALL I WANT IS LOVE	HOW DO YOU SAVE A DYING LOVE	IMPACT 1026	30.00	NM
OH HOW HAPPY	LITTLE ORPHAN BOY	IMPACT 1007	10.00	NM
PENNY ARCADE	FUNNY KIND OF LOVE	IMPACT 1028	20.00	NM

SHADES OF JADE
IS IT WRONG	AFFECTION	CENCO 114	150.00	NM
WHY DOES IT FEEL SO RIGHT	RAINY SUNDAY	DORE 806	150.00	NM

SHADES OF JOY
FLUTE IN A QUARRY	TOGETHER	DOUGLAS 6505	20.00	F

SHADES OF TIME
CAN YOU DIG IT	POVERTY CHILD	BETTER WORLD 4357	75.00	F

SHADOWS
MY LOVE HAS GONE	NO OTHER LOVE	GOLDEN SOUND 2001	200.00	NM
MY LOVE IS GONE	NO OTHER LOVE	USA 106	80.00	NM

SHAFFER, BEVERLY
EVEN THE SCORE	WHERE WILL YOU BE BOY	ONEDERFUL 4838	50.00	NM
I SIMPLY LOVE HIM	WHEN I THINK ABOUT YOU	ONEDERFUL 4840	40.00	NM

SHAINE   (also see HUNTER, SHAINE)
CALL ME SWEET THINGS	TRY MY LOVE	SUE 16	15.00	NM

SHAKERS
ONE WONDERFUL MOMENT	LOVE, LOVE, LOVE	ABC 10960	20.00	NM

SHALIMARS
STOP AND TAKE A LOOK AT YOURSE | BABY | VERVE 10388 | 30.00 | **NM**
SHAMETTES
DON'T WASTE YOUR TIME | LOVE ME TOMORROW | GOLD DUST 301 | 400.00 | NM
SHAN-DELLS
I'VE GOT TO LOVE HER | IDLE EXCURSION | BRIDGE SOCIETY 114 | 150.00 | NM
SHANE, JACKIE
ANY OTHER WAY | STICKS AND STONES | SUE 776 | 20.00 | NM
IN MY TENEMENT | COMIN' DOWN | SUE 788 | 20.00 | NM
SHANNON, BOBBY
GET MY GROOVE FROM YOU | YOU'RE AN UPLIFT | TO-MAR 11 | 150.00 | 78
SHANNON, JEAN AND TERR-RI
SHE | HE AND SHE | FLAMING ARROW 58 | 15.00 | F
SHANNON, RONNY (RONNIE)
DETERMINATION | YOU'RE GONNA NEED ME | STON ROC 4663 | 10.00 | NM
ONE WAY STREET | HOT STUFF | STON ROC 761 | 15.00 | NM
SHA-RAE, BILLY
I'M GONE | LET'S DO IT AGAIN | SPECTRUM 120 mauve label | 25.00 | NM
I'M GONE | LET'S DO IT AGAIN | SPECTRUM 120 blue label | 10.00 | NM
LET'S DO IT AGAIN | I WANT SOME STAISFACTION | TRIPLE B 4 | 20.00 | F
SHARON and the BITS O' HONEY
WAS I REALLY MADE FOR YOU | DON'T PUSH MY LOVECUP ASIDE | PENTHOUSE 1003 | 75.00 | NM
SHARP, BENNY and the SHARPIES
MUSIC (I LIKE IT) | MUSIC (I LIKE IT) PT 2 | MIDAS 303 | 15.00 | F
SHARP, DEE DEE
(THAT'S WHAT) MY MAMA SAID | LET'S TWINE | CAMEO 357 | 15.00 | NM
DO THE BIRD | LOVER BOY | CAMEO 244 | 10.00 | NM
DO THE BIRD | LOVER BOY | CAMEO 244 **PS** | 20.00 | NM
GOOD | DEEP DARK SECRET | CAMEO 335 | 15.00 | NM
HAPPY 'BOUT THE WHOLE THING | TOUCH MY LIFE | TSOP 4776 | 15.00 | 78
HE'S NO ORDINARY GUY | NEVER PICK A PRETTY BOY | CAMEO 329 | 20.00 | NM
HE'S NO ORDINARY GUY | NEVER PICK A PRETTY BOY | CAMEO 329 **PS** | 40.00 | NM
MASH POTATO TIME | SET MY HEART AT EASE | CAMEO 212 | 10.00 | NM
ROCK ME IN THE CRADLE OF LOVE | YOU'LL NEVER BE MINE | CAMEO 260 | 10.00 | NM
ROCK ME IN THE CRADLE OF LOVE | YOU'LL NEVER BE MINE | CAMEO 260 **PS** | 20.00 | NM
STANDING IN THE NEED OF LOVE | I REALLY LOVE YOU | CAMEO 375 | 15.00 | NM
STANDING IN THE NEED OF LOVE | I REALLY LOVE YOU | CAMEO 375 **PS** | 30.00 | NM
THE BOTTLE OR ME | same: | GAMBLE 4005 dj | 30.00 | NM
THE LOVE I FEEL FOR YOU (IT'S | WILLYAM, WILLYAM | FAIRMOUNT 1004 | 10.00 | B
THE NIGHT | RIDE | CAMEO 230 | 10.00 | NM
THE NIGHT | RIDE | CAMEO 230 **PS** | 25.00 | NM
THERE AIN'T NOTHING I WOULDN'T | IT'S A FUNNY SITUATION | CAMEO 382 | 15.00 | NM
WHAT KIND OF LADY | YOU'RE GONNA MISS ME | GAMBLE 219 card design label | 40.00 | NM
WHAT KIND OF LADY | YOU'RE GONNA MISS ME | GAMBLE 219 | 30.00 | NM
WILD! | WHY DONCHA ASK ME | CAMEO 274 **PS** | 15.00 | NM
SHARPEES
DO THE 45 | MAKE UP YOUR MIND | KNOCKOUT 4 | 15.00 | NM
DO THE 45 | MAKE UP YOUR MIND | ONEDERFUL 4835 | 10.00 | NM
I'VE GOT A SECRET | MAKE UP YOUR MIND | ONEDERFUL 4843 | 30.00 | NM
TIRED OF BEING LONELY | JUST TO PLEASE YOU | ONEDERFUL 4839 | 15.00 | NM
SHARPETS
LOST IN THE WORLD OF A DREAM | same: Instrumental | SOUND CITY 1 | 250.00 | **NM**
SHATZ
SOON EVERYTHING IS GONNA BE ALRIGHT | I WANNA KNOW | DISCO-SOUL 1 | 300.00 | 78
SHAW, CECIL
THIS I'VE GOT TO SEE | PRACTICE WHAT YOU PREACH | BIL-MAR 2501 | 30.00 | 78
WHAT DO YOU WANT FROM ME, GIRL | ALL I WANT OUT OF LIFE | BIL-MAR 800 | 10.00 | 78
SHAW, JAMES
GUILTY OF ADULTRY | I DON'T WANNA GET MARRIED | NATION-WIDE 102 | 30.00 | NM
SHAW, LITTLE JIMMY and the STARLETS
LOVE DREAM | DON'T YOU KNOW MY BABY LOVES M | SELMA 1001 | 40.00 | NM
SHAW, MARLENA
BROTHER WHERE ARE YOU | WAITING FOR CHARLIE TO COME HO | CADET 5571 | 15.00 | F
LET'S WADE IN THE WATER | SHOW TIME | CADET 5549 blue fade label | 30.00 | **NM**
LET'S WADE IN THE WATER | SHOW TIME | CADET 5549 yellow reissue design label | 20.00 | **NM**
WOMAN OF THE GHETTO | same: | CADET 5650 | 10.00 | F
SHAW, PATTI
SOMEBODY PULLED THE SWITCH | AIRWAY TO STARS | CHERRY PRODUCTIONS 106 | 40.00 | 78
SHAW, SHARLOTTE
SAY IT TO ME | HAPPY WITH THE ONE THAT I LOVE | DETROIT ST. SERVICE 76 | 75.00 | NM

SHAW, TIMMY
GONNA SEND YOU BACK TO GEORGIA	I'M A LONELY GUY	WAND 146	10.00	NM

SHAYNE
MAKE LOVE STAY	I MISS YOU BABY	SABTECA 22106	30.00	78

SHED, HENRY
SOMETHING DRASTICALLY	SINCE YOU'VE BEEN GONE	CREAM 1016	150.00	78
SOMETHING DRASTICALLY	same: mono	CREAM 1016 dj	40.00	78

SHEELER, CYNTHIA
I'LL CRY OVER YOU	same: Instrumental	JBs 2605	300.00	78

SHEEN, BOBBY
COME ON AND LOVE ME	LOVE STEALING	CHELSEA 3034	10.00	78
DON'T MAKE ME DO WRONG	PAYBACK	WB 7732	10.00	F
DR. LOVE	SWEET, SWEET LOVE	CAPITOL 5672	60.00	NM
IF I EVER DREAMED I HURT YOU	IT AIN'T EASY BEING YOUR FOOL	WB 7701	25.00	78
SOMETHING NEW TO DO	I MAY NOT BE WHAT YOU WANT	WB 7662	60.00	78
SOMETHING NEW TO DO	I MAY NOT BE WHAT YOU WANT	WB 766 dj	40.00	**78**
THE SHELTER OF YOUR ARMS	THE WAY OF LOVE	CAPITOL 5984	40.00	NM

SHEFFIELD, CHARLES
IT'S YOUR VOODOO WORKING	ROCK N' ROLL TRAIN	EXCELLO 2200	400.00	NM

SHELDON, SANDI
YOU'RE GONNA MAKE ME LOVE YOU	BABY YOU'RE MINE	OKEH 7277 dj	500.00	**NM**
YOU'RE GONNA MAKE ME LOVE YOU	BABY YOU'RE MINE	OKEH 7277 small 45 rpm	30.00	NM
YOU'RE GONNA MAKE ME LOVE YOU	BABY YOU'RE MINE	OKEH 7277 large 45 on label	600.00	NM

SHELTON, ROSCOE
MY BEST FRIEND	WORRY	BATTLE 45913	15.00	NM
RUNNING FOR MY LIFE	THERE'S A HEARTBREAK SOMEWHERE	SS7 2587	20.00	NM
SOON AS THE DARKNESS FALLS	A MAN'S LOVE	SS7 2574	20.00	NM
WHO WALKS IN (WHEN I WALK OUT)	YOU'RE LIVING TO FAST	SS7 2563	20.00	NM
YOU'RE STILL THE ONE	same:	T-JAYE 785	15.00	78

SHEMWELL, SYLVIA
HE'LL COME BACK	FUNNY WHAT TIME CAN DO	PHILIPS 40149	40.00	NM

SHEP
FOOL TO FOOL	I'M SITTING IN	TNT 282	20.00	NM

SHEPARD, KENNY
WHAT DIFFERENCE DOES IT MAKE	TRY TO UNDERSTAND	MAXX 332	200.00	NM

SHEPARD, LLOYD
TAKE ME INTO YOUR HEART	IF YOU WANT TO TRY IT AGAIN	IN STEP 19155	30.00	78

SHEPHERD, WALT "BIG BOY"
NEED YOUR LOVING PT.4	YOU DON'T WANT ME NO MORE	UA 216	25.00	M

SHEPPARD BOY
MY ANGEL BABY	TAKE YOU FROM YOUR GUY	INTERNATIONAL HITS 1142 gold label	600.00	NM
MY ANGEL BABY	BABY, I NEED YOU	INTERNATIONAL HITS 1980 red label	700.00	NM

SHEPPARD, MEL
I WANNA SQUEEZE YOU (TILL MY ARMS DROP OFF)	same: Instrumental	BOBBY ROBINSON 100	30.00	NM

SHEPPARD, RICK
CAN WE SHARE IT	same:	COLUMBIA 10242 dj	150.00	78
I FALL DEEPER IN LOVE	JUST YOU AND ME	SONIA 1189	30.00	78
MISERY GET AWAY FROM ME	PRETTY PRETTY GIRL	DORMART 1000	30.00	NM

SHEPPARDS
STUBBORN HEART	HOW DO YOU LIKE IT	MIRWOOD 5534	100.00	NM
WALKIN'	PRETEND YOU'RE STILL MINE	OKEH 7173	20.00	NM
YOUR LOVE (HAS A HOLE IN IT)	I'M NOT WANTED	BUNKY 7766	20.00	NM

SHERRARD, REGINA
HELPLESS BABY	A WOMAN'S WORK IS NEVER DONE	KING 6172	250.00	NM

SHERRELL BROS.
THE PRICE	REGGIE'S THEME	CURRISON 908 no artist credits	40.00	NM

SHERRELL, CHARLES
THINGS YOU DO FOR LOVE	IF I ONLY HAD A MINUTE	MUSCLE. 5007	30.00	78

SHERRONS
NO MATTER WHAT YOU DO TO ME	SHY GUY	DCP 1139	20.00	NM

SHERRY GROOMS
FOREVER IS A LONG TIME	THAT SAME OLD SONG SLT	ABC 10987	25.00	NM

SHERRY, RUBY
FEMININE INGENUITY	PLEASE DON'T GO	TAKE 6 1002	300.00	NM

SHERRY and the INVERTS
I WAS MADE TO LOVE YOU	I'M LOST	Tower 418	75.00	NM

SHERRYS
PUT YOUR ARMS AROUND ME	HAPPY GIRL	J.J. 1002	250.00	**NM**
PUT YOUR ARMS AROUND ME	HAPPY GIRL	HOT 1002	300.00	NM

SHIRELLES
LAST MINUTE MIRACLE	NO DOUBT ABOUT IT	SCEPTER 12198	20.00	NM
LET'S GIVE EACH OTHER LOVE	DEEP IN THE NIGHT	RCA 902	20.00	NM
MARCH (YOU'LL BE SORRY)	EVERYBODY'S GOING MAD	SCEPTER 12101	10.00	NM
SWEET, SWEET LOVIN'	DON'T MESS WITH CUPID	BLUE ROCK 4051	10.00	NM
THERE'S A STORM GOING ON IN MY HEART	CALL ME (IF YOU WANT ME)	BLUE ROCK 4066	10.00	NM
TOO MUCH OF A GOOD THING	BRIGHT SHINY COLORS	SCEPTER 12192	10.00	NM
WAIT TILL I GIVE THE SIGNAL	WILD AND SWEET	SCEPTER 12209	25.00	NM

SHIRLEY and JESSIE
YOU CAN'T FIGHT LOVE	IVORY TOWER	WAND 1116	20.00	NM

SHIRLEY and the SHIRELLES
LOOK WHAT YOU'VE DONE TO MY HEART	A MOST UNUSUAL BOY	BELL 760	15.00	NM

SHIRLEY and the SQUIRES
I'M IN A NEED	DRIP DROP	CONSTELLATION. 107	50.00	GR

SHIRTAILS
I WANT YOU TO STAY WITH ME	SOMETHING'S WRONG WITH OUR LOVE	DATE 1503 **PS**	40.00	NM
I WANT YOU TO STAY WITH ME	SOMETHING'S WRONG WITH OUR LOVE	DATE 1503	20.00	NM
THE CEILING	STAY AWAY FROM THE FOG	PRIME 2715	50.00	NM

SHIVEL, BUNNY
TOP TWENTY	BABY TIME	CAPITOL 5662	20.00	NM
YOU'LL NEVER FIND A LOVE LIKE	THE SLIDE	CAPITOL 5765	25.00	NM

SHIVERS, PAULINE
WON'T YOU COME BACK HOME	YOU'RE A DEVIL	O-PEX 111	20.00	NM
YOU BETTER TELL HIM NO	BOOM, BOOM	O-PEX 110	15.00	NM

SHOBEY, EL
NEVER MISSED WHAT YOU GOT	WHOLE THING	SHOUT 251	30.00	NM

SHOOTERS
TUFF ENUFF	SHE'S ALL RIGHT	TRANS WORLD 6908	30.00	B

SHORT KUTS
ONE WAY STREET	STUBBORN KIND OF FELLOW	PEPPER 444	15.00	NM
YOUR EYES MAY SHINE	LETTING THE TEARS TUMBLE DOWN	PEPPER 434	15.00	NM

SHORT, ELISHA
SATISFIED	KEEP ON LOVIN' YOU	STRAIGHT FRO 001	15.00	B

SHORTER, JAMES
MODERN DAY WOMAN	READY FOR THE HEARTBREAK	LA BEAT 6604	100.00	NM

SHORTY and the JUNIOR KOOLS
JAMMING WITH SHORTY	JAMMING WITH SHORTY pt. 2	O.W.	200.00	F

SHOW STOPPERS
WHAT CAN A MAN DO	AIN'T NOTHING BUT A HOUSE PARTY	SHOWTIME 101	15.00	NM
WHAT CAN A MAN DO	AIN'T NOTHING BUT A HOUSE PARTY	PARTY TIME 1002	40.00	NM
WHAT CAN A MAN DO?	AIN'T NOTHING BUT A HOUSE PARTY	HERITAGE 800	10.00	NM

SHOWMEN
39 - 21 - 46	SWISH FISH	MINIT 32007	15.00	NM
ACTION	WHAT WOULD IT TAKE	AMY 11036	10.00	NM
IT WILL STAND	COUNTRY FOOL	MINIT 632	10.00	NM
NEED LOVE	A LITTLE BIT OF YOUR LOVE	JOKERS 3 2146	150.00	NM
NO GIRL	I'LL BE GONE TOMORROW	JEREE 36	150.00	NM
OUR LOVE WILL GROW	YOU'RE EVERYTHING	ITZY 13	50.00	**NM**
OUR LOVE WILL GROW	YOU'RE EVERYTHING	SWAN 4219	30.00	NM
TAKE IT BABY	IN PARADISE	SWAN 4213	15.00	NM
TAKE IT BABY	IN PARADISE	BB 4015	15.00	NM
THE WRONG GIRL	FATE PLANNED IT THIS WAY	MINIT 643	100.00	NM

SHOWMEN INC.
THE TRAMP pt. 1	THE TRAMP pt. 2	NOW 3	25.00	F

SHOWTIME INCOPORATED
PLEASE TAKE THIS HEART OG MINE	DON'T STOP JUST KEEP ON WALKIN	BLACK CIRCLE 6006	15.00	78

SHUFFLERS   also see JAY and the SHUFFLERS
ALWAYS BE MINE	WHEN THE LIGHTS ARE LOW	CRACKERJACK 4010	100.00	NM

SHUREE, GLENDA
SOMEONE LIKE YOU	WE'RE GONNA MAKE IT	C&F 461	30.00	F

SHY, JEAN
I'LL BELONG TO YOU	NOTHING BETWEEN US NOW	DAKAR 4504	20.00	78
WHAT CAN I DO I'M SO IN LOVE	ROLLER DERBY WORLD	FANTASY 766	40.00	78
YOU'VE GOT TO TAKE IT (IF YOU WANT IT)	WE'VE GOT A GOOD THING GOING	FOX CAR 901	30.00	78

SIDESHOW featuring ARTHUR PONDER
SEXY LADY	MY LOVE	MUSCADINE 9	200.00	78

SIGHT UNSEEN
ONE MORE THING	I'M ON MY WAY	REAL RECORDS 97692	15.00	F

SIGLER, BENNY
WHO YOU GONNA TURN TO	I CAN GIVE YOU LOVE	PHIL LA SOUL 314	300.00	**NM**

SIGLER, BUNNY
COMPARATIVELY SPEAKING	WILL YOU LOVE TOMORROW	DECCA 31947	50.00	NM
FOLLOW YOUR HEART	CAN YOU DIG IT	PARKWAY 6001	20.00	NM
FOR CRYIN' OUT LOUD	EVERYTHING GONNA BE ALL RIGHT	DECCA 31880	75.00	NM
GIRL DON'T MAKE ME WAIT	ALWAYS IN THE WRONG PLACE	PARKWAY 123	20.00	NM
LET THE GOOD TIMES ROLL	THERE'S NO LOVE LEFT	PARKWAY 153	10.00	NM
LET THEM TALK	WILL YOU STILL LOVE ME TOMORRO	DECCA 32183	20.00	B
SUNNY SUNDAY	LOVEY DOVEY	PARKWAY 6000	15.00	NM
SUNNY SUNDAY	LOVEY DOVEY	PARKWAY 6000 **PS**	15.00	NM

SIGN OF THE VIBRATION
LAST OF THE CORRUPTERS	RAN INTO SOMETHING	MACK. 102	15.00	F

SIGNS OF THE TIME
DON'T HURT ME NO MORE	HUM A SONG	BREAK OUT 1005	10.00	GR

SILENT MAJORITY
SOMETHING NEW ABOUT YOU	COLORS OF MY LOVE	HOT WAX 7112	150.00	78

SILHOUETTES
NOT ME BABY	GAUCHO SERENADE	GOODWAY 101	500.00	**NM**
RED SNOW	OH WHAT A DAY	WESTERN WORLD 5503	50.00	F

SILK
FALLING IN LOVE ISN'T EASY	COME OVER HERE	NATION 7858	50.00	NM
FALLING IN LOVE ISN'T EASY	COME OVER HERE	DECCA 32829	40.00	NM

SILK STORM
BABY, DON'T SAY NO	LOVE WILL MAKE YOU FEEL BETTER	PAWN 3805	50.00	78

SILVA, RHON
GET IT RIGHT	GOT TO HAVE IT	UPTIGHT 24221	700.00	F

SILVER LINING
SILVER LINING	MY SONG	DUSIC 111	50.00	F

SILVER, PLATINUM and GOLD
DANCE WITH ME	DANCE WITH ME pt. 2	NEPTUNE 101	20.00	78
JUST FRIENDS	same: mono	FARR 11	10.00	78

SILVERS, EDDIE and the CONSTELLATIONS
FUNKY FUN IN THE GHETTO	TALE OF SADNESS (The Blenders)	DJO 1007	300.00	F

SILVERS, MARY
THE POWER OF LOVE	I	ONEDERFUL 4816	25.00	NM

SILVETTI
SPRING RAIN	TRAVEL CHECK	SALSOUL 2014	10.00	NM

SIMEONE, JOHN
WHO DO YOU LOVE	FORVER	TNT 1001	400.00	78

SIMMONS, CHARLEY and the ROYAL IMPERIALS
DO THE SISSY	WHY SHOULD THEY PAY	PJ RECORDS INC. 107	75.00	F

SIMMONS, CHUCK
AM I GROOVING YOU	SOMETHING'S GOING ON IN MY HOM	MOVE. 2001	15.00	78
RUNAWAY	DON'T SEND ME NO DOCTOR	F-W 10001	50.00	78

SIMMONS, FAY
IF THIS IS GOODBYE	AND THE ANGELS SING	TUFFY 1964	25.00	NM
PLEASE TELL ME I'M YOURS	AND THE ANGELS SING	SENCA 122	40.00	NM

SIMMONS, GWEN
DON'T CRY	EVERYBODY'S TALKING	LIONEL 3206	20.00	78

SIMMONS, RICHARD
BROTHER WHERE ARE YOU	MR. LOVE	MALA 545	30.00	NM

SIMMONS, VESSIE
BETTER TO BEND THAN BREAK	WHEN YOU'RE DOWN	SIMCO 1005	250.00	78
I CAN MAKE IT ON MY OWN	I CAN MAKE IT ON MY OWN pt. 2	SIMCO 62466	15.00	78

SIMMS TWINS
DOUBLE PORTION OF LOVE	YOU'RE PICKIN' THE RIGHT COTTO	SAR 130	10.00	NM

SIMON, JOE
DON'T LET ME LOSE THIS FEELING	BABY, DON'T BE LOOKING IN MY M	SS7 2634	10.00	NM
EASY TO LOVE	CAN'T STAND THE PAIN	SPRING 169	10.00	78
FIRE BURNING	MUSIC IN MY BONES	SPRING 159	10.00	NM
GOING THROUGH THESE CHANGES	same:	SPRING 194	10.00	78
I SEE YOUR FACE	TROUBLES	HUSH 107	100.00	NM
JUST LIKE YESTERDAY	ONLY A DREAM	IRRAL 778	30.00	NM
LONG HOT SUMMER	TEENAGERS PRAYER	SS7 2608	10.00	NM
THE GIRL'S ALRIGHT WITH ME	NINE POUND STEEL	SS7 2589	10.00	NM
WHEN	THAT'S THE WAY I WANT OUR LOVE	SS7 2667	10.00	NM

SIMONE, NINA
EITHER WAY I LOSE	BREAK DOWN AND LET IT ALL OUT	PHILIPS 40337	10.00	NM
IT BE'S THAT WAY SOMETIME	(YOU'LL) GO TO HELL	RCA 9286	15.00	NM
SAVE ME	TO BE YOUNG, GIFTED AND BLACK	RCA 269	30.00	F

SIMPKINS, DARNELL and the FAMILY TREE
THE WHIP PT.1 | THE WHIP PT 2 | SCM 2000 | 15.00 | F

SIMON, JAMES and BAND PENETRATION
CAN'T GET OVER YOU | ON THE MONEY (BOUNCE) | PENCO 7001 | 20.00 | NM

SIMON, SARAH
I KICKED THE HABIT (OF LOVING YOU) | HOLD ON! I'M A COMIN' | SOUL-PO-TION 105 | 150.00 | F
NEVER A DULL MOMENT | ALL OF A SUDDEN | SOUL-PO-TION 107 | 20.00 | F

SIMS TWINS
A LOSING BATTLE | I GO-FER YOU | OMEN. 17 | 15.00 | NM
TALKING ABOUT MY BABY | IT'S ALL OVER | CROSS OVER 975 | 10.00 | F

SIMS, CARL
PITY A FOOL | WORD IS OUT | WET PAINT 1001 | 100.00 | 78

SIMS, GERALD (and the DAYLIGHTERS)
COOL BREEZE | BABY I LOVE YOU | TIP TOP 2002 | 70.00 | NM
COOL BREEZE | THERE MUST BE AN ANSWER | OKEH 7183 | 45.00 | NM
LITTLE ECHO | MOTHER NATURE | OKEH 7199 | 50.00 | NM
MOTHER NATURE | LITTLE ECHO | OKEH 7199 | 100.00 | NM
YOU'LL NEVER BE SORRY | ROCKET | WB 7680 | 25.00 | 78

SIMS, MARVIN L.
DREAM A DREAM | I CAN'T TURN YOU LOOSE | MERCURY 73288 | 15.00 | 78
GET OFF MY BACK | DANGER | REVUE 11038 | 30.00 | NM
HAVE YOU SEEN MY BABY | HAVE YOU SEEN MY BABY PT 2 | MELLOW 1004 | 15.00 | NM
HURTING INSIDE | DISILLUSIONED | MELLOW 1005 | 20.00 | NM
LOVE IS ON THE WAY | BLOW AWAY BREEZE | RIVERTOWN 498 | 75.00 | 78
NOW I'M IN LOVE WITH YOU | WHAT CAN I DO | MELLOW 1002 | 50.00 | NM

SIMTEC and WYLIE
DO IT LIKE MAMA | CAN'T BREAK AWAY | SHAMA 4003 | 20.00 | F
PUT AN EXTRA PLUS TO YOUR LOVE | GIMME SOME OF WHAT YOU GOT | SHAMA 4004 | 15.00 | F

SIMTEC SIMMONS
TEA POT | TEA BOX | MAURCI 105 | 10.00 | F

SINCERES
DON'T WASTE MY TIME | GIRL, I LOVE YOU | PZAZZ 007 | 250.00 | NM

SINCLAIR, TERRY
WHAT HAVE YOU HEARD | CLOWN SUIT | DPG 1006 | 150.00 | NM

SINDAB, PAUL
DO WHATCHA WANNA DO | GIVE ME YOUR HEART | CHEST 1008 | 150.00 | NM
DO WHAT'CHA WANNA DO | GIVE ME YOUR HEART | HYPE 1008 | 75.00 | NM
DO WHAT'CHA WANNA DO | GIVE ME YOUR HEART | HYPE 1008 miss-press | 250.00 | NM
Reads "Give Me Your Heart" but plays "You dropped your Candy In The sand" Deadwax matrix reads "Nashville Matrix T1008 JC 84 "
I WAS A FOOL | YEAH, I NEVER KNEW | KNOX 144 | 200.00 | NM
I WAS A FOOL | YEAH, I NEVER KNEW | POWERTREE 144 | 150.00 | NM
I'M UP TIGHT | SINCE I MET YOU | HYPE 1003 | 25.00 | NM
SINCE I MET YOU | I'M UP TIGHT | HYPE 104 | 25.00 | NM
SINCE I MET YOU | | LUAP 214 | 25.00 | NM
CAN'T WAIT NO LONGER | YOU'RE SOMETHING ELSE | KASIKA | 100.00 | NM

SING SAM and his SPARKS
HOUSE OF LORDS | MESSIN | DEE DEE 2223 | 20.00 | F

SINGERS
(I WAS) BORN TO LOSE | MIDNIGHT PROWL | LEBAM 158 | 20.00 | NM
JUST A LITTLE FURTHER | FOR SALE (ONE BROKEN HEART) | LEBAM 159 | 25.00 | NM
YOU GOTTA GO | BACK UP AND START ANEW | LEBAM 161 | 100.00 | NM

SINGING PRINCIPAL
WOMAN'S LIB | THANK YOU BABY | FLICK 50 | 200.00 | F

SINGING SWINGING COUNTS
ALONG THE WAY | TELL YOUR STORY BOY | THE LABEL 1112 | 250.00 | NM

SINGLETON, WILLIE
TWO FOOLS | BURNING ON BOTH ENDS | TRUTH 3215 | 15.00 | B

SIR CEASAR
SHOW ME THE TIME | WHAT ARE THEY LAUGHING ABOUT | RIDE 140 | 300.00 | NM

SIR GUY
BROKE DOWN AND CRIED | THE FROG | SPQR 1004 | 15.00 | B
MY SWEET BABY | FUNKY VIRGINIA | DPG 1009 | 15.00 | NM

SIR WALES   also see WALLACE, WALES
WHAT EVER YOU WANT | I WISH I COULD SAY WHAT I WANT | INNOVATION 8045 | 15.00 | 78

SISTER and BROTHERS
THE JED CLAMPETT | THE JED CLAMPETT Pt 2 | UNI 55199 | 15.00 | F
YEAH, YOU RIGHT | DEAR IKE | UNI 55238 | 15.00 | F

SISTER SLEDGE
LOVE DON'T GO THROUGH NO CHANGES ON ME | DON'T YOU MISS HIM | ATCO 7008 | 15.00 | NM

SISTERS LOVE
GIVE ME YOUR LOVE | I COULD NEVER MAKE A BETTER MAN | MOWEST 5041 | 50.00 | F
I'M LEARNING TO TRUST MY MAN | TRY IT YOU'LL LIKE IT | TAMLA MOTOWN 1002 | 15.00 | F

SISTERS THREE
YOU CAN FORGET IT	CAN YOU QUALIFY	EARLY BIRD 49655	50.00	NM
KEEP OFF NO TRESPASSING		MUSTANG	200.00	NM

SIX FEET UNDER
SOUL OVER EASY	SHE'S NOTY THERE	LE CAM 711	10.00	NM

SKEL, BOBBY
SAY IT NOW	THE SOUL OF A MAN	SOFT 1005	15.00	GR

SKIGGS, PIMBROCK
THAT WAS YESTERDAY	WAKE UP	PZAZZ 49	75.00	NM

SKIP and ERNEST
SWEET DARLIN'	PICKIN' AND CHIPPIN'	BUNKY 7754	15.00	F

SKIPPER, BUDDY
RESTLESS BREED	CANCEL THE RESERVATION	DEESU 319	25.00	NM

SKIPWORTH, SHELIA
LOOK WHAT YOU DONE TO ME	LOOK WHAT YOU DONE TO ME pt. 2	ENYX 3	15.00	F

SKULL SNAPS
AL'S RAZOR BLADE	AIN'T THAT LOVING YOU	GRILL 301	15.00	F
I'M YOUR PIMP	I'M YOUR PIMP (Long Version)	GSF 6902 bootleg 45 only from the lp	15.00	F
I'M YOUR PIMP	MY HANG UP IS YOU	GSF 6891 bootleg 45 only from the lp	15.00	F
IT'S A NEW DAY	MY HANG UP IS YOU	GSF 6891	40.00	F

SKYE
AIN'T NO NEED (DANCE)	AIN'T NO NEED	ANADA 100	150.00	78

SKYLINERS
EVERYTHING IS FINE	THE LOSER	JUBILEE. 5506	10.00	NM
THE LOVE BUG (DONE BIT ME AGAIN)	SMILE ON ME	TORTOISE 11312	20.00	78
WE GOT LOVE ON OUR SIDE	OH HOW HAPPY	TORTOISE 11243	15.00	78

SKY'S THE LIMIT
HUMPING HARD	HUMPING HARD Pt 2	SUPER ATTRACTIONS 1950	50.00	F

SLAUGHTER, JESSE
I HAD A DREAM	HOW DOES MAKE YOU FEEL	LES - STAN 001	20.00	NM

SLEDGE, PERCY
BABY, HELP ME	YOU'VE GOT THAT SOMETHING WONDERFUL	ATLANTIC 2383	10.00	NM
HEART OF A CHILD	IT TEARS ME UP	ATLANTIC 2358	10.00	NM
THYE ANGELS LISTENED IN	ANY DAY NOW	ATLANTIC 2616	10.00	NM

SLEEPLESS KNIGHTS
YOU'RE DRIVING ME CRAZY	DON'T HIDE YOUR LOVE FROM ME	JERROC 1000	50.00	NM

SLIM HARPO
FOLSOM PRISON BLUES	MUTUAL FRIEND	EXCELLO 2306	10.00	NM
BABY SCRATCH MY BACK	I'M GONNA MISS YOU	EXCELLO 2273	10.00	NM
I'M GONNA KEEP WHAT I'VE GOT	I'VE GOT TO BE WITH YOU TONIGH	EXCELLO 2289	15.00	NM
I'M YOUR BREADMAKER, BABY	LOVING YOU (THE WAY I DO)	EXCELLO 2282	15.00	NM
I'VE GOT MY FINGER ON THE TRIGGER	same: instrumental	EXCELLO 2309	15.00	NM
LITTLE QUEEN BEE	I NEED MONEY	EXCELLO 2246	15.00	NM
MOHAIR SAM	I JUST CAN'T LEAVE YOU	EXCELLO 2301	10.00	NM
SHAKE YOUR HIPS	MIDNIGHT BLUES	EXCELLO 2278	15.00	NM
TE-NI-NEE-NI-NU	MAILBOX BLUES	EXCELLO 2294	20.00	NM
TIP ON IN	TIP ON IN Pt 2	EXCELLO 2285	10.00	NM

SLO, AUDREY
GONNA FIND THE RIGHT BOY	same: instrumental	SWAN 4262	30.00	NM
MAMMA (WHAT DOES A GIRL DO)	IF I COULD LIVE FOR 100 YEARS	BAYE 1117	20.00	NM

SLY
BUTTERMILK	BUTTERMILK pt. 2	AUTUMN 14	15.00	MOD

SLY, SLICK and WICKED
READY FOR YOU	SHO NUFF	PEOPLE 625	85.00	78
SURELY IS YOU IS OR IS YOU AIN'T MY BABY	STAY MY LOVE	PARAMOUNT 165	75.00	78
TONIGHT'S THE NITE	WE'RE SLY SLICK AND WICKED	BAD BOYS 1006	40.00	78
YOUR LOVE WAS MEANT FOR ME	IT'S NOT EASY	PARAMOUNT 186	30.00	78

SMALL, ELLIOTT
I'M A DEVIL	HATE TO SEE YOU GO	A.B.S. 108	25.00	NM
STAY IN MY HEART	GIRLS ARE MADE FOR LOVIN'	NEW SOUND 1001	40.00	NM
STAY IN MY HEART	GIRLS ARE MADE FOR LOVIN'	BANG 570	20.00	NM

SMALL, WILLIE
HOW HIGH CAN YOU FLY	SAY YOU WILL	JESSICA 401	20.00	NM

SMALLEY, LEROY
GIRLS ARE SENTIMENTAL	AIN'T IT A SHAME	GOLDEN WORLD 107	50.00	M

SMALLWOOD BROTHERS
ONE LAST MEMORY	same: instrumental	WAND 11284	20.00	78
SO MANY ROADS	same: mono	ATCO 7074 dj	15.00	78
YOU CAN'T REASON WITH A BROKEN HEART	same: mono	ATCO 7084 dj	15.00	GR

SMALLWOOD, GEORGE and MARSHMELLOW

TOUCHING IS MY THING	OVERHEARD	SMALLWOOD 301	1000.00	78

SMILEY, JIMMY

GIRL I LOVE YOU	MORE THAN WORDS CAN SAY	CAMILLE 121	15.00	NM
MORE THAN WORDS AN SAY	GIRL I LOVE YOU	GAIT 4168	15.00	NM

SMITH BROTHERS

PAYBACK'S A DRAG	same:	SOUL DIMENSION 5102 dj	40.00	NM

SMITH CONNECTION

I'VE BEEN A WINNER, I'VE BEEN	I CAN'T HOLD ON MUCH LONGER	MUSIC MERCHANT 1012	10.00	GR

SMITH JR., WILLIE

COMMON TOUCH	same: instrumental	WSJR 1027	40.00	F

SMITH, BARRY

DON'T GO AWAY GIRL	HOLD ON TO IT	SHANE 1301	20.00	NM
LOOK WHAT YOU'VE DONE	IT'S NOT UNUSUAL	SHANE 6240	15.00	NM
TEENAGE SONATA	THAT'S ALL THAT'S REQUIRED	GSF 6892	50.00	B

SMITH, BERNARD (and the JOKERS WILD)

NEVER GONNA LET YOU GO	MAN WITHOUT PEACE	SPECTRUM 111	150.00	NM
GOTTA BE A REASON	39-21-46	GROOVE 504	150.00	NM

SMITH, BOBBIE (and the DREAM GIRLS)

(YOU KNOW) I'LL BE AROUND	WAIT	BELL 628	100.00	NM
HERE COMES BABY	I GET A FEELING, MY LOVE	BIG TOP 3111	40.00	NM
NOW HE'S GONE	YOUR LOVEY DOVEY WAYS	BIG TOP 3129	75.00	NM
NOW HE'S GONE	YOUR LOVEY DOVEY WAYS	BIG TOP 3129	50.00	NM
WALK ONINTO MY HEART	MISS STRONGHEARTED	AMERICAN ARTS 2	100.00	**NM**
WANTED	MR. FINE	BIG TOP 3085	30.00	NM

SMITH, BOBBY and the SPINNERS   see SPINNERS

SMITH, BUDDY

WHEN YOU LOSE THE ONE YOU LOVE	YOU GET WHAT YOU DESERVE	BRUTE 002	1500.00	NM

SMITH, BYTHER

SO UNHAPPY	MONERY TREE	BE BE 101	50.00	NM

SMITH, CLEMMON

I WANT TO THANK YOU BABY	LIFE AIN'T WORTH LIVING	BIG Q 1001	75.00	NM

SMITH, CURTIS

I LIKE EVERYTHING	SAY YOU WILL	DOMA 101	20.00	NM
THE LIVING END	SAY YOU WILL	ESSICA 404	20.00	NM

SMITH, EDDIE

I DIDN'T REALIZE	ONE HUNDRED YEARS	MELLOTONE 10007	500.00	NM

SMITH, FLOYD

GETTING NOWHERE FAST	SOUL STRUT	DAKAR 604	15.00	NM

SMITH, GEORGE

I'VE HAD IT	WHEN LOVE TURNS TO PITY	TURNTABLE 713	200.00	NM
PRETTY LITTLE GIRL	BORN AGAIN	LAURIE 3263	250.00	NM

SMITH, GEORGE E.

DON'T FIND ME GUILTY	HUMAN	BOJO 1001	200.00	NM
DON'T FIND ME GUILTY	HUMAN	CONCLAVE 340	30.00	NM

SMITH, HELENE

A WOMAN WILL DO WRONG	LIKE A BABY	PHIL LA SOUL 300	10.00	B
I'M CONTROLLED BY YOUR LOVE	THRILLS AND CHILLS	LLOYD 009	50.00	NM
LIKE A BABY	A WOMAN WILL DO WRONG	DEEP CITY 2368	30.00	NM
SURE THING	TRUE LOVE DON'T GROW ON TREES	DEEP CITY 2375	40.00	NM
SURE THING	WRONG OR RIGHT HE'S MY BABY	DEEP CITY 2380	30.00	NM
THRILLS AND CHILLS	I'M CONTROLLED BY YOUR LOVE	LLOYD 9	30.00	NM
YOU GOT TO BE A MAN	AND AWAY WE GO	PHIL LA SOUL 330	75.00	F

SMITH, JAMES WESLEY

TALKING ABOUT A WOMAN	I BELIEVE I'LL HAVE TO LEAVE	ANGEL TOWN 714	500.00	NM

SMITH, JEFF and UNIVERSE

THE HIDDEN SECRET	BACK HOME AGAIN	INCENTIVE 401	40.00	78

SMITH, KENNY (and the LOVELITERS)

GO FOR YOURSELF	GO FOR YOURSELF pt. 2	FLO-ROE 1112	400.00	F
GO FOR YOURSELF	MY DAY IS COMING	RCA 8850	20.00	NM
KEEP ON WALKING BABY	WE HAVE EACH OTHER	CHESS 1947	75.00	B
LET'S TRY AGAIN	NIGHT BEAT	FRATERNITY 993	15.00	B
LORD, WHAT'S HAPPENING TO YOUR PEOPLE	same:	GAR 317 dj	100.00	NM
LORD, WHAT'S HAPPENING TO YOUR PEOPLE	THE SAME OLD STORY	GAR. 317	150.00	NM
LORD, WHAT'S HAPPENING TO YOUR PEOPLE	THE SAME OLD STORY	GOLDSPOT 108328	300.00	NM
ONE MORE DAY	SINFUL SOUL	FLO-RUE 1113	250.00	NM
WE HAVE EACH OTHER	KEEP ON WALKIN' BABY	CHESS 1947	75.00	B

SMITH, LIZA

I WANNA LOVE YOU	FOLLOW ME	BIG TOP 3045	40.00	NM

SMITH, LONNIE LITSON

EXPANSIONS	EXPANSIONS Pt 2	FLYING DUTCHMAN 10214	10.00	F

SMITH, MARTHA
AS I WATCH YOU WALK AWAY	IT ALWAYS SEEMS LIKE SUMMER	CAMEO 359	15.00	NM

SMITH, MARVIN
HAVE MORE TIME	TIME STOPPED	BRUNSWICK 55299	20.00	NM
LOVE AIN'T NOTHING BUT PAIN	I WANT	BRUNSWICK 55314	15.00	NM
WHO WILL DO YOUR RUNNING NOW	YOU'RE REALLY SOMETHING SADIE	MAYFIELD 942	125.00	NM

SMITH, MISS ELSIE
WATER MELON MAN	HI LOVE	OPEN 2601	15.00	MOD

SMITH, MOSES
KEEP ON STRIVING	COME ON, LET ME LOVE YOU	COTILLION 44075	150.00	NM
THE GIRL ACROSS THE STREET	HEY LOVE (I WANNA THANK YOU)	DIONN 508	40.00	**NM**
THE GIRL ACROSS THE STREET	HEY LOVE (I WANNA THANK YOU)	DIONN 508 dj	150.00	NM
TRY MY LOVE	THE GIRL ACROSS THE STREET	DIONN 1401 ltd. Issue 2003	25.00	NM

SMITH, O.C.
DOUBLE LIFE	THE SEASON	COLUMBIA 44151	15.00	NM
I BETCHA	same:	MOTOWN 1636	10.00	78
I'M YOUR MAN	THAT'S LIFE	COLUMBIA 43525	15.00	NM
LOVE CHANGES	GOT TOKNOW	MOTOWN 1623	10.00	78
LOVE CHANGES	GOT TO KNOW	SOUTH BAY 1003	15.00	78
ON EASY STREET	BEYOND THE NEXT HILL	COLUMBIA 43809	200.00	NM

SMITH, OTIS
LET HER GO	ALLEY FULL OF TRASH AND BOTTLES	PERCEPTION 4	100.00	NM
LET HER GO	ALLEY FULL OF TRASH AND BOTTLES	PERCEPTION 4 dj	150.00	NM
LET HER GO	same: instrumental	PERCEPTION 4	15.00	**NM**

SMITH, PAUL
I'LL RUN	AIN'T THAT SOMETHING	JACKLYN 1001	300.00	NM

SMITH, REN
SMOG	SMOG Pt 2	TRUE SOUL 8	15.00	F

SMITH, RICHARD
I DON'T WANNA CRY	MAMA SAID	HI-Q 5042	75.00	NM

SMITH, RICK
(WE SHOULD BE) LOVERS	I'VE GOT TO LOVE YOU AGAIN	BIRDIE 003	10.00	78
I'VE GOT TOBE WITH YOU	LOVE CAME TODAY	BIRDIE 1001	10.00	78

SMITH, ROY
DON'T GO AWAY	THE PAIN LINGERS ON	CHANTAIN 10014	50.00	NM
DON'T GO AWAY	THE PAIN LINGERS ON	ASCOT 2239	30.00	NM
DON'T GO AWAY	same:	CUTLASS 8140 70s version	30.00	NM
VERY STRONG ON YOU	IT HAPPENS THE BEST OF US	LIBERTY 55975	20.00	NM

SMITH, SHARON
I'M WAITING	I WANT A MAN	VENUS. 100	75.00	NM

SMITH, SHIN-DIG and the SOUL SHAKERS
THROUGH FOOLING AROUND	THROUGH FOOLING AROUND PT 2	PITTER-PAT 101	100.00	NM

SMITH, SUZANNA
IN THE SUNSHINE DAYS	LOVE OF TWO WORLDS	SMASH 2133	15.00	NM

SMITH, TIMMY
I'M WILLING TO LOVE YOU	EVERYBODY TALKS ABOUT THE DEVIL	STARVILLE 1207	25.00	NM

SMITH, TRULY
I WANT TO GO THERE AGAIN	WINDOW CLEANER	PARROT 40017	10.00	NM

SMITH, VERDELLE
A PIECE OF THE SKY	TAR AND CEMENT	CAPITOL 5632	10.00	NM
IF YOU CAN'T SAY ANYTHING NICE	I DON'T NEED ANYTHING	CAPITOL 5731	10.00	NM

SMITH, WASHINGTON
FAT CAT	DON'T TAKE YOUR LOVE FROM ME	RAINBOW	50.00	NM
FAT CAT	DON'T TAKE YOUR LOVE FROM ME	OKEH 7275	40.00	NM

SMITH, WILLIAM D.
GIRL OF A 1,000 DREAMS	SWEETIE PIE	A&M 2052	30.00	78

SMITH, WILLIE
I GOT A NEW THING	same: Instrumental	GENUINE 1227	10.00	F

SMITH, YOUNGBLOOD
YOU CAN SPLIT	MR. BRIGHT TIMES	VERVE 10416	150.00	NM

SMITH BROTHERS
THERE CAN BE A BETTER WAY	PAYBACK'S A DRAG	SOUL DIMENSION 51202	200.00	NM

SMOKE.
HAVE I REALLY LOST YOU	I'M SO LONELY	J.BRIDGE 7542	10.00	78
OH LOVE (WELL WE FINALLY MADE IT)	LOVE LETS BE HAPPY NOW	MO-SOUL 1971	20.00	78

SMOKE CITY
LOVE AFFAIR	LOVE AFFAIR PT 2	AMPI 791	40.00	78
SECOND CHANCE	LOTS OF LOVE	EMPIRE 100	15.00	78

SMOKE SUGAR COMPANY
SAVE A LITTLE LOVE FOR RAINY DAY	DOIN' IT	TERI DE 10	40.00	78

SMOKED SUGAR
THE GIRL I CAN'T FORGET	IT'S BEEN SO LONG	TERI DE 12	30.00	GR

SMOKEHOUSE
POLAR FUNK	WHEN YOU GET DOWN (IS IT)	SMOKEHOUSE 002	20.00	F

SMOKEY and the FABULOUS BLADES
JERK, BABY JERK	CHARLIE'S THEME	DORE 723	60.00	**NM**

SMOKIN' SHADES OF BLACK
GREASE WHEELS	LOVE SHIP	STEM 23	75.00	F

SNELL, ANETTE
I'LL BE YOUR FOOL ONCE MORE	FOOTPRINTS ON MY MIND	DIAL 1019	15.00	78
I'LL BE YOUR FOOL ONCE MORE	GET YOUR THING TOGETHER	DIAL 1025	10.00	78
IT'S ALL OVER NOW	same:	EPIC 50464 dj	40.00	78
YOU OUGHTA BE HERE WITH ME	same:	DIAL 1023 dj	10.00	78

SNOWMEN
SUGAR DADDY	MY GIRL LEFT ME	ROULETTE 4578	100.00	NM

SOBER, ERROLL
YOU'RE IN LOVE	SUGAR SHAKER	ABNAK 146 yellow vinyl	15.00	NM

SOBEY, LYNN
WHAT HAPPENED TO OUR LOVE	YOU'LL KNOW I'M AROUND	ABC 11165	40.00	NM

SOCIALITES
YOU'RE LOSING YOU'RE TUCH	JIVE JIMMY	WB 5476	15.00	NM

SOCIETY, INC.
SOCIETY	PRECIOUS WEED	BET 494	200.00	F

SODD, MARION
PERMANENT VACATION	ENOUGH FOR EVERYONE	MAD. 1206	30.00	NM

SOFT SUMMER SOUL STRINGS
I'M DOING MY THING	THEME FROM SOUL STRINGS	COLUMBIA 44844	10.00	NM

SOFT TONES
HOW DID I LOSE	ANY STREET	THEREWAY 13396	15.00	GR

SOFT TOUCH
IS THIS THE WAY TO TREAT A GUY	CLOSE TO YOU	SHOUT 259	20.00	NM

SOL, BILLY
TIME, TIME	WHEN YOU'RE ALONE	DOMAR 1124	100.00	NM

SOLARS
HERE'S MY HEART	NOBODY KNOWS BUT MY BABY AND ME	KING 6295	30.00	NM

SOLE, GARY
HOLDIN ON	SOUL LIGHT TOUCH	KNIGHT 102-38	200.00	NM

SOLICITORS
LONG JOURNEY	ROBOT STRUT	ABET 9448	15.00	F

SOLID CITY
CHINESE CHECKER.S	FAT MAMA	CORBY 215	20.00	F

SOLID STATE
I'M GONNA MAKE YOU MINE	same: instrumental	MUSIC TOWN 9709	40.00	78

SOLITAIRES
FOOL THAT I AM	FAIR WEATHER LOVER	MGM 13221	30.00	NM

SOLO, SAM E. (SOULO)
BAD BAD WHISKEY	BABY, BABY	RUBY 5090	40.00	NM
LOVE IS NOT A GAME	TEARS KEEP FALLING	IMPERIAL 66182	40.00	NM
TEARS KEEP FALLING	LOVE IS NOT A GAME	RUBY 5075	50.00	NM

SOMETHING NEW
YOU BABE	WHAT'S THIS I SEE	WAND 11225	40.00	NM

SOMMERS, JOANIE (JOANNE)
DON'T PITY ME	MY BLOCK	WB 5629	200.00	NM
NEVER THROW YOUR DREAMS AWAY	YOU'VE GOT POSSIBILITIES	COLUMBIA 43567	60.00	NM

SONATAS
GOING DOWN THE ROAD		HOTLINE 101	300.00	NM

SONNETTES
I'VE GOTTEN OVER YOU	TEARDROPS	K.O. 1	40.00	NM

SONNY and DIANE
THAT'S ENOUGH	same:	EPIC 50280	10.00	B
THAT'S ENOUGH	LOVE TRAP	EPIC 50280	50.00	78

SONS OF GODFATHER
GIVE UP THE FUNK	A BETTER PLACE	BENRESA 143	40.00	F

SONS OF MOSES
DEVILED EGG	ALPINE WINTER	BIX INTERNATIONAL 102	75.00	F
SOUL SYMPHONY	FATBACK	CORAL 62549 dj	20.00	**NM**
SOUL SYMPHONY	FATBACK	CORAL 62549	40.00	NM

SONS OF NATURE
RIDE THE VIBE	TRAVELING STAR	JULDANE 740424	20.00	F

SONS OF ROBIN STONE
GOT TO GET YOU BACK	LOVE IS JUST AROUND THE CORNER	ATCO 6929	30.00	78
LET'S DO IT NOW	IT ONLY HAPPENS IN THE MOVIES	EPIC 50257	25.00	78

Artist	A-Side	B-Side	Label	Price	Grade
SONS OF SLUM					
16 MILES OF PLASTIC GHETTO	THE PUSH AND PULL		GAMMA 100	40.00	F
SONS OF WATTS					
CAN'T YOU TELL I'M LONELY	WHEN YOU LOVE, YOU'RE LOVED TO		BLUE ROCK 4086	40.00	NM
SONTAG, HEDY					
HE NEVER CAME BACK	BAD GIRL		PHILIPS 40170	40.00	NM
SOOP and CO. feat. PATRICE MONCELL					
JUST BECAUSE YOU'RE A LOVER	TAKE ME TO THE MOUNTAIN TOP		SOOPS 238	50.00	78
SOOTHERS					
I BELIEVE IN YOU	THE LITTLE WHITE CLOUD		PORT 70041	60.00	**NM**
SOPHISTICATED LADIES					
CHECK IT OUT	GOOD MAN		MAYHEW 532	15.00	78
SOPHISTICATES					
BACK UP BABY	CRY ME A RIVER		SONNY 1001	100.00	NM
I CAN'T STAND IT	I NEED YOU		MUTT 27318	30.00	NM
I REALLY HOPE YOU DO	LET ME GO		UNDERGROUND SOU ND 1002	400.00	NM
SO-RARE					
PARADISE	HOW DO YOU SPELL RELIEF		NCS 2451	10.00	78
SOUL AGENTS					
SHE'S BLOWING MY MIND	SHE'S BLOWING MY MIND pt. 2		HOECUTT	50.00	F
THE IRON HORSE	WHEN YOU DECIDE		DUST BOWL 100	100.00	F
SOUL AGGREGATION					
I CAN'T FIND LOVE	I'VE HAD ENOUGH HEARTACHES		CAPITOL 5902	30.00	NM
SOUL AMBASSADORS					
I'VE GOT THE FEELING	JUST LIKE SHE SAID SHE WOULD		SS7 2614	25.00	NM
SOUL ANGELS					
THE LADIES CHOICE	IT'S ALL IN YOUR MIND		JOSIE 1002	20.00	F
SOUL ATTRACTIONS					
I FORGOT	I NEVER KNEW WHAT LOVE WAS LIK		CHAWA 8936	20.00	GR
SOUL BANDITS					
BE GOOD	SAVE IT		GRANDE RIGHT 2	60.00	NM
SOUL BLENDERS					
I'M NOT ASHAMED	THE DEAL		VANESSA 101	15.00	GR
TIGHT ROPE	DRIVIN' ME MAD		KNIGHT 102	150.00	NM
SOUL BROS. INC.					
LOVE SWEET LOVE	THE DEVIL MADE ME		S.B.I. 1000	40.00	NM
PYRAMID	CAPRICORN XL 2		GOLDEN EYE 1001	300.00	NM
SOUL BROTHERS					
COME ON AND LOVE ME	PLEASE PASS THE KETCHUP		G-D 1004	50.00	NM
GOTTA GET A GOOD THING GOIN'	GOOD LOVIN' NEVER HURT		MERCURY 72575	10.00	NM
THAT LOVING FEELING	I SAW FOREVER MY LOVE		COMMONWEALTH 3012	30.00	NM
THE PARADE OF BROKEN HEARTS	NOTIFY ME		WAND 125	20.00	NM
WHAT CAN IT BE	HEARTACHES		D-TOWN 1069	60.00	NM
SOUL BROTHERS INC.					
ALL THE TIME	DIDN'T WE		BARI 3004	10.00	NM
SOUL BROTHERS SIX					
DON'T NEGLECT YOUR BABY	OH I NEED YOU, YES		LYNDEL 746	50.00	NM
DRIVE	WHAT YOU GOT (IS GOOD FOR ME)		ATLANTIC 2645	30.00	F
I'LL BE LOVING YOU	SOME KIND OF WONDERFUL		ATLANTIC 2406	40.00	NM
THANK YOU BABY FOR LOVING ME	SOMEBODY ELSE LOVING MY BABY		ATLANTIC 2592	25.00	NM
YOU BETTER CHECK YOURSELF	WHAT CAN YOU DO		ATLANTIC 2456	15.00	NM
YOUR LOVE IS SUCH A WONDERFUL	I CAN'T LIVE WITHOUT YOU		ATLANTIC 2535	15.00	NM
SOUL CHARGES					
CHARGE IT UP BABY	IN BETWEEN		AMERICAN	100.00	F
SOUL CITY					
EVERYBODY DANCE NOW	WHO KNOWS		GOODTIME 801	20.00	**NM**
I SHOT FOR THE MOON	I WILL TAKE CARE OF YOU		MERCURY 72735	50.00	NM
SOUL CLAN					
THAT'S HOW IT FEELS	SOUL MEETING		ATLANTIC 2530	10.00	B
THAT'S HOW IT FEELS	SOUL MEETING		ATLANTIC 2530 **PS**	10.00	B
SOUL CLINIC					
SO SHARP	NO ONE LOVE ME ANYMORE		BAY SOUND 67006	50.00	F
SOUL COMBINATION					
SOUL COMBINATION	YOU DON'T HAVE		INVOLVED	50.00	F
SOUL COMMANDERS					
FUNKY SOUL MUSIC	FUNKY SOUL MUSIC PT 2		LIFETIME 1043	400.00	F
JUST A LITTLE MORE LOVE	FREE ME FROM YOUR LOVE		LIFETIME 1046	15.00	B
SOUL COMMUNICATERS					
THOSE LONELY NIGHTS	PLEASE DON'T GO		FEE BEE 221	400.00	NM
SOUL COMPANY					
HUMP THE BUMP	HUMP THE BUMP Pt 2		JUMP OFF 2001	25.00	F

SOUL CONGRESS
THE BLACK HOUSE	THE PLAYBOY SHUFFLE	BANG 563	30.00	F

SOUL COP
TRIBUTE TO GIRLS	I KEEP COMING BACK FOR MORE	NORFOLK 10001	15.00	NM

SOUL CREATIONS
CHICKEN HUT	CREATIONS	SOUL CLICK	300.00	F

SOUL CRUSADERS
FUNKY JIVE	PRETTY LIL MAMA	MORE SOUL 903	30.00	F
I SIT IN MY ROOM	THOSE MEMORIES	LU TALL 319	40.00	GR

SOUL DRIVERS (also see LITTLE WOODEN SOLDIERS)
LITTLE WOODEN SOLDIER	I CAN SEE	PAM-O 102	150.00	NM

SOUL DUO
CAN'T NOBODY LOVE ME	JUST A SAD XMAS	SHIPTOWN 132	15.00	NM

SOUL DYNAMICS
STAY IN THE GROOVE	STAY IN THE GROOVE pt. 2	WAND 11	75.00	F

SOUL EAST
FUNKY LADY	FUNKY LADY PT 2	DELUXE 108	15.00	F

SOUL EXCITEMENT
STAY TOGETHER	SMILE	PINK DOLPHIN 106	300.00	F

SOUL EXCITERS
SHOOT THE MONKEY	SHOOT THE MONKEY pt 2.	123 1708	10.00	F
SHOOT THE MONKEY	SHOOT THE MONKEY pt 2.	123 1708 **PS**	20.00	F

SOUL EXPERIENCE
I'M SO GLAD I FOUND YOU	WHO'S LIPS YOU BEEN KISSING	SMOKE 1002	30.00	78

SOUL FOUR
MISERY	YOU'RE THE ANGEL	RINGO 4321	25.00	NM

SOUL GENERALS
GRANDMA'S FUNKY POPCORN	GRANDMA'S FUNKY POPCORN PT 2	AHNED 400	400.00	F

SOUL GENERATION
KEY TO YOUR HEART	I WONDER WHAT SHE'S DOIN'	EBONY SOUNDS 181	15.00	78
PRAYING FOR A MIRACLE	IN YOUR WAY	EBONY SOUNDS 183	10.00	78
THAT'S THE WAY IT'S GOT TO BE BODY AND SOUL	MANDINGO WOMAN	EBONY SOUNDS 175	10.00	GR

SOUL GENTS
WONDERS OF LOVE	IF I SHOULD WIN YOUR LOVE	FROS-RAY 2707	150.00	NM

SOUL INC.
FUNKY LADY	FUNKY LADY PT 3.	SOCK. 1002	20.00	F
WHAT GOES UP MUST COME DOWN	GOOD TO THE LAST DROP WL	EMBLEM 101	250.00	NM

SOUL INVADERS INC:
SO GOOD	CARELESS LOVING	YORKTOWN 543	40.00	GR

SOUL LIFTERS
HOT FUNKY AND SWEATY	BROTHERS	HOUSE OF THE FOX	200.00	F

SOUL MACHINE
TWITCHIE FEET	BAG OF GOODIES	PZAZZ 21	40.00	F

SOUL MAJESTICS
MISSING YOU	DONE TOLD YOU BABY	AL-TOG 1	15.00	NM
MISSING YOU	DONE TOLD YOU BABY	CHICAGO MUSIC BAG 101	20.00	NM

SOUL MATES
TOO LATE TO SAY YOU'RE SORRY	YOUR LOVE	MARINA 7992	250.00	NM

SOUL MEN
THERE WAS A TIME	I REMEMBER	WORLD WIDE 102	300.00	F

SOUL MERCHANTS
CHEESE AND CRACKERS	AIN'T GONNA GO FOR THAT	ROYAL CREST 155	40.00	F
TALKING ABOUT YOU GIRL	(T.L.C.) TENDER LOVING CARE	MOONVILLE 1111	100.00	NM

SOUL NOTES
HOW LONG WILL IT LAST	DON'T MAKE ME BEG	WAY OUT 1001	25.00	NM
HOW LONG WILL IT LAST	I GOT EVERYTHING I NEED	WAY OUT 1006	25.00	NM

SOUL OF GEORGIA
YOU BETTER MOVE ON	GO	BLACK SHEEP 102	1000.00	NM

SOUL ONES
SOUL POT	THIS IS MY PRAYER	DEAL 01	400.00	F
SOUL POT	THIS IS MY PRAYER	DEAL 01 re-issue	10.00	**F**

SOUL PARTNERS
SPREAD	BOO BOO	BELL 792	20.00	F

SOUL PATROL
NEED OF LOVE	SAVE YOUR LOVE	HIGHLAND 77	100.00	NM
PETER PAN	DON'T KNOCK THE COP	ZUMA 100A	250.00	F
PETER PAN	DUSTY	ZUMA 100	350.00	F
SWEETER THAN THE OTHER SIDE	SWEET THAN THE OTHER SIDE Pt 2	DISCOVERY 1226	15.00	F

SOUL PROCEDURES
BUT WHAT IS THIS FEELING	GLAMOUR GIRL	FIVE-O 506	100.00	GR

SOUL PUSHERS
WITH A BROKEN HEART	SUNSHINE ON A BLUE, BLUE DAY	AMBUSH 6968	30.00	NM

SOUL ROCKERS
SOUL FOR SALE | IF THE SHOE FIT'S BABY | BUDDAH 158 | 40.00 | F
SOUL RUNNERS
CHITTLIN' SALAD | CHITTLIN' SALAD Pt. 2 | MOSOUL 5104 | 10.00 | F
SOUL SEARCHERS
SWEET HOME | LONG TIME AGO | SEARCHER 1 | 20.00 | GR
THERE WAS A TIME | THERE WAS A TIME pt. 2 | AND RAY 4213 | 100.00 | F
SOUL SENDERS
DESTINATION SOUL | I GOT TO GET A MOVE ON | SOUL-O-MATIC 1001 | 40.00 | F
SOUL BROTHER'S TESTIFY | SOUL BROTHER'S TESTIFY Pt 2 | ANLA 102 | 20.00 | F
SOUL SENSATIONS
A MAN THAT IS NOT FREE | WHEN I HAD YOU, BABY | MUSIC CITY 892 | 30.00 | GR
SOUL SET
MICKEY'S FUNKY MONKEY | FLUNKY-FLUNKY | BB 4012 | 20.00 | F
PIN THE TAIL ON THE DONKEY | HE DON'T LOVE YOU | BB 4006 | 75.00 | F
WILL YOU EVER LEARN | PLEASE DON'T MAKE ME CRY | BI-ME 7683 | 700.00 | NM
SOUL SET feat. NORMAN SELDIN
I DON'T WANT HER, BUT I NEED HER | WITH MY BABY BEHIND ME | JOHNSON 739 | 50.00 | NM
SOUL SEVEN
THE CISSY THANG | MR. CHICKEN | SOULTEX 103 | 150.00 | F
SOUL SHAKERS
GET HIP TO YOURSELF | THE COLD LETTER | LOMA 2027 | 50.00 | NM
I'M GETTING WEAKER | IT'S LOVE (CAUSE I FEEL IT) | LOMA 2047 | 150.00 | NM
YOU AIN'T MY BROTHER | NO GOOD WOMAN | AMARK 931 | 50.00 | F
YOU'RE TURNIN' | BIG TRAIN | TERI DE 3 | 350.00 | NM
SOUL SHOUTING TOMMY
TO BE LOVED BY YOU | I'M THE MAN | ANLA 109 | 25.00 | B
SOUL SISTERS
A THOUSAND MOUNTAINS | YOU GOT 'EM BEAT | VEEP 1291 | 20.00 | NM
GOOD TIME TONIGHT | FOOLISH DREAMER | SUE 10005 | 15.00 | NM
I CAN'T STAND IT | BLUEBERRY HILL | SUE 799 | 15.00 | NM
LOOP DE LOOP | LONG GONE | SUE 107 | 10.00 | NM
THINK ABOUT THE GOOD TIMES | THE RIGHT TIME | SUE 130 | 15.00 | NM
SOUL SOCIETY
SIDEWINDER | AFRO-DESIAC | DOT 17136 | 20.00 | MOD
SOUL STEPPERS
STEPPIN' UP | THE GREAT, GREAT GRANDSON | KRIS 8085 | 20.00 | F
SOUL STOPPERS BAND
BOILING WATER | LET'S SIT DOWN | CAPP MATT | 200.00 | F
SOUL SUPERIORS
TRUST IN ME BABY | GOT TO FIND THAT GIRL | SOUL BEAT 107 | 100.00 | NM
SOUL SURVIVORS
EXPLOSION IN YOUR SOUL | DATHON'S THEME | CRIMSON 1012 | 10.00 | NM
EXPRESSWAY TO YOUR HEART | HEY GYP | CRIMSON 1010 | 10.00 | NM
GO OUT WALKING | TURN OUT THE FIRE | ATCO 6627 | 20.00 | NM
IMPOSSIBLE MISSION (MISSION IMPOSSIBLE) | POOR MAN'S SON | CRIMSON 1016 | 10.00 | GR
MAMA SOUL | TELL DADDY | ATCO 6650 | 15.00 | NM
SOUL SUSPECTS
FUNKY DROP | HANDLE IT | BLACK PRINCE 319 | 15.00 | F
SOUL TORANODOES
FUNKY THANG | GO FOR YOURSELF | MAGIC CITY 8 | 15.00 | F
GO FOR YOURSELF | FUNKY THANG | BURT 4000 | 20.00 | F
HOT PANTS BREAK DOWN | BOOT'S GROVE | MAGIC CITY 14 | 150 100.00 | F
SOUL TORNADO'S
CRAZY LEGS | BOBBY'S MOOD | WESTWOOD 1017 | 150.00 | F
SOUL TWINS
GIVE THE MAN A CHANCE | QUICK CHANGE ARTIST | KAREN 1533 | 85.00 | **NM**
JUST ONE LOOK | IT'S NOT WHAT YOU DO.. | KAREN 1535 | 15.00 | NM
MR. PITIFUL | SEARCHING FOR MY BABY | KAREN 1537 | 25.00 | NM
SHE'S THE ONE | MR. INDEPENDENT | BACK BEAT 599 | 30.00 | NM
SOUL UNLIMITED
SAGITTARIUS | BABY I LOVE YOU | BRUBOON | 100.00 | F
SOUL VIBRATIONS
THE DUMP | I'VE GOT TO FIND A WAY | VIBRANT | 300.00 | F
SOUL WALKERS
CAN I SAY IT AGAIN | STAY AHEAD | CARDINAL AVALON 101 | 200.00 | GR
SOUL, BILLY
BIG BALLS OF FIRE | MY DARLIN' - HONEY BABY | KING 5929 | 40.00 | NM
SHE'S GONE | SHE'S GONE pt. 2 | KING 5904 | 25.00 | B
SOUL, BILLY T.
CALL ON BILLY | THE WAY TO A WOMAN'S HEART | MUSICOR 1248 | 30.00 | NM

SOUL, JOHN PHILLIP
THAT MEMPHIS THING | THE SOUL STRUT | PEPPER 441 | 20.00 | F
SOUL, JOHNNY
I'M GONNA RAT ON YOU | I CAN'T BUY NO LOVE | SPORT 107 | 200.00 | NM
LONELY MAN | COME AND GET IT | SSS INTER. 785 | 15.00 | NM
SOUL, LITTLE NICKY
YOU SAID | I WANTED TO TELL YOU | SHEE 101 | 500.00 | NM
SOUL, REGGIE
I FEEL SO BAD | I GOT JODY | RED BALL 1 | 10.00 | NM
I GOT JODY | SOUL WALKIN' | NATION TIME 20010 | 30.00 | F
MY WORLD OF ECSTASY | MIGHTY GOOD LOVING | CAPRI 103 | 60.00 | NM
SOUL, SHARON
HIS LOVE IS AMAZING | LET ME GET TO KNOW YOU | CORAL 62487 | 60.00 | NM
HOW CAN I GET TO YOU | DON'T SAY GOODBYE LOVE | WILD DEUCE 1001 | 40.00 | NM
YOU FOUND MY WEAK SPOT | JUST HOW LONG CAN I GO ON | CORAL 62505 | 50.00 | NM
SOUL, STEVE
POPCORN WITH AS FEELING | SOUL PRESIDENT | FEDERAL 12551 | 50.00 | F
SOUL, TOMMY
I'LL BE RIGHT HERE | I NEED SOMEONE (TO LOVE) | GASLIGHT 12945 | 500.00 | NM
SOULETTES
BRING YOU FINE SELF HOME | LET ME BE THE ONE | SCOPE 126478 | 800.00 | NM
SOUL-FAY
YOUNG GIRL | WHO WILL BE THERE TOMORROW | AUDIO ARTS 1801 | 150.00 | NM
SOULFUL ILLUSION
SEARCHING FOR LOVE | TO GET YOUR LOVE | MERCURY 72754 | 75.00 | NM
SOULFUL STRINGS
BURNING SPEAR | WITHIN YOU WITHOUT YOU | CADET 5576 | 15.00 | NM
LISTEN HERE | I WISH IT WOULD RAIN | CADET 5633 | 10.00 | F
THE STEPPER | ON THE DOCK OF THE BAY | CADET 5607 | 10.00 | F
THE WHO WHO SONG | JERICHO | CADET 5617 | 10.00 | NM
ZAMBEZI | A LOVE SONG | CADET 5654 | 10.00 | F
SOULFUL TWINS
I CAN'T LET YOU GO | I NEED SOME KIND OF SOMETHING | SABLE 101 | 75.00 | NM
SOULFUL TWO
FI YI DANCE | HAVE MERCY | PURE SOUL MUSIC 1108 | 75.00 | NM
SOULISTICS
JONES'N | COTTON-EYED JOE | LIBERATION 1025 | 200.00 | F
SOUL-JERS
CHINESE CHECKERS | POOCHUM | RAMPART 648 | 15.00 | MOD
GONNA BE A BIG MAN | CRAZY LITTLE THINGS | RAMPART 649 | 25.00 | NM
SOULMASTERS
HOLD ON | LOOKING FOR YOU | BEACH 101 | 10.00 | NM
I'LL BE WAITING HERE | YOU TOOK AWAY THE SUNSHINE | RAVEN 2020 | 300.00 | NM
LONELY LONELY | I WANT TO BE YOU BABY | JULET 102 | 600.00 | NM
SOUL-MATES
I WANT A BOYFRIEND | I GET A FEELING | ERA 3109 | 25.00 | M
SOULO, SAMMY see SOLO
SOULOSOPHY
LIVE YOUR LIFE WITH SOMEONE. | MAMA'S BOOK | EPIC 10658 | 15.00 | NM
SOULSATIONS
HERE COMES THE PAIN | HERE COMES THE PAIN PT 2 | STE-AL 1001 | 30.00 | NM
SOUL-TEASERS
TWO LOVERS | ON A HOT SUMMER DAY IN THE CIT | JOKER 713 | 100.00 | NM
SOULTONES
YOU AND ME BABY | I WANT WHAT I WANT | VALISE 1900 | 20.00 | NM
SOULUTION
LOVE'S WHERE YOU FIND IT | TRY A LITTLE TENDERNESS | IGL 166 | 100.00 | NM
SOULVILLE ALL-STARS
IM GONNA GET TO YOU | WON'T YOU PLEASE BE MY GIRL | SOULVILLE 1005 | 100.00 | NM
NOBODY TO BLAME (BUT MYSELF) | NOTHING IN THIS WORLD MATTERS | SOULVILLE 1001 | 120.00 | NM
SOUND EXPERIENCE
BLOW YOUR MIND | 40 ACRES AND A MULE | SOULVILLE 14023 | 15.00 | F
SOUND INC.
ON THE BRINK | I AM COMING THRU | LIBERTY 55844 | 20.00 | NM
SOUND OF SOUL
HEY GIRL I STILL LOVE HIM | LOVE IS SUCH A FUNNY THING | JOSIE 962 | 25.00 | NM
SOUND OF THE TEMPLE
WHY DID YOU TREAT ME BAD | BOMBS OF DESTRUCTION | SOUND OF THE TEMPLE 1203 | 100.00 | NM
SOUND OF VISION
WHAT DO NEVER THE DANCE | WHAT SO NEVER THE DANCE PT 2 | HOUSE GUESS 109318 | 100.00 | F

SOUNDBREAKERS
TRYING TO GET BACK TO YOU | THE JERK IS CATCHING | SYMBOL. 220 | 30.00 | NM
SOUND-MASTERS
LONELY LONELY | I WANT YOU TO BE MY BABY | JULET 102 | 600.00 | NM
SOUND-OF-EXPERIENCE
WELCOME HOME (FROM THE WAR) | WELCOME HOME (FROM THE WAR) pt. 2 | COMMUNITY 100 | 30.00 | GR
SOUNDS 70'S
I'LL BE WAITING | IT'S FOR REAL | CAPITOL 2930 | 30.00 | 78
SOUNDS FOUR
A MEMORY BEST FORGOTTEN | LOVE TOGETHER | SAINTMO 201 | 30.00 | NM
KEEP ON LOVIN' | HEY GIRL | SAINTMO 203 | 30.00 | NM
SOUNDS OF BLACK
MYSTERIES OF BLACK | MYSTERIES OF BLACK pt. 2 | JULMAR | 200.00 | F
SOUNDS OF BLACK | SOUNDS OF BLACK pt. 2 | LAKESIDE | 50.00 | F
SOUNDS OF DAWN
IF I HAD MY WAY | HOW MANY TIMES | TWIN STACKS 125 | 20.00 | NM
IT'S GOT TO HAPPEN RIGHT NOW | WILL IT EVER STOP | TWIN STACKS 127 | 30.00 | NM
SOUNDS OF LANE
TRACKS TO YOUR MIND | MY, MY MAMA | COBBLESTONE 713 | 30.00 | NM
SOUNDSATIONS
MR. SENSATION | THE MOMENT | BYE 101 | 100.00 | NM
SOUTH SHORE COMMISSION
RIGHT ON BROTHER | RIGHT ON BROTHER Pt 2 | ATLANTIC 2684 | 10.00 | F
WE'RE ON THE RIGHT TRACK | I'D RATHER SWITCH THAN FIGHT | WAND 11291 | 10.00 | 78
SOUTHERN COMFORT
IT'S IN MY LETTER | ITS IN MY LETTER (Instru.) | SUN CITY NO.# | 300.00 | 78
SOUTHSIDE MOVEMENT
DO IT TO ME | AIN'T GONNA WATCH YOU NO MO' | 20TH. CENTURY 2167 | 15.00 | 78
SOUTHSIDE REVUE
CHITTLINS | CHITTLINS Pt 2. | MELLOW 1009 | 10.00 | F
SOUTHWIND SYMPHONY
COMING HOME | YOUR LOVE IS FADING | GLOLITE 92 | 15.00 | NM
SOUVENIERS
IT'S TOO BAD | I COULD HAVE DANCED ALL NIGHT | INFERNO 2001. | 300.00 | **NM**
SPACEARK
DO WHAT YOU CAN DO | WELCOME TO MY DOOR | COLOR WORLD 100 | 50.00 | F
SPARKELS
TRY LOVE (ONE MORE TIME) | THAT BOY OF MINE | OLD TOWN 1160 | 300.00 | NM
SPARKS
COOL IT | WOE, WOE | CUB 9151 | 20.00 | F
SPARKS, A.J. and SPARK PLUGS
IN THE POCKET | MOOVE TO THE GROVE | WOODY 003 | 50.00 | F
SPARKS, MELVIN feat. JIMMY SCOTT
I'VE GOT TO HAVE YOU | GET DOWN WITH TO GET DOWN | EASTBOUND 628 | 30.00 | NM
SPARKZ
I'LL SHOW YOU | AIN'T NO BIG THING | BELL 793 | 40.00 | B
SPEARS, MERLE and THE TREATS
AIN'T NO NEED | IT'S JUST A MATTER OF TIME | WHIT 713 | 30.00 | NM
AIN'T NO NEED | IT'S JUST A MATTER OF TIME | ATLANTIC 2274 | 30.00 | NM
I WANT TO KNOW | GONNA MOVE | WHIT 2 | 100.00 | NM
I WANT TO KNOW | I'M GONNA MOVE TO THE OUTSKIRT | ATLANTIC 2243 | 75.00 | NM
SPECIAL DELIVERY
THIS KIND OF LOVE | I'VE GOT TO BE FREE | SHIELD 6311 | 20.00 | 78
SPECIAL TOUCH
JUST WHAT IS FOR EVER | THIS PARTY IS JUST FOR YOU | BRACKETT 82581 | 20.00 | GR
SPECIALS
FOOL FOR YOUR LOVE | BABY YOU NEED ME | SATCH 514 | 15.00 | GR
I CAN'T FIND ANOTHER | I CAN'T FIND ANOTHER Pt 2 | SATCH 515 | 15.00 | NM
YOU STOOD ME UP | EVERYBODY SAY YEAH | SATCH 512 | 150.00 | NM
SPECTRUM
LET'S FALL IN LOVE | IF YOU WANNA PARTY | BROWN DOG 9015 | 15.00 | GR
LOVED BY YOU | YOU'LL BE CALLING FOR LOVE | STRETCHIN' OUT 23 | 100.00 | GR
SPELLBINDERS
A LITTLE ON THE BLUE SIDE | CHAIN REACTION | COLUMBIA 43522 | 20.00 | NM
HELP ME (GET MYSELF BACK TOGETHER AGAIN) | DANNY BOY | COLUMBIA 43830 | 20.00 | NM
WE'RE ACTING LIKE LOVERS | LONG LOST LOVE | COLUMBIA 43611 | 15.00 | NM
SPELLMAN, BENNY
FORTUNE TELLER | LIPSTICK TRACES | MINIT 644 | 20.00 | NM
IF YOU LOVE HER | SINNER GIRL | SANSU 462 | 20.00 | NM
THE WORD GAME | I FEEL GOOD | ATLANTIC 2291 | 15.00 | NM
THIS IS FOR YOU MY LOVE | IT'S FOR YOU | ALON 9031 | 300.00 | NM

SPENCER
Title	B-side	Label	Price	Grade
MY BABY'S COMIN' HOME	WE GOT A LOVE THAT'S OUT OF SIGHT	MIDTOWN 3502	25.00	NM
SEARCHIN' FOR LOVE	YOU KNOW WHAT YOU'RE GETTING	MIDTOWN 3503	25.00	NM

SPENCER, BOBBY
Title	B-side	Label	Price	Grade
I JUST WANT TO SATISFY	SATISFIED LOVE	PEANUT COUNTRY 1003	15.00	NM

SPENCER, CARL
Title	B-side	Label	Price	Grade
COVER GIRL	PROGRESS	RUST 5104	150.00	NM

SPENCER, EDDIE
Title	B-side	Label	Price	Grade
IF THIS IS LOVE (I'D RATHER BE LONELY)	YOU'RE SO GOOD TO ME BABY	ARC 1206 Canadian release only	60.00	NM

SPENCER, ELVIN   also see CHOSEN FEW
Title	B-side	Label	Price	Grade
LIFT THIS HURT	YOU'RE BEING UNFAIR	TWINIGHT 150	100.00	NM
LIFT THIS HURT	DON'T MAKE THIS DREAM COME TRUE	WINNER 742	75.00	NM
LIFT THIS HURT	DON'T MAKE THIS DREAM COME TRUE	E.S.COZY 150	10.00	NM

SPENCER, JAMES
Title	B-side	Label	Price	Grade
IN-LAW TROUBLE	YOU BETTER KEEP AN EYE	TAURUS 725	30.00	NM
TAKE THIS WOMAN OFF THE CORNER	I NEED YOUR LOVE	MEMPHIS 101	30.00	F

SPICE
Title	B-side	Label	Price	Grade
EVERYTHING IS YOU	WHAT DO WE MEAN	LPG 112	20.00	GR
SWEET NORMA JONES	CAN'T WAIT TIL THE MORNING COM	SOUND GEMS 101	20.00	78

SPIDELLS (SPIDELS)
Title	B-side	Label	Price	Grade
HMMM, WITH FEELING DARLING	UNCLE WILLIE GOOD TIME	MONZA 1123	10.00	NM
IF IT AIN'T ONE THING	DON'T YOU FORGET	CORAL 62531	60.00	NM
LIKE A BEE	YOU KNOW I NEED YOU	CHAVIS 1035	15.00	NM
PUSHED OUT OF THE PICTURE	WITH YOU IN MIND	CORAL 62508	75.00	NM
THAT'LL MAKE MY HEART BREAK	FIND OUT WHAT'S HAPPENING	MONZA 1122	20.00	NM

SPIEDELS
Title	B-side	Label	Price	Grade
DREAM GIRL	THAT'S WHAT I GET	PROVIDENCE 418	100.00	NM

SPINDLES
Title	B-side	Label	Price	Grade
TEN SHADES OF BLUE	NO ONE LOVE YOU (THE WAY I DO)	ABC 10850	25.00	NM
TO MAKE YOU MINE	AND THE BAND PLAYED ON	ABC 10802	75.00	NM

SPINNERS
Title	B-side	Label	Price	Grade
I CROSS MY HEART	FOR ALL WE KNOW	MOTOWN 1109	15.00	M
I GOT YOUR WATER BOILING BABY	I'VE BEEN HURT	TRI-PHI 1013	25.00	M
I JUST CAN'T HELP BUT FEEL THE PAIN	BAD, BAD WEATHER	MOTOWN 1136	20.00	M
I JUST WANT TO FALL IN LOVE	HEAVY ON SUNSHINE	ATLANTIC 3765	50.00	78
I'LL ALWAYS LOVE YOU	TOMORROW MAY NEVER COME	MOTOWN 1078	15.00	M
I'LL BE AROUND	HOW COULD I LET YOU SLIP AWAY	ATLANTIC 2904	10.00	78
LOVE (I'M SO GLAD) I FOUND YOU	SUDBUSTER	TRI-PHI 1004	20.00	M
(SHE'S GONNA LOVE ME) AT SUNDOWN	IN MY DIARY	VIP 25050	15.00	M
(SHE'S GONNA LOVE ME) AT SUNDOWN	MESSAGE FROM A BLACKMAN	VIP 25054	10.00	M
SWEET THING	HOW CAN I	MOTOWN 1067	15.00	M
THAT'S WHAT GIRLS ARE MADE FOR	HEEBIE JEEBIE'S	TRI-PHI 1001	20.00	M
TRULY YOURS	WHERE IS THAT GIRL	MOTOWN 1093	15.00	M
WHAT DID SHE USE	ITCHIN' FOR MY BABY	TRI-PHI 1007	30.00	M

SPIRAL STAIRCASE
Title	B-side	Label	Price	Grade
BABY WHAT I MEAN	MAKIN' UP MY MIND	COLUMBIA 44442	10.00	NM
INSIDE, OUTSIDE, UPSIDE DOWN	I'LL RUN	COLUMBIA 44566	10.00	NM
MORE TODAY THAN YESTERDAY	SAME:	COLUMBIA 44741	10.00	NM
NO ONE FOR ME TO TURN TO	SWEET LITTLE THING	COLUMBIA 44924	10.00	NM
SHE'S READY	JUDAS TO THE LOVE WE KNEW	COLUMBIA 45048	10.00	NM

SPITTING IMAGE
Title	B-side	Label	Price	Grade
JB'S LATIN	SPITTING IMAGE	MASAI 99981	300.00	F

SPLENDORS
Title	B-side	Label	Price	Grade
PLEASE DON'T GO	BLUE ALLEY	KARATE 520	50.00	NM

SPLIT DECISION BAND
Title	B-side	Label	Price	Grade
WATCHIN' OUT	DAZED	NETWORK 1005	100.00	78

SPOILERS
Title	B-side	Label	Price	Grade
SOMETHING ABOUT YOU	JUST LIKE A SHADOW	GMC RECORDS 10005	30.00	NM

SPONTAINS
Title	B-side	Label	Price	Grade
UPTOWN.	TRY IT AGAIN	PLAYBOY 77	100.00	NM

SPONTANEOUS COMBUSTION
Title	B-side	Label	Price	Grade
STEPPIN' LOOSE	STEPPIN' LOOSE pt. 2.	SCI 6458	15.00	F

SPOON, BILL
Title	B-side	Label	Price	Grade
LOVE IS ON THE WAY	DON'T PLAY WITH MY LOVE	HIGHLAND 1000	100.00	78
THE ONLY WHO REALLY LOVES YOU	+I can feel it,She'll be lucky	HENSE FORTH 3010 12" EP	15.00	78

SPOONER and the SPOONS
Title	B-side	Label	Price	Grade
WISH YOU DIDN'T HAVE TO GO	HEY, DO YOU WANNA MARRY	FAME 6405	20.00	NM

SPOONER'S CROWD
Title	B-side	Label	Price	Grade
2 IN THE MORNING	I'LL BE YOUR BABY	CADET 5533	50.00	NM

SPOTSWOOD, KENDRA
Title	B-side	Label	Price	Grade
STICKIN' WITH MY BABY	JIVE GUY	TUFF 407	40.00	NM

SPRING
LOOK TO ME BABY	same:	SPRING 7002	10.00	GR
TALK TO THE RAIN	YOU'RE SO HARD TO FORGET	IX CHAINS 4011	15.00	GR

SPRINGERS
I KNOW MY BABY LOVES ME SO	I KNOW WHY	WAY OUT 2699	20.00	GR
LAST HEARTBREAK	WHY	WAY OUT 2800	15.00	GR
NOTHING'S TOO GOOD FOR MY BABY	WHO DO YOU LOVE	WALE 428	NEG	NM
WHO YOU GONNA RUN TO	DRIFTING AWAY	WALE 1401 dj	100.00	NM
WHY	LAST HEARTBREAK	WAY OUT 2799	15.00	GR
YOU CAN LAUGH	IT'S BEEN A LONG TIME	WAY OUT 5696	100.00	NM

SPRINGFIELD RIFLE
THAT'S ALL I REALLY NEED	I LOVE HER	JERDEN 905	40.00	NM

SPRINGFIELD, DUSTY
ALL CRIED OUT	I WISH I'D NEVER LOVED YOU	PHILIPS 40229 PS	15.00	NM
ALL CRIED OUT	I WISH I'D NEVER LOVED YOU	PHILIPS 40229	10.00	NM
I'LL TRY ANYTHING	THE CORRUPT ONES	PHILIPS 40439 PS	15.00	NM
LIVE IT UP	GUESS WHO	PHILIPS 40245 PS	15.00	NM
LIVE IT UP	GUESS WHO	PHILIPS 40245	10.00	NM
WHAT'S IT GONNA BE	SMALL TOWN GIRL	PHILIPS 40498 PS	20.00	NM
WHAT'S IT GONNA BE	SMALL TOWN GIRL	PHILIPS 40498	10.00	NM

SPRINGS, KENNY and the SCAT CATS
LET NOBODY LOVE YOU	NOBODY ELSE BUT YOU	SPOT.1128	30.00	B

SPURLING, CHARLES
POPCORN CHARLIE	BUDDY BOY	KING 6267	15.00	F
SHE CRIED JUST A MINUTE	DON'T LET HIM HURT YOU BABY	KING 6115	40.00	NM
WHICH ONE	THAT WOMAN	KING 6142	26.00	NM
YOU'D BE SURPRISED (THE WAY I FEEL)	MR. COOL.	KING 6077	20.00	NM

SPYDERS
I CAN TAKE CARE OF MYSELF	MAKE UP YOUR MIND	GOLDEN STATE 106	50.00	NM
I CAN TAKE CARE OF MYSELF	MAKE UP YOUR MIND	MTA 128	40.00	NM

SPYDER'S GANG
WAITIN LINE	JUANANITA BONAGETTA	SCEPTER 12349	15.00	NM

SQUIRES
DON'T ACCUSE ME	SO MANY TEARS AGO	GEE 1082	100.00	NM

ST. ANN, EDWARD
MORE LUCK TO YOU BABY	HEY! LITTLE GIRL	USA 773	50.00	NM

ST. ANTHONY, CHESTER
TOGETHER		A&M 766	40.00	NM

ST. CLAIR, KELLY
DON'T LOOK OVER YOUR SHOULDER	DARKNESS ON YOUR MIND	MILLAGE 1042 PS	40.00	NM
DON'T LOOK OVER YOUR SHOULDER	DARKNESS ON YOUR MIND	MILLAGE 1042	30.00	NM
YOU TOOK MY HEART	FUNNY	MILLAGE 105A	75.00	NM

ST. CLAIR, RENEE
LOOK WHAT I GOT	I'VE GOT A REASON TO CRY	JUBILEE. 5576	75.00	NM

ST. CLAIRE, SYLVIA
JUST LOVE ME	IS HE ALL RIGHT	BRUNSWICK 55279	150.00	NM

ST. GERMAN, TYRONE
I'M STILL HOOKED ON YOU	YOU ARE THE APPLE OF MY EYE	BELSHAZZER no #	15.00	78
IN A WORLD SO COLD	DON'T COP NO ATTITUDE	MORNING DOVE 1	20.00	78

ST. JAMES, BOBBY
THE SUN DON'T SHINE (EVERYDAY)	I'VE BEEN TAKEN FOR A RIDE	WATT'S RECORDS 901	150.00	NM

ST. JAMES, HOLLY
THAT'S NOT LOVE	TWO GOOD REASONS	ABC 10996	400.00	NM

ST. JOHN, ROSE and the WONDERETTES
I KNOW THE MEANING	FOOL DON'T LAUGH	VEEP 1231	150.00	NM
MEND MY BROKEN HEART	AND IF I HAD MY WAY	UA 997	50.00	NM

STACKHOUSE, RUBY
PLEASE TELL ME	WISHING	KELLMAC 1001	40.00	NM

STAFF and MANAGEMENT
THE SECRETS OF A WOMAN	FREST DIRT	KAIMOTION 4	30.00	NM

STAGE IV
JUST ANOTHER GUY	OUR WORLD	MILLIE 600	10.00	NM

STAGEMASTERS
BABY, I'M HERE JUST TO LOVE YOU	FREE AT LAST	SLIDE 2101	15.00	NM

STALLINGS, L.D.
SHOW TIME	FEEL FREE	SOUL WORLD 2	10.00	F

STALLINGS, MARY
YOU GOTTA GIT	LAME DUCK	WEE 108	30.00	NM

STALLINGS, PAT
EVERYBODY KNOWS	same:	PARAMOUNT 166	20.00	F

STAMPLEY, JOE and the UNIQUES (also see the UNIQUES)
NOT TOO LONG AGO	FAST WAY OF LIVING	PAULA 219	10.00	NM

STANBERRY, JOHN (STANDBERRY)
I CAN'T BELIEVE (SHE TOOK THE WHOLE THING)	SUNNY DAY	STANLOS 52573	15.00	78
YOU CAME INTO MY WORLD	THRU LIFE STEP-BY-STEP	JAYVILLE 1001	50.00	NM

STANDING ROOM ONLY
ALL IN A DAY	SACRIFICE	LAMAR 27	50.00	78

STANLEY
I'LL GOT DOWN AND GETCHA	same: Instrumental	HOT LINE 100	15.00	F

STANLEY, SALLY
I'LL HAVE TO LET YOU GO	WHAT IT MEANS TO BE LONELY	EXCELLO 2223	50.00	NM

STANT, BARBARA
(YOU'VE GOT TO) TRY IT AGAIN	(I FOUND ME A) REAL MAN	SHIPTOWN 004	150.00	78
MY MIND HOLDS ON TO YESTERDAY	HE'S STILL YOUR MAN	SHIPTOWN 70822	100.00	78
UNSATISFIED WOMAN	YOU KNOW I LOVE YOU	SHIPTOWN 203361	10.00	B

STAPLES, GORDON and the MOTOWN STRINGS
STRUNG OUT	SOUNDS OF THE ZODIAC	MOTOWN 1180	15.00	F
STRUNG OUT	same:	MOTOWN 1180 dj red vinyl	15.00	M

STAPLES, MAVIS
LOVE GONE BAD	BEAT WELL DONE	PHONO 1051	10.00	78

STAR DOLLS and ASTROS
NOTHING CAN CHANGE	BABY, I NEED (YOUR LOVE SO BAD	PARIS TOWER 124	200.00	NM

STAR MATERIAL
I NEED YOU	GIVE ME SOME PLAY	SPRITE 100	15.00	GR

STAR, MARTHA (STARR)
I WANNA BE YOUR GIRL	SWEET LOUIE	THELMA 113	250.00	NM
LOVE IS THE ONLY SOLUTION	I'M LONELY	THELMA 112	800.00	NM
NO PART TIME LOVE FOR ME	IT'S TOO BAD BABY	THELMA 111	100.00	NM
SWEET TEMPTATION	LITTLE GIRL BLUE	CHARAY 35	1000.00	NM

STARBRIGHT
THE LANGUAGE OF LOVE	HE'S AN ARIES MAN	DORE 905	15.00	78

STARFIRE
SUPER SENSUOUS WOMAN	I WANT TO SING THIS SONG	DYNAMIC ARTISTS 1004	20.00	GR

STARLETS
LOVING YOU IS SOMETHING NEW	MY BABY'S REAL	CHESS 1997	30.00	NM

STARLIGHTS
BOOT LEG	MY SPECIAL ANGEL	TEAR DROP 3099	50.00	F

STARR, BRENDA
SATAN, LET ME SLEEP TONIGHT	SOLDIER BOY (MY SOLDIER BOY)	POLYDOR 14032	200.00	NM

STARR, EDWIN
AGENT DOUBLE OO SOUL	same: Instrumental	RIC TIC 103 yellow and black label	20.00	NM
AGENT DOUBLE-O-SOUL	same: Instrumental	RIC TIC 103 yellow and red label	10.00	M
AGENT DOUBLE-O-SOUL	same: Instrumental	RIC TIC 103 red label	10.00	M
AGENT DOUBLE-O-SOUL	same: Instrumental	RIC TIC 103 dj	40.00	M
BACK STREET	same: Instrumental	RIC TIC 107	10.00	M
BACK STREET	same: Instrumental	RIC TIC 107 dj	40.00	M
DON'T TELL ME I'M CRAZY	WHO IS THE LEADER OF THE PEOPL	SOUL 35100	15.00	78
GIRLS ARE GETTING PRETTIER	IT'S MY TURN NOW	RIC TIC 118	10.00	NM
GIRLS ARE GETTING PRETTIER	IT'S MY TURN NOW	RIC TIC 118 dj	25.00	NM
HEADLINE NEWS	HARLEM	RIC TIC 114	10.00	NM
HEADLINE NEWS	HARLEM	RIC TIC 114 dj	50.00	NM
I'LL NEVER FORGET YOU	PAIN	GRANITE 522	15.00	78
LOVE (THE LONELY PEOPLE'S PRAYER)	YOU'VE GOT MY SOUL ON FIRE	MOTOWN 1276	10.00	78
MY KIND OF WOMAN	YOU'RE MY MELLOW	RIC TIC 120	100.00	NM
MY WEAKNESS IS YOU	I AM THE MAN FOR YOU BABY	GORDY 7071	15.00	M
SCOTT'S ON SWINGERS	same:	RIC TIC 109X dj only	250.00	NM
STAY WITH ME	PARTY	GRANITE 528	10.00	78
STOP HER ON SIGHT (S.O.S.)	I HAVE FAITH IN YOU	RIC TIC 109	15.00	NM
STOP HER ON SIGHT (S.O.S.)	same:	RIC TIC 109 dj	25.00	NM
TIME	RUNNING BACK AND FORTH	GORDY 7097	10.00	M
WAY OVER THERE	IF MY HEART COULD TELL THE STORY	GORDY 7078	15.00	M

STARR, HARRY
ANOTHER TIME ANOTHER PLACE	STEP INTO MY WORLD	END 1129	200.00	NM

STARR, JOHNNY
DON'T BLOCK THE ROAD	DO RE MI FA SO LA TI DO	MALA 12019	25.00	NM
DON'T HOLD BACK	THE SWINGING ORGAN	EASTERN 60001	10.00	NM

STARR, MACK and the MELLOWS
DRIFTING APART	OH MY LOVE	CUB 9117	40.00	NM

STARR, MARTHA see STAR, MARTHA

STARR, NO NO
PULL YOURSELF TOGETHER	SWING YOUR LOVE MY WAY	MIDAS 301	10.00	NM

STARR, RICHARD
LOVE IS NOT A GAME	GROOVY THING	STAGE PRODUCTIONS 100	30.00	78

STARR, TOMMY
BETTER THINK OF WHAT YOU'RE LOSING	LOVE WHEEL	LOMA 2095	15.00	NM

STAR-TELLS (STAR-TELS)
FALLING IN LOVE WITH YOU GIRL	YOU'RE WRONG ABOUT ME	LAMARR 1002	15.00	NM
WHAT MORE CAN I ASK FOR	EXTERMINATOR MAN	LAMARR 1000	30.00	NM

STARTONES
LOVIN' YOU BABY	ONE ROSE	BILLIE FRAN 1	400.00	NM

STAR-TREKS
GONNA NEED MAGIC	DREAMIN'	VEEP 1254	50.00	NM

STARVUE
BODY FUSION	LOVE STRUCK	MIDWEST INTER. 6643	30.00	78

STATE DEPARTMENT
I'M COUNTING ON YOU	I'M COUNTING ON YOU (long version)	SIXTH AVENUE 10689	10.00	78

STATEN, MAC and the NOMADS
THERE SHE GOES	DO THE FREEZE	PRELUDE 1111	700.00	NM

STATEN, PATINELL
LITTLE LOVE AFFAIR	I LET A GOOD MAN GO	SEPIA 8201	2000.00	NM

Beware of miss-presses that play the correct flip, but "little love affair" plays an unknown Male group ballad. Value 20.00

STATES and SON, JOHNNY
BUG EYE	EARLY MORNING GROOVE	RENDEZVOUS	100.00	F

STATON, CANDI
NOW YOU'VE GOT THE UPPER HAND	YOU CAN'T STOP ME	UNITY 711	300.00	**NM**
TOO HURT TO CRY	MR & MRS UNTRUE	FAME 1478	15.00	78

STEED, RENEE
MIDDLE OF A HEARTACHE	SONGS WE SANG AS CHILDREN	XL 32172	25.00	NM

STEELE, COLE
IT'S FOR YOU	SLEEP IN PUBLIC PLACES	JIM-KO 41095	30.00	NM

STEELE, JOHNNY
I CAN'T GO ON	DANGER ZONE	GOLDEN CITY 1010	25.00	B

STEELERS
CAN'T STAND THIS PAIN	A THOUSAND TOMORROWS	EPIC 10587	30.00	NM
CRYING BITTER TEARS	WALK ALONE	GLOW STAR 815	40.00	NM
DISTURBING THOUGHTS	LOVE, LOVE, LOVE, LOVE FOR ME	AMG 17	150.00	NM
GET IT FROM THE BOTTOM	I'M SORRY	DATE 1642	10.00	NM
IT MUST BE LOVE	DANCING GIRL	TRIPLE T 2	30.00	78
YOU GOT ME CALLIN'	YOU'RE WHAT'S MISSING FROM MY	EPIC 10773	20.00	NM

STEEPLECHASE
NEVER COMING BACK	LADY BRIGHT	POLYDOR 14030	50.00	78

STEINWAYS
DON'T WONDER WHY	CALL ME	OLIVER 2007	20.00	NM
YOU'VE BEEN LEADING ME ON	MY HEART'S NOT IN IT ANYMORE	OLIVER 2002	100.00	NM

STEMMONS EXPRESS
WOMAN, LOVE THIEF	LOVE POWER	KARMA 201	250.00	NM
WOMAN, LOVE THIEF	LOVE POWER	WAND 1198	175.00	NM

STEPHENS, BARBARA
THE LIFE I LIVE	I DON'T WORRY	STAX 113	40.00	B

STEPHENS, SANDRA
IF YOU REALLY LOVE ME	NEVER NO MORE	JA-WES	300.00	NM
IF YOU REALLY LOVE ME	NEVER NO MORE	DARAN 204	250.00	NM

STEPHENS, TENISON
WHERE WOULD YOU BE	CAN'T TAKE MY EYES OFF YOU	CHESS 2073	10.00	NM
WHERE WOULD YOU BE	CAN'T TAKE MY EYES OFF YOU	ARIES	15.00	NM

STEPTONES
LET THE PEOPLE TALK	DON'T YOU WANT TO FALL IN LOVE	IX CHAINS 7016	10.00	78
LONELY ONE	STEPIN HIGH	DIAMOND JIM 8794	350.00	NM
SUCCESS DON'T COME EASY	SAME:	FAST TRACK 2502 dj	15.00	78

STEREOS
DON'T LET IT HAPPEN TO YOU	THE BEST THING TO BE IS A PERS	VAL. 5672	50.00	NM
MUMBLING WORD	GOOD NEWS	WORLD 1012	30.00	NM
STEREO FREEZE	STEREO FREEZE Pt 2	HYDE 101	15.00	F

STERLING, JIMMY
AT LEAST I TRIED	I'M ALRIGHT IN A WORLD GONE CR	AMERI-COM 2008	50.00	78

STERLING, SPENCER
JILTED	YOUNG IN YEARS	BIG TOP 3104	75.00	NM

STER-PHONICS
DON'T LEAVE ME	YOU KNOW I LOVE YOU	MAS-TOK 65	400.00	NM

STEREOPHONICS
IF YOU DON'T DO RIGHT		ENJOY	400.00	NM

STEVENS, APRIL
WANTING YOU	FALLING IN LOVE AGAIN	MGM 13825	20.00	NM

STEVENS, FLIP FLOP
LET'S DO THAT THING	LET'S DO THAT THING PT 2	SHIPTOWN 10	50.00	F

STEVENS, LINDY
PENNYGOLD	SOME MORE OF YOUR LOVIN'	DECCA 32971	20.00	NM

STEVENS, TARI
(YOUR LOVE WAS JUST A) FALSE ALARM	(THEY CALL HIM)A BAD BOY	FAIRMOUNT 1001	75.00	**NM**

STEVENSON, LITTLE DENISE
WOULD IT BE ME	HIP BREAKIN'	VOICE 273	100.00	NM

STEWART, BILLY
A FAT BOY CAN CRY	COUNT ME OUT	CHESS 1888	20.00	NM
BECAUSSE I LOVE YOU	MOUNTAIN OF LOVE	CHESS 1948	10.00	NM
CRAZY 'BOUT YOU BABY	I'M IN LOVE (OH, YES I AM)	CHESS 2063	10.00	NM
FAT BOY	REAP WHAT YOU SOW	CHESS 1820	10.00	NM
LOOK BACK AND SMILE	SECRET LOVE	CHESS 1978	10.00	NM
LOVE ME	WHY AM I LONELY	CHESS 1960	15.00	NM
NO GIRL	HOW NICE IT IS	CHESS 1941	15.00	NM
OL'MAN RIVER	EVERY DAY I HAVE THE BLUES	CHESS 1991	10.00	NM
SCRAMBLE	OH MY	CHESS 1852	15.00	B
SITTING IN THE PARK	ONCE AGAIN	CHESS 1932	10.00	NM
SUGAR AND SPICE	STRANGE FEELING	CHESS 1868	20.00	NM
SUMMERTIME	TO LOVE TO LOVE	CHESS 1966	10.00	NM
WHAT HAVE I DONE	TELL ME THE TRUTH	CHESS 2053	10.00	NM
WHY (DO I LOVE YOU SO)	CROSS MY HEART	CHESS 2002	10.00	NM

STEWART, DARRYL
NAME IT AND CLAIM IT	CROSS MY HEART	WAND 11209	150.00	NM
YOU MUST KNOW MAGIC	A SMART MONKEY DOESN'T MONKEY	MUSICOR 1423	50.00	GR

STEWART, DELL
DIDN'T I TELL YOU	LOVE THAT GIRL	WATCH 6343	40.00	B

STEWART, GWEN
YOU TOOK ME FOR A FOOL	I THOUGHT IT OVER	CALL ME 5388	25.00	NM

STEWART, MARION
I MUST BE LOSING YOU	A HUNDRED YEARS FROM TODAY	R, 1516	300.00	NM
THE MAN I LOVE	I'M THE GIRL	R. 1514	15.00	NM

STEWART, SYLVESTER
HELP ME WITH MY BROKEN HEART		G&P 901	150.00	NM

STICKS OF DYNAMITE
IT'S FOOTBALL BABY	MIGHTY STRONG LOVE	SAXTON	75.00	F

STIMULATION
MAGIC TOUCH OF LOVE	CAN YOU DIG WHERE I'M COMING F	HI-STEPPING 754547	100.00	78

STIMULATORS
WARM SUMMER NIGHTS	same: instrumental	SOUND-O-RIFIC 2	400.00	GR

STINGERS
I REFUSE TO BE LONELY	DO THE CISSY	STAX 35	20.00	NM

STITT, SONNY
CONCERTO FOR JAZZ LOVERS	JUST DUST	WINGATE 10	10.00	M
STITT'S GROOVE	MARR'S GROOVE	WINGATE 11	10.00	M
THE DOUBLE-O-SOUL OF	THE DOUBLE O SOUL OF Pt 2	WINGATE 6	10.00	M

STOKES, JIMMY
KEEP ON GOIN'	TELEPHONE STOP RINGING	SIANA 721	85.00	NM

STOKES, JUDY
KISS OUR LOVE GOODBYE	A REAL MAN	SOUL POWER 10	500.00	B

STOKES, PATTI
IS IT TRUE	GOOD GIRL	MIR-A-DON 1005	30.00	NM

STONE LUV
MAKE IT	GOD BE SO GOOD	SHOWSTOPPERS 1522	25.00	F

STONE, BOB
FOXY LITTLE MAMA	STONE SOUL	JIVE 1047	25.00	F

STONE, BOBBY
HOODOO MAN PT.1	HOODOO MAN PT. 2	DREAM 101	40.00	NM

STONE, LEE
HOLD ON BABY	I'M GONNA PUT YOU DOWN	SHAW 103	30.00	NM
LITTLE GIRL YOU WIN	WAIT FOR ME	SANDRU 713	75.00	NM

STONE, PERCY and the EXPLOSIONS
CHAINED	SPREADING LOVE	RAM 5035	1000.00	NM

STOP-INC.
GET YOURSELF TGOGETHER	I'M IN LOVE	JBs 1075	50.00	F

STOPPERS
COME BACK BABY	THE LA LA SONG	JUBILEE. 5528	150.00	NM

STORM
SHE COMES UP	I DON'YT KNOW WHY	PI KAPPA 500	40.00	78
SWEET HAPPINESS	GOING GOING GONE	SUNFLOWER 106	15.00	NM

STORM, BILLY
EDUCATED FOOL	I CAN'T HELP IT	INFINITY 23	100.00	NM
PLEASE DON'T MENTION HER NAME	THE WARMEST LOVE	HBR 474	85.00	NM
PUSH OVER	PUPPY LOVE IS HERE TO STAY	VISTA 403	30.00	NM

STORM, TOM and the PEPS
THAT'S THE WAY LOVE IS	I LOVE YOU	GE GE 96947	75.00	NM

STORMY
I WON'T STOP TO SEE YOU CRY	THE DEVASTATOR	TWINIGHT 104	200.00	NM

STORMY JAZZMIN
STORMY JAZZMIN'	STORMY JAZZMIN' PT 2	STORM 1	30.00	F

STORY, ALLEN
WHY OH WHY	CHUBBY CHUBBY	CHECK MATE 1014	40.00	M

STORY, ALLEN (BO)
BLUE MOON	DON'T	ANNA 1118	20.00	M

STRAIGHT JACKET
THE GREATEST PART OF LOVING	FUN	SHOWBOAT 1002	40.00	78

STRAND, TOMMY
FUNKY WAY TO TREAT SOMEBODY	INSTANT REACTION	FAME 1462	15.00	F

STRANDS
THE BREEZE FROM THE TREES	OL' MAN RIVER	TARX 1006	150.00	NM

STRANGERS
NIGHT WINDS	THESE ARE THE THINGS I LOVE	WB 5438	75.00	NM

STRATOLINERS
WHAT DO YOU WANT WITH MY LOVE	YOUR LOVE	FEDERAL 12568	50.00	NM
YOUR LOVE	WHAT DO YOU WANT WITH MY LOVE	FEDERAL 12568	30.00	NM

STREET, HILLARD
FLY AWAY	A WHISTLE AND A WINK	REPRISE 20155	50.00	NM

STREET, JUDY
WHAT	YOU TURN ME ON	STRIDER 4	200.00	**NM**

STREET, RICHARD and the DISTANTS
ANSWER ME	SAVE ME FROM THIS MISERY	THELMA	300.00	M
ANSWER ME	SAVE ME FROM THIS MISERY	HARMON 1002	150.00	M

STREISAND, BARBARA
OUR CORNER OF THE NIGHT	HE COULD SHOW ME	COLUMBIA 44474	10.00	NM

STRIBLIN, KAREN
WE'RE NOT TOO YOUNG	JUST A LITTLE GIRL IN LOVE	JABER 7117	200.00	NM

STRICKLAND, HOMER
I'LL GET OVER YOU	MY GRANDPA TOLD ME	JADAN 777	15.00	NM

STRIDEL, GENE
TOMORROW IS A BRAND NEW DAY	THE ZEBRA	ATLANTIC 2500	30.00	NM
TOMORROW IS ANOTHER DAY	THE ZEBRA	ATLANTIC 2500 **PS**	40.00	NM

STRIDES
I CAN GET ALONG (WITHOUT YOUR LOVE)	THE STRIDE	M-S 202	150.00	NM
I'M SO GLAD WE'RE TOGETHER	MAKE YOUR MOVE	M-S 209	50.00	GR

STRINGER, BOBBY
BEFORE YOU	YOU'VE GOT TO MANY MILES	SWAR 7125	10.00	78
PUT YOUR MIND AT EASE	FUNKY BROADWAY	FUN CITY 114	20.00	78

STRINGFIELD FAMILY
THE SOUND OF DISCO ROCK	THE STRINGFIELD HUSTLE	EASTERN SOUND 58X77	30.00	78

STRINGFIELD, SHONA
I NEED A REST	OOH SWEET BABY	RIALTO 2001	15.00	NM

STRIPLIN, SYLVIA
YOU CAN'T TURN ME AWAY	GIVE ME YOUR LOVE	UNO MELODIC 702	40.00	78

STROGIN, HENRY
LOVE INSURANCE	I WANNA	TEN STAR	20.00	NM
MISERY	I CRIED LIKE A BABY	HANK 5001	30.00	NM

STRONG, BARRETT
I BETTER RUN	MAKE UP YOUR MIND	TOLLIE 9023	30.00	NM
LET'S ROCK	DO THE VERY BEST YOU CAN	TAMLA 54021	**NEG**	M
LOVE IS YOU	YOU MAKE ME FEEL THE WAY I DO	COUP 2007	20.00	78
MAKE UP YOUR MIND	I BETTER RUN	TOLLIE 9023	30.00	NM
MAN UP IN THE SKY	same:	CAPITOL 4223	30.00	78
MISERY	TWO WRONGS DON'T MAKE A RIGHT	TAMLA 54043	40.00	M
MONEY (THAT'S WHAT I WANT)	I APOLOGISE (MIX 66220)	TAMLA 54027	50.00	M
MONEY (THAT'S WHAT I WANT)	OH I APOLOGIZE	ANNA 1111	10.00	M
MONEY AND ME	YOU GOT WHAT IT TAKES	TAMLA 54035	50.00	M
SURRENDER	THERE'S SOMETHING ABOUT YOU	CAPITOL 4120	10.00	78
WHIRLWIND	I'M GONNA CRY	TAMLA 54033	60.00	M
WHIRLWIND	I'M GONNA CRY	TAMLA 54033 stripes	30.00	M
YES, NO MAYBE SO	YOU KNOWS WHAT TO DO	TAMLA 54029	30.00	M
YES, NO, MAYBE SO	YOU KNOW WHAT TO DO	ANNA 1116	15.00	M

STRONG, CHUCK
CAN I CHANGE MY MIND	SO GOOD (TO BE HOME WITH YOU)	POWER HOUSE 2002	10.00	78
IT'S A MATTER OF LIFE OR DEATH	WHY DO YOU MAKE ME CHEAT ON YO	TEAM 1015	20.00	78

STRONG, ELSIE
ASK THE LONELY	THIS IS THE LAST TIME	SOUNDS INTERNATIONAL 640	40.00	NM
JUST ASK ME	same: Instrumental	FINALLY 1000	10.00	NM
THE GIRL RATED TRIPLE X	I'M THE REAL THING	LEGRAND 4000	30.00	NM
YOU CUT THE LOVE LINE	GO AWAY GRAY CLOUDS	EMPIRE 50105	400.00	NM

STRONG, IKE
YOUR ,LOVE KEEPS ME DANCING	BOOGIE LAND	MABLE 105	150.00	78

STRONG, JUANITA
THE GRAVEYARDS FULL OF YOUR KIND	JUST ANOTHER FOOL	PROGRESS 320	50.00	NM

STRONG, MARCELL
MUMBLE IN MY EAR	WHAT YOU'RE MISSING SOMEONE'S	FAME 1475	20.00	B
TIME TOPAY (YOU BACK)	TRYING TO MAKE UP	EMERGE 1110	100.00	B

STRONG, ZEKE (and the LADYETTES)
CRY, YOU CRY ALONE	NORTH BEACH SWIM	PROWLING 406	25.00	NM
CRY, YOU CRY ALONE	same: Instrumental	PROGRESS 406	25.00	NM
I LAUGH AND TALK BUT I DON'T PLAY	same: Instrumental	MISS LADY 419	50.00	F

STUART, BRAD
I WOULDN'T MIND	THAT DAY WHEN SHE NEEDED ME	SIR GRAHAM 391	30.00	NM

STUART, JEB
CAN'T COUNT THE DAYS	I JUST LOVE YOUR WORK	CLIMAX 22004	25.00	B
CAN'T COUNT THE DAYS	I JUST LOVE YOUR WORK	KENT 4559	10.00	B
DON'T STOP GIVING ME LOVE	SUPER STRANG VIBRATIONS	ESQUIRE 9551	30.00	NM
SOMEBODY'S GOT TO WIN	HEY FOXY LADY (WHAT'CHA DOIN')	ESQUIRE INTERNATIONAL 93	15.00	78
YOU BETTER BELIEVE IT, BABY	BABY LET'S GET TOGETHER TONIGH	ESQUIRE INTERNATIONAL 9554	40.00	78

STUART, RUDI
I WANNA LOVE YOU ALL OVER	same: Instrumental	DELMAR INTER. 1711	10.00	78

STUBBS, JOE
KEEP ON LOVING ME	WHAT'S MY DESTINY	LU PINE 120	20.00	NM

STUNNERS
NOBODY BUT ME	WITHOUT YOU	RENFRO 120	750.00	NM

STYLERS
GOING STEADY ANNIVERSARY	PUSHING UP DAISIES	GORDY 7018	45.00	M

STYLES
BABY YOU'RE ALIVE	KNOW YOU KNOW THAT I KNOW	MODERN 1048	40.00	NM

STYLETTES (STY-LETTS)
ON FIRE	PACKING UP MY MEMORIES	SAN-DEE 1010	75.00	NM
PACKIN' UP MY MEMORIES	ON FIRE	CAMEO 337	25.00	NM
TO FAR TO TURN AROUND	HELLO MY DARLING	PILLAR 514	200.00	NM

STYLISTS
WHAT IS LOVE	WHERE DID THE CHILDREN GO	VIP 25066	20.00	M

SUBWAY RIDERS
AFTER THE SESSION	ADAM	MOON SHOT 6706 New York address label	75.00	NM
AFTER THE SESSION	ADAM	MOON SHOT 6706 no address on label	10.00	NM

SUE, CARLETTA
YOU KEEP HOLDING BACK ON LOVE	TELL ME EVERYTHINBG YOU KNOW	STRING 2	15.00	78

SUGAR
TAKIN' CARE OF YOUR MAIN MAN	same: Instrumental	EXTREMELY BRAVE 342	40.00	F

SUGAR and SPICES
HAVE FAITH IN ME	TEARDROPS	SWAN 4208	250.00	NM

SUGAR and SWEET
I'VE CHANGED		AUDIO FORTY 1004	100.00	NM
MY LOVER	COOL IT BABY	MORTON 101	150.00	NM

SULL, EDDIE
I'M LOOKING FOR MY BABY	TELL THE WHOLE WORLD ABOUT IT	RENEE 115	40.00	NM
I'M LOOKING FOR MY BABY	TELL THE WHOLE WORLD ABOUT IT	MARC 102	40.00	NM

SULLIVAN, CAROLYN
DEAD!	WOW	PHILIPS 40507	15.00	B

SUMMERS, ED
I CAN TELL	PREPARE YOURSELF	SOYA 1001	40.00	78

SUMMERS, JOHNNY
I CAN'T LET GO	TELL IT LIKE I FEEL	YORKTOWN 1009	400.00	NM
I'M STILL YOURS	PROVE IT TO ME	YORKTOWN 1008	1000.00	NM
THE FEELING IS STILL THERE		AUDIO FORTY 1800	250.00	NM

SUMMITS
LET ME LOVE YOU AGAIN	IT TAKES TWO	DC INTERNATIONAL 5001	20.00	GR
LET'S LOVE NOW	SOPHISTICATED LADY	LA SALLE 504	15.00	GR

SUNDAE FLAVOUR
SIXTEEN TONS	TELL ME THAT YOU LOVE ME	CRAZY HORSE 1313	20.00	F

SUNDAY
AIN'T GOT NO PROBLEMS	WHERE DID HE COME FROM	ALTEEN 3001	100.00	NM
AIN'T GOT NO PROBLEMS	WHERE DID HE COME FROM	ALTEEN 9631	75.00	NM
AIN'T GOT NO PROBLEMS	WHERE DID HE COME FROM	CHESS 2074	50.00	NM

SUNLINERS
ALL ALONE	THE SWINGIN' KIND	GOLDEN WORLD 31	100.00	NM

SUNLINERS BAND
SOUL POWER	MARIA BONITA	KEY-LOC	100.00	F

SUNLOVERS
I'LL TREAT YOU RIGHT		MUTT & JEFF 21	20.00	GR
MY POOR HEART	THIS LOVE OF OURS	BREAKTHROUGH 1002	70.00	NM
MY POOR HEART	I'LL TELL THE WORLD	MUTT & JEFF 17	60.00	NM
MY POOR HEART	THIS LOVE OF OURS	MUTT & JEFF 18A	50.00	NM
YOU'LL NEVER MAKE THE GRADE	THIS LOVE OF OURS	MUTT & JEFF 18	50.00	NM

SUNNY and the SUNLINERS
GET DOWN	WE CAN MAKE IT TOGETHER	KEY-LOC 1059	100.00	F
IF I COULD SEE YOU NOW	SHOULD I TAKE YOU HOME	RPR 105	20.00	NM
I'M NO STRANGER	WHEN IT RAINS	KEY-LOC 1044	25.00	NM
I'M NO STRANGER	WHEN IT RAINS	LONDON 135	15.00	NM
NO ONE ELSE WILL DO	OUT OF SIGHT-OUT OF MIND	TEAR DROP 3027	30.00	NM
TRICK BAG	CHEATIN' TRACES	TEAR DROP 3081	15.00	NM

SUNNYLAND SLIM
GOT TO GET TO MY BABY	EVERY TIME I GET TO DRINKING	SHORTY-P 13	30.00	NM

SUNRISE MOVEMENT
NOTHING LEFT BUT LOVE	CLOCKWISE REVOLUTION	GHETTO 1	15.00	78

SUNSHINE
GOING HOME TO AN EMPTY HOUSE	LEAVE ME	PHIL LA SOUL 359	15.00	B

SUPERBS
BABY BABY ALL THE TIME	RAINDROPS, MEMORIES AND TEARS	DORE 715	10.00	GR
GODDESS OF LOVE	SHAKE, SHAKE, SHAKE	DORE 739	15.00	GR
HAPPIEST GIRL IN THE WORLD	LOVE'S UNPREDICTABLE	CATAMOUNT 2122	20.00	NM
HE BROKE A YOUNG GIRLS HEART	GODDESS OF LOVE	DORE 748	20.00	GR
HE BROKE A YOUNG GIRL'S HEART	IT'S A MILLION MILES TO PARADISE	DORE 755	20.00	GR
I WANNA DO IT WITH YOU BABY	HE BROKE A YOUNG GIRLS HEART	DORE 782	100.00	NM
MY HEART ISN'T IN IT	AMBUSH	DORE 741	20.00	GR
ONLY FOR LOVERS	YOU DON'T CARE	ALTEEN 3004	50.00	NM
THE DAWNING OF LOVE	SO GLAD YOU'RE HOME	SYMBOL. 8	10.00	GR
THE WIND IS BLOWING	BETTER GET YOUR OWN ONE BUDDY	DORE 764	150.00	NM
THE WIND IS BLOWING	GO FOR WHAT YOU KNOW	DORE 771	100.00	NM

SUPERIOR ELEVATION
(IT WAS) SEPTEMBER	COMPUTER WOMAN	PHIL LA SOUL 386	15.00	GR

SUPERIORS
I'D RATHER DIE	HEAVENLY ANGEL	SUE 12	20.00	NM
LET ME MAKE YOU HAPPY	CAN'T MAKE IT WITHOUT YOU	MGM 13503	20.00	NM
WHAT WOULD I DO	TELL ME TO GO	VERVE 10370	25.00	**NM**
WHAT WOULD I DO	TELL ME TO GO	VERVE 10370 Black label	30.00	NM

SUPERIORS BAND
AMATEUR LOVER	DARLING I LOVE YOU	BARVIS 125	20.00	B
THE LADY PT. 1	THE LADY PT. 2	BRAVIS 319	50.00	F

SUPERLATIVES
DON'T LET TRUE LOVE DIE	SHE'S MY WONDER WOMAN	DYNAMICS 1017	20.00	NM
DON'T LET TRUE LOVE DIE	SHE'S MY WONDER WOMAN	WESTBOUND 154	15.00	NM
FORGET ABOUT TOMORROW	DO WHAT YOU WANT TO DO	DYNAMICS 1011	15.00	GR
FORGET HIM	IT'S THE REAL THING YOUR LOVE	THREE G'S 1001	15.00	GR
I STILL LOVE YOU	WE'RE SO LONELY	UPTITE 250 lined bar label	75.00	NM
I STILL LOVE YOU	WE'RE SO LONELY	UPTITE 250 sky blue label	40.00	**NM**
I STILL LOVE YOU	WE'RE SO LONELY	UPTITE 250 yellow label	75.00	NM
IT'S EASY TO LOVE	COME ON DOWN TO THE GHETTO	WAL-LY 6330	15.00	GR
LONELY IN A CROWD	I DON"T KNOW HOW	WESTBOUND 144	10.00	NM
SHACK SHAKER	same: instrumental	THREE G'S 1008	10.00	GR
WON'T YOU PLEASE (BE MY BABY)	DON'T EVER LEAVE ME	DYNAMICS 1012	15.00	NM

SUPERSTARS
COME TO ME	LITTLE ROCK'S SONG	T.A.P.S. 001	500.00	78

SUPREMES
(HE'S) SEVENTEEN	YOUR HEART BELONGS TO ME	MOTOWN 1027	40.00	M
A BREATH TAKING FIRST SIGHT SOUL SHAKING etc.	ROCK AND ROLL BANJO BAND	MOTOWN 1044 long title	50.00	M
A BREATH TAKING GUY	ROCK ND ROLL BANJO BAND	MOTOWN 1044	20.00	M
BABY LOVE	ASK ANY GIRL	MOTOWN 1066 **PS**	30.00	M
BACK IN MY ARMS AGAIN	WHISPER YOU LOVE ME BOY	MOTOWN 1075 **PS**	20.00	M
BUTTERED POPCORN	WHO'S LOVING YOU	TAMLA 54045 stripes	200.00	M

Supremes continued...

BUTTERED POPCORN	WHO'S LOVING YOU	TAMLA 54045 globe	85.00	M
CHILDREN'S CHRISTMAS SONG	TWINKLE, TWINKLE LITTLE ME	MOTOWN 1085	15.00	M
HE'S ALL I GOT	LOVE IS LIKE AN ITCHING	MOTOWN 1094	15.00	M
I WANT A GUY	NEVER AGAIN	MOTOWN 1008	**NEG**	M
I WANT A GUY	NEVER AGAIN	TAMLA 54038	150.00	M
LET ME GO THE RIGHT WAY	TIME CHANGES THINGS	MOTOWN 1034	30.00	M
LOVE LIKE AN ITCHING IN MY HEART	SAME:	MOTOWN 1094 dj	10.00	M
MY HEART CAN'T TAKE ANYMORE	YOU BRING BACK THE MEMORIES	MOTOWN 1040	25.00	M
MY WORLD IS EMPTY WITHOUT YOU	EVERYTHING IS GOOD ABOUT YOU	MOTOWN 1089	10.00	M
NOTHING BUT HEARTACHES	HE HOLDS HIS OWN	MOTOWN 1080 **PS**	15.00	M
RUN, RUN, RUN	I'M GIVING YOU YOUR FREEDORB	MOTOWN 1054	20.00	M
SNATCHES OF SOUNDTRACK: THE HAPPENING	EARLY IN THE MORNING	NO LABEL 1	50.00	M
STOP! IN THE NAME OF LOVE	I'M IN LOVE AGAIN	MOTOWN 1074 **PS**	20.00	M
THE ONLY TIME I'M HAPPY	SUPREMES INTERVIEW	GEORGE ALEXANDER 1079	25.00	M
THINGS ARE CHANGING	blank:	MOTOWN 3114 **PS** 33 rpm	100.00	M
TIME CHANGES THINGS	LET ME GO THE RIGHT WAY	MOTOWN 1034	20.00	M
TWINKLE, TWINKLE LITTLE ME	CHILDREN'S CHRISTMAS SONG	MOTOWN 1085	10.00	M
TWINKLE , TWINKLE LITTLE ME	CHILDRENS CHRISTMAS SONG	MOTOWN 1085 **PS**	25.00	M
TWINKLE , TWINKLE LITTLE ME	same:	MOTOWN 1085 dj red vinyl	30.00	M
WHEN THE LOVELIGHT STARTS SHINING IN YOUR EYES	STANDING AT THE CROSSROADS OF LOVE	MOTOWN 1051	15.00	M
WHERE DID OUR LOVE GO	HE MEANS THE WORLD TO ME	MOTOWN 1060 **PS**	25.00	NM
WHERE DO I GO FROM HERE	same: mono	MOTOWN 1374	10.00	M
YOU CAN'T HURRY LOVE	PUT YOURSELF IN MY PLACE	MOTOWN 1097 **PS**	20.00	M
YOU KEEP ME HANGING ON	REMOVE THIS DOUBT	MOTOWN 1101 **PS**	20.00	M
YOU'VE BEEN SO WONDERFUL TO ME	SOME THINGS YOU NEVER GET USED	MOTOWN 1126	10.00	78

SURGEONS

DON'T TELL ME	YOU KNOW	CEE-JAM 100	200.00	NM

SURRATT, WILLIAM and the ESQUIRES

ROCK ME	STANDING IN THE MOONLIGHT	PYRAMID 7022	150.00	NM

SUSPICIONS

SOUL BEAT	A WINTER'S SERENADE	MAGIC TOUCH 2002	30.00	F

SWANN, BETTY (BETTYE)

DON'T TAKE MY MIND	I THINK I'M FALLING IN LOVE	MONEY 136	15.00	NM
DON'T TOUCH ME	(MY HEART IS) CLOSED FOR THE	CAPITOL 2382	15.00	NM
DON'T WAIT TOO LONG	WHAT IS MY LIFE COMING TO	MONEY 108	15.00	NM
FALL IN LOVE WITH ME	LONELY LOVE	MONEY 129	15.00	NM
I'M JUST LIVING A LIE	I CAN'T LET YOU BREAK MY HEART	FAME 1479	10.00	B
I'M LONELY FOR YOU	MY HEART IS CLOSED	CAPITOL 2263	10.00	NM
KISS MY LOVE GOODBYE	THE BOY NEXT DOOR	ATLANTIC 3019	150.00	78
MAKE ME YOURS	I WILL NOT CRY	MONEY 126	15.00	NM
MY HEART IS CLOSED FOR THE SEASON	DON'T TOUCH ME	CAPITOL 2382	15.00	NM
THE HEARTACHE IS GONE	OUR LOVE	MONEY 118	10.00	NM
THE MAN THAT SAID NO	WHAT CAN IT BE	MONEY 113	40.00	NM
YOU GAVE ME LOVE	DON'T LOOK BACK	MONEY 135	15.00	NM

SWANS

WHY MUST I CRY	JUST A LITTLE BIT MORE	REVEILLE 1002	25.00	GR

SWANSON, BENICE

LYING AWAKE	BABY I'M YOURS	CHESS 1927	25.00	NM
LYING AWAKE	BABY I'M YOURS	CHESS 1927 **PS**	75.00	NM

SWEET CHERRIES

DON'T GIVE IT AWAY	LOVE IS WHAT YOU MAKE IT	T NECK 904	15.00	F
FROM THE BEGINNING	LOVE IS WHAT YOU MAKE IT	T NECK 910	10.00	NM

SWEET DELIGHTS

BABY BE MINE	PAUL'S MIDNIGHT RIDE	ATCO 6601	15.00	NM

SWEET GERALDINE

BRAIN STORM	MAKE LOVE TO ME (BABE)	MAGIC CITY 19	60.00	78

SWEET LES and JOE FRAZIERS KNOCKOUTS

SWEET POTATOE, COLLARD GREENS	SWEET POTATOE, COLLARD GREENS	P.I.P. 8937	50.00	F

SWEET MIXTURE

HOUSE OF FUN AND LOVE	I LOVE YOU	BAZAR 1008	100.00	78

SWEET PROMISE

FUNKY JUNGLE	I'M A MUSIC MAN	ALA 102	15.00	F

SWEET THINGS

DON'T COME LOOKING FOR ME	YOU'RE MY LOVING BABY	DATE 1504 **PS**	30.00	NM
DON'T COME LOOKING FOR ME	YOU'RE MY LOVING BABY	DATE 1504	20.00	NM
I'M IN A WORLD OF TROUBLE	BABY'S BLUE	DATE 1522	45.00	NM

SWEET THREE

I WOULD IF I COULD	DON'T LEAVE ME NOW	CAMEO 463	25.00	NM
THAT'S THE WAY IT IS	BIG LOVERS COME IN SMALL PACKAGES	DECCA 32005	100.00	NM

SWEET WILLIAM
BRING IT ON HOME	I CAN HEAR MY BABY	JED 11	40.00	NM

SWEETHEARTS
BEAUTY IS JUST SKIN DEEP	EDDIE MY LOVE	KENT 428	50.00	NM
NO MORE TEARS	THIS COULDN'T BE ME	KENT 442	30.00	NM

SWEETS
MAMA SAW ME	THE RICHEST GIRL	VALIANT 711	25.00	NM
SOMETHING ABOUT MY BABY	SATISFY ME BABY	SOULTOWN 105	500.00	**NM**

SWINGING TIGERS
SNAKE WALK Pt.1	SNAKE WALK Pt 2	TAMLA 54024	750.00	M

SWINGMASTERS
SWITCH BLADE	RAINBOW	TRIUS 914	15.00	F

SWISHER, DEBRA
YOU'RE SO GOOD TO ME	THANK YOU AND GOODNIGHT	BOOM 60001	20.00	NM

SWISS MOVEMENT
I WISH OUR LOVE WOULD LAST FOR	ONE IN A MILLION	GOLD. 2	200.00	78
TAKE ME BACK AGAIN	KEEP ON LOVING YOU	RCA 921	15.00	78
TRY SOMETHING	A CHANGE HAS GOT TO COME	CASABLANCA 805	15.00	78

SWOPE, SHERYL
CAN'T GET HIM OFF MY MIND	HOW YOU FEEL	DUO 7451	50.00	NM
ONE MOMENT	MEET ME	DUO 7456	100.00	NM
RUN TO ME	ARE YOU GONNA DO RIGHT THIS TI	DUO 7453	30.00	NM

SYKES, GARNETT
LONGER THAN FOREVER	GO GO GIRL	MUSETTE 13	150.00	NM

SYKES, LEE and the HIGHLANDERS
LOCK-JAW	LOCK-JAW pt 2	LEMON DROP 2643	250.00	F

SYKES, O.T
STONE CRUSH ON YOU	MY FIRST LOVE	FUN CITY 330	25.00	78

SYMPHONICS
ALL ROADS LEAD TO HEARTBREAK	IT WON'T BE LONG	DEE-JON 1	20.00	GR
NO MORE	SHE'S JUST A SAD GIRL	BRUNSWICK 55313	50.00	NM
SILENT KIND OF GUY	FEET (DON'T FAIL ME NOW)	WILSON 100	30.00	NM
SILENT KIND OF GUY	(FEET) DON'T FAIL ME NOW	BRUNSWICK 55303	15.00	NM

T and T
SOMETHING ON MY MIND | BETCHA BY GOLLY WOW | COBRA 002 | 40.00 | 78

T.H.A.T.
I'LL BE FOREVER LOVING YOU | SWEET LADY OF MINE | JEREE 92984 | 20.00 | 78
I'VE GOT TO HAVE YOU | ALL I NEED | JEREE 42382 | 25.00 | 78
0ADY, LADY | WHAT GOES AROUND COME AROUND | JEREE 11679 | 20.00 | 78

T.H.E.M.
THE TIME IS NOW | SAME: INSTRUMENTAL | HAWK 1486 | 20.00 | 78

T.J. and THE GROUP
BLUES FOR THE B'S | REDDY FREDDY | M &M 114 | 300.00 | F

T.N.J's
DON'T FORGET ABOUT ME | FALLING IN LOVE | CHESS 2155 | 15.00 | 78
I DIDN'T KNOW | SHE'S NOT READY | NEWARK 228 | 300.00 | NM
TWO GIRLS | I GOT IT BAD | LUCKY LOU 812 | 200.00 | NM

TABLE OF CONTENTS
WRAPPED AROUND YOUR FINGER | MICHELLE YOUR MY BABY | LAKE 7052 | 25.00 | 78

TAJ MAHAL
A LOT OF LOVE | CORINNA | COLUMBIA 44767 | 20.00 | NM

TALBOT, JOHNNY
✓ GIT SUM | PICKIN COTTON | JASMAN 2 | 30.00 | F

TALENT, TONY
GOTTA TELL SOMEBODY (ABOUT MY BABY) | HOOKED ON YOU | VANDO 3001 | 20.00 | NM

TALK OF THE TOWN
DON'T BE SO MEAN | SUPER GROOVER (ALL NIGHT MOVER) | GAMBLE 2507 | 10.00 | GR
LITTLE BIT OF YOUR LOVIN' | TOSSIN MY PRIDE ASIDE | NORTH BAY 301 | 15.00 | NM

TAM, TIM and the TURNONS
WAIT A MINUTE | OPELIA | PALMER 5002 | 25.00 | **NM**

TAMANGO, KIM
NOT BY BREAD ALONE | (CAN'T WAIT UNTIL) TOMORROW | FIREBIRD 1801 | 75.00 | F

TAMIKO
DON'T LAUGH IF I CRY AT YOUR PARTY | RHAPSODY | ATCO 6298 | 75.00 | NM

TAMS
BE YOUNG, BE FOOLISH, BE HAPPY | THAT SAME OLD SONG | ABC 11066 | 10.00 | NM
FIND ANOTHER LOVE | MY BABY LOVES ME | GENERAL AMERICAN 714 | 10.00 | NM
HEY GIRL DON'T BOTHER ME | TAKE AWAY | ABC 10573 | 10.00 | NM
I'VE BEEN HURT | CARRYING ON | ABC 10741 | 15.00 | NM
SHELTER | GET AWAY (LEAVE ME ALONE) | ABC 10885 | 10.00 | NM
SILLY LITTLE GIRL | WEEP LITTLE GIRL | ABC 10601 | 10.00 | NM
THIS PRECIOUS MOMENT | HEY GIRL | SOUNDS SOUTH 14098 | 25.00 | 78
TROUBLE MAKER | LAUGH AT THE WORLD | ABC 11128 | 10.00 | NM
UNTIE ME | DISILLUSIONED | ARLEN 11 | 15.00 | NM

TAN GEERS
THIS EMPTY PLACE | (HE'S NOT) THAT KIND OF GUY | SCEPTER 12269 | 25.00 | NM
WHAT'S THE USE OF ME TRYING | LET MY HEART ANS SOUL BE FREE | OKEH 7319 | 400.00 | NM
YOU HAVEN'T THE RIGHT | TICK TOCK | SCEPTER | 25.00 | NM

TANGENETTS
ANY OLE WAY | YOU'RE THE ONE | RAN. 101 | 75.00 | NM

TANNER, ROBERT
SWEET MEMORIES | BE MY WOMAN | MEGATONE 113 | 1000.00 | NM

TAPESTRY
IT'S NOT THE WORLD THAT'S MESSED UP | LIFE IS WHAT YOU MAKE IT | CAPITOL 4295 | 20.00 | 78

TARHEEL SLIM and the LI'L ANN
FOREVER I'LL BE YOURS	CAN'T STAY AWAY FROM YOU	FIRE 506	10.00	NM
I SUBMIT TO YOU	CLOSE TO YOU	PORT 3001	20.00	B

TARLETON, KARL
ALONG CAME YOU	STAY WITH ME	UNI 55227	30.00	NM

TARTANS with the KADDO STRINGS
NOTHING BUT LOVE	I NEED YOU	IMPACT 1010	20.00	NM

TARVER, JAMES
MOVING AND GROOVING	ROBOT IT'S GETTING FUNKY	ROACH 804	15.00	F

TATE
IT TAKES MORE THAN LOVE	FREE	CLOVERSTREET 101	300.00	NM
LOVE SHOP	THERE'LL BE SOME CHANGES MADE	CLOVERSTREET 102	150.00	NM

TATE, FREDDIE
I DIDN'T BELIEVE YOU	FUNKY COUNTRY	MAGNUM 743	20.00	78

TATE, HOWARD
BABY, I LOVE YOU	HOW BLUE CAN YOU GET	VERVE 10525	15.00	NM
HALF A MAN	LOOK AT GRANNY RUN, RUN	VERVE 10464	10.00	NM
PART-TIME LOVE	I LEARNED IT THE HARD WAY	VERVE 10547	10.00	B
YOU'RE LOOKIN' GOOD	HALF A MAN	UTOPIA 511	200.00	NM

TATE, JIMMY
PLEASE COME BACK	GET SOME DUES	MID-TUNE 500	30.00	B

TATE, TOMMY
A LOVER'S REWARD	BIG BLUE DIAMONDS	OKEH 7253	40.00	NM
I'M TAKING ON PAIN	ARE YOU FROM HEAVEN	OKEH 7242	200.00	NM
I'M WRAPPED UP	LINGER A LITTLE LONGER	SUNDANCE no. #	15.00	78
WHAT GIVES YOU THE RIGHT	IF I GAVE YOU MY HEART	SUNDANCE 5003	15.00	78
YOU TAUGHT ME HOW TO LOVE	THE END OF THE WORLD	SUNDANCE 5000	25.00	78

TAURUS and LEO
I AIN'T PLAYING BABY	GOING OUT THE WORLD BACKWARDS	VELVET SOUND 367	20.00	NM

TAVASCO
LOVE IS TRYING TO GET A HOLD OF ME	STAY WITH ME	RAMPART 695	500.00	78

TAX FREE
LOVE IS GONE	LOVE ME	FOX CAR 900	30.00	78

TAYLOR BROTHERS
YOUR LAST CHANCE	SHOWDOWN	UNITED 98	20.00	NM

TAYLOR, ALEX
SLOWLY TURNING TO LOVE	EARLY MORNING DREAM	BEST 1001	40.00	78

TAYLOR, BOBBY (and the VANCOUVERS)
DOES YOUR MAMA KNOW ABOUT ME	FADING AWAY	GORDY 7069	10.00	M
THERE ARE ROSES SOMEWHERE IN THE WORLD	IT WAS A GOOD TIME	SUNFLOWER 126	45.00	78
OH, I'VE BEEN BLESSED	BLACKMAIL	VIP 25053	20.00	M
YOU ARE MY HEART	PRETTY BABY	BARBARA 62640	150.00	GR

TAYLOR, CARMEN
YOU'RE PUTTIN ME ON	HEY SON	KAMA SUTRA 206	15.00	NM

TAYLOR, DEBBIE
CHECK YOURSELF	WAIT UNTIL I'M GONE	DECCA 32259	10.00	B
DON'T LET IT END	HOW LONG CAN THIS LAST	GWP 510	10.00	NM
DON'T NOBODY MESS WITH MY BABY	STOP	GRAPEVINE 202	15.00	NM
I HAVE LEARNED TO DO WITHOUT YOU	CHEAPER IN THE LONG RUN	POLYDOR 14219	30.00	78
JUST DON'T PAY	I DON'T WANT TO LEAVE	ARISTA 144	20.00	78
NEVER GONNA LET HIM KNOW	LET'S PROVE THEM WRONG	GWP 1501	20.00	NM

TAYLOR, E.G. and the SOUNDS OF SOUL
YOU MADE ME MAD	PICK YOURSELF UP	VAL. 1025	20.00	NM

TAYLOR, EMANUEL
YOU REALLY GOT A HOLD ON ME	SOCIETY	BERNARD 788	200.00	78
YOU'RE THE ONE FOR ME	REMEMBERR ME ALWAYS	BERNARD 77	30.00	78

TAYLOR, FARON
BLUE EYED SOUL	IT'S ALL IN THE GAME	COLUMBIA 44428	20.00	NM

TAYLOR, FELICE
I CAN FEEL YOUR LOVE	GOOD LUCK	KENT 483	15.00	NM
I'M UNDER THE INFLUENCE OF LOVE	same: instrumental	MUSTANG 3026	10.00	NM
IT MAY BE WINTER OUTSIDE	same: instrumental	MUSTANG 3024	10.00	NM

TAYLOR, FLORIAN
THINK ABOUT ME	KNOWING (THAT YOU WANT HER)	GROOVY 103	100.00	NM
THINK ABOUT ME	KNOWING (THAT YOU WANT HER)	CADET 5546	60.00	NM

TAYLOR, GENE
DON'T GO AWAY	YOU GOT MY NOSE WIDE OPEN	MINIT 32073	10.00	B
THE HUNCH	CUT ME LOOSE	KENT 417	15.00	NM

TAYLOR, GERALDINE
HOW MUCH LONGER	MOTHER SURE WAS RIGHT	HAWK 201	100.00	NM

TAYLOR, GERRI
EMPTY ARMS AND BITTER TEARS	COME HOME I'M LONELY FOR YOU	CONSTELLATION 154	40.00	NM
I'M SATISFIED WITH YOUR LOVE	I'M STEPPING OUT	MICA 502	250.00	NM

TAYLOR, GLORIA
DON'T WANT TO BE A GIRL THAT CRIES	TOTAL DISASTER	MERCURY 73186	50.00	NM
GROUNDED PT. 1	GROUNDED PT. 2	SILVER FOX 19	15.00	NM
HAD IT ALL THE TIME	WHAT'S YOUR WORLD	SELECTOR SOUND 1976	30.00	NM
POOR UNFORTUNATE ME	YOU MIGHT NEED ME ANOTHNER DAY	KING SOUL 493	30.00	NM
YESTERDAY WILL NEVER COME	UNYIELDING	MERCURY 73137	20.00	NM
YOU GOT TO PAY THE PRICE	same:	SILVER FOX 14 black label	10.00	NM

TAYLOR, HERSEY
AIN'T GONNA SHARE YOUR LOVE	CUT YOU LOOSE	FUTURE STARS 1003	15.00	B
LET ME MAKE YOU HAPPY	WE'RE GONNA RUN OUT OF TIME	FUTURE STARS 1001	15.00	78

TAYLOR, ISAAC
I'M TIRED OF THESE CHANGES	JUST ANOTHER MAN	RONN 80	20.00	NM

TAYLOR, JACKIE
WALKING BACK	I'VE BEEN LOVED	JUBILEE. 5530	70.00	NM

TAYLOR, JAMES
LOVE WITH HOPE	EVERYTHING ABOUT YOU	OVIDE 242	40.00	NM

TAYLOR, JAY JAY
I'M NOT TIRED YET	TELL ME THE TRUTH	DYNAMITE 8665	15.00	NM
I'M NOT TIRED YET	TELL ME THE TRUTH	JEWEL 848	10.00	NM

TAYLOR, JIMMY
AT THE CROSSROADS	MY WOMAN	POMPEII 6674	20.00	B

TAYLOR, JOE and the DOMINOES
YOU DON'T LOVE ME	NEVER LET ME GO	HMF 2002	25.00	NM

TAYLOR, JOHNNIE (JOHNNY)
AIN'T THAT LOVING YOU (FOR MORE REASONS THAN ONE)	OUTSIDE LOVE	STAX 209	10.00	NM
CHANGES	I HAD A DREAM	STAX 186	10.00	NM
FRIDAY NIGHT	STEAL AWAY	STAX 68	10.00	NM
OH HOW I LOVE YOU	RUN BUT YOU CAN'T HIDE	SAR 156	15.00	NM
ROME (WASN'T BUILT IN A DAY)	NEVER, NEVER	SAR 131	30.00	NM
WHAT ABOUT MY LOVE	REAGANOMICS	BEVERLY GLEN 2003	20.00	78

TAYLOR, JOSEPHINE
AIN'T GONNA CRY NO MORE	ORDINARY GUY	MARVLUS 6016	25.00	NM
DEPEND ON ME	SMOOTH GROOVE	PALOS 1208	10.00	B
I'VE MADE UP MY MIND	IS IT WORTH A CHANCE	TWINIGHT 122	20.00	B
WHAT IS LOVE	I WANNA KNOW DO YOU CARE	MARVLUS 6013	25.00	NM

TAYLOR, JOYCE
WHAT CAN I DO	MEAN MIS-TREATER	WAL-LY 5072	150.00	NM

TAYLOR, KO KO
EGG OR THE HEN	JUST LOVE ME	CHECKER. 1166	10.00	NM
FIRE	INSANE ASYLUM	CHECKER. 1191	10.00	NM
INSTANT EVERYTHING	A MNIGHTY LOVE	SPOONFUL 108	20.00	NM
INSTANT EVERYTHING	A MIGHTY LOVE	YAMBO 108	20.00	NM
TELL ME THE TRUTH	GOOD ADVICE	CHECKER. 1148	10.00	NM
WANG DANG DOODLE	BLUES HEAVEN	CHECKER. 1135	10.00	NM
WHAT KIND OF MAN IS HE	I GOT WHAT IT TAKES	CHECKER. 1092	10.00	NM

TAYLOR, LEROY (and the FOUR KAYS)
OH LINDA	NOBODY CAN LOVE YOU	BRUNSWICK 55345	70.00	NM
TAKIN' MY TIME	I'LL UNDERSTAND	SHRINE 101	150.00	NM

TAYLOR, LITTLE EDDIE
I HAD A GOOD TIME	FORGIVE ONE MISTAKE	PEACOCK 1949	400.00	**NM**

TAYLOR, LITTLE JOHNNY
HELP YOURSELF	SOMEBODY'S GOT TO PAY	GALAXY. 736	10.00	NM
LOOKING AT THE FUTURE	ONE MORE CHANCE	GALAXY. 739	10.00	NM
SOMETIMEY WOMAN	DOUBLE OR NOTHING	GALAXY. 764	15.00	NM
SOMEWHERE DOWN THE LINE	PART TIME LOVE	GALAXY. 722	20.00	NM
YOU WIN, I LOSE	NIGHTINGALE MELODY	GALAXY. 731	10.00	NM
ZIG ZAG LIGHTNING	THINGS I USED TO DO	GALAXY. 748	20.00	NM

TAYLOR, MARVA W.
NOTHING I'D RATHER BE THAN YOU	HEY, YOU AND YOU AND YOU AND	FORTE 5015	75.00	NM

TAYLOR, MONROE
PROUD GUY	MONKEY JERK	CHESAPEAKE 617	20.00	NM

TAYLOR, R.DEAN
LET'S GO SOMEWHERE	POOR GIRL	VIP 25027	30.00	M
THERE'S A GHOST IN MY HOUSE	DON'T FOOL AROUND	VIP 25042	40.00	M

TAYLOR, RANDY
THEATRE OF BROKEN HEARTS	SOUL MACHINE	UPTOWN. 718	50.00	NM

TAYLOR, ROBBY
A STOP ALONG THE WAY	THIS IS MY WOMAN	INTEGRA 103	15.00	NM

TAYLOR, ROBERT				
GOD BLESS OUR LOVE	GOOD TIMES	SONIC 1	15.00	B
LET ME LOVE YOU	RACE TRACK BLUES	SONIC 1218	40.00	NM
PACKING UP YOUR LOVE	SO MUCH LOVE	ALTEEN 8624	40.00	NM
PACKING UP YOUR LOVE	A CHANGE GONNA COME	SONIC 8624	20.00	NM
TAYLOR, RONNIE				
I CAN'T TAKE IT	WITHOUT LOVE	REVILOT 212	30.00	NM
TAYLOR, ROMEO				
WILL YOU COME BACK MY LOVE	FOR YOU	CELESTRIAL 1003	50.00	NM
TAYLOR, ROSEMARY				
I REALLY GOT IT BAD FOR MY BABY	MERCY, MERCY	ABC 11083	10.00	NM
TAYLOR, SAMMY				
SOMETHING THE DEVIL'S NEVER DO	SEND HER BACK	RED LITE 116	30.00	F
TAYLOR, SEAN				
TOO LATE TO TURN BACK NOW	PUT ME DOWN EASY	MAGIC TOUCH 2008	15.00	NM
TAYLOR, SHERRI				
HE'S THE ONE WHO RINGS MY BELL	I'VE GOT A CRUSH	PG 1171	700.00	NM
HE'S THE ONE WHO RINGS MY BELL	I'VE GOT A CRUSH	GLORECO 1002	500.00	NM
TAYLOR, SHERRI and the WARD, SAMMY				
LOVER	THAT'S WHY I LOVE YOU SO MUCH	MOTOWN 1004	75.00	M
TAYLOR, TED				
(LOVE IS LIKE A) RAMBLIN' ROSE	I'M SO SATISFIED	OKEH 7222	15.00	NM
BIG WHEEL	NO ONE BUT YOU	OKEH 7252	15.00	NM
COUNT THE STARS	HOLD ME TIGHT	DUKE 308	20.00	NM
DADDY'S BABY	MERCY HAVE PITY	OKEH 7240	20.00	NM
DON'T LIE	PRETENDING LOVE	OKEH 7154	15.00	NM
HELP THE BEAR	THANK YOU FOR HELPING ME SEE T	ATCO 6434	15.00	NM
I DON'T CARE	THAT HAPPY DAY	GOLD EAGLE 1810	20.00	NM
I LOST THE BEST THING I EVER HAD	DARLING IF YOU MUST LEAVE	DADE 5000	20.00	NM
I LOST THE BEST THING I EVER HAD	ANYTIME, ANYPLACE, ANYWHERE	SONCRAFT 400	30.00	NM
I'M LEAVING YOU	I'M GOING TO CHANGE MY WAY	WATTS CITY 1003	10.00	NM
IT AIN'T LIKE THAT ANY MORE	I'LL MAKE IT UP TO YOU	OKEH 7179	15.00	NM
MISS YOU SO	I'M GONNA GET TOUGH	RONN 15	10.00	NM
RIVER'S INVITATION	LONG DISTANCE LOVE	ATCO 6408	15.00	NM
SOMEBODY'S ALWAYS TRYING	TOP OF THE WORLD	OKEH 7198 dj purple vinyl	75.00	NM
SOMEBODY'S ALWAYS TRYING	TOP OF THE WORLD	OKEH 7198	50.00	NM
THAT'S LIFE I GUESS	BE EVER WONDERFUL	OKEH 7171	20.00	NM
YOU GAVE ME NOTHING TO GO ON	HIM INSTEAD OF ME	OKEH 7176	20.00	NM
YOU MUST HAVE BEEN MEANT FOR ME	TIME HAS A WAY	OKEH 7159	15.00	NM
TEACHERS EDITION				
I WANNA SHARE EVERYTHING	SLEEPY PEOPLE	HI 2224	30.00	GR
TEACHO and the STUDENTS				
CHILLS AND FEVER	SAME OLD BEAT	OKEH 7234	15.00	NM
TEARDROPS				
EVERY STEP I TAKE	RAISE YOUR HAND	MAX. 234	20.00	NM
TEARS COME TUMBLING	YOU WON'T BE THERE	MUSICOR 1139	15.00	NM
TEARRA				
JUST LOVING YOU	OH LET THIS FEELING	MIDTOWN 1001	400.00	78
TEARS				
GOOD LUCK MY LOVE	WHAT YOU'RE DOING TO ME	SMASH 1981	100.00	NM
SHE'S MINE	HURT	ASTRONAUT 5001	50.00	NM
SWEET LOVE	FUNK FAMILY	FUNKSHUN 301	30.00	78
TECHNICS				
CAUSE I REALLY LOVE YOU	A MAN'S CONFESSION	CHEX 1012	150.00	NM
HEY GIRL DON'T LEAVE ME	I MET HER ON THE 1st. OF SEPTEMBER	CHEX 1013	100.00	NM
TEDDY and the COUNTS				
THE HEART IS BUT SO STRONG	EXPRESSWAY TO YOUR HEART	RAB 1034	300.00	GR
TEDDY and the FINGERPOPPERS				
SOUL GROOVE PT.1	SOUL GROOVE PT. 2	ARCTIC 143	50.00	**NM**
TEE N' CEE and THE LTD'S				
TIGHTEN UP WITH SOUL	TIGHTEN UP WITH SOUL pt. 2	RISING SOUL	100.00	F
TEE, JON				
CRAZY	ROLL DEM BONES	JAY-TONE 816	300.00	NM
YOU MADE A LOVER OUT OF ME	DON'T-CHA LOOK LIKE THAT AT ME	JAY-TONE 818	700.00	NM
TEE, WILLIE				
ALWAYS ACCUSED	ALL FOR ONE	AFO 307	30.00	NM
CONCENTRATE	GET UP	GATUR 8001	20.00	78
FIRST TASTE OF HURT	FUNKY, FUNKY TWIST	GATUR 509	60.00	78
I PEEPED YOUR HOLE CARD	SHE REALLY DID SURPRISE	GATUR 701	300.00	NM
I WANT SOMEBODY	YOU BETTER SAY YES	ATLANTIC 2302	30.00	NM
I'M HAVING SO MUCH FUN	FIRST TASTE OF HURT	GATUR 557	800.00	NM

I'M ONLY A MAN	WALK TALL	CAPITOL 2369	50.00	NM
PLEASE DON'T GO	MY HEART REMEMBERS	NOLA 737	400.00	NM
REACH OUT FOR ME	LOVE OF A MARRIED MAN	CAPITOL 2892	40.00	NM
THANK YOU JOHN	DEDICATED TO YOU	ATLANTIC 2287	15.00	NM
WALKIN' UP A ONE WAY STREET	TEASIN' YOU	ATLANTIC 2273	20.00	**NM**
WALKING UP A ONE WAY STREET	TEASIN' YOU	NOLA 708	40.00	NM

TEEN TURBANS

WE NEED TO BE LOVED	DIDN'T HE RUN	LOMA 2066	40.00	NM

TELLER, CHRIS

I'VE BEEN HURT	UNLUCKY GIRL	CIRAY 6703	100.00	NM

TEMPESTS

WHAT YOU GONNA DO	CAN'T GET YOU OUT OF MY MIND	SMASH 2126	10.00	NM
WOULD YOU BELIEVE	YOU (ARE THE STAR I WISH ON)	SMASH 2094	15.00	NM

TEMPLE, RICHARD

THAT BEATIN' RHYTHM	COULD IT BE	MIRWOOD 5532	30.00	**NM**

TEMPOS

(COUNTDOWN) HERE I COME	SAD, SAD MEMORIES	CANTERBURY 504	30.00	**NM**
(COUNTDOWN) HERE I COME	SAD ,SAD MEMORIES	CANTERBURY 504 yellow label	75.00	NM
I GOTTA MAKE A MOVE	IT WAS YOU	MONTEL MICHELLE 955	250.00	NM
LET STICK TOGETHER	DON'T ACT THAT WAY	RILEY'S 5	30.00	NM
LONELY ONE	LONELY NIGHT	RILEYS 8782	300.00	NM
SAD, SAD MEMORIES	same: Instrumental	SOULTOWN 1	75.00	NM

TEMPTATIONS

AIMING AT YOUR HEART	LIFE OF A COWBOY	GORDY 7208	10.00	78
BALL OF CONFUSION	IT'S SUMMER	GORDY 7099 **PS**	10.00	M
BEAUTY IS ONLY SKIN DEEP	YOU'RE NOT AN ORDINARY GIRL	GORDY 7055 **PS**	25.00	M
BEAUTY IS ONLY SKIN DEEP	YOU'RE NOT AN ORDINARY GIRL	GORDY 7055	10.00	M
CHECK YOURSELF	YOUR WONDERFUL LOVE	MIRACLE 12	30.00	**M**
DREAM COME TRUE	ISN'T SHE PRETTY	GORDY 7001	25.00	M
FAREWELL MY LOVE	MAY I HAVE THIS DANCE	GORDY 7020	25.00	M
GIRL (WHY YOU WANNA MAKE ME BLUE)	BABY, BABY I NEED YOU	GORDY 7035	15.00	M
I COULDN'T CRY IF I WANTED TO	(I KNOW) I'M LOSING YOU	GORDY 7057	10.00	M
I WANT A LOVE I CAN SEE	THE FURTHER YOU LOOK THE LESS	GORDY 7015	25.00	M
I'LL BE IN TROUBLE	THE GIRLS ALRIGHT WITH ME	GORDY 7032	10.00	M
IT'S GROWING	WHAT LOVE HAS JOINED TOGETHER	GORDY 7040	10.00	M
LADY SOUL	PUT US TOGETHER AGAIN	GORDY 1856	10.00	78
LONELINESS MADE ME REALIZE	DON'T SEND ME AWAY	GORDY 7065	10.00	M
MY BABY	DON'T LOOK BACK	GORDY 7047	10.00	M
MY GIRL	(TALKIN' ABOUT) NOBODY BUT MY	GORDY 7038 **PS**	60.00	M
MY GIRL	(TALKIN' ABOUT) NOBODY BUT MY	GORDY 7038	60.00	M
MY GIRL	blank:	GORDY 7038 **paper picture disc**	50.00	M
OH, MOTHER OF MINE	ROMANCE WITHOUT FINANCE	MIRACLE 5	40.00	**M**
SLOW DOWN HEART	PARADISE	GORDY 7010	20.00	M
YOU'RE MY EVERYTHING	I'VE BEEN GOOD TO YOU	GORDY 7063	10.00	M

TEMPTONES

GIRL I LOVE YOU	GOOD-BYE	ARCTIC 130	400.00	NM
SAY THESE WORDS OF LOVE	SOMETHING GOOD	ARCTIC 136	200.00	NM

TENDER LOVING CARE

MY WORLD IS FALLING	TWO FOOLS ARE WE	RENFRO A1	20.00	78

TENDER TOUCH

YOU WERE NEVER MINE TO BEGIN WITH	CAN I SEE YOU TOMORROW	PARAMOUNT 252	30.00	78

TENNYSON, DAVID

WATERFALL	EMILY	WORLD PACIFIC 77914	10.00	NM

TERRELL, FREDDIE

YOU HAD IT MADE	WHY NOT ME	CAPITOL 2728	75.00	NM

TERRELL, PHIL

I'LL ERASE YOU (FROM MY HEART)	I'M JUST A YOUNG BOY	CARNIVAL 513	30.00	NM
LOVE HAS PASSED ME BY	DON'T YOU RUN AWAY	CARNIVAL 523	150.00	NM

TERRELL, TAMMI

COME ON AND SEE ME	BABY DON'TCHA WORRY	MOTOWN 1095	15.00	M
I CAN'T BELIVE YOU LOVE ME	HOLD ME OH MY DARLING	MOTOWN 1086	10.00	M
THERE ARE THINGS	WHAT A GOOD MAN HE IS	MOTOWN 1115	100.00	M
THIS OLD HEART OF MINE	JUST TOO MUCH TO HOPE FOR	MOTOWN 1138	15.00	M

TER-RELLS

(BECAUSE OF) THREE LITTLE WORD	LONELY	ABC 10994	40.00	NM
I'LL NEVER LET YOU GO	DON'T ASK ME TO STOP LOVING YO	ABC 11046	15.00	NM

TERRIBLE TOM

WE WERE MADE FOR EACH OTHER	same:	MAVERICK 1001 dj	100.00	NM
WE WERE MADE FOR EACH OTHER	LOVIN' CUP	MAVERICK 1001	250.00	NM

TERRIFICS
I'LL GET HIM BACK	WE'RE SO YOUNG	DIAMOND JIM 8784	300.00	NM

TERRY and MARSHA
IT'S A POSSIBILITY	HE	CHAMP. 209 pink label	45.00	NM
IT'S A POSSIBILITY	HE	CHAMP. 209	15.00	NM

TERRY, WILEY
FOLLOW THE LEADER	FOLLOW THE LEADER pt. 2.	USA 793	15.00	F

TEX, JOE
AIN'T I A MESS	BABY YOU'RE RIGHT	ANNA 1128	20.00	M
ALL I COULD DO WAS CRY	ALL I COULD DO WAS CRY pt. 2	ANNA 1119	20.00	M
ALL I COULD DO WAS CRY PT 2	BABY YOU'RE RIGHT	CHECKER. 1104	10.00	M
ALL THE HEAVEN A MAN REALLY NEEDS	LET'S GO SOMEWHERE AND TALK	DIAL 1021	10.00	78
BABY, BE GOOD	YOU NEED ME BABY	DIAL 4086	10.00	NM
I'LL NEVERBREAK YOUR HEART	I'LL NEVERBREAK YOUR HEART pt. 2	ANNA 1124	20.00	M
I WANNA BE FREE	BLOOD IS THICKER THAN WATER	DIAL 3016	50.00	NM
I'M GOING AND GET IT	WOMAN, LIKE THAT YEAH	DIAL 4059	10.00	NM
UNDER YOUR POWERFUL LOVE	SASSY SEXY WIGGLE	DIAL 1154	15.00	78
YOU BETTER BELIEVE IT BABY	I BELIEVE I'M GONNA MAKE IT	DIAL 4033	10.00	**NM**

THANO
GIMMIE SOMETHING	WE'VE NEVER MET	VERVE 10399	30.00	NM

THE "US" see US

THE WILLY COLE
RIGHT ON	A PRETTY GOOD "B" SIDE	PHIL LA SOUL 340	10.00	F

THEE CHEKKERS
LACK OF LOVE	PLEASE DON'T GO	LOOK 5014	75.00	NM

THEE COUNTS
SOMEDAY I'M GONNA GET YOU	SO FAR AWAY	DYNAMO 50	150.00	NM
SOMEDAY I'M GONNA GET YOU	SO FAR AWAY	HIGHLAND 1171	75.00	NM

THEE MIDNITERS
EVIL LOVE	WHITTIER BLVD.	CHATTAHOOCHEE 684	15.00	NM
IT'LL NEVER BE OVER FOR ME		WHITTER 501	30.00	NM
IT'LL NEVER BE OVER FOR ME		WHITTER 501 **PS**	100.00	NM
YOU'RE GONNA MAKE ME CRY	MAKING ENDS MEET	WHITTIER 511	750.00	NM

THEMES
NO EXPLANATION NEEDED	BENT OUT OF SHAPE	MINIT 32009	30.00	NM

THEO-COFF INVASION
LUCKY DAY	NOCTURNAL FLOWER	DEARBORN 570	75.00	NM

THERON and DARRELL
IT'S YOUR LOVE	I WAS MADE TO LOVE HER	SOLO	75.00	F

THESE GENTS
YESTERDAY STANDING BY	YESTERDAY STANDING BY pt. 2	WESTERN WORLD 55101	20.00	GR
YESTERDAY STANDING BY	YESTERDAY STANDING BY pt. 2	SOULVATION ARMY 741	15.00	GR

THIEVES
WHY DID YOU DO IT TO ME	I'M NOT THE ONE	BROADWAY 405	300.00	NM

THIRD AVE. BLUES BAND
IT'S GOT BE LOVE LOVE	IF YOU DON'T LOVE ME	REVUE 11028	15.00	NM

THIRD GUITAR
BABY DON'T CRY	DON'T TAKE YOUR LOVE FROM ME	ROJAC 123	300.00	F
BEEN SO LONG	DOWN TO THE RIVER	ROJAC 127	30.00	GR
SAD GIRL	LOVIN' LIES	ROJAC 120	25.00	NM

THIRD PARTY
SUCH A SOUL SAYS	SUCH A SOUL SAY PT. 2	SOULHAWK. 2	20.00	F

THIRD POSITION TRIO
SHE LOVES ME	THE GATOR PARTY	CELE-CAN 100	50.00	GR

THIRTEENTH AMENDMENT
THAT'S ME WITHOUT YOU	THEN YOU CAN TELL ME GOODBYE	WHIT. 6910	20.00	B
THE STRETCH	HARD TO BE IN LOVE	SLAVE 10001	150.00	F

THOMAS, B.J.
CHAINS OF LOVE	YOU'LL NEVER WALK ALONE	HICKORY 1415	10.00	NM
I DON'T HAVE A MIND OF MY OWN	BRING BACK THE TIME	PACEMAKER 234	20.00	NM
I DON'T HAVE A MIND OF MY OWN	BRING BACK THE TIME	SCEPTER 12154	15.00	NM

THOMAS, BOBBY
JUST LOVIN YOU	I CAN'T WAIT	BIG CITY 4224	20.00	78

THOMAS, BOBBY and the AFROS
PLEASE MR. LOVEMAKER	DARLING DON'T COME BACK	LYNDELL 9981	50.00	F

THOMAS, CARLA
EVERY ONCE OF STRENGTH	STOP! LOOK WHAT YOU'RE DOING	STAX 172	10.00	NM
SOMETHING GOOD (IS GOING TO HAPPEN TO ME	IT'S STARTING TO GROW	STAX 207	10.00	NM
WHEN TOMORROW COMES	UNCHANGING LOVE	STAX 214	10.00	NM

THOMAS, CHARLES
THE MAN WITH THE GOLDEN TOUCH	LOOKING FOR LOVE	LOMA 2031	40.00	NM

THOMAS, DANNY BOY
HAVE NO FEAR	MY LOVE IS OVER	GROOVY 3002	25.00	B

THOMAS, DAVID
I'LL ALWAYS NEED YOU (BY MY SIDE)	I'M A LONELY MAN	PRIME 2717	750.00	NM

THOMAS, DAVID KING
YOU BETTER INVESTIGATE	IF YOU'RE LOOKING FOR A LOVE	JETSTREAM 809	50.00	NM

THOMAS, DEENA
STANDING THERE CRYING	PORQUE ESTAS LLORANDO	CLARK 164	100.00	NM

THOMAS, DON
COME ON TRAIN	TRAIN START MOVING	NUVJ 1001	30.00	NM
COME ON TRAIN	TRAIN START MOVING	NUVJ 1001 dj	50.00	NM

THOMAS, ELLA and the DOLLETS
AIN'T THAT THE TRUTH	I'M YOUR PART TIME LOVE	FLAG 102	10.00	NM
THING CALLED LOVE	LOVER BABY	GD&L 2002	400.00	NM

THOMAS, ERNEST
SOUL TIME	DADDY JUICY	SOUL INTERNATIONAL 22	30.00	F

THOMAS, FRANCIENE
I'LL BE THERE	TO BEAUTIFUL TO BE GOOD	TRAGAR 6803	100.00	F

THOMAS, GERRI
LOOK WHAT I GOT	IT COULD HAVE BEEN ME	WORLD ARTISTS 1059	40.00	NM

THOMAS, HERSCHEL
WHAT'S OVER IS OVER	COME BACK WHERE YOU BELONG	LEO TODD 1	45.00	NM

THOMAS, IRMA
BREAK-A-WAY	WISH SOMEONE WOULD CARE	IMPERIAL 66013	10.00	NM
GOOD TO ME	WE GOT SOMETHING GOOD	CHESS 2036	15.00	B
HITTIN' ON NOTHING	RULER OF MY HEART	MINIT 666	10.00	NM
I DID MY PART	IT'S RAINING	MINIT 653	10.00	NM
IT'S A MAN'S - WOMAN'S WORLD pt. 1	IT'S A MAN'S - WOMAN'S WORLD pt. 2	IMPERIAL 66178	10.00	B
MOMENTS TO REMEMBER	TIMES HAVE CHANGED	IMPERIAL 66069	10.00	NM
SOMEWHERE CRYING	CHEATER MAN	CHESS 2010	10.00	B
THE HURT'S ALL GONE	IT'S STARTING TO GET TO ME NOW	IMPERIAL 66120	15.00	NM
TIME IS ON MY SIDE	ANYONE WHO HAD A HEART	IMPERIAL 66041	15.00	NM
TWO WINTERS LONG	SOMEBODY TOLD YOU	MINIT 660	15.00	NM
WHAT ARE YOU TRYING TO DO	TAKE A LOOK	IMPERIAL 66137	25.00	NM

THOMAS, JAMO
ARREST ME	JAMO'S SOUL	THOMAS 304 PS	25.00	NM
ARREST ME	JAMO'S SOUL	THOMAS 304	15.00	NM
I SPY (FOR THE F.B.I.)	SNAKE HIP MAMA	THOMAS 303 PS	40.00	NM
I SPY (FOR THE F.B.I.)	SNAKE HIP MAMA	THOMAS 303	15.00	NM

THOMAS, JIMMY
HURRY AND COME HOME	YOU CAN GO	SUE 778	25.00	NM
WHERE THERE'S A WILL	JUST TRYIN' TO PLEASE YOU	MIRWOOD 5522	15.00	NM

THOMAS GROUP, JOE
COMING HOME BABY	MORE	COBBLESTOPNE 714	15.00	MOD

THOMAS, LAMAR
BLIND LOVE	YOU BEEN GRAZIN'	THE-O-CENTRIC 19	20.00	NM
FEET'S START MOVIN'	MY SOUL WOMAN	LADY J 001	10.00	F

THOMAS, LARRY
MELLOW DOWN	MUHAMMAD ALI	H&T 2000	50.00	F
SOUL BEFORE NEWS	MUHAMMAD ALI	STYLETONE 5905	50.00	F

THOMAS, LEON
JUST IN TIME TO SEE THE SUN	NEVER LET ME GO	FLYING DUTCHMAN 26026	10.00	78
L-O-V-E	BOOM BOOM BOOM	FLYING DUTCHMAN 26025	15.00	NM
LOVE EACH OTHER	LET'S GO DOWN TO LUCY'S	FLYING DUTCHMAN 26023	15.00	78
THANK YOU BABY	THANK YOU BABY pt 2	NOW SOUNDS 25545	10.00	78

THOMAS, LUTHER
WHO SLIPPED OUT (WHEN I WALKED	UPSET THE TOWN	CHANGE 207	25.00	NM

THOMAS, PAT
I CAN'T WAIT UNTIL I SEE MY BABY'S FACE	THE LONG, LONG NIGHT	VERVE 10333	30.00	NM

THOMAS, PERCY
HEY LOVE	LONELY IN CROWD	DYNA GROOVE 1001	15.00	78

THOMAS, PRISCILLA
STEP ASIDE	SYMPATHY	WINNER 7 11 102	15.00	NM

THOMAS, ROBERT
CRAZY ABOUT YOUR LOVE	same: Instrumental	HAWK 2054	10.00	78
SALVATION	SOUL OF A MAN	CHARAY 87	20.00	NM

THOMAS, ROSCOE
AMERICAN GIRL	same: Instrumental	WORLD 1001	30.00	78
AMERICAN GIRL	same: Instrumental	SOUND GEMS 109	15.00	78

THOMAS, RUFUS
THE MEMPHIS TRAIN	I THINK I MADE A BOO, BOO	STAX 250 blue label	15.00	NM
THE MEMPHIS TRAIN	I THINK I MADE A BOO, BOO	STAX 250 green label	10.00	NM

THOMAS, SYLVIA
AT LAST	SO WILL I	BAMBOO 101.	20.00	NM

THOMAS, TAB (TABBY)
PLAY GIRL	KEEP ON TRYING	EXCELLO 2281	75.00	NM
ONE DAY	MY BABY'S GONE	SOUL INTERNATIONAL	400.00	F

THOMAS, TIMMY
IT'S MY LIFE	WHOLE LOTTA SHAKING GOING ON	GOLDWAX 327	30.00	NM
HAVE SOME BOOGALOO	LIQUID MOOD	GOLDWAX 320	40.00	MOD
WHAT'S BOTHERING ME	DIZZY, DIZZY WORLD	CLIMAX 22001	10.00	78

THOMAS, TRINA
SHOULD I OR SHOULDN'T I	DON'T TAKE MY LOVE	TRI-IT 100	25.00	NM

THOMAS, TYRONE
FLY AWAY LOVE BIRD	STUCK ON YOURSELF	SOUL INTERNATIONAL 110	15.00	78

THOMPSON BROTHERS
YOU BROUGHT LOVE INTO MY LIFE	I SAW THE LIGHT	WMOT 5353	500.00	78

THOMPSON, BILLY
BLACK-EYED GIRL	KISS TOMORROW GOODBYE	COLUMBUS 1044	150.00	NM
BLACK-EYED GIRL	KISS TOMORROW GOODBYE	WAND 1108	125.00	NM

THOMPSON, CHERYLE
DON'T WALK AWAY	IT'S THE END	VEE-JAY 695	75.00	NM

THOMPSON, HERBIE
LET YOUR LOVE (GROW STRONGER)	JUNGLE TIME	BIG HIT 110.	15.00	NM
UNCLE TOM	UNCLE TOM PT. 2	BIG HIT 112	30.00	F

THOMPSON, JIMMY
JIMMY'S PLACE Pt.1	JIMMY'S PLACE Pt 2	JIMMY THOMON 30259	20.00	NM

THOMPSON, JOHNNY
GIVEN UP ON LOVE	I AIN'T NO FOOL	JAY-TEE 8	75.00	NM

THOMPSON, MARTY
WHIRLPOOL	WHAT AM I GONNA DO	SIR BEN 1	40.00	NM

THOMPSON, PAT and the POWELL, ARCHIE
DARLING, DARLING	OOH BABY	MIR-A-DON 1003	25.00	NM

THOMPSON, PAUL
SPECIAL KIND OF WOMAN	WHAT I DON'T KNOW WON'T HURT ME	VOLT 4042	700.00	NM

THOMPSON, ROY
KEEP ON DANCING	SOMETHING GREATER THAN LOVE	OKEH 7283	25.00	NM
SOOKIE, SOOKIE	LOVE YOU SAY	OKEH 7267	20.00	NM

THORNTON SISTERS
BIG CITY BOY	WATCH YOUR STEP	BOBSAN 1000	50.00	NM
I KEEP FORGETTING		CUPPY 102	300.00	NM

THORNTON, BIG MAMA
ME AND MY CHAUFFEUR	BEFORE DAY	KENT 424	25.00	NM
WADE IN THE WATER	BALL A ND CHAIN	ARHOOLIE 520	20.00	MOD

THOSE TWO
I CAN'T TREAT HER BAD	IF WE COULD START ALL OVER	MELIC 1	200.00	NM

THREE DEGREES
CONTACT	NO, NO NOT AGAIN	WB 7198	40.00	**NM**
DRIVIN' ME MAD	LOOK IN MY EYES	SWAN 4235	10.00	NM
FIND MY WAY	I WANNA BE YOUR BABY	ROULETTE 7125	15.00	NM
GEE BABY (I'M SORRY)	DO WHAT YOU'RE SUPPOSED TO DO	SWAN 4197	15.00	NM
GOTTA DRAW THE LINE	CLOSE YOUR EYES	SWAN 4224	15.00	NM
REFLECTIONS OF YESTERDAY	WHAT I SEE	NEPTUNE 23	15.00	NM
WARM WEATHER MUSIC	DOWN IN THE BOONDOCKS	METROMEDIA 109	15.00	NM

THREE DIMENSIONS
ACT LIKE A BABY	LOOK AT ME	RCA 8709	30.00	NM

THREE HEADS
BABY DON'T LEAVE ME THIS WAY	PENETRATION	CHART 1021	30.00	GR

THREE JADES
I CARE FOR YOU	MAKES MY WORLD GO ROUND	MAURCI 102.	400.00	NM
MAKES MY WORLD GO WORLD	I CARE FOR YOU	MAURCI 102	300.00	NM
SHOW ME YOUR WAY	COME ON LET'S PARTY	MAURCI 103	25.00	NM

THREE OF US
I'M GONNA LOVE YOU BABY	BOOGIE WITH MAMA SOUL	MOLLY 71574	50.00	NM

THREE SHADES OF SOUL
BEING IN LOVE	SMOOTH SAILING	ENJOY 5002	15.00	NM

THREE STRANGERS
FIND MY BABY	blank:	FRANTIC 201 dj	50.00	NM

THRILLERS
COME WHAT MAY	THIS I KNOW LITTLE GIRL	UPTOWN. 715	30.00	GR

THRILLS
SHOW THE WORLDWHERE IT'S AT	UNDERNEATH MY MAKE-UP	CAPITOL 5871	15.00	NM
WHAT CAN GO WRONG	NO ONE	CAPITOL 5631	20.00	NM

THUNDER, JOHNNY
JUST ME AND YOU	BEWILDERED	DIAMOND 206	20.00	NM

THUNDER, LIGHTNING and RAIN
SUPER FUNKY	SUPER FUNKY pt. 2	SAADIA	200.00	F

THUNDER, MARGO
EXPRESSWAY TO YOUR HEART	HUSH UP YOUR MOUTH	HAVEN 7008	15.00	F
THE SOUL OF A WOMAN	MAMA YOU'RE ALL RIGHT WITH ME	HAVEN 7001	15.00	78

THURMON, CHUCKY
TURN IT OVER	TICKETS FOR DOOMSDAY	THURMOE BLAST	300.00	F

THURMOND, DUFF
NOW THAT YOU LEFT ME	IF YOU LOVED ME BABY	NEW VOICE 816	30.00	NM

TIARAS
LOVES MADE A CONNECTION	YOU'RE MY MAN	SETON 777	300.00	NM

TIARES
LET'S BE LOVERS	I'LL NEVER LET GO	LEONA 3701	150.00	NM

TI-CHAUNS
I DON'T WANNA	WHAT YOU WANNA SAY	SONAR 102	150.00	NM

TIFFANIES
IT'S GOT TO BE A GREAT SONG	HE'S GOOD FOR ME	KR 120	25.00	**NM**

TIFFANYS
GOSSIP	PLEASE TELL ME	ATLANTIC 2240	30.00	NM
HAPPIEST GIRL IN THE WORLD	LOVE ME	ARCTIC 101	40.00	NM
I JUST WANNA BE YOUR GIRL	I FEEL THE SAME WAY TO	JOSIE 942	30.00	NM

TIG & COMPANY, JIMMY and LOUISE
A LOVE THAT NEVER GROWS COLD	WHO CAN I TURN TO	BELL 708	20.00	B

TIKI'S
STOP LOOK AND LISTEN	CREAM IN MY COFFEE	ASCOT 2186	20.00	NM

TIL, SONNY
HEY! LITTLE WOMAN	IN THE CHAPEL IN THE MOONLIGHT	CP PARKER 212	40.00	NM
HEY! LITTLE WOMAN	I MISS YOU SO	CP PARKER 219	30.00	NM
NO NOT FOR HER	I GAVE IT ALL UP	CLOWN 3061	150.00	NM
TEARS AND MISERY	I BETTER LEA VE LOVE ALONE	RCA 9759	25.00	NM

TILLERY, LINDA
WOMANLY WAY	MARKIN' TIME	OLIVIA 918	50.00	NM

TILLMAN, CHARLOTTA
BABY I'M SERIOUS	A # 1 LOVER BOY	JOSIE 953	85.00	NM

TIM
I NEED YOUR LOVE	MY SIDE OF THE TRACKS	CELTEX 102	15.00	NM

TIMBERLAKE, BOBBIE LEE
YOU HURT ME	ANOTHER GIRL'S BOYFREIND	MIRWOOD 5520	70.00	NM

TIMELESS LEGEND
(BABY) DON'T DO THIS TO ME	WHERE THER'S LOVE THERE'S A WAY	BLACK FOREST 102115	700.00	78
I WAS BORN TO LOVE YOU	I WAS BORN TO LOVE YOU PT 2	DAWN-LITE 12005	500.00	78

TIMIKO
IS IT A SIN	THE BOY FOR ME	CHECKER. 1041	45.00	NM

TIMMIE and the PERSIONETTES
THERE COMES A TIME	TIMMY BOY	OLYMPIA 100	30.00	NM

TINDLEY, GEORGE (TINLEY)
AIN'T GONNA WORRY ABOUT YOU	SINCE I MET CINDY	DOO-WOPP 101	150.00	NM
AIN'T THAT PECULIAR	IT'S ALL OVER BUT THE SHOUTING	WAND 11205	10.00	NM
DON'T YOU HEAR THEM LAUGHING	THEY CAN DREAM	ROWAX 801	30.00	NM
I COULDN'T CARE LESS	DONE BEING LONELY	SMASH 1768	30.00	NM
PITY THE POOR MAN	WAN TU WAH ZUREE	WAND 11215	10.00	NM

TIPTON , LESTER
THIS WON'T CHANGE	GO ON	LA BEAT 6607	NEG	NM

TIP TOPS
A LITTLE BIT MORE	MEETCHA AT THE CHEETAH	ROULETTE 4684	50.00	NM

TJADER, CAL
SOUL SAUCE	SOMEWHERE IN THE NIGHT	VERVE 10345	15.00	**NM**

TMG'S
THE HATCH		SOUL SHAKE	500.00	F

TOBY, LOU and HIS HEAVIES
HEAVY STEPPIN'	THE IMPEACHMENT STORY	PEACH-MINT 6065	15.00	F

TODAY'S PEOPLE
S.O.S. (ALL WE NEED IS TIME FO	SHE LOVES ME	LINDEE 100	10.00	78

TODDLIN TOWN SOUNDS
IT'S YOUR THING	THE DUD	TODDLIN TOWN 121	15.00	F

TOGETHERNESS
I BET YOU NEVER KNEW THAT I FOLLOWED YOU	NIGGER'S WILL BE NIGGER'S EVER	ARMED RIGHT 1001	20.00	GR

TOJO
BROKEN HEARTED LOVER	BLUE LOVER	TEC 3011	50.00	NM

TOKAYS
BABY, BABY, BABY (YOU'RE MY HE	HEY SENORITA	BRUTE 1	500.00	NM

TOLBERT
I'VE GOT IT	LUCKY MAN	ROJAC 6500	750.00	78

TOLBERT, JOHNNY
CHECK YOUR BATTERY	CHECK YOUR BATTERY PT 2.	JASMAN 6	10.00	F
TAKE IT OFF	TAKE IT OFF PT. II	JASMAN 3	15.00	F

TOLBERT, MOSS
MONEY IN MY POCKET	DON'T DO IT DARLIN'	VEE-JAY 558	20.00	NM

TOLLIVER, KIM
(YOU'RE TRYING TOO) COP MY STUFF	TUESDAY'S CHILD	ROJAC 128	20.00	F
I DON'T KNOW WHAT FOOT TO DANCE ON	Same: Instrumental	CASTRO 101	15.00	NM
I GOTTA FIND A WAY	I'LL TRY TO DO BETTER	ROJAC 126	20.00	NM
I'LL TRY TO DO BETTER	LET THEM TALK	ROJAC 129	15.00	B

TOM and JERRIO
BOO-GA-LOO	BOOMERANG	JERRY-O 110	20.00	NM
COME ON AND LOVE ME	GREAT GOO-GA-MOO-GA	ABC 10704	20.00	NM

TOMANGOES
I REALLY LOVE YOU	YOU'VE BEEN GONE SO LONG	WASHPAN 3125	1200.00	**NM**

TOMASETTI, MIKE
COME SEE WHAT I GOT	MEMORIES OF YESTERDAY	USA 836	100.00	NM

TOMLIN, WILLIE
STROKE MY YOKE	CHECK ME BABY	PEACOCK 1961	15.00	NM

TOMORROW'S MEN
IT'S REAL	WHO'S THAT LADY	CONGRESS 6007	30.00	NM

TOMORROW'S PROMISE
HE DON'T LOVE YOU LIKE I DO	GOOD LOVE	CAPITOL 3566	10.00	GR
I'M GONNA GIVE IT TO YOU	YOU'RE SWEET, YOU'RE FINE	CAPITOL 3695	10.00	GR
YOU'RE EVERYTHING GOOD TO ME	SHOULD I FOLLOW MY HEART	MERCURY 73700	15.00	78

TONETTES
I GOTTA KNOW	MY HEART CAN FEEL THE PAIN	DYNAMIC 103	75.00	NM
I GOTTA KNOW	MY HEART CAN FEEL THE PAIN	DYNAMIC 103 Red vinyl	150.00	NM

TONEY JR., OSCAR
AIN'T THAT TRUE LOVE	FOR YOUR PRECIOUS LOVE	BELL 672	15.00	NM
AIN'T THAT TRUE LOVE	DOWN IN TEXAS	BELL 776	10.00	NM
A LOVE THAT NEVER GROWS COLD	WITHOUT LOVE (THERE IS NOTHING)	BELL 699	15.00	NM
ANY DAY NOW	TURN ON YOUR LOVE LIGHT	BELL 681	10.00	NM
DOWN ON MY KNEES	SEVEN DAYS TOMORROW	CAPRICORN 8005	15.00	B
I WOULDN'T BE A POOR BOY	PERSON TO PERSON	CAPRICORN 8010	15.00	B
THANK YOU, HONEY CHILE	I DO WHAT YOU WISH	CAPRICORN 5	15.00	78
THE BABY IS MINE	blank:	CAPRICORN 8018 dj	10.00	B
UNTIL WE MEET AGAIN	JUST FOR YOU	BELL 744	10.00	B

TONI and the HEARTS
COME BACK BABY	WOULD YOU LOVE ME	PATH. 5562	15.00	NM

TONI and the SHOWMEN
TRY MY LOVE	BEWARE	TEN STAR 103	75.00	NM

TONY and CAROLYN
WE'VE ONLY JUST BEGUN / I'LL BE THERE	same:	VIP 25068 dj	10.00	M

TONY and LYNN
I'M HIP TO YOU BABY	WE'RESO MUCH IN LOVE	BLUE ROCK 4065	15.00	NM

TONY and the TECHNICS
HA HA HE TOLD ON YOU	WORKOUT WITH YOUR PRETTY GIRL	CHEX 1010	50.00	NM

TONY and TYRONE
CROSSROADS OF LOVE	A FOOL AM I	COLUMBIA SP 43292	15.00	B
DON'T EVER LEAVE ME	TALKING ABOUT THE PEOPLE	STON-ROC 6711	10.00	NM
PLEASE OPERATOR	APPLE OF MY EYE	ATLANTIC 2458	30.00	**NM**
TURN IT ON	TALKING 'BOUT THE PEOPLE	COLUMBIA 43432	15.00	NM

TONY AND TANDY
BITTER WITH THE SWEET	TWO CAN MAKE IT TOGETHER	COTILLION 44042	20.00	NM

TOONE, GENE also see Gene TUNE
EVERY NOW AND THEN	SO GLAD (TROUBLE DON'T LAST)	SIMCO 30003	150.00	B
WHAT MORE DO YOU WANT	HOW IT FEELS	SIMCO 30000	1000.00	NM

TOOTSIE and the VERSATILES
I'VE GOT A FEELING	NOBODY BUT YOU	ELMOR 6000	75.00	NM

TOP NOTES
WAIT FOR ME, BABY	COME BACK, CLEOPATRA	FESTIVAL 1021	20.00	NM

TOP SHELF
DOGGONE BABY I LOVE YOU	YOU'RE HURTING ME	SPECTRUM 124	40.00	NM
GOIN' THRU THE MOTIONS	DRACULA'S BOOGIE	SOUND TREK 1090	10.00	F
NO SECOND THOUGHTS	GIVE IT UP	LO LO 2304	10.00	NM
STOP AND LISTEN (OPEN YOUR HEART)	LET THEM KEEP ON TALKING	SPECTRUM 119	10.00	78

TOPICS
BOOKING UP BABY	GIVING UP	MERCURY 73447	200.00	78
HAVE YOUR FUN	A MAN AIN'T SUPPOSED TO CRY	DREAM 204	1300.00	NM
HEY GIRL (WHERE ARE YOU GOING)	IF LOVE COMES KNOCKING	CHADWICK 102	300.00	NM
I'LL UNDERSTAND	WOMAN'S LIBERATION	CASTLE 1002	25.00	GR
MAN	CHOICE OF A MILLION GIRLS	TOKEN 007	500.00	78
SHE'S SO FINE	I DON'T HAVE TO CRY	CARNIVAL 520	40.00	NM
TRY A LITTLE LOVE	ALL GOOD THINGS MUST END	HEAVY DUTY 3	15.00	NM

TORCHES
NO I WON'T	DARN YOUR LOVE	RING-0 1302	20.00	NM

TORME, MEL
COMING HOME BABY	RIGHT NOW	ATLANTIC 2165	10.00	MOD

TORQUES
BUMPIN'	MERCY MERCY	LEMCO	150.00	F

TORRENCE, GEORGE and the NATURALS
SO LONG GOODBYE	LICKIN' STICK	SHOUT 224	10.00	NM

TOTAL CAPACITY
WHO'S WHO (MAKING LOVE)	WHO'S WHO (MAKING LOVE) pt. 2	SENSATION 153	20.00	F

TOTAL ECLIPSE
YOU TOOK OUR HEART	A LOVE LIKE YOURS	RIGHT ON 102	15.00	NM

TOUCH
ME AND YOU	ENERGIZER	BRUNSWICK 55538	25.00	78
PICK AND SHOVEL	BLUE ON GREEN	LECASVER 100	30.00	F

TOUCH OF CLASS
LOVE ME BABY	GOTTA GET OVER	RENFRO 37	15.00	78

TOUSSAINT, LINDA
WHEN	I DON'T CARE	SOUL INTERNATIONAL 622	50.00	NM

TOWANA and the TOTAL DESTRUCTION
WEAR YOUR NATURAL BABY	HELP ME GET THAT FEELING	ROMARK 102	75.00	NM

TOWER OF POWER
THIS TIME IT'S REAL	SOUL VACCINATION	WB 7733	10.00	NM
YOU OUGHT TO BE HAVIN' FUN	same:	COLUMBIA 10409	10.00	78

TOWLES, FRED
HOOK IT TO THE MULE	same. Instrumental	WAY OUT 1004	10.00	F

TOWNS, CHRIS and STELLA
NEARER AND DEARER	TALKIN' ABOUT MY BABY	BONUS 102	40.00	NM

TOWNSEND, ED
DON'T LEAD ME ON	I WANT TO BE WITH YOU	TRU-GLO-TOWN 504	15.00	NM
I MIGHT LIKE IT		MAXX 325	20.00	NM

TOWNSEND, HONEY
THE WORLD AGAIN	TECHNICOLOR DREAM	MALA 540	30.00	NM

TOYS
I GOT MY HEART SET ON YOU	SEALED WITH A KISS	MUSICOR 1319	15.00	nm

TRACE OF SMOKE
TREASURE MIND	U.R.	B.J.RECORDS 8206	500.00	78

TRACES
WHAT AM I TO DO	LOVE ME FOREVER	LAURIE 3493	100.00	GR

TRACEY, WREG
ALL I WANT IS YOU	TAKE ME BACK (I WAS WRONG)	ANNA 1105	15.00	M
TAKE ME BACK (I WAS WRONG)	ALL I WANT FOR CHRISTMAS	ANNA 1126	20.00	M

TRADITIONS
MY LIFE WITH YOU	SOMETHING GONE WRONG	BAR CLAY 19678	30.00	NM
OH MY LOVE	GIRLS	BAR CLAY 19671	25.00	NM
ON FIRE	MY HEART	ARTCO 102	NEG	NM
TWINKLE LITTLE STAR	RUBY TUESDAY	ABET 9435	200.00	NM

TRAFFIC JAM
I CAN'T GET OVER YOU	TRAFFIC JAM	TOEHOLT 14708	150.00	78

TRAHAN, AL
CAN I FEEL IT	HEY GIRL	SPINDLETOP 761	100.00	F

TRAITS
HARLEM SHUFFLE	SOMEWHERE	UNIVERSAL 30494	15.00	NM
HARLEM SHUFFLE	SOMEWHERE	SCEPTER 12169	10.00	NM
NEED LOVE	SOMEDAY SOON	CONTACT 501	30.00	GR
TOO GOOD TO BE TRUE	GOTTA KEEP MY COOL	GARRISON 3007	20.00	NM

TRAN-SISTERS
PULL THE COVERS RIGHT UP	YOUR LOVE	IMPERIAL 5983	15.00	NM

TRASS, WYLIE
THAT SOUL THING	THAT SOUL THING PT 2	ABC 11219	10.00	F

TRAVELERS
MY BABY DOESN'T LOVE ME ANYMOR	MARY HAD A LITTLE LAMB	GLAD HAMP 2024	100.00	NM

TRAVIS, MCKINLEY
BABY IS THERE SOMETHING ON YOU	YOU'VE GOT IT AND I WANT IT	SOULTOWN 109	15.00	GR

TRAYNOR, JAY
UP AND OVER	DON'T LET THE END BEGIN	ABC 10845 dj	250.00	NM
UP AND OVER	DON'T LET THE END BEGIN	ABC 10845	350.00	NM

TREETOP, BOBBY
SO SWEET SO SATISFYIN'	VALENTINE	TUFF 415	200.00	NM
WAIT TIL I GET TO KNOW YOU	VALENTINE	TUFF 417	150.00	**NM**

TRELLS
BAD WEATHER	I'M SORRY	PORT CITY 1112	50.00	NM

TRENDS
A NIGHT FOR LOVE	GONNA HAVE TO SHOW YOU	ABC 10817	60.00	NM
CHECK MY TEARS	DON'T DROP OUT OF SCHOOL	ABC 10944	20.00	NM
DANCE WITH ME BABY	(TO BE) HAPPY ENOUGH	SMASH 1914	30.00	NM
GONNA HAVE TO SHOW YOU	A NIGHT FOR LOVE	ABC 10817	50.00	NM
NO ONE THERE	THAT'S HOW I LIKE IT	ABC 10881	60.00	NM
NOT TOO OLD TO CRY	YOU DON'T DIG THE BLUES	ABC 10731	70.00	NM
THANKS FOR A LITTLE LOVIN'	I NEVER KNEW HOW GOOD I HAD IT	ABC 10993	300.00	**NM**
YOU SURE KNOW HOW TO HURT A GUY	NOT ANOTHER DAY	ABC 11150	40.00	NM

TRENT SISTERS
A LETTER A DAY	HARD TO GET	GOGATE 1	400.00	NM

TREVOR, VAN
A FLING OF THE PAST	C'MON NOW BABY	VIVID 1004	20.00	NM

TRIBBLE, DWITE
I'D LIKE TO GET TO KNOW YOU	MAMA'S LOVE	ERIC DYNAMIC NITRO no.	200.00	78

TRIBULATIONS
YOU GAVE ME UP FOR PROMISES	MAMA'S LOVE	IMPERIAL 66416	20.00	NM

TRICE, JAMAL
IF LOVE IS NOT THE ANSWER	NOTHING IS TOO GOOD (FOR YOU BABY)	SOUL 35120	25.00	78

TRIDER, LARRY
CARBON COPY	HOUSE OF THE BLUES	CORAL 62391	150.00	NM

TRILONS
I'M THE ONE	FOREVER	TAG 449	30.00	NM

TRIPLET TWINS
GET IT	PRETTY PLEASE	THOMAS 809	15.00	F
GONNA CHANGE		MAGIC TOUCH	100.00	NM

TRIPLETS
HEY LITTLE GIRL	(BABY) COME ON HOME	BLUE ROCK 4013	30.00	NM

TRIPLETTES
THAT MAN OF MINE	PATCHING UP THE WOUND	MOLLY-JO 1003	700.00	NM

TRIPPS
HERE COME THOSE HEARTACHES	GIVE IT BACK	VICTORIA 1003	30.00	NM
THERE'S THAT MOUNTAIN	LOVE CAN'T BE MODERNIZED	SOUNDVILLE	300.00	**NM**

TRITTY
BABY DON'T KNOCK ME (JUST WALK INTO MY L	GRAND THEFT LOVE	ELKA 303	10.00	78

TRIUMPHS
BURNT BISCUITS	RAW DOUGH	VOLT 100	30.00	F
I'M COMING TO YOUR RESCUE	THE WORLD OWES ME A LOVIN'	OKEH 7291	100.00	**NM**
MEMORIES	WORKIN'	OKEH 7273 **PS**	150.00	NM
MEMORIES	WORKIN'	OKEH 7273	40.00	NM
WALKIN' THE DUCK	TURN OUT THE LIGHT	VERVE 10422	25.00	NM

TROPICS
HEY YOU LITTLE GIRL	HAPPY HOUR	TOPIC 551	500.00	NM

TROTTER, DON (and the EIGHTH WONDER)
GIVE BACK YOUR LOVIN'	PEACE OF MIND	UTOPIA 602	40.00	NM
LOVELAND	THE APARTMENT	JOSIE 1011	30.00	NM

TROUTMAN, TONY
WHAT'S THE USE	same: instrumental	JERRI 102	150.00	**78**

TROY
AND TOMORROW MEANS ANOTHER	IF YOU GOTTA BREAK ANOTHER HEART	COLUMBIA 45748	50.00	B
PLEASE AY YOU WANT ME	same:	COLUMBIA 45616 dj	25.00	B

TROY, BENNY (and the MAZE)
I DON'T KNOW YOU ANY MORE	THINGS ARE LOOKIN' BETTER	20TH. CENTURY 6699	15.00	NM
I WANNA GIVE YOU TOMORROW	same: disco version	DE-LITE 1572	45.00	78

TROY, DORIS
FACE UP TO THE TRUTH	HE'S QUALIFIED	CAPITOL 2043	60.00	NM
I'LL DO ANYTHING	BUT I LOVE HIM	CALLA	40.00	NM

TROY, HELEN
I'LL BE AROUND	I THINK I LOVE YOU	KAPP 446	200.00	NM

TROY, J.B.
AIN'T IT THE TRUTH	EVERY MAN NEEDS A WOMAN	MUSICOR 1188	40.00	NM
LIVE ON	I'M REALLY THANKFUL	MUSICOR	60.00	NM

TRUE ADDITIONS
PRETENDING | WHO'S COMPLAINING | GRASSROOTS 1027 | 30.00 | 78

TRUE IMAGE
COME WHAT MAY | same: instrumental | WASS 3271 | 50.00 | 78
I'M NOT OVER YOU YET | same: stereo | SUPER SMASH 1324 | 750.00 | 78

TRUE MOVEMENT
WHAT A LOVELY WAY TO MEET | DEPRESSION | MYSTIC INSIGHT 1101 | 20.00 | GR

TRUE TONES
HE'S GOT NERVE | THAT'S LOVE | SOULVILLE 100 | 30.00 | NM
HE'S GOT THE NERVE | THAT'S LOVE | JOSIE 950 | 20.00 | NM
HE'S GOT THE NERVE | THAT'S LOVE | JOSIE 1003 | 15.00 | NM
ONE MORE TIME | GIRLS ARE SENTIMENTAL | LSP 2 | 60.00 | NM

TRUMAINS
I'M AT THE BREAKING POINT | IT'S GOTTA BE LOVE | VIGOR 709 | 20.00 | GR
RIPE FOR THE PICKING | MR. MAGIC MAN | RCA 11117 | 100.00 | 78
SORE LOSER | LOVE STILL REMAINS | RCA 10798 | 15.00 | 78

TRUTH
COME BACK HOME | EXCEDRIN HEADACHE | SOUNDS OF CLEVELAND 11711 | 20.00 | 78

TSU TORONADOES
A THOUSAND WONDERS | THE TORONADO | OVIDE 223 | 600.00 | NM
GOT TO GET THROUGH TO YOU | THE GOOSE | ATLANTIC 2614 | 15.00 | NM
I STILL LOVE YOU | MY THING IS MOVING THING | OVIDE 243 | 40.00 | NM
I STILL LOVE YOU | MY THING IS A MOVING THING | VOLT 4030 | 30.00 | NM
ONLY INSIDE | NOTHING CAN STOP ME | OVIDE 250 | 20.00 | NM
PLEASE HEART DON'T BREAK | AIN'T NOTHING NOWHERE | RAMPART STREET 644 | 150.00 | NM
WHAT GOOD AM I | GETTING THE CORNERS | ATLANTIC 2579 | 15.00 | NM
YOU'RE MINE | BACK AFTER THE NEWS | OVIDE 227 | 30.00 | GR

TUCKER, BOBBY
YOUR LOVE IS ALL I NEED | same: instrumental | MALA 12006 | 20.00 | NM

TUCKER, RAYFORD
IF YOU NEED MORE TIME | ONLY THE LONELY | SANDPIPER 10447 | 20.00 | NM

TUCKER, SANDRA KAY
HAVE IT YOUR WAY | I GOT A GOOD THING | PEACOCK 1926 | 40.00 | NM

TUCKER, SUNDRAY (also see CINDY SCOTT)
IF IT WAS ME | ASK MILLIE | TK 1046 | 40.00 | 78

TUCKER, TOMMY
HI-HEEL SNEAKERS | I DON'T WANT'CHA | CHECKER. 1067 | 10.00 | NM
LONG TALL SHORTY | MO' SHORTY | CHECKER. 1075 | 10.00 | NM
THAT'S HOW MUCH | THAT'S LIFE | FESTIVAL 704 | 25.00 | NM

TUNE, GENE also see TOONE, GENE
LOVE TRIANGLE | NIGHT WALKER | JAMELL 1007 | 400.00 | B

TURBINES
WE GOT TO START OVER | WHAT MORE CAN I SAY | CENCO 116 | 500.00 | NM

TURKS
THE BAD BROUGHT THE GOOD | LET IT FLAME | DJO 113 | 30.00 | NM
YOU TURN ME ON | GENERATION GAP | DJO 111 | 20.00 | GR

TURN OF THE CENTURY
MONEY CAN'T | A MAN IN LOVE | BUMP SHOP 125 | 10.00 | NM

TURNAROUNDS (TURN-A-ROUNDS)
AIN'T NOTHING SHAKING | RUN AWAY AND HIDE | ERA 3137 | 40.00 | NM
CAN'T TAKE NO MORE | I NEED YOUR LOVIN' | MINIT 32047 | 40.00 | NM
LIVE AND LET LIVE | I ATE THE \WHOLE THING | DEVILLE 15 | 30.00 | F
SOUL WALK | SOMEWWHERE IN THE WORLD | TRC 999 | 20.00 | F

TURNER BROTHERS
I'M THE MAN FOR YOU BABY | MY LOVE IS YOURS TO-NIGHT | CARNIVAL 535 | 30.00 | GR

TURNER REBELLION, NAT
CAN'T GO ON LIVIN' | LAUGH TO KEEP FROM CRYING | SOULVILLE 1422 | 15.00 | NM
TRIBUTE TO A SLAVE | PLASTIC PEOPLE | DELVALIANT 100 | 30.00 | F

TURNER, BENNY
I DON'T KNOW | GOOD TO ME | M-PAC 7219 | 20.00 | NM

TURNER, BETTY
BE CAREFUL GIRL | STAND BY AND CRY | LIBERTY 55861 | 75.00 | NM
TELL YOURSELF A LIE | COLD LITTLE WORD | CRESCENT 6501 | 50.00 | NM
THE WINDS KEPT LAUGHIN' | LITTLE MISS MISERY | CRESCENT 637 | 450.00 | NM

TURNER, BIG JOE
TWO LOVES HAVE I | SHAKE, RATTLE AND ROLL | BLUESTIME 45001 | 60.00 | NM

TURNER, DUKE
(LET ME BE YOUR) BABY SITTER | (LET ME BE YOUR) BABY SITTER Pt 2 | SPINNING TOP 42170 | 20.00 | NM

TURNER, ERNEST
I STILL LOVE YOU | WHY DON'T YOU WRITE | HOLLYWOOD 1136 | 30.00 | NM

TURNER, IKE
BLACK ANGEL	THINKING BLACK	STERLING AWARD 100	15.00	F

TURNER, IKE and TINA
A FOOL IN LOVE	THE WAY YOU LOVE ME	SUE 730	15.00	NM
BEAUTY IS JUST SKIN DEEP	ANYTHING I WASN'T BORN WITH	TRC 963	15.00	NM
CAN'T CHANCE A BREAK UP	STAGGER LEE AND BILLY	SUE 139	30.00	NM
DUST MY BROOM	I'M HOOKED	TRC 967	20.00	**NM**
DUST MY BROOM	ANYTHING YOU WASN'T BORN WITH	TRC 1019	15.00	NM
FUNKIER THAN A MOSQUITA'S TWEETER	PROUD MARY	LIBERTY 56216	10.00	F
GONNA HAVE FUN	I DON'T NEED	MODERN 1012	15.00	NM
HE'S THE ONE	CHICKEN SHACK	KENT 418	15.00	NM
HURT IS ALL YOU GAVE ME	GOOD BYE, SO LONG	MODERN 1007	10.00	NM
I IDOLIZE YOU	LETTER FROM TINA	SUE 735	15.00	NM
I IDOLIZE YOU	TINA'S DILEMMA	SUE 768	10.00	NM
IF I CAN'T BE FIRST	I'M GOING BACK HOME	SONJA 2001	15.00	NM
POOR FOOL	YOU CAN'T BLAME ME	SUE 753	10.00	NM
SO FINE	SO BLUE OVER YOU	INNIS 6667	10.00	NM
SO FINE	SO BLUE OVER YOU	POMPEII 6667	10.00	NM
SOMEBODY NEEDS YOU	JUST TO BE WITH YOU	LOMA 2015	25.00	NM
TWO IS A COUPLE	TIN TOP HOUSE	SUE 135	10.00	NM
YOU SHOULD'A TREATED ME RIGHT	SLEEPLESS	SUE 765	10.00	NM

TURNER, OTIS and MIGHTY KINGPINS
DO THE FUNKY DONKEY	WHO'S GONNA	GILYARD 160	50.00	F

TURNER, SAMMY
FOR YOUR LOVE I'LL DIE	THE HOUSE I LIVE IN	20TH. CENTURY 610	20.00	NM
ONLY YOU	RIGHT NOW	MOTOWN 1055	15.00	M

TURNER, SPYDER (SPIDER)
I CAN'T MAKE IT ANYMORE	DON'T HOLD BACK	MGM 13692	10.00	NM
I CAN'T MAKE IT ANYMORE	DON'T HOLD BACK	MGM 13692 dj	40.00	NM
I'VE GOT TO GET MYSELF TOGETHE	WHEN I SEE YOU BABY	GOOD TIME 1019	250.00	NM
RIDE IN MY 225	ONE STOP	FORTUNE 570	30.00	NM
YOU'RE GOOD ENOUGH FOR ME	STAND BY ME	MGM 13617	10.00	NM

TURNER, TITUS
DO YOU DIG IT	HIS FUNERAL MY TRIAL	JOSIE 1012	15.00	F
EYE TO EYE	WHAT KINDA DEAL IS THIS	OKEH 7244	20.00	NM

TURNER, TOMMY
LADY	I'LL BE GONE	ELBAM 70	30.00	NM
LAZY	I'LL BE GONE	ELBAM 72	300.00	NM

TURNING POINT
DEEPER IN LOVE	GOT TO GET UP-GIT OUT	TURNING POINT 101	50.00	78

TURNPIKES (also see CHUBBY and the TURNPIKES)
CAST A SPELL	NOTHING BUT PROMISES	CAPITOL 2234	75.00	NM

TUTEN, JAMES BOOTIE
I'LL NEVER LET YOU SAY GOODBYE	THIS IS A LOVE AFFAIR	ULTIMATE 5382	20.00	78

TWANS
I CAN'T SEE HIM AGAIN	DARLING TELL ME WHY	DADE 1903	700.00	**NM**

TWENTIE GRANS
GUILTY	GIVING UP ON LOVE IS LIKE	COLUMBIA 44239	15.00	NM

TWILIGHTS
SHE'S GONNA PUT YOU DOWN	IT'S BEEN SO LONG	HARTHON 134	50.00	NM
SHIPWRECK	FOR THE FIRST TIME	PARKWAY 128	15.00	GR
YOU'RE THE ONE	THAT'S ALRIGHT	AQUA	50.00	NM

TWISTIN' KINGS
CONGO PT. 1	CONGO PT. 2	MOTOWN 1023	25.00	M
XMAS TWIST	WHITE HOUSE TWIST	MOTOWN 1022	25.00	M

TWO FELLOWS
STOP (DON'T GIVE UP YOUR LOVIN	YEA, YEA, YEA, YEA,	MUTT 17793	30.00	NM

TWO PEOPLE
STOP LEAVE MY HEART ALONE	LOVE DUST	REVUE	100.00	NM

TWO PLUS TWO
LOVE WILL CONQUER ALL	HIGH RISE	DITTO 102	150.00	NM

TWO THINGS IN ONE
OVER DOSE	CLOSE THE DOOR	MUSIC CITY 893	20.00	F
TOGETHER FOREVER	STOP TELLING ME	MUSIC CITY 891	15.00	GR

TWO TONS OF LOVE
BROWN AND BEAUTIFUL	IT'S A BAD SITUATION	GORDO 706	25.00	78
BROWN AND BEAUTIFUL	IT'S A BAD SITUATION IN A BEAUTY	KAPP 2095	10.00	78
WHAT GOOD AM I WITHOUT YOU	SOY NADA YO SIN TI	PARAMOUNT 56	75.00	78

TYLER, HAROLD
REALITY	A MAN CAN'T LIVE (TWO LIVES)	TYMO 729	150.00	78

TYMES
(A TOUCH OF) BABY	HIDDEN SHORES	MGM 13631B	10.00	NM
HERE SHE COMES	THE TWELTH OF NEVER	PARKWAY 933	30.00	NM
HERE SHE COMES	MALIBU	PARKWAY 924 **PS**	30.00	NM
HERE SHE COMES	MALIBU	PARKWAY 924	20.00	**NM**
IT'S COOL (LONG VERSION)	GOOD MORNING DEAR LORD	RCA 10561	10.00	78
SO MUCH IN LOVE	ROSCOE JAMES MCCLAIN	PARKWAY 871	10.00	NM
SOMEONE TO WATCH OVER ME	SHE'S GONE	COLUMBIA 45336	10.00	NM
STREET TALK	PRETEND	MGM 13536	15.00	NM
THE LOVE THAT YOU'RE LOOKING FOR	GOD BLESS THE CHILD	COLUMBIA 44799	10.00	NM
THIS TIME IT'S LOVE	THESE FOOLISH THINGS (REMINDS ME OF YOU)	WINCHESTER 1002	15.00	NM
WHAT WOULD I DO	A TOUCH OF BABY	MGM 13631	20.00	**NM**

TYRELL, STEVE
A BOY WITOUT A GIRL	YOUNG BOY BLUES	PHILIPS 40150	40.00	NM

TYRONE (WONDER BOY) also see TYRONE DAVIS
IF YOU DON'T NEED ME	GOOD COMPANY	FOUR BROTHERS 450	40.00	NM
PLEASE CONSIDER ME	YOU MADE ME SUFFER	FOUR BROTHERS 453	20.00	NM
SUFFER	TRY ME	FOUR BROTHERS 447	30.00	NM

TYRONE, JANICE
I'M GONNA MAKE IT BALLAD	MEET ME BABY	PZAZZ 41	10.00	B

TYSON, LITTLE JIMMY
WHO WILL BE THE NEXT FOOL	JODI CABN LOSE	CW	300.00	F

U.S.
I MISS MY BABY	BABY I OWE YOU SOMETHING GOOD	WESTBOUND 197	50.00	GR
LET'S DO IT TODAY	PEACE	JABER	100.00	F

UFO'S
EGG ROLL		VIRTUE	300.00	F
TOO HOT TO HOT	LA, LA, LA MEANS I LOVE YOU	RISING SONS 102	100.00	F

UGGAMS, LESLIE
DON'T YOU EVEN CARE	WHO KILLED TEDDY BEAR	ATLANTIC 2313	40.00	NM
LOVE IS A GOOD FOUNDATION	I JUST CAN'T HELP BELIEVING	SONDAY 6006	25.00	NM

UJIMA
I'M GETTIN' HIP (TO YOUR WAYS AND ACTIONS)	Same: mono	EPIC 11054 dj	30.00	78
I'M NOT READY	A SHOULDER TO LEAN ON	EPIC 50095	250.00	78
SHE'S GONE	Same: mono	EPIC 11106 sj	15.00	GR

ULTIMATE TRUTH
TAKE A LITTLE TIME	HOOKED ON LOVE	J CITY 275	10.00	GR

ULTIMATES
GIRL I'VE BEEN TRYING TO TELL YOU	I JUST CAN'T STAND IT	BR-ROMA 101	400.00	78
JUST BECAUSE YOU'VE GONE AND LEFT ME	NEVER LEAVE ME (The Quinns)	CAPITO 2023	75.00	NM

ULTIMATIONS
WOULD I DO IT OVER	WITH OUT YOU	MARVLUS 6020	20.00	NM

ULTRA HIGH FREQUENCY
WE'RE ON THE RIGHT TRACK	same: instrumental	WAND 11257	15.00	F

UNDERDOGS
LOVE'S GONE BAD	MO JO HANNA	VIP 25040	20.00	M

UNDERWOOD, CARL
AIN'T YOU LYING	LEAVE ME ALONE	MERGING 858	600.00	NM

UNDISPUTED TRUTH
YOU GOT THE LOVE I NEED	SMILING FACES SOMETIMES	GORDY 7108	10.00	78

UNEMPLOYED
FUNKY ROOSTER	THEY WON'T LET ME	COTILLION 44108	15.00	F
FUNKY THING	FUNKY THING pt. 2	COTILLION 44085	15.00	F

UNEXPECTED
OPEN UP YOUR HEART	TIME CONSUMER	SS7 1517	10.00	78

UNFORGETTABLES (also see BAGS and BEANS)
OH THERE HE GOES	HE'LL BE SORRY	TITANIC 5012	75.00	NM
TOO MUCH TROUBLE	SAD SONG	LOADSTONE 3954	30.00	F
TRUST YOUR LUCK	GYPSY	SAMONE 100	500.00	NM

UNIFICS
SENTIMENTAL MAN	THE BEGINNING OF MY END	KAPP 957	30.00	NM
SENTIMENTAL MAN	THE BEGINNING OF MY END	KAPP 957 PS	40.00	NM
WHICH ONE SHOULD I CHOOSE	COURT OF LOVE	KAPP 935	10.00	NM

UNION
STRIKE	COME TO MY HOUSE FOR LUNCH	MESA	150.00	F

UNIQUE BLEND
MY SHIP WON'T SAIL WITHOUT YOU	WAITING FOR YOU BABY	CLICQUE 1	20.00	GR
YES I'M IN LOVE	OLD FASDHIONED WOMAN	EASTBOUND 601	300.00	78

UNIQUES
I'LL DO ANYTHING	GO ON AND LEAVE	PAULA 289	40.00	NM
NOT TOO LONG AGO	FAST WAY OF LIVING	PAULA 219	15.00	NM

UNITED FOUR
LOOK AT HER NOW	ONE MORE YEAR	HARTHON 142	100.00	GR
SHE'S PUTTING YOU ON	GO ON	HARTHON 139	30.00	**NM**

UNIVERSAL JOINT
LOVE WON'T WEAR OFF (AS THE YE	SAME: INSTRUMENTAL	SNIFF 382	300.00	NM

UNIVERSAL LOVE
IT'S YOU GIRL	MOON RIDE	GLADES 1745	25.00	78

UNIVERSAL MIND (S)
A CHANCE TO LOVE	I BETCHA	CHARLES 1229	20.00	78
REACH OUT FOR ME	I'LL NEVER LET YOU GET AWAY	RED COACH 811	10.00	NM
SOMETHING FISHY GOING ON	FOR YOU GIRL	RED COACH 807	10.00	78

UNIVERSALS
A LOVE ONLY YOU CAN GIVE	I'M IN LOVE	SHEPHERD 2200	20.00	GR
DIAMONDS AND PEARLS	SPARKLING	COOKING 1112	75.00	NM
NEW LEASE ON LIFE	WITHOUT FRIENDS	OPEN 1250	50.00	NM
NEW LEASE OF LIFE	WITHOUT FRIENDS	MODERN 1057	30.00	NM

UNIVERSOULS
NEW GENERATION	THE WAY A GIRL SHOULD BE	TENER CUSTOM	200.00	F

UNLIMITED FOUR
I WANNA BE HAPPY	CALLING	CHANSON 1178	15.00	NM
SLOW DOWN	WALK AWAY LOVER	CHANSON 1180	15.00	F
TRUE LOVE IS HARD TO FIND	SOMEBODY HELP, PLEASE	CHANSON 1181	15.00	GR

UNLUV'D
AIN'T GONNA DO YOU NO HARM	AN EXCEPTION TO THE RULE	TRUE LOVE 1000	25.00	NM
AN EXCEPTION TO THE RULE	AIN'T GONNA DO YOU NO HARM	PARKWAY 138	15.00	NM

UNTOUCHABLES
RAISIN' SUGAR CANE	DO YOUR BEST	MADISON 147	40.00	NM

UP TIGHTS   see UPTIGHTS

UPBEATS
LET'S GET TOGTHER	SOUL DREAMING	D & A 5001	200.00	NM

UPCHURCH, PHIL
YOU CAN'T SIT DOWN	YOU CAN'T SIT DOWN pt 2	BOYD 329	15.00	NM
YOU CAN'T SIT DOWN	YOU CAN'T SIT DOWN pt 2	UA 329	10.00	NM

UPFRONTS
BABY, FOR YOUR LOVE	SEND ME SOMEONE TO LOVE	LUMMTONE 107	200.00	NM

UPTIGHTS
ACADEMY AWARDS OF LOVE	I CAN LOVE YOU FOREVER	MALA 528	15.00	NM
FREE AT LAST	YOU GIT'S NONE OF THIS	SKYE 4525	100.00	B
LOOK A LITTLE LONGER	JUST A DREAM	ALLEY 1045	200.00	NM
SHY GUY	HE SAID	COLUMBIA 44243	75.00	NM

UPTONES
WEAR MY RING	DREAMING	MAGNUM 714	20.00	GR

UTOPIAS
GIRLS ARE AGAINST ME	I WANT TO GO BACK TO MY DREAM WORLD	LA SALLE 72	1000.00	NM

UPTOWNERS
SUCH A LOVE	FROM LOVERS - TO FRIENDS	CAPTOWN 4030	200.00	NM

V.I.P.'S
STRANGE LITTLE GIRL	MY GIRL CRIED	CONGRESS 211	100.00	NM
YOU PULLED A FAST ONE	FLASH BACK	BIG TOP 518	20.00	NM

VALADIERS
GREETINGS	TAKE A CHANCE	MIRACLE 6 (H-848)	50.00	M
GREETINGS (THIS IS UNCLE SAM)	TAKE A CHANCE	MIRACLE 6 (H-849)	40.00	M
GREETINGS (THIS IS UNCLE SAM)	TAKE A CHANCE	MIRACLE 6 (H-915)	50.00	M
I FOUND A GIRL	YOU'LL BE SORRY SOME DAY	GORDY 7013	50.00	M
WHILE I'M AWAY	BECAUSE I LOVE HER	GORDY 7003	200.00	M

VALA-QUONS
WINDOW SHOPPING ON GIRL'S AVENUE	I WANNA WOMAN	TRC 951	40.00	NM

VALENTINE, ALVIN
SWEET, SWEET REVENGE	THERE OUGHTA BE A LAW	BRUNSWICK 755409	15.00	NM

VALENTIN, BOBBY
BAD BREATH	LOVE ME SO	FANIA 445	50.00	MOD
USE IT BEFORE YOU LOSE IT	FUNKY BIG FEET	FANIA 458	75.00	MOD

VALENTINE, JOE
ALL THE LOVE I HAVE FOR YOU IS	ONE NIGHT STAND	TEE-JAY 17379	15.00	B
I CAN'T STAND TO SEE YOU GO	ONE NIGHT SATISFACTION	VAL 67119	40.00	B
I CAN'T STAND TO SEE YOU GO	ONE NIGHT OF SATISFACTION	RONN 14	10.00	B
I LOST THE ONLY LOVE I HAD	SURELY, I'LL NEVER DO YOU WRON	VAL 7225	600.00	**NM**
SHE'S GONE AGAIN	COMING ON HOME	RACHAN 311	75.00	B
TRUE LOVE	SHARING YOUR LOVE	TEE-JAY 17380	20.00	78

VALENTINE, LEZLI
I WON'T DO ANYTHING	I'VE GOT TO KEEP ON LOVING	ALL PLATINUM 2305	15.00	NM

VALENTINE, PATIENCE
DANCE AND LET YOUR HAIR DOWN	IN THE DARK	SAR 111	15.00	NM
IF YOU DON'T COME	I MISS YOU SO	SAR 119	500.00	NM
UNLUCKY GIRL	ERNESTINE	SAR 142	15.00	NM

VALENTINE, ROSE
I'VE GOTTA KNOW RIGHT NOW	WHEN THE HEARTACHES END	RCA 9276	80.00	NM

VALENTINE, T.D.
LOVE TRAP	ALISON TOOK ME AWAY	EPIC 10523	25.00	**NM**

VALENTINES
BREAKAWAY	IF YOU LOVE ME	SS7 2663	40.00	NM
GOTTA GET YOURSELF TOGETHER	I'M ALRIGHT NOW	SS7 2646	25.00	NM
MAMA I HAVE COME HOME	JOHNNY ONE HEART	LUDIX 102	15.00	NM

VALENTINO
I WAS BORN THIS WAY	LIBERATION	GAIEE 90001	10.00	78

VALENTINO, MARK
WALKING ALONE	THE PUSH AND KICK	SWAN 4121	20.00	NM

VALENTINOS
BABY, LOTS OF LUCK	SHE'S SO GOOD TO ME	SAR 144	20.00	NM
DARLING, COME BACK HOME	I'LL MAKE IT ALRIGHT	SAR 137	20.00	NM
I CAN UNDERSTAND IT	I CAN UNDERSTAND IT pt. 2	CLEAN 60005	10.00	78
SWEETER THAN THE DAY BEFORE	LET'S GET TOGETHER	CHESS 1977	150.00	NM
WHAT ABOUT ME	DO IT RIGHT	CHESS 1952	15.00	NM

VALERIE and NICK
I'LL FIND YOU	LONELY TOWN	GLOVER 3000	15.00	NM

VALERY, DANA
YOU DON'T KNOW WHERE YOUR INTEREST LIES	HAVING YOU AROUND	COLUMBIA 44004 dj	200.00	NM
YOU DON'T KNOW WHERE YOUR INTEREST LIES	HAVING YOU AROUND	COLUMBIA 44004	300.00	NM

VALIANT TRIO
I'LL MAKE HER MINE	YOU LEFT ME	E.V. 97500	150.00	NM

VALIANTS
TELL ME WHAT YOU'RE GONNA DO		DESTINATION	200.00	NM

VALLI, FRANKIE
THE PROUD ONE	IVY	PHILIPS 40407 PS	15.00	NM
YOU'RE READY NOW	CRY FOR ME	SMASH 2037	10.00	NM

VALONS
YOU'RE SOMETHING SPECIAL	MORE POWER TO YOU	MARK III 450 2:20" version	50.00	NM
YOU'RE SOMETHING SPECIAL	MORE POWER TO YOU	MARK III 450 2:12" version	50.00	NM

VAL-RAYS
IT HURTS DOESN'T IT GIRL	I'M WALKING PROUD	UA 50145	10.00	NM

VALUMES   also see VOLUMES
I LOVE YOU	DREAMS	CHEX 1000	200.00	GR

VAN DELLOS
I NEED YOU	BRING BACK	CARD 558	750.00	NM

VAN DYKE FIVE (also see VAN DYKES)
HOW CAN I FORGET HER	MIRACLE AFTER MIRACLE	GREEN SEA 108	30.00	GR

VAN DYKE, CONNIE
IT HURT ME TOO	OH FREDDY	MOTOWN 1041	75.00	M
THE WORDS WON'T COME	DON'T DO NOTHING I WOULDN'T DO	WHEELSVILLE 112	250.00	NM

VAN DYKE, EARL and the SOUL BROTHERS
6 BY 6	THERE IS NO GREATER LOVE	SOUL 35028	10.00	M
ALL FOR YOU	TOO MANY FISH IN THE FISH	SOUL 35009	NEG	M
I CAN'T HELP MYSELF	HOW SWEET IT IS TO BE LOVED BY	SOUL 35014 white and lilac label	10.00	M
RUNAWAY CHILD, RUNNING WILD	GONNA GIVE HER ALL THE LOVE I	SOUL 35059	10.00	M
SOUL STOMP	HOT N' TOT	SOUL 35006	30.00	M
THE FLICK	THE FLICK pt. 2	SOUL 35018	20.00	M

VAN DYKES
NEVER LET ME GO	I'VE GOT TO FIND ME A LOVE	MALA 539	15.00	GR
NO MAN IS AN ISLAND	I WON'T HOLD IT AGAINST YOU	HUE 6501	40.00	GR
NO MAN IS AN ISLAND	I WON'T HOLD IT AGAINST YOU	MALA 520	10.00	GR
SAVE MY LOVE FOR A RAINY DAY	TEARS OF JOY	MALA 584	100.00	NM
WHAT WILL I DO (IF I LOSE YOU)	I'VE GOT TO GO ON WITHOUT YOU	MALA 530	15.00	NM
YOU NEED CONFIDENCE	YOUR SHAKIN' ME UP	MALA 549	10.00	GR

VAN HORN, RON
WE'VE JUST GOT TO GET TOGETHER AGAIN	BOOGIE LADY	RAV 7872	500.00	78

VAN PEEBLES, MELVIN
SWEETBACK'S THEME	HOPPIN JOHN	STAX 97	20.00	F

VAN TREOSE, ERNEST
POPCORN PUSH, PUSH	MEDICENE MAN	RCA	50.00	F

VAN, ILA see ILA VANN

VAN, LOVE AND STRATOSPHERE
PUT FUN IN LIFE	KISSIN' AND HUGGIN'	STRATOSPHERE 1002	20.00	GR

VAN also see BROUSARD
FEED THE FLAME	EVERYDAY IS LIKE AHOLIDAY	RED STICK 1001	10.00	B

VANCE, FRANKIE
DO YOU HEAR ME BABY	CAN'T BREAK THE HABIT (OF YOUR	REVUE 11048	15.00	NM

VANDALS
IN MY OPINION	IN MY OPINION PT. 2	T NECK 923	10.00	78

VANDIVER, JOE
GOT YOU WHERE I WANT YOU	YOU'RE EVERYTHING (THEY SAID Y	JADE 1002	400.00	NM

VANEESE and CAROLYN
I'M LOSING YOU	LET ME IN	POLYDOR 14395	15.00	78
JUST A LITTLE SMILE (FROMYOU)	same: mono	POLYDOR 14469 dj	75.00	78

VANELLI, JOHNNY
SEVEN DAYS OF LOVING YOU	YOU REALLY KNOW HOW TO HURT SO	PRE-VUE 2770	200.00	NM

VANGUARDS
FALLING OUT OF LOVE	GOTT'A HAVE LOVE	LAMP 92	100.00	78
GIRL GO AWAY (IT'S WRONG TO LOVE TWO)	MAN WITHOUT KNOWLEDGE	LAMP 81	25.00	NM
GOOD TIMES BAD TIMES	MAN WITHOUT KNOWLEDGE	LAMP 94	400.00	NM
THE THOUGHT OF LOSING YOUR LOVE	IT'S TO LATE FOR LOVE	LAMP 652	15.00	NM
THE THOUGHT OF LOSING YOUR LOVE	IT'S TOO LATE FOR LOVE	LAMP 80	10.00	NM

VANN, ILA
YOU MADE ME THIS WAY	MY MOTHER SAID	P.I.P. 8933	40.00	NM
CAN'T HELP LOVING THAT MAN OF MINE	I'VE GOT THE FEELING	ROULETTE 4733	30.00	NM

VANN'S ORCHESTRA, TEDDY
THEME FOM COLOUREDMAN	INTRODUCTIONS TO THE ADVENTURE	CAPITOL 5878	25.00	NM

VAREEATIONS
THE TIME	SSAB--BEROM	DIONN 506	15.00	GR

VARIATIONS
I WANNA TAKE YOU UPTOWN.	Same: instrumental	RIGHT-ON 1001	20.00	NM
WILL YOU BE MINE	SHAKIN' AND BREAKIN'	MTA 121	40.00	GR
YESTERDAY IS GONE	EMPTY WORDS	BOB-JOY 1001	50.00	NM
YESTERDAY IS GONE	EMPTY WORDS	OKEH 7324	25.00	NM

VARIATIONS OF LOVE
I'LL ALWAYS LOVE YOU	REACH OUT FOR THE TRUTH	AMG 581	20.00	GR

VARIOUS ARTISTS
GREETINGS TO TAMLA MOTOWN APPRECIATION SOCIETY	promo only greeting o UK fan club	HITSVILLE USA 97311	100.00	M

VARISCO, PAUL
TELL ME WHERE LOVE GOES	SWEET LORENE	KAPP 883	100.00	NM

VARNER, DON
HANDSHAKIN'	MORE POWER TO YA	DIAMOND 264	25.00	NM
MASQUERADE	DOWN IN TEXAS	SOUTH CAMP 7003	40.00	NM
TEARSTAINED FACE	MOJO MAMA	QUINVY 8002	750.00	**NM**

VARTAN, SYLVIE
I MADE MY CHOICE	ONE MORE DAY	RCA 8520	25.00	NM

VASHONETTES
A MIGHTY GOOD LOVER	LOVE	CHECKER 1195	100.00	NM

VASHONS
WE'LL BE TOGETHER	THE BELLS	DELLE 191	1000.00	NM

VAUGHAN, SARAH
SMOOTH OPERATOR	MAYBE IT'S BECAUSE	MERCURY 71519	20.00	NM

VAUGHN, SHIRLEY
STOP AND LISTEN	DOESN'T EVERYBODY	FAIRMOUNT 1023	20.00	NM
YOU DON'T KNOW	CLIMB VERY MOUNTAIN	FAIRMOUNT	30.00	NM
WATCH OUT MR.LONELY	JUST A LITTLE LOVE	DOUBLE RR 246	10.00	NM

VAUGHN, YVONNE
WHEN YOU GONNA TELL HER ABOUT	LONELY LITTLE GIRL	DOT 16751	200.00	NM

VEDA
WHAT'S IT ALL ABOUT	AIN'T NOTHING BUT A PARTY	WEST SOUNDS 39	40.00	78
YOU MAKE ME FEEL SO REAL	WE ARE HIS CHILDREN	INSTANT 3333	150.00	78

VEE
A STONE GOOD LOVER	CHEATING IS A NO NO	MIER 4	30.00	NM

VEE GEES
TALKIN	same: instrumental	JUMP OFF 2002	300.00	78

VEGA, CAROL
I NEED YOU AROUND	SUGAR OVER YOU	CONSTELLATION. 121	15.00	B

VEGAS
I NEED YOUR LOVE	10,000 STUDENT GOING TO THE SC	CLE AN THAIR 7777	40.00	GR

VELASCO, VI
I DON'T WANT TO GO ON	YOU ARE MY SUNSHINE	VEE-JAY 655	50.00	NM

VELL, GENE
I'M CALLING MY BABY	SCREAMING ALL NIGHT LONG	WHIZ 502	50.00	NM

VELLS
THERE HE IS (AT MY DOOR)	YOU'LL NEVER CHERISH A LOVE SO TRUE)	MELODY 103	50.00	M

VELONS
WRITE DON'T YOU WRITE	SUMMER LOVE	BJM 65	15.00	GR

VELOURS
I'M GONNA CHANGE	DON'T PITY ME	MGM 13780 dj	75.00	**NM**
I'M GONNA CHANGE	DON'T PITY ME	MGM 13780	200.00	**NM**

VELVELETTES
A BIRD IN THE HAND (IS WORTH TWO IN THE BUSH)	SINCE YOU'VE BEEN LOVING ME	VIP 25030	20.00	M
HE WAS REALLY SAYING SOMETHING	THROW A FAREWELL KISS	VIP 25013	15.00	M
LONELY, LONELY GIRL AM I	I'M THE EXCEPTION TO THE RULE	VIP 25017	50.00	M
NEEDLE IN A HAYSTACK	SHOULD I TELL THEM	VIP 25007	15.00	M
THERE HE GOES	THAT'S THE REASON WHY	I.P.G. 1002	50.00	M
THESE THINGS WILL KEEP ME LOVING YOU	SINCE YOU'VE BEEN GONE	VIP 25034	NEG	M
THESE THINGS WILL KEEP ME LOVING YOU	SINCE YOU'VE BEEN LOVING ME	SOUL 35025	15.00	NM

VELVET HAMMER
HAPPY	PARTY HARDY	SOOZI 112 multi coloured label	25.00	78
HAPPY	PARTY HARDY	SOOZI 112 pink label	20.00	78

VELVET SATINS
NOTHING CAN COMPARE TO YOU	UP TO THE ROOFTOP styrene	GENERAL AMERICAN 6 dj red swirl	150.00	**NM**
NOTHING CAN COMPARE TO YOU	UP TO THE ROOFTOP vinyl	GENERAL AMERICAN 6 dj no swirl	200.00	NM
NOTHING CAN COMPARE TO YOU	UP TO THE ROOFTOP	GENERAL AMERICAN 6 red stock copy	200.00	NM

VELVET, JAMES
BOUQUET OF FLOWERS	WHENI NEEDED YOU	CUB 9111	20.00	M
BOUQUET OF FLOWERS	WHEN I NEEDED YOU	CORREC-TONE 502	15.00	M

VELVET
BET YOU IF YOU ASK AROUND	same: instrumental	PERCEPTION 543	15.00	78

VELVETONES
DREAM GIRL	HAVIN' A PARTY TONIGHT	VELVET 1	15.00	GR
WHAT CAN THE MATTER BE	HAIRY LUMPTY BUMP	VERVE 10514	30.00	NM

VELVETS
LET THE FOOL KISS YOU	BABY THE MAGIC IS GONE	MONUMENT 961	100.00	NM
LET THE FOOL KISS YOU	IF	MONUMENT 861	15.00	GR

VEL-VETS
I GOT TO FIND SOMEBODY	WHAT NOW MY LOVE	20TH. CENTURY 6676	100.00	NM

VENTURAS
BABY BE MINE	WHEN WE FIRST MET	DANIELS 501	250.00	NM

VERDELL, JACKIE
ARE YOU READY FOR THIS	I'M YOUR GIRL	DECCA 32118	15.00	NM
COME LET ME LOVE YOU	Y.K.W	PEACOCK 1930	15.00	NM
DON'T SET ME FREE	DOES SHE EVER REMIND YOU OF ME	DECCA 32181	15.00	NM
WHY NOT GIVE ME A CHANCE	HUSH	PEACOCK 1921	15.00	B

VERNADO, LYNN
SECOND HAND LOVE	GOODBY AND GOOD SPEED	YUMIE 1000	250.00	**NM**
WASH AND WEAR LOVE	TELL ME WHAT'S WRONG WITH THE MEN	GATOR 1202	700.00	**NM**

VERNEE, YVONNE
IT'S BEEN A LONG TIME	YOUR TOUCH	SONBERT 3475	100.00	NM
JUST LIKE YOU DID ME		SONBERT	1000.00	NM

VERNON and JEWELL
HOLD MY HAND	HOW ABOUT YOU	KENT 430	40.00	NM

VERSATILES
CRY LIKE A BABY	LONELY MAN	STAFF 210	50.00	NM
YOU'RE GOOD ENOUGH FOR ME	BYE BYE BABY	BRONCO 2050	20.00	NM

VERSATONES
WITH A BROKEN HEART	ROLLIN ROLLIN	MAGIC CITY 4	150.00	NM

VE-SHELLES
SHINALING	PLEDGING MY LOVE	BOOLA BOOLA 200	50.00	NM

VESTEL, LENNY
IT'S PARADISE	SATISFACTION	SANLA 105	600.00	NM

VESTER
YOU GOT THE POWER	WHAT YOU DID FOR ME	BLAKE 1009	200.00	F

VIBRATIONS
AIN'T NO GREENS IN HARLEM	WIND UP TOY	MANDALA 2511	15.00	F
CANADIAN SUNSET	STORY OF A STARRY NIGHT	OKEH 7241	15.00	NM
'CAUSE YOU'RE MINE	I TOOK AN OVERDOSE	EPIC 10418	100.00	**NM**
COME TO YOURSELF	TOGETHER	OKEH 7297	15.00	NM
END UP CRYING	AIN'T LOVE THAT WAY	OKEH 7220	20.00	NM
FINDING OUT THE HARD WAY	MISTY	OKEH 7230	15.00	NM
GONNA GET ALONG WITHOUT YOU NOW	FORGIVE AND FORGET	OKEH 7249	20.00	**NM**
IF YOU ONLY KNEW	TALKIN' BOUT LOVE	OKEH 7228	15.00	NM
KEEP ON KEEPING ON	HELLO HAPPINESS	OKEH 7212	15.00	NM
LOVE IN THEM THERE HILLS	REMEMBER THE RAIN	OKEH 7311	10.00	NM
SHAKE IT UP	MAKE IT LAST	CHESS 2151	200.00	78
SO BLUE	LOVE ME LIKE YOU SHOULD	CHECKER. 954	30.00	GR
SOUL A GO GO	AND I LOVE HER	OKEH 7257	15.00	NM
SURPRISE PARTY FOR BABY	RIGHT ON BROTHER RIGHT ON	NEPTUNE 28	30.00	**NM**
WATUSI TIME	SLOOP DANCE	OKEH 7205	10.00	NM
YOU BETTER BEWARE	PICK ME	OKEH 7276	20.00	NM

VIBRETTES
HUMPTY DUMP	HUMPTY DUMP pt. 2	LUJON 101	60.00	F

VIC and JOE
TO GET YOUR LOVE BACK	WE COULD FIND LOVE	JODA 101	15.00	NM

VICK, JIMMY and the VICTORS
I NEED SOMEONE	TAKE A TRIP	CHERRY 7888	40.00	B

VICKERS, CHARLES
LOST MY FAITH IN YOU	DO ME GOOD	KING 6128	50.00	B

VICTONES
TWO SIDES TO LOVE	SOMEBODY REALLY LOVES YOU (GUESS WHO)	FRONT PAGE 2302	20.00	GR

VICTORS
NOT ONLY A GIRL KNOWS	HURT	PHILIPS 40475	100.00	NM

VILLAGE CALLERS
EVIL WAYS	WHEN YOU'RE GONE	RAMPART 663	20.00	F
HECTOR	I'M LEAVING	RAMPART 659	40.00	F
HECTOR, PART 2	MISSISSIPPI DELTA	RAMPART 660	30.00	F

VILLAGE CRUSADERS
AKIWANA	HASHISHI	TRANS AMERICAN 8	150.00	F

VILLAGE SOUL CHOIR
THE SISSY FOOTBALL	THE SISSY FOOTBALL pt 2	ABBOTT 2028	15.00	F

VILLAGE SOUNDS
ONE LESS BROTHER	VILLAGE SOUND	VILLAGE SOUNDS 8503	15.00	F
THESE WINDOWS	LOVE IN	ONYX 102	125.00	NM

VINA, JOE
YOU WALKED (ALL OVER MY HEART)	TAKE THIS HEART	WEBER 101	75.00	NM

VINCENT, TAMI
IF IT HADN'T BEEN FOR YOU	WHEN I FALL IN LOVE	RCA 8853	15.00	NM

VINES
THAT WALK	HEY HEY GIRLS	SUTTER 10	250.00	NM

VIPERS
LITTLE MISS SWEETNESS	SAME OLD VALARIE	DUCHESS 102	15.00	NM

VIRGINAIRES feat. SONNY DAVIS
YOU CAN'T TURN ME AROUND	I'M YOUR CHILD	THINK TANK 487	50.00	GR

VIRGINIA WOLVES
STAY	B.L.T.	AMY 966	20.00	NM

VIRTUES
GUITAR ON THE WILD SIDE	MEDITATION OF THE SOUL	VIRTUE 2503	25.00	F
MEDITATION OF THE SOUL	DOIN' IT	ANDEE 112374	20.00	F

VISIONS
SECRET WORLD (OF TEARS)	SWINGING WEDDING	BIG TOP 3119	40.00	NM

VISITORS
I'M IN DANGER	UNTIL YOU CAME ALONG	BASHIE 9157	30.00	NM
I'M IN DANGER	UNTIL YOU CAME ALONG	DAKAR 603	15.00	NM
LONELY ONE - ONLY SON	I'M GONNASTAY	DAKAR 613	10.00	GR
MY LOVE IS READY AND WAITING	WHAT ABOUT ME	TRC 1003	30.00	NM
NEVER THE LESS	ANYTIME IS THE RIGHT TIME	TRC 1010	25.00	NM

VITAMIN "E"
SHARING	BACK HERE AGAIN	BUDDAH 574	10.00	GR

VITO, GENE
UNDISCOVERED COUNTRY	WITH THE DAWN	DECCA 32140	85.00	NM

VITO and the SALUTATIONS
BRING BACK YESTERDAY	I WANT YOU TO BE MY BABY	BOOM 60020	25.00	GR
I'D BEST BE GOING	SO WONDERFUL	RED BOY 1001	40.00	NM
I'D BEST BE GOING	SO WONDERFUL (MY LOVE)	SANDBAG 103	20.00	NM

VOGUES
TRUE LOVERS	THE LAND OF MILK AND HONEY	CO & CE 238	50.00	NM

VOICE BOX
I WANT IT BACK (YOUR LOVE)	BABY, BABY DON'T YOU KNOW	LOMA 2101	20.00	NM

VOICE MASTERS
HOPE AND PRAY	OOPS I'M SORRY	ANNA 101	150.00	M
IF A WOMAN CATCHES A FOOL	YOU'VE HURT ME BABY	BAMBOO 103	20.00	NM
IF A WOMAN CATCHES A FOOL	NEVER GONNA LEAVE YOU	BAMBOO 105	100.00	NM
IF A WOMAN CATCHES A FOOL	DANCE RIGHT INTO MY HEART	BAMBOO 113	20.00	NM
NEEDED	NEEEDED (FOR LOVERS ONLY)	ANNA 102	75.00	M
TWO LOVERS	IN LOVE IN VAIN	FRISCO 15235	100.00	NM
YOU'VE HURT ME BABY	IF A WOMAN CATCHES A FOOL	BAMBOO 103	30.00	NM

VOICES
BABY YOU'RE MESSING UPMY MIND	AN IMITATION OF LIFE	VICTORIA 1000	100.00	NM
CRYING HAS BECOME N EVERYDAY THING	IMITAION OF LIFE	BLUE SOUL	200.00	NM
FOREVER IS A LONG, LONG TIME	FALL IN OVE AGAIN	PENNY 105	30.00	NM

VOICES OF EAST HARLEM
CASHING IN	I LIKE HAVING YOU AROUND	JUST SUNSHINE 510	15.00	NM
WANTED DEAD OR ALIVE	CAN YOU FEEL IT	JUST SUNSHINE 517	20.00	78

VOLCANOS
(IT'S AGAINST) THE LAWS OF LOVE	same: Instrumental	ARCTIC 115	30.00	NM
(IT'S AGAINST) THE **RULES** OF LOVE	blank::	ARCTIC 115 dj only	250.00	NM
HELP WANTED	MAKE YOUR MOVE	ARCTIC 111	15.00	NM
HELP WANTED	A LADY'S MAN	ARCTIC 125	15.00	NM
MAKE YOUR MOVE	BABY	ARCTIC 103	75.00	NM
STORM WARNING	BABY	ARCTIC 106	15.00	NM
TAKE ME BACK AGAIN	ALL SHUCKS	HARTHON 146	50.00	NM
THAT'S HOW STRONG MY LOVE IS	NO TRESPASSING	VIRTUE 2513	15.00	GR
YOU'RE NUMBER 1	MAKE YOUR MOVE	ARCTIC 128	30.00	NM

VOLTAIRES
MY, MY, MY BABY	MOVIN' MOVIN' ON	BACONE 9468	100.00	NM

also see VALUMES VOLUMES

Title	Song	Label	Price	Grade
AIN'T GONNA GIVE YOU UP	AM I LOSING YOU	KAREN 101	300.00	NM
GOTTA GIVE HER LOVE	I CAN'T LIVE WITHOUT YOU	AMERICAN ARTS 6	20.00	NM
GOTTA GIVE HER LOVE	I CAN'T LIVE WITHOUT YOU	ASTRA 1020	40.00	NM
I GOT LOVE	MAINTAIN YOUR COOL	TWIRL 2016 yellow label vinyl	150.00	NM
I GOT LOVE	MAINTAIN YOUR COOL	TWIRL 2016 green label styrene	100.00	NM
I JUST CAN'T HELP MYSELF	ONE WAY LOVER	AMERICAN ARTS 18	75.00	NM
I LOVE YOU	DREAMS	CHEX 1002	10.00	GR
I LOVE YOU BABY	AIN'T THAT LOVIN' YOU	INFERNO 5001	20.00	M
I'VE NEVER BEEN SO IN LOVE	I'M GONNA MISS YOU	GARU 107	300.00	NM
MY KIND OF GIRL	MY ROAD IS THE RIGHT ROAD	INFERNO 2004	15.00	NM
OUR SONG	OH, MY MOTHER IN LAW	JUBILEE 5454	15.00	GR
TEENAGE PARADISE	SANDRA	JUBILEE 5446	15.00	GR
THAT SAME OLD FEELING	THE TROUBLE I'VE SEEN	IMPACT 1017	150.00	NM
THE BELL	COME BACK TO MY HEART	CHEX 1005	10.00	GR
YOU GOT IT BABY	A WAY TO LOVE YOU	INFERNO 2001	15.00	NM

VON, TAWNY

Title	Song	Label	Price	Grade
LAST NIGHT (I FOUND THE BOY)	DON'T SAY IT NEVER WAS	ENTRE 1002	75.00	NM

VONDELLS

Title	Song	Label	Price	Grade
HEY GIRL YOU'VE CHANGED	SOLDIER BOY	AIRTOWN CUSTOM 012	1500.00	NM
LENORA	VALENTINO	MARVELLO 5006	75.00	NM

VONDORS

Title	Song	Label	Price	Grade
LOOK IN THE MIRROR	FOOT LOOSE	HOLIDAY 125	150.00	NM

VONETTES

Title	Song	Label	Price	Grade
TOUCH MY HEART	YOU DON'T KNOW ME	COBBLESTONE 703	85.00	NM

VONT CLAIRES

Title	Song	Label	Price	Grade
DON'T CHA TELL NOBODY	I'VE GOT TEARS IN MY EYES	DOUBLE R 249	50.00	NM

VONTASTICS

Title	Song	Label	Price	Grade
I'LL NEVER SAY GOODBYE	DON'T MESS AROUND	SATELLITE 2002	120.00	NM
LADY LOVE	WHEN MY BABY COMES BACK HOME	MOON SHOT 6702	25.00	NM
LET ME DOWN EASY	I'M THE ONE YOU NEED	TODDLIN TOWN 115	15.00	GR
MY BABY	DAY TRIPPER	ST. LAWRENCE 1014	15.00	NM
NO LOVE FOR ME	PEACE OF MIND	ST. LAWRENCE 1007	15.00	GR

VOWS

Title	Song	Label	Price	Grade
BUTTERED POPCORN	blank:	VIP 25016 dj	10.00	M
TELL ME	BUTTERED POPCORN	VIP 25016	75.00	M

VOYAGE

Title	Song	Label	Price	Grade
SAME OLD SONG	ONE DAY	DECCA 32265	15.00	NM

WADDY, SANDY
EVERYTHING IS EVERYTHING	SECRET LOVE	S.O.S. 1003 yellow label	40.00	NM
EVERYTHING IS EVERYTHING	SECRET LOVE	S.O.S. 1003 red label	30.00	NM
EVERYTHING IS EVERYTHING	SECRET LOVE	WAND 1169	20.00	NM

WADE and JAMIE
DON'T PUT OFF 'TILL TOMORROW	SEND FOR ME	PALOMAR 2200	25.00	NM

WADE, ADAM
I'M CLIMBIN' (THE WALL)	THEY DON'T BELIEVE ME	EPIC 9521	15.00	NM
OLD DEVIL MOON	ROME	WB 7225	30.00	NM
RAIN FROM THE SKIES	DON'T LET ME CROSS OVER	EPIC 9566	40.00	NM
SHE DON'T WANT ANYTHING	GIRL ON THE BEACH	DALYA 1898	50.00	NM

WADE, BILLY and the 3rd. DEGREES
TEAR IT UP	TEAR IT UP pt. 2	ABC 10991	20.00	F

WADE, BOBBY
BLIND OVER YOU	FUNNY HOW TIME SLIPS AWAY	DELUXE 128	15.00	GR
CAN'T YOU HEAR ME CALLING	FOUR WALLS AND ONE WINDOW	WAY OUT 2002	40.00	NM
FLAME IN MY HEART	CAN'T YOU HEAR ME CALLING	BIG JIM 3275	30.00	NM
I'M IN LOVE WITH YOU	DOWN HERE ON THE GROUND	WAY OUT 103	40.00	NM

WADE, DONALD
WALKING	WOE IS ME	ROJAC 1000	50.00	NM

WADE, LEN and the TIKIS
THE NIGHT THE ANGELS CRIED	DON'T PUT ME DOWN	UA 891	25.00	NM
THE NIGHT THE ANGELS CRIED	DON'T PUT ME ON	UA 50489	20.00	NM

WADE, WILLIE
WHEN PUSH COMES TO SHOVE	COME INTO MY WORLD	NITE LIFE 70001	500.00	NM

WAGNER, CLIFF
EXCEPTION TO THE RULE	LOVE WILL MAKE YOU CRAWL	JEWEL 777	40.00	NM

WAGNER, DANNY
I LOST A TRUE LOST	MY BUDDY	IMPERIAL 66305	100.00	NM

WAGNER, GARY
I CAN'T GO ON WITHOUT YOU	SAVE YOUR LOVE	MAJOR SOUND 101	200.00	NM

WAHLS, SHIRLEY
BECAUSE I LOVE YOU	I DON'T KNOW	CALLA 140	40.00	NM
CRY MYSELF TO SLEEP	PROVE IT EVERYDAY	BLUE ROCK 4059	10.00	NM
WHY AM I CRYING	THAT'S HOW LONG (I'M GONNA LOV	KING 6083	50.00	NM

WAITE and LTD., BARRY
STING	STING Pt 2	LEO 4527	10.00	F

WAITERS, L.J. and the ELECTRIFIERS
I'M A LONELY MAN	I'M SO LUCKY	UNITY 2720	30.00	F
IN THE SAME OLD WAY	YOUR LOVE IS SLIIPING AWAY	UNITY 2710	30.00	NM
IF YOU AIN'T GETTING YOUR THING	IF YOU AIN'T GETTING YOUR THING PT 2	LA SHAWN 527	20.00	F

WAKEFIELD SUN
GET OUT	WHEN I SEE YOU	MGM 14028	15.00	NM
SING A SIMPLE SONG	THINGS ARE LOOKING UP	ROULETTE 7073	15.00	F
TRYPT ON LOVE	SING A SIMPLE SONG	MGM 14072	30.00	**NM**

WALES, HOWARD
HUXLEY'S HOWL	MY BLUES	COSTAL 101	150 100.00	F

WALKER III, FLETCHER
GUESS I'LL NEVER UNDERSTAND	DIDN'T WE	PARAMOUNT 65	100.00	78

WALKER, ANNA and the CROWNETTES
YOU DON'T KNOW	ODE TO BILLY JOE	AMY 11045	40.00	NM

WALKER, CLIFTON
GOOD THING	I DON'T KNOW WHY	MAC RECORDS 101	300.00	NM

WALKER, EDIE
GOOD GUYS	YOUNG TEARS DON'T FALL FOREVER	RISING SONS 713	40.00	NM
GOOD GUYS	YOUNG TEARS DON'T FALL FOREVER	RISING SONS 713 dj	30.00	**NM**
I DON'T NEED YOU ANYMORE	DON'T CRY SOLDIER	MEW 102	75.00	NM
YOUR UNUSUAL LOVE	BABY ANGEL	MEW 103	400.00	NM

WALKER, GLORIA (and the CHEVELLES)
MY PRECIOUS LOVE	PAPA'S GOT THE WAGON	PEOPLE 2504	25.00	78
NEED OF YOU	PLEASE DON'T DESERT ME BABY	FLAMING ARROW 26	20.00	B
PLEASE DON'T DESERT ME BABY	NEED OF YOU	FLAMING ARROW 36	20.00	B
THEM CHANGES	LOVE IS IN THE AIR	FEDERAL 12569	20.00	F
YOU HIT THE SPOT BABY	WALKING WITH MY NEW LOVE	FLAMING ARROW 37	30.00	F

WALKER, JR. and the ALL STARS
AIN'T THAT THE TRUTH	SHOOT YOUR SHOT	SOUL 35036	15.00	M
BRAINWASHER	CLEO'S MOOD	HARVEY 117	15.00	M
CLEO'S MOOD	BABY YOU KNOW YOU AIN'T RIGHT	SOUL. 35017	10.00	M
GOOD ROCKIN'	BRAINWASHER PT 2	HARVEY 119	40.00	M
HOW SWEET IT IS (TO BE LOVED B	NOTHING BUT SOUL	SOUL 35024 **PS**	25.00	M
(I'M A) ROAD RUNNER	SHOOT YOUR SHOT	SOUL 35015 lilac and white label	10.00	M
LEO'S BACK	SHAKE AND FINGERPOP	SOUL 35013 mis-spelt title	10.00	M
SATAN'S BLUES	MONKEY JUMP	SOUL 35003	25.00	M
SHAKE AND FINGERPOP	CLEO'S BACK	SOUL. 35013	10.00	M
SHOTGUN	HOT CHA	SOUL 35008 **PS**	100.00	M
SHOTGUN	HOT CHA	SOUL 35008	10.00	M
TUNE UP	DO THE BOOMERANG	SOUL 35012 lilac and white label	15.00	M
TUNE UP	DO THE BOOMERANG	SOUL 35012 swirl multi coloured label	10.00	M
TWIST LACKAWANNA	WILLIE'S BLUES	HARVEY 113	15.00	M

WALKER, LITTLE WILLIE (WEE) see WILLIE WALKER

WALKER, RANDOLF (RANDOLPH)
ACHIN' ALL OVER	YOU'LL LOSE YOUR LOVE	MALA 572	30.00	NM
GOOD OLE SOUL	I LOVE HER MORE	SHOUT 240	15.00	B
SHINDY BUTTERFLY	same:	BLACK PRINCE 316	10.00	NM

WALKER, ROBERT (and the NIGHT RIDERS)
EVERYTHING'S ALL RIGHT	KEEP ON RUNNING	DETROIT SOUND 224	200.00	NM
STICK TO ME	THE BLIZZARD	RCA 9304	25.00	NM

WALKER, RONNIE
EVERYTHING IS EVERYTHING		VENT 1005	30.00	NM
IT'S A GOOD FEELIN'	PRECIOUS	NICO 1000	50.00	NM
IT'S A GOOD FEELIN'	PRECIOUS	ABC 11215	15.00	NM
MY BABY DOESN'T LOVE ME ANYMOR	I'M SAYING GOODBYE	BELL 651	30.00	B
REALLY, REALLY LOVE YOU	AIN'T IT FUNNY	PHILIPS 40470	15.00	GR
YOU'RE THE ONE	THANKS TO YOU	PHILIPS 40501	15.00	**NM**
YOU'VE GOT TO TRY HARDER (TIMES ARE BAD)	NO ONE ELSE WILL DO	EVENT 220	10.00	78

WALKER, SPIDER
I'M MAD	NO ONE ELSE WILL DO	S and M 112	75.00	NM

WALKER, WILLIE
I LOVE HER	SWEET THING	PAWN 3809	15.00	B
JERK IT WITH SOUL	DO THE PEOPLE	TASTE 7	50.00	NM
LOVE MAKES THE WORKD GO ROUND	REACHING FOR THE REAL THING	HI 78513	15.00	78
THERE GOES MY USED TO BE	TICKET TO RIDE	GOLDWAX 329	30.00	B
WARM TO COOLTO COLD	A LUCKY LOSER	CHECKER. 1211	30.00	B
YOU NAME IT, I'VE HAD IT	YOU'RE RUNNING TOO FAST	CHECKER. 1198	40.00	B

WALKER, SPIDER
I'M MAD		S AND M 112	75.00	NM

WALL OF SOUND
HANG ON	YOU HAD TO HAVE YOUR WAY	BIG BIRD 127	40.00	NM
HANG ON	YOU HAD TO HAVE YOUR WAY	TOWER 363	20.00	NM

WALLACE BROTHERS
TRIPLE ZERO	I DON'T THINK THERE COULD BE	GRAHAM 801	100.00	NM
WHAT-CHA FEEL IS WHAT-CHA GET		WALBRO	200.00	F

WALLACE, CARL
BASS GROOVE	FOOT STEPS ON THE MOON	CROW. 42	150.00	F

WALLACE, JIMMY
FOREVER	HOW YOU DID DESTROY	ALPHA 2	30.00	NM
I'LL BE BACK	LET BY GONES BE BY GONES	ALPHA 6	750.00	NM

WALLACE, SID SIDNEY and the BELAIRS
DON'T HURT ME NO MORE	GREEN POWER	ZUDAN 5015	20.00	NM
THE GRINDER	GREEN POWER	ZUDAN 5015	20.00	F

WALLACE, WALES
FOREVER AND A DAY	A LOVE LIKE MINE	DAKAR 4505	30.00	NM
SOMEBODY I KNOW	TALK A LITTLE LOUDER	BRC 101	15.00	NM
THAT AIN'T THE WAY	WE'RE NOT HAPPY	BASHIE 102	50.00	NM
WHAT EVER YOU WANT	I WISH I COULD SAY WHAT I WANT	INNOVATION 9157	15.00	78
WHY SHOULD WE STAY TOGETHER	PEOPLE SURE ACT FUNNY	NOW SOUND 101	30.00	78
YOU'LL NEVER GET AWAY	I GOTTA HAVE YOU	RENEE 111	100.00	NM

WALLER, CAROLE
THIS LOVE OF MIND	STOP AND GET A HOLD OF MYSELF	USA 863	150.00	**NM**

WALLY and the KNIGHT
HANG ON LITTLE MAMA	EVERY MAN HAS A DREAM	TARX 1010	20.00	NM
UNCLE SAM	I NEED YOU	VEEP 1259	20.00	GR

WALSH GYPSY BAND, JAMES
CUZ IT'S YOU GIRL	BRING YOURSELF AROUND	RCA 11403	40.00	78

WALTER and SISTERS
HOW LONG	HOW LONG PT 2	STUDIO 10 69	150.00	NM

WALTER B. and the UNTOUCHABLES
I CAN'T STOP LOVING YOU	SHE WAS WRONG	APOLLO. 9	200.00	NM

WALTON JR., WILBUR
TWENTY FOUR HOURS OF LONELINES	FOR THE LOVE OF A WOMAN	123 1703	30.00	NM

WALTON, TAB
LOVE ME (THE WAY) I LOVE YOU	TENDER	ORIOLE 839	1500.00	78

WAMMACK, TRAVIS
HAVE YOU EVER HAD THE BLUES	WAITING	ATLANTIC 2354	15.00	**NM**
SCRATCHY	FIRE FLY	ARA 204 yellow label	10.00	**NM**
SCRATCHY 1st. Issue local Tenn.	FIRE FLY	ARA 204 white and black label	20.00	NM

WANDERERS
SOMEBODY ELSE'S SWEETHEART	SHE WEARS MY RING	CUB 9099	50.00	NM
YOU CAN'T RUN AWAY FROM ME	I'LL KNOW	UA 648	75.00	NM

WARD, CLARA
THE RIGHT DIRECTION	TEAR IT DOWN	VERVE 10412	75.00	NM

WARD, HERB
HANDS OFF SHE'S MINE	IF I PRAY	BUDDY 100	150.00	NM
HONEST TO GOODNESS	IF YOU GOT TO LEAVE ME	RCA 9688	175.00	NM
STRANGE CHANGE	WHY DO YOU WANT TO LEAVE ME	ARGO 5510	300.00	**NM**
WRONG PLACE AT THE WRONG TIME	YOU CAN CRY	PHIL LA SOUL 312	40.00	B

WARD, PATTIE
(GIRLS) YOU HAVE TO WAIT FOR LOVE	GET OFF MY STUFF	ROAD 6245	40.00	NM

WARD, ROBERT
I'M GONNA CRY A RIVER	YOUR LOVE IS REAL	THELMA 96914	250.00	NM
I'M GONNA CRY A RIVER	YOUR LOVE IS REAL	THELMA 602	200.00	NM
I WILL FEAR NO EVIL	MY LOVE IS STRICTLY RESERVED FOR YOU	GROOVE CITY 201	30.00	NM
NODODY DOES SOMETHING FOR NOTHING	YOUR LOVE IS REAL	THELMA 96912	75.00	M

WARD, ROY
HORSE WITH A FREEZE PT.1	HORSE WITH A FREEZE PT 2	SEVEN B 7020	50.00	F

WARD, SAM
SISTER LEE	STONE BROKE	GROOVE CITY 205	350.00	**NM**

WARD, SAMMY (SINGING SAMMY)
BREAD WINNER	YOU'VE GOT TO CHANGE	SOUL 35004	25.00	M
EVERYBODY KNEW IT	BIG MOE JOE	TAMLA 54057 mix 034379	40.00	M
EVERYBODY KNEW IT	BIG JOE MOE	TAMLA 54057	30.00	M
SOMEDAY PRETTY BABY	PART TIME LOVE	TAMLA 54071	50.00	M
WHAT MAKES YOU LOVE HIM	DON'T TAKE IT AWAY	TAMLA 54049	40.00	M
WHAT MAKES YOU LOVE HIM	THAT CHILD IS REALLY WILD	TAMLA 54030	150.00	M
WHO'S THE FOOL	THAT CHILD IS REALLY WILD	TAMLA 54030 striped label	100.00	M

WARE, LEON
INSIDE YOUR LOVE	same	FABULOUS 749 dj	10.00	78
WHAT'S YOUR NAME	CLUB SASHAY	FABULOUS 748	10.00	78
WHY I CAME TO CALIFORNIA	CAN I TOUCH YOU THERE	ELEKTRA 69957	20.00	78

WAREFIELD, BILLIE
THAT'S WHAT THEY SAID	CRYING ALL THE TIME	MERGING 2225	100.00	NM

WARM EXCURSION
FUNK-I-TIS	PHUT - BALL	WATTS USA 52	50.00	F
HANG UP	HANG UP PT 2	PZAZZ 39	40.00	F

WARNER, PETE
I JUST WANT TO SPEND MY LIFE WITH YOU	HANDS	POLYDOR 14278	40.00	78

WARNER, SONNY
BELL BOTTOM BLUE JEANS	BEEN SO LONG	CHECKER. 1151	30.00	NM

WARREN, U.S.
THE FOURTH MOVEMENT	THE GETAWAY	CHYTOWNS 214	20.00	F
FRIED CHITLINS	FRIED CHITLINS Pt 2	CHYTOWNS 209	30.00	F

WARREN, WAYNE
HIT ON SOMEBODY'S BABY	SAM, WE'LL NEVER FORGET YOU	HAPPY HOOKER 680	20.00	78

WARRIORS
HERE'S ANOTHER ONE		TIKI	50.00	F

WARWICK, DEE DEE
DO IT WITH ALL YOUR HEART	HAPPINESS	BLUE ROCK 4008	20.00	NM
DON'T CALL ME ANYMORE	YOU'RE NO GOOD	JUBILEE. 5459	15.00	NM
DON'T THINK MY BABY'S COMING BACK	STANDING BY	TIGER 103	50.00	NM
FUNNY HOW WE CHANGED PLACES	GET OUT OF MY LIFE	PRIVATE STOCK 45011	40.00	78
GOTTA GET A HOLD OF MYSELF	ANOTHER LONELY SATURDAY	BLUE ROCK 4032	15.00	NM
I CAN'T GO BACK	I (WHO HAVE NOTHING)	HURD 79	30.00	NM
I WANT TO BE WITH YOU	WE'RE DOING FINE	BLUE ROCK 4027	20.00	NM
I'M GLAD I'M A WOMAN	SUSPICIOUS MINDS	ATCO 6810	15.00	NM
LOCKED IN YOUR LOVE	ALFIE	MERCURY 72710	10.00	NM
MONDAY, MONDAY	I'LL BE BETTER OFF WITHOUT YOU	MERCURY 72834	10.00	NM
NEXT TIME (YOU FALL IN LOVE)	RING OF BRIGHT WATER	MERCURY 72940	10.00	NM
WE'VE GOT EVERYTHING GOING FOR	DON'T YOU EVER GIVE UP ON ME	MERCURY 72738	20.00	NM
WHEN LOVE SLIPS AWAY	HOUSE OF GOLD	MERCURY 72667	15.00	NM
WHERE IS THAT RAINBOW	I WHO HAVE NOTHING	MERCURY 72966	30.00	NM
YOU DON'T KNOW	WE'RE DOING FINE	BLUE ROCK 4027 alternate a-side	15.00	NM

WASHINGTON, ALBERT
I'M THE MAN	THESE ARMS OF MINE	FRATERNITY 1002	40.00	NM
RAMBLE	YOU GONNA MISS ME	FINCH 10989	30.00	NM
SAD AND LONELY	WINGS OF A DOVE	EASTBOUND 613	20.00	F

WASHINGTON, BABY also see JEANETTE BABY WASHINGTON
HEY LONELY ONE	DOODLIN	SUE 794	20.00	NM
I CAN'T AFFORD TO LOSE HIM	I DON'T KNOW	COTILLION 44047	10.00	NM
I KNOW	IT'LL CHANGE	SUE 4	15.00	NM
I'M GOOD ENOUGH FOR YOU	DON'T LET ME LOSE THIS DREAM	COTILLION 44086	15.00	NM
IS IT WORTH IT	HAPPY BIRTHDAY	CHESS 2099	30.00	NM
IS IT WORTH IT	HAPPY BIRTHDAY	CHECKER. 1105	20.00	NM
IT'LL NEVER BE OVER FOR ME	MOVE ON DRIFTER	SUE 114	30.00	NM
I'VE GOT A FEELING	HUSH HEART	SUE 769	15.00	NM
LEAVE ME ALONE	YOU AND THE NIGHT	SUE 790	20.00	NM
NO TEARS	GO ON	SUE 764	15.00	NM
RUN MY HEART	YOUR FOOL	SUE 119	15.00	NM
THERE HE IS	NO TIME FOR PITY	SUE 137	10.00	NM
THINK ABOUT THE GOOD TIMES	HOLD BACK THE DAWN	VEEP 1297	30.00	NM
YOU ARE WHAT YOU ARE	EITHER YOU'RE WITH ME	SUE 150	10.00	NM
YOUR FOOL	RUN MY HEART	SUE 119	15.00	NM

WASHINGTON, BILLY
I WANNA COME IN	LATER FOR ROMANCE	TCF 124	30.00	NM
WHAT DID YOU DO (TO MY BABY)	DO YOU REALLY LOVE ME	DORO 1303	50.00	NM

WASHINGTON, ELLA
BYE, BYE, BABY	THE GRASS IS ALWAYS GREENER	ATLANTIC 2382	40.00	NM
I CAN'T AFFORD TO LOSE HIM	same: instrumental	SS7 2597	15.00	NM
IF TIME COULD STAND STILL	TOO WEAK TO FIGHT	SS7 1507	15.00	NM
STOP GIVING YOUR MAN AWAY	THE AFFAIR	SS7 2632	15.00	NM

WASHINGTON, ERNIE
LONESOME SHACK	HOW ABOUT YOU	CHATTAHOOCHIE 673	200.00	NM

WASHINGTON, GINO
COME MONKEY WITH ME	OUT OF THIS WORLD	WAND 147	10.00	NM
FOXY WALK	IT'S WINTER (BUT I HAVE SPRING	ATAC 2743	50.00	F
GINO IS A COWARD	PUPPET ON A STRING	SONBERT 3770	75.00	NM
GINO IS A COWARD	PUPPET ON A STRING	CORREC-TONE 503	50.00	NM
GINO IS A COWARD	PUPPET ON A STRING	RIC TIC 100	20.00	NM
GIRL HERE I AM	DO YOU HAVE THAT SOUL	ATAC 7826	500.00	NM
I'M SO IN LOVE WITH YOU		ATAC	300.00	NM
LIKE MY BABY	I'LL BE AROUND (WHEN YOU WANT ME)	MALA 12029	100.00	NM
LIKE MY BABY	I'LL BE AROUND (WHEN YOU WANT ME)	ATAC 102	150.00	NM
LIKE MY BABY (instrumental)	GINO IS A COWARD	W.M.C. 358	75.00	NM
LIKE MY BABY (instrumental)	GINO IS A COWARD	DO DE RE 358	75.00	NM
NOW YOU'RE LONELY	ROMEO	W.I.G. 9005	60.00	NM
OH NOT ME	HEY I'M A LOVE BANDIT	ATAC 2878	20.00	B
OUT OF THIS WORLD	COME MONKEY WITH ME	AMON 90580	15.00	B
OUT OF THIS WORLD	COME MONKEY WITH ME	WAND 147	10.00	B
RAT RACE	OH NOT ME	WASHPAN 854	20.00	NM
WHAT CAN A MAN DO	DOING THE POPCORN	ATAC 101	15.00	NM
WHAT CAN A MAN DO	Same: Instrumental	WASHPAN 3122	30.00	NM

WASHINGTON, GINO and DAVIS SISTERS
I'M SO IN LOVE	FLYING HIGH	ATAC 2828	250.00	NM

WASHINGTON, GREGORY
PAMELA LAMOUR	TEA AND UNDERSTANDING	BRAINSTORM 169	15.00	F

WASHINGTON, JACKIE
WHY WON'T THEY LET ME BE	MEET ME IN THE BOTTOM	VANGUARD 35036 **PS**	40.00	NM
WHY WON'T THEY LET ME BE	MEET ME IN THE BOTTOM	VANGUARD 35036	25.00	NM

WASHINGTON, JEANETTE (BABY)
LET LOVE GO BY	MY TIME TO CRY	ABC 10223	40.00	NM
TOO LATE	MOVE ON	NEPTUNE 121	15.00	NM

WASHINGTON, JERRY
BABY, DON'T LEAVE ME	LET ME LOVE YOU RIGHT OR WRONG	EXCELLO 2336	15.00	NM

WASHINGTON, JOE and WASH
BLUEBERRY HILL	LOOK ME IN THE EYES	WEST SOUNDS	100.00	F

WASHINGTON, JOHNNY
OH GIRL	EVERLASTING LOVE	DE-LITE 542	30.00	78

WASHINGTON, JUSTINE also see WASHINGTON, BABY
I CAN'T WAIT UNTIL I SEE MY BABY'S FACE	WHO'S GONNA TAKE CARE OF ME	SUE 797	20.00	NM

WASHINGTON, LEE
LITTLE GIRL	THE U.T.	JERK 909	100.00	GR
LITTLE GIRL	THE U.T.	FAT FISH 8006	30.00	GR

WASHINGTON, LOU D.
SMOKEY	THE WAY A ROMANCE SHOULD BE	STEEL TOWN 195	30.00	NM

WASHINGTON, LOU and the PROFESSIONALS
WHEN WE MEET AGAIN	ANY OLD TIME	USA 831	500.00	NM

WASHINGTON, MICHEAL
STAY MINE	Same: Instrumental	CAPCITY 119	15.00	NM

WASHINGTON, SIR GEORGE (GINO)
COULD IT BE I'M FALLING	I'M FLYING HIGH	ATAC 2930	20.00	GR

WASHINGTON, TEDDY
COME ON	HARD TIMES	MAXX 333	20.00	NM

WASHINGTON, TONI
BREAKING LOVERS HEARTS	DEAR DIARY	KON-TI 1163	15.00	NM

WASHINGTON, TONY
FOREVER MORE	GOOD MIND	PEACOCK 1901	20.00	NM

WASHINGTON, WALTER and SOUL POWERS
PONY EXPRESS PT. 1	PONY EXPRESS PT. 2	SCRAM 118	75.00	F

WASTERS
ACCEPT MY LOVE	DON'T STOP	UNI 55148	20.00	GR

WATERS, FREDDIE
GROOVIN' ON MY BABY'S LOVE	KUNG FU AND YOU TOO	STAX 0246	40.00	78
I'VE GOT A GOOD LOVE	LOVE IS A TWO WAY THING	TEE JAY 8700	40.00	F
LOVE IS A TWO WAY THING	I'VE GOT A GOOD LOVE	REFOREE 735	10.00	B
SINGING A NEW SONG	I LOVE YOU, I LOVE YOU	CURTOM 1952	15.00	NM
THIS IS THE LIFE	THE WINNING HORSE	REFOREE 728	10.00	78

WATKINS, BILLY
THE ICE-MAN	THE BLUE AND LONELY	ERA 3183	100.00	**NM**

WATKINS, LOVELACE
DREAMS	WHO AM I	SUE 10003	150.00	NM
I WON'T BELIEVE IT	HE'S LOOKING OUT FOR THE WORLD	GROOVE 23	20.00	NM

WATKINS, TIP
PEOPLE GONNA TALK	PEOPLE GONNA TALK PT. 2	H&L 4683	10.00	78

WATSON and the SHERLOCKS
STANDING ON THE CORNER	FUNKY WALK	SOULVILLE 1015	15.00	NM

WATSON, BILLY
GET MYSELF TOGETHER	SO LONG	BARRACUDA 502	50.00	NM

WATSON, CRESA
DEAD	ALPINE WINTER	CHARAY 91	20.00	B

WATSON, FREDDIE and the RESTORATORS
IT'S ALL OVER NOW	THE UNLUCKY SEVEN	ELOYS 1770	15.00	B

WATSON, JOHNNY
IT'S BETTER TO CRY	I WILL	VALISE 6914 **2001 release**	20.00	NM

WATSON, JOHNNY (GUITAR)
AIN'T GONNA MOVE	BABY DON'T LEAVE ME	JOWAT 118	150.00	NM
BIG BAD WOLF	YOU CAN STAY	MAGNUM 726	500.00	NM
CRAZY ABOUT YOU	SHE'LL BLOW YOUR MIND	OKEH 7302	10.00	NM
HOLD ON, I'M COMIN'	WOLFMAN	OKEH 7270 **PS**	25.00	NM
HOLD ON, I'M COMIN'	WOLFMAN	OKEH 7270	10.00	NM
I'D RATHER BE YOUR BABY	SOUL FOOD	OKEH 7290	25.00	NM
SOUTH LIKE WEST	KEEP ON LOVIN' YOU	OKEH 7263	40.00	NM
WAIT A MINUTE BABY	OH SO FINE	HIGHLAND 1151	150.00	NM

WATSON, LES
I'M GONNA CRY	HURT	VESUVIUS 1004	20.00	NM
SOUL MAN BLUES	NO PEACE, NO REST	POMPEII 66689	30.00	NM

WATSON, ROMANCE
WHERE DOES THAT LEAVE ME	FROGGY BOTTOM	CORAL 62442	200.00	NM

WATTS 103rd. ST. RHYTHM BAND
BROWN SUGAR	CAESAR'S PALACE	WB 7175	15.00	NM

WATTS LINE
NEVER STOP LOVIN' ME	I NEVER MEANT TO LOVE YOU	BULLET 712	10.00	78

WATTS LTD.
SWEET LADY	LOVE IS LOST	SYMBOL. 002	100.00	F

WATTS, GLENN
MY LITTLE PLAYTHING	MONEY GIVES DIGNITY	BUNKY 7751	20.00	NM

WATTS, WENDELL
GROOVIEST THING THIS SIDE OF HEAVEN	LOVE BUG	JIMINIE 6002	40.00	78
YOU GIRL	WILL YOU BE STAYING AFTER SUND	REFOREE 715	100.00	78

WAYMON, SAM
HEY LOVE	LONELY FOR YOU BABY	RCA 9756	25.00	NM
IF YOU SAY SO	IT BE'S THAT WAY SOMWETIMES	RCA 9770	25.00	NM
YOU CAN COUNT ON ME	I LOVE YOU	NINANDY 1012	20.00	NM

WAYNE, TAMMY
HAVE A GOOD TIME	KISSAWAY	BOOM 60004	40.00	NM

W-PRINCE OF SOUL
FUNKY LOVING	INVITATION TO LOVE	GENTS	200.00	F

WE THE PEOPLE
FUNCTION UNDERGROUND	PEOPLE, OPEN YOUR EYES AND SEE	DARLENE 711	40.00	F
MAKING MY DAY DREAM REAL	WHATCHA DONE FOR ME I'M GONNA	LION 164	100.00	78
RIGHT NOW	YOU MADE ME (A BRAND NEW WORLD)	LION 122	20.00	78

WE TWO
WAY DOWN DEEP INSIDE	MAGIC MOMENTS	ABC 10930	30.00	NM

WEAPONS OF PEACE
JUST CAN'T BE THAT WAY	MIGHTY HARD MAN	PLAYBOY 6082 **PS**	10.00	NM
THIS LIFE'S (ABOUT TO GET ME DOWN)	ROOTS MURAL THEME	PLAYBOY 6101 **PS**	30.00	78

WEATHERS, OSCAR
JUST TO PROVE I LOVE YOU	YOUR FOOL STILL LOVES YOU	Top & Bottom 402	15.00	NM
WHEN YOU SEE WHAT YOU WANT	WHEN YOU SEE WHAT YOU WANT pt. 2	SIRLOIN 009	25.00	NM

WEAVER, CARLENA
JEALOUSY	HEART BREAK	AUDEL 363	40.00	NM

WEAVER, JANICE
WHAT YOU WANT	REASON TO BELIEVE	PHILIPS 40458	20.00	NM

WEAVER, JERRY
I'M IN LOVE	LOVE SICK CHILD	S.O.B. 110	20.00	NM
I'M SO IN LOVE WITH YOU	I'M IN LOVE	TMI 115	20.00	78
THAT'S WHEN YOU KNOW WHAT IT'S FOR	LOVE DON'T MAKE YOU ACT LIKE T	MGM 14789	15.00	78

WEBB, BETI
I KNOW (YOU CAN BE HAPPY)	MY MARINE	XL 359	30.00	NM
I KNOW (YOU COULD BE HAPPY)	I HAVE, I HAVE	MGM 13715	10.00	NM

WEBB, JIM
I NEED YOU	I KEEP IT HID	EPIC 10329	20.00	NM

WEBB, JOYCE
IT'S EASIER SAID THAN DONE	LAUGHING TO KEEP FROM CRYING	GOLDEN WORLD 108	25.00	M
YOU'VE GOT A WHOLE LOT OF LIVING	CLOSER TO THE BLUES	RIC TIC 102	20.00	M

WEBS
GIVE IN	IT'S A HARD HABIT TO BREAK	POPSIDE 4595	10.00	NM
I WANT YOU BACK	WE BELONG TOGETHER	VERVE 10610	15.00	NM
KEEP YOUR LOVE STRONG	LET'S PARTY	ATLANTIC 2415	20.00	GR
LET ME TAKE YOU HOME	DO I HAVE A CHANCE	SOTOPLAY 6	200.00	GR
TOMORROW	THIS THING CALLED LOVE	POP-SIDE 4593	10.00	NM

WEBSTER, BILLY
GOOD PEOPLE	JAZZ JERK	SILVER TONE 203	20.00	NM

WEDGEWORTH, LARRY
NO MORE GAMES	NO MORE GAMES (Long Version)	GROOVEHALL 1	50.00	78

WEE WILLIE and the WINNERS
GET SOME	A PLAN FOR THE MAN	SHOTGUN 1002	25.00	F
IT'S BETTER TO GIVE THAN TO RE	THREE STAGES OF LOVE	SHOTGUN 1001	20.00	F

WEEKENDS
CANADIAN SUNSET	YOU'RE NUMBER ONE WITH ME	COLUMBIA 43597	20.00	NM

WEEKNIGHTS
WHAT DID I DO WRONG	same: instrumental	BLACK FALCON 19103	15.00	GR

WEEKS, JAMES and FABULOUS INSPIRATION
MAYBE TOMORROW	SHOTGUN	GOODTIME 286	40.00	NM

WEEKS, RALPH
SOMETHING DEEP INSIDE	GUA-JAZZ	4 STARS 1	40.00	NM

WELCH, CHARLIE CHUCK
DESTINATION HEART ACHE	HERE I AM AGAIN	COLUMN 226	100.00	NM

WELCH, LENNY
A HUNDRED POUNDS OF PAIN	THE IGUANA	MAINSTREAM 5560	10.00	78
CORONET BLUE	RUN TO MY LOVIN' ARMS	KAPP 712	20.00	NM
CORONET BLUE	I'M OVER YOU	KAPP 854	10.00	NM
DARLING TAKE ME BACK	TIME AFTER TIME	KAPP 662	10.00	NM
I THANK YOU LOVE	SIX MILION DOLLAR WOMAN	FIG 101	10.00	78
I WAS THERE	TWO DIFFERENT WORLDS	KAPP 689	10.00	NM
JUST WHAT I NEED	DON'T START	BIG APPLE 702	10.00	78
LOVE DOESN'T LIVE HERE ANYMORE	LET'S START ALL OVER AGAIN	KAPP 827	30.00	NM
RAGS TO RICHES	I WEANT YOU TO WORRY (ABOUT ME	KAPP 740	10.00	NM
THE RIGHT TO CRY	UNTIL THE REAL THING COMES ALO	KAPP 808	20.00	NM
WAIT A WHILE LONGER	DARLING STAY WITH ME	MERCURY 72777	10.00	NM
YOU CAN'T RUN AWAY	HALFWAY TO YOUR ARMS	MERCURY 72866	15.00	NM

WELLS, BARBARA
PRETTY BOY	WHEN A WOMAN'S IN LOVE	CORAL 62386	50.00	NM

WELLS, BILLY
THIS HEART THESE HANDS	TEN TO ONE	SWEET SOUL 3	200.00	NM

WELLS, BOBBY
BE'S THAT WAY SOMETIMES	RECIPE FOR LOVE	ROMUR 0001	30.00	**NM**
LET'S COPP A GROOVE	THE PSYCHEDELIC THEME	ROMUR 11	20.00	**NM**

WELLS, JEAN
KEEP YOUR MOUTH SHUT (AND YOUR EYES OPEN	I COULDN'T LOVE YOU MORE	VOLARE 1001	15.00	NM
SHARING YOUR LOVE	SONG OF THE BELLS	QUAKERTOWN 1023	50.00	NM
THE BEST THING FOR YOU BABY	TRY ME AND SEE	CALLA 150	15.00	NM
WELCOME HOME	IF HE'S A GOOD MAN	QUAKER TOWN 1026	100.00	NM
WHAT HAVE I GOT TO LOSE	BROOMSTICK HORSE COWBOY	CALLA 157	20.00	78
WHAT HAVE I GOT TO LOSE	DROWN IN MY OWN TEARS	CALLA 185	15.00	78
WITH MY LOVE AND WHAT YOU'VE GOT	HAVE A LITTLE MERCY	CALLA 143	25.00	NM
WITH MY LOVE AND WHAT YOU'VE GOT	EASE AWAY A LITTLE BIT AT A TIME	CALLA 152	20.00	NM

WELLS, JENNIFER
DINING IN CHINATOWN	FOR SOME	GENUINE 166	200.00	NM

WELLS, JUNIOR
CAN'T STAND NO SIGNIFYING	LEAVE MY WOMAN ALONE	BLUE ROCK 4075	10.00	NM
CUT MY TOE NAIL	I'M LOSING YOU	BRIGHT STAR 146	20.00	NM
GIRL YOU LIT MY FIRE	IT'S A MAN DOWN THERE	BLUE ROCK 4062	10.00	NM
IT'S ALL SOUL	A TRIBUTE TO LITTLE WALTER	HIT SOUND 1001	20.00	NM
THAT WILL HOLD ME	I FOUND OUT	BRIGHT STAR 504	30.00	NM
YOU'RE TUFF ENOUGH	THE HIPPIES ARE TRYING	BLUE ROCK 4052	10.00	NM

WELLS, KENNY
ISN'T IT JUST A SHAME	I CAN'T STOP	NEW VOICE 812	400.00	NM

WELLS, MARY
AIN'T IT THE TRUTH	STOP TAKING ME FOR GRANTED	20TH. CENTURY 544	10.00	NM
BYE BYE BABY	PLEASE FORGIVE ME	MOTOWN 1003 map design	30.00	M
BYE BYE BABY	PLEASE FORGIVE ME	MOTOWN 1003 stripes	20.00	M
DEAR LOVER	CAN'T YOU SEE (YOU'RE LOSING ME)	ATCO 6392	15.00	NM
DIG THE WAY I FEEL	LOVE SHOOTING BANDIT	JUBILEE. 5684	10.00	NM
FANCY FREE	ME AND MY BABY	ATCO 6436	15.00	NM
HE'S A LOVER	I'M LEARNIN'	20TH. CENTURY 590	15.00	NM
HE'S A LOVER	I'M LEARNIN'	20TH. CENTURY 590 **PS**	25.00	NM
I DON'T WANT TO TAKE A CHANCE	I'M SO SORRY	MOTOWN 1011	20.00	M
I DON'T WANT TO TAKE A CHANCE	I'M SO SORRY	MOTOWN 1011 **PS**	70.00	M
I SEE A FUTURE IN YOU	I FOUND WHAT I WANTED	REPRISE 1031	10.00	78
IF YOU CAN'T GIVE HER LOVE	DON'T KEEP ME HANGIN' ON	REPRISE 1308	10.00	78
KEEP ME IN SUSPENSE	SUCH A SWEET THING	ATCO 6423	10.00	NM
LAUGHING BOY	TWO WRONGS DON'T MAKE A RIGHT	MOTOWN 1039	10.00	M
ME WITHOUT YOU	I'M SORRY	20TH. CENTURY 606	10.00	NM
MIND READER	NEVER GIVE A MAN THE WORLD	JUBILEE. 5676	15.00	NM
OPERATOR	TWO LOVERS	MOTOWN 1035	20.00	M
STRANGE LOVE	COME TO ME	MOTOWN 1016	15.00	M
STRANGE LOVE	COME TO ME	MOTOWN 1016 **PS**	60.00	M
THE ONE WHO REALLY LOVES YOU	I'M GONNA STAY	MOTOWN 1024 **PS**	40.00	M
THE ONE WHO REALLY LOVES YOU	I'M GONNA STAY	MOTOWN 1024	15.00	M
TWO LOVERS	OPERATOR	MOTOWN 1035	10.00	M
USE YOUR HEAD	EVERLOVIN' BOY	20TH. CENTURY 555	15.00	NM
WHAT'S EASY FOR TWO IS SO HARD FOR ONE	YOU LOST THE SWEETEST BOY	MOTOWN 1048	15.00	M

YOU BEAT ME TO THE PUNCH	OLD LOVE (LET'S TRY IT AGAIN)	MOTOWN 1032	10.00	M
YOUR OLD STANDBY	WHAT LOVE HAS JOINED TOGETHER	MOTOWN 1042	10.00	M

WELLS, TONY

GET WELL SOON	TRY IT ALL OVER AGAIN	DECADE 101973	100.00	78

WELSH, JANIE

I CAN'T STOP THINKING 'BOUT YOU	OPEN ARMS-CLOSED HEART	GDC 4004	25.00	NM

WESLEY, FRED and the J.B'S

DIRTY HARRI	SPORTIN' LIFE	PEOPLE 619	10.00	F
DOING IT TO DEATH	EVERYBODY GOT SOUL	PEOPLE 621	10.00	F
ROCKIN' FUNKY WATERGATE pt.1	ROCKIN' FUNKY WATERGATE pt. 2	PEOPLE 643	10.00	F
WATERMELON MAN	ALONE AGAIN (NATURALLY)	PEOPLE 617	10.00	F

WESLEY, JOHN (JOHNNY and the FOUR TEES)

GIRL WITH THE RED DRESS ON	YOU'RE GONNA MISS ME	VIVID 107	20.00	NM
LOVE IS A FUNNY THING	STOP THE MUSIC	MELIC 4195	800.00	NM
YOU STILL NEED ME	IT'S THE TALK OF THE TOWN	MELIC 4170	75.00	NM

WESS

GOOD TIME	CARRIE	DURIUM 101	50.00	78

WEST SIDERS

DON'T YOU KNOW	NO TEARS LEFT FOR CRYING	LEOPARD 5004	60.00	NM
DON'T YOU KNOW	NO TEARS LEFT FOR CRYING	UA 600	50.00	NM

WEST, BARBARA

CONGRATULATIONS BABY	GIVE ME BACK THE MAN I LOVE	RONN 32	30.00	NM

WEST, C.L.

BUMPING TRAVELING MAN	BUMPING TRAVELING MAN Pt 2	DUPLEX 1307	50.00	F

WEST, DODIE

IN THE DEEP OF THE NIGHT	ROVIN' BOY	CHECKER. 1114	20.00	NM

WEST, ELLIE

I WANT ALL	I GOTTA HOLD ON	CILLA 2	30.00	NM

WEST, GENE

IN THNE GHETTO	LITTLE GIRL	ORIGINAL SOUND 94	20.00	B

WEST, JOHNN BILLY

NOTHING BUT A DEVIL	YEAH I'M THE DEVIL	IMPRESARIO 128	15.00	B

WEST, JOHNNY

TEARS BABY	IT AIN'T LOVE	SOUL 841	400.00	NM

WEST, NORM (NORMAN)

BURNING BRIDGES	FIVE PAGES OF HEARTACHE	HI. 2082	20.00	B
WHAT KIND OF SPELL	WORDS WON'T SAY	SMASH 2123	40.00	B

WEST, WILLIE

A MAN LIKE ME	DID YOU HAVE FUN	RUSTONE 1403	50.00	NM
DID YOU HAVE FUN	KEEP YOU MINE	DEESU 314	10.00	B
FAIRCHILD	I SLEEP WITH THE BLUES	JOSIE 1019	40.00	F
I NEED YOUR LOVE (BABY)	YOU TOLD ME	FRISCO 108	30.00	B

WESTLAKE, TERRY

BABY BE MY CHAUFFER	FIRST TIME I SAW YOU BABY	57TH. STREET 201	100.00	NM

WESTLEY, JOHN see JOHN WESTLY

WESTLEY, MILTON

GEE WHIZ	GEE WHIZ pt. 2	T NECK 931	75.00	B

WESTLY, JOHN (WESTLEY)

DON'T GIVE IT AWAY	JUST BELIEVE	RENFRO 114	100.00	B
I LOVE YOU	YOU'RE THE ONE	CORSAIR 115	150.00	NM

WESTON PRIM

SIMMERIN'	SPIDER'S WEB	MEMPHIS EXPRESS	150.00	F

WESTON, KIM

A LITTLE MORE LOVE	GO AHEAD AND LAUGH	TAMLA 54106	1000.00	M
A THRILL A MOMENT	I'LL NEVER SEE YOU AGAIN	GORDY 7041	50.00	M
DANGER, HEARTBREAK AHEAD	I'LL BE THINKIN'	PEOPLE 1001	10.00	78
DETROIT	same: Instrumental	RAHKIM 101	10.00	78
HELPLESS	TAKE ME IN YOUR ARMS	GORDY 70 dj copies only	60.00	M
HELPLESS	A LOVE LIKE YOURS	GORDY 7050	15.00	M
I GOT WHAT YOU NEED	SOMEONE LIKE YOU	MGM 13720 **PS**	20.00	NM
I GOT WHAT YOU NEED	SOMEONE LIKE YOU	MGM 13720	10.00	NM
IF I HAD IT MY WAY	GONNA BE ALRIGHT	MIKIM 1502	15.00	NM
I'M STILL LOVING YOU	GO AHEAD AND LAUGH	TAMLA 54110	60.00	M
IT SHOULD HAVE BEEN ME	LOVE ME ALL THE WAY	TAMLA 54076	10.00	M
JUST LOVING YOU	ANOTHER TRAIN COMING	TAMLA 54085	20.00	M
LITTLE BY LITTLE AND BIT BY BIT	(I WANNA BE A) HANG UP TO YOU	MIKIM 1503	10.00	78
LOOKING FOR THE RIGHT GUY	FEEL ALRIGHT TONIGHT	TAMLA 54100	20.00	M
TAKE ME IN YOUR ARMS	DON'T COMPARE ME WITH HER	GORDY 7046	10.00	M
THAT'S GROOVY	LAND OF TOMORROW	MGM 13804	10.00	NM
YOU'RE JUST THE KIND OF GUY	NOBODY	MGM 13881	10.00	NM

WHATNAUTS
GIVE HIM UP	I WASN'T THERE	GSF 6905	10.00	78
HELP IS A ON THE WAY	same: Instrumental	HARLEM INTERNATIONAL 111	10.00	78
INSTIGATING (TROUBLE MAKING FOOL)	I CAN'T STAND TO SEE YOU CRY	GSF 6897	10.00	78

WHEELER, ART
THAT'S HOW MUCH I LOVE YOU	WALK ON	CEE-JAM 4	75.00	NM

WHEELER, BEVERLY and the CAMEROS
DON'T SHAKE MY TREE	same: Instrumental	BSC 129	20.00	F

WHEELER, MARY (and the KNIGHTS)
I FEEL IN MY HEART	A FALLING TEAR	ATOM 701	700.00	NM
PROVE IT	FRESH OUT OF TEARDROPS	CALLA 111	30.00	NM

WHISPERING SHADOW
STOP THE WORLD	(YOU GOT TO WATCH) THE FOG	MR. D'S 3078	30.00	78

WHISPERS
DOCTOR LOVE	LONELY AVENUE	DORE 751	100.00	NM
I CAN REMEMBER	PLANETS OF LIFE	SOUL CLOCK 1001	15.00	NM
I CAN'T SEE MYSELF LEAVING YOU	GREAT DAY	SOUL CLOCK 104	20.00	NM
I WAS BORN WHEN YOU KISSED ME	WALKIN' THE FAT MAN	DORE 758	20.00	GR
I'M THE ONE	YOU MUST BE DOING ALL RIGHT	SOUL CLOCK 1005	15.00	NM
IN LOVE FOREVER	FAIRYTALES	SOULTRAIN 10430	20.00	78
NEEDLE IN A HAYSTACK	WALTZ FOR YOUNG LOVERS	DORE 794	40.00	NM
NEEDLE IN A HAYSTACK	SEEMS LIKE I GOTA DO WRONG	SOUL CLOCK 1004	15.00	NM
REMEMBER	WHAT WILL I DO	SOUL CLOCK 109	10.00	NM
THE DIP	WIERDO	DORE 735	75.00	NM
THE DIP	IT ONLY HURTS A LITTLE WHILE	DORE 843	75.00	NM
WHERE HAVE YOU BEEN	PEOPLE IN A HURRY	ROKER 503	10.00	NM
YOU GOT A MAN YOUR HANDS	YOU CAN'T FIGHT WHAT'S RIGHT	DORE 792	100.00	NM

WHITE FAMILY BAND
I'M A LITTLE BIT SMARTER NOW	MISS AMERICA STAND UP	DUKE 479	15.00	78

WHITE JR., EARL
VERY SPECIAL GIRL	NEVER FALL IN LOVE AGAIN	CYGNET 102	500.00	78

WHITE JR., JOSH
I CAN'T RUN AWAY	THIS CAN'T BE WRONG	MERCURY 72328	40.00	NM

WHITE, ANDREW
WHO GOT DE FUNK	WHO GOT THE FUNK PT. 2	ANDREWS MUSIC 1	20.00	F

WHITE, ANTHONY
HEY BABY	THERE WILL NEVER BE ANOTHER	PIR 3566	40.00	78
NEVER LET YOU GET AWAY FROM ME	NEVER REPAY YOUR LOVE	PIR 3574	30.00	78

WHITE, BARRY and the ATLANTICS
TRACY (ALL I HAVE IS YOU)	FLAME OF LOVE	FARO 613	75.00	NM

WHITE, BOBBY
IT'S A GREAT LIFE	JUST ANOTHER WEEK BEHIND	KENT 491	15.00	NM

WHITE, DANNY
CRACKED UP OVER YOU	TAKING INVNTORY	DECCA 32048	15.00	NM
HOLD WHAT YOU GOT	I'VE SURRENDED	ABC 10569	20.00	NM
KEEP MY WOMAN HOME	I'M DEDICATING MY LIFE	ATLAS 1257	25.00	NM
KEEP MY WOMAN HOME	I'M DEDICATING MY LIFE	ATTERU 2000	40.00	NM
KING FOR A DAY	NEVER LIKE THIS	KASHE 443	20.00	B
KISS TOMORROW GOODBYE	LITTLE BITTY THINGS	FRISCO 104	15.00	B
KISS TOMORROW GOODBYE	YOU CAN NEVER KEEP A GOOD MAN	DECCA 32106	15.00	B
LOVE IS A WAY OF LIFE	MOONBEAM	ABC 10589	15.00	B
MISS FINE MISS FINE	CAN'T DO NOTHING WITHOUT YOU	FRISCO 110	30.00	NM
ONE LITTLE LIE	LOAN ME A HANDKERCHIEF	FRISCO 108	50.00	NM
ONE LITTLE LIE	LOAN ME A HANDKERCHIEF	ABC 10525	40.00	NM
WHY MUST I BE BLUE	THE TWITCH	FRISCO 109	20.00	B

WHITE, E.T . and the GREAT POTENTIAL
GOT TO FIND A TRUE LOVE	WALK ON WOMAN	GREAT POTENTIAL 13161	50.00	78

WHITE, HI-FI
NEED SOMEBODY	same: Instrumental	SANDMAN 705	20.00	NM

WHITE, JEANETTE
MUSIC	NO SUNSHINE	VIBRATION 1001	15.00	NM
MUSIC	NO SUNSHINE	A&M 1092	10.00	**NM**

WHITE, JUDY
SOMEBODY BEEN MESSIN'	same: instrumental	T NECK 905	15.00	F

WHITE, LYNN
IF I COULD OPEN UP MY HEART	MY SEX MACHINE	SOH 705	15.00	78

WHITE, TONY JOE
POLK SALAD ANNIE	ASPEN COLORADO	MONUMENT 1104	10.00	NM

WHITEHEAD, CHARLES
PREDICAMENT # 3	BETWEEN THE LINES	STONE DOGG 702	10.00	F

WHITEHEAD, EDDIE
JUST YOUR FOOL	GIVE THIS FOOL ANOTHER CHANCE	BLACK JACK 711	1000.00	NM

WHITING, MARGARET
LOVE'S THE ONLY ANSWER	WHERE WAS I	LONDON 126	20.00	NM

WHITLEY, RAY
I'VE BEEN HURT	THERE IS ONE BOY	DUNHILL 201	75.00	NM

WHITNEY, MARVA
ALL MY LOVE BELONGS TO YOU	I'LL WORK IT OUT	KING 6181	10.00	B
BALL OF FIRE	IT'S MY THING	KING 6229	20.00	**NM**
DADDY DON'T KNOW ABOUT SUGAR BEARS	WE NEED MORE	EXCELLO 2321	30.00	F
DON'T LET OUR LOVE FADE AWAY	LIVE AND LET LIVE	EXCELLO 2328	30.00	78
GIVING UP ON LOVE	THIS IS MY QUEST	T NECK 922	75.00	F
I MADE A MISTAKE BECAUSE IT'S ONLY YOU	I MADE A MISTAKE BECAUSE IT'S ONLY YOU Pt 2	KING 6268	15.00	F
I'M TIRED, I'M TIRED, I'M TIRED	YOU GOT TO HAVE A JOB	KING 6218	20.00	F
IN THE MIDDLE	TIT FOR TAT (AIN'T NO TAKING BABY)	KING 6206	25.00	F
SAVING MY LOVE FOR MY BABY	YOUR LOVE WAS GOOD FOR ME	FEDERAL 12545	20.00	NM
THINGS GOT TO GET BETTER (GET TOGETHER)	WHAT KIND OF MAN	KING 6168	25.00	F
THINGS GOT TO GET BETTER	GET OUT OF MY LIFE	KING 6249	25.00	F
THIS GIRLS IN LOVE WITH YOU	HE'S THE ONE	KING 6283	50.00	NM
UNWIND YOURSELF	IF YOU LOVE ME	KING 6146	20.00	F
YOUR LOVE WAS GOOD FOR ME	IF YOU LOVE ME	KING 6124	15.00	F
YOUR LOVE WAS GOOD FOR ME	WHAT KIND OF MAN	KING 6158	10.00	F
YOUR LOVE IS GOOD FOR ME	WHAT DO I HAVE TO DO TO PROVE	KING 6202	15.00	F

WHITNEY, MARY LEE
THIS COULD HAVE BEEN ME	DON'T COME A KNOCKIN'	LOMA 2044	10.00	GR

WHITSETT, TIM and the IMPERIALS
STILL A LOT OF LOVE	ALL I NEED	RIM 4114	150.00	NM

WHITTINGTON, LARRY
YOU CAN ALWAYS COUNT ON ME	AIN'T IT GOOD TO YOU	FUN CITY 501	150.00	78

WICK, JIMMY
IT'S ALL OVER NOW	SEND FOR ME	LENOX 556	30.00	NM

WIGGINS, BEN
IT'S ALL OVER	I LOVE YOU TOO MUCH	ALMERIA 4003	200.00	78

WIGGINS, JAY
MY LONELY GIRL	FORGIVE THEN FORGET	IPG 1015	20.00	NM
SAD GIRL	NO NOT ME	AMY 955	20.00	NM
TEARS OF A LOVER	YOU'RE ON MY MIND	SOLID. 3001	100.00	NM

WIGGINS, PERCY
IT'S DIDN'T TAKE MUCH (FOR ME TO FALL IN LOVE)	THE WORK OF A WOMAN	RCA 8915	85.00	NM
LOVE IS A WONDERFUL THING	YOU MAKE ME FEEL LIKE SINGING	RCA 9838	15.00	B
THAT'S LOVING YOU	LOOK WHAT I'VE DONE	ABET 9434	75.00	**NM**
THAT'S LOVING YOU	LOOK WHAT I'VE DONE	A-BET 9434 swirl design 2nd. issue	15.00	NM

WIGGINS, SPENCER
I NEVER LOVED A WOMAN	SOUL CITY U.S.A.	GOLDWAX 339	15.00	B
I'D RATHER GO BLIND	DOUBLE LOVIN'	FAME 1470	30.00	B
LONELY MAN	THE POWER OF A WOMAN	GOLDWAX 330	50.00	NM
OLD FRIEND (YOU ASKED ME IF I MISS HER)	WALKING OUT ON YOU	GOLDWAX 312	30.00	B
TAKE ME JUST AS I AM	THE KIND OF WOMAN THAT'S GOT N	GOLDWAX 308	10.00	B
THAT'S HOW MUCH I LOVE YOU	I'M A POOR MAN'S SON	GOLDWAX 333	10.00	B
UP TIGHT GOOD WOMAN	ANYTHING YOU DO IS ALRIGHT	GOLDWAX 321	10.00	B

WILBORN, YORK
DOMINO	OLIVE OIL AND KASTOR	DEVOICE 778	15.00	F

WILBORN'S PSYCHEDELIC SIX, YORK
FUNKY FOOTBALL	THANK YOU	TRUE SOUL	100.00	F
PSYCHEDELLIC HOT PANTS	PSYCHEDELLIC HOT PANTS pt. 2	TRUE SOUL	300.00	F

WILBURN, BOBBY
I'M A LONELY MAN	same:	GAMBLE 4015 dj	250.00	NM

WILCHER, WILLIE
HOOPY DOO	same: Instrumental	MARY JANE 1002	25.00	F

WILCOX, NANCY
MY BABY	COMING ON STRONG	RCA 9233	30.00	NM

WILDWEEDS
CAN'T YOU SEE THAT I'M LONELY	SOMEDAY MORNING	CADET 5572	30.00	NM
NO GOOD TO CRY	NEVER MIND	CADET 5561	10.00	NM

WILEY, ED and the PANASONICS
YOUNG GENERATION	STRETCHING OUT	NA-CAT 210	50.00	F

WILEY, MICHELLE
FEEL GOOD	I FEEL SO GOOD AT HOME HERE	20TH. CENTURY 2317	75.00	78

WILEY, WILLY
PUSH AND SHOVE	JUST BE GLAD	KING 6409	10.00	F

WILKINS, BUDDY
PRIVATE EYE	THEY'RE GONNA INVESTIGATE YOU	TRI ESS 1000	150.00	NM

WILL, DAVID
LONELINESS	I REMEMBER YOU	SOUL CRAFT 101	10.00	NM

WILLIAMS, AL
I AM NOTHING	BRAND NEW ME	LA BEAT 6602 dj	NEG	NM
I AM NOTHING	BRAND NEW ME	LA BEAT 6602	1500.00	NM
I AM NOTHING	BRAND NEW ME	PALMER 5011	1000.00	NM
I AM NOTHING	BRAND NEW ME	PALMER 5011 dj	1500.00	NM
THE OTHER SIDE OF YOUR LOVE	GO HEAD ON WITH YOUR GOOD THIN	CRAJON 48206	40.00	78

WILLIAMS, ALBERT
I'M IN YOUR CORNER	TUMBLING	JAM 28	75.00	NM
I'M IN YOUR CORNER	TUMBLING	CHECKER. 1088	25.00	NM

WILLIAMS, ALEX and the MUSTANGS
FUNKY BROADWAY	DISCO LUNA MODULE	SOULTRACK 10990	15.00	F
SOUL STRUT	SOUL STRUT Pt 2	SOULTRACK 8650	15.00	F

WILLIAMS, ANDRE
DO IT!	DO IT! Pt. 2	WINGATE 21	20.00	M
I CAN'T STOP CRYING	YOU GOT IT AND I WANT IT	RIC TIC 124	10.00	B
MORE THAN ENOUGH	IT'S THE SAME OLD SONG	CHERIE 502	15.00	GR
SWEET LITTLE PUSSYCAT	LOOSE JUICE	WINGATE 014	15.00	M

WILLIAMS, ANDY
THE HOUSE OF BAMBO	THE HAWAIIAN WEDDING SONG	CADENCE 1358	10.00	MOD

WILLIAMS, ARCHIE
WAIT SHE'S COMING	WAIT SHE'S COMING Pt 2	A&W 110422	30.00	78

WILLIAMS, BERNARD
IT'S NEEDLESS TO SAY	FOCUSED ON YOU	HARTHON 136	75.00	**NM**

WILLIAMS, BERNIE
EVER AGAIN	NEXT TO YOU	BELL 768	NEG	NM

WILLIAMS, BETTY
WHAT CAN I DO	BABY DON'T YOU KNOW THAT I LOC	ROLLINS 100	30.00	B

WILLIAMS, BOBBY (and his MAR-KINGS)
BABY I NEED YOUR LOVE	TRY IT AGAIN	SURE SHOT 5025	30.00	NM
FUNKY SUPER FLY	FUNKY SUPER FLY Pt 2	DUPLEX 1302	25.00	F
IT'S ALL OVER	WHEN YOU PLAY (YOU GOTTA PAY)	SURE SHOT 5013	30.00	NM
I'VE ONLY GOT MYSELF TO BLAME	I'LL HATE MYSELF TOMORROW	SURE SHOT 5031	150.00	NM
LET'S JAM	YOU'RE MY BABY	NOR-MAR	50.00	F
LET'S WORK A WHILE	YOU'RE FOOLISH FOOL	NOR-MAR 2568	150.00	F
SOUL BROTHER PARTY	SOUL BROTHER PARTY pt. 2	R&R 100	20.00	F
SOUL PARTY	SOUL PARTY Pt 2	R.E.W. 3738	10.00	F
TELL IT TO MY FACE	I'M DEPENDING ON YOU	LU PINE 111	30.00	NM
TRY LOVE	PLAY A SAD SONG	SURE SHOT 5003	15.00	NM
YOU WAITED TOO LONG	KEEP ON LOVING ME	SURE SHOT 5005	20.00	NM

WILLIAMS, BOBBY EARL
THAT'S THE WAY SHE IS	LET HER KNOW	IX CHAINS 7000	15.00	78

WILLIAMS, CALVIN
IT WON'T MATTER AT ALL	LONELY YOU'LL BE	NORTHERN DEL-LA 501	40.00	NM
IT WON'T MATTER AT ALL	LONELY YOU'LL BE	ATCO 6399	30.00	NM

WILLIAMS, CHERYL
EVERYBODY'S HAPPY BUT ME	I'M YOUR FOOL	BENGEE 1001	150.00	**NM**

WILLIAMS, CLARENCE
NO REST FOR THE WORRIED	THE SEVENTH SON	THRONE 803	300.00	NM

WILLIAMS, DANNY
ALL THOSE LIES	RAT RACE	MUSICAL ENERGY 1002	500.00	78
FORGET HER, FORGET HER	I WATCH A FLOWER GROW	UA 762	30.00	NM
THE STRANGER	I CAN'T BELIEVE I'M LOSING YOU	UA 959	20.00	NM

WILLIAMS, DAPHINE
I LOVE YOU	I'M YOUR MAN	YODI 16857	100.00	NM

WILLIAMS, DICKY
THAT'S WHERE TRUE LOVE BEGAN	OH DREAMY ME	METRO. 8168	100.00	NM

WILLIAMS, DORIE
YOUR TURN TO CRY	TELL ME EVERYTHING YOU KNOW	635 RECORDS 2603	150.00	NM

WILLIAMS, DOROTHY
THE WELL'S RUN DRY	COUNTRY STYLE	BANDSTAND USA 1005	150.00	NM
THE WELL'S RUN DRY	COUNTRY STYLE	GOLDWAX 115	100.00	NM
WATCHDOG	CLOSER TO MY BABY	VOLT 118	25.00	**NM**

WILLIAMS, EDDIE
WALKING ALONE	IT'S TOO LATE BABY	EXCELLO 2180	30.00	NM

WILLIAMS, ESTHER
YOU GOTTA LET ME SHOW YOU	LAST NIGHT CHANGED IT ALL	FRIENDS & CO. 129	20.00	78
YOURS AND YOURS ALONE	WOULD IT MATTER	FRIENDS & CO. 130	10.00	78

WILLIAMS, FRANK
YOU GOT TO BE A MAN	THE SPANISH FLY	DEEP CITY 2369	40.00	F
YOU GOT TO BE A MAN	THE SPANISH FLYER	PHIL LA SOUL 304	30.00	F

WILLIAMS, FRANK and LITTLE BEAVER
GOOD THING	GOOD THING Pt 2	LLOYD 8	50.00	NM

WILLIAMS, FREDDIE
NAME IN LIGHTS	I JUST CAN'T BELIEVE IT	HOLLYWOOD 1114	50.00	NM
THINGS ARE LOOKING BETTER	SEA OF LOVE	HOLLYWOOD 1129	15.00	B
YOU GOT TO LIVE WHILE YOU CAN	I JUST CAN'T BELIEVE IT	HOLLYWOOD 1121	150.00	NM

WILLIAMS, GENE
WHATEVER YOU DO, DO IT GOOD	DON'T LET YOUR LOVE FADE AWAY	FORTE	50.00	F

WILLIAMS, GLORIA
SISTER FUNK	A WOMAN ONLY HUMAN	DOWNTOWN 2	150.00	F

WILLIAMS, J.J.
DO THE KICK BACK	I'M GONNA BITE THAT APPLE	CAPITOL 6678	20.00	F
HEAVY ON TOP	HOOKED AND HEARTBROKEN	CYNTHIA 1003	15.00	F
LOVE MARKET	LORD HAVE MERCY ON MY SOUL	POLYDOR 14233	20.00	78
MAKE A BELIEVER (OUT OF ME AGAIN)	GONNA HAVE A MURDER ON YOUR HA	CAPITOL 3436	20.00	78

WILLIAMS, JEANETTE
ALL OF A SUDDEN	MR. SOFT TOUCH	BACK BEAT 568	70.00	**NM**
SOMETHING'S GOT A HOLD ON ME	LONGING FOR YOUR LOVE	BACK BEAT 587	100.00	NM

WILLIAMS, JERRY (LITTLE)
BABY, BUNNY (SUGAR HONEY)	PHILLY DUCK	CALLA 109	15.00	NM
IF YOU ASK ME	YVONNE	CALLA 116	75.00	NM
IF YOU ASK ME (BECAUSE I LOVE	YVONNE	CALLA 116 dated 1973 bottom of label	15.00	NM
I'M THE LOVER MAN	THE PUSH, PUSH, PUSH	SOUTHERN SOUND 118	15.00	NM
I'M THE LOVER MAN	THE PUSH, PUSH, PUSH	LOMA 2005	10.00	NM
RUN, RUN ROADRUNNER	I'M IN THE DANGER ZONE	MUSICOR 1285	50.00	NM
SOCK IT TO YOURSELF	SHIPWRECKED	COTILLION 44022	15.00	NM

WILLIAMS, JIMMY
STANDING THERE	MUSHROOM CITY	DYNOVOICE 931	75.00	NM
THE HALF MAN	I GAVE MY LOVE A CHERRY	ABC 10471	30.00	NM

WILLIAMS, JOE
LONELY MAN	I'LL BELONG TO YOU	RCA 8775	30.00	NM

WILLIAMS, JOHN
DO ME LIKE YOU DO ME	BLUES, TEARS AND SORROWS	SANSU 472	40.00	NM

WILLIAMS, JOHN GARY
COME WHAT MAY	JUST AIN'T NO LOVE (WITHOUT YOU)	TRUTH 3227	20.00	78
THE WHIOLE DAMN WORLD IS GOING CRAZY	ASK THE LONELY	STAX 205	100.00	78

WILLIAMS, JOHNNY
BABY BE MINE	I MADE A MISTAKE	BASHIE 100	20.00	NM
I'D LIKE TO BE WITH YOU	I GOT A FEELING	CUB 9160	10.00	NM
IT'S SO WONDERFUL	LOVE DON'T RUB OFF	PIR 3502	20.00	78
IT'S SO WONDERFUL	PUT IT IN MOTION	PIR 3530	10.00	78
JUST A LITTLE MISUNDERSTANDING	YOUR LKOVE CONTROLS MY WORLD	BASHIE 103	15.00	NM
MAGGIE	BREAKING POINT	TWINIGHT 109	20.00	NM
MY BABY'S GOOD	blank:	CHESS 1976 dj	100.00	NM
WOMEN	BREAKING POINT	TWINIGHT 105	30.00	NM
YOU'VE GOT IT	DON'T CHA' EVER FORGET IT	KENT 400	40.00	NM

WILLIAMS, JOYCE
THE FIRST THING I DO IN THE MORNING	SMILIN'	NICKEL 2	50.00	F

WILLIAMS, JAUN
I CHECK MY MAILBOX		BLUE SOUL	700.00	NM

WILLIAMS, JUANITA
BABY BOY	YOU KNEW WHAT YOU WAS GETTIN'	GOLDEN WORLD 18	15.00	M
YOU KNEW WHAT YOU WERE GETTIN'	SOME THINGS YOU NEVER GET USED	WINGATE 8	15.00	NM

WILLIAMS, KEN also see K.W.
COME BACK	BABY IF YOU WERE GONE	OKEH 7303	100.00	NM
SWEET MUSIC, SWEET LIGHTS AND YOU	THANKS FOR THE LAUGHS	CREAM 7605	20.00	78

WILLIAMS, LARRY
BOSS LOVIN'	CALL ON ME	EL BAM 69	40.00	NM
BOSS LOVIN'	JUST BECAUSE	OKEH 7294	20.00	NM
BOSS LOVIN'	CALL ON ME	SMASH 2035	20.00	NM
YOU ASK ME FOR ONE GOOD REASON	I AM THE ONE	OKEH 7280	40.00	NM

WILLIAMS, LARRY and WATSON, JOHNNY
A QUITTER NEVER WINS	MERCY, MERCY, MERCY	OKEH 7274	15.00	**NM**
FIND YOURSELF SOMEONE TO LOVE	NOBODY	OKEH 7300	15.00	NM
TOO LATE	TWO FOR THE PRICE OF ONE	OKEH 7281 **PS**	50.00	NM
TOO LATE	TWO FOR THE PRICE OF ONE	OKEH 7281	30.00	**NM**

WILLIAMS, LAWANDA
COME BACK TO ME	THAT HANDSOME GUY	KEKE 1004	500.00	NM

WILLIAMS, LEE and the CYMBALS (SYMBOLS)
I CAN MAKE MISTAKES TOO	GET IT TOGETHER	BLACK CIRCLE 6001	10.00	78
I NEED YOU BABY	SHING-A-LING USA	CARNIVAL 538	15.00	NM
I'LL BE GONE	I LOVE YOU MORE	CARNIVAL 521	20.00	NM
I'M JUST A TEENAGER	A GIRL FROM A COUNTRY TOWN	RAPDA 2	40.00	NM
L.C.FUNK	WHAT AM I GUILTY OF	RAPDA 1002	25.00	F
LOST LOVE	PEEPIN' (THROUGH THE WINDOW)	CARNIVAL 527	40.00	NM
LOVE IS BREAKIN' OUT (ALL OVER)	TIL YOU COME BACK TO ME	CARNIVAL 540	30.00	NM
PLEASE SAY IT ISN'T SO	SHING-A-LING USA	CARNIVAL 532	20.00	NM
SAVE IT ALL FOR YOU	I CAN MAKE MISTAKES TOO	BLACK CIRCLE 6000	15.00	78

WILLIAMS, LEE SHOT
I LIKE YOUR STYLE	I HURT MYSELF	SHAMA 4001	15.00	NM
LOVE NOW PAY LATER	TIGHTEN UP YOUR GAME	GAMMA 101	150.00	NM
MARK MY WORDS	same: instrumental	PALOS 1207	50.00	NM
OUR THING IS THROUGH	GET SOME ORDER	SHAMA 4002	40.00	F
WHEN YOU MOVE YOU LOSE	DON'T MISUSE MY LOVE	FEDERAL 12528	15.00	NM
YOU'RE WELCOME TO THE CLUB	HOLD ME HOLD ME HOLD ME	FEDERAL 12522	15.00	NM

WILLIAMS, LITTLE JERRY see WILLIAMS, JERRY

WILLIAMS, LLOYD and the HIGHLIGHTS
STANDING ON THE SIDE LINE	BURNING UP	ART 1	30.00	B

WILLIAMS, LLOYD W.
I NEED YOU NOW	BE MINE TONIGHT	ABC 11195	75.00	F

WILLIAMS, MARGARET
BABY PLEASE	MY LOVE	DOWNEY 132	40.00	NM

WILLIAMS, MARIE
COME BACK TO ME	CAT SCRATCHING	SMART 324	100.00	NM

WILLIAMS, MAURICE (and the ZODIACS)
BEING WITHOUT YOU	BABY, BABY	DEESU 302	40.00	NM
DON'T BE HALF SAFE	HOW TO PICK A WINNER	DEESU 311	20.00	NM
RETURN	MY BABY'S GONE	SEA-HORN 503	75.00	NM

WILLIAMS, MAURICE and INSPIRATIONS
THE DAY HAS COME	NEVER LEAVE YOU AGAIN	CANDI 1031	30.00	GR

WILLIAMS, MEL
BURN BABY BURN		STAR 704	500.00	NM
CAN IT BE ME	JET SET	MODERN 1023	40.00	**NM**
DARLING DON'T	BLUE TEARS	RAMEL 1001	100.00	NM
PROMISES, PROMISES		STAR 705	30.00	NM
SWEET LITTLE GIRL OF MINE	TURN ME ON	BUDDAH 447	400.00	78
THAT DON'T MAKE ME MAD	NEVER LOVED A WOMAN (THE WAY I LOVE YOU)	SOUL TIME 713	30.00	NM

WILLIAMS, MIKE
LONELY SOLDIER	IF THIS ISN'T LOVE	ATLANTIC 2339	10.00	NM
YOU DON'T WANT ME AROUND	SOMETHING YOU DIDN'T DONE	KING 6067	40.00	NM

WILLIAMS, NATHAN
REACHING HIGHER	same: mono	UA 50804 DJ	15.00	78
WHAT PRICE	REACHING HIGHER	UA 50804	500.00	78
WHAT PRICE	REACHING HIGHER	LIME 101	700.00	78

WILLIAMS, O.D.
FUNKY BELLY	I'M MOVING ON OUT OF YOUR LIFE	BAR-BARE 1266	15.00	F

WILLIAMS, OTIS and the CHARMS
AIN'T GONNA WALK YOUR DOG NO MORE	YOUR SWEET LOVE (RAIN ALL OVER	OKEH 7261	15.00	NM
BABY YOU TURN ME ON	LOVES DOESN'T GROW ON TREES	OKEH 7225	15.00	NM
I GOT LOVING	WELCOME HOME	OKEH 7248	15.00	NM

WILLIAMS, PATTI
I'M DONING THE BEST THAT I CAN	THE CLOCK	FORWARD 135	40.00	NM

WILLIAMS, PORGY
LONELY MAN'S HUM	JUST A LONELY MAN'S HUM	SYLVES 100 silver label	40.00	NM
LONELY MAN'S HUM	LET'S FORM A COMMITTEE	SYLVES 123 blue label	20.00	NM

WILLIAMS, RICHARD
WOULDN'T YOU REALLY RATHER HAVE	HEAVEN HELP US ALL	QUAD 107	15.00	78

WILLIAMS, RUBEN
HALF A MAN	PIGGY WIGGY	WILD DEUCE 822	15.00	B

WILLIAMS, SAM
LOVE SLIPPED THROUGH MY FINGERS	LET'S TALK IT OVER	TOWER 367	600.00	NM
YOU TEMPT ME	I CAN'T STAND THE PAIN	MUSIC WORLD 104	100.00	NM

WILLIAMS, SANDY
PUSHING A GOOD THING TOO FAR	ANYONE IN THE WORLD	4 CORNERS 137	150.00	NM

WILLIAMS, SCOTTY
FEAR	I AIN'T NOBODY WITHOUT YOU	MONA LEE 220	100.00	NM
IN THE SAME OLD WAY	I'VE GOT TO FIND HER	JUBILEE. 5602	60.00	NM

Handwritten note: Rose Williams, George Clinton & the Funkadelics - Whatever makes you feel good - Funkadelics - 50-

WILLIAMS, SEBASTIAN
I DON'T CARE WHAT MAMA SAID	GET YOUR POINT OVER	OVIDE 249	25.00	NM
TOO MUCH	HOME TOWN BOY	SOUND OF SOUL 102	300.00	NM

WILLIAMS, STANLEY
COUNT THE DAYS	COMING BACK HOME	HOTLINE MUSIC 4500	10.00	78

WILLIAMS, SUNDAY
THAT'S WHAT YOU WANT	YOU'VE HURT ME NOW	RED BALL 2	20.00	NM

WILLIAMS, TIMMIE
COMPETITION	WIPE AWAY YOUR TEARS	MALA 515	1000.00	NM

WILLIAMS, T.J .and the TWO SHADES OF SOUL
BABY, I NEED YOU	SINCE I FELL FOR YOU	JOSIE 1000	250.00	NM
MY LIFE	COMING BACK TO MIAMI	JOSIE 995	25.00	NM

WILLIAMS, TOMMY
GOING CRAZY (OVER YOU)	FROM ME	BACK BEAT 561	30.00	NM

WILLIAMS, TONI
OH, BABY	DEAR MOMMA	TUFF 1824	15.00	NM

WILLIAMS, TONY
HOW COME	WHEN I HAD YOU	PHILIPS 40141	70.00	NM

WILLIAMS, VICKI
YOUR LOVE MAKES ME STAY	DO THE BREAK DOWN	BIG BEAT 1273	30.00	NM

WILLIAMS, VICTORIA and LEDBETTER,
SHOW ME SOME SIGN	WE'RE SO SATISFIED	VERVE 10601	20.00	NM

WILLIAMS, WANDA
I'VE GOT A SECRET	IT'S ALL OVER	FOREST GREEN 4905	40.00	NM

WILLIAMS, WILLIE
HAVE YOU EVER BEEN PLAYED FOR A FOOL	WITH ALL OF MY SOUL	ABC 10860	75.00	NM
IT DOESN'T PAY	JUST BECAUSE	ABC 10958	50.00	B
IT GETS IN YOUR FEET (WHEN YOU HEAR THE BEAT)	FUNKY CHICKEN ALONG WITH	GAMMA 111200	25.00	F
NAME IT	JUST TO BE LOVED BY YOU	RCA 9736	30.00	NM

WILLIAMSON, SONNY BOY
BRING IT ON HOME	DOWN CHILD	CHECKER. 1134	15.00	NM
KEEP IT TO YOURSELF	THE KEY TO YOUR DOOR	CHECKER. 847	10.00	NM
STOP RIGHT NOW	THE HUNT	CHECKER. 975	15.00	NM
THE GOAT	IT'S SAD TO BE ALONE	CHECKER. 943	15.00	NM
TRYING TO GET BACK ON MY FEET	DECORATION·DAY	CHECKER. 1065	20.00	NM

WILLIE "G"
MEET ME HALFWAY	JUST LIKE MONEY IN THE BANK	RIC TIC 125	15.00	M

WILLIE and ANTHONY
I CAN'T LEAVE YOUR LOVE ALONE	SELFISH LOVER	BLUE CANDLE 1501	30.00	NM
I'M TIRED (OF A ONE WAY LOVE AFFAIR)	GROOVIN'	BLUE CANDLE 1503	15.00	78

WILLIE and the HAND JIVES
GOTTA FIND A NEW LOVE	RUNNIN' GIRL	VEEP 1227	40.00	NM

WILLIE and the MIGHTY MAGNIFICENTS
FUNKY (8) CORNERS	FUNKY (8) CORNERS PT 2	ALL PLATINUM 2309	20.00	F
SOULIN'	MAKE ME YOUR SLAVE	ALL PLATINUM 2315	20.00	F

WILLINGHAM, DORIS
YOU CAN'T DO THAT	LOST AGAIN	JAY BOY 6001	15.00	NM

WILLIS, BETTY
TAKE YOUR HEART	SOMEDAY YOU'LL NEED MY LOVE	RENDEZVOUS 190	20.00	NM

WILLIS, JOE and the MIGTHY INVADERS
WAIT ON TOMORROW	BABY, YOU GOT IT	GREENWOOD 4018	50.00	B

WILLIS, M-D-L-T
RUNNIN' AND PUSHIN'	WHAT'S YOUR GAME	IVORY TOWER 101	10.00	78

WILLIS, PEE WEE
MOON WALK	THAT THING	SS7 2655	40.00	F

WILLIS, TIMMY
MR. SOUL SATISFACTION	I'M WONDERING	SIDRA 9013	20.00	NM
MR. SOUL SATISFACTION	I'M WONDERING	VEEP 1279	15.00	NM

WILLOWS
MY KINDA GUY	HURTIN' ALL OVER	MGM 13484	20.00	NM
OUTSIDE THE CITY	THE SNOW SONG	MGM 13714	25.00	NM

WILLS, VIOLA
I GOT LOVE	LOST WITHOUT THE LOVE OF MY GUY	BRONCO 2051	10.00	NM
TOGETHER, FOREVER	DON'T KISS ME HELLO AND MEAN GOODBYE	BRONCO	10.00	NM

WILLY COLE, THE
RIGHT ON	PRETTY GOOD B-SIDE	PHIL LA SOUL 340	15.00	F

WILMER and the DUKES
GET IT	GIVE ME ONE MORE CHANCE	APHRODISIAC 260	15.00	F
HEAVY TIME	I'M FREE	APHRODISIAC 261 **PS**	15.00	F
HEAVY TIME	I'M FREE	APHRODISIAC 261	10.00	F

WILSON, AL
BACHELOR MAN	FALLING (IN LOVE WITH YOU)	CAROUSEL 30052	10.00 78
HELP ME	same: instrumental	WAND 1135	60.00 **NM**
NOW I KNOW WHAT LOVE IS	DO WHAT YOU GOTTA DO	SOUL CITY 761	20.00 NM
THE SNAKE	GETTING READY FOR TOMORROW	SOUL CITY 767	10.00 NM
WHO COULD BE LOVIN' YOU	WHEN YOU LOVE, YOU'RE LOVED TO	SOUL CITY 759	10.00 NM
YOU DID IT FOR ME	DIFFERENTLY	PLAYBOY 6085	15.00 78

WILSON, ART
I KNOW WE CAN MAKE IT	UNBELIEVABLE	ALEXANDER ST. 9	10.00 78

WILSON, BETTY
DON'T GIVE UP	ANYTHING TO PLEASE MY MAN	DAYCO 2109	25.00 NM
✓ I'M YOURS	ALL OVER AGAIN	DAYCO 1631	1000.00 NM
LET ME GROOVE YOU	LOVE FOR MY MAN	WARREN 109	25.00 F

WILSON, BOB
SUZY'S SERENADE	AFTER HOURS	SS7 2578	25.00 NM

WILSON, BOBBY
ALL I NEED (I'VE GOT)	WHEN I DON'T SEE A SMILE ON YOU	CHAIN 2103	15.00 78
FEELS GOOD	LET ME DOWN SLOW	VOLT 144	10.00 NM
HERE IS WHERE THE LOVE IS	ANYTHING (THAT YOU WANT)	CHAIN 2101	10.00 78

WILSON, CHARLES
I DON'T WANT TO LOOSE YOUR LOVE	TRYING TO MAKE A WRONG THING RIGHT	ALLEY CAT 1392	15.00 78

WILSON, CLYDE
OPEN UP	IF YOU'LL BE MY GIRL	SMC 111	15.00 F

WILSON, DELORES
COME ON SHY GUY	MY DREAM	RENEE 100	100.00 NM

WILSON, DONALD
FIND SOMEBODY	SUNSHINE	COLUMBIA 44718	15.00 NM
I'VE GOTTA GET MYSELF TOGETHER	I STILL REMEMBER YOU	COLUMBIA 45044	100.00 NM

WILSON, DUSTIN
HAVE SOME SYMPATHY	SYMPATHY	JUDUS 812061	20.00 **78**

WILSON, DUSTY
BETTER THAN YOU	SILVERY MOON	ZEBRA 90040	200.00 NM
CAN'T DO WITHOUT YOU	LIFE NOT WORTH LIVING	BRONSE 1800	125.00 NM
IT'S GOING TO BE A TRADEDY	WHILE THE WHOLE WORLD LAUGHS	MUTT 15907	800.00 NM

WILSON, EDDIE
TOAST TO THE LADY	JUST CALL ON ME	TOLLIE 9033	75.00 NM

WILSON, FLORA
DANCING ON A DAYDREAM	same: instrumental	SOULVATION ARMY 742	20.00 78

WILSON, FRANK
DO I LOVE YOU (INDEED I DO)	SWEETER AS THE DAYS GO BY	SOUL 35019	NEG NM

WILSON, FREDDIE
WHAT WOULD IT BE LIKE	WHAT WOULD IT BE LIKE Pt. 2	SOUL-PO-TION 112	20.00 F

WILSON, FREDDY
PROMISED LAND	same: mono	EASTBOUND dj	25.00 F

WILSON, GEORGE
COME BACK TO ME	EVERYTHING WILL BE FINE	STANG 1007	30.00 NM
HERE STANDS THE MAN WHO NEEDS	same: instrumental	BLACK CIRCLE 6002	15.00 78

WILSON, GOODIE
THE DOOR BELL RINGS	I STOOD BENEATH THE WINDOW	TITANIC 5	45.00 NM

WILSON, JACKIE
BECAUSE OF YOU	GO-AWAY	BRUNSWICK 55495	100.00 78
FOREVER AND A DAY	THE GIRL TURNED ME ON	BRUNSWICK 55475	15.00 78
HAUNTED HOUSE	I'M TRAVELIN' ON	BRUNSWICK 55260	15.00 NM
HELPLESS	DO IT THE RIGHT WAY	BRUNSWICK 55418	10.00 NM
I STILL LOVE YOU	HUM DE DUM DE DO	BRUNSWICK 55402	10.00 NM
I'M THE ONE TO DO IT	HIGHER AND HIGHER	BRUNSWICK 55336	10.00 NM
I'M WANDERING	AS LONG AS I LIVE	BRUNSWICK 55070	10.00 M
I'VE LEARNED ABOUT LIFE	NOBODY BUT YOU	BRUNSWICK 55536	10.00 78
I'VE LOST YOU	THOSE HEARTACHES	BRUNSWICK 55321	10.00 NM
JUST BE SINCERE	I DON'T WANT TO LOSE YOU	BRUNSWICK 55309	15.00 NM
NO PITY (IN THE NAKED CITY)	I'M SO LONELY	BRUNSWICK 55280	15.00 NM
NOTHING BUT BLUE SKIES	I GET THE SWEETEST FEELING	BRUNSWICK 55381	15.00 NM
NOTHING BUT HEARTACHES	I GET THE SWEETEST FEELING	BRUNSWICK 55381 alternate title	10.00 NM
SHAKE A LEG	IT'S ALL OVER	BRUNSWICK 55504	10.00 F
SOUL GALORE	BRAND NEW THING	BRUNSWICK 55290	10.00 NM
SOUL TIME	DANNY BOY	BRUNSWICK 55277	10.00 NM
THE WHO WHO SONG	SINCE YOU SHOWED ME HOW TO BE HAPPY	BRUNSWICK 55354	10.00 NM
THIS LOVE IS REAL	LOVE UPRISING	BRUNSWICK 55443	20.00 78
TRY IT AGAIN	LOVE IS FUNNY THAT WAY	BRUNSWICK 55461	10.00 NM
WE HAVE LOVE	SINGING A SONG	BRUNSWICK 55086	10.00 M

WHAT'CHA GONNA DO ABOUT LOVE	BEAUTIFUL DAY	BRUNSWICK 55490	15.00	78
WHISPERS (GETTIN' LOUDER)	THE FAIREST OF THEM ALL	BRUNSWICK 55300	10.00	NM
YOU BROUGHT ABOUT A CHANGE IN ME	FOR ONCE IN MY LIFE	BRUNSWICK 55392	10.00	NM
YOU GOT ME WALKING	THE FOUNTAIN	BRUNSWICK 55467	10.00	NM
YOU LEFT THE FIRE BURNING	WHAT A LOVELY WAY	BRUNSWICK 55480	10.00	78

WILSON, JACKIE and COUNT BASIE

UPTIGHT (EVERYTHING IS ALRIGHT)	FOR YOUR PRECIOUS LOVE	BRUNSWICK 55365	10.00	NM

WILSON, JACKIE b/w BARBARA ACKLIN

I GET THE SWEETEST FEELING	LOVE MAKES A WOMAN	BRUNSWICK 78028 dj	15.00	NM

WILSON, JOE

LET A BROKEN HEART COME IN	YOUR LOVE IS SWEET	DYNAMO 149	15.00	NM
YOU NEED ME	OTHER SIDE OF YOUR MIND	AVCO 4609	10.00	B

WILSON, JOE LEE

TAKE A BIG HUNK OF MY LOVE	HE AIN'T HEAVY HE'S MY BROTHER	COLUMBIA 44947	20.00	NM

WILSON, JOHN

AIN'T ENOUGH LOVIN'	MOODY FEELING	SWEET CITY 7380	150.00	78

WILSON, LEE

A LONELY BOY	IF I WOULD LOSE YOU	USA 884	150.00	NM

WILSON, LOU and CHARLOU

WE NEED TO GET TOGETHER	THIS LOVE IS GETTING DEEPER	BIG 8 3002	25.00	F

WILSON, MADELINE

DIAL "L" FOR LONELY	LOVING HIM	SAMAR 115	30.00	NM

WILSON, MICKEY

GEE BABY (YOU'RE DRIVING ME CRAZY)	same: Instrumental	JULET 1004	50.00	NM

WILSON, NANCY

DON'T LOOK OVER YOUR SHOULDER	BUT ONLY SOMETIMES	CAPITOL 5935	10.00	NM
HERE IT COMES	I'VE NEVER BEEN TO ME	CAPITOL 4476	15.00	78
LET'S HOLD ON TO LOVE	WELCOME HOME	CAPITOL 4839	10.00	78
OCEAN OF LOVE	STREETRUNNER	CAPITOL 3956	20.00	78
THE END OF OUR LOVE	FACE IT GIRL, IT'S OVER	CAPITOL 2136	15.00	NM
UPTIGHT (EVERYTHING'S ALRIGHT)	YOU'VE GOT YOUR TROUBLES	CAPITOL 5673	10.00	NM
WHERE DOES THAT LEAVE ME	GENTLE IS MY LOVE	CAPITOL 5455	15.00	NM

WILSON, NAOMI

GOTTA FIND A WAY	I'M SO YOUNG	SWAN 4227	20.00	NM

WILSON, OBREY

BREAK AWAY BABY	SOUL SATISFACTION # 1	BELL 830	10.00	B
I WANT TO TELL YOU (ABOUT MY GIRL)	IN A WOMAN'S EYES	EPIC 9815	25.00	**NM**
IF YOU WERE THERE	MY ANCESTORS	COLUMBIA 43944	25.00	NM
SHE USED TO BE MINE	LOVE WILL BE RIGHT THERE	EPIC 9764	20.00	B
YOU DON'T LOVE ME	HEADMAN	PHILIPS 40514	15.00	NM

WILSON, ROBIN

BETTER USE YOUR HEAD	WALK AWAY	A&M 1054	20.00	NM

WILSON, TED

I CANT TAKE NO MORE	MY AIM IS TO PLEASE	SIERRA 257	**NEG**	NM

WILSON, TIMOTHY

ARE YOU REALLY HAPPY	same:	BLUE ROCK 4090 dj	15.00	B
GOT TO FIND A NEW LOVE	BABY BABY PLEASE	BUDDAH 19	15.00	NM
HE WILL BREAK YOUR HEART	OH, HOW I WISH SHE WERE MINE	VEEP 1223	30.00	NM
HEY GIRL, DO YOU LOVE ME	COME ON HOME	VEEP 1213	300.00	NM
I MUST LOVE YOU	HIDING IN YOUR HEART	SKY DISC 643	200.00	**NM**
JUST ANOTHER GUY (ON A STRING)	MY QUEEN OF HEARTS	BUDDAH 72	25.00	NM
LOVE IS LIKE AN ITCHING IN MY HEART	I WANNA KNOW RIGHT NOW	BLUE ROCK 4087	25.00	NM
LOVING YOU	PIGTAILS	BUDDAH 47	30.00	NM
PIGTAILS	SAY IT AGAIN (SAY I LOVE YOU)	BUDDAH 32	10.00	NM
THESE ARE THE THINGS THAT MAKE ME KNOW	TA TA	SKY DISC 638	15.00	B

WINDY CITY SYMPHONY

WINDY CITY LOVE THEME	same: instrumental	C.J. 676	40.00	78

WINFORD, SUE

WHO WAS THAT GIRL	IF YOU TRY TO STEAL MY BABY	20TH. CENTURY 435	30.00	NM

WINNIE

NEVER LEAVE	PUT YOUR PANTS ON	MSK 789	20.00	GR

WINSTON, HATTIE

PASS ME BY	PICTURES DON'T LIE	PARKWAY 956	500.00	NM

WINSTONS

AMEN BROTHER	COLOR HIM FATHER	METROMEDIA 117	20.00	F
NEED A REPLACEMENT	AIN'T NOTHING LIKE A LITTLE LOVE	CURTOM 8546	40.00	NM

WINTERS, AUDRY

SHING-A-LING	SWEET MAN	SHARP 101	40.00	NM
THANK YOU BABY	TIME TAKES CARE	VIRGO 105	100.00	NM

WINTERS, RUBY
BETTER	I WANT ACTION	DIAMOND 230	75.00	NM
I DON'T WANT TO HURT NOBODY	JUST A DREAM	DIAMOND 258	15.00	NM
IN THE MIDDLE OF A HEARTACHE	ACT THREE	DIAMOND 207	25.00	NM
SWEETHEART THINGS	GUESS WHO	DIAMOND 269	15.00	NM
WE'RE LIVING TO GIVE	ALWAYS DAVID	DIAMOND 265	15.00	NM

WISDOM, BILLY
HAND WRITIN' ON THE WALL	THE GIRL I CALL MY LOVE	OUT-A-SITE 11	**NEG**	NM

WISDOM
NEFERTITI	WHAT-CHA-GONNA-DU-ABOUT-YOU	ADELIA 101	20.00	F

WISNER, JIMMY
CHOPPIN' AROUND	JULIET'S THEME	ATLANTIC 2315	10.00	NM

WITCHES
SHE'S GOT YOU NOW	MY LITTLE BABY	BANG 10012	40.00	NM

WITCHES and the WARLOCK
BEHIND LOCKED DOORS	same: instrumental	SEW CITY 103	15.00	NM

WIZDOM
I'M SO IN LOVE WITH YOU	LOVE WAS RALLY MEANT FOR YOU	DRIVE 6287	150.00	78

WOLF MAN
STRANGE	BACK SIDE	OKEH 7269	15.00	NM

WOMACK, BOBBY
ACROSS 110TH. STREET	HANG ON IN THERE	UA 196	10.00	78
DAYLIGHT	TRUST ME	UA 763	10.00	78
DON'T LOOK BACK	I'M GONNA FORGET ABOUT YOU	LIBERTY 56186	10.00	NM
FIND ME SOMEBODY	HOW DOES IT FEEL	TLANTIC 2388	30.00	NM
HOME IS WHERE THE HEART IS	WE'VE ONLY JUST BEGUN	COLUMBIA 10437	25.00	78
HOW COULD YOU BREAK MY HEART	HOW COULD U BREAK MY HEART (RAP)	ARISTA 421	15.00	78
I FOUND A TRUE LOVE	A LONESOME MAN	CHECKER. 1122	20.00	NM
MORE THAN I CAN STAND	ARKANSAS STATE PRISON	MINIT 32093	10.00	NM
NOTHING YOU CAN DO	GET IT WHILE YOU CAN	HIM 1001	250.00	NM
SOMEBODY SPECIAL	BROADWAY WALK	MINIT 32030	10.00	B
TAKE ME	FLY ME TO THE MOON	MINIT 32048	10.00	NM
TRIED AND CONVICTED	HOW I MISS YOU BABY	MINIT 32081	25.00	NM
WHAT IS THIS	WHAT YOU GONNA DO	MINIT 32037	15.00	NM
WHAT IS THIS	I WONDER	KEYMEN 102	50.00	NM

WOMAN
THAT'S HOW IT IS	I WANT TO GET BACK	SHOCK 1010	20.00	NM

WONDER, DEE and the RHYTHM FAME
WHAT YOU'VE DONE	MIAMI	GO GO G.T.O. 500	100.00	NM

WONDER, DICKIE
NOBODY KNOWS	STORY OF MY LOVE	SOUND OF SOUL 217671	300.00	NM
NOBODY KNOWS	STORY OF MY LOVE	SOUND OF SOUL 50024	400.00	NM

Cameo Parkway distributed different mix, with girl group backing.
NOBODY KNOWS	STORY OF MY LOVE	GOLDEN TRIANGLE 101	200.00	NM
THE STORY OF MY LOVE	NO STONGER LOVE	SOUND OF SOUL 101	150.00	B

WONDER, LITTLE STEVIE see WONDER, STEVIE

WONDER, LITTLE STEVIE and CLARENCE PAUL
LA, LA, LA, LA, LA	LITTLE WATER BOY	TAMLA 54070	25.00	M

WONDER, RUFUS and the ADDITIONS
UNDER THE MOON	SO UPSET	LENDO 181	75.00	NM

WONDER, STEVIE
A PLACE IN THE SUN	SYLVIA	TAMLA 54139 **PS**	10.00	M
BLOWING IN THE WIND	AIN'T THAT ASKING FOR TROUBLE	TAMLA 54136 **PS**	20.00	M
CASTLES IN THE SAND	THANK YOU (FOR LOVING ME ALL TIME)	TAMLA 54090	10.00	M
CONTRACT ON LOVE	SUNSET	TAMLA 54074	50.00	M
FINGERTIPS	FINGERTIPS PT. 2	TAMLA 54080 **PS**	30.00	M
FINGERTIPS	FINGERTIPS PT. 2	TAMLA 54080	8.00	M
HEY HARMONICA MAN	THIS LITTLE GIRL	TAMLA 54096	10.00	M
HEY HARMONICA MAN	THIS LITTLE GIRL	TAMLA 54096 **PS**	30.00	M
HIGH HEEL SNEEKERS	MUSIC TALK	TAMLA 54119	10.00	M
I CALL IT PRETTY MUSIC. BUT THE OLD FOLK CALL IT THE BLUES blank:		TAMLA 54061 dj	15.00	M
I'M WONDERING	EVERY TIME I SEE YOU I GO WILD	TAMLA MOTOWN 626	18.00	NM
KISS ME BABY	TEARS IN VAIN	TAMLA 54114	10.00	M
NOTHINGS TOO GOOD FOR MY BABY	WITH A CHILD'S HEART	TAMLA 54130	10.00	M
SAD BOY	HAPPY STREET	TAMLA 54103	20.00	M
SOME DAY AT CHRISTMAS	THE MIRACLES OF CHRISTMAS	TAMLA 54144	10.00	M
UPTIGHT	Stevie Info: Meet Stevioe Wonder	TAMLA 54124 **paper picture disc**	40.00	M
WORKOUT STEVIE WORKOUT	MONEY TALK	TAMLA 54086	15.00	M

WONDERETTES
LOVE'S GOT A HOLD ON ME	WORK OUT FINE	ENTERPRISE 5026	100.00	NM
I FEEL STRANGE	WAIT UNTIL TONIGHT	ENTERPRISE 5064	75.00	NM
I FEEL STRANGE	WAIT UNTIL TONIGHT	RUBY 5065	50.00	NM
I FEEL STRANGE	WAIT BUNTIL TONIGHT	UA 944	40.00	NM

WONDERLETTES
HOW SOON	SO WONDERFUL	BAJA 4506	25.00	NM

WONSLEY, EXCELL
GROVE PENGUIN	LADY LOVE	GOLDEN BEAM 30103	30.00	F

WOOD, BOBBY GUITAR
IT'S MIGHTY NICE TO KNOW	VOYAGE TO THE BOTTOM OF YOUR H	COLT 9322	200.00	NM

WOOD, BRENTON
BETTER BELIEVE IT	IT ONLY MAKE ME WANT IT MORE	WB 8144	15.00	78
CROSS THE BRIDGE	SWEET MOLLY MALONE	BRENT 7057	150.00	NM
I THINK YOU'VE GOT YOUR FOOLS	GIMME LITTLE SIGN	DOUBLE SHOT 116	10.00	NM
I WANT LOVE	SWEET MOLLY MALONE	BRENT 7068	30.00	NM
MR. SCHEMER	HIDE-A-WAY	WAND 145	30.00	NM
TWO-TIME LOSER	LOVEY DOVEY KINDA LOVING	DOUBLE SHOT 126	10.00	NM

WOOD, CHUCK
BABY YOU WIN	I'VE GOT MY LOVELIGHT SHINING	ROULETTE 7004	15.00	NM
SEVEN DAYS TOO LONG	SOUL SHING-A-LING	ROULETTE 4754	20.00	NM

WOOD, CLARA
YOU'RE AFTER MY GUY	OLD AND GREY	IMPERIAL 66122	100.00	NM

WOOD, EDDIE
WHY DID YOU CALL	ONE	PERICO 1258	30.00	NM

WOOD, MICKEY
(THEY CALL ME) CUPID	PLEASE MR. KENNEDY	TAMLA 54052	75.00	M

WOOD, RUFUS
BEFORE 2001	GHETTOVILLE	ESPANOLA 3602	40.00	NM

WOODARD, JERRY
SOMETHING I AIN'T NEVER HAD	SWEET, SWEET WOMAN	CHANT 518	100.00	B

WOODARD, MILDRED
DON'T LET ANYBODY KNOW	I'VE WAITED SO LONG	EXCELLO 2283	40.00	NM

WOODBURY, GENE
EVER AGAIN	THAT'S NOT HALF BAD	DEL VAL 1005	150.00	NM
IT'S ONLY YOU	I'LL BE GLAD	DEL VAL 1003	30.00	NM
THAT'S NOT HALF BAD	EVERYBODY CAN'T BE PRETTY	DEL VAL 1005	20.00	NM

WOODEN GLASS
MONKEY HIPS AND RICE	WE'VE ONLY JUST BEGUN	INTERIM NO#	150.00	F

WOODEN NICKELS
NOBODY BUT YOU	MORE THAN A FRIEND	VAULT 929	100.00	NM
NOBODY BUT YOU	MORE THAN A FRIEND	OMEN. 14	70.00	NM
SHOULD I GIVE MY LOVE TONIGHT	TAKE MY LOVE	OMEN. 7	20.00	NM

WOODRUFF, STANLEY
WHAT TOOK YOU SO LONG	NOW IS FOREVER	JULDANE 20036	10.00	78

WOODS TROUPE, HENRY
THE STRANGER	THE STRANGER (D.MIX)	ENYX 4	30.00	F

WOODS, BELITA
I JUST LOVE YOU	WHO'S FOOLING WHO	EPIC 11066	25.00	78
MAGIC CORNER	GROUNDED	MIORA 106	175.00	NM
THAT'S WHEN I'LL STOP LOVING YOU	YOU DO YOUR THING AND I'LL DO	MOIRA 107	250.00	NM

WOODS, BILLY
I DON'T WANT TO LOSE YOUR LOVE	NO ONE TO BLAME	VERVE 10451	30.00	NM
I FOUND SATISFACTION	IF I COULD ONLY SEE	VERVE 10484	25.00	NM
LET ME MAKE YOU HAPPY	same: mono	SUSSEX 213 dj	**NEG**	**NM**

WOODS, CAROL
HEARTBREAKER	OOH BABY	PERFECTO 7 777	200.00	NM

WOODS, DANNY
90 DAYS IN THE COUNTY JAIL	SWEET DARLING ANGEL	SMASH 2106	150.00	NM
COME ON AND DANCE pt. 2	TO BE LOVED	SMASH 2140	20.00	NM
I WANT TO THANK YOU	COME ON AND DANCE pt.1	SMASH 2159	75.00	NM
YOU HAD ME FOOLED	MY LOVE WILL NEVER BE THE SAME	CORREC-TONE 1052	500.00	NM

WOODS, DONALD
CLOSE TO YOU	DISCO PARTY	BLUE HOUND 274313	30.00	NM

WOODS, ELLA
I NEED YOUR LOVE	LOVE AFFAIR	MERGING 420	400.00	NM

WOODS, KENNI
CAN'T HE TAKE A HINT	THAT GUY IS MINE	PHILIPS 40112	25.00	NM

WOODS, LEN
I'M IN LOVE	DO IT FUNKY	REVUE 11071	40.00	NM

WOODS, MAXINE and PATTERSON, PAT
I'M SO HUNGRY	ONE RAINY DAY	DE TO 2874	200.00	NM

WOODS, MICKEY
POOR SAM JONES	THEY RODE THROUGH THE VALLEY	TAMLA 54039	50.00	M

WOODS, PEARL (and the GEMS)
DON'T TELL IT ALL	LONELY AVENUE	CRACKERJACK 4004	40.00	NM
I'LL BE A CRYBABY (FROM NOW ON)	THINK OF POOR ME	WALL 551	50.00	NM
RIGHT NOW	SIPPIN SORROW	CHARGE 2001	50.00	NM
RIGHT NOW	SIPPIN' SORROW	DAWN 100	30.00	NM

WORKSHOP
YOU'RE MY GREATEST HIT	DO IT YOURSELF	ARISTA 345	50.00	GR

WORLD COLUMN
SO IS THE SUN	IT'S NOT RIGHT	Tower 510	20.00	NM

WORLD WONDERS
FUNKY WASHING MACHINE	FLIP A COIN	ALARM 21644	100.00	F

WORLD'S FUNKIEST BAND
WHEN YOU'RE ALONE	I FEEL YOUR LOVE	CALIFORNIA GOLD 79	15.00	78

WRECKIN' CREW
ALL MY LOVE	WALKIN' THE LINE	SOUNDS OF FLORIDA 204	10.00	78

WRIGHT SPECIALS
THAT'S WHAT HE IS TO ME	PILGRIM OF SORROW	DIVINITY 99004	25.00	M

WRIGHT, BETTY
CLEAN UP WOMAN	I'LL LOVE YOU FOREVER	ALSTON 4601	10.00	F
GIRLS CAN'T DO WHAT THE GUYS DO	SWEET LOVIN' DADDY	ALSTON 4569	10.00	NM
IF YOU LOVE ME LIKE I LOVE YOU	I FOUND THAT GUY	ALSTON 4589	15.00	NM
MAN OF MINE	SWEET	ALSTON 3736	75.00	78
THE JOY OF BECOMING A WOMAN	THE WRONG GIRL	ALSTON 4575	30.00	NM

WRIGHT, BEVERLY
WHERRE THE GOOD TIMES ARE	OUT OF THE RAIN	20TH. CENTURY 6670	30.00	NM

WRIGHT, BILL
A MAN IN LOVE	INNOCENT BYSTANDER	MIDTOWN 106	85.00	78
YOU GOT SPELL ON ME	YOU'RE THE ONLY THING I'VE GOT	TRAGAR 6819	400.00	NM

WRIGHT, CHARLES (and the WATTS 103rd. ST. RHYTHM BAND)
EXPRESS YOURSELF	LIVING ON BORROWED TIME	WB 7417	10.00	F
KEEP SAYING (YOU DON'T LOVE NOBODY)	(I'M LIVING ON) BORROWED TIME	PHILIPS 40690	15.00	**NM**
LOVELAND	SORRY CHARLIE	WB 7365	10.00	NM
MUST BE YOUR THING	COMMENT	WB 7338	10.00	F
WHAT CAN YOU BRING ME	YOUR LOVE (MEANS EVERYTHING TO ME)	WB 7475	10.00	F
YOU GOTTA KNOW WHATCHA DOIN'	HERE COMES THE SUN	WB 7630	10.00	F

WRIGHT, CHUCK
IT'S A LIE	MY YOUNG LOVE	EMBER 1102	25.00	NM
LOVE, I WON'T BE YOUR FOOL ANY MORE	DEAR BELOVED	EMBER 1087	30.00	NM
NEVER BEFORE	HEARTLESS TEARS	EMBER 1110	75.00	NM
THE PALM OF YOUR HAND	DON'T PLAY THAT DANCE	EMBER 1091	100.00	NM

WRIGHT, EARL
THUMB A RIDE	LIKE A ROLLING STONE	CAPITOL 5516	30.00	NM

WRIGHT, LARRY
SWEET, SWEET KISSES	IT'S OKAY BY ME	A GO GO 345	750.00	NM

WRIGHT, MARY
I WAS A FOOL	ONE GUY	KIM 101	100.00	NM

WRIGHT, MILTON
I BELONG TO YOU	LIKE A ROLLING STONE	SATIRON 141	30.00	NM
OOH, OOH I LIKE IT	BROTHERS AND SISTERS	ALSTON 3727	15.00	F
THE GALLOP	LIKE A ROLLING STONE	CARLA 19002	25.00	NM
THE SILENCE THAT YOU KEEP	KEEP IT UP	ALSTON 3716	75.00	78

WRIGHT, O.V.
ACE OF SPADE	AFFLICTED	BACK BEAT 615	10.00	NM
I'M GONNA FORGET ABOUT YOU	DROWNING ON DRY LAND	BACK BEAT 626	10.00	NM
LOVE THE WAY YOU LOVE	BLOWING IN THE WIND	BACK BEAT 611	10.00	NM
OH BABY MINE	WORKING ON YOUR CASE	BACK BEAT 591	15.00	NM
POOR BOY	I'M IN YOUR CORNER	BACK BEAT 551	10.00	NM
THERE GOES MY USED TO BE	THAT'S HOW STRONG MY LOVE IS	GOLDWAX 106	15.00	**NM**
TREASURED MOMENTS	HEARTACHES-HEARTACHES	BACK BEAT t 583	15.00	NM
WHAT DID YOU TELL THIS GIRL OF MINE	WHAT ABOUT YOU	BACK BEAT 586	15.00	NM

WRIGHT, OSCAR
FELL IN LOVE	LEAVE ME ALONE	HEMISPHERE 100	75.00	NM
FELL IN LOVE	LEAVE ME ALONE	FAIRMOUNT 1011	30.00	NM

WRIGHT, ROY
SOMETHING'S WRONG	HEARTBREAK (AWFUL DAY)	CRASH 427	150.00	NM

WRIGHT, RUBEN
I'M WALKING OUT ON YOU	HEY GIRL	CAPITOL 5588	15.00	NM

WRIGHT, SANDRA
GOTTA SEE MY BABY	WE'RE GONNA MAKE IT	CORAL 762559	20.00	NM

WRIGHT, WILLIE				
RIGHT ON FOR THE DARKNESS	AFRICA	HOTEL	500.00	F
WRIGLEY, BETTY				
SELFISH ONE	SAVE IT FOR ME	HIT. 141	30.00	NM
WU, LARRY				
LET ME SHOW YOU	same: instrumental	ATLANTIC 89726	30.00	78
WYATT, DON				
I'VE GOT MYSELF TO BLAME	EVERYBODY LET'S DANCE	GARPAX 44174	75.00	NM
WYATT, JOHNNY				
HANG UP TH PHONE	ANY KIND OF LOVE	CHALLENGE	75.00	NM
I WOULDN'T CHANGE A THING	ONE, TWO, THREE	CHALLENGE 9207	75.00	NM
THIS THING CALLED LOVE	TO WHOM IT MAY CONCERN	BRONCO 2052	30.00	NM
WYDELL, GEORGE				
FROM OUT OF NOWHERE	I'M GONNA CUT YOU LOOSE	TRC 964	85.00	NM
FUNNY FEELING	DO THE WALK	TRC 953 dj	75.00	**NM**
FUNNY FEELING	DO THE WALK	TRC 953	100.00	NM
WYLIE, RICHARD (POPCORN)				
COME TO ME	WEDDING BELLS	EPIC 9543 **PS**	20.00	NM
DO YOU STILL CARE FOR ME	MARLENE	EPIC 9663	40.00	NM
MONEY (THAT'S WHAT I WANT)	I'LL STILL BE AROUND	MOTOWN 1009	200.00	M
ROSEMARY, WHAT HAPPENED	same: instrumental	KAREN 1542	75.00	NM
ROSEMARY, WHAT HAPPENED	same: instrumental	KAREN 1542 dj	60.00	**NM**
WYNN TREND, MEL				
HIT RECORD	THAT'S WHEN THE WORLD REALLY B	MERCURY 73073	10.00	NM
WYNN, MEL and the RHYTHM ACES				
STOP SIGN	GIVE WHEN YOU TAKE	WAND 1196	40.00	NM
WYNNS, SANDY				
HOW CAN SOMETHING BE SO WRONG	same:	CANTERBURY 520 dj	15.00	NM
HOW CAN SOMETHING BE SO WRONG	LOVE'S LIKE QUICKSAND	CANTERBURY 520	40.00	NM
✓ I'LL GIVE THAT TO YOU	YOU TURNED YOUR BACK ON ME	SIMCO 30001	250.00	NM
LOVE BELONGS TO EVERYONE	YES I REALLY LOVE YOU	CHAMPION 14002	20.00	NM
TOUCH OF VENUS	A LOVER'S QUARREL	DOC 103	200.00	NM
THE TOUCH OF VENUS	A LOVER'S QUARREL	CHAMPION 14001	25.00	**NM**
YES I REALLY LOVE YOU	LOVE BELONG TO EVERYONE	CHAMPION 14002	15.00	NM
WYNTERS, GAIL				
I LIKE YOUR KIND OF LOVE	WHO AM I	HICKORY 1548	75.00	NM
YOU'VE GOT THE POWER	HAVE A GOOD TIME	HICKORY 1461	20.00	**NM**

YATES, COUNT				
AT THE SOUL-IN	AT THE SOUL – IN pt. 2	NEW BAG	75.00	F
TIME AFTER TIME	GRUISING	NEW BAG 104	40.00	NM
YATES, TOMMY				
DARLING, SOMETHING'S GOTTA GIVE	IF YOUR LOOKING FOR A FOOL	VERVE 10556 RED	25.00	NM
YEOMANS				
UNLUCKY	I'M THE GUY	HEIDI 113	30.00	NM
YOHON				
FLY WITH ME	SYMBOL. OF HAPPINESS	MARYCAROL 1002	25.00	78
YOUNG DISCIPLES				
BANG BANG BANG	ONE FOR HANK	GATEWAY 5836	50.00	F

CRUMBS FROM THE TABLE	GIRLS, GIRLS ,GIRLS	GATEWAY 16475	40.00	F
YOUNG DIVINES				
DEEP IN YOUR HEART	I'LL SHOW YOU WITH LOVE	NEW LONDON 1004	50.00	78
DEEP IN YOUR HEART	I'LL SHOW YOU WITH LOVE	COTILLION 44223	40.00	78
YOUNG GENTS				
BIG THINGS COME IN SMALL PACKAGES	THINK ABOUT THE CHILDREN	BUDDAH 134	20.00	F
YOUNG HEARTS				
A LITTLE TOGETHERNESS	BEGINNING OF THE END	CANTERBURY 506	40.00	**NM**
COUNT DOWN (HERE I COME)	MISTY	MINIT 32066	10.00	NM
DO NOT FORSAKE MY LOVE	UNWELCOME GUEST	INFINITY 006	500.00	**GR**
GET YOURSELF TOGETHER	OH I'LL NEVER BE THE SAME	PICK A HIT 102	20.00	78
HEY LOVE	I'VE GOT DANCING FEVER	SOULTOWN 3000	15.00	GR
I'VE GOT LOVE FOR MY BABY	TAKIN' CARE OF BUSINESS	MINIT 32049	20.00	NM
OH I'LL NEVER BE THE SAME	GET YOURSELF TOGETHER	MINIT 32039	15.00	NM
SWEET SOUL SHAKIN'	GIRLS	MINIT 32057	15.00	NM
YOUNG HOLT UNLIMITED				
AIN'T THERE SOMETHING THAT MONEY CAN'T BUY	MELLOW YELLOW	BRUNSWICK 55317	10.00	MOD
CALIFORNIA MONTAGE	STRAIGHT AHEAD	BRUNSWICK 755417	15.00	NM
WACK WACK	THIS LITTLE LIGHT OF MINE	BRUNSWICK 55305	10.00	MOD
YOUNG SIRS				
AFRICAN LOVE	THERE SOMETHING THE MATTER WITH YOU	MAGIC CITY 11	150.00	GR
YOUNG, BILLY (and the FIREBIRD ENSEMBLE)				
A YEAR, A MONTH, A DAY	LET THEM TALK	MERCURY 72769 **PS**	30.00	B
HAVE PITY ON ME	YOU LEFT THE WATER RUNNING	CHESS 1961	20.00	B
I'M AVAILABLE	A SWEET WOMAN	SHOUT 236	20.00	B
NOTHING'S TOO MUCH (NOTHING'S	TOO MUCH	MERCURY 72693 **PS**	30.00	B
THE SLOOPY	SAME THING ALL OVER	JOTIS 469	40.00	NM
YOU LEFT THE WATER RUNNING	HAVE PITY ON ME	CHESS 1961	20.00	NM
YOUNG, BILLY JOE				
I'VE GOT YOU ON MY MIND AGAIN	STANDING AT THE EDGE OF PARADISE	PAULA 240	20.00	NM
YOUNG, HAROLD and the MAGNIFICENTS				
CRISS CROSS	BUMPIN' ON SUNSET	PLANT and SEED	300.00	F
YOUNG, INELL				
I'VE NEVER CONSIDERED	HIS LOVE FOR ME	BUSY-B 3	40.00	NM
YOUNG, KENNY				
AIN'T IT FUNNY WHAT LOVE CAN DO	OLD MEN (LEAVE THOSE YOUNG GIR	SHARE 105 yellow label	20.00	NM
AIN'T IT FUNNY WHAT LOVE CAN DO	LEAVE THOSE YOUNG GIRLS ALONE	SHARE 105 light blue label	15.00	NM
AIN'T IT FUNNY WHAT LOVE CAN DO	LEAVE THOSE YOUNG GIRLS ALONE	SHARE 105 multi coloured label	25.00	NM
YOUNG, LESTER				
BAREFOOTIN TIME IN CHINATOWN	STOP	BARRY 1009 light blue label	20.00	NM
BAREFOOTIN TIME IN CHINATOWN	STOP	BARRY 1009 grey label	30.00	NM
FUNKY, FUNKY HORSE	FUNKY, FUNKY HORSE PT 2	UNITY 2704	20.00	F
YOUR HANDY MAN	BIRMINGHAM	ANGLETONE 548	100.00	NM
YOUNG, MAE				
NO IFS, NO ANDS, NO BUTS	YOU TAKE CARE OF ME	KARATE 530	50.00	NM
YOUNG, PATTI				
HEAD AND SHOULDERS (ABOVE THE REST)	THE VALIANT KIND	ERNSTRAT 495	400.00	NM
YOUNG, ROBERT "RED TOP"				
YOUR FUTURE	TAKE CARE OF CARE	SOULSATIONS 101	200.00	NM
YOUNG, TAMI				
COME BACK BABY	I DON'T WANT TO LOSE YOU	MODERN 1049	20.00	NM
YOUNG, TOMMY				
HIT AND RUN LOVER	TAKE TIMWE TO KNOW HIM	SOUL POWER 110	40.00	78
YOUNGBLOOD, LONNIE				
LET MY LOVE BRING OUT THE WOMAN IN YOU	RIGHT BACK WHERE WE STARTED	CALLA 109.	20.00	78
SOUL FOOD (THAT'S WHAT I LIKE)	GOODBYE, BESSIE MAE	FAIRMOUNT 1022	30.00	F
THE GRASS (WILL SING FOR YOU)	WOOLEY BULLY	FAIRMOUNT 1016	20.00	NM
YOUNGBLOOD, OSCAR				
THE FOOL	WHILE I CAN	Tower 463	25.00	NM
YUM YUMS				
GONNA BE A BIG THING	LOOKY, LOOKY (WHAT I GOT)	ABC 10697	750.00	**NM**
YURO, TIMI				
(I'M AFRAID) THE MASQUERADE IS	IF	MERCURY 72316	25.00	NM
BIG MISTAKE	TEARDROPS 'TILL DAWN	MERCURY 72478	25.00	NM
CAN'T STOP RUNNING AWAY	GET OUT OF MY LIFE	MERCURY 72431	40.00	NM
I AIN'T GONNA CRY NO MORE	THE LOVE OF A BOY	LIBERTY 55519	15.00	NM
INSULT TO INJURY	JUST ABOUT THE TIME	LIBERTY 55552	15.00	NM
WHEN SOMETHING IS WRONG WITH MY BABY	NOTHING TAKES THE PLACE OF YOU	FREQUENCY 101	40.00	NM
YVONNE and the VIOLETS				
CROSS MY HEART	SHOW ME THE WAY	BARRY 1004	200.00	**NM**

Z.Z. and COMPANY
GETTIN' READY FOR THE GETDOWN | BUTT LA ROSE | COLUMBUS 51679 | 100.00 | 78
ZEN, VINNIE and the ROGUES
BRICKS BROKEN BOTTLES and STICKS | HOW MANY BREAKS CAN ONE HEART | SSS INTER. 709 | 30.00 | NM
ZINE, BEN
VILLAGE OF TEARS | WHAT THE HECK'S THE HANKY PANK | PARKWAY 996 dj | 150.00 | NM
VILLAGE OF TEARS | WHAT THE HECK'S THE HANKY PANK | PARKWAY 996 dj West coast design | 200.00 | NM
VILLAGE OF TEARS | WHAT THE HECK'S THE HANKY PANK | PARKWAY 996 | 200.00 | NM
ZIP-CODES
SWEET MEAT | SWEET MEAT PT 2 | BETTER 1 | 15.00 | F
ZIRCONS
WAS IT MEANT TO BE THIS WAY | GO ON AND CRY, CRY | HEIGH-HO 645 | 300.00 | NM
YOU AIN'T COMING BACK | FINDERS KEEPERS | CAPITOL 4862 | 75.00 | GR
YOUR PRISONER | OLD MAN | GOAL 3 | 200.00 | NM
ZODIACS
DON'T EVER LEAVE ME | SUREFLY | DEESU 309 | 15.00 | NM
MAY I | THIS FEELING | DEESU 304 | 30.00 | NM
ZOE, ALPHA
YOU BEAT ME TO TGHE PUNCH | PATCHES | HIT. 31 | 20.00 | NM

Assessment

At the end of the topic *Food*:

SCIENCE
- Do the children understand that humans and other animals need food and water to stay alive?
- Are they aware that drinking water and eating a wide variety of foods is important to good health?
- Do they know that fruit and vegetables are nutritionally important?
- Are they aware that exercise is important in living healthily?
- Do they recognise differences in their bodies before and after exercise?
- Do they know that when they are ill they might need to take medicines?
- Do they understand that medicines are useful when used correctly but can be harmful if instructions are not followed?
- Do they know that animals produce young which in turn grow into adults?
- Can they make comparisons between the development of babies and toddlers?
- Do they understand that there are ways of avoiding dangerous situations?
- Are they able to make and record relevant observations and simple comparisons?
- Can they communicate information individually and as a class?
- Are they aware of ways in which science contributes to their personal health?
- Can they relate science to aspects of their everyday life?

DESIGN AND TECHNOLOGY
- Do the children understand the importance of healthy eating?
- Do they know that fruit and vegetables play an important part in keeping their bodies fit and helping them to grow healthily?
- Have they observed the properties of a range of fruits and vegetables?
- Have they investigated and tasted different fruits and vegetables?
- Have they prepared and combined fruits and vegetables?
- Are they aware that there are many different fruit and vegetable products?
- Have they developed their vocabulary to describe the appearance, smell, taste and texture of fruits and vegetables?
- Can they interpret data?
- Do they understand and follow rules for working safely, efficiently and hygienically?
- Do they use tools and equipment safely and efficiently?
- Do they follow instructions and control risks?
- Have they taken part in a design and make assignment, providing ideas, helping with planning, using acquired skills to make a product, and evaluating their efforts?

Drawing the topic to a close

Look back with the children over the work they have done relating to the topic *Food*. Point out how much they have found out about different foods, as well as ways to keep fit, healthy, and safe while growing up. Highlight any special incidents and achievements. Recall the investigations of fruits and vegetables, the tasting tests, the fun when exercising, and the visit by an expert.

Find out what the children have enjoyed the most, and which achievements and pieces of work they are most proud of. Emphasise that what they have learned will be important every day of their lives.

Point out the importance of science in everyday life; that the science activities they have taken part in have helped the children to learn about looking after their bodies and about growing up. As they eat every day of their lives, the children should now know that eating a wide range of foods, and especially eating lots of different fruits and vegetables, is beneficial. It is important to understand how exercise and the correct use of medicines contribute to a happy and healthy life as people grow up.

Refer to the success of the designing and making assignment. Point out that the skills the children have practised will be useful when helping to prepare food safely, as they take more responsibility for choosing and preparing their own foods.

Arrange a special event as a suitable finale, perhaps a celebration of fruits and vegetables or advice on how to stay healthy. This could take the form of an assembly for the rest of the school or for parents and carers. The children can communicate information they have discovered and share the results of their investigations. Tell the children that as they are now in a position of knowledge, they can remind others how important it is to remain fit and healthy so as to enjoy life. If appropriate, arrange for the children to prepare fruits and vegetables for others to enjoy, as part of the assembly, or as a picnic or indoor party.

Provide an opportunity for parents and carers to visit the classroom to see the displays of their children's work. Suggest the children act as guides, showing the adults around and explaining what they have done.